MITOLOGIA E FILOSOFIA

O SENTIDO DOS
GRANDES MITOS GREGOS

Dados Internacionais de Catalogação na Publicação (CIP)
(Câmara Brasileira do Livro, SP, Brasil)

Ferry, Luc
  Mitologia e filosofia : o sentido dos grandes mitos gregos / Luc Ferry ; tradução de Idalina Lopes. – Petrópolis, RJ : Vozes, 2023.

  Título original: Mythologie et Philosophie
  Bibliografia.

  3ª reimpressão, 2024.

  ISBN 978-65-5713-818-2

  1. Filosofia 2. Mitologia grega I. Título.

23-148039   CDD-292.13

Índices para catálogo sistemático:
1. Mitologia grega : Religião clássica 292.13

Cibele Maria Dias – Bibliotecária – CRB-8/9427

Luc Ferry

MITOLOGIA E FILOSOFIA

O sentido dos
grandes mitos gregos

Tradução de Idalina Lopes

© 2016, Plon, Paris.

Tradução original em francês intitulado
Mythologie et Philosophie. Le sens des grands mythes grecs.

Direitos de publicação em língua portuguesa – Brasil:
2023, Editora Vozes Ltda.
Rua Frei Luís, 100
25689-900 Petrópolis, RJ
www.vozes.com.br
Brasil

Todos os direitos reservados. Nenhuma parte desta obra poderá ser reproduzida ou transmitida por qualquer forma e/ou quaisquer meios (eletrônico ou mecânico, incluindo fotocópia e gravação) ou arquivada em qualquer sistema ou banco de dados sem permissão escrita da editora.

CONSELHO EDITORIAL	PRODUÇÃO EDITORIAL
Diretor Volney J. Berkenbrock	Aline L.R. de Barros Jailson Scota Marcelo Telles
Editores Aline dos Santos Carneiro Edrian Josué Pasini Marilac Loraine Oleniki Welder Lancieri Marchini	Mirela de Oliveira Natália França Otaviano M. Cunha Priscilla A.F. Alves Rafael de Oliveira Samuel Rezende
Conselheiros Eloí Dionísio Piva Francisco Morás Gilberto Gonçalves Garcia Ludovico Garmus Teobaldo Heidemann	Vanessa Luz Verônica M. Guedes

Secretário executivo
Leonardo A.R.T. dos Santos

Revisão de originais: Heloísa Brown
Diagramação: Raquel Nascimento
Revisão gráfica: Nilton Braz da Rocha
Capa: Érico Lebedenco

ISBN 978-65-5713-818-2 (Brasil)
ISBN 978-2-259-25136-5 (França)

Este livro foi composto e impresso pela Editora Vozes Ltda.

SUMÁRIO

Prefácio, 9

1 A *Odisseia* ou o "milagre grego", 11
   Preâmbulo, 11
   Contextualização, 13
   Três questões à guisa de conclusão..., 49

2 A *Ilíada* e a guerra de Troia – O heroísmo grego, 54
   Preâmbulo, 54
   Os principais episódios da *Ilíada*, 66
   À guisa de conclusão, 101

3 O nascimento dos deuses e do mundo segundo a *Teogonia* de Hesíodo, 102
   Preâmbulo, 102
   A história do nascimento dos deuses, 102
   A guerra dos deuses e suas consequências, 113
   Quadro recapitulativo do nascimento dos principais deuses, 131
   À guisa de conclusão, 134

4 Tifão e os gigantes – O caos descontrolado contra a harmonia cósmica, 141
   Preâmbulo, 141
   O combate contra Tifão, 142
   A luta contra os gigantes, 156

5 Prometeu e a caixa de Pandora – O nascimento da humanidade, 162
   Preâmbulo, 162
   O mito de Prometeu segundo Platão: a criação da humanidade, fonte de movimento mas também de *hybris*, 163
   Outra versão do mito de Prometeu: a má divisão na planície de Mecone e a "caixa de Pandora" segundo Hesíodo, 170
   A questão da esperança: um bem ou um mal?, 179

Três lições filosóficas do mito de Prometeu e de Pandora, 180

Para completar as duas versões anteriores segundo *Os trabalhos e os dias* de Hesíodo: o mito da idade de ouro e as cinco raças humanas, 183

A defesa de Prometeu segundo Ésquilo, 189

6 Midas contra Apolo – A estupidez ameaçando o Cosmos, 192

Preâmbulo, 194

Midas, Pã e Apolo, 194

Uma variante do mito: Mársias contra Apolo, 204

Da *hybris* grega ao orgulho cristão: Midas e Frankenstein, 213

7 Os amores de Zeus – O nascimento de Héracles e seus doze trabalhos, 216

Preâmbulo, 216

Os amores de Zeus e seus significados, 217

A lenda de Héracles, 222

O nome de Héracles e a origem dos doze trabalhos, 236

8 Morte e ressurreição de Héracles – O significado do trágico grego, 250

Preâmbulo, 250

Héracles contra as forças ressurgentes do caos, 250

Morte e ressurreição: a "apoteose" de Héracles, 257

O tipo ideal do trágico grego, 262

9 Teseu contra o Minotauro, 266

Preâmbulo, 266

A infância de Teseu em Trezena, no palácio de Piteu, com sua mãe Etra..., 267

As primeiras façanhas de Teseu, 273

O reencontro de Teseu e de Egeu, seu pai, em Atenas, 276

Hipólito, Fedra e a morte de Teseu, 286

10 Perseu e a górgona Medusa – De cara com a morte, 290

Preâmbulo, 290

A lenda de Perseu, 291

Podemos, devemos olhar a morte de frente?, 306

À guisa de conclusão, 307

11 Jasão e o Velo de Ouro – O sentido da justiça, 309

Preâmbulo, 309

Jasão e a busca por justiça, 312

Em busca do Velo de Ouro, 322

O retorno a Iolcos com Medeia, 334

12 Dioniso, deus da festa – A loucura no coração do Olimpo, 340
Preâmbulo, 340
Dioniso, a alteridade no coração do cosmos, 341
Algumas interpretações do personagem de Dioniso, 354

13 Pirra, Deucalião, Noé e Gilgamesh – Os mitos do dilúvio, 364
Preâmbulo, 364
O dilúvio segundo o mundo grego: o mito de Deucalião e Pirra, 366
Do mito grego ao mito bíblico, 369
As lições de Abraão: a transcendência da lei e a consciência infeliz, 375
A mensagem de Jesus: não seguir a Lei mecanicamente, também não a abolir, mas cumpri-la graças ao milagre do amor, 377

14 O complexo de Édipo, 383
Preâmbulo, 383
O mito de Édipo tal como é, 386
A interpretação psicanalítica: o esquecimento da Grécia e a incompreensão do verdadeiro sentido do trágico, 396
Para compreender a noção grega de destino: a interpretação de Vernant, 399
Para ir mais longe: a interpretação cosmológica da lenda de Édipo, 401

15 Antígona – A lei do coração contra a razão de Estado, 415
Preâmbulo, 415
Os seis grandes momentos da peça de Sófocles, 417
A interpretação hegeliana, 424
Uma concepção antiga, cosmológica, do direito como pano de fundo da *Antígona* de Sófocles: as teses de Michel Villey, 435

16 Sísifo e Asclépio – Os mitos da morte, 439
Preâmbulo, 439
Platão e as três vias da superação da morte, 440
Nas origens do mito de Frankenstein: Asclépio (Esculápio), o médico que devolve a vida aos mortos, 445
Os dois ardis de Sísifo, 450

17 Orfeu, Eurídice, Eros, Deméter – Os dramas do amor, 454
Preâmbulo, 454
A filosofia do amor em Platão: Eros imperfeito ou o desejo de eternidade, 455
Eros em Platão: da teoria da verdade à teoria do prazer e da dor, 460

O nascimento de Eros segundo o personagem de Diotima no *Banquete*, 463

Orfeu nos infernos ou por que a morte é mais forte do que o amor, 466

Deméter, ou como o retorno dos infernos se torna possível quando se é imortal..., 475

18 Tântalo, Dédalo, Licáon, Ícaro, Faetonte – Os mitos do orgulho, 482

Preâmbulo, 482

Mais alguns mitos da *hybris*: Tântalo, Níobe, Faetonte, Ícaro, Íxion, Belerofonte e outros..., 483

Hans Jonas e o princípio responsabilidade, 497

19 Um grande mito do amor – Eros e Psiquê, 501

Conclusão – Mitologia e filosofia, 509

Glossário geral (e muito parcial...), 513

PREFÁCIO

Ao contrário do que se pensa, a mitologia não se reduz a uma sucessão de "contos e lendas", de relatos de aventuras mais ou menos fantásticos destinados sobretudo às crianças. Ela representa, ao contrário, uma tentativa grandiosa de trazer respostas à antiga questão sobre o sentido da vida, da vida boa para os mortais. Daí o fato de a distinção entre mortais e imortais, entre os homens e os deuses, ser tão crucial quanto onipresente. Sob vários aspectos, a filosofia que nasce na Grécia é apenas uma secularização, uma apresentação laica e racionalizada da mensagem desses grandes mitos cujo estudo, apaixonante por si só, é também indispensável à sua compreensão. Que a mitologia grega tenha marcado como nenhuma outra a cultura europeia é demonstrado pelo fato de, sem nem mesmo perceber, usarmos quase diariamente dezenas de imagens que lhe são diretamente emprestadas: "pomo da discórdia", "agarrar o touro pelos chifres", "tocar o pactolo", "fugir de Caríbdis para cair em Cila", "seguir o fio de Ariadne", perder-se num "labirinto", num "dédalo de ruelas", sucumbir ao "canto das sereias", "boca de Cassandra", e tantas outras mais. Impossível enumerar aqui as metáforas adormecidas de Oceano, Tífon, Cérbero, Tritão, Píton, Quimera e outros seres maravilhosos que habitam incógnitos nossa linguagem do dia a dia. A proposta deste livro é justamente despertá-los contando as histórias magníficas que constituem sua origem. Mas o interesse da mitologia não para por aí. Os grandes mitos propõem, num plano propriamente filosófico, uma infinidade de lições de vida e de sabedoria de uma profundidade abissal. Também são elas que este livro analisa ao retomar em grande parte os libretos publicados em colaboração com a revista *Le Figaro* no decorrer do ano de 2014.

Luc Ferry

1
A *ODISSEIA* OU O "MILAGRE GREGO"

Preâmbulo

  A guerra de Troia, sobre a qual falaremos no próximo capítulo, durou dez anos. Opondo gregos e troianos ao pé das muralhas da bela cidade de Troia, ela foi atroz, cruel e sanguinária. Os dois campos são marcados por personalidades humanas, mas também divinas, de primeira grandeza. Do lado dos gregos encontramos principalmente Atena e Hera: como veremos, ofendidas por não terem sido escolhidas pelo jovem príncipe troiano Páris, um dos filhos de Príamo, rei de Troia, na questão do pomo da discórdia (que lhes contarei daqui a pouco), elas se vingarão ao longo da guerra tomando o partido dos gregos. Ainda do lado deles, os dois maiores guerreiros são Aquiles e Ájax, filho de Télamon, mas Ulisses, Diomedes e Agamêmnon, chefes dos exércitos, também demonstrarão uma bravura excepcional. E do lado dos troianos, vemos evidentemente Afrodite, que sempre se opõe a Hera e a Atena para agradecer Páris pela preferência que lhe foi dada, mas também porque seu filho adorado, Eneias, é um dos mais bravos guerreiros troianos ao lado de Heitor... A guerra é marcada por um interminável conflito interno no campo grego, que opõe Aquiles e Agamêmnon, conflito que é o objeto principal da Ilíada. Mas é a guerra seu verdadeiro tema, marcada por uma sucessão de massacres e de atrocidades inimagináveis, bem como por combates singulares entre heróis, sobretudo entre Menelau e Páris, Heitor e Ájax, Aquiles e Heitor... No momento em que começa o relato da Odisseia (a propósito, lembro-lhes que Odusséus é simplesmente o nome grego de Ulisses), nosso herói acaba de conduzir seu campo à vitória graças ao famoso ardil do cavalo de Troia. A cidade foi saqueada, devastada, e ele *só tem uma ideia em mente: voltar para casa para reencontrar seu palácio de Ítaca, a pequena cidade da qual é rei, sua esposa Penélope e seu filho Telêmaco... Portanto, é dessa famosa viagem de Ulisses que falaremos hoje, aquela que Homero nos contou na* Odisseia *e que durará, como a própria guerra, dez longos anos. Por que começar com a* Odisseia*? Porque esse relato, como veremos em breve, servirá de matriz ao nascimento da filosofia. Atravessado por uma questão central: "O que é a sabedoria, o que é a vida boa para os mortais?", ele abrirá de fato o caminho para o que tem sido chamado de "milagre grego", ou seja, a passagem de "Mythos" a "Logos", a passagem da mitologia à filosofia. Mas não antecipemos...*

O homem dos mil ardis: a "métis" de Ulisses

Comecemos por lembrar, para situar um pouco o personagem, que Ulisses, também chamado "o homem dos mil ardis", nunca desejou a guerra. Ele até mesmo fez de tudo para não participar dela e foi sob coação que deixou seu palácio de Ítaca. Segundo uma anedota que não consta na *Ilíada* nem na *Odisseia*, mas que seria encontrada nos *Cantos cíprios*, um poema hoje perdido que narrava as origens da guerra de Troia, dizem que Ulisses teria se fingido de louco para não ter de deixar os seus. Eis como Higino, gramático e mitógrafo grego do século I a.C., relata o caso em sua preciosa coletânea de fábulas*[1]:

> Agamêmnon e Menelau, filho de Atreu, à frente dos chefes da coligação para tomar Troia, foram à Ilha de Ítaca atrás de Ulisses, filho de Laertes, a quem fora previsto que, se fizesse o cerco de Troia, voltaria sozinho e miserável, depois de vinte anos, depois de ter perdido seus companheiros. Por isso, sabendo que esses embaixadores viriam vê-lo, fingindo-se de louco, colocou um gorro e atrelou um cavalo e um boi a uma charrua; assim que o viu, Palamedes compreendeu que ele estava fingindo e, tomando Telêmaco, seu filho, nos braços, colocou-o na frente da charrua e disse: "Pare de fingir e venha se juntar à coalizão!" Ulisses deu então sua palavra de que viria. Daí seu ódio contra Palamedes[2].

---

* Nas citações, os comentários entre parênteses são do autor.

1. Mais tarde, o epítome do Pseudo-Apolodoro, um mitógrafo, também famoso, mas de cuja vida nada sabemos, dará uma versão um pouco diferente, mas que, no entanto, evoca o mesmo estratagema do "homem dos mil ardis".

2. E de fato, Ulisses se vingará da forma mais cruel possível de Palamedes, contra o qual tramará um desses ardis dos quais tinha o segredo. Ainda segundo Higino (fábula CV), Ulisses, além de

Apesar do imenso desejo de permanecer em casa, perto dos seus, Ulisses deve de tomar então a decisão de honrar seu compromisso para com Menelau, rei de Esparta, cuja esposa, a bela Helena, acaba de ser raptada pelo jovem príncipe troiano, Páris, e levada para Troia. Ulisses está, no sentido grego do termo, "devastado", pois é deslocado violentamente do seu lugar natural, do local que lhe pertence, mas ao qual também pertence, afastado à força daqueles que o cercam e que formam seu mundo humano. E tem um único desejo, depois desses dez anos de uma guerra terrível: retornar para casa assim que possível, reencontrar seu lugar na ordem do mundo, nesse "cosmo" que a guerra virou do avesso. Mas por várias razões sua viagem de volta será incrivelmente sofrida e difícil, repleta de armadilhas e de adversidades quase invencíveis – o que explica a extensão e a duração do périplo que o herói terá de cumprir. Além disso, tudo se desenrolará muito rapidamente numa atmosfera sobrenatural, num mundo mágico e maravilhoso que não é mais o mundo humano, um universo povoado por seres demoníacos ou divinos, benevolentes ou maléficos, mas que de todo modo não dizem mais respeito à vida normal e representam, como tais, uma ameaça: a de nunca mais retornar ao estado inicial, de nunca mais reencontrar uma existência humana autêntica.

Contextualização

O significado da viagem de Ulisses: de Troia a Ítaca ou do caos à harmonia

É claro que vou lhes contar cada uma das etapas da viagem, mas antes gostaria de mostrar seu significado. As aventuras de Ulisses são em si bastante divertidas e podem ser lidas sem que se compreenda seu sentido filosófico, e tenho certeza de que isso já basta para serem prazerosas. Mas é realmente

---

esconder ouro na tenda de Palamedes, redigiu uma carta que seria atribuída a este último e endereçada a Príamo, missiva em que Palamedes se propunha a revelar a localização do acampamento de Agamêmnon, chefe dos exércitos gregos, em troca de pagamento. A carta foi confiada a um escravo frígio, que a mando de Ulisses foi imediatamente assassinado por um soldado que, encontrando a carta, entregou-a a Agamêmnon. Convencido de que Palamedes era um traidor, ele mandou revistar sua tenda onde, é claro, foi encontrada a quantia de dinheiro que deveria recompensar sua traição, de modo que Palamedes foi condenado a uma morte atroz, torturado e depois apedrejado por todo o exército grego reunido para assistir ao espetáculo dessa execução que ficará nos anais como um modelo de injustiça.

uma pena, pois assim perdemos muito, porque as aventuras do rei de Ítaca só adquirem seu verdadeiro valor quando postas em perspectiva a partir de uma filosofia da vida, neste caso, como veremos, de uma sabedoria "cósmica", de uma nova e apaixonante definição da vida boa para os mortais, em suma, de uma "espiritualidade laica" da qual Ulisses talvez seja o primeiro representante na história do pensamento ocidental. Se a vida boa para os mortais, para aqueles que sabem que vão morrer, que não são deuses, não são imortais, é a vida em harmonia com a ordem do universo, com o que os gregos chamam o "cosmos", então Ulisses é o arquétipo do autêntico sábio, daquele que sabe ao mesmo tempo o que quer e para onde vai. É por isso que, mesmo protelando um pouco o momento do relato – mas chegaremos a ele o mais rápido possível –, devo lhes indicar algumas chaves de leitura, alguns fios condutores que lhes permitirão dar todo o valor a essa epopeia e perceber assim toda sua profundidade moral e espiritual.

Fio condutor n. 1 – Da vida ruim à vida boa: um itinerário filosófico em direção à sabedoria. O pomo da discórdia e os outros caos

Também aqui digamos as coisas simplesmente, mas aprofundando, indo ao essencial: para Ulisses trata-se de passar da guerra à paz, de *Éris* (a discórdia) a *Eros*, do ódio ao amor, do caos à harmonia, do exílio ao retorno à casa, em suma, da vida ruim à vida boa. Tal é o sentido de sua viagem, em que ela é propriamente filosófica, uma busca de sentido e de sabedoria. Veremos – esta é a verdadeira finalidade desse relato fabuloso – não só os obstáculos que se opõem ao êxito dessa busca (e já deixo claro que são essencialmente dois: o esquecimento e a morte pelos monstros), como também os critérios que definem seu êxito (e aqui também eu os cito já no início, mas é claro que nos aprofundaremos: vencer os medos, habitar o presente fugindo das armadilhas do futuro como do passado e, finalmente, encontrar seu legítimo lugar na ordem cósmica).

Razão pela qual tudo nessa história começa com uma série de fraturas, uma sucessão de desordens caóticas que terão de ser enfrentadas, reduzidas e apaziguadas. Como na *Teogonia* de Hesíodo, o poema que narra o nascimento dos deuses e do mundo (tema de um próximo capítulo), vai-se do "caos" ao "cosmos", da desordem absoluta a uma ordem harmoniosa, justa, bela e boa. A epopeia de Homero contém assim uma reflexão de uma profundidade abissal sobre o sentido da vida, sobre a sabedoria e a vida boa para os mortais, e se pensarmos, como Ulisses, que ela se encontra na harmonização de si mesmo com a harmonia do mundo, então vale a pena refletir sobre os obstáculos que podemos encontrar nesse caminho, vale a pena tomar consciência das forças caóticas que se opõem na vida real ao êxito, sempre incerto, dessa busca, no sentido literal, filosófico (de *philo*, "amar, desejar", e *sophia*, "sabedoria").

Ora, precisamente, esse caos original possui uma infinidade de facetas diferentes. Em primeiro lugar, a que salta aos olhos é, evidentemente, a própria guerra, colocada sob os auspícios de Éris, deusa da discórdia e do ódio – como demonstrado pelo episódio do "pomo da discórdia" que está na origem da guerra de Troia. Homero se refere ao episódio, mas não o desenvolve.

Preciso antes dizer algumas palavras sobre isso para que compreendam até que ponto, no imaginário grego, a sabedoria estava ligada à ideia de harmonia, à passagem do caos e da discórdia à ordem cósmica e à paz. Em outros tempos, como já sugeri, a história do pomo da discórdia era contada num poema, infelizmente hoje perdido, chamado *Cantos cíprios*. Essa história era, sem dúvida, bem conhecida na cultura grega – fato percebido simplesmente por Homero citá-la de passagem, como se seus leitores (ou melhor, ouvintes, já que a *Odisseia* foi sobretudo o ponto alto de uma tradição oral) necessariamente a conhecessem. Ela provavelmente era tão famosa quanto a história da *Bela adormecida* ou do *Gato de botas* nas famílias de hoje; fazia parte, como todos os grandes mitos gregos, da cultura comum e é provável que os pais a contassem aos filhos como ainda lhes contamos os contos de fadas. Os *Cantos cíprios*, cujo conteúdo conhecemos por estudiosos e mitógrafos mais ou menos tardios, notadamente Proclos, explicavam a origem primeira da guerra de Troia. Eis como:

Estamos no dia de um casamento, decidido no Olimpo, mas organizado por Zeus no Monte Pélion. O Olimpo é a montanha dos deuses, a montanha na qual vivem os olímpios, isto é, os doze (ou quatorze[3]) deuses principais do panteão grego. Zeus organizou naquele dia o casamento de uma importante

---

[3]. Na mitologia grega, o Olimpo é o monte no qual os principais deuses se reúnem, sob a autoridade de Zeus. Embora sempre contemos doze divindades olímpias, a lista não é engessada: Zeus,

divindade, Tétis. Como todas as deusas, ela é evidentemente imortal e de uma beleza perfeita. Ora, Tétis escolheu, o que não é tão comum entre os deuses, casar-se com um mortal, um certo Peleu. Na verdade, não foi realmente uma escolha dela, pois foi forçada por Zeus a esse casamento, veremos por que daqui a pouco. Mas, por enquanto, continuemos o relato. Tétis e Peleu são mais conhecidos na mitologia grega por serem os futuros pais de Aquiles, o maior herói grego da guerra de Troia. Zeus fez os convites mas "esqueceu" (o termo está entre aspas, pois evidentemente esse esquecimento foi proposital) de chamar uma divindade que ninguém gosta de convidar para um casamento, que é em princípio uma festa alegre, um momento de felicidade: essa divindade é Éris e, em grego, Éris é a discórdia, o ódio.

Em Éris, os gregos percebiam provavelmente uma proximidade com Eros, divindade do amor. Por quê? Porque nunca discutimos tão bem, tão profundamente e com tanto ódio do que com os seres que um dia amamos, até com aqueles que ainda amamos: aqueles que nos são indiferentes o são tanto no ódio quanto no amor. De todo modo, é claro que Zeus esqueceu de convidar Éris de propósito. Furiosa, aborrecida, Discórdia se convida, bem decidida a semear a cizânia no casamento (um tema semelhante será encontrado em *A Bela adormecida*, por exemplo, em que a bruxa malvada não é convidada, então, aborrecida por esse esquecimento voluntário, ela mesma se convida para se vingar). O que ela faz então? Joga um sublime pomo de ouro sobre a mesa em torno da qual os jovens estão celebrando as bodas e banqueteando. Esse pomo vem de um jardim mágico, o jardim das Hespérides, vigiado pelo titã Atlas, irmão de Prometeu e de Epimeteu. Ele é magnífico, uma espécie de joia radiante de beleza. Sobre a mesa, ele parece iluminado por dentro e todos podem ler a inscrição: "Para a mais bela". Então, todas as mulheres correm para pegar o pomo e exclamar a uma só voz: "É para mim, sou a mais bela!", e começam a brigar. Éris está encantada, ganhou sua aposta, pois a discórdia se instalou no coração do casamento. Finalmente, três mulheres sublimes permanecem na disputa. Três deusas, três divindades deslumbrantes, todas as três infinitamente preciosas ao coração de Zeus. Primeiro, sua esposa, Hera (em latim, Juno). Em seguida, sua filha favorita, Atena (em latim, Minerva).

Posêidon, Hera, Ares, Hefesto, Atena, Apolo, Ártemis e Hermes estão constantemente presentes; em contrapartida, Hades, Deméter, Héstia, Afrodite e Dioniso aparecem um depois do outro.

Por fim, sua tia, Afrodite (em latim, Vênus), filha da *aphros*, da espuma, a deusa da beleza e do amor. Elas se dirigem ao chefe, Zeus, para pedir que decida, para que escolha quem fica com o pomo, quem é a mais bela. Zeus, embora imortal, diz a si mesmo: "Se tiver de escolher entre minha mulher, minha filha e minha tia, estou lascado!" Convoca então seu fiel mensageiro, Hermes, e ordena-lhe que leve as três deusas a um monte próximo, o Monte Ida, para ali encontrar uma pessoa ingênua que, em toda inocência, tomará a decisão em seu lugar. Dito e feito! Hermes leva essas damas e encontra um jovem pastor, um rapaz aliás muito encantador, e lhe diz: "Faça-nos um favor. Diga para qual dessas três mulheres devo entregar o pomo da discórdia, o pomo de Éris, qual das três é a mais bela?"

Esse jovem pastor encontra-se então diante das três deusas. Cada uma delas, se me permitem, lhe oferecerá o seu mais magnífico atributo para tentar obter o pomo. Hera, a imperatriz, promete-lhe um império se ele a escolher. Oferece-lhe o que tem a oferecer: é a esposa de Zeus, do imperador, oferece então um império. Minerva, Atena, sendo a deusa da inteligência e da guerra, diz ao jovem: "Se me escolher, se me der o pomo, permitirei que ganhe todas as guerras". Então vem Afrodite, deusa da beleza e do amor, que declara, muito segura de si: "Mas se me escolher, se me der o pomo, poderá levar para sua cama a mais bela mulher do mundo". Claro que, como você e eu, o jovem pastor escolheu Afrodite...

O que vamos descobrir com a sequência da história (é, como eu disse, o início da guerra de Troia)? Que esse jovem pastor não é na verdade um pastor como os outros, na realidade chama-se Páris, e é irmão de Heitor e de Cassandra, portanto, como já disse, um dos filhos de Príamo, rei da cidade de Troia. Príamo o abandonou alguns anos antes porque um oráculo previra que seu filho mais moço conduziria a cidade à ruína (o que, é claro, acontecerá). Quem é então a mulher mais bela do mundo? Certamente é a bela Helena, e a bela Helena é, infelizmente para Troia, uma rainha grega. E é casada com Menelau, rei de Esparta. Esparta é a cidade dos guerreiros: os *spartoi*, os espartanos, que significa, em grego, os "semeados"; segundo outra lenda, eles foram de fato semeados a partir dos dentes de um terrível dragão e nascem da terra totalmente armados, fadados desde o início, desde o nascimento, à guerra e à violência. Mas, essencialmente, é porque um rapaz, na verdade um príncipe troiano, seduz a mulher mais bela do mundo, uma rainha grega – a bela Helena, esposa de Menelau –, que a guerra entre os gregos e os troianos será desencadeada.

Tudo começa, pois, com esse primeiro caos. Seguido por um segundo caos, o caos da própria guerra, que, como disse, durará dez anos. Ela termina com um terceiro caos (toda essa história, como a do mundo e dos deuses segundo a *Teogonia* de Hesíodo, começa, portanto, com uma incrível sucessão de caos!): aquele durante o qual Ulisses conduzirá os gregos à vitória. Este é, sem dúvida, o episódio mais conhecido da *Odisseia* (embora mencionado apenas em algumas linhas, pois é na *Eneida* de Virgílio que encontramos, portanto muito mais tarde, uma versão realmente desenvolvida): Ulisses faz entrar na cidade de Troia, na cidade de Príamo, de Páris e de Heitor, que Aquiles, com a ajuda de Atena, acaba de matar num combate singular, um cavalo cujos flancos estão abarrotados de soldados gregos que, à noite, vão saltar para fora da estátua e massacrar os troianos.

O terceiro caos é esse massacre com o qual a guerra termina. Ele é tão abominável que mesmo os deuses que apoiaram os gregos estão horrorizados. Sejamos honestos: o saque de Troia ultrapassa os limites, todos os limites. Ele é totalmente desmedido – marcado com o selo do que os gregos chamam de *hybris*, a desmedida mais demencial. Os soldados, que perderam dez anos de suas vidas em condições tão terríveis que certamente nunca se recuperarão, tornaram-se piores do que animais selvagens. Quando entram na cidade sitiada, sentem prazer em matar, em torturar, em violentar, em quebrar tudo o que é belo e mesmo sagrado. Vemos soldados que agarram crianças pelos pés e que lhes arrebentam as cabeças contra as paredes. Ájax, no entanto, um dos mais valorosos guerreiros gregos, chega a violar Cassandra, filha do Rei Príamo, irmã de Páris, num templo dedicado a Atena. A deusa não aprecia – ainda mais porque Cassandra é uma boa mulher. Ela está, é verdade, afetada por uma maldição funesta, que foi lançada por Apolo. O deus da medicina e da música, o arqueiro incomparável, apaixonou-se por ela e, para ganhar seus favores, a presenteia com um dom maravilhoso: o de prever o futuro. Cassandra aceita, mas, no último instante, recusa-se a ceder aos avanços do deus... que, para se vingar, lança sobre ela um feitiço funesto: ela sempre será capaz de prever corretamente o futuro – o que foi dado, foi dado e não se retoma –, mas ninguém jamais acreditará nela! Desse modo, é em vão que Cassandra implora ao pai que não deixe o cavalo de Troia entrar em sua cidade, pois ninguém a ouve...

O que não é de forma alguma uma razão para violá-la, ainda mais num templo de Atena! E todo o comportamento dos aqueus (os gregos têm vários nomes, aqueus, dânaos e argivos) é visto dessa perspectiva, de maneira que os olímpios, mesmo aqueles que apoiaram os gregos contra os troianos, como Atena, precisamente, estão enojados com esse novo caos que se acrescenta inutilmente àquele que a guerra em si já constitui: a grandeza mede-se pela capacidade de mostrar-se digno e magnânimo não apenas na provação, mas também na vitória – e, nesse caso, os gregos comportam-se de maneira muito medíocre. Falando claramente, eles se comportam como porcos. Perante tal explosão de *hybris*, Zeus deve agir: desencadeará então tempestades sobre os navios gregos, quando, finalmente concluído o saque de Troia, eles desejarão voltar para casa. E para completar e fazê-los refletir, também vai semear a discórdia – aqui encontramos uma vez mais a figura de Éris, entre os chefes gregos. A cizânia se instala entre os dois maiores reis, entre os dois irmãos, Agamêmnon, que liderou os exércitos durante todo o conflito, e Menelau, rei de Esparta, o marido enganado pela bela Helena apaixonada por Páris, mas também entre Ulisses e Menelau, que se separam violentamente depois de terem partido juntos no mesmo barco... Isso já nos oferece nada menos do que cinco tipos diferentes de caos, que se acumulam e se somam uns aos outros: o pomo da discórdia, a guerra, o saque, a tempestade e as escaramuças entre generais – os dois últimos – já explicando em parte as primeiras dificuldades que Ulisses experimenta para retornar ao lar.

Mas naquilo que o toca diretamente, o pior ainda está por vir: como veremos daqui a pouco, ele atraiu, ao longo de sua viagem, o ódio inextinguível de Posêidon ao furar o olho de um de seus filhos, um ciclope chamado Polifemo. Ulisses não podia agir de outra forma: o ciclope, um monstro assustador dotado de um único olho no meio da testa, passava o tempo devorando seus companheiros. Era preciso cegá-lo para conseguir fugir. Mas também cabe a Posêidon defender seus filhos, mesmo sendo maus. Ele nunca perdoará Ulisses, e sempre que possível fará tudo o que estiver ao seu alcance para lhe arruinar a vida e impedi-lo de retornar a Ítaca. Ora, seus poderes são grandes, muito grandes, e os problemas de Ulisses serão proporcionais a eles...

Por fim, a última forma de caos que Homero evoca desde o início dessa história e que Ulisses terá de enfrentar em seu final, e que não é menos importante: em sua ausência, os rapazes de sua querida pátria, Ítaca, semearam uma desordem inimaginável em seu palácio. Convencidos de que Ulisses está morto há muito tempo, eles decidiram tomar seu lugar, não apenas no comando de Ítaca, mas também junto à sua esposa – que tenta desesperadamente permanecer fiel ao marido. Eles são chamados os "pretendentes" porque, com efeito, pretendem tanto o trono de Ítaca quanto a mão de Penélope. Assim como os gregos em Troia, eles também se comportam como porcos, uma vez que todas as noites vêm festejar na casa da rainha, para seu grande desespero e o do filho, Telêmaco, que ainda é jovem demais para expulsá-los, mas que vive irado e indignado o tempo todo. Os pretendentes bebem e comem tudo que encontram e tudo que podem, sem pudor, como se os bens do rei de Ítaca lhes pertencessem. Eles esgotam pouco a pouco todas as riquezas acumuladas por Ulisses para os seus. Quando estão bêbados, cantam, dançam como demônios e se deitam com as criadas. Chegam mesmo a fazer avanços incorretos a Penélope, em suma, eles também chafurdam na *hybris* e na casa de Ulisses, o que os gregos chamam de seu *Oikos* (de onde vem, por exemplo, a palavra "ecologia"), seu lugar natural, que também passou da ordem ao caos – o que já nos dá, se não errei na conta, ao menos seis tipos de caos diferentes.

Quando Ulisses ali reinava, sua casa era como um pequeno "cosmos", um microcosmo, se quiserem, um pequeno mundo harmonioso, como aquele que Zeus estabeleceu em todo o universo. E agora, desde sua partida, tudo virou de cabeça para baixo. Se continuarmos com a analogia, podemos dizer que os pretendentes se comportam dentro da cidade como as forças iniciais do caos que encontraremos na origem do mundo quando falarmos do nascimento dos deuses, da *Teogonia* de Hesíodo. Para Ulisses, a primeira finalidade de sua viagem consiste, pois, em chegar a Ítaca para recolocar seu mundo no lugar, para refazer de seu *Oikos*, de sua casa, um cosmos, uma ordem harmoniosa, não caótica – é nesse sentido que nosso herói é realmente "divino". Aliás, é assim que costumam se referir a ele, como o "divino Ulisses". O próprio Zeus afirma no início do poema de Homero que ele é "o mais sábio de todos os humanos", pois tem como destino essencial se comportar nesta terra como o senhor dos deuses no nível do Grande Todo. Embora mortal, ele é um pequeno Zeus, como Ítaca é um pequeno mundo, e todo o objetivo de seu doloroso périplo, se não de toda sua vida, é de também fazer reinar, pela astúcia e, se necessário, pela força, a justiça, isto é, a harmonia. Zeus não ficará insensível a esse projeto tão semelhante ao seu. Quando necessário, ele ajudará Ulisses em seu retorno ao último e terrível combate contra esses portadores do caos e da desarmonia que são esses pretendentes cheios de *hybris*...

Fio condutor n. 2 – Os quatro obstáculos no caminho da vida boa: ser vencido por um ser sobrenatural (um representante das forças do caos), deixar de ser homem (a tentação da imortalidade), deixar de estar no mundo real (se deter no caminho), ceder ao esquecimento...

Sabemos agora de onde Ulisses vem e para onde vai: do caos ao cosmos, da desordem à harmonia. É um itinerário de sabedoria, um caminho doloroso, tortuoso, cheio de armadilhas, mas cujo objetivo está pelo menos claro: trata-se de chegar à vida boa mesmo aceitando a condição de mortal que é a de todo ser humano. Ulisses quer não apenas reencontrar sua família mas também recolocar sua cidade em ordem, pois é somente junto aos outros que um homem é homem. Isolado e desenraizado, separado de seu mundo, não é mais nada. Aliás, eis o que Ulisses diz claramente quando se dirige ao bondoso rei dos feácios, o sábio Alcínoo (veremos daqui a pouco em que ocasião) cujo governo harmonioso ele admira assim como a paz que faz reinar em sua ilha:

> O mais caro objeto de meus desejos, juro-lhe, é esta vida de um povo em harmonia, quando nas casas se veem em longas filas os convivas sentados para ouvir o aedo (o costume queria que um aedo, um contador acompanhado por um instrumento musical, cantasse histórias acompanhando-se com uma cítara, costume que será praticado no tempo dos castelos com os nossos trovadores), quando nas mesas abundam o pão e as carnes e que, dirigindo-se à cratera (o recipiente onde colocavam o vinho puro antes de misturá-lo com água), o escanção vem oferecer e despejar nas taças. Esta, para mim, é a mais bela das vidas... nada é mais doce do que

a pátria e os familiares; no exílio, de que serve a morada mais rica, entre estranhos e longe dos seus? (*Odisseia*, Canto IX).

A vida boa é a vida com os seus, em sua pátria, mas essa definição não deve ser entendida num sentido moderno, trivialmente "patriótico" ou "nacionalista". Não é o célebre "trabalho, família, pátria" que Ulisses, como por antecipação, teria em mente. Pois o que serve de base para sua visão do mundo vem da cosmologia, não da ideologia política, uma vez que a existência bem-sucedida, para um mortal, é a existência ajustada à ordem cósmica da qual a família e a cidade não são senão os elementos mais manifestos. Na harmonização de sua vida com a ordem do mundo há uma infinidade de aspectos pessoais, e quase todos serão explorados por Ulisses. É preciso, por exemplo, dedicar tempo para conhecer os outros, às vezes combatê-los, às vezes amá-los, para civilizar a si mesmo, para descobrir culturas diferentes, paisagens infinitamente diversas, conhecer as profundezas do coração humano em seus aspectos menos evidentes, medir seus próprios limites na provação; em suma, não nos tornamos um ser de harmonia sem passar por uma infinidade de experiências que vão, no caso de Ulisses, ocupar um lapso de tempo considerável em sua vida. Mas para além de sua dimensão quase iniciática no plano humano, para além mesmo de seus aspectos cosmológicos, essa concepção da vida boa também possui uma dimensão propriamente metafísica. Ela mantém uma ligação muito profunda com certa representação da morte.

Para os gregos, o que caracteriza a morte é a perda da identidade. Os desaparecidos são sobretudo "sem nome", e mesmo "sem rosto". Todos os que deixam a vida tornam-se "anônimos", perdem sua individualidade, cessam de ser pessoas.

Quando Ulisses, no decorrer de sua viagem (veremos mais adiante também em que circunstâncias), é obrigado a descer aos infernos onde habitam os que já não têm vida, ele é tomado por uma surda e terrível angústia. Ele contempla com horror todo esse povo que habita no Hades. O que mais o inquieta é a massificação, o caráter *indistinto* dessas sombras que nada mais permite identificar – uma indeterminação que lembra o caos inicial. O que o aterroriza é o barulho que fazem. É um barulho confuso, um burburinho, uma espécie de rumor abafado no seio do qual não é mais possível reconhecer uma voz, menos ainda distinguir uma palavra com algum sentido. É essa despersonalização que caracteriza a morte aos olhos dos gregos, e a vida boa deve ser, na medida do possível e pelo maior tempo possível, o contrário absoluto dessa monotonia infernal.

Ora, a identidade da pessoa passa por três pontos cruciais: o pertencimento a uma comunidade harmoniosa – um cosmos. Repetindo: o homem só é verdadeiramente homem entre os homens e, no exílio, ele não é mais nada – e é por isso que o banimento da cidade é, aos olhos dos gregos, igual a uma condenação à morte, o castigo supremo infligido aos criminosos. Mas existe uma segunda condição: a memória, as lembranças, sem as quais já não sabemos mais quem nós somos. É preciso saber de onde viemos para saber quem somos e para onde devemos ir, por isso o esquecimento é, nesse aspecto, a pior forma de despersonalização que podemos experimentar na vida. É uma pequena morte no seio da existência e o amnésico é o ser mais infeliz da terra. Por fim, é preciso aceitar a condição humana, ou seja, apesar de tudo, a finitude, pois um mortal que não aceita a morte vive na *hybris*, na desmedida, uma forma de orgulho que beira a loucura. Ele se toma pelo que não é, um deus, um imortal, como o louco se toma por César ou Napoleão...

Ulisses vai aceitar – veremos também em que circunstâncias – sua condição de mortal. Vai recusar a imortalidade que uma bela ninfa, Calipso, lhe oferecerá. Lembra-se de tudo e tem apenas uma ideia fixa, a de reencontrar seu lugar no mundo e de restaurar a ordem em sua casa. Nesse sentido, ele é um modelo, um arquétipo da sabedoria dos Antigos.

Mas é também nessa perspectiva que é preciso interpretar os obstáculos, as terríveis armadilhas que encontrará em seu caminho. Não se trata apenas, como num romance policial ou num faroeste, de desafios destinados a ressaltar e a valorizar a coragem, a força ou a inteligência do herói. Trata-se de provações infinitamente mais profundas, dotadas de um sentido ao mesmo tempo forte e preciso. Se o destino de Ulisses, como Zeus diz explicitamente no início do poema, é retornar para casa, restaurar a ordem em sua cidade para ali reencontrar seu legítimo lugar junto aos seus, os obstáculos que Posêidon lhe oporá não são escolhidos ao acaso. Na verdade, trata-se de desviá-lo de seu caminho e de seu destino, de fazê-lo perder o sentido de sua existência e de impedi-lo de alcançar uma vida boa. As ciladas espalhadas em seu itinerário são tão filosóficas quanto a intenção da viagem. Pois só há duas maneiras de conseguir desviar Ulisses de seu destino, caso renunciem a matá-lo logo no início: o esquecimento e a tentação da imortalidade. Ambos impedem os homens de serem homens. Se Ulisses esquecer quem é, também esquecerá para onde está indo, e jamais alcançará a vida boa. Mas da mesma forma, se aceitasse a oferta de Calipso, se cedesse à tentação de ser imortal, ele também deixaria de ser um homem. Não só porque, de fato, tornar-se-ia um deus, mas também porque a condição dessa "apoteose", dessa transformação em divindade, seria o exílio, pois teria de renunciar para sempre a viver com os seus, em seu lugar, de modo que é sua identidade mesma que ele perderia.

Paradoxo que anima todo o percurso do herói e dá sentido ao conjunto da epopeia: é aceitando a imortalidade que Ulisses se assemelharia a um morto! A rigor, ele não seria mais Ulisses, marido de Penélope, rei de Ítaca, filho de Laertes... Seria um exilado anônimo, um sem nome, condenado por toda a eternidade a não mais ser ele mesmo – o que, aos olhos de um grego, oferece uma boa definição do inferno. Conclusão: a imortalidade é para os deuses, não para os humanos. Para estes é uma armadilha, e indo contra ao que as grandes religiões vão ensinar, não é ela que devemos buscar desesperadamente nesta vida.

É também por isso que o que ameaça Ulisses, ao longo de seu périplo, é perder os dois elementos constitutivos de uma vida bem-sucedida, ou seja, o pertencimento ao mundo e à humanidade, ao cosmos e à finitude. Ulisses será constantemente ameaçado pelo esquecimento: entre os lotófagos, cujo alimento leva à perda da memória; ao passar perto das sereias, cujo canto faz perder a cabeça; ao arriscar ser transformado em porco pela feiticeira Circe; ao ceder ao amor de Calipso, da qual Homero nos diz explicitamente, já no canto I, que ela "quer lançá-lo no esquecimento de sua Ítaca" enquanto ele "deseja apenas ver subir as fumaças de sua terra..." É ainda sob a forma de torpores funestos que o esquecimento ameaçará Ulisses, essas perdas de consciência levam-no a cometer terríveis erros contra o deus dos ventos, Éolo, ou do sol, Hélio. O esquecimento sob todas as suas formas é a tentação de abandonar seu projeto de retorno, o que o conduziria à renúncia de encontrar seu legítimo lugar no cosmos. Mas a outra ameaça não é menos importante, pois ceder ao desejo da imortalidade tornaria, como acabamos de ver, Ulisses inumano.

Também por essa razão é absurdo querer localizar a todo custo num mapa geográfico as etapas de sua viagem. Isso nunca foi possível e por uma simples razão que poderia ter poupado muito trabalho àqueles que imaginam tratar-se de um itinerário na realidade. O mundo no qual Ulisses evolui não é o mundo real. Evidentemente o autor da *Odisseia*, seja quem for – não se sabe ao certo quem foi Homero, se de fato foi ele quem escreveu essa obra, ou se não foram vários autores, mas isso pouco importa aqui –, misturou o real e o imaginário, de modo que certas indicações correspondem a lugares bem reais. Às vezes é possível identificar tal ilha, tal cidade, tal montanha etc. Mas o sentido profundo desse mundo onde evolui o herói nada tem a ver com a geografia. É um mundo imaginário, literalmente metafisico, sobrenatural, povoado de seres que não são nem homens nem deuses, uma vez que, como veremos, os feácios, os ciclopes, Calipso, Circe, os lotófagos, todas essas gentes são bizarras, estranhas ao mundo – em alemão, diriam *Weltfremd* –, fora da natureza. O projeto de situar a viagem de Ulisses num mapa não tem, pois, interesse algum porque ele passa totalmente ao largo do essencial, ou seja, que Ulisses saiu, por um tempo, justamente o de sua viagem, do cosmos. Ele está entre duas águas, e é por escolha própria, com toda a coragem, a astúcia e a força de que é capaz, que precisará num só movimento voltar a ser verdadeiramente um homem e reatar o contato com o mundo real. É disso que se trata, não de navegação nem de guia Michelin... Ulisses acabará vencendo todos os obstáculos e Tirésias, o adivinho com quem cruzará nos infernos, anunciará, mas de uma forma mitigada: sim, ele retornará para casa e morrerá muito velho, ao contrário de Aquiles, mas retornará sozinho, após ter perdido todos os seus companheiros e ao preço de terríveis provações... Em resumo, ele vai reencontrar, de um lado, o mundo humano, a finitude e as verdadeiras gentes, do outro, Ítaca e a realidade de um canto do cosmos onde é preciso recolocar um pouco de ordem. Em suma, a verdadeira vida, a vida boa ao menos para os mortais... Vejamos agora como, e a que preço, detalhando as diferentes etapas de seu périplo, etapas em que veremos o constante alternar da dupla ameaça que pesa o tempo todo sobre Ulisses, ou seja, a dos monstros e a do esquecimento.

A guerra finalmente acabou. Vemos Ulisses na proa de seu barco que navega entre as ilhas. Ele olha ao longe, na direção do horizonte. A bordo da "nau rápida", como dizem na língua de Homero, uns cinquenta marinheiros, seus companheiros de armas. Ulisses se volta para eles:

> Vamos meus amigos, retornemos à casa, vamos reencontrar nossos filhos, nossos pais, nossas mães e adormecer enfim nos braços de nossas mulheres! É passado o tempo do exílio, do ódio e dos sofrimentos mais atrozes que enfrentamos. Se for do agrado dos deuses, é chegado o do retorno à vida! Voguemos enfim em direção a ela...

1. Entre os cícones

Aproximam-se de uma ilha, Ulisses sugere que parem ali para buscar água e reabastecer de víveres mas, novamente, está inquieto, não sabe se o que o espera nessa ilha são amigos ou inimigos. Parece tenso, e tem motivos para se sentir assim... pois é de fato numa terra hostil, no país dos cícones, que ele acaba de desembarcar, um povo de guerreiros que combateu os gregos ao lado dos troianos, de forma que com eles toda cordialidade é impossível. Este episódio é, de certa forma, um simples apêndice da guerra, tanto uma lembrança do que ela foi quanto uma maneira de terminá-la. Ulisses e seus amigos deixam o barco numa praia e, lentamente, sobem em direção à cidade, depois a atacam de surpresa e a saqueiam – como saquearam Troia. Matam e massacram quase todos os seus antigos inimigos, poupando praticamente apenas um homem e sua família: Máron, um sacerdote de Apolo. Em agradecimento, Máron oferece a Ulisses vários odres de um vinho delicioso, fora do comum, ao mesmo tempo doce e forte, que mais tarde se revelará muito útil para adormecer o ciclope Polifemo que Ulisses e seus companheiros logo terão de enfrentar... Não vamos nos antecipar. Por enquanto, Ulisses e seus soldados estão festejando na praia. É o repouso dos guerreiros, mas não é nada prudente. Os poucos cícones que escaparam da morte procuram ajuda no interior do país e, no meio da noite, retornam e se lançam como águias sobre os gregos. E agora são eles que matam uma boa quantidade de gregos. Os sobreviventes fogem o mais rápido que podem. Eles voltam para seus barcos e se apressam para deixar a terra dos cícones que, fora o vinho ofertado por Máron, definitivamente não vale a pena... Estamos ainda na época dos conflitos e dos caos. Esse episódio ainda pertence ao ciclo guerreiro, é apenas uma última consequência da guerra de Troia.

Aliás, até aqui tudo ainda é normal, não sobrenatural ou mágico, ou seja, estamos lidando com uma cidade de verdade, um país de verdade, o dos cícones, com barcos de verdade, com seres humanos, certamente hostis, mas, no entanto, "comedores de pão" como Ulisses e seus amigos... Há caos por toda parte, com certeza, mas nada ainda da ordem do fantástico. Como bem insiste Jean-Pierre Vernant em seu livro (*L'Univers, les dieux, les hommes*, Le Seuil, 1999 [O Universo, os deuses, os homens. São Paulo: Companhia das Letras, 2000]), com a próxima etapa, Ulisses sairá do mundo real e entrará no do imaginário, ou melhor dizendo, da metafísica. Enfrentará ali obstáculos que não são mais inteiramente humanos, nem naturais, mas fora do mundo, e o sentido deles não será mais entendido em termos de geografia, nem de estratégia política ou militar, mas de mitologia e de filosofia...

Ulisses e seus companheiros retornam então ao mar, como diz Homero, "com a alma pesarosa e chorando pelos amigos, mas ainda assim aliviados por terem escapado da morte..." Sempre pelas mesmas razões, Zeus está irado porque os gregos acrescentam um saque ao outro, um caos ao outro, continuam pecando por *hybris*, por desmedida, e isso tem de parar. Então mais uma vez ele desencadeia uma terrível tempestade. As velas dos navios explodem sob a força do vento. As ondas estão enfurecidas, as vagas gigantescas. É preciso continuar a remo (os barcos da época usavam os dois meios de propulsão). Dia e noite, Ulisses e seus homens lutam com todas as suas forças..., até se aproximarem novamente de uma extensão de terra firme. Ali, acabrunhados de cansaço, permanecem dois dias e duas noites na areia, incapazes de fazer nada além de dormir e de tentar de alguma forma se recuperar. Depois, no terceiro dia, eles retomam a viagem, mas as ondas, as correntes e o vento que voltou a soprar os desviam. Não têm mais a menor ideia de onde estão. Encontram-se totalmente perdidos, sem nenhum meio para se orientar, e por um bom motivo: Zeus acaba de levá-los para paragens fora do mundo real. A ilha na qual, após dez dias, eles acabam, extenuados, de desembarcar nada tem de normal...

2. Entre os lotófagos

Esta é uma terra cujos habitantes são realmente pessoas muito estranhas. São muito gentis, muito hospitaleiros, mas não comem pão, nem carne como os humanos normais, sendo este um sinal do qual os marinheiros de Ulisses deveriam ter desconfiado, eles alimentam-se de uma única planta, uma flor: o lótus. Por isso são chamados de "lotófagos", que em grego significa simplesmente "comedores de lótus". Não procurem num dicionário para ver que planta é porque não a encontrarão. É uma fruta ou uma flor imaginária, maravilhosa, uma espécie de tâmara que também possui uma particularidade muito notável: quem a prova logo perde a memória. Totalmente. Torna-se um completo amnésico, não se lembra rigorosamente de mais nada. Nem de onde vem, nem do que está fazendo ali, muito menos para onde está indo. Ele é feliz desse jeito, simples assim. Isso lhe basta. Aliás, quem a provou exibe um ar de "louco manso" simpático no início, mas que em seguida se torna inquietante. Claro, o contraste é total entre essa flor, tão bonita quanto deliciosa, e a terrível ameaça que ela representa para Ulisses. Caso tenha a infelicidade de ingerir nem que seja um bocadinho, é todo seu destino que titubeia, uma vez que não vai querer mais voltar para casa, nem mesmo vai pensar nisso, e até a possibilidade de uma vida boa vai escorregar-lhe das mãos. Aliás, ele vê consternado que três de seus companheiros já tentaram a experiência, e o resultado é calamitoso. Eles estão quase irrecuperáveis. Sorriem o tempo todo com um ar abobalhado, como grandes patetas. Muito felizes por finalmente viverem no presente, eles não querem mais saber de voltar para casa. Como bem coloca Ulisses, quando ele mesmo narra esse episódio:

> Logo que um deles prova essas frutas de mel, não quer mais voltar nem dar notícias; todos gostariam de ficar entre esses comedores de tâmaras e, empanturrados dessas frutas, adiar para sempre a data do retorno... Tive de trazê-los de volta à força, todos aos prantos, e colocá-los a ferros, deitados sob os bancos, no fundo de seus navios. Então mandei reembarcar minhas gentes que permaneceram fiéis, sem demora! A bordo e que os navios naveguem! Fiquei com medo de que comendo essas tâmaras os outros também esquecessem a data do retorno! (Canto IX).

Esses lotófagos são, com certeza, pessoas encantadoras, doces como sua deliciosa fruta, mas Ulisses sabe muito bem que dela escapou por pouco e que a pior ameaça não é necessariamente aquela em que se acredita: o esquecimento do objetivo de sua viagem, isto é, do sentido de sua vida, pode ter um rosto amável e a doçura do mel.

Como escreve Jean-Pierre Vernant, que de bom grado cito aqui para homenagear este incomparável pioneiro na interpretação dos grandes mitos gregos:

> Primeira etapa, portanto, uma terra que é o país do esquecimento. Durante o longo périplo que seguirá, a cada momento, o esquecimento, o apagamento da lembrança da pátria e do desejo de voltar a ela, é isso que, por trás de todas as aventuras de Ulisses e de seus companheiros, sempre representa o perigo e o mal. Estar no mundo humano é estar vivo à luz do sol, ver os outros e ser visto por eles, viver em reciprocidade, lembrar-se de si e dos outros. Ali, ao contrário, eles penetram num mundo onde as potências noturnas, os filhos da Noite, como Hesíodo os chama, vão pouco a pouco estendendo sua sombra sinistra sobre a tripulação de Ulisses e sobre o próprio Ulisses. Uma nuvem de escuridão ainda paira sobre os navegadores, ela ameaça perdê-los se se deixarem arrastar pelo esquecimento do retorno (*L'Univers, les dieux, les hommes*, p. 118-119).

É, portanto, aliviado por ter escapado desse mal que Ulisses retorna ao mar. A próxima etapa, no entanto, reserva-lhe uma terrível provação.

3. Entre os ciclopes

Depois de alguns dias de navegação a remo, Ulisses e seus companheiros aproximam-se da ilha dos "Olhos redondos", também chamados de "ciclopes". Eles são imensos, pelo menos três vezes mais altos do que os humanos normais, e têm apenas um único olho, gigantesco, no meio da testa. Aqui também, como os lotófagos, mas infinitamente menos simpáticos, trata-se de seres à parte, fora do mundo natural. Nem homens, nem deuses, são inclassificáveis. Eis como Ulisses os descreve no relato que fará mais tarde a Alcínoo e Arete, rei e rainha da Feácia:

> São brutos sem fé nem leis. Têm tanta confiança nos imortais que nem plantam nem cultivam com as mãos. Sem trabalho nem semeadura, o solo lhes fornece tudo, cevada, trigo, vinhas e vinho dos grandes cachos que as chuvas de Zeus fazem crescer. Entre eles, não há assembleia que julgue ou delibere; mas, no alto dos grandes montes, no interior de sua caverna, cada um sem se preocupar com os outros dita sua lei a seus filhos e mulheres (Canto IX).

Em suma, essas gentes, como os lotófagos, não são verdadeiramente humanos. A prova é que não cultivam a terra e não têm lei comum. No entanto, também não são deuses, mas ficamos sabendo que são protegidos por eles e, ao que tudo indica, de uma maneira muito eficaz, pois não têm de trabalhar para viver... Estamos nesse mundo do entremeio, intermediário entre o dos homens e o dos bem-aventurados, que vai caracterizar toda a viagem de Ulisses desde sua saída do real, após a querela sangrenta com os cícones, até seu retorno a Ítaca. A ilha dos "Olhos redondos" transborda de alimentos. Os companheiros de Ulisses saem para caçar e trazem uma boa quantidade de víveres. Abarrotando assim os porões dos barcos. Todos preparam-se para partir, mas Ulisses, e este é um traço essencial de seu caráter, é um homem curioso pelos outros. Ele não é apenas astuto, é inteligente, quer conhecer tudo, se enriquecer sempre com saberes e experiências novas que possam alargar seu horizonte intelectual, cultural e moral. Ele dirige-se, pois, aos seus companheiros nos seguintes termos:

> Fiel tripulação, a maior parte de nossa frota ficará aqui; mas vou levar comigo meu navio e meus homens; quero observar essas gentes e saber o que são, bandidos sem justiça, um povo de selvagens, ou pessoas acolhedoras que respeitam os deuses (Canto IX).

Como podemos ver, a expedição por ele planejada não tem outra finalidade que o conhecimento – e esta é outra faceta da sabedoria grega: um imbecil não conseguiria chegar à vida boa, e se o objetivo final é realmente encontrar seu lugar na ordem cósmica, sua realização deve incluir um percurso que ofereça ao ser humano a ocasião de alargar e de enriquecer sua visão do mundo e sua compreensão dos seres que o povoam. Esta saudável curiosidade traz, contudo, perigos, como o encontro de Ulisses com o ciclope Polifemo vai infelizmente demonstrar. Com uma tripulação de doze homens cuidadosamente escolhidos, Ulisses visita a ilha. E ali descobre uma caverna alta, sombreada de loureiros, que é ao mesmo tempo a morada do ciclope e o estábulo onde seus rebanhos de cabras e de carneiros vêm se abrigar com ele durante a noite:

> É ali que nosso monstro humano se abrigava. É ali que vivia sozinho, pastoreando seus rebanhos, não frequentando ninguém, mas sempre distante e pensando apenas no crime. Ah! que monstro surpreendente! Não tinha nada de um bom comedor de pão, de

um homem: parecia mais um cume coberto de floresta que vemos se destacar no alto dos montes...

Polifemo, com efeito, é alto como uma colina. Com seu único olho no meio da testa, com sua força titânica, ele é simplesmente aterrorizante e Ulisses começa a se perguntar se, afinal, sua curiosidade não era um terrível defeito... mas ele quer ter certeza disso. Constatando que Polifemo não está em casa, que sua morada está vazia – o ciclope levou seus rebanhos para pastorear nos campos vizinhos –, ele entra com seus companheiros nesse antro do monstro. Um detalhe importante: ele tomou o cuidado de levar consigo as dozes ânforas do delicioso vinho que Máron, o sacerdote de Apolo, lhe ofereceu como presente por ter tido a clemência de deixar vivos ele e sua família. A caverna está abarrotada de alimentos. Os cestos estão repletos de queijos deliciosos, os cercados atulhados de cordeiros, vasos de metal transbordam de leite, de mel e de patés diversos. Os companheiros de Ulisses só pensam numa coisa: apoderar-se de toda essa comida e fugir sem tardar e sem dizer nada. Mas Ulisses, claro, quer saber quem são essas criaturas estranhas. Não deixará a caverna sem ter visto Polifemo. Para azar seu e, sobretudo, para o de seus companheiros que ali perderão a vida em condições atrozes. Pois Polifemo é realmente um monstro, não um "comedor de pão".

Ulisses e seus amigos se acomodam para esperar. Como está anoitecendo, eles fizeram uma grande fogueira. Aquecem-se ao redor dela e comem alguns queijos, para passar o tempo. Quando volta para casa e vê esse espetáculo, Polifemo começa a infringir todas as leis da hospitalidade. Entre os gregos, pelo menos entre os que "comem pão e respeitam os deuses" como verdadeiros humanos, o costume quer que se ofereça primeiro bebida e comida a seus hóspedes, antes de lhes perguntar qualquer coisa. Mas Polifemo os submete a um interrogatório: ele quer saber seus nomes, descobrir quem são, de onde vêm. Ulisses percebe que o encontro começou mal. Em vez de lhe responder, ele pede hospitalidade a Polifemo. Recorda-lhe então, como uma espécie de ameaça velada, o devido respeito aos deuses. O ciclope cai na gargalhada: deuses, e mesmo Zeus, o mais eminente entre todos, ele não está nem aí! Polifemo e seus semelhantes são, segundo ele, muito mais fortes. E para demonstrá-lo, agarra pelas pernas dois companheiros de Ulisses e, começando pela cabeça, os esmaga no chão. Antes que seus cérebros acabem de se espalhar, ele os estraçalha membro por membro e esse é seu jantar... depois adormece tranquilamente.

Enojado, a alma dilacerada pela dor e pelo sentimento de culpa – foi sua curiosidade que provocou a morte de seus companheiros –, Ulisses logo pensa em matar Polifemo com sua espada. Ele a desembainha, mas muda de ideia, pois o ciclope, que tem uma força inimaginável, bloqueou a entrada da caverna com um enorme bloco de pedra e mesmo com todas as suas forças reunidas, Ulisses e seus amigos seriam de fato incapazes de movê-la um centímetro. Se conseguir matar o ciclope, Ulisses permanecerá para sempre prisioneiro nesse antro. É preciso então encontrar um ardil. A noite passa, atroz, à espera de um amanhã que se anuncia aterrador. E ele o é, com efeito. Para o café da manhã, Polifemo também devora, segundo o mesmo ritual sanguinário, dois outros marinheiros de Ulisses. Depois, tranquilamente, sai com seus carneiros, lembrando de fechar cuidadosamente a porta da gruta com o enorme bloco de pedra. Impossível de escapar. Ulisses reflete. E o homem dos mil ardis tem uma ideia. Reparando numa grande viga de madeira largada perto de um dos estábulos, uma espécie de porrete de oliveira que tem o tamanho de um dos mastros de seu navio, ele e seus homens a pegam. Com suas espadas, eles talham uma ponta, como um enorme lápis. Uma vez a estaca bem afinada, eles a mergulham na fogueira, para endurecê-la e aquecê-la ao máximo...

Polifemo retorna e, como de costume, sacrifica dois novos membros da tripulação para seu jantar. Ulisses, esta é a segunda parte de seu plano, lhe oferece então um vinho, aquele néctar delicioso e muito alcoólico ofertado por Máron, que disse que um dia lhe seria bem útil. O ciclope, que nunca bebera algo melhor, engole, uma depois da outra, três ou quatro crateras bem cheias. E agora está bêbado como um gambá. Ele pergunta o nome de Ulisses, prometendo-lhe que, se responder, dar-lhe-á um presente suntuoso. Ulisses logo inventa uma história, é a terceira parte de seu estratagema, e logo veremos por quê: ele se chama "Ninguém". Em grego é *outis*, palavra que evoca inevitavelmente outra, *métis*, a astúcia, o ardil, da qual ela é bem próxima, uma vez que *ou* e *mé* designam igualmente a negação. Cínico, o ciclope lhe anuncia então o presente no qual está pensando: uma vez que Ulisses lhe disse seu nome, "Ninguém", ele fará o favor de comê-lo por último! E com uma enorme gargalhada indelicada, deita-se e logo adormece para digerir a bebedeira e a carne humana consumidas no jantar...

Ulisses e seus companheiros colocam a estaca para aquecer. Agora ela está dura como bronze e pontuda como uma lança. A madeira está vermelha, é hora de agir. Com a ajuda de seus companheiros, Ulisses pega sua nova arma e a mergulha girando no olho do monstro. A cena é pavorosa: o sangue jorra e ferve, os cílios se carbonizam, o ciclope urra. Ele arranca a estaca e procura desesperadamente os culpados para exterminá-los... sem encontrá-los, pois agora está completamente cego e eles se eclipsam, escondidos em silêncio nos cantos mais ocultos da caverna. Polifemo tenta, mas não consegue colocar a mão em nenhum deles. Então empurra a enorme pedra e abre a porta para pedir socorro. Ele urra com toda força na direção das montanhas vizinhas. Seus irmãos se precipitam, saem de suas grutas e lhe perguntam o que ele tem: foi ferido por astúcia ou pela força? E por quem? Polifemo responde que é claro que foi ferido pela astúcia... e por "Ninguém", que acredita ser o nome de Ulisses. Os outros o tomam ao pé da letra. Não compreendem: "Se foi ferido por ninguém, dizem, então nada podemos fazer por você, pobre louco. Vire-se sozinho!"...

Abandonado por todos, Polifemo coloca-se diante da entrada de sua gruta, está decidido a não deixar "ninguém" sair, justamente, e a se vingar da maneira mais terrível. Mas Ulisses pensou em tudo. Ele trançou cordas e amarrou os carneiros de três em três. Os homens deslizam para baixo dos carneiros, agarram-se solidamente aos seus ventres, e ultrapassam assim a saída sem despertar a atenção do gigante, que simplesmente se contenta em tatear apenas o dorso de seus animais. Todos se precipitam o mais rápido possível na direção do barco que os espera ao pé da montanha.

Ulisses, no entanto, não quer parar por aí. Continua a vociferar seu ódio contra Polifemo, se não lhe disser quem ele realmente é, o castigo não será perfeito. É preciso que o ciclope saiba por quem foi vencido. Ulisses, na sua corrida para se salvar, volta-se e urra na direção de Polifemo: "Saiba, pobre idiota, fui eu, Ulisses, e não "Ninguém", quem puniu você como merecia cegando-o"... Ulisses sentiu-se bem naquele momento, mas foi um erro. Não deveria ter cedido a essa forma insidiosa de *hybris* que é a fanfarronice. Deveria ter se calado, partido sem dizer nada, como seus companheiros que, aliás, suplicavam para que o fizesse. Mas é preciso dizer que ele se agarra à sua identidade como à menina de seus olhos, pois é ela, afinal, que está em jogo ao longo dessa viagem.

Então o monstro, enfurecido, arranca o topo de uma montanha e o lança na direção da voz que acaba de ouvir... A imensa rocha vai se espatifar no mar, bem perto do barco de Ulisses que, por um triz, não é destruído. Mas o pior está por vir. Polifemo invoca seu pai, Posêidon, um deus terrível de quem é um dos inúmeros filhos. Suplica-lhe que castigue o impudente que ousou atacar um dos seus. Eis suas próprias palavras – que é preciso ter em mente porque marcam bem os contornos e a natureza dos obstáculos que de agora em diante aguardam Ulisses:

> Ó senhor da terra (Posêidon é o deus do mar, mas reina igualmente sobre a terra porque todos os cursos de água lhe pertencem e porque também pode desencadear com seu tridente terremotos, por essa razão também é chamado de "estremecedor da terra"), ó deus de cabelos azuis, ó Posêidon, ouça! Se é verdade que sou seu filho, se pretende esse título de pai, faça por mim que jamais ele volte para casa, esse saqueador de Ílion (não se esqueçam que Ílion é o nome grego da cidade de Troia, que teria sido fundada por um certo Ilos, daí o título da epopeia de Homero), esse Ulisses, esse filho de Laertes que mora em Ítaca! Ou pelo menos, se o destino lhe permitir encontrar a família e sua nobre casa, no país de seus pais, faça que depois de longas adversidades, num barco emprestado, ele retorne, privado de todos os seus companheiros, apenas para encontrar o infortúnio em sua casa (Canto IX).

E é realmente este o futuro que aguarda Ulisses. Ele certamente retornará à casa, mas depois de ter sofrido mil infortúnios. Todos os seus companheiros vão encontrar a morte, sem exceção. Seu barco irá naufragar e é de fato num barco emprestado pelos feácios que chegará a Ítaca para ali encontrar, e aqui também o desejo de Polifemo vai se realizar, a mais completa desordem, aquela que os "pretendentes" ao trono e à sua mulher estabeleceram em seu palácio.

Segundo a fórmula agora canônica, Ulisses e os seus retornam ao mar, "a alma pesarosa, contentes em escapar da morte, mas lamentando seus amigos...".

Um rápido resumo das quatro etapas seguintes.

4. Na Ilha de Éolo, o deus dos ventos

Depois de vários dias de navegação entre ilhas desertas, Ulisses chega na casa de Éolo, deus do vento, que o acolhe bem. Benevolente, Éolo lhe oferece um presente dos mais preciosos: uma espécie de odre, uma bolsa de pele, bem hermética, que contém dentro todos os ventos desfavoráveis à sua viagem! Ou seja, Ulisses só precisa se deixar levar pelos ventos que ainda subsistem acima da água: como eles são suaves e como vão na boa direção, ele está convencido de chegar são e salvo a Ítaca. Foi uma gentileza e tanto! Ulisses então agradece, com a voz embargada, e retorna ao mar, sempre mantendo perto do corpo o precioso presente. Mas seus marinheiros, que não são muito sagazes, acreditam ser um tesouro que Ulisses quer guardar só para si. Mortos de curiosidade, aproveitam-se de um momento de desatenção do herói – Ulisses foi vencido pelo sono, que também é uma figura insidiosa do esquecimento – para abrir a bolsa, bem no momento em que avistam a costa de Ítaca. Uma pena! Os ventos contrários sopram e o barco, irresistivelmente, perde seu caminho e reparte para o alto-mar... Ulisses está furioso, terrivelmente decepcionado, sobretudo. Ele se recrimina, jamais deveria ter adormecido, parar de vigiar: ceder ao sono é uma forma de esquecimento, esquecimento de si e do mundo, momentâneo, é verdade, mas suficiente para que uma vez mais tudo vire um drama. Ulisses volta imediatamente para a Ilha de Éolo, e embora suplique que ele lhe dê uma segunda chance, o deus dos ventos está furioso, não quer ouvir nada: "Se tem tão pouca sorte, Ulisses, ele lhe diz, se não é capaz de cuidar do que lhe ofereci e prefere dormir, certamente é porque um deus poderoso está irado e, contra isso, nada posso fazer..." Compreendemos então que o infortúnio que se abateu sobre Ulisses por intermédio do sono já é o efeito de uma vontade de Posêidon...

Ulisses e seus companheiros estão, pois, novamente perdidos, totalmente desnorteados num mundo cada vez mais estranho onde nenhuma referência não lhes permite mais se orientar. Navegando ao acaso, ao fim de seis dias exaustivos, eles abordam, contudo, numa outra terra, em Telépilos, o país dos lestrigões, governados pelo Rei Antífates.

5. No país dos lestrigões

Neste ponto de sua viagem, Ulisses ainda comanda uma frota de várias naus que vão se alinhar numa enseada protegida que forma um encantador pequeno porto natural. Tudo parece perfeitamente calmo. A impressão é de estar num lugar muito doce e charmoso, uma espécie de Portofino grego. Prudente, Ulisses tem, no entanto, o cuidado de deixar seu próprio barco afastado, em outra baía, preso às rochas por amarras sólidas. Depois envia três homens para o reconhecimento.

Ao se aproximarem do vilarejo, avistam uma jovem que vem buscar água numa nascente. Embora muito jovem, é enorme, alta como um plátano adulto. Ela é filha do rei desses lugares, Antífates, o Lestrigão. A giganta gentilmente se oferece para levar os homens até a casa de seu pai. Ali, os infelizes encontram os pais, dois seres monstruosos, também altos como montanhas. Antífates não perde tempo com discursos inúteis. Ele agarra um dos marinheiros e lhe dá o mesmo destino que Polifemo reservara aos amigos de Ulisses, ou seja, estoura-lhe a cabeça no chão e o devora cru. Esses gigantes também não são "comedores de pão". Claro que não são humanos, mas monstros, e é preciso fugir com urgência. Mas já é tarde demais. Todos os gigantes do vilarejo que se projeta sobre o porto onde os barcos estão ancorados vieram correndo. Saíram de suas grutas e também estão reivindicando sua parte de carne fresca. Agarrando enormes blocos de pedra, eles os jogam na direção dos navios, esmagando os homens, quebrando os mastros e os cascos. A carnificina é pavorosa. Todos os barcos são destruídos em pouco tempo e os marinheiros que ali se encontravam são arpoados como peixes e imediatamente devorados. Ulisses, sozinho, foge dali com seu barco e os poucos homens que lhe permanecem fiéis. Ao ver o horrível espetáculo, cortou as amarras com um golpe de espada e partiu a toda velocidade, "com a alma pesarosa, contente por escapar da morte, mas lamentando pelos amigos", segundo a fórmula que, decididamente, é para ele cada vez mais presente...

6. Na casa de Circe, a feiticeira, na Ilha de Eéa

Mais alguns dias de navegação e outra ilha surge no horizonte. Ulisses ainda não sabe onde se encontra, está totalmente perdido, mas precisa dos víveres, de água e de comida. A decisão tomada é, portanto, abordar. Arrastam o barco para uma praia deserta.

Durante dois dias e duas noites, Ulisses e seus marinheiros, vencidos pelo cansaço, recuperam as forças. Ficam na praia, sem visitar a ilha. Ulisses saiu para caçar. Matou um cervo gigante, que trouxe nas costas, para que ele e seus marinheiros tivessem algo para comer. No terceiro dia, o curioso Ulisses não se contém: envia alguns marinheiros para fazer o reconhecimento. Euríloco, seu segundo em comando, parte na companhia de cerca de vinte homens. Os batedores avançam por uma picada. Uma fumaça, ao longe, sai da chaminé de uma casa. Ao se aproximarem, encontram pelo caminho leões e lobos vagando livremente. Aterrorizados no início, pegam suas espadas e se preparam para um ataque, mas nada disso acontece. Esses animais, geralmente selvagens, têm olhos muito meigos, parecem olhos humanos, profundos e suplicantes. Gentis como cachorrinhos, eles vêm se esfregar nas pernas dos amigos de Ulisses, que não podem acreditar no que veem. Eles continuam seu caminho e ouvem uma voz encantadora que vem da casa.

É a voz de Circe, a feiticeira, filha de Hélio e também tia de Medeia, outra feiticeira que encontraremos mais tarde em outras histórias. Circe está um pouco entediada, sozinha em sua ilha. Bem que ela gostaria de ter companhia e, sobretudo, de conseguir mantê-la. Ela convida os marinheiros a se sentarem, oferece-lhes uma bebida. Não deveriam aceitá-la. Trata-se de uma poção mágica que transforma imediatamente quem a consome em animais. Um toque de varinha mágica e eis os amigos de Ulisses transformados em porcos! Gentilmente, Circe os conduz ao chiqueiro onde lhes dá comida: água e algumas bolotas. Eles se assemelham absolutamente a porcos, exceto que por dentro permanecem humanos. Mantêm seu espírito e para eles é um verdadeiro horror se verem assim reduzidos ao seu novo estado. E então logo compreendem a razão da doçura dos lobos e dos leões que cruzaram no caminho: são evidentemente seres humanos que Circe transformou em animais de estimação.

Felizmente, Euríloco farejou a armadilha. Recusou-se a beber a mistura que Circe lhe oferecia. Ele escapa e sai no pinote para encontrar Ulisses, para quem conta a história do que viu. Ulisses pega sua lança e sua espada e logo se põe a caminho para libertar seus companheiros. É corajoso, mas, francamente, ele não tem a menor ideia de como vai fazer isso. Como sempre, quando a dificuldade é intransponível, o Olimpo desperta. Hermes, o mensageiro de Zeus, intervém. Atravessando o ar com seus pés alados, ele vai até a ilha e assume a aparência de um belo rapaz. Oferece a Ulisses, que não tarda em reconhecê-lo, um antídoto, uma pequena erva, o "moli" que, se absorvida naquele instante, o tornará invulnerável ao encanto de Circe. Ele também lhe dá alguns conselhos: quando vir Circe, ele deve beber a poção. Nada lhe acontecerá. Então Circe compreenderá quem ele é. Ele terá de se levantar, ameaçá-la com sua espada como se quisesse matá-la. Ela libertará seus companheiros, devolver-lhes-á a aparência humana, mas, em troca, convidará Ulisses a compartilhar seu leito para fazer amor. Ele terá de aceitar, mas desde que ela jure pelo Estige que nunca mais tentará prejudicá-lo. O juramento pelo rio dos infernos é uma garantia absoluta, pois quem o quebra, mesmo sendo um deus poderoso, mesmo sendo Zeus em pessoa, é punido de maneira aterradora, privado de nervos e de força, transformado numa espécie de legume por nove anos, eventualmente feito escravo na casa dos humanos, antes de poder recuperar seu estatuto original.

Tudo se passa como previsto, e como Circe é sublime – é uma deusa – Ulisses começa a apreciar a situação. Sendo assim, fica com ela por um ano inteiro, sempre fazendo amor, bebendo, dormindo, comendo... e recomeçando o mesmo roteiro dia após dia. O que mais uma vez o espreita é a tentação de esquecer o objetivo de sua viagem, que é também, como já sabemos, o sentido de sua vida. Circe faz de tudo para que ele não pense em mais nada, para que não sonhe sobretudo com Penélope nem com Ítaca, para que fique com ela, quentinho em sua cama. Mais uma vez, Ulisses está à beira da catástrofe – certamente uma catástrofe muito prazerosa, mas ainda assim calamitosa. Desta vez, são seus marinheiros que o salvam. Começam a se cansar, a se impacientar, pois não têm Circe no leito todas as noites para se distraírem... revoltam-se, vão falar com Ulisses e o intimam a retomar a viagem.

Mas ao contrário do que esperam, Circe aceita muito bem o fato. Afinal, não se pode manter um amante à força, e se Ulisses quiser ir para casa a todo custo, que vá! É mais ou menos isso o que ela diz para si mesma. Ulisses se prepara para partir, mas ainda não sabe onde está, e não tem a menor ideia de como chegará a Ítaca. Circe o ajudará, mas o conselho que lhe dá o faz estremecer: ele terá de encontrar a entrada dos infernos, do reino de Hades e de Perséfone, a terra dos mortos, e ali consultar Tirésias, o mais famoso de todos os adivinhos. Só ele poderá dizer a Ulisses o que o espera na continuação de sua viagem e como retomá-la. Não há palavras para expressar o pouco entusiasmo de Ulisses com a perspectiva sinistra que a feiticeira abre para ele. Mas não há mais nada a fazer. É preciso ir até lá.

7. A "Nékuia": Ulisses entre os cimérios, depois no Hades, entre os mortos

Para encontrar a entrada do reino dos mortos é necessário, segundo o conselho de Circe, ir ao país dos cimérios, cuja característica mais notável é o fato de que ali o dia nunca nasce, ali o sol nunca lança o mais leve raio, de modo que essa terra se encontra mergulhada numa noite perpétua. Assim que ali coloca os pés, ele sabe que está nas paragens do que os gregos chamam de "morte negra". É, portanto, aqui que se situa a "Nékuia", ou seja, a estada de Ulisses no Hades descrita no Livro XI da *Odisseia*.

Circe recomendou a Ulisses, se ele quiser encontrar Tirésias e se beneficiar de seus conselhos, cavar uma grande cova, depois despejar nela as libações destinadas aos mortos: leite misturado com mel, vinho doce, água e, para terminar, farinha bem branca. Cumpridas essas instruções, Ulisses desembainha a espada e degola uma ovelha negra e dois carneiros, sendo o sangue da ovelha destinado ao uso exclusivo de Tirésias, pois se trata de lhe devolver vida suficiente para que possa falar.

É então que uma tropa de mortos sem rostos emerge lentamente da cova. Atrás deles, percebemos as profundezas dos infernos, atravessadas por quatro rios inquietantes: o Aqueronte, um rio estagnado com margens lamacentas e repugnantes, que os mortos devem atravessar com a ajuda de Caronte, o medonho barqueiro que deve ser pago com as moedas de prata colocadas sobre os olhos deles durante o funeral. Ao lado podemos ver o Puriflegetonte, que, como o próprio nome sugere, carrega constantemente fogo, uma espécie de magma em fusão, depois o Cocito, o rio dos gemidos, que é um afluente do Aqueronte. Congelado, ele não carrega lavas, como seu vizinho, mas blocos de gelo. Por fim, um pouco mais adiante está o famoso Estige, cuja água venenosa parece ter propriedades mágicas, geralmente mortais para os homens, mas salvadoras em certos casos... Todo esse espetáculo é apavorante e o infeliz Ulisses, ao ver esse povo de sombras de onde se eleva um burburinho permanente, tão confuso quanto sinistro, é tomado pela angústia. Como havia dito, o que caracteriza os mortos – e isso é o que aterroriza nosso herói – é que eles perderam sua individualidade, sua identidade, são sem nome e sem rosto. Só há uma maneira de lhes devolver um pouco de vida, de que recuperem as cores e comecem a falar: depois de ter sacrificado um carneiro ou uma ovelha negra, é preciso fazê-los beber um copo de sangue fresco. É assim que Ulisses consegue conversar com Tirésias, depois com sua mãe, Anticleia, a quem tenta em vão beijar, mas assim que tenta abraçá-la, abraça apenas o vazio. Os mortos são apenas sombras. É também aqui que ele encontra Aquiles com quem pode conversar. Aquiles lhe faz esta terrível confissão, reduzindo a nada as miragens do heroísmo guerreiro: ele preferiria mil vezes ser o mais miserável dos simples pastores a um herói glorioso no reino dos mortos. Ulisses percebe vários outros heróis: Ájax, que lhe dá as costas (não o perdoou por ter herdado as armas de Aquiles), mas também, e entre outros, Agamêmnon, Alcmena, Epicasta (outro nome de Jocasta, mãe de Édipo), enquanto ao longe percebe Tântalo, que está morrendo de fome e de sede, ao lado de Sísifo, que empurra interminavelmente uma pedra para o alto de uma pequena colina antes que ela volte a cair incansavelmente e o suplício recomece... Tirésias, depois de ter bebido o sangue que lhe fora reservado, finalmente se dirige a Ulisses – com palavras que confirmam as de Polifemo: sim, ele acabará voltando para casa, mas não em seu barco, depois de ter visto todos os seus companheiros perecerem e seu navio afundar. Além disso, provações muito dolorosas ainda o aguardam em casa, em Ítaca. O fim da viagem está garantido, mas decididamente o trajeto se anuncia muito mal, tudo por causa de Posêidon, que quer vingar o olho furado do ciclope, seu filho. Contudo, uma vez superadas essas provações, ele poderá terminar seus dias felizes com sua família. Tirésias também adverte Ulisses que se ele desembarcar na ilha do sol, na casa de Hélio, ele e seus companheiros não devem de forma alguma tocar em seus bois, que são sagrados...

Ulisses então deixa a cova, depois o obscuro país dos cimérios e seu navio o leva de volta à casa Circe.

8. Retorno à casa de Circe

Ali, com seus marinheiros, ele descansa, recupera suas forças no decorrer de um festim que a feiticeira gentilmente lhes oferece, depois, na manhã seguinte, ele recebe mais uma vez alguns conselhos de sua parte: ela lhe explica como evitar as armadilhas estendidas pelas sereias, depois como terá de ultrapassar as planctas, rochedos moventes que somente Jasão e os argonautas conseguiram atravessar, mas com a ajuda de Hera e de Tétis. É ali que ele deverá enfrentar ainda dois monstros aterradores, Caríbdis e Cila, que fecham a passagem...

9. O canto das sereias e a insaciável curiosidade de Ulisses

Ulisses e seus companheiros retornam ao mar. Encontram primeiro, como Circe lhes havia anunciado, as sereias, mulheres-pássaros (e não peixes, como muitas vezes se acredita...) cujo canto de tão sedutor torna-se mortal: seu charme irresistível atrai os marinheiros para os recifes onde acabam naufragando. Sob as mais atraentes aparências, elas são temíveis, como testemunha, aliás, o fato de estarem sempre cercadas de rochedos repletos de ossadas humanas que branqueiam ao sol e de carnes esbranquiçadas que apodrecem lentamente. Para proteger seus marinheiros de toda tentação, Ulisses lhes tampa os ouvidos com cera. Desse modo, não correm o risco de ceder ao atrativo sulfuroso das mulheres-pássaros. Mas ele, em contrapartida, como aconteceu com Polifemo ou Circe, quer ter o coração leve. Quer saber com o que se parecem essas estranhas criaturas, custe o que custar, pois sua vontade de conhecer tudo, de experimentar tudo permanece intacta. Pede então que o amarrem ao mastro e ordena a seus homens que apertem ainda mais as cordas caso ele tenha a louca ideia de se deixar seduzir. Claro, o canto das sereias não o deixa indiferente. Depois de alguns minutos, ele daria tudo para ir ao encontro delas, mas seus homens, desta vez, compreenderam. Como prometido, eles apertam ainda mais as cordas que prendem seu chefe ao mastro e, afinal, tudo se passa bem, sem atribulações. Ulisses é então o único homem que conhece o canto das sereias e que, no entanto, ainda está vivo, assim como é um dos muito raros a ter visitado o Hades uma primeira vez, antes de ali retornar um dia. Desapontadas, as sereias se precipitam nas ondas onde se afogam: como para a Esfinge, um oráculo lhes anunciara que perderiam a vida se um homem conseguisse frustrar seus ardis, e é o que lhes acontece com Ulisses...

10. De Caríbdis a Cila

Ocorre então o episódio com as "planctas", rochedos móveis que esmagam as naus que ali se aventuram, tanto mais perigosas porque dois seres aterradores se escondem nas cercanias: Caríbdis, um monstro feminino cuja boca é tão grande e tão voraz que engole tudo o que se encontra nas imediações, provocando um constante e gigantesco turbilhão. É claro que podem evitá-lo afastando-se, mas então deparam-se com Cila, outro monstro feminino, cujo corpo medonho é coroado por seis pavorosas cabeças de cão. Daí vem certamente a expressão "fugir de Caríbdis para cair em Cila": quando se evita uma, enfrenta-se outra calamidade. O navio consegue se distanciar sem embaraços de Caríbdis, mas logo depois seis marinheiros de Ulisses são apanhados pelas cabeças e encontram uma morte abominável nas bocarras de Cila. A predição de Tirésias começa a se realizar e Ulisses compreende que ele, de fato, corre o risco de voltar sozinho ao lar...

11. Na Ilha de Hélio, deus do sol, depois na casa de Calipso e entre os feácios

A nau continua seu caminho num mar sempre desconhecido e inóspito. E em breve aporta, como já anunciado por Tirésias, na ilha do deus sol, Hélio. Ela é povoada de bois magníficos. Mas são animais sagrados, pertencem a Hélio, e é terminantemente proibido tocá-los. O número deles é, com efeito, um valor cósmico: é igual ao número de dias que compõem um ano. E como Hélio vê tudo, seria absurdo cair na tentação. Circe deu-lhes víveres, que façam bom proveito! Porém, durante mais de um mês um vento sul impediu a tripulação de retomar o caminho. Os marinheiros, mal-alimentados, não aguentam mais. Uma noite em que Ulisses caiu no sono mais cedo do que de costume – e esse sono, uma vez mais, simboliza a tentação do esquecimento –, seus homens cometem um erro imperdoável: assam uma bela vaca, depois outra, e fazem uma festança. Despertado pelo odor da fumaça, Ulisses sai correndo. Tarde demais, só consegue constatar o desastre. O espetáculo é horrível, pois os animais que foram degolados e espetados, e que já deveriam estar mortos, continuam mugindo de maneira tão atroz quanto inquietante. Ele ordena que retornem ao mar, mas o mal está feito e, claro, Zeus pune os culpados. Ele desencadeia novamente uma terrível tempestade. As velas explodem, as ondas se enfurecem e os navios afundam um por um, sem exceção. Como previra Tirésias: se Ulisses conseguir retornar a Ítaca, será sozinho, e não em seu próprio navio. Todos os amigos de Ulisses já encontraram a morte e seu barco naufragou. Só ele sobrevive, agarrado a um pedaço de madeira que flutua ao sabor das ondas. Ele deriva lentamente até a Ilha de Calipso, a encantadora ninfa que vai mantê-lo prisioneiro por anos.

12. A angústia de Ulisses na casa de Calipso: perder o sentido de sua vida

Entre todas as figuras do esquecimento que surgem no caminho de Ulisses, há uma particularmente encantadora, e é ela que nos trará a compreensão do sentido filosófico de toda essa aventura. Vamos ver como os gregos, certamente pela primeira vez na história da humanidade, vão definir a vida boa sem recorrer a Deus nem à fé – razão pela qual esse relato é a matriz da filosofia, uma primeira tentativa de definir o bem soberano fora da religião.

Qual é então essa nova figura do esquecimento que vai fazer com que Ulisses perca muito tempo (sete anos exatamente, dos dez anos que leva para retornar a Ítaca)? Ela tem um lindo nome: chama-se Calipso. Seu nome, em grego, vem do verbo *calyptein*, que quer dizer "esconder". E de fato, a encantadora Calipso vai decidir "esconder" Ulisses em sua ilha o máximo de tempo possível, guardá-lo para ela, por amor. Como todas as deusas, ela é evidentemente imortal e de uma beleza absoluta. Ulisses desembarca na ilha para pegar água e encontrar víveres. Assim que Calipso o percebe, apaixona-se perdidamente por ele. Não apenas ela é sublime, mas sua ilha é um verdadeiro paraíso. Homero faz questão de ressaltar, numa frase muito eloquente, que Calipso também pertence às figuras do esquecimento que Ulisses deve enfrentar constantemente: ela tentava, escreve ele, "fazer com que Ulisses esquecesse Penélope e Ítaca". Calipso organiza então a vida com seu amante da maneira mais doce e agradável possível. Circula em torno deles uma plêiade de ninfetas que se desdobram para lhes tornar a existência particularmente encantadora.

Com efeito, tudo isso parece paradisíaco e, no entanto, todas as noites, Ulisses vai se sentar sobre uma pedra: olha na direção de Ítaca e debulha-se em lágrimas. Por quê? Porque não está em seu lugar no universo, ainda não voltou para casa, ainda não reencontrou a vida boa. Por isso chora, chora todas as noites, durante sete anos. Depois, por razões longas demais para narrar aqui, Atena se apieda de Ulisses e pede a seu pai que ordene que Calipso o deixe retornar para casa. Zeus envia Hermes, seu mensageiro, para dizer a ela que deve deixar Ulisses partir. Ela se enfurece e se desespera. Vocifera contra os deuses. Está desesperada porque ama verdadeiramente Ulisses.

Então ela inventa um estratagema que nos permitirá ver a exata diferença entre uma espiritualidade religiosa e uma espiritualidade filosófica ou laica. Em essência ela lhe diz o seguinte: "Se ficar comigo apesar da ordem de Zeus, portanto se ficar comigo de bom grado, oferecer-lhe-ei o que nenhum mortal jamais pôde obter". Ela vai fazer uma promessa religiosa, uma promessa praticamente cristã antes do tempo, ela lhe diz: "Se ficar comigo, oferecer-lhe-ei a imortalidade e a juventude eterna".

Este último detalhe é, aliás, bastante cômico no texto de Homero. Calipso acrescenta a juventude eterna à imortalidade ao lembrar de um precedente lamentável: Aurora, uma divindade como ela, a famosa "Aurora dos dedos róseos", uma divindade matinal, também se apaixonara por um mortal, um certo Titono. Também pedira a imortalidade para seu homem, para que ficasse com ela, mas se esquecera de acrescentar a juventude. O infeliz acabou murchando num canto do palácio, tornando-se totalmente impróprio ao consumo e, como ela não podia matá-lo, transformou-o numa cigarra para se livrar dele. Por isso Calipso promete a Ulisses não cometer esse mesmo erro funesto. Propõe-lhe ultrapassar a condição de mortal, ultrapassar seu estatuto de ser humano para aceder à imortalidade (o que os gregos chamam uma "apoteose", uma divinização do humano: ela quer transformá-lo em imortal, em deus). É uma promessa de imortalidade, a mesma que será feita pela maioria das grandes religiões.

Ora, Ulisses recusa – e essa recusa assinala o nascimento da filosofia. Por quê? Porque significa que aos olhos do sábio uma vida de mortal bem-sucedida é preferível a uma vida de imortal fracassada. Para ele, uma vida de imortal fracassada é uma vida deslocalizada, longe não apenas de sua casa, mas também longe de si mesmo uma vez que, aceitando o estatuto de divindade, ele cessaria de ser o que é verdadeiramente, ou seja, um ser humano. Não seria mais ele mesmo, ou seja, deixaria de ser Ulisses, perderia sua identidade. Nessa recusa de Ulisses vemos aparecer subentendida a primeira definição laica, não religiosa, filosófica da vida boa. Tentemos esclarecê-la em poucas palavras.

A primeira definição laica da vida boa ou o nascimento da primeira sabedoria filosófica

A definição da vida boa que aparece com a figura de Ulisses contém três elementos fundamentais. Eu os aponto porque eles nos permitem uma compreensão concreta do que é uma espiritualidade laica, isto é, uma definição não religiosa, filosófica, da vida.

Primeiro elemento: o sábio é antes de tudo aquele que aceita a condição de mortal, isto é, aquele que aceita ser ele mesmo, não procura ser um deus. É um vasto programa filosófico que está assim nascendo: o sábio é capaz de enfrentar os medos. Não apenas, é claro, seus medos sociais, as timidezes diversas, não apenas aquelas que os psicanalistas chamariam hoje de "psíquicas", as fobias, mas afinal e sobretudo o grande medo, que é o medo da morte. O sábio é sobretudo aquele que chega à serenidade tendo vencido os medos. Assim se encontra traçado um dos grandes programas da filosofia grega: vencer os medos. Por que é indispensável à sabedoria? Simplesmente porque, quando somos tomados pela angústia (pensem nas fobias, por exemplo, quando elas se apoderam de nós), perdemos de uma só vez toda liberdade de pensamento e toda capacidade de nos abrir aos outros. Em outras palavras, o medo nos torna ao mesmo tempo idiotas e egoístas, ao contrário, pois, da sabedoria, que é por excelência plena de inteligência e de abertura aos outros, de capacidade de pensar e de amar. Vencer os medos, eis o primeiro elemento do programa da filosofia, um programa que atravessará os séculos até que a ecologia e o pacifismo contemporâneos façam do medo, indo contra uma tradição milenar, uma paixão positiva, ou seja, não mais uma paixão infantil, boba e egoísta, mas o primeiro passo na direção de uma nova forma de sabedoria identificada, não com a audácia, mas com o que hoje chamamos o "princípio de precaução". Na verdade, nada garante que se trate de um progresso da "Modernidade", mas aí é outra questão...

O segundo elemento que aflora da história de Ulisses também é de uma grande profundidade: o sábio é aquele que consegue viver no presente. É capaz daquilo que Nietzsche chamará o *amor fati*, o amor ao *fatum*, ao destino, ao que está aí, ao real, ao que está presente, diante de nós, aqui e agora. Por que é indispensável a essa definição laica da vida boa? Porque os gregos pensavam que dois grandes males pesam sobre a vida humana: o passado e o futuro. O passado, quando feliz, nos puxa para trás, por um sentimento muito poderoso que os românticos vão explorar profundamente, a nostalgia, as lembranças dolorosas do passado, dos tempos felizes, dos bons velhos tempos... Mas quando infeliz, o passado também nos puxa para trás por outras paixões, que Espinosa chamará de "paixões tristes": os remorsos, os arrependimentos, as vergonhas, as culpas que nos despertam à noite. E quando conseguimos nos descolar do passado, da nostalgia, somos pegos por outra ilusão: a ilusão do futuro, da esperança, da ideia de que "tudo será melhor depois". Como diz Sêneca, que fez dele o tema principal de suas famosas *Cartas a Lucílio*, é pura ilusão: imaginamos que tudo vai se arranjar quando tivermos trocado disso ou daquilo, de sapatos, de penteado, de carro, de marido, de mulher, de casa, do que você quiser. É a grande ilusão por excelência porque, na verdade, o passado e o futuro nos impedem de viver o presente. *Carpen diem*, dirá Horácio. *Amor fati*, dirá Nietzsche: o sábio é aquele que consegue habitar o presente ou, como bem diz meu amigo André Comte-Sponville, com uma bela fórmula de inspiração estoica, "o sábio é aquele que consegue lamentar um pouco menos (isto é, viver um pouco menos no passado), esperar um pouco menos (viver um pouco menos no futuro) e, portanto, amar um pouco mais (habitar muito mais no presente)". Considerem a história de Ulisses em seu conjunto: sob esse ponto de vista, ela é rica em ensinamentos. Ao longo dos vinte anos de duração da guerra de Troia e da sua viagem de retorno a Ítaca – vinte anos deslocalizados, portanto –, ele está sempre mergulhado ou na nostalgia de Ítaca, ou na esperança de Ítaca, jamais no amor a Ítaca. Ele jamais vive no presente, jamais no amor. Está sempre preso entre as duas placas de um torno, entre esses dois maxilares que são de um lado o passado, do outro o futuro. Ora, essas duas dimensões do tempo são duas formas do vazio, uma vez que o passado *não é mais*, que o futuro *não é ainda*, de tal forma que Ulisses nunca está na realidade do presente, nunca no amor do presente. Mas habitar o presente não significa ser inculto, esquecer a história, não ter projetos, significa ser capaz, por mais que retenhamos o passado e que consideremos o futuro, de fazer com que sirvam para encantar o presente, para dinamizá-lo, não para relativizá-lo em nome de dimensões do tempo mais importante do que ele.

Quanto ao terceiro elemento, também o encontraremos entre os estoicos. Ele reside na seguinte ideia: se o sábio é aquele que consegue enfim se reconciliar com o cosmos, ajustar-se a ele, nele encontrar seu lugar e, por isso mesmo, ser novamente capaz de habitar o presente, então ele é também aquele que compreende que, como a ordem cósmica é eterna, ele mesmo não é senão um fragmento de eternidade. Então, também para ele, a morte não é, afinal, senão uma passagem, uma transição de um estado a outro, não um desaparecimento completo, não um vazio absoluto, por isso não deve mais temê-la.

Ulisses entre os feácios: o retorno a Ítaca

Antes de reencontrar Ítaca, Ulisses deixa a Ilha de Calipso numa jangada. E uma vez mais é vítima de uma terrível tempestade e salvo *in extremis* de se afogar por uma nova intervenção divina. E ele acaba encalhando no país dos feácios onde é acolhido pela encantadora jovem Nausícaa, filha do rei. Ajudado por Atena, ele é convidado ao palácio, e é aí que em *flashback* Ulisses narra suas aventuras. O rei dos feácios apieda-se dele, oferece-lhe presentes suntuosos, e ordena que seus marinheiros (os infelizes serão bastante punidos por seus préstimos, uma vez que Posêidon, para se vingar, conseguirá que Zeus transforme os marinheiros e o barco em rochedo) o reconduzam a Ítaca. Ao chegar à ilha, sempre com a proteção de Atena, Ulisses disfarçado de mendigo entrará em seu palácio, irá massacrar os pretendentes com a ajuda de seu filho Telêmaco, depois irá ao encontro de seu pai e dos braços deliciosos de sua encantadora e fiel esposa, Penélope.

Deixo de lado o relato dessas últimas aventuras para delas tirar somente duas lições filosóficas.

Primeiro, por que tanta crueldade para terminar essa história? Como o dos troianos, o massacre dos pretendentes e de seus aliados internos, as criadas que com eles dormiram ou o infiel intendente, Melanteu, é abominável, de uma crueldade que destoa da nobreza aristocrática que Ulisses deveria encarnar. As jovens são agarradas pelo pescoço e, como perus, presas a uma longa corda, depois de serem obrigadas a lavar o sangue dos pretendentes; quanto a Melanteu, ele é pendurado pelos pés, depois emasculado com a faca, antes de deceparem seus membros um a um a machadadas enquanto ainda está vivo para que os veja serem lançados aos cães! Repugnante e, no mínimo, muito pouco magnânimo! No mais, as famílias dos jovens impiedosamente massacrados por Ulisses se revoltarão contra ele, não que esteja errado em castigar aqueles que queriam lhe tomar sua mulher e seus bens, mas porque o castigo é excessivo, pleno de *hybris*.

São duas as razões para essa desmedida. Em primeiro lugar, é preciso observar que, nos mitos gregos, os castigos estão sempre de acordo com os erros cometidos. Eles sempre mantêm um vínculo, literalmente "simbólico", com os crimes que pretendem punir. O que é um *symbolon*? A melhor imagem que se pode dar é a de dois pedaços de um galho ou de um fósforo que foi quebrado e que se encaixam perfeitamente um no outro quando se tenta colá-los. Por exemplo, Tântalo pecou pelo alimento quando tentou fazer com que os deuses convidados para sua casa comessem carne humana, é então pelo alimento que será punido. O mesmo ocorre aqui. Os pretendentes pecaram por *hybris*, com *hybris* serão castigados. Segundo essa ideia de justiça, não é possível nenhuma clemência. Mas existe uma segunda razão. Assim como duas negações fazem uma afirmação, é pelo caos que se coloca fim ao caos e que se retorna à harmonia. É fazendo guerra à guerra que se retorna à paz e é por isso que a condenação à morte dos pretendentes se assemelha em todos os pontos ao saque de Troia ou ao das terras dos cícones.

Segunda observação sobre o reencontro de Ulisses e de Penélope. Quando ele reencontra sua mulher, ela não o reconhece, ou não completamente, não está de todo certa que Ulisses é seu Ulisses e ela lhe estende uma armadilha, uma espécie de última provação antes do retorno perfeito à harmonia e ao amor. Pede-lhe para trazer o leito nupcial. Ora, esse leito não pode ser deslocado e por um bom motivo: Ulisses o talhou num tronco de oliveira em torno do qual construiu o quarto! Então, quando ele diz a Penélope que é impossível, que não pode trazer o leito nupcial, ela compreende que ele é realmente quem ele é, e os dois apaixonados enfim se beijam e vão para o leito para contarem um ao outro todo o tempo perdido e finalmente fazer amor. É nesse ponto que um detalhe da história oferece (quase) todo seu sentido: os deuses, segundo Homero, "distendem o tempo" para que os amantes possam se beneficiar de "uma grande noite de amor". Quanto tempo ela dura? Não sabemos, uma vez que o instante está distendido, é esse instante de pura sabedoria, esse momento em que Ulisses cessa enfim de estar no passado ou no futuro, na nostalgia de Ítaca ou na esperança de Ítaca. Ele alcança a vida boa, aquela que não é mais relativizada pelo passado nem pelo futuro. O sábio é aquele que é capaz de habitar o presente como se ele fosse a eternidade.

Três questões à guisa de conclusão...

Por que um relato em flashback?

A arquitetura dramática da *Odisseia* pode parecer de fato muito estranha, uma vez que não começa pelo começo e que é preciso esperar a chegada de Ulisses à terra dos feácios para ouvir o relato das diversas etapas de seu itinerário de Troia até Ítaca. Portanto, é a um exercício de rememoração que Ulisses se entrega e compreendemos, evidentemente, seu sentido filosófico: é preciso que ele se lembre, ele deve absolutamente rememorar todo seu trajeto, no entanto tão doloroso, antes de poder voltar para casa, porque deve por assim dizer provar que não cedeu ao esquecimento, que não perdeu de vista o sentido de sua viagem da vida ruim para a vida boa.

É possível falar de "nostalgia" a respeito de Ulisses? Se sim, em que sentido?

À primeira vista, seria uma tentação fazê-lo. A própria palavra possui uma consonância grega, uma vez que é formada a partir de *nostos*, que vem de *nesthai*, "retornar", "voltar para casa" – palavra da qual também provém o nome "Nestor", aquele que retorna vitoriosamente para casa – e de *algos*, o sofrimento (da qual vem, por exemplo, a palavra "antálgico"): a nostalgia é, pois, o desejo doloroso de voltar para casa. Não é isso, exatamente, o que anima Ulisses? Uma vontade obstinada, mas contrariada, de retornar ao seu ponto de partida, "ao país", ou para falar como os românticos alemães, os mestres por excelência da nostalgia, "*bei sich selbst*", para junto de si mesmo?

Aqui, no entanto, é melhor ser muito prudente e não se deixar enganar pela magia das palavras. Sobretudo porque o termo não pertence ao vocabulário grego. Não será encontrado em lugar algum na *Odisseia*, nem em qualquer texto antigo, pois só foi forjado tardiamente, em 1678, por um médico suíço chamado Harder, para traduzir um termo destinado a se tornar importante no decorrer dos séculos, e principalmente no século XIX: *Heimweh*, cujo equivalente em francês contemporâneo é "*mal du pays*" ["nostalgia da terra"] (a fórmula só aparece no século XIX, mas no XVIII já se fala de "maladie du pays" ["melancolia da terra"]). Se deixarmos a esfera da filologia e da história para nos elevarmos à da filosofia, vemos que na verdade existem três formas bem diferentes de nostalgia, que o belo livro de Milan Kundera com esse título nem sempre distingue.

Primeiro, existe a nostalgia puramente sentimental, a que lamenta todas as felicidades perdidas, quaisquer que sejam elas, o ninho familiar, as férias da infância, os amores antigos… Todos nós a sentimos um dia ou outro. Em seguida, existe a nostalgia histórico-política, aquela, literalmente, "reacionária", que anima todas as "restaurações" e se expressa de bom grado nesta fórmula latina "*laudator temporis acti*", que também serve de título ao adorável livro do saudoso Lucien Jerphagnon e que poderia ser traduzido por "elogio aos tempos passados" ou, mais simplesmente, por "antes era melhor", no tempo da Atlântida, antes da civilização moderna, da indústria, das grandes cidades, do individualismo, da poluição, do capitalismo etc. Já é nessa ótica que na Alemanha e na Suíça, no século XIX, os românticos construíam ruínas antigas no fundo dos jardins em vez de aleias geométricas segundo o modelo do jardim à francesa como o de Versailles. Gostavam assim de evocar a ideia de que antes era melhor, no tempo de civilizações em que os humanos eram mais nobres e mais corajosos, ou seja, mais grandiosas do que hoje. Enfim, embora o termo seja impróprio, anacrônico, existe de todo modo a nostalgia dos gregos, a de Ulisses, que é antes de mais nada cosmológica e que se sustenta numa fórmula, emprestada de Aristóteles: "*phusis archè kinéséos*", a natureza é o princípio do movimento, isto é, que nos movemos, como na *Odisseia*, para ir ao encontro do lugar natural de onde fomos injustamente deslocados, o objetivo da viagem sendo para o herói reencontrar sua harmonia perdida com a ordem cósmica.

Não é essencialmente o amor que move Ulisses – ele praticamente nunca viu Telêmaco e de certa forma esqueceu Penélope, muitas vezes nos braços de outra, de Circe ou de Calipso por exemplo. É menos ainda um projeto de restauração política que o anima: se ele quer restaurar a ordem em sua casa, não é para combater um declínio qualquer que uma revolução ou uma visão moderna do mundo teria instaurado. Não, o que move profundamente Ulisses é o desejo de voltar para casa, de estar em harmonia com o cosmos, pois essa harmonia vale muito mais do que a própria imortalidade, aquela prometida por Calipso. Em outras palavras, se aceita sua condição de mortal, não é como um mal menor, e sim para viver melhor. A escolha da imortalidade que lhe foi oferecida o teria despersonalizado ao separá-lo dos outros, do mundo e, afinal, de si mesmo. Porque ele não é isso, não é um amante de Calipso que trai sua família, não é um ser que esquece sua pátria, que aceita viver em qualquer lugar, no meio do nada, com uma mulher que ele não ama verdadeiramente. Não, isso não é Ulisses. E para ser o que é realmente, ele deve aceitar a morte, não como uma resignação, mas sim como um motor, um motor que não mede esforços para impulsioná-lo a reencontrar seu ponto de partida. É dessa forma que o sábio deve vivenciar a construção cosmológica que até agora tínhamos considerado só do ponto de vista dos deuses. Portanto, este é realmente o primeiro aspecto da sabedoria para os mortais, da espiritualidade laica que a mitologia grega vai, por assim dizer, legar à filosofia. E essa sabedoria, tão perfeitamente encarnada por Ulisses, sem dúvida o primeiro na literatura, possui, temos de admitir, um imenso encanto.

De onde vem a sedução de Ulisses?

Como sabemos, ele é ardiloso. E também já compreendemos que ele é vigoroso, hábil, corajoso. Tudo isso é incontestável. Mas há mais, muito mais, pois Ulisses é um homem, "um verdadeiro", como se diz nos romances açucarados, que não é nem imortal nem indiferente para com seu mundo, e ainda assim sábio, cheio de experiência e, por essa razão, incrivelmente sedutor. Ulisses, como vimos em várias ocasiões, é naturalmente curioso. Gosta de compreender, de saber, de conhecer, de descobrir países, culturas, seres diferentes dele. Desde as primeiras linhas da *Odisseia*, aprendemos que ele não é apenas "o homem dos mil ardis", como diz Homero, nem o "saqueador de Troia". Ele possui no mais alto grau o que Kant chamará o "pensamento alargado": a curiosidade pelo outro, essa vontade constante de alargar o horizonte que o leva ao desastre na caverna do ciclope Polifemo, mas que, no fim, o torna um verdadeiro humano, um homem ao qual nenhuma mulher pode resistir porque ele é sólido e tem mil coisas para contar.

Um dia uma jornalista brasileira me fez uma pergunta que, na hora, me pareceu estranha. Como eu estava falando sobre esse famoso "pensamento alargado" ao evocar Ulisses, Kant e um poema de Victor Hugo, *Booz endormi*, que por várias vezes citei em meus livros, ela perguntou-me por que, afinal, era tão importante para mim "alargar o pensamento". Ela chamou minha atenção ao fato de que, na praia de Copacabana, perto de onde estávamos conversando, havia muitos jovens, despreocupados e musculosos, bem bronzeados e satisfeitos por viverem a vida como um jogo inocente e incessante: por que desviá-los de seus divertimentos tão agradáveis? E acima de tudo, mesmo admitindo a impossibilidade de encontrar uma resposta, como convencê-los a deixar a praia e os jogos para mergulhar na leitura de Homero ou para alargar seus horizontes com uma viagem qualquer, mesmo que não fosse intelectual? Imediatamente pensei na resposta que tanto Ulisses como Victor Hugo certamente poderiam ter dado: nenhuma mulher pode viver muito tempo com uma criança mimada, que não conhece nada, que não tem nada para contar. Se ele é muito jovem e muito bonito, talvez ela queira colocá-lo em sua cama, como as ninfas fazem com os companheiros de Ulisses. Mas com uma deusa como Circe ou Calipso, com uma mulher determinada como Penélope, ele não tem estofo para isso. É também por isso que Ulisses aniquila todos os pretendentes, todos esses jovens ricos e, sem dúvida, fortes e belos, não apenas pela astúcia e pelo vigor – que lhe vêm dos deuses –, mas pela sedução do homem realizado, que vem dele, de sua viagem e de suas provações, do que soube fazer com elas, e de nenhum outro lugar. Ulisses poderia ter sido eternamente jovem, belo e forte. Não esqueçamos que é com pleno conhecimento dos fatos, depois de ter visto a morte de frente, que ele escolhe envelhecer e aceitar morrer um dia, porque, considerando os prós e os contras, esse destino, embora funesto, é a condição de acesso a essa humanidade que, somente ela, pode fazer de um homem um ser realmente singular e, por isso mesmo, encantador.

2
A *ILÍADA* E A GUERRA DE TROIA
O heroísmo grego

Preâmbulo

    A maioria dos comentaristas concorda que esta obra, atribuída a Homero, que talvez tenha sido um poeta cego (Homero, em grego, significa "cego", mas que talvez não passe de uma anedota completamente simbólica e lendária), foi concebida entre 850 e 750 a.C. O poema, primeiro de tradição oral, narrado e cantado pelos aedos, só foi fixado por escrito sob sua forma definitiva sob Pisístrato, tirano de Atenas no século VI a.C. Seu título vem simplesmente do fato de que em grego a cidade de Troia era chamada de "Ílion" por causa do nome de seu suposto fundador, um certo Ilos. A Ilíada não narra a guerra de Troia, como às vezes se acredita, mas apenas alguns dias do décimo ano do conflito – que sem dúvida aconteceu, mas do qual quase nada sabemos. Ao contrário do que geralmente também se pensa, o relato, que se inicia com a ira do maior herói grego, Aquiles, contra Agamêmnon, o chefe dos exércitos gregos, é então muito limitado. Ele abrange apenas alguns dias, alguns momentos cruciais que antecedem o fim do conflito. Termina com a morte de Heitor, o príncipe troiano e, por exemplo, episódios tão famosos como os do cavalo de Troia, a morte de Aquiles atingido por uma flecha no calcanhar, ou ainda as profecias de Cassandra, irmã de Heitor, em quem ninguém jamais acredita, não aparecem na própria Ilíada. A Ilíada é ao mesmo tempo a primeira obra literária escrita em língua grega, mas sem dúvida também, com a Odisseia, a Epopeia de Gilgamesh e, claro, a Bíblia, uma das poucas a ter atravessado os séculos conservando um alcance universal: a Ilíada e a Odisseia ainda são ensinadas em todas as uni-

versidades do mundo, ou quase todas. Por isso, vou contá-la hoje, um relato que tentarei tornar o mais vivo possível, inserindo então inúmeros diálogos inspirados diretamente pelo texto de Homero, mas, como fiz para a Odisseia, gostaria antes de dar-lhes algumas chaves de leitura, neste caso alguns fios condutores que permitem delimitar o alcance propriamente filosófico desta obra-prima de quinze mil trezentos e trinta e sete versos.

Fio condutor n. 1 – Três destinos possíveis dos protagonistas da guerra em termos de sentido (ou de não sentido) da vida

Para aqueles que participarão da guerra, haverá essencialmente três destinos possíveis, cujo significado filosófico é de uma profundidade surpreendente. Para muitos deles, em primeiro lugar, para o *vulgum pecus* ou para falar como Horácio, o *servum pecus*, o "rebanho servil", será simplesmente o que os gregos chamam a "morte negra", a morte absurda, vã, desprovida de qualquer significação. Como vimos na última vez ao evocar o Livro XI da *Odisseia*, é ela que torna os homens enviados ao Hades, aos infernos, seres "sem nome", "sem voz" e "sem rosto", seres que perderam toda individualidade, toda personalidade, que não são mais pessoas. Digamos sem meias palavras: aos olhos dos gregos, pode-se fracassar na vida. O fracasso é possível, e é o trágico mesmo (voltaremos ao significado profundo dessa noção na cultura grega num capítulo posterior dedicado ao personagem de Héracles). Nem todos são salvos, e não é necessariamente, como entre os cristãos, porque pecaram que estão privados da salvação, mas simplesmente porque é assim, porque acontece, porque a maioria das vidas é insignificante. O fracasso nem sequer é um castigo, é a realidade mais banal para a grande maioria dos humanos que jamais se tornarão algo de grandioso, que não obtêm nem glória como Aquiles, nem reconciliação com a ordem cósmica como Ulisses, de modo que a morte deles se assemelha à vida deles, ou seja, a nada. Em outras palavras, seu único êxito, caso tenham um para mostrar, é ter fundado uma família, ter tido filhos, uma descendência, mas isso é tudo o que restará deles neste mundo e, quanto ao resto, eles estão infelizmente condenados a cair no vazio eterno. Esse comum dos mortais é o conjunto daqueles que o mundo cristão, depois democrático, pretenderá justamente salvar ou pelo menos ajudar tanto no plano espiritual quanto pela caridade pública, pela criação de vastos sistemas de proteção social. É para esses, os pequenos, os do estrato social mais baixo, que o cristianismo das Bem-aventuranças prometerá a salvação, mas, para eles, não é bom residir no universo aristocrático dos gregos, um mundo que não lhes dá nada, não lhes promete nada, a não ser uma vida difícil e uma morte absurda. Por quê? Não necessariamente por falta de compaixão, ou pelo menos não só, mas porque o mundo grego é o arquétipo do universo aristocrático, de uma visão da sociedade e da natureza em que as desigualdades são a regra, em que a massa é privada de todo reconhecimento. Os melhores, os aristocratas, talvez sejam salvos, não os outros. É assim, e ponto-final. Mas então a pergunta se coloca com uma acuidade ainda maior: o que pode, nessas condições, salvar um ser humano? Do que já sabemos: trata-se de se salvar do império do efêmero, do eterno anonimato, do absurdo, do vazio, em suma, como sempre, da "morte negra". Mas como consegui-lo?

É aqui que aparece um segundo destino, perfeitamente encarnado pelo personagem de Aquiles, o herói grego por excelência. Aquiles é filho de Tétis, uma divindade marinha, uma nereida, uma das filhas de Nereu, e de um mortal, Peleu, com quem os olímpios a forçaram a se casar por motivos que relatarei daqui a pouco – pois eles são uma das origens mais profundas, mas também mais bem escondidas, da guerra de Troia. Aquiles está sempre se perguntando: o que pode me dar a salvação, me fazer escapar ao anonimato da "morte negra"? Resposta, pelo menos para ele e para todos os heróis gregos concebidos a partir do seu modelo: a glória, e isso por duas razões: primeiro porque ela nos tira para sempre do anonimato, precisamente, e porque nos garante que não nos tornaremos, como os outros mortos, "sem nome", "sem rosto". E mais, como bem mostrou Hannah Arendt numa passagem de seu livro *La crise de la culture* [A crise da cultura], à qual também retornaremos daqui a pouco: a glória é o que, por excelência, nos permite escapar ao império do efêmero ao aceder à esfera da escrita. Pois o escrito, diferentemente do oral, nos garante uma certa perenidade. Aquiles sabe – e está sempre dizendo – que morrerá jovem, e todos também sabem, inclusive sua mãe, Tétis, que se desespera com isso. Mas se, por suas façanhas na guerra, ele sair do ordinário, do comum, se ele se singularizar nos dois sentidos do termo, se ele se tornar a um só tempo um ser à parte e um homem notável, então não apenas falarão dele, mas *escreverão* sobre ele. Ora, a escrita permanece, não é volátil como são as palavras, de modo que o herói é aquele que, pela glória, manterá seu nome por toda a eternidade graças aos escritos que os poetas, e talvez até mesmo os historiadores, lhe dedicarão. Este é um segundo destino possível para os protagonistas dessa guerra. E assim também começamos a ver que a epopeia de Homero possui um estatuto filosófico, sendo sua questão central a da vida boa para os mortais. Vimos da última vez, quando mencionei o episódio da Nékuia, a visita de Ulisses aos infernos e seu encontro com Aquiles morto, que essa estratégia de busca da salvação pela glória está, apesar de tudo, destinada ao fracasso. É o que o próprio Aquiles declara a Ulisses quando lhe confessa que, afinal, tudo bem considerado, ele preferiria ser o mais miserável dos pastores, mas vivo, e não o mais glorioso dos heróis mortos...

Mas existe ainda um terceiro destino possível, aquele encarnado por Ulisses. Como vimos também na última vez, em toda essa questão, para ele trata-se essencialmente de passar da guerra à paz, de Éris a Eros, do ódio ao amor, do caos à harmonia, do exílio ao retorno ao lar, em suma, da vida ruim à vida boa. Tal é o sentido de sua viagem, sendo assim trata-se de uma busca propriamente filosófica, uma busca de sentido e de sabedoria. Fizemos uma longa análise – objeto principal desse relato fabuloso – tanto dos obstáculos que se opõem ao êxito dessa busca – são essencialmente duplos: o risco do esquecimento e o da morte por seres sobrenaturais como as sereias, os lestrigões, os ciclopes etc. –, como também dos critérios que definem seu êxito: vencer os medos, habitar o presente fugindo das armadilhas do futuro como do passado e, finalmente, encontrar seu legítimo lugar na ordem cósmica. Ajustando-se ao cosmos, regressando finalmente ao seu lugar natural no universo, ou seja, indo de Troia a Ítaca, do exílio à sua casa, Ulisses compreende que ele mesmo é um fragmento dessa ordem cósmica e, sendo esta eterna, ele é de certa forma um fragmento da eternidade. Vamos retomar e desenvolver melhor esses três destinos dando-lhes agora sua verdadeira dimensão metafísica em termos de salvação, isto é, de relação com a finitude, com a morte.

Fio condutor n. 2 – Três atitudes para combater o absurdo da morte

Como Hannah Arendt bem demonstrou – sempre em *La crise de la culture* – os Antigos consideravam tradicionalmente, antes mesmo do nascimento da filosofia propriamente dita, três maneiras de enfrentar os desafios lançados aos humanos pelo incontornável fato de sua mortalidade, três maneiras de tentar uma vitória sobre a morte ou, ao menos, sobre os medos que ela nos inspira.

A primeira, acessível a todos, por ser tão simples quanto natural, reside, como acabo de sugerir, na procriação: tendo filhos um dia, garantindo, como dizem tão bem, uma "descendência", inscrevemo-nos no ciclo eterno da natureza, no universo das coisas que não podem morrer. A prova, aliás, é que geralmente nossos filhos se parecem conosco fisicamente, às vezes até moralmente. Carregam assim, através do tempo, algo de nós. O problema, claro, é que tal forma de acesso à continuidade só vale para a espécie: se esta pode se mostrar como potencialmente imortal, o indivíduo, em contrapartida, nasce, se desenvolve e morre, de modo que, ao almejar a perenidade por meio da procriação, o ser humano não só fracassa, como não se coloca acima da condição das outras espécies animais. Falando claramente: não importa o número de filhos que terei, isso não me impedirá de morrer nem, o que é ainda pior, de vê-los, se for o caso, morrer também! É claro que eu garantiria em parte a sobrevivência da espécie, mas de modo algum a do indivíduo, da pessoa. Portanto, não há salvação *pessoal* real na procriação...

A segunda saída, que acabamos de mencionar, já é mais elaborada: consiste em realizar ações heroicas e gloriosas que podem ser objeto de um relato, o *traço escrito* tendo como principal virtude vencer de alguma forma o esquecimento, superar o efêmero do tempo. Poder-se-ia dizer que quando os livros de história – e já existem, na Grécia antiga, grandes historiadores como Tucídides ou Heródoto, por exemplo – relatam os fatos excepcionais realizados por certos homens, eles os salvam da insignificância que ameaça tudo o que não pertence ao reino da natureza. Os fenômenos naturais, de fato, são cíclicos. Repetem-se indefinidamente, como o dia vem após a noite, o inverno após o outono ou a bonança após uma tempestade. E essa repetição garante que ninguém conseguiria esquecê-los: o mundo natural, nesse sentido um tanto particular, acede sem dificuldade a uma certa forma, talvez não de "imortalidade", pelo menos de eternidade, ao passo que, como diz Arendt, "todas as coisas que devem sua existência ao homem, como as obras, as ações e as palavras, são perecíveis, contaminadas, por assim dizer, pela mortalidade de seus autores". Ora, é precisamente essa insuportável volatilidade que a glória poderia permitir, ao menos em parte, combater. Tal é, segundo Arendt, a real finalidade dos livros de história na Antiguidade quando, relatando os fatos "heroicos", por exemplo a atitude de Aquiles durante a guerra de Troia, tentam arrancá-los da esfera do perecível para igualá-los à da natureza:

> Se os mortais conseguissem dotar suas obras, atos e palavras de alguma permanência, e retirar delas seu caráter perecível, então essas coisas deveriam, pelo menos até certo ponto, penetrar e encontrar abrigo no mundo daquilo que dura para sempre, e os próprios mortais encontrar seu lugar no cosmos onde tudo é imortal, exceto os homens.

E é verdade, pois, sob alguns aspectos, os heróis gregos não estão completamente mortos, uma vez que ainda hoje continuamos, graças à escrita que é mais estável e permanente do que a fala, a ler o relato de seus feitos e gestos. A glória pode então aparecer como uma forma de imortalidade pessoal conquistada numa competição com a natureza cíclica. Razão pela qual sem dúvida ela foi e continua sendo cobiçada por muitos seres humanos. Deve-se dizer, no entanto, que para muitos outros ela não passará de um pobre consolo, para não dizer de uma forma de vaidade...

Com o nascimento da filosofia surge uma terceira maneira de enfrentar os desafios da finitude, do absurdo da morte. Sabemos o quanto o medo da morte era, segundo os estoicos, em particular para Epicteto, mas também para epicuristas como Lucrécio, o motivo último do interesse pela sabedoria filosófica. Graças a esta última, a angústia existencial finalmente receberá, para além dos falsos consolos da procriação e da glória, uma resposta que aproxima singularmente a filosofia da atitude religiosa mesmo mantendo a distinção entre a salvação por Deus e pela fé, por um lado, e a salvação por si mesmo e pela lucidez da razão, do outro.

De fato, segundo os estoicos, e nisso são herdeiros diretos da sabedoria de Ulisses, o sábio é aquele que, graças a um justo exercício do pensamento e da ação, chega a uma certa forma humana, se não de imortalidade, ao menos de eternidade. Ele vai morrer, com certeza. Mas a morte não será para ele o fim absoluto de tudo, mas sim uma transformação, uma "passagem" de um estado a outro dentro de um universo cuja perfeição *global* possui uma estabilidade absoluta e, portanto, divina. Vamos morrer, é um fato, como também é um fato que as espigas de trigo, um dia, serão colhidas, diz Epicteto. É preciso, por essa razão, ele se pergunta, esconder o rosto e se abster, como por superstição, de pensar na morte porque isso seria de "mau agouro"? Não, pois "as espigas desaparecem, mas não o mundo". O comentário da fórmula pelo próprio Epicteto merece ser citado aqui, pois explica bem a ideia ulissiana de uma sabedoria que consiste em colocar-se em harmonia com a harmonia do mundo.

Vejam como, neste texto, o mestre se dirige a seu discípulo:

> As folhas caem, o figo seco substitui o figo fresco, a uva seca o cacho maduro, eis, segundo você, palavras de mau agouro! Na verdade, aqui há apenas transformação de estados anteriores em outros; não há destruição, mas um arranjo e uma disposição bem regrados. A emigração é apenas uma pequena mudança. A morte é a maior delas, mas ela não vai do ser atual ao não ser, e sim ao não ser do ser atual. – Então não serei mais? (pergunta o discípulo) – Você não será o que é, mas outra coisa de que o mundo então precisará.

Ou como diz no mesmo sentido um pensamento de Marco Aurélio (IV, 14):

> Você não existe como parte: desaparecerá no todo que o produziu, ou melhor, pela transformação, você será recolhido em sua razão seminal.

O que significam esses textos? No fundo, simplesmente isto: chegado a certo nível de sabedoria teórica e prática, de reconciliação com o cosmos, o ser humano compreende que a morte não existe verdadeiramente, ela é só uma passagem de um estado a outro, não uma aniquilação, mas um modo de ser diferente. Como membros de uma ordem cósmica divina e estável, nós também podemos participar dessa estabilidade e dessa divindade desde que pelo menos a ela nos ajustemos como Ulisses em Ítaca. Se compreendermos essa ideia, perceberemos ao mesmo tempo o quanto nosso medo da morte é injustificado, não apenas subjetiva como também objetivamente, uma vez que sendo o universo eterno, e nós mesmos sendo chamados a permanecer nele para sempre como um fragmento, jamais deixaremos de existir.

Compreender bem o sentido dessa passagem é, pois, segundo Epicteto, o próprio objetivo de toda atividade filosófica. É ela que deve permitir que cada um chegue à vida boa e feliz ao ensinar, segundo sua bela fórmula, "viver e morrer como um deus", ou seja, como um ser que, percebendo seu elo privilegiado com todos os outros no seio da harmonia cósmica, chega à serenidade, à consciência de que, mortal num sentido, não é menos eterno em outro. Tal é a razão pela qual, segundo Cícero, a tradição por vezes dedicou-se a "divinizar certos homens" ilustres como Hércules ou Esculápio: como suas almas "subsistiam e desfrutavam da eternidade, foram legitimamente considerados como deuses porque são perfeitos e eternos".

Contudo, a tarefa não é muito fácil e, se a filosofia, que culmina numa doutrina da salvação fundada no exercício da razão, portanto naquilo que chamo uma espiritualidade laica, não quer permanecer como uma simples aspiração à sabedoria, mas vencer os medos e dar lugar à própria sabedoria, é preciso que ela se personifique em exercícios práticos. Nesse sentido, como seu próprio nome já indica, não é ainda a sabedoria, mas apenas o amor (*philo*) ou a busca da sabedoria (*sophia*).

Fio condutor n. 3 – Quatro questões sobre o pomo da discórdia

Vimos na última vez, em nosso capítulo consagrado à *Odisseia*, por quais razões o episódio do "pomo da discórdia" estava na origem da guerra de Troia. Retomo em algumas palavras o conteúdo: Zeus obrigou a deusa Tétis a se casar com um mortal, Peleu, e eles serão os pais de Aquiles. Durante a festa de casamento, Zeus deliberadamente não convidou Éris, a deusa da discórdia, ao Monte Pélio. Aborrecida, ela se convida a si mesma e, para se vingar, coloca sobre a mesa do banquete um pomo de ouro, que logo se torna um objeto de disputa entre Hera, Atena e Afrodite. Páris, um dos filhos de Príamo, rei de Troia, oferece o pomo a Afrodite porque, em troca, esta prometeu que ele poderia seduzir e raptar a mulher mais bela do mundo, a bela Helena, esposa do rei de Esparta, Menelau. Páris, príncipe troiano, rapta então Helena de seu marido e é para recuperá-la que os outros reis gregos, entre os quais Ulisses e Agamêmnon, solidários com Menelau, partem para guerrear contra os troianos. Portanto, é Éris, a discórdia, que está na origem do conflito. Mas bem antes ainda há uma outra questão.

Por que Zeus obriga Tétis a se casar com um mortal?

O que, ainda assim, é para ela uma degradação, o que hoje seria chamado de um casamento "morganático". Como mostrou com muita fineza Jean-

-Pierre Vernant, trata-se de enviar aos homens uma calamidade que Zeus conhece bem demais: ser expulso pelo mais jovem do que ele, ser destronado por um de seus filhos. Com efeito, segundo certas variantes, Prometeu teria sido aquele que um dia revelou a Zeus um segredo que guardava e que poderia ser muito útil ao rei dos deuses: se algum dia este tivesse um filho com Tétis, por quem se apaixonou, ele precisava saber que essa criança tomaria seu lugar, o destronaria, como ele mesmo destronara seu pai, Cronos, que por sua vez havia castrado seu genitor, Urano. Se Zeus não quisesse a reprodução dessa maldição, deveria absolutamente se abster de se deitar com Tétis e de lhe fazer um filho! O mesmo oráculo valia, aliás, para Posêidon, também apaixonado pela bela nereida, de forma que, para maior segurança, os dois irmãos concordaram em dá-la a um mortal. Teria sido então do centauro Quíron a sugestão para que seu protegido, Peleu, aproveitasse a ocasião e se apresentasse como candidato a esse casamento. Depois ele ter-lhe-ia dado judiciosos conselhos para conseguir se apoderar de Tétis...

Por isso o casamento da desafortunada deusa com um mortal, uma artimanha para despachar a catástrofe a esses humanos que vão, ao se casarem, ter filhos, portanto engendrar a sucessão das gerações. Envelhecendo, depois morrendo como convém à sua condição de seres finitos, esses infelizes sempre serão obrigados mais dia menos dia a se aposentar, a abandonar seu lugar nos jogos, no amor ou na guerra, em suma, a deixar a prioridade aos recém-chegados. É exatamente essa maldição do "lugar aos jovens" que Zeus quer evitar a qualquer preço. Ao casar Tétis, ele dá uma dupla cartada: compromete-se em não a tocar, portanto em não correr o risco de engravidá-la, mas, além disso, ele lega o conflito das gerações aos humanos! A luta entre jovens e velhos está, pois, extinta para os deuses, em contrapartida, ela está para sempre inscrita no destino dos homens. Lembremos que, além do mais, Zeus com certeza tem em mente o fato de que é sempre o mais jovem, o caçula, que derruba o pai: Cronos contra Urano, ele próprio contra Cronos. Para nós, humanos, o infortúnio está então inscrito desde a origem no amor, a sucessão das gerações está ligada diretamente ao casamento, o dia da festa aparecendo assim, se pensarmos no longo prazo, como um dia de luto.

Por quais razões Zeus quer desencadear a guerra de Troia?

Mas existe ainda outra razão para esse casamento, um segundo motivo mais secreto que, aliás, está vinculado ao primeiro: é que essa abertura das gerações humanas vai provocar um problema que os ecologistas redescobriram nos dias de hoje, mas que os gregos, certamente retomando assim um tema já presente no episódio do dilúvio tal como narrado na *Epopeia de Gilgamesh*, já tinham em mente: o da superpopulação! Casando-se, depois se reproduzindo em consequência dos casamentos, os humanos se multiplicam de maneira exponencial, potencialmente sem limite. Acabam por abarrotar a terra, por exasperar Gaia de tanto andarem sobre ela num número cada vez maior! E Gaia reclama com Zeus, protesta contra essas multidões invasoras, como nós protestamos às vezes contra os turistas. Excelente razão para desencadear uma boa guerra. Quando vê Éris chegar no dia do casamento, Zeus já sabe tudo o que sua presença vai engendrar. É ele quem quer a guerra de Troia e, no mais, apesar de sua inclinação por Heitor e sua cidade, cidade que ele considera muito bela e muito solícita para lhe render as devidas honras, ele desempenhará nesse assunto o papel de juiz, fazendo sempre de forma que as forças estejam suficientemente equilibradas para que, afinal, o conflito dure bastante tempo para livrar a terra de seu excesso de humanos. Claro que ele não é nem um pouco gentil, mas lembremos que a consideração que os deuses têm por nós é a mesma de uma criança que brinca de destruir um formigueiro...

Qual o vínculo entre o pomo da discórdia e o destino de Prometeu?

Zeus detesta Prometeu. Ele o censura (e veremos tudo isso com mais detalhes ao estudar este capítulo particularmente genial da mitologia) porque deu aos homens o fogo e as artes (no sentido das técnicas), dois dons que, embora não os igualem aos deuses, lhes permitem ao menos, ao contrário dos animais, pecar por *hybris*, por desmedida e por orgulho a ponto de ameaçar a bela ordem cósmica da qual ele é a um só tempo o instigador e o fiador. As ostras, os ursos ou os leões nunca correm o risco de destruir o cosmos porque ignoram as artes, as técnicas e as ciências. Ao dá-las aos humanos, Prometeu faz deles a única espécie viva capaz de aniquilar o planeta, e esta é a razão do ódio que o rei dos deuses lhe dedica. Contudo, ao revelar a Zeus a ameaça que pesaria sobre ele se fizesse amor com a bela Tétis, Prometeu lhe presta um serviço notável, um serviço que Zeus vai levar em conta ao fechar os olhos quando Héracles libertará Prometeu de suas correntes e de seu suplício, mas também quando o centauro Quíron doará sua imortalidade a esse filho de titã que, ao que parece, a perdera. Lembro que Zeus havia jurado pelo Estige, o rio dos infernos, que jamais libertaria Prometeu das correntes que o prendiam a seu rochedo, situado no Cáucaso. Todos os dias, tal era a punição infligida ao desafortunado filho do titã Jápeto, uma águia gigante vinha lhe devorar o fígado, que voltava a crescer todas as manhãs. Ora, havia entre os doze trabalhos de Héracles uma missão bem especial: encontrar a árvore do jardim das Hespérides, árvore na qual cresciam os famosos pomos de ouro que Éris usou para semear a discórdia no casamento de Tétis e de Peleu. Esse jardim era protegido por Atlas, um dos irmãos de Prometeu, e foi este último quem mostrou a Héracles como encontrá-lo e, sobretudo, como pegar os pomos de ouro para levá-los a Hera. Como agradecimento, Héracles o libertou de suas correntes, mas Zeus, constrangido por seu juramento, teve de encontrar um ardil para não ser perjuro: providenciou para que Prometeu conservasse um pedaço da corrente, na verdade um anel, ao qual um pedacinho do rochedo, uma pedrinha, ficaria preso. Assim, ele não seria perjuro, uma vez que Prometeu ainda permaneceria eternamente preso ao rochedo do Cáucaso! Dizem que essa é a origem da joia por excelência, da joia chamada anel... Quanto à imortalidade de Prometeu, é preciso também lembrar que Quíron, o célebre centauro que supostamente seria o maior pedagogo de todos os tempos, aquele que havia educado principalmente Aquiles ou ainda Jasão, fora atingido por uma flecha envenenada de forma que sua ferida nunca cicatrizava. Como era imortal, seus sofrimentos intoleráveis nunca cessariam. Ele procurou então um mortal com quem trocar seu estatuto divino, e foi a Prometeu que fez a oferta, oferta que o filho de Jápeto se apressou, evidentemente, em aceitar e à qual Zeus não se opôs pelas razões já mencionadas.

Gosto dessas histórias. Nelas vemos o quanto a mitologia grega é de uma riqueza inacreditável e sempre me pergunto como esse pequeno povo foi capaz de inventar relatos de tal variedade e de tal profundidade.

Mas passemos agora a outro personagem-chave da guerra de Troia, Páris, o príncipe troiano por quem tudo começou.

Como Páris, o filho abandonado, reencontra seu lugar em sua família real?

Dissemos por que Páris fora abandonado no Monte Ida, porque um oráculo havia declarado a seus pais, Hécuba e Príamo, que sua cidade seria destruída por culpa dele. Abandonado na montanha, o bebê foi recolhido por pastores que, ignorando seu nome e sua história, o rebatizaram. Agora ele se chama Alexandre (isto é, "aquele que é protegido"), assim nomeado porque ele deve realmente ser protegido dos deuses para ter escapado de uma morte quase certa. Os anos passam, ele se torna um rapaz encantador, favorecido com todos os dons, mas continua sendo um pastor que protege suas vacas e seus touros na montanha. Um dia, Hécuba e Príamo enviam um de seus criados para procurar, justamente no Monte Ida onde mora Alexandre, um touro que querem sacrificar em memória do filho que tiveram de abandonar. O criado escolheu o mais belo dos animais, e claro que é o touro preferido de Páris/Alexandre, e o rapaz não querendo se separar de seu favorito então o acompanha até Troia. Ali, Príamo decidiu organizar jogos fúnebres para acompanhar os sacrifícios – como era costume na época. Ali se encontram, pois, todos os esportes praticados nessas circunstâncias, corrida a pé, pugilato, lançamento de disco, de dardo, tiro com arco etc. Páris se inscreve e, para surpresa geral, vence todas as provas de forma que, com o coração cheio de inveja, um de seus irmãos, Deífobo (mas que ignora, é claro, que Páris é seu irmão), acaba se lançando sobre ele para matá-lo. Cassandra, sua irmã, começa a gritar que esse jovem é Páris, que é o irmão de Heitor e de Deífobo, filhos de Príamo e de Hécuba, mas como sempre ninguém lhe dá atenção. Então, o rapaz exibe algumas roupas de criança, provavelmente um tipo de lenço fabricado com cueiros, que ele conservara desde sempre, e sua mãe, Hécuba, os reconhece. Ela salta de alegria, Príamo também, e eles reintegram aquele que deve, com efeito, ser protegido dos deuses para ter assim sobrevivido...

E agora, munidos dessas poucas chaves, vamos ao relato dos principais episódios da *Ilíada*. Embora Ulisses seja o personagem-chave da *Odisseia*, com toda certeza é Aquiles que marca como nenhum outro os últimos dias da guerra de Troia. Como na *Odisseia*, tudo começa por Éris, pela discórdia, pelo caos, e não é evidentemente um acaso se as primeiras páginas da epopeia evocam a famosa cólera de Aquiles, sua disputa com Agamêmnon. Mas se Ulisses vai do ódio ao amor, da guerra à paz, já Aquiles vai do caos a uma morte programada desde a origem. Todos sabem que ele vai morrer jovem, ele em primeiro lugar, pois o que busca, ao contrário de Ulisses, não é a salvação pela reconciliação com a harmonia do mundo humano e natural, mas é, como vimos, a salvação pela glória.

Os principais episódios da *Ilíada*

No começo da Ilíada: *a cólera de Aquiles contra Agamêmnon*

No momento em que começa a *Ilíada*, a guerra já dura dez longos anos. Nenhuma parte prevalece sobre a outra. Durante dez anos, vemos os mesmos acampamentos, os mesmos navios encalhados na praia, na parte baixa da planície situada ao pé das muralhas da bela cidade de Troia "das largas avenidas". Nada mudou, exceto que os heróis estão cansados e o local das operações é o teatro de um verdadeiro desastre. Há mais de uma semana, a peste assola o acampamento dos gregos (também chamados de aqueus, argivos ou mesmo dânaos): vemos por toda parte rostos esverdeados e sanguinolentos de soldados moribundos. Ao cair da noite, toda a planície é iluminada por enormes fogueiras, por piras sinistras onde os corpos são queimados na inútil tentativa de conter a epidemia. Aproximamo-nos da mais alta e bela tenda, a do chefe dos exércitos. A assembleia dos reis gregos ali se encontra reunida com os mais valorosos comandantes-chefes e com alguns conselheiros. Estão presentes Agamêmnon e Aquiles, com seus longos cabelos loiros, bem como Ulisses, Menelau, o adivinho Calcas, o colossal Ájax, filho de Télamon, e todos os outros generais. Uma deslumbrante jovem se mantém um pouco afastada da assembleia, com o olhar cabisbaixo, ao lado de Agamêmnon, que colocou a mão em seu braço. O nome dela é Criseide. É filha do sumo sacerdote de Apolo. Aquiles pega o cetro de madeira cravejado de ouro que dá autoridade a quem quer tomar a palavra: "Reuni todos vocês, chefes dos exércitos gregos, para que possamos finalmente encontrar um meio de acabar com a peste que devasta nossas fileiras. Pedi ao adivinho Calcas que se juntasse a nós para nos dizer de onde vem esse flagelo e por que está dizimando nossas tropas..."

Aquiles dirige-se então a um velho de barba branca e pousa delicadamente a mão em seu ombro: "Vamos, Calcas, fale, conte-nos o que está acontecendo..."

O ancião treme como vara verde: "Aquiles, jure antes que me protegerá se eu disser a verdade, pois é bem possível que eu questione um chefe ainda mais poderoso do que você…"

Aquiles: "Não se preocupe, divino ancião, protegê-lo-ei não importa o que diga, mesmo que tenha de incriminar Agamêmnon em pessoa…"

Calcas, mais tranquilo, começa então a falar mantendo os olhos fixos no chão: "Sim, Aquiles, foi de fato nosso rei, Agamêmnon, que ofendeu um deus que não valia a pena ultrajar, uma vez que se trata de Apolo. Agamêmnon raptou a bela Criseide, filha de seu sumo sacerdote, recusando-se a devolvê--la mesmo seu pai oferecendo em troca um resgate colossal. Apolo decidiu, portanto, punir todo o exército enviando a peste, e enquanto não devolvermos Criseide a seu pai, e sem lhe pedir resgate algum, o flagelo continuará devastando nosso exército".

Vemos então Agamêmnon, o rosto enfurecido, largar o braço de Criseide. Ele arranca o cetro de ouro das mãos de Aquiles e se dirige a Calcas: "Maldito adivinho! Velho insano! Você só me traz más notícias e acha que me impressiona? Se devo devolver a bela Criseide, que é minha parte de honra, meu butim pessoal, saiba então que me vingarei, não de você, é claro, mas de Aquiles, esse orgulhoso, que pretende guardar sua parte de honra enquanto eu, que sou o rei, devo devolver a minha?! De quem zombam aqui?!"

Aquiles retoma o cetro: "Saco de vinho, cara de cão e coração de cervo, miserável poltrão que aproveita da coragem e da morte dos outros para encher os bolsos. Nunca o vemos de armadura, com a espada na mão, mas quando é para pegar a principal parte, sempre está presente…"

Agamêmnon retoma o cetro: "Não me ameace, Aquiles dos pés velozes, pois vai se arrepender! Vou devolver Criseida a seu pai a fim de refrear a peste, e ordenar os preparativos para os sacrifícios ao deus Apolo. Mas saiba que amanhã, ao despontar da aurora, enviarei dois soldados para buscar sua parte do butim, a bela Briseida, para substituir a minha, e então veremos qual de nós dois é o mais poderoso!"

Aquiles coloca a mão sobre a espada e se prepara para matar Agamêmnon, mas Atena lhe aparece – apenas ele pode vê-la – e ela detém seu braço vingador. Atena continua furiosa contra os troianos desde que Páris preferiu

Afrodite, e ela não pretende que a discórdia arruíne as chances de sucesso dos gregos. Ela lhe ordena que se contente em insultar Agamêmnon com palavras (também veremos que, ao longo da guerra, os deuses estão sempre intervindo nos assuntos humanos, o que constitui um elemento-chave do trágico grego: os humanos não são verdadeiramente senhores de seu destino e uma grande parte dos infortúnios que se abatem sobre eles não é de sua responsabilidade).

Aquiles embainha sua espada: "Covarde, arrogante e cúpido você é e será! Poderia esmagá-lo como uma mosca, mas vou puni-lo de outra forma. Junto com meus valorosos guerreiros, os mirmidões, vou interromper o combate e como éramos os únicos capazes de vencer os troianos, veremos quem vai rir por último!"

Furioso, Aquiles se dirige para sua tenda, seus soldados, os mirmidões, logo se levantam à sua passagem para saudá-lo, cheios de respeito pelo mais valoroso dentre eles. Aquiles, na entrada de sua tenda, vira-se para eles e lhes diz: "Meus irmãos, meus valorosos companheiros, todos nós cessamos o combate. Agamêmnon é um cão, ele quer ficar com minha parte de honra, a bela Briseida. Diante de tanta ignomínia e injustiça, dou-lhes a ordem de permanecer em suas tendas..."

Aquiles entra em sua tenda onde o espera a sublime Briseida. Ela o beija, o consola, lhe serve vinho. Mas Aquiles senta-se no chão, beija seus joelhos, e começa a chorar como um menino invocando sua mãe, a nereida Tétis.

A tenda de Aquiles está ao lado de seu barco, como todas as dos gregos, que instalaram seus acampamentos à beira-mar, entre as naus ou perto da proa. No fundo do mar, vemos Tétis que ouve seu filho e sobe à superfície, sai da água e começa a caminhar, muito bela e resplandecente, na direção da tenda de Aquiles. Ela abre a cortina e entra.

Aquiles: "Mãe, minha mãe, você sabe que me deu uma existência que será curta, que morrerei em combate antes de ter os cabelos brancos. Então ao menos peça a Zeus, nosso deus venerado, que também não me retire a glória que me é devida! Vá vê-lo, eu suplico, e peça-lhe para punir os gregos como eles merecem, para dar a vitória aos troianos nos combates até que Agamêmnon venha me suplicar que retorne para que eu possa novamente conquistar a glória que me cabe!"

Tétis, tomando seu filho nos braços e o cobrindo de carícias:

"Aquiles, meu querido filho, pare de chorar como um menino. Zeus está agora entre os etíopes, mas dentro de doze dias ele estará de volta ao Olimpo e, prometo, irei encontrá-lo, beijarei seus joelhos e também suplicarei que conceda a vitória aos troianos enquanto durar sua desgraça..."

Tétis deixa a tenda, mergulha novamente no mar, e Aquiles adormece nos braços de Briseida que o acalenta como um bebê.

No dia seguinte de manhã...

Uma embaixada de dois soldados de Agamêmnon se apresenta diante da tenda de Aquiles para levar Briseida. Suas despedidas são comoventes e Aquiles jura se vingar, mas, a contragosto, ele deixa partir sua bem-amada. Agamêmnon é mais poderoso do que ele na hierarquia aristocrática e isso não se discute.

No mesmo momento, vemos Criseida subir num navio rápido. Agamêmnon a confia a Ulisses, que assume o comando do barco. Ela está acompanhada de vinte soldados para ir ao encontro de seu pai, o sumo sacerdote de Apolo. Na praia, outro sacerdote de toga branca sacrifica animais (ovelhas, cães e cavalos) a Apolo na presença dos reis gregos diante dos quais, na primeira fila, está Agamêmnon.

Doze dias depois...

Tétis chega ao Olimpo e se apresenta diante de Zeus, que parece de mau humor. Ela se joga a seus pés e beija seus joelhos, segundo o costume que impõe esse rito a quem tem um pedido a fazer a um rei: "Zeus, venerável pai, sempre o servi com a lealdade e o amor que você conhece. Hoje, venho pedir-lhe um favor e suplico que não o recuse. Meu filho, Aquiles dos pés velozes, foi humilhado de maneira injusta por Agamêmnon. Você sabe que ele vai morrer jovem, mas além disso é preciso que ele deixe este mundo sem glória? Você sabe que ele é o mais valoroso dos guerreiros, o mais honesto dos homens, então suplico, puna os gregos e deixe os troianos ganhar ao menos até que Agamêmnon seja obrigado a apresentar suas desculpas..."

Zeus, rabugento, não responde e desvia a cabeça, cada vez menos amável.

Tétis insiste: "Suplico-lhe, pai, ao menos me responda!"

Zeus resolve se pronunciar e vira-se para ela: "Tétis, você me traz um caso bem difícil. Sabe o quanto Hera, minha esposa, quer que os gregos vençam desde que Páris lhe recusou o pomo de Éris e você me pede para ir contra a vontade dela? O que quer? Que brigue com ela mais uma vez, e tudo isso pelo seu filho?"

Silêncio dos dois lados. Depois Zeus recomeça suspirando: "Está bem, já refleti. Parta, atenderei aos seus desejos, mas saiba que ao fazê-lo terei muitos aborrecimentos…"

Tétis se inclina, agradece e deixa o Olimpo. Zeus, agora sozinho, fala consigo mesmo: "Que praga! Hera já me insulta todos os dias afirmando que tomei o partido dos gregos – o que não é verdade, neste assunto sou apenas um juiz imparcial. Bom, vou enviar um sonho a Agamêmnon, um sonho poderoso que fará com que acredite que a vitória está próxima, ao alcance da mão, e que ele deve retomar o combate. Mas sem Aquiles e seus mirmidões, são os gregos que serão massacrados…"

E, com efeito, assistiremos a uma série de massacres tão atrozes quanto absurdos até o fim da *Ilíada*, isto é, até a morte de Heitor sob os golpes de Aquiles ajudado por Atena. Pergunta: por quê? Que significado dar a esses duelos que pontuam, como veremos, de maneira bastante repetitiva todo o relato da *Ilíada*? Por que todos esses jovens valorosos aceitam morrer, assim como Heitor e ainda mais Aquiles, por uma história de adultério, uma causa afinal bastante insignificante e que, aliás, não é deles?

O combate entre Páris e Menelau: as forças presentes do lado grego e do lado troiano

Temos de imaginar a cena dos combates. Os troianos estão na parte alta, ao pé das muralhas de Troia, e os gregos na parte de baixo, perto do mar, onde suas tendas estão erguidas e seus navios estão enfileirados. Acima do teatro das operações, emergindo das nuvens, temos de imaginar o topo do Olimpo, com Posêidon do lado dos gregos, mas também, é claro, Hera e Atena, a quem Páris recusou o pomo da discórdia. Há ainda Hermes, sempre próximo de Atena, e também Hefesto, Afrodite o enganou tão acintosamente junto com Ares que ele tem bons motivos para estar aborrecido com ela, que forjará as novas armas de Aquiles; do outro lado, do lado troiano, vemos Afrodite (porque ela recebeu o pomo da discórdia, mas também porque seu filho, Eneias, combate ao lado de Heitor), Apolo (porque os gregos raptaram Criseida, filha de seu sumo sacerdote), Ares, porque é amante de Afrodite, Ártemis, porque é irmã de Apolo, e finalmente o Rio Escamandro, um curso de água divino que vai se revoltar contra Aquiles por causa do sangue dos jovens troianos que o contamina de maneira "desmedida". Quanto a Zeus, ele é bastante imparcial no caso, ele é o árbitro, ora favorável aos gregos, ora aos troianos. Lembrem-se de que, de acordo com o poema perdido, *Os Cantos cíprios*, foi ele quem desencadeou a guerra ao não convidar Éris deliberadamente. Por quê? Porque ouviu as queixas de sua avó, a terra, Gaia, que acha que há gente demais no planeta, que os humanos são numerosos demais, muito propensos à *hybris*, que são pesados demais para que ela os carregue e que o número deles deve ser reduzido. É por isso que Zeus se contenta em reequilibrar constantemente o combate, para que haja o maior número de mortos possível – sabendo, contudo, que teria preferido que Troia, cidade de que gosta, não fosse destruída. Mas, afinal, são apenas danos colaterais.

Quanto aos humanos, aqui estão as forças presentes:

Do lado grego, há primeiro Agamêmnon, rei dos reis, e Menelau, seu irmão, o corno da história; Ulisses, o homem dos mil ardis, aquele de quem todos devem desconfiar; Pátroclo, o amante de Aquiles, que daria sua vida por ele; Aquiles, que está amuado em sua tenda e que só a morte de Pátroclo poderá fazer com que retorne ao combate para a infelicidade dos troianos; os Ájax, um filho de Oileu, o outro filho de Télamon, sendo este último o mais perigoso e o mais corajoso dos guerreiros gregos depois de Aquiles "dos pés velozes"; mas também devemos citar Diomedes, rei de Argos, e o velho Nestor, o mais velho e o mais sábio dos gregos...

Do lado troiano: perto das muralhas, na praça real, podemos ver, claro, o Rei Príamo. Ao lado dele, sua esposa, Hécuba, sua filha Cassandra, aquela em quem nunca se acredita quando, no entanto, ela diz o futuro, mas também a bela Helena e, certamente, a encantadora Andrômaca, mulher de Heitor, que segura seu filho, o pequeno Astíanax, em seus braços. Ao pé das muralhas, entre os chefes de guerra troianos, o maior e o mais glorioso é Heitor, cercado de seus irmãos Páris (um tanto afeminado, franzino e às vezes poltrão) e Deífobo (o irmão preferido de Heitor, ao contrário de Páris que ele considera um panaca). Vemos também, ao lado dos troianos, os exércitos dos dárdanos, dos lícios, dos frígios e dos trácios, mas eles constituem essencialmente o vulgum pecus [o comum dos mortais].

Portanto, todo esse pequeno mundo está a postos e o combate vai recomeçar, produzindo seu quinhão de horrores e de mortos, quando Páris avança e se dirige a todos. Ele carrega sobre o ombro uma magnífica pele de pantera, bem como um arco e uma espada. Em cada mão segura uma lança imensa, bem mais alta do que ele.

Páris dirigindo-se aos troianos: "Basta! Tudo isso é absurdo, insensato! Basta de loucura, de sangue e de morte. Sou eu o responsável por esta guerra atroz, fui eu quem tirou a bela Helena de seu marido, o glorioso Menelau, que ao invés de me prejudicar me recebeu em Esparta, em seu palácio, como um irmão! Cabe a mim e apenas a mim reparar os prejuízos que causei, não a vocês, meus amigos, morrer por uma causa que não é a de vocês".

E Páris dirigiu-se então aos gregos: "Vamos, acabemos com isso! Que um de vocês, valorosos soldados gregos, enfrente-me em combate singular e então aquele que vencê-lo terá conquistado a vitória para todo seu campo. Se vencerem, Menelau poderá retornar em paz com Helena. Se eu vencer, vocês retornarão a seus navios no mar infértil e vinoso. Eu manterei Helena, mas vocês voltarão para casa em paz para reencontrar os braços de suas mulheres, de seus filhos e filhas, sem perder a honra".

Heitor virando-se na direção de Páris, com o rosto ao mesmo tempo impressionado, surpreso e satisfeito, e tomando-o nos braços: "Páris, meu irmão! Não acredito no que ouço! Enfim palavras sensatas, razoáveis e corajosas! Eu que o considerava covarde, pouco viril e fraco, sempre se escondendo sob as saias de mulheres, você encontra enfim sua honra. Deixe que o abrace, façamos as pazes".

Do lado grego, percebemos o loiro Menelau cujo rosto se fende num funesto ricto. Vemos logo que ele é mais maduro, mais forte e aguerrido do que Páris. Seu rosto se ilumina com um sorriso vingativo e diz a si mesmo: "Vai se arrepender, pobre louco, frangote! Vou esfolá-lo, enfim poderei espalhar suas tripas pela planície, oferecê-las aos cães e aos abutres. Juro pelos deuses!"

E afastando-se da corte, ele avança na direção das muralhas de Troia, sobre seu carro, e começa a gritar: "Aproxime-se, Páris, sou eu que vou enfrentá-lo, e saiba que não haverá prisioneiro, está ouvindo? Será um combate até a morte".

E Menelau desce de seu carro, com uma lança e uma espada na mão. A multidão se cala, o silêncio pode ser cortado com uma faca. Príamo faz um sinal com a cabeça a Páris mostrando que aceita sua oferta e Agamêmnon faz o mesmo, ordenando a todos que façam silêncio.

É então que vemos Páris lamentar seu acesso de loucura. Ele treme como vara verde, está pálido como um morto. Tenta fugir diante de Menelau. Heitor começa então a insultar o irmão: "Miserável mulherengo, covarde, poltrão desprezível! E eu que acreditei que tivesse mudado! Você nos cobre de vergonha, nos ridiculariza diante dos nobres aqueus de cabelos longos. Teria mil vezes preferido que morresse assim que nasceu, pois teria causado infortúnios apenas aos seus".

Todo aflito, Páris apresenta suas desculpas ao irmão e se compromete a retomar o combate. De ambos os lados, os soldados se sentam para mostrar que não intervirão no duelo singular que vai opor Páris e Menelau. Estão apoiados em seus escudos, suas longas lanças plantadas no chão. Todos se regozijam com a ideia de que a guerra, enfim, vai de um jeito ou de outro terminar...

De cada lado, mandam trazer cordeiros e o próprio Agamêmnon lhes corta a garganta pronunciando estas palavras: "Zeus e todos vocês, os imortais que honramos, sejam testemunhas de que aquele que violar o pacto que acaba de ser concluído verá o cérebro dos seus, pais, irmãos e filhos, espalhado pela terra como eu espalho este sangue e este vinho sobre o chão. E que, além disso, suas mulheres sejam violadas pelos estrangeiros!"

Ulisses e Heitor se juntam, eles delimitam o terreno do duelo com a ponta de suas lanças, depois depositam pedras num elmo para que a sorte decida qual dos dois protagonistas jogará sua lança primeiro. Páris e Menelau se encaram, os olhos cheios de medo para um, de ódio para o outro. Então Páris lança seu longo dardo. Este vai se quebrar sobre o escudo de Menelau e sua ponta se torce como um frágil fio de ferro. Menelau ri maldosamente. Sabe que é infinitamente mais forte do que o rapaz que lhe tomou a mulher. Lança o dardo, uma pesada vara de bronze, que atravessa o escudo de Páris e fende sua armadura no nível da virilha. Mas Páris, rápido como o raio, se curva e evita por um triz ser ferido. Então Menelau se atira sobre ele com a espada na mão e lhe desfere um golpe terrível sobre o elmo. Mas a espada explode, quebra-se em três pedaços. E Menelau se arremessa sobre Páris, torce-lhe o pescoço, joga-o no chão, coloca-o de costas e começa a arrastá-lo para o campo dos aqueus pela correia de seu elmo... Páris sufoca, começa a urrar. Mas Afrodite, do alto do Olimpo, que acompanha toda a cena, intervém. Ela envia uma espessa nuvem, uma nuvem de areia que dissimula os combatentes, depois ergue Páris e o leva para seu quarto perfumado. Quando Menelau sai da nuvem, é um elmo vazio que segura na mão. Todos estão estupefatos: mas o que aconteceu com o príncipe troiano?

Enquanto isso, vemos Páris em seu quarto. Afrodite convenceu Helena a se juntar a ele. Helena o insulta, o chama de covarde, diz-lhe que jamais deveria ter deixado seu marido, o poderoso Menelau amado de Ares. Mas Páris consegue acalmá-la e atraí-la para seu leito. Eles fazem amor e adormecem.

Enquanto isso, vemos Menelau correndo como um louco furioso de um lado para o outro à procura de seu adversário cujo nome ele urra aos quatro ventos. Agamêmnon toma então a palavra dirigindo-se a Heitor e ao conjunto dos troianos:

"Menelau, evidentemente, venceu o combate. Páris fugiu. Mantenham seus engajamentos, que cada um possa enfim voltar para casa. Devolva-nos Helena e todos os seus tesouros e retornaremos com nossas naus rápidas pelo mar dos peixes".

A retomada dos combates

No Olimpo, os deuses estão reunidos. Nada perderam da cena que acaba de se desenrolar sob seus olhos. Zeus toma a palavra, fazendo evidentemente tudo para irritar Hera e Atena mantendo um discurso de paz:

"Então, diz, está claro que Menelau venceu esse combate. Por que não unir novamente pela amizade esses dois povos igualmente nobres e corajosos? Por que não pôr um fim a essa guerra cruel? Não desejo ver a destruição de Troia, essa cidade magnífica que sempre me honrou com constância"...

E, como previsto, Hera está furiosa: "Destrua todas as cidades que quiser, destrua mesmo aquelas que são as mais caras ao meu coração, mas deixe-me Troia! Ela é minha e não cederei!"

Zeus também se irrita: "Mas pobre louca, o que os troianos lhe fizeram afinal para que queira a derrota deles com tanta violência e ódio?"

Então Hera arrasta consigo Atena. Sugere-lhe descer até Troia e convencer um soldado, neste caso Pândaro, a violar o pacto atirando uma flecha contra Menelau. E o infeliz, é claro, obedece (os homens sempre são joguetes dos deuses), os gregos reclamam da traição e cada um se prepara, com raiva no coração, para retomar o combate.

No Olimpo, vemos Hera e Atena encantadas enquanto Zeus, pensativo, pergunta-se como o conflito vai evoluir...

A aristia de Diomedes

O verdadeiro tema da *Ilíada* é a guerra, a tensão entre o caos e a glória, e embora Aquiles seja seu herói principal, é impossível contá-la acompanhando apenas um único personagem. Atena e Hera, em seu ódio contra os troianos, conseguem malograr a tentativa de colocar um ponto-final no conflito pelo combate singular entre Páris e Menelau. As hostilidades vão então recomeçar com uma força bem maior, mas sem Aquiles que, ainda enfurecido com Agamêmnon, vive retirado em sua tenda, recusando-se a tomar parte nas batalhas com seus valorosos companheiros de armas, os mirmidões. É, portanto, outro herói, Diomedes, quem vai ocupar o terreno. Razão pela qual essa passagem da *Ilíada* chama-se "a aristia de Diomedes", uma "aristia" designando uma série de proezas realmente fora do comum realizadas por um herói, em geral com a ajuda de um deus.

Agamêmnon, o comandante dos exércitos gregos, acaba de mobilizar suas tropas para que retomem o combate contra os troianos que romperam o pacto. Enquanto isso, no Olimpo, vemos Atena sorrindo para Hera e dizendo-lhe basicamente o seguinte:

> Bom! Conseguimos fazer com que os combates recomecem. Agora, é preciso a qualquer custo ajudar os gregos e desconfiar sobretudo de Afrodite e de Ares, talvez até mesmo de Apolo. Certamente eles vão tramar algo para apoiar Heitor e os troianos, bem como o filho de Afrodite, Eneias. Vou descer ao campo de batalha e conferir a Diomedes poderes que lhe darão uma força sobre-humana e farão com que esqueça qualquer medo do combate.

Percebemos então um estranho espetáculo. Diomedes, com o olhar enlouquecido, exibe um elmo e um escudo agora revestidos com um brilho singular, resplandecente, quase luminescente. Atena está ao seu lado, envolvida numa espécie de nuvem. Ela o incentiva ao combate, ela o encoraja. E ele se precipita ao campo de batalha, ao pé das muralhas troianas, desce do carro, depois rompe a multidão dos soldados troianos que ele, literalmente, massacra: vemos braços e cabeças saltando, corpos sendo fendidos ao meio, sangue jorrando de todos os lados. As descrições da guerra feitas por Homero são por vezes intoleráveis pela crueldade e pelos detalhes sangrentos. Ele começa atacando Pândaro, filho de Licáon. Pândaro retesa seu arco, dispara uma flecha contra Diomedes, flecha que atravessa o escudo e a couraça e finalmente o ombro. O sangue jorra abundantemente e recobre toda a parte dianteira da couraça do herói grego, mas um prodígio sobrenatural de Atena o impede de sofrer e de interromper o combate. Apesar do terrível ferimento, ele continua como se nada fosse. Pândaro se lamenta, ele compreende que seu adversário está protegido por um deus poderoso. Diomedes retorna ao carro, pede a Estenelau, seu escudeiro, que lhe retire a flecha, o sangue jorra ainda mais, mas Diomedes se dirige a Atena: "Atena, eu lhe peço, você já me ajudou, permita-me agora matar aquele que fez correr tanto sangue".

Atena lhe responde:

> Vá, Diomedes, retome o combate e nada tema! Coloquei em seu coração toda a impetuosidade de seu pai e tratei de abrir seus olhos para que, único entre os mortais, você possa ver os deuses. Mas atenção, sobretudo, não vá combatê-los se encontrar um deles, pois os mortais não poderiam rivalizar com os imortais... a menos que seja Afrodite. Então, se a vir, não hesite! Bata-lhe com sua lança de bronze!

Diomedes lança-se uma vez mais como um leão ferido contra os soldados troianos. Ele mata Astínoo com um tiro de lança que o atinge em pleno peito, depois Hipíron, que ele literalmente fende ao meio com um golpe de espada que separa o ombro da nuca e do pescoço, que cai molemente ao lado (todos esses detalhes atrozes estão realmente na *Ilíada* e estão ali para sugerir que essa guerra, com efeito, é atroz, "caótica"). Ele ainda massacra alguns soldados troianos, depois avista Pândaro e atira a lança que penetra-lhe na boca, quebra-lhe os dentes (que vemos saltar), corta-lhe a língua, que também cai ao lado e sai sob o queixo (todos esses detalhes também estão na obra de Homero)...

Depois se precipita sobre o filho de Afrodite, Eneias, com uma pedra enorme que atira sobre ele e que lhe esmaga a anca. O infeliz está praticamente um mingau. Diomedes está prestes a acabar com ele com um golpe de espada quando Afrodite se interpõe e, com seu vestido divino, envolve o filho numa nuvem sobrenatural que o protege do golpe fatal que Diomedes lhe daria. Então, enlouquecido, seguindo o conselho de Atena, ele se precipita contra a própria Afrodite; ele a insulta: "Para trás, filha de Zeus, diz-lhe, abandone o combate e a carnificina". Depois lhe ordena que se ocupe, não com a guerra, na qual nada tem a fazer, mas que continue iludindo com seus artifícios aqueles que ela quer subornar! Então ele a fere com sua lança no braço! O sangue imortal, um líquido negro chamado de "icor", escorre das veias da deusa. Afrodite, ferida, dá uns gritinhos bem femininos. Começa a chorar como um bebê. Íris, a mensageira de Zeus, vem socorrê-la. Afrodite pede a seu amante, Ares, que lhe empreste seus cavalos e seu carro para retornar ao Olimpo e se recolher. Ela então se eleva nos ares no carro de Ares, aninhada nos braços de Íris.

Cito todos esses detalhes porque eles são muito significativos do imaginário mitológico, de uma visão do mundo onde os homens e os deuses ainda não estão verdadeiramente separados, de um universo onde os imortais brigam como mortais, com motivações às vezes tão medíocres quanto a dos humanos.

Então Diomedes volta-se na direção de Eneias para matá-lo. Mas é o próprio Apolo que se interpõe e Diomedes esquece o conselho de Atena: um mortal protegido por um deus tão poderoso quanto Atena pode certamente ir contra Afrodite, porque ela é deusa do amor e porque nada conhece da guerra, mas com certeza não contra Apolo! Ora, Diomedes se lança sobre Apolo, que o repele com um golpe de escudo, sem o menor esforço, como se esmaga um mosquito. Diomedes cai literalmente de bunda no chão! Mas cegado pela coragem que Atena lhe deu, ele investe mais duas vezes contra Apolo e, a cada vez, este o manda passear! Na quarta vez, Apolo se zanga: "Preste atenção, filho de Tideu: para trás! Agora, basta! Não pretenda igualar-se aos deuses, pois a raça dos imortais sempre será distinta da dos humanos que andam sobre a terra! Não peque por *hybris* contra mim, ou se arrependerá!"

Diomedes acaba compreendendo e recuando. Apolo não parece estar brincando e é um deus terrível.

Mas percebendo Ares, que continuou no campo de batalha, Diomedes se lança sobre ele e o fere! Ainda assim, Ares o repele, mas não o mata porque Diomedes, como é evidente, está protegido por Atena e porque a deusa da guerra, como veremos mais adiante, é mais forte do que todos os outros deuses, incluindo Ares (mas não de seu pai, Zeus).

O dia cai. A noite se aproxima. Vemos gregos e troianos esgotados, cobertos de poeira e de sangue, retornarem aos seus acampamentos. Os deuses, por sua vez, sobem ao Olimpo...

Os combates recomeçam no dia seguinte, e continuam assim durante vários dias, interrompidos vez ou outra por duelos singulares, principalmente o de Heitor e do grande Ájax, filho de Télamon. Os dois heróis combatem como leões ao longo do dia todo sem que ninguém vença, de forma que no fim os dois homens caem um nos braços do outro e trocam suas armas em sinal de respeito. Nos dias seguintes, a vantagem é ora dos gregos, ora dos troianos, mas, como no duelo entre Heitor e Ájax, não há vencedor até que Agamêmnon afinal compreende que é preciso trazer Aquiles e os mirmidões de volta ao jogo. Ele convoca então à sua tenda Ulisses e Nestor, os dois heróis mais experientes e os mais sábios.

Agamêmnon, visivelmente cansado: "Divino Ulisses, homem dos mil ardis e você, Nestor, o mais sábio de nós, creio que devemos cessar a guerra, bater em retirada. Nunca conseguiremos tomar Troia..."

Ulisses: "De jeito nenhum e Nestor, aliás, é da mesma opinião. Não devemos abandonar porque, segundo os oráculos, Troia cairá no décimo ano da guerra e estamos justamente nele. Não, Agamêmnon, do que precisamos é da cooperação de Aquiles e de seus mirmidões".

Nestor aprova, acena com a cabeça.

Agamêmnon, repetindo: "Então, sábio Ulisses, leve com você dois dos mais corajosos, Ájax e Fênix, e vá ver Aquiles dos pés velozes em sua tenda. Diga-lhe que se retornar ao combate estou disposto a lhe devolver a bela Briseida, em quem nunca toquei, diga-lhe isso, mas também a cobri-lo de presentes... devolver-lhe-ei toda sua parte de honra e até mais!"

A embaixada junto a Aquiles e seu fracasso

Vemos Ulisses, acompanhado de Ájax e de Fênix, apresentar-se diante da tenda de Aquiles. Um dos mirmidões que protegem a entrada os introduz. Aquiles, em sua tenda, parece cansado, depressivo. Pátroclo, seu amigo mais próximo, está ao seu lado. Aquiles recebe dignamente seus antigos amigos, oferece-lhes a hospitalidade, beber vinho numa cratera, e comer adequadamente (é uma linda criada que serve os convidados), depois ele lhes pergunta qual é o objetivo da visita.

Ulisses: "Ilustre Aquiles, como sabe, você é o mais valoroso de nós. Nenhum dos guerreiros aqueus, nem o grande Ájax, não pode se igualar a você. Sem você e seus mirmidões, vamos voltar para casa na desonra... Peço-lhe, reconsidere sua decisão. Agamêmnon está disposto a devolver sua parte de honra, ele jura que jamais tocou Briseida e lhe dará seu próprio butim e até mais... Aceite sua oferta, nós lhe pedimos..."

Ájax e Fênix também tomam a palavra, Fênix chega até mesmo a evocar o pai de Aquiles, o divino Peleu, mas Aquiles permanece inflexível: "Ulisses, divino filho de Laertes, só de pensar no destino que o chefe dos atridas me reservou, meu coração uma vez mais se enche de raiva. Enquanto o divino Heitor, filho do bravo Príamo, não tiver queimado todas as suas naus, e devastado seus acampamentos até chegar ao mar, nada no mundo me fará retomar o combate! Leve essa mensagem ao chefe dos aqueus, que ele compreenda que o prejuízo que me causou não é perdoável. No mais, penso em voltar para casa, certamente a partir de amanhã..."

Ulisses e seus companheiros retornam à tenda de Agamêmnon, anunciam-lhe a má notícia e cada um volta para sua tenda, consternado.

A intervenção de Posêidon a favor dos gregos e o ardil de Hera para adormecer Zeus

Ulisses e Diomedes capturaram um espião troiano, Dólon, eles o torturaram e depois o executaram cruelmente apesar de suas súplicas. Ele entregou-lhes informações que permitem, à noite, ir ao campo inimigo massacrar os chefes trácios, que lutavam ao lado dos troianos, o que devolve um pouco o moral às tropas gregas. Ainda assim, os combates recomeçam, como sempre com as várias intervenções dos deuses a favor de uns ou de outros. Agamêmnon também participa da guerra e desta vez demonstra sua bravura. Mas Zeus acaba tomando claramente o partido de Troia, de modo que, apesar do apoio de Atena e de Hera, a situação dos gregos é desesperadora. Então, Posêidon se apieda dos aqueus e também intervém para apoiá-los.

Nós o vemos descendo das montanhas escarpadas do Olimpo, com seu tridente na mão. Sob seus pés monstruosos, a terra treme e as florestas se agitam. Depois ele entra na água, mergulha até o fundo do mar, com seu tridente na mão. Penetra num palácio submarino, todo de ouro e de mármore branco, um verdadeiro esplendor. Ele atrela seu carro dourado a dois cavalos-marinhos com pés de bronze e com crinas douradas. Eles têm asas, à maneira de Pégaso, mas são nadadeiras. Ele sobe no carro e começa a romper o mar. Por onde passa, todos os tipos de peixes e de criaturas marinhas saem de seus esconderijos para ver e saudar seu senhor. Vemos então o carro se aproximando do campo de batalha, ele está prestes a sair da água nas proximidades dos navios gregos, mas Posêidon para numa imensa gruta submarina. Desatrela seus cavalos, dá-lhes uma comida estranha (uma espécie de alga marinha) e joga pequenas correntes de ouro que por si próprias envolvem os cascos para imobilizá-los. Depois Posêidon se transforma e assume a aparência do velho adivinho Calcas, aquele com o qual nosso relato começou, para ir em terra firme encorajar os soldados gregos, começando por Ájax e Ulisses, e exortá-los a retomar o combate. Em seguida, ele vai ver Agamêmnon e a ele se dirige: "Nobre filho de Atreu, não perca a esperança. Não se esqueça que Aquiles se alegrou ao ver os aqueus recuando até seus navios. Que ele morra, pobre tolo, e que Hades o leve. Mas saiba que os deuses nada têm contra você e que em breve você assistirá glorioso a queda de Troia. Vá, retome a luta e encoraje suas tropas!"

Depois Posêidon retoma sua forma divina e se precipita sobre a planície de Troia, soltando um grito imenso, demencial, semelhante, nos diz Homero, ao que dez mil homens entoariam ao realizar um horrível massacre, o que devolve aos gregos a coragem e logo faz com que esqueçam o medo.

Enquanto isso, Hera, do alto do Olimpo, observou seu irmão Posêidon apoiando os gregos e isso a deixa louca de alegria. Diz a si mesma que também deve absolutamente fazer alguma coisa, tentar um novo ardil para afastar seu divino marido, Zeus, do campo de batalha, pois talvez ele se oponha a Posêidon:

Hera, falando consigo mesma: "Devo afastar rapidamente Zeus, que atualmente se encontra no topo do Monte Ida, do acampamento troiano, caso contrário ele destruirá todos os esforços de Poseidon. Já sei. Vou seduzi-lo de novo, ele não conseguirá resistir. Vou me embelezar, em seguida vou pedir a Afrodite que me empreste sua fita de encantamentos. É infalível. Farei amor com ele e, depois, pedirei ao deus Sono que o faça dormir…"

Hera corre para o quarto de seu palácio. Despe-se (vemos que ela é absolutamente sublime), toma um banho, penteia-se, faz tranças, coloca um vestido *hipersexy* que ela amarra logo abaixo dos seios, põe uma tiara, brincos de pérolas radiantes, unge-se com seu perfume, que é único no mundo, e vai ver Afrodite.

Hera, ainda falando consigo mesma: "Evidentemente, não vou revelar minhas intenções para Afrodite, que apoia os troianos. Vou inventar uma história…"

Ela entra no quarto de Afrodite e logo dirige-lhe estas palavras "aladas": "Minha bela criança, sei que está zangada comigo por apoiar os aqueus, mas preciso de sua ajuda e você não me pode recusá-la. Quero visitar Oceano e sua esposa, Tétis. Como sabe, eles estão sempre discutindo e não dormem mais na mesma cama há muito tempo. Empreste-me, por favor, sua fita com desenhos multicoloridos onde estão encerrados seus poderes mágicos de sedução e, graças a ela, tentarei uni-los novamente no amor…"

Afrodite: "Hera, você sabe que nada posso lhe recusar. É você quem dorme nos braços de Zeus, você quem comanda o coração do mais poderoso dos deuses. Aqui, pegue minha fita e use-a bem..."

Assim dizendo, a sublime Afrodite tira do decote uma fita e a entrega a Hera, que logo a esconde entre os seios. Depois ela parte apressadamente do Olimpo, fende as nuvens e vai ver Sono, que mora em Lemnos. Ele sempre tem aquele ar entorpecido e lento como um bicho-preguiça.

Hera: "Sono, você tem de me fazer um favor. Quero que me ajude a adormecer Zeus depois de ter feito amor com ele..."

Sono, parecendo cansado: "Hera, sublime Hera, mãe dos homens e dos deuses, você sabe muito bem que não posso estender uma armadilha ao filho de Cronos. Ele me faria pagar mais caro por isso do que qualquer coisa que você pudesse me oferecer..."

Hera sorri: "A não ser, talvez, que eu lhe dê em casamento a encantadora Pasiteia, com quem você sempre sonhou em se casar..."

Então, Sono reflete, vemos se desenhar em sua cabeça a silhueta de Pasiteia e ele começa a sorrir apaixonado. Logo se compromete a acompanhá-la até o Monte Ida para adormecer Zeus... Hera voa novamente e se junta a Zeus, enquanto Sono se esconde atrás dos pinheiros. Assim que a vê, os olhos dele se iluminam. Vemos que está novamente seduzido e lhe diz: "Hera, o que você está fazendo aqui, por que não me espera no Olimpo?"

Hera, servindo-lhe a mesma mentira dita a Afrodite: "Vou encontrar Oceano e Tétis para tentar uni-los novamente no amor e pôr fim às suas rusgas. Ao passar por cima do Monte Ida, quis vê-lo, nada mais..."

Ao dizer isso, Hera puxa distraidamente de seus lindos seios, como quem não quer nada, a fita de encantamentos. Começa a brincar com ela e os olhos de Zeus se reviram...

Zeus: "Espere um momento! Por que você não se aproxima um pouco mais de mim? Saiba que nenhuma mortal ou imortal jamais me agradou tanto quanto você!"

Zeus a toma pela mão, enquanto Gaia faz crescer uma relva bem verde e macia, salpicada de flores, como um tapete delicioso onde os dois amantes se deitam e fazem amor. Depois Zeus adormece e Sono vem se debruçar sobre ele para espalhar um pó que garantirá um sono profundo por várias horas... Sono também se retira e vai encontrar Posêidon no campo de batalha para lhe dar a notícia: "Zeus vai dormir por um bom tempo, ele diz, você pode então apoiar tranquilamente os aqueus. Aproveite, ao trabalho! E é o que Posêidon faz.

No Monte Ida, Zeus acorda. Hera ainda está ao seu lado. Ele tem a boca pastosa, como depois de uma bebedeira. Levanta-se rapidamente, olha através de uma nuvem para a situação na planície e vê Heitor, ferido, cuspindo sangue e Posêidon encorajando os gregos. Compreende que Hera pregou-lhe uma boa peça e ameaça chicoteá-la. Hera se encolhe e jura que não teve nada a ver com isso! Zeus chama Iris, sua fiel mensageira (não confundir com Éris, como alguns comentadores apressados às vezes o fazem), ordena-lhe que diga a Posêidon de se retirar da luta imediatamente, depois que encontre Apolo para lhe pedir que venha ajudar os troianos. Então são os gregos que começam a recuar. Ájax luta como o diabo, mas está ferido, Ulisses, Diomedes e Agamêmnon também, de modo que Pátroclo abandona o combate desesperado para juntar-se a Aquiles em sua tenda e implorar-lhe que faça alguma coisa...

O engajamento de Pátroclo e sua morte

Estamos com Pátroclo na tenda de Aquiles. Pátroclo debulha-se em lágrimas, a cabeça entre as mãos, vemos que não aguenta mais.

Aquiles: "O que está acontecendo com você, Pátroclo, para chorar diante de mim como uma garotinha?"

Pátroclo: "Aquiles, não é possível que seu pai seja realmente o ilustre Peleu nem sua mãe a sublime Tétis. Você deve ter nascido diretamente do mar infértil e vinoso ou de uma rocha seca para ter um coração tão duro. Como pode ainda ter tanta raiva para deixar assim que o dânaos sejam desonrados sem fazer gesto algum... Deixe-me ao menos usar suas armas ilustres e partir com os mirmidões para repelir os troianos que chegaram até nossas naus e ameaçam queimá-las".

Aquiles, ainda muito enfurecido: "Divino Pátroclo, você nem imagina como o que está me dizendo me irrita. Não tenho o coração seco, só sinto uma infinita tristeza com a ideia de que o comandante dos atridas, Agamêmnon do coração de gamo, tenha me privado injustamente da minha parte de honra simplesmente porque é mais poderoso do que eu. Mas você tem razão: os troianos estão ameaçando nossos navios e, se os queimarem, não poderemos mais voltar para casa. Está bem! Ponha sobre os ombros minhas armas ilustres, vou mobilizar meus companheiros, mas tenha cuidado, Pátroclo, contente-se em repelir os troianos por trás da trincheira que cerca nossos acampamentos. Acima de tudo, não busque a glória na conquista de Troia, você perderia sua vida lá..."

Aquiles sai de sua tenda, com cara de poucos amigos, e vai discursar para os mirmidões. Guerreiros aterrorizantes, eles tão logo se alinham diante de um chefe que respeitam acima de tudo. Eles são belos, fortes, retos como um I. São um total de 2.500 (50 por navio e há 50 navios). Aquiles lhes diz para servirem Pátroclo, que veste sua armadura, seu elmo de crina de cavalo e suas armas reluzentes que, assim como as de Diomedes durante sua aristia, resplandecem com um brilho manifestamente sobrenatural. Enquanto isso, vemos Heitor que, à frente das tropas troianas, atravessa o fosso que circunda o acampamento grego e começa a incendiar os navios. Um navio está quase completamente queimado e os heróis gregos são uma vez mais feridos, inclusive Ulisses, Diomedes, Agamêmnon e Ájax, e por essa razão se defendem mal e não param de recuar...

Vendo isso, Aquiles se irrita e bate nas coxas: "Levante-se, Pátroclo, depressa, corra e evite que Heitor ateie fogo em nossas naus, impedindo assim nosso retorno!"

Pátroclo, fulgurante, cheio de entusiasmo, lança-se à batalha com os mirmidões. Seu exército em fileiras cerradas é aterrorizante e eles têm evidentemente uma força extraordinária. Os troianos estarrecidos recuam imediatamente. Pátroclo sai matando a torto e a direito e Zeus, que ama os troianos, do alto do Olimpo, novamente intervém:

Zeus, falando consigo mesmo: "Pátroclo, pobre idiota, sou eu que lhe dou esse ardor, que o embriago de glória, que faço com que não siga o sábio conselho de Aquiles. Agora, você vai atravessar o fosso que rodeia o acampamento dos aqueus, vai querer conquistar Troia e, pobre tolo, a morte negra, a horrível deusa das trevas, vai levá-lo!"

E assim vemos que, como sempre, os infelizes mortais são joguetes dos deuses. Pátroclo se aproxima das muralhas, seguido pelos mirmidões, e começa a atacar os últimos troianos que as defendem. O próprio Apolo intervém. Três vezes ele repele Pátroclo tocando seu escudo com a ponta do dedo. Três vezes Pátroclo cai para trás, mas, na quarta, Apolo se irrita: "Para trás, Pátroclo, já basta! O destino não quer que Troia seja tomada por suas armas, nem pelas de Aquiles, no entanto mil vezes mais fortes do que você, então fuja!"

Pátroclo recua, mas percebe que Cebríones, o cocheiro de Heitor, está no carro. Ele pega uma pedra e a balança com toda força. Ela atinge Cebríones bem na testa. Espetáculo atroz: as sobrancelhas são esmagadas, a cabeça explode e vemos os olhos rolarem pelo chão, na poeira, enquanto o corpo do cocheiro mergulha literalmente do carro (esses detalhes, como tantos outros da mesma ordem, aparecem tal qual no texto de Homero). E Pátroclo debocha, zomba de Cebríones morto: "Que flexibilidade! Que facilidade! Que bons mergulhadores são esses soldados troianos! Que pena que não há água! Ah! Ah! Ah!"

Heitor, furioso, tenta recuperar o cadáver do amigo, enquanto Pátroclo, como um louco, tenta arrastá-lo pelos pés para lhe retirar as armas. Os soldados troianos vêm ajudar Heitor, mas, por três vezes, Pátroclo mata nove homens! Então Apolo, exasperado, intervém novamente: ele toca o elmo de Pátroclo, que cai no chão. Depois tira-lhe as armas e a armadura. Seu arnês cai na poeira, suas perneiras também. Vemos os olhos de Pátroclo revirando de medo, pois compreende que um deus infinitamente mais forte do que ele tem seu destino entre as mãos. Então um soldado troiano o transpassa com uma estaca nas costas e Heitor enfia-lhe a lança no baixo-ventre. O sangue jorra e agora é a vez do príncipe troiano rir de Pátroclo que, moribundo, pronuncia estas últimas palavras: "Não se gabe, Heitor. São deuses que lhe deram a vitória, Zeus e Apolo. Você não tem nada a ver com isso, nenhum mérito, e a morte já o cerca sem que você perceba. Pois em breve será derrotado pelo braço de Aquiles, não duvide".

Heitor coloca então o pé sobre o corpo de Pátroclo e, arrancando a lança de um só golpe, abrindo ainda mais o largo ferimento da barriga de seu inimigo, responde-lhe: "Veremos, mas nada diz que não sou eu quem tirará a vida do divino filho de Peleu..."

Então, Heitor se apodera das armas sublimes de Aquiles que Pátroclo carregava e com elas se veste inteiramente. Ele tenta arrastar o cadáver de Pátroclo até Troia: "Venha, Pátroclo, venha comigo para que eu o jogue aos cães e aos abutres". Mas o loiro Menelau, Ájax e alguns guerreiros intervêm. O combate é violento em torno do cadáver sem vencedor até agora...

O grito sobrenatural de Aquiles

Vemos então Antíloco, filho do velho Nestor, indo até a tenda de Aquiles. Anuncia-lhe a terrível notícia da morte de seu amigo. Aquiles começa a chorar, lançando gritos lancinantes. Ele mergulha as duas mãos na cinza escura, cobre a cabeça com ela e a espalha sobre o corpo em sinal de luto. Rola-se no chão de dor, arrancando grandes punhados de cabelos. Tétis, como sempre do fundo da água, ouve seu filho. Ela atravessa as ondas e vai até a tenda.

Tétis: "Meu filho, por que chora assim, o que você tem?"

Aquiles: "Heitor matou quem eu mais amo neste mundo, Pátroclo, como quer que eu ainda saboreie a vida?" Heitor despojou-o de suas belas armas, as minhas, presentes sublimes feitos pelos deuses, o que quer que eu faça agora..."

Tétis: "Ouça-me, meu filho, pois seu fim também está próximo. Não se apresse para a vingança, espere até que eu vá ver o deus coxo, Hefesto, a quem pedirei para fazer armas ainda mais divinas do que as antigas. Então você poderá voltar para a batalha, desafiar Heitor e retornar coberto de glória..."

Com essas palavras, Tétis deixa o campo de batalha e volta ao Olimpo, entra na forja de Hefesto e pede-lhe para fazer as armas mais belas e resistentes que já concebeu. Hefesto, que sempre apoiou os gregos, promete fabricá-las e logo faz soprar dez forjas. Escolhe os metais, bronze, prata, latão, mas também ouro, e põe-se a trabalhar com entusiasmo. Forja principalmente um escudo como jamais visto, com cinco espessuras. É uma verdadeira obra de arte: nele podemos ver duas belas cidades, semelhantes a Atenas e a Troia, mas também dois exércitos completos, pastores, rebanhos de vacas, pastagens, rios, vinhedos magníficos, enfim todo um mundo.

Enquanto isso, Aquiles continua a chorar, ao passo que vemos ao longe a batalha ainda violenta em torno do cadáver de Pátroclo.

Então, do alto do Olimpo, Hera intervém uma vez mais. Ela quer a todo custo que Aquiles volte para a guerra. Só ele pode finalmente aniquilar os troianos. Por isso pede a Íris para ir vê-lo, para convencê-lo a afugentar os troianos; caso contrário o corpo de seu amigo Pátroclo será jogado aos cães e aos abutres; ele não terá sepultura, nunca poderá entrar tranquilamente no Hades...

Íris parte, desce à terra, entra na tenda de Aquiles:

Íris: "Levante-se, Aquiles, pare de chorar e vá ajudar a recuperar o corpo de Pátroclo em torno do qual estão lutando. Heitor vai se apossar dele e fincar a cabeça numa lança, no topo das muralhas, é isso que você quer?"

Aquiles, horrorizado: "Não, Íris, mas o que posso fazer? Não tenho mais armas e minha mãe, Tétis, me fez prometer não entrar na guerra até ter me dado outras armas e você sabe que eu sempre a escuto..."

Íris: "Eu sei, divino Aquiles. Mas vá até o fosso que cerca o acampamento e urre. Ao vê-lo, ao seu grito, os troianos se amedrontarão e fugirão, deixando o corpo de Pátroclo para Menelau e Ájax".

Atena, do alto do Olimpo, contempla toda a cena. Ela também desce à terra e lança sobre os ombros de Aquiles a égide, a pele mágica da cabra Amalteia na qual destaca-se a cabeça da górgona, Medusa. Ela lhe envolve a cabeça com ouro e faz jorrar de todo seu corpo uma espécie de luminescência que o torna aterrorizante. Aquiles vai até a beira do fosso. Contempla a batalha em torno do corpo de Pátroclo e, então, respira fundo e começa a urrar com todas as suas forças. Atena, para completar, urra com ele. Toda a planície é invadida por um grito colossal, aterrorizante, sobre-humano. Os troianos estão paralisados de medo. Fogem correndo, se atropelam como loucos, doze guerreiros são esmagados pelos próprios carros... É um caos no acampamento e Menelau aproveita para trazer Pátroclo de volta...

Então Aquiles fala consigo mesmo: "Pátroclo, meu amigo, eu juro. Não quero enterrá-lo sem antes trazer a cabeça e as armas de Heitor. Diante da fogueira onde seu corpo queimará, eu mesmo cortarei a garganta de doze jovens e valorosos troianos. Até lá, as troianas que tomamos do inimigo vão chorar por você noite e dia. Aguardo minhas novas armas e então você verá como retornarei à batalha para vingá-lo, como, sozinho, derrubarei Troia..."

O retorno de Aquiles...

Nesse exato momento, vemos Tétis descer do Olimpo num carro voador puxado por quatro cavalos. Ela traz algumas armas, um escudo, lanças, perneiras, um elmo com crina, uma espada, um boldrié... Tudo brilhando, como se estivesse cercado por uma auréola levemente sobrenatural. Ela entra na tenda de Aquiles.

Tétis: "Meu filho, aqui estão as armas que Hefesto acabou de forjar só para você. Ele me garante que nunca fez nada tão bonito, tão sólido, que você será literalmente invencível! No entanto, eu sei, os presságios são formais, seu fim está próximo. Pelo menos, graças a essas armas, você terá a glória que cobiçou desde sua mais tenra infância..."

Vemos o rosto de Aquiles se iluminar como o de uma criança diante de uma árvore de Natal. Ele veste a armadura, cinge a espada, coloca o elmo debaixo do braço, carrega as duas lanças e a espada, ele está resplandecente, sempre rodeado por um ligeiro halo que emerge dos reflexos prateados e dourados das suas armas fabulosas. Então sai urrando ao longo de toda a margem, entre os barcos e as tendas, chamando os aqueus para se juntarem a ele no combate. Os mirmidões se colocam em posição de sentido, vemos Ájax, Ulisses, Diomedes e, finalmente, Agamêmnon saírem de suas tendas e juntarem-se a Aquiles. Quase todos estão feridos, e Aquiles logo se dirige a Agamêmnon:

Aquiles: "Atrida, estávamos certos em brigar assim por uma mulher? Quantos nobres aqueus morreram por causa de uma briga que devora os corações? Coloco um fim à minha raiva. Chame todos os aqueus de cabelos longos para se juntarem a mim, porque massacrarei novamente os troianos!"

Agamêmnon: "Divino Aquiles dos pés velozes, filho do ilustre Peleu, errei muito, erro enorme, no dia em que lhe tirei a bela Briseida e o privei injustamente da sua parte de honra. Fui enganado por um deus mais poderoso do que nós, mas hoje estou pronto para lhe fazer justiça. Devolver-lhe-ei Briseida e juro por todos os deuses que nunca a toquei, e também dar-lhe-ei um resgate que nem mesmo imagina..."

Aquiles: "Muito glorioso atrida, Agamêmnon, não vamos falar de resgate ainda. Veremos isso mais tarde. É hora de lutar. Vamos, rápido, corramos para vingar Pátroclo e matar trácios e troianos..."

A multidão de soldados começa a gritar, batendo no chão as lanças que levantam poeira, e todos partem com Aquiles e seus mirmidões à frente para atravessar o fosso que circunda o acampamento grego...

No Olimpo, cada deus escolhe seu campo...

Toda essa passagem serve para mostrar o envolvimento constante dos deuses nos assuntos humanos.

Pois durante esse tempo, no Olimpo, os deuses estão todos reunidos em assembleia e, do alto de sua montanha, observam a guerra recomeçar ainda mais violenta...

Zeus se dirige aos olímpios que ele acaba de reunir em conselho: "Muitas vezes, eu os proibi de participar dos combates, ordenei que deixassem os mortais se matarem. Gaia, nossa mãe, não aguentava mais todos esses humanos que a pisoteiam e era preciso reduzir o número deles. Muitas vezes também, eu sei, vocês violaram minhas ordens. Agora, de uma forma ou de outra, é preciso acabar com isso. A guerra já durou o suficiente. Que cada um de vocês escolha o lado que achar melhor e deixe que o destino decida..."

Do lado dos troianos, vemos imediatamente Ares, Apolo, Ártemis, sua irmã e, claro, desde o início, Afrodite, formar um pequeno grupo. Mas um deus-rio, aquele chamado Xanto ou ainda Escamandro, logo se juntará a eles. Ele corre pela planície de Troia e também participará do combate tentando matar Aquiles.

Do lado grego, como sempre, estão Hera e Atena, mas também Hefesto, que forjou as armas de Aquiles, assim como Hermes e Posêidon...

O combate de Aquiles contra o Rio Xanto

Munido de suas armas resplandecentes, Aquiles massacra tudo o que encontra em seu caminho. Ele chega à beira do rio/deus Xanto (ou Escamandro): os troianos aterrorizados fogem diante dele como peixinhos diante de um grande golfinho. Numa assustadora confusão, jogam-se na água do rio enquanto outro grupo foge correndo no sentido contrário, em direção às muralhas de Troia. Aquiles também se joga na água e, com sua espada, abate tudo o que está ao seu alcance. É um espetáculo horrível, tenebroso. A água do rio fica vermelha. Os jovens troianos escondem-se sob as rochas, mas toda vez que Aquiles encontra um, ainda que este implore, chore, ele lhe enfia a espada na base do pescoço, separando a nuca do ombro de maneira atroz.

Então o Rio Escamandro se revolta. Uma imensa lâmina vai se formando dentro dele e assumindo uma forma mais ou menos humana e se dirige a Aquiles assim: "Você não está cansado, cruel Aquiles, de massacrar todos esses jovens? Você tem um coração de pedra, mais duro do que as rochas que margeiam meu curso. Mas vou puni-lo e porei fim ao massacre!"

E as vagas começam a se formar, sempre se abatendo sobre Aquiles para afogá-lo. O herói é rolado nas ondas, sacolejado como uma rolha na tempestade, mas Hera, do alto do Olimpo, vê a cena e corre para a casa de seu filho, Hefesto: "Levante-se, meu filho, o coxo! Rápido, alimente suas forjas, faça uma fogueira imensa e vá punir Escamandro, faça-o recuar com suas chamas temíveis para salvar o divino Aquiles!"

Hefesto corre para sua gruta, ativa as fornalhas, fabrica bolas de fogo que ele começa, do alto do Olimpo, a atirar como pedras contra Escamandro: as árvores que o cercam logo pegam fogo, as águas começam a ferver, a própria água começa a pegar fogo, de modo que Xanto implora ao deus coxo que pare: "Hefesto, ninguém pode lutar contra você, nem mesmo os outros deuses. Pare, por favor, e eu lhe devolvo Aquiles..."

Então Hera pede a Hefesto que pare seu dilúvio de fogo e, quando o rio se acalma, ele gentilmente deposita Aquiles na margem...

A *guerra continua entre os deuses...*

Estamos novamente no Olimpo. Todos os deuses estão ali, contemplando a luta entre Hefesto e Escamandro pela vida de Aquiles. Então uma discussão de inusitada violência irrompe entre eles. Zeus, do alto de seu palácio, vê que sua família dilacerada começa a brigar, e ele, que sempre foi um árbitro nessa guerra por ele manipulada desde o início, esfrega as mãos e cai na gargalhada!

Vemos então Ares que se atira sobre Atena, com sua lança de bronze na mão, e que a insulta: "Mosca de cachorro, você quer semear a discórdia até entre os deuses? Lembra-se do dia em que você mesma encorajou Diomedes a me machucar? Pois é, hoje você me paga!"

Ele atira sua lança com toda força, mas Atena dispõe da égide, seu escudo mágico talhado na pele da cabra Amalteia que mesmo o raio de Zeus não pode atravessar, e ela repele a lança. Ela cai na gargalhada e se dirige a Ares: "Triste idiota, pobre louco, ainda não compreendeu que sou mil vezes mais forte do que você?"

Ela então pega uma pedra pontuda, avança na direção de Ares e o atinge no pescoço, ele cai no chão, ela quebra-lhe os membros... Afrodite se precipita, pega Ares, seu amante, pelo braço e tenta subtraí-lo da cólera de Atena. Hera se mete na história e grita na direção de Atena: "Cuidado, aí está mais uma vez Afrodite, essa mosca de cachorro, que quer salvar Ares. Não deixe que consiga, vá persegui-la!"

Atena se joga sobre Afrodite, agarra-a pelos cabelos, a vira e lhe dá um formidável soco nos seios. Afrodite desaba ao lado de Ares. Hera e Atena se curvam de tanto rir: "Eis como devem acabar aqueles que defendem os troianos!"

Então Poseidon se dirige a Apolo e o desafia com o olhar levantando seu tridente na direção dele, mas Apolo logo diminui seus ardores belicosos: "Poseidon, meu tio, poderoso estremecedor da terra, você diria que enlouqueci se pretendesse medir forças com você e ir às vias de fato, e realmente estaria certo! Deixemos de lado nossas querelas! Os mortais certamente não merecem que nós, deuses, lutemos por eles".

É então que Ártemis começa a insultar literalmente seu irmão gêmeo: "Como assim?! Você deixa Poseidon dominá-lo sem nem tentar combatê-lo? Para que serve seu arco, pobre idiota, pobre covarde?!

E Leto, a mãe dos gêmeos Ártemis e Apolo, começa a insultar sua filha: "Cadela insolente, quer enfrentar alguém mais forte do que você, vai se arrepender..." Arrancando o arco e as flechas de Ártemis, e debochando, ela os usa para lhe bater, perto das orelhas, ali onde dói, segurando-lhe os punhos com uma das mãos de forma que Ártemis cai no chão e foge chorando copiosamente...

Sempre do alto de seu palácio, contemplando esse espetáculo, Zeus cai na gargalhada...

A morte de Heitor

Enquanto isso, Aquiles continua a matar impiedosamente os troianos. Também se volta vigorosamente contra Apolo e o insulta, depois, ao chegar ao pé das muralhas da cidade, ele desafia Heitor em combate singular. Heitor hesita. Hécuba e Príamo, seus pais, suplicam para que permaneça na cidade, mas ele finalmente decide enfrentar Aquiles. Sozinho, manda abrir uma das portas de Troia e desce até a planície na direção de seu adversário cujas armas continuam resplandecentes... Aquiles se aproxima, grita a seus soldados que fiquem atrás e que não atirem flechas em Heitor, pois ele o quer só para ele!

Vendo Aquiles se aproximar, com uma terrível expressão, os olhos de Heitor vacilam, ele está literalmente tendo uma crise de angústia e então começa a fugir correndo. Aquiles o persegue insultando-o, e por três vezes dão a volta nas muralhas da cidade! Mas Atena não aguenta mais. Na quarta volta, ela desce do Olimpo e toma a aparência de Deífobo, o irmão preferido de Heitor. Ela lhe dirige estas palavras cheias de perfídia: "Heitor, meu irmão bem-amado, pare de fugir diante do filho de Peleu! Nós dois vamos enfrentá-lo. Temia tanto por você, e como ninguém ousava vir socorrê-lo, mandei abrir as portas de Troia para vir encontrá-lo. Vamos, vire-se, e enfrente o divino Aquiles".

Heitor dirigindo-se àquele que pensa ser seu irmão: "Deífobo, você sempre foi, entre todos meus irmãos, meu favorito, mas agora eu o admiro mais do que todos os outros troianos, por sua coragem e lealdade".

Heitor volta-se então para Aquiles e diz-lhe estas palavras imbuídas de uma verdadeira altivez aristocrática: "Venha, divino Aquiles, nobre filho de Peleu, enfrentemo-nos lealmente. Paro de fugir e só lhe peço uma coisa. Se eu vencer, devolverei seu corpo aos seus, para que você possa receber uma sepultura digna. Faça o mesmo por mim e lutemos como homens".

Mas Aquiles, ainda cegado pela raiva, recusa a oferta de Heitor: "Pobre tolo, triste imbecil, realmente acredita que lobos e cordeiros podem ser amigos?" O mesmo vale para nós, e quando eu tiver tirado sua vida, saiba que nunca devolverei seu corpo a Príamo, nem à sua esposa, Andrômaca, pois o darei aos cães e aos abutres para vingar Pátroclo, cuja vida você tirou com a ajuda do pérfido Apolo!"

E assim dizendo, ele atira sua lança com toda sua força em direção a Heitor que, rápido como um relâmpago, esquiva-se por um triz. Aquiles fica furioso por ter perdido uma arma, mas Atena, ainda envolta numa nuvem que a torna invisível para Heitor, vai apanhar a lança que se fincou mais adiante no chão e, sem ser vista, devolve-a a Aquiles.

Heitor se volta então para aquele que ele acredita ser Deífobo: "Rápido, meu irmão, dê-me minha lança para que eu possa golpear Aquiles no pescoço, ali onde a vida se extingue mais rapidamente. Mas embora procure o irmão com o olhar, não vê nada, e então compreende: "Claro, foi Atena quem uma vez mais me pregou uma de suas peças! O que significa que estou à sua mercê, que a sorte está lançada, minha morte está, portanto, decidida pelos deuses! Então Aquiles avança e com sua lança atravessa o pescoço de Heitor. Ao expirar, ele pronuncia estas últimas palavras: "Você tem um coração de pedra, Aquiles, mas saiba que se tirar minha vida hoje, você também morrerá em breve sob a flecha de Páris, meu irmão, ajudado por Apolo..."

Nas muralhas, vemos Hécuba, Andrômaca, Helena e Príamo que soltam gritos dilacerantes e arrancam os cabelos.

Do outro lado, os aqueus chegam em massa, urrando de alegria pela vitória de seu herói.

Então Aquiles despoja Heitor de suas armas. Retorna ao carro, pega uma corda e, tirando seu punhal, perfura os calcanhares de Heitor, passa a corda por eles, prende-a na parte de trás de seu carro e dá uma volta em torno das muralhas arrastando violentamente o cadáver na poeira sob os olhos horrorizados dos troianos, depois leva o corpo de Heitor para o acampamento dos gregos...

O funeral de Pátroclo e os jogos fúnebres

Um pouco mais tarde, nos encontramos no acampamento deles. Os mirmidões ergueram uma enorme pira para o funeral de Pátroclo. Aquiles está lá, de costas para as chamas. Doze jovens soldados troianos estão de joelhos, chorando e tremendo diante das chamas, com as mãos amarradas nas costas. Há também seis cães, cordeiros e quatro cavalos magníficos. Criadas enfileiradas, na verdade prisioneiras troianas, se lamentam e soltam gritos lancinantes, como Aquiles ordenou que fizessem. Os mirmidões também choram copiosamente e seus lamentos ressoam por todo o acampamento...

Aquiles se levanta. Vemos o corpo de Heitor, ainda preso ao carro, coberto de sangue e de poeira.

Aquiles: "Pátroclo, meu divino amigo, vou arrastar mais dez vezes o cadáver de Heitor em torno de seu túmulo, depois vou deixá-lo apodrecer com o rosto contra a terra. Mas antes de queimar seu belo corpo e prestar-lhe a homenagem que lhe é devida, eu mesmo sacrificarei em sua honra doze jovens troianos, bem como os animais que lhe são caros..."

E, apesar dos apelos, Aquiles degola um a um os doze jovens. Depois degola dois cães, uma dúzia de cordeiros, e, agarrando os cavalos pelas patas com uma força sobre-humana, atira-os no fogo...

Todos se calam e observam o fogo engolir os corpos.

Em seguida, as criadas apagam o fogo com vinho, e Aquiles se dirige a elas: "Recolham os ossos do divino Pátroclo e, os coloquem na urna dourada que providenciei para isso". Depois, voltando-se para o exército grego, reunido em sua totalidade: "E agora, meus amigos, vamos organizar os jogos fúnebres. Haverá luta livre, tiro com arco, corrida, pugilato, lançamento de disco e os melhores receberão das minhas mãos presentes dignos de Pátroclo..."

Vemos Ulisses, Ájax, Diomedes e todos os heróis gregos se levantarem e os jogos começarem, eles vão durar vários dias...

Príamo na tenda de Aquiles

Enquanto isso, no Olimpo, os deuses estão horrorizados com a crueldade de Aquiles. Zeus, que amava Troia e seu príncipe, Heitor, considera que ele pecou por *hybris* e anuncia sua decisão: "Heitor não merecia o destino cruel que Aquiles lhe reserva. Ele peca por desmedida. Vamos garantir que o corpo de Heitor, agora morto há dez dias, permaneça intacto para que seu pai, Príamo, possa recuperá-lo e lhe dar o funeral digno desse herói divino".

Depois volta-se para Hermes, seu filho e fiel mensageiro: "Hoje, ao cair da noite, você irá ver Príamo e o convencerá a cruzar as linhas gregas para ir à tenda de Aquiles e suplicar-lhe que devolva o corpo de seu filho. Ao mesmo tempo vou pedir a Tétis que vá ver Aquiles e o convença a se comportar finalmente com a nobreza que convém ao herói que ele é".

À noite, vemos Hermes, com seus pés alados, descer do Olimpo em direção ao palácio de Príamo. Ele entra, acorda Príamo e o convence a colocar muitos presentes suntuosos num carro para oferecer a Aquiles um resgate magnífico em troca do corpo de seu filho... Depois eles partem juntos para o acampamento grego. Hermes, com um gesto largo, mergulha os guardiões do fosso num sono profundo. Príamo e ele entram no acampamento, o carro é conduzido por dois soldados troianos acompanhados por duas criadas que carregam os presentes. Graças a Hermes, que envolve o carro numa nuvem tornando-o invisível, eles conseguem chegar à tenda de Aquiles sem incidentes. Príamo entra, seguido pelas duas criadas. Aquiles está sentado, com ar sombrio. Ao seu lado, reconhecemos a encantadora Briseida que Agamêmnon lhe devolveu.

Aquiles: "O que você está fazendo aqui, velho, como ousa? Acha que não sei que é você, Príamo, rei de Troia, pai de meus inimigos?"

Príamo, atirando-se ao chão e beijando, segundo o costume, os joelhos de Aquiles: "Divino Aquiles, veja diante de você um velho que vem suplicar que lhe devolva o filho. Veja, beijo seus joelhos, beijo suas mãos, as mesmas que tiraram a vida do meu filho. Há dez dias, não durmo mais, não como mais, não bebo mais. Tenha piedade, pense em seu pai, o ilustre Peleu, que também está esperando por você com angústia, mas que ainda tem a sorte de saber que você está vivo. Aqui, olhe, eu lhe trouxe presentes magníficos à guisa de resgate..."

As criadas se aproximam e depositam diante de Aquiles todo tipo de trajes bordados a ouro, joias, tapetes...

Aquiles: "Levante-se, divino Príamo, e saiba que Tétis, minha mãe, já veio anunciar sua visita e tentar enternecer meu coração. Saiba também que não sou tão idiota para não ter compreendido que você é protegido por um deus poderoso. Como, sem ajuda divina, poderia ter atravessado pelo nosso acampamento sem ser percebido? Vamos, venha compartilhar minha refeição e dormir em minha tenda. Amanhã, prometo-lhe, devolver-lhe-ei seu filho e dar-lhe-ei uma trégua de doze dias, para que possa velá-lo e dar-lhe o funeral que merece".

E os dois homens se abraçam chorando. Depois as criadas se agitam, põem a mesa, enquanto Ulisses abate um carneiro e os criados o cortam, colocam a carne para assar no fogo e dividem o pão...

Na manhã seguinte, vemos Príamo deixar o acampamento dos gregos em seu carro com o corpo do filho envolto numa mortalha. Mais uma vez tudo está envolvido por uma nuvem que torna-o invisível. Depois ele entra em Troia e atravessa a cidade sob os lamentos dos troianos que vão se reunindo à sua passagem. E os ritos fúnebres começam...

A queda de Troia (segundo a Eneida de Virgílio)

Como já tive ocasião de mencionar, o relato da queda de Troia não aparece nem na *Ilíada* nem na *Odisseia*. É citado duas vezes, mas apenas em poucas linhas. É na *Eneida* de Virgílio que encontraremos o relato mais completo. É nele que me inspiro para completar nossa epopeia.

Do campo de batalha, vemos os barcos gregos encalhados às centenas na praia, ao pé das muralhas da cidade que percebemos ao fundo. Os soldados de ambos os campos estão exaustos pelos dez anos de guerra. Muitos deles estão feridos e a lassidão tomou conta de todos... Ulisses, também ferido, reflete, um pouco afastado, perto de uma fogueira. Vemos que tem uma ideia, um desses ardis geniais dos quais ele tem o segredo. Sem perda de tempo, ele corre para a tenda de Agamêmnon e de Menelau para se juntar a eles, a fim de lhes anunciar:

Ulisses: "Fui inspirado esta noite por nossa deusa protetora, Atena, e graças a ela veio-me a ideia de um ardil, que pode finalmente nos fazer vencer a guerra!"

Agamêmnon, taciturno: "Estou ouvindo, Ulisses, fale depressa, porque estamos no limite de nossas forças..."

Ulisses: "Agamêmnon, grande rei, poeta de Zeus, eis o meu plano: mandar Epeios, nosso arquiteto mais talentoso, construir na praia, em frente às muralhas, um gigantesco cavalo de madeira, tão grande que não pode passar por nenhuma das portas da cidade. Logo depois, ordene às nossas tropas que zarpem para o porto mais próximo e ali se escondam o mais silenciosamente possível. Os troianos pensarão que abandonamos o combate de uma vez por todas, que construímos esse cavalo em oferenda a Atena antes de partir, e sairão da cidade para vê-lo".

Agamêmnon, pensativo: "Então, é só isso? O que vai acontecer em seguida?"

Ulisses: "Não, não é só isso. Nossos guerreiros mais valorosos entrarão por um alçapão na barriga do cavalo onde se esconderão sem fazer o menor barulho…"

Agamêmnon: "Bom, estou começando a entender. Quer trazer o cavalo para dentro da cidade, mas acabou de dizer que a estátua do cavalo deveria ser tão grande que não poderia passar por nenhuma das portas de Troia?!"

Ulisses: "Ora, esse é justamente o ardil. Vamos pedir a um de nossos guerreiros – estou pensando em Sinão, que é um grande ator e um mentiroso fora de série! – que conte aos troianos uma história que os convença a abrir uma gigantesca brecha em suas muralhas para deixar o cavalo entrar".

Agamêmnon: "Ah, mas que história?"

Ulisses: "Confie em mim, eu lhe conto mais tarde, quando chegar a hora. Mas, primeiro, mãos à obra, pois o tempo está acabando, não há um segundo a perder…"

Começa então a construção do cavalo, gigantesco mesmo, alto como uma montanha. Depois assistimos, como previsto por Ulisses, a partida dos barcos gregos e dos guerreiros, que antes de partir incendeiam suas tendas para convencer os troianos de que a fuga é definitiva, que não voltarão… A praia agora está deserta, as tendas viraram fumaça, os barcos desapareceram ao longe. Vemos os vários destroços, aqui e ali, de um acampamento de soldados abandonado… Ao longe, nas muralhas, podemos ver Príamo, rodeado pelo seu genro Eneias, Páris, sua esposa Hécuba e a bela Helena. Há ainda ao seu redor alguns conselheiros e alguns guerreiros, que não acreditam no que estão vendo. Um conselheiro sussurra ao Rei Príamo:

"É isso, grande rei, a guerra acabou! Esses cães, os gregos, preferiram a vida à glória! Festejemos!"

Príamo e sua família sorriem, acreditam nisso, e o júbilo aos poucos toma conta dos troianos que, com efeito, começam a festejar, a beber, a dançar como loucos durante o dia todo, depois durante a noite… Na manhã seguinte, Príamo dá a ordem de abrir a grande porta da cidade e, acompanhado de seu grupo, desce até a praia onde está o enorme cavalo de madeira. Dentro do cavalo, vemos Ulisses e, ao lado dele, Menelau, Ájax, Agamêmnon e uma fileira de soldados que observam toda a cena através de uma fresta. Ulisses faz sinal para que todos fiquem em silêncio absoluto, pois Príamo e os seus estão se aproximando... Ele sussurra a Agamêmnon: "É agora que você vai descobrir o ardil que eu elaborei. Se tudo correr bem, nosso espião, Sinão, em breve entrará em cena. Queiram os deuses, Hera e Atena, que suas palavras se espalhem ao vento... Provocaremos uma verdadeira hecatombe se a armadilha funcionar..."

Em torno do cavalo, começa então uma animada discussão entre os troianos que formam o grupo de Príamo. Algumas vozes se levantam: "Devemos queimar este cavalo, é um ardil, ou jogá-lo do alto de uma falésia... Cuidado com qualquer coisa que venha dos gregos, especialmente quando eles dão presentes!"

Mas outras vozes se levantam e vão no sentido contrário: "Infelizes, não façam isso! E se fosse uma oferenda aos deuses e vocês os ofendessem! Vocês veem que os gregos foram embora, queimaram seus navios, como esperam que voltem? Não vamos ofender os olímpios agora que vencemos a guerra e Troia está salva!"

Enquanto isso, Ulisses observa a cena em silêncio através da estreita abertura feita na madeira do cavalo, parece tenso e inquieto... Depois, ao longe, atrás do grupo que acompanha Príamo, ouvimos gritos e vociferações.

A multidão em delírio: "Vamos matá-lo!" Vamos estripá-lo antes de entregá-lo aos cães e aos abutres!"

Alguns soldados troianos trazem até Príamo um prisioneiro acorrentado, com as mãos para trás. Vemos que ele foi agredido pela multidão que grita atrás dele, está coberto de sangue, cheio de feridas e de calombos, como alguém que por pouco não foi linchado. Príamo pede silêncio e se prepara para interrogar o prisioneiro.

Ulisses cutuca Agamêmnon: "Eis Sinão, ouça o que ele vai dizer aos troianos e você entenderá".

Príamo: "Diga-nos quem você é, antes que eu decida seu destino. Vamos, fale rápido e, acima de tudo, não ouse mentir..."

Sinão: "Meu nome é Sinão, e a verdade, ó grande rei, é que meus companheiros, cansados da guerra, construíram o cavalo que você vê em homenagem a Atena. Eles o fabricaram tão grande para que jamais possa entrar em sua cidade por nenhuma porta, pois o oráculo lhes disse que, se ele entrasse na cidade, seriam os troianos que massacrariam os gregos. Para completar, eles decidiram sacrificar um humano para a deusa, e fui eu o escolhido, azarado que sou. Mas fugi, e aqui estou ameaçado de morte tanto pelos gregos como pelos troianos!"

E ao relato Sinão acrescenta, à moda da atriz Sarah Bernhardt, lágrimas e gemidos de todos os tipos, de modo que Príamo e também a multidão começam a se questionar, a ter pena dele.

Príamo: "Reconheço aí, de fato, a vilania dos gregos. Libertem este homem infeliz e cuidem dele..."

Saindo do grupo, um homem se aproxima, um sacerdote de Apolo chamado Laocoonte, duas crianças o acompanham, são seus filhos: "Não, Príamo, sobretudo não dê ouvidos a esse homem! Ele é certamente um espião grego e esse cavalo é uma armadilha cujos flancos estão, sem dúvida, cheios de soldados... Acima de tudo, não o deixe entrar na cidade, e sim queimem-no imediatamente!"

E fazendo eco às suas palavras, Laocoonte agarra uma longa lança de bronze que ele atira com toda força e que se choca violentamente contra o flanco do cavalo. Ouvimos um grande murmúrio na multidão e, *mezza voce*, outro murmúrio que parece vir do cavalo. Vemos uma vez mais Ulisses no interior ordenando que todos se calem...

A multidão estupefata aguarda em silêncio diante desse espetáculo. E, de repente, vemos ao longe, na superfície da água, duas enormes serpentes avançando em direção à praia. Com olhos vermelhos injetados de sangue e corpos de enormes víboras, elas são medonhas. Murmúrios de terror na multidão. As serpentes chegam à praia e, de súbito, sem que ninguém espere por isso, se precipitam sobre os filhos de Laocoonte, e tão logo os dilaceram. Elas literalmente os despedaçam enquanto os infelizes soltam gritos lancinantes. Laocoonte, ensandecido, pega sua espada para tentar salvar os filhos, mas as serpentes o cercam e também o estraçalham... "Vejam, grita então uma voz na multidão, Sinão disse a verdade, esse cavalo é uma oferenda aos deuses, e Laocoonte que os atacou foi punido. Vamos quebrar as muralhas e levá-lo para dentro da cidade. Assim, somos nós, e não os gregos, que seremos protegidos para sempre!"

Príamo, meio abatido, deixa agir a multidão, que já está colocando rodas sob as patas do cavalo, amarrando cordas ao seu pescoço e começando a puxá-lo para a cidade enquanto outros o empurram e os soldados abrem uma enorme brecha na muralha mais próxima... Eles puxam e empurram o cavalo até a acrópole, em frente ao palácio do Rei Príamo. E uma vez mais a multidão festeja até o anoitecer. Então, o espião Sinão, que foi libertado, desliza em direção ao cavalo, abre o alçapão sob a barriga, e os soldados gregos saem, Ulisses na frente.

E o massacre começa.

E é realmente pavoroso! Ulisses luta como um leão, lealmente, mas também vemos cenas menos heroicas, menos nobres, espetáculos de tortura, de violação e até de soldados que se divertem erguendo crianças pelos pés e depois destroçando seus crânios no chão. Toda a cidade está em chamas. Vemos também Príamo chorando em seu palácio e arrancando grandes punhados de cabelo. Um soldado grego entra, seguido por sua tropa: é Pirro, filho de Aquiles, quem arrasta o velho pelo chão até um altar situado no grande salão do palácio antes de degolá-lo lenta e sadicamente.

Enquanto isso, os barcos gregos retornam à praia, os soldados desembarcam, entram pela brecha e também participam do massacre.

De manhã, a cidade está devastada, destruída, incendiada, os mortos estão espalhados pelo chão, inclusive mulheres e crianças. Para onde quer que se olhe é desolação e sangue escorrendo pelas ruas. Terminado o massacre, vemos os gregos que, reunidos na praça da acrópole, diante das ruínas fumegantes do palácio de Príamo, reuniram seu butim: vasos de ouro, taças, joias, ânforas, armas, animais, mas também mulheres e crianças acorrentadas que serão partilhadas e reduzidas à escravidão como objetos ordinários. Ulisses está ali, com Agamêmnon e Menelau que o felicitam pelo ardil tão eficaz. Mas ele não parece feliz. Desvia o olhar, agora só pensa numa coisa, voltar para casa em Ítaca, reencontrar sua esposa, seu palácio, seu filho Telêmaco, enfim, passar finalmente da vida ruim à vida boa, do caos à harmonia, da guerra à paz. Ele deixa as ruínas de Troia, desce à praia, reúne seus marinheiros e sobe com Menelau em seu barco. Mal sabe que dez longos anos e muitas dificuldades ainda o aguardam antes de seu retorno a Ítaca e de seu reencontro com Penélope...

À guisa de conclusão

E os heróis, o que se tornaram?

Aquiles cumpriu seu destino. Mesmo não sendo o artesão da queda de Troia, ele realmente foi, como desejava tão ardentemente, do caos à glória. No entanto, como aprendemos na *Odisseia*, nem por isso seu destino é um sucesso. Claro, ele será lembrado, ninguém o esquecerá, mas nem por isso está menos desesperado no Hades. Apenas Ulisses será finalmente salvo, no sentido grego, isto é, reconciliado com a ordem cósmica harmoniosa. Aquiles, como Heitor havia previsto, será morto por Páris, na realidade por Apolo que guia a flecha do príncipe troiano. Ela atingirá o herói grego no único ponto em que é mortal, o calcanhar. De acordo com uma das versões dessa história, Tétis, a mãe de Aquiles, de fato tentou tornar seu filho imortal mergulhando-o nas águas do Estige, o rio dos infernos, quando ele ainda era bebê. Mas como o segurava com as duas mãos pelo pé, essa parte de seu corpo não teria entrado em contato com a água mágica e teria assim permanecido vulnerável...

Agamêmnon, voltando para casa depois de um longo périplo, será assassinado por sua mulher, Clitemnestra (ajudada por seu amante Egisto), que não o perdoou pelo sacrifício de sua filha Ifigênia.

O grande Ájax, filho de Télamon, suicidar-se-á por despeito, porque as armas de Aquiles serão entregues a Ulisses ao passo que ele pensava que seriam suas por direito, sendo o mais valente dos soldados depois do filho de Peleu.

Menelau acabará retornando a Esparta com Helena, que ele perdoará, pois ela foi vítima dos deuses.

Andrômaca se tornará escrava do filho de Aquiles, Pirro.

Príamo é degolado e quase todos os seus filhos serão massacrados.

Eneias escapa do massacre. E também salva seu pai, Anquises, carregando-o nos ombros para deixar a cidade em chamas e, segundo a *Eneida* de Virgílio, ele será o fundador da nação romana.

Diomedes voltará para casa, encontrará sua esposa, mas enlouquecida por Afrodite, que não o perdoou por tê-la ferido, ela tentará matá-lo.

3
O NASCIMENTO DOS DEUSES E DO MUNDO SEGUNDO A *TEOGONIA* DE HESÍODO

Preâmbulo

Aqui é essencialmente a Teogonia de Hesíodo que nos servirá de fio condutor. Trata-se de um poema, sem dúvida escrito no século VII a.C., que narra o nascimento dos deuses e do mundo. Este é, em grego, o sentido da palavra "teogonia" que vem de "théos", que significa "deus", e do verbo "gennaô", que quer dizer "engendrar". Junto com a Ilíada e a Odisseia, ele é uma das primeiras e principais fontes dos maiores mitos gregos. Em vez de resumir a Teogonia de maneira enxuta, preferi imaginar uma licença poética muito inocente, pois naturalmente respeita em todos os pontos o conteúdo e mesmo a forma do relato de Hesíodo, um diálogo entre Zeus e sua mãe, Reia, uma cena que poderia ter acontecido no momento em que Zeus, tendo atingido o limiar da idade adulta, quer enfim deixar a caverna subterrânea onde foi criado por Reia e por sua avó, Gaia, para escapar da fúria de seu pai, Cronos, que já engoliu seus irmãos e irmãs! Veremos tudo isso com mais detalhes ao longo desse diálogo, do qual tiraremos em seguida os ensinamentos filosóficos. Como vocês verão, eles são tão profundos quanto apaixonantes.

A história do nascimento dos deuses

Imaginemos então a seguinte cena: percebemos ao longe uma montanha, parecida com o Vesúvio, encimada por uma densa floresta de sobreiros. Abaixo, no vale, ouvimos uma voz exasperada que se eleva:

– "Mãe, quanto tempo mais terei de ficar trancado nesta caverna escura? Você vai finalmente me dizer o que estou fazendo aqui? Por que sou prisioneiro?

Aproximamo-nos da voz, e mais ainda da montanha, penetramos na floresta, depois sob a montanha e descobrimos uma gruta imensa. Nela, alguns móveis, uma cama, alguns vasos, crateras, em suma, o interior de um palácio grego, mas instalado dentro de uma caverna rochosa. Um jovem de cerca de dezoito anos anda para lá e para cá como um leão enjaulado. Ao seu lado, uma cabra. Ele é o jovem Zeus, que passou sua infância aprisionado nessa caverna cavada no seio de sua avó, Gaia, a Terra, que é, portanto, também a mãe de sua mãe, Reia. Vestindo apenas uma tanga, ele é belo como um astro, musculoso à perfeição. Ela é a cabra Amalteia, uma de suas babás desde que ele era um bebê. Ela tem uma pele mágica, impossível de ser perfurada, nem com a lança, nem mesmo com as flechas mais afiadas. É essa pele que será usada mais tarde, quando a infeliz tiver sido sacrificada, para cobrir a "Égide", o escudo sagrado de Atena sobre o qual a deusa da guerra e da inteligência também colocará o rosto apavorante da górgona, Medusa, que petrifica todos os que cruzam seu olhar. De um dos chifres de Amalteia, a famosa "cornucópia", brota um delicioso néctar, que serviu para alimentar o pequeno Zeus. Sua mãe, Reia, é evidentemente deslumbrante. Vestida com uma longa túnica branca, ela entra na caverna por um corredor situado na parte de trás da gruta. Ele lhe implora e repete a pergunta:

– Você vai finalmente me dizer, mãe, o que estou fazendo aqui, por que estou trancado aqui há tantos anos, sem ver a luz do dia? Quando posso enfim sair?

Reia pega-lhe as mãos, manda-o sentar na cama e se senta com ele.

– É hora, é verdade, você tem razão. Já está grande agora. É um homem e tem o direito, meu divino filho, de saber a verdade. Eu lhe direi de onde você vem, por que está aqui e o destino que é o seu.

Reia conta a seu filho, Zeus, a história de seu nascimento e de seu aprisionamento...

No começo, ela vai ao essencial, ao que ele deve saber antes de sair da caverna para libertar seus irmãos e irmãs que Cronos, seu pai, engoliu e colocou em segurança em sua barriga. Ele, portanto, ainda não os conhece, nem sequer sabe da existência deles e é justamente para libertá-los e construir, finalmente, uma ordem pacífica e harmoniosa do mundo que em breve terá de enfrentar seu pai durante uma terrível guerra. Mas não vamos antecipar, o resto da história virá mais tarde...

– Veja, divino filho, casei-me com seu pai, Cronos, há muitos anos. Ele era um de meus irmãos, mas também um deus muito poderoso e um grande rei. Seu pai temia seus filhos mais que tudo. Meus pais, Urano, seu avô, o céu estrelado, e Gaia, sua avó, a terra que hoje nos abriga nesta caverna cavada nas profundezas de suas entranhas, previram que vocês tomariam seu lugar, roubar-lhe-iam o poder. Então, sempre que coloquei no mundo um de seus irmãos ou uma de suas irmãs...

– Como, exclama Zeus estupefato, tenho irmãos e irmãs? Mas quem são eles, como se chamam e por que não os conheço, por que não estão aqui comigo?

– Sim, meu querido filho, você tem três irmãs, Héstia, Deméter e Hera, mas também dois irmãos, Poseidon e Hades – e você é o mais novo, o caçula, o meu favorito, aliás...

– Mas o que aconteceu com eles, onde estão?

– Cronos, seu pai, ficou paralisado de angústia com a ideia de que vocês, seus filhos (meus filhos!), um dia tirariam dele o poder, que lhe roubariam o trono. Então, sempre que eu colocava no mundo um de seus irmãos ou uma de suas irmãs, ele os engolia assim que saíam do meu ventre para colocá-los em segurança no ventre dele. É ali, ainda hoje, que são mantidos prisioneiros, condenados a um destino atroz...

– "Atroz mesmo!" Que pai! Como pude escapar disso?

– Justamente! Com sua avó, Gaia, inventamos um ardil para salvá-lo de Cronos. Sua avó, que é deusa da terra, fabricou em seu seio este lugar bem abrigado, escondido sob uma enorme montanha coberta por uma densa floresta. Quando o trouxe ao mundo, seu pai aproximou-se de mim para engoli-lo, como meus outros filhos, para devorá-lo no seu estômago gigantesco. Então envolvi uma grande pedra em panos e foi essa pedra que dei para ele deglutir. Ele não percebeu nada, o imbecil, e, ainda hoje, acha que você é prisioneiro com os outros na barriga dele... (Risadinha sardônica de Reia...)

– Ignóbil! Preciso libertar meus irmãos e irmãs, tirá-los de lá...
– Sim, é a tarefa que o espera. Você terá de enfrentar Cronos, e aviso que terá de ser muito corajoso. Ele também tem irmãos, seres aterrorizantes, seus tios e tias, os titãs. Na verdade, somos doze ao todo, seis machos e seis fêmeas, seis titãs e seis titânidas, todos imortais, e meus irmãos têm uma força "titânica", portanto se conseguir tirar seus irmãos e irmãs do ventre de Cronos, você precisará enfrentá-los imediatamente, ele e os titãs, e saiba que esta guerra será terrificante. Você precisará de três qualidades para vencer: muita força, mas também muita inteligência e senso de justiça... Saiba mais uma coisa. Além dos titãs, também tenho outros seis irmãos, mais violentos e até mesmo mais fortes. Os três primeiros são chamados de "hecatônquiros", os "cem-braços", porque têm cem braços de uma força alucinante que saem de seus ombros, mas também cinquenta cabeças assustadoras. Se você os visse... São três, Cotos, Briareu e Gige. Mas tenho também outros três irmãos, os ciclopes, seres que só têm um olho enorme no meio da testa. Seus nomes são Brontes (o trovão), Estérope (o relâmpago) e Arges (o raio). Desses seis irmãos, Cronos teve medo, como de vocês, seus filhos. Ele os acorrentou e depois os trancou nos subterrâneos mais profundos da terra, num lugar medonho chamado "Tártaro", um lugar horroroso, sombrio, úmido e cheio de mofo. Gaia, minha mãe, me disse que se você libertasse seus filhos, os ciclopes e os cem-braços, eles ficariam infinitamente gratos a você. Eles poderão ajudá-lo nessa guerra contra seu pai, o próprio irmão deles, que os tratou de forma tão pavorosa. Os ciclopes lhe darão suas armas, o raio, o relâmpago e o trovão, que o ajudarão a obter a vitória. É absolutamente necessário vencer, não só por você e pelos seus, mas para que todos saiamos dessa violência perpétua, desse caos inicial que nos ameaça constantemente, e para que você possa finalmente instalar uma ordem harmoniosa e pacífica em todo o universo. Você deve nos levar do caos ao cosmos, da desordem à ordem, da guerra à paz, da discórdia à harmonia: esse, meu querido filho, é seu destino neste mundo. É vital para todos nós, você compreende isso?
– Sim, acho que começo a compreender. Tenho de sair daqui e refletir, não sei bem por onde começar, porém o mais urgente é primeiro conseguir libertar meus irmãos e irmãs do ventre de Cronos...

Zeus sai de sua gruta e vai libertar seus irmãos e irmãs

Nós o vemos sozinho, finalmente ao ar livre, no Monte Olimpo, sua nova morada. Ele está refletindo, parece o pensador de Rodin. É preciso imaginar o Olimpo como um lugar paradisíaco, luminoso, etéreo, o contrário da gruta que Zeus acabou de deixar, algo como o cume ensolarado de uma ilha grega, porém mais cintilante, parecido com as paisagens que vemos do avião quando ultrapassamos a camada de nuvens. Uma encantadora jovem vem se juntar a ele, seu nome é Métis, é a deusa da inteligência e da astúcia. Ela é bela, como todas as deusas gregas, mas de uma beleza pouco comum, com um rosto cheio de fineza. Ela vem se sentar ao lado de Zeus e gentilmente pega-lhe os joelhos. Zeus ergue o rosto em sua direção, intrigado:

>Quem é você?
>Sou Métis, filha de seu tio Okéanos (Oceano) e de sua tia, Tétis, sou deusa da inteligência, da prudência e da astúcia, e vim ajudá-lo.
>Ah bom! Mas como pode me ajudar, minha linda, o que sabe fazer para me trazer ajuda e conforto às dificuldades que enfrento?
>Disse-lhe que eu era a inteligência, posso me adaptar a qualquer coisa, resolver todos os enigmas, assumir todas as formas.

Assim, demonstrando o que disse, Métis se transforma, diante do olhar de um Zeus pasmado, em gato, em leão-marinho, em tigresa, em tartaruga...

Zeus não está apenas intrigado, embasbacado, está seduzido. A conversa continua, depois eles saem juntos, de mãos dadas, em direção a um palácio. Logo os encontramos entrelaçados, na mesma cama. Estão nus e evidentemente acabaram de fazer amor... Zeus se senta, toma Métis nos braços e se dirige a ela:

>Você é um amor. Sabe que é minha primeira mulher?
>Sim, sei quase tudo, e como sou sobrinha de seu pai, também conheço sua história. Posso ajudá-lo a libertar seus irmãos e irmãs do ventre de Cronos. Aqui, olhe: preparei uma poção, um vomitório. Se quiser, posso ir até onde seu pai mora, no Monte Ótris, e lá dou um jeito de fazê-lo engolir essa droga para que ele cuspa todos os filhos! Como são imortais, é claro que ainda estão vivos...
>Decididamente, você é maravilhosa. Vamos já. Vou com você.

Zeus e Métis descem do Olimpo. Em seguida, escalam o Monte Ótris, que podemos imaginar como um lugar mais sombrio e mais inquietante, um lugar "caótico", o contrário do Olimpo luminoso. Ali, vemos os onze titãs (os doze menos Reia), espécies de robôs de aço cintilante, mas que, no entanto, se parecem com humanos. Estão vestidos como soldados gregos, com armaduras e armas. Respiram violência. Percebemos, num trono que domina todo esse pequeno mundo, o Rei Cronos. Métis se aproxima dele. Zeus permanece escondido atrás de uma rocha.

> Quem é você, encantadora jovem, e o que vem fazer aqui?
> Divino Cronos, pai dos deuses, meu nome é Métis, sou sua sobrinha, filha de seu irmão Okéanos e de sua irmã Tétis. Vim me apresentar a você e, justamente, à guisa de presente, trouxe uma deliciosa bebida.
> Como você cresceu, você é a bela e prudente Métis, eu a reconheço agora. Estou feliz em vê-la, dê-me essa cratera, deixe-me provar seu presente...

Métis lhe entrega a cratera, Cronos engole seu conteúdo e, opa!, ele começa a vomitar tudo o que pode. Primeiro sai a pedra envolta em panos (a pedra que substituiu o pequeno Zeus, e por isso compreendemos que, de mais novo, passa à condição de mais velho), depois os dois irmãos, Poseidon e Hades, e as três irmãs de Zeus, Héstia, Deméter e Hera. Como todos os olímpios, vemos que são muito belos, fisicamente perfeitos. Ficam imediatamente de pé, sacodem-se e Métis lhes grita:

Rápido, apressem-se, sigam-me!

Zeus sai de seu esconderijo e, com Métis, arrasta rapidamente seus irmãos e irmãs em direção ao vale, depois, todos juntos, retornam ao Olimpo. Os "olímpios", que formam a segunda geração dos deuses (ou a terceira, se contarmos os primeiros deuses ainda impessoais como Urano e Gaia, que são os pais dos titãs), estão finalmente reunidos (uma terceira/quarta geração, todos filhos que Zeus terá com várias mulheres, será adicionada a esta, mas depois, para também povoar o Olimpo, voltaremos a isso). Reia logo junta-se a eles, encantada por encontrar os filhos que, na verdade, ela também nunca tinha visto! E como estão todos ali, ela se compromete a contar-lhes o resto da história, ou seja, o nascimento do mundo e dos outros deuses.

O nascimento dos primeiros deuses e do mundo narrado por Reia (ainda segundo a Teogonia de Hesíodo)

Reia está cercada por suas três filhas e por seus três filhos (que já nomeamos): Zeus, o mais importante, e os outros cinco que ainda não têm um papel ou uma função muito específica nesta história, exceto o de figurantes ao lado de Zeus. Suas atribuições virão mais tarde. Deméter será a deusa das estações e das colheitas, Hades o senhor do inferno, aquele que reina sobre os mortos; Poseidon será o dos mares, Hera será a imperatriz, a esposa de Zeus, enquanto Héstia, geralmente menos conhecida do que as outras, será a divindade do lar, da família. Cabe a Reia explicar aos filhos de onde eles vêm para que saibam por que terão de ir à guerra contra seu pai Cronos e os outros titãs. Reia pega Zeus pelas mãos para lhe contar sobre o nascimento dos deuses dos quais ele descende.

Eis em linhas gerais o conteúdo de seu relato:

No início, portanto, havia apenas o caos, a desordem absoluta. Ela deixa claro ao filho que a principal questão dessa história é saber como passar do caos inicial à construção, por Zeus e pelos olímpios, precisamente, de um cosmos, ou seja, do contrário absoluto do Caos: um universo harmonioso, justo, pacífico, belo e bom, onde os humanos poderão viver felizes. E insisto ser esta a principal questão do combate dos olímpios contra os titãs, portanto da guerra dos deuses que se seguirá a esse primeiro relato das origens. É de fato um conflito entre os titãs, que querem a desordem, a violência e o caos, ali onde os olímpios querem a ordem, a paz e a harmonia do cosmos.

Reia continua então seu relato: o primeiro de todos os deuses é Caos. Este ainda não é uma divindade pessoal, não é uma pessoa. Não tem rosto, nem personalidade, nem consciência. É apenas um abismo, um buraco negro, uma espécie de turbilhão, um poço sem fundo, um lugar onde tudo é indistinto (*apeiron* em grego: sem delimitação, sem contornos, portanto sem identidade). Se quisermos ter uma ideia do que é Caos, basta pensar nesses sonhos, nesses pesadelos que todos temos um dia ou outro, em que caímos infindavelmente, sem nunca conseguir parar. Caos é isso. Um buraco negro, e se nele caíssemos, nada jamais poderia deter nossa queda, uma espécie de turbilhão obscuro onde só percebemos nuvens indistintas, mas também um lugar onde pressentimos ventos violentos, tempestades onde tudo se funde no nada.

Felizmente, aparece uma segunda divindade, que será a mãe de Reia e dos outros titãs, portanto a avó de Zeus, de Hades, de Poseidon, mas também de Deméter, de Hera e de Héstia (repito os nomes toda vez porque sei por experiência que no começo a gente se perde um pouco...).

Realmente pouco sabemos sobre como ela surge, é uma espécie de milagre. Ela é como as rosas sobre as quais o poeta Angelus Silesius dirá (mas muito mais tarde) que são "sem por quê". Ela não tem explicação, é o "milagre do Ser" (para falar como Heidegger). Chama-se Gaia, a terra, com suas montanhas, seus rios, suas florestas. De todo modo, uma vez lá, o certo é que ela é o completo oposto de Caos. Gaia não nos deixa cair. É solidez! É ela quem vai ser, ao se acasalar com Urano, o céu, a mãe dos titãs, dos três ciclopes e dos três cem-braços assim como a mãe da titânida Reia, logo a avó de Zeus.

Em todos os sentidos do termo, pois, Gaia é firme, determinada, o contrário de Caos. Se você pousar o pé sobre ela, ela o apoia. É ao mesmo tempo a terra, mas é também a mãe, a boa mãe com quem podemos contar, sobre a qual podemos nos apoiar, e é dela que vão sair direta ou indiretamente quase todas as outras divindades, a começar pela terceira: Urano, o céu.

Gaia engendra Urano com seus próprios meios. Ela o extrai dela mesma, sem para isso precisar nem de um marido nem de um amante. Portanto, é preciso imaginar o céu saindo dela, como uma espécie de nuvem gigantesca que vai formar um duplo perfeito de Gaia. Assim que Urano nasce, ele se torna seu amante. Céu é para a Terra como uma segunda pele. Ele está constantemente deitado sobre ela. Não há um centímetro quadrado de Gaia que não esteja recoberto por um centímetro quadrado de Urano, ou seja, são duplos perfeitos, por assim dizer "colados" um ao outro. Em matemática, poder-se-ia dizer que são dois "conjuntos idênticos", simétricos, como se fossem duas mãos que se sobrepõem perfeitamente. Portanto, Urano passa o tempo fazendo amor com sua esposa – que é também sua mãe. Ele é um verdadeiro maníaco sexual e, claro, trata-se realmente de um incesto já que, no início dos deuses e do mundo, não há, e por boas razões, nenhuma maneira de fazer de outra forma.

De tanto fazer amor com Gaia, Urano dá-lhe toda uma série de filhos: aparecem então três fratrias diferentes, três categorias que já foram citadas, mas cuja natureza devemos agora especificar melhor:

– Em primeiro lugar, é claro, os 12 titãs – seis homens e seis mulheres (incluindo Cronos, o caçula, pai de Zeus e dos olímpios, e Reia, sua irmã que também é sua mulher – sempre faço um resumo para que não nos percamos, pois mesmo estando familiarizados com todos esses personagens, às vezes é difícil se localizar, então me perdoem algumas repetições...). Eles são terríveis. São, como já foi dito, dotados de uma força inimaginável. São, claro, como todos os deuses, imortais, portanto totalmente indestrutíveis, mas igualmente perfeitos fisicamente. São seres de guerra, e isso por uma razão cosmológica que ainda não lhes contei: se são violentos é porque ainda estão muito próximos do caos original, consequentemente ligados a essa desordem absoluta que caracteriza as origens do mundo, os primeiros passos de um universo que ainda está longe do que finalmente se tornará, ou seja, o contrário do caos: um cosmos, uma ordem harmoniosa, pacífica, justa, bela e boa.

– Depois, há os três ciclopes, cujos nomes já vimos o quanto são eloquentes: lembro que eles se chamam Raio, Trovão e Relâmpago (e de forma alguma devem ser confundidos com os outros ciclopes, como Polifemo, filho de Poseidon, aqueles que vimos em ação na *Odisseia* devorando os marinheiros de Ulisses). Veremos mais tarde como e por que nossos três primeiros ciclopes entregarão suas armas a Zeus quando este entrar em guerra contra os titãs, o que o ajudará consideravelmente a vencê-la.

– Finalmente, a terceira categoria dos filhos de Urano e de Gaia é a dos "hecatônquiros", os "cem-braços", porque eles são, e repito aqui também, seres monstruosos e cada um deles tem cem braços imensos, gigantescos, partindo dos ombros, e cinquenta cabeças pavorosas, o que torna quase impossível aniquilá-los. Os "cem-braços" são ainda mais violentos e mais fortes, como se não bastasse, do que os titãs e os ciclopes. Também veremos como e por que eles se juntarão a Zeus e ao campo dos olímpios na guerra contra Cronos.

Ora, Reia continua: "No início, todos nós, filhos de Urano e de Gaia (portanto os doze titãs, os três ciclopes e os três cem-braços), estávamos encerrados no ventre de nossa mãe, a Terra, como numa prisão! Pois é, éramos prisioneiros. Por quê? Porque Urano, nosso pai, exatamente como fará o seu, Cronos, também nos impedia de ver a luz do dia, de sair do ventre de nossa mãe. Na verdade, Urano nos detestava, tinha medo de nós, medo de seus próprios filhos. Estava também completamente angustiado com a ideia de que eles tomassem seu lugar, que tomassem sua mulher e seu poder. Urano permanecia, pois, colado a Gaia. Ele a cobria tão bem e de tão perto que não deixava nenhum espaço para sairmos e vermos a luz do dia".

Mas Gaia acabou se enfurecendo. Não aguentava mais, estava farta desse marido – ou desse filho – que não queria deixar seus filhos saírem de seu ventre. Além disso, ele se tornou enorme, ele a machucava. E, afinal, ela queria ver que cara eles tinham. Então Gaia teve uma ideia. No interior de suas próprias entranhas, ela falou com eles e disse-lhes basicamente o seguinte:

Gaia: "Será que um de vocês terá a coragem de nos livrar de Urano, de nos livrar finalmente desse pai indigno que não quer deixar que saiam do meu ventre para ver a luz do dia? Se quiserem sair, se quiserem nascer e ver a luz, eu os ajudarei".

Reia: "E foi o caçula dos titãs, o mais novo deles, Cronos, justamente, que respondeu 'sim', que estava pronto para combater seu pai, Urano, para livrar sua mãe dele e garantir que todos nós, seus irmãos e irmãs, pudéssemos nascer. Foi assim que Cronos se tornou nosso rei".

Então Gaia fabrica em seu ventre uma faca, na verdade uma foice de metal. Ela a dá ao filho mais novo, Cronos, e quando Urano está mais uma vez fazendo amor com ela, quando mergulha nela, Cronos agarra o sexo do pai e o corta, com a mão esquerda (que por isso se tornará para sempre a mão funesta, a "sinistra").

Reia: "Então Urano soltou um grito atroz, um grito que invadiu todo o universo, e se separou de Gaia, fugiu para o alto, colado ao teto de certa forma, onde está até hoje, e foi assim que finalmente pudemos sair do ventre de nossa mãe e ver a luz do dia".

E nisso, Cronos, pelo menos no início, fez um grande favor cujo significado cosmológico com relação ao nascimento do espaço e do tempo veremos mais adiante. Mas, por enquanto, vamos ouvir Reia que continua seu relato:

Reia: "Cronos então se casou comigo, eu, sua irmã. E foi assim que geramos vocês, meus seis filhos. Mas como Urano, seu pai, Cronos desconfiava de vocês! É preciso dizer que, por experiência própria, ele sabia muito bem que os filhos são perigosos! Cronos decidiu então devorar seus próprios filhos, antes que começassem a crescer. Mas, eu, da mesma forma que Gaia, minha mãe, também me fartei de um marido que come meus filhos, e foi aí, Zeus, meu divino filho, que decidi salvá-lo desse destino atroz, escondê-lo com a ajuda de minha mãe nesta caverna que ela fabricou para você, para abrigá-lo e protegê-lo de seu pai".

É aqui que fechamos o círculo e chegamos ao ponto em que estávamos no início deste relato. Zeus e os olímpios compreendem então o que os espera: devem lutar contra Cronos e os outros titãs, pois são forças do caos, da desordem. O objetivo desta guerra aparece aqui claramente e Reia o explica para seus filhos: trata-se de construir um mundo harmonioso e pacífico, o que os gregos chamam de "cosmos", onde cada um pode encontrar seu lugar, colocar-se, por assim dizer, em harmonia com a harmonia do Grande Todo e, por conseguinte, aceder à vida boa. Este é o ponto principal do terrível conflito que se seguirá...

Eis, a título de ilustração, a maneira como Hesíodo descreveu o ponto central deste episódio do nascimento dos deuses:

> Reia submeteu-se à lei de Cronos e deu-lhe filhos gloriosos, Héstia, Deméter, Hera das botas de ouro e o poderoso Hades que estabelece sua morada sob a terra, deus de coração impiedoso, e o retumbante Estremecedor da terra (trata-se, evidentemente, de Poseidon munido de seu tridente) e Zeus, o inteligente, o pai dos deuses e dos homens (*te mètioenta theôn pater ède kai anthropôn* = Zeus o inteligente = Zeus o astuto, o prudente e o sábio, aquele que tem a Métis), cujo trovão sacode a vasta terra. Mas seus primeiros filhos, o grande Cronos os devorava assim que desciam do ventre de sua mãe até os joelhos dela. Ele temia em seu coração que um dos nobres netos de Céu tomasse seu lugar de honra real entre os imortais. Sabia, graças à Terra e ao Céu estrelado, que, por mais poderoso que fosse, seu destino era sucumbir um dia, destronado pelo próprio filho, pela vontade do grande Zeus. Por isso, com um olho aberto e outro fechado, ele vigiava. Sempre à espreita, devorava seus filhos, e uma dor incessante invadia o coração de Reia. Mas no dia em que ela ia colocar no mundo Zeus, pai dos deuses e dos homens, ela implorou seus pais, Terra e Céu estrelado, para que juntos traçassem um plano que lhe permitisse trazer ao mundo seu filho em segredo e que fizesse com que as erínias (as erínias, também chamadas por antífrase de as "benevolentes", são divindades aterrorizantes sobre as quais falarei daqui a pouco, estão sobretudo encarregadas de punir os crimes cometidos no seio das famílias) cobrassem do pai a dívida por causa de todos os seus filhos devorados pelo grande Cronos dos pensamentos enganosos. Eles, ao ouvirem a filha, realizaram seu desejo e a informaram de

tudo o que o destino havia decretado a respeito do Rei Cronos e de seu filho de coração violento [...] e foi a enorme Terra que recebeu seu filho para alimentá-lo e cuidar dele na vasta Creta [...]. Depois, com as próprias mãos, Reia escondeu-o no fundo de uma caverna inacessível, nas profundezas secretas da terra divina, nas encostas do Monte Egeon, recobertas por matas espessas. Então, envolvendo em panos uma grande pedra, entregou-a ao poderoso senhor, filho do Céu, primeiro rei dos deuses, que a pegou com as mãos e a engoliu em seu ventre, o infeliz, sem que seu coração suspeitasse que, mais tarde, no lugar dessa pedra, seria seu filho, impassível e invencível, que continuava vivo e que logo, pela força de seus braços, iria vencê-lo, expulsá-lo de seu trono, e reinar por sua vez entre os imortais...

A guerra dos deuses e suas consequências

Os olímpios contra os titãs

Os olímpios e os titãs declaram então guerra uns aos outros, cada um de sua respectiva montanha: Zeus e seus irmãos a partir do Olimpo, Cronos e os titãs a partir do Monte Ótris. Eles arrancam árvores, deslocam enormes pedaços de rochas e lançam troncos gigantescos, até mesmo topos de colinas, uns contra os outros, como nós, os humanos, nos jogaríamos simples pedrinhas. A batalha é apavorante, mas, como nos dois campos o confronto é entre imortais, até agora não há nada definitivo...

Então Zeus começa a refletir. Como vencer esta guerra? Três elementos inesperados permitirão que alcance esse objetivo:

O primeiro virá novamente de Métis, sua primeira mulher. Gaia e Urano avisaram Zeus que se tivesse um filho de Métis, esse filho o destronaria e ocuparia seu lugar. Então, Zeus decidiu tomar uma medida bastante radical: ele pede para sua esposa, Métis, que uma vez mais lhe demonstre seus poderes divinos, sua capacidade de assumir todas as formas possíveis e imagináveis – o que neste caso é, evidentemente, um símbolo da inteligência astuta. Métis obedece, transforma-se novamente em pássaro, em leão, em tigresa etc. Então, como o Gato de botas que pede ao ogro que assuma a forma de um camundongo (e tão logo o devora!), Zeus pede a Métis que se transforme numa gota d'água. Dito e feito, e Zeus, é claro, a absorve. Tendo engolido a deusa da inteligência, da prudência e da astúcia (decididamente, essa família tem mania de engolir os outros deuses...), ele próprio se torna de súbito incrivelmente inteligente e ardiloso. O que, é claro, o ajudará a vencer a guerra, veremos como...

Contudo, com o desaparecimento de Métis, Zeus não tem mais esposa. Mas ele não é o tipo de deus que fica sozinho. Precisa então encontrar outra mulher. É claro que, no Olimpo, há uma deslumbrante divindade chamada Têmis. Ela é a deusa da justiça, da justa partilha das coisas. Gosta que cada ser esteja em seu lugar e que cada um tenha a parte que lhe é devida de acordo com seus talentos e seus méritos. É uma titânida, uma das irmãs de Cronos e de Reia (logo, uma tia de Zeus), mas, como Reia, ela deixou seus irmãos para se juntar ao campo dos olímpios. Nessa guerra terrível, ela está, portanto, ao lado deles, no Olimpo. Ela é sublime, encantadora, em suma: Zeus e Tétis se unem no amor e, também aqui, compreendemos que, depois de ter adquirido a inteligência e a astúcia, ele acaba de conquistar a justiça. Agora não só ele é o "senhor da ideia", como dizem algumas traduções da *Teogonia*, o ser mais inteligente do mundo, aquele que tem a Métis, como também tem o senso das justas partilhas, e isso ser-lhe-á igualmente necessário, não só para ganhar a guerra, como também e, sobretudo, para conservar o poder que terá conquistado. É nesse espírito que ele vai imediatamente prometer a todos aqueles que quiserem apoiá-lo, em particular aos titãs que virão engrossar as fileiras dos olímpios como Reia e Têmis já fizeram, e como também fará Okéanos, um dos irmãos de Cronos, que depois da guerra terão sua parte no butim, sua justa "parte de honra" como dizem os gregos, neste caso sua justa parte das regiões do mundo que Zeus designará segundo a justiça, segundo Têmis, assim que vencer o conflito.

Mas a inteligência e a justiça não bastam para ganhar uma guerra. Há também um terceiro elemento, a força. E desta vez é Gaia que se dirige a Zeus e lhe dá um sábio conselho, um conselho que a recente inteligência de Zeus, adquirida graças a Métis, vai justamente lhe permitir compreender e aplicar com justiça: "A guerra já dura dez anos, sem nenhum lado vencendo o outro. Então, meu querido neto, ela lhe diz em essência, vá libertar meus outros filhos, os irmãos dos titãs, os ciclopes e os cem-braços que Cronos trancou injustamente no Tártaro, no horrível subterrâneo de minhas entranhas, e depois, muito agradecidos, eles lhe oferecerão suas armas!"

Zeus vai então ao Tártaro, nas profundezas de Gaia. O lugar é guardado por um monstro aterrorizante, uma certa Campe, que mantém os cem-braços e os ciclopes acorrentados. Campe é um ser medonho, uma espécie de víbora enorme que Cronos colocou nos infernos com a missão de não deixar em hipótese alguma que seus infelizes irmãos aprisionados saiam. Então, Zeus desafia Campe para um combate singular e a mata. Livre desse obstáculo, ele liberta os prisioneiros. Muito agradecidos, eles lhe oferecem seus serviços. Os ciclopes entregam suas armas a Zeus, o raio, o relâmpago e o trovão, que se tornarão os símbolos de seu poder. Ele os leva ao Olimpo e então a guerra recomeça com força total. Mas, com o apoio dos cem-braços e dos ciclopes, ela vira a favor dos olímpios. Os cem-braços não atiram mais rochas contra os titãs, e sim montanhas inteiras, não troncos de árvores, e sim florestas inteiras! Quanto a Zeus, com seus relâmpagos, ele simplesmente faz as águas e a própria terra ferverem, estas se fundem sob os pés dos titãs, de modo que os medonhos são ao mesmo tempo sugados para os subterrâneos tornados líquidos e recobertos por montanhas e árvores enormes! Eles acabam perdendo o combate. Zeus manda os cem-braços acorrentá-los no Tártaro. Poseidon fecha sobre eles enormes portas de bronze e Cérbero, um monstruoso cão com cinquenta cabeças, vigiará essa prisão com a ajuda dos cem-braços que permanecem como apoio.

Aqui está, reduzido ao seu esquema essencial, o relato do nascimento dos primeiros deuses e de seu conflito original. Vamos completá-lo daqui a pouco, indicando em particular, entre os outros protagonistas dessa história, aqueles ainda não nomeados mas que, no entanto, desempenharão um papel nos outros grandes relatos míticos – como as erínias, por exemplo, mencionadas de passagem, que também são chamadas, como já disse, de "eumênides", de "benevolentes", monstros horríveis que punem de maneira implacável os crimes cometidos nas famílias e sobre as quais falam de forma positiva, chamam de "benevolentes" para não correrem o risco de atrair sua ira... Mas já podemos tirar alguns ensinamentos filosóficos desse relato matricial que, longe de se reduzir a uma espécie de epopeia fantástica, possui na realidade uma série de implicações cosmológico-metafísicas muito importantes.

O nascimento do espaço e do tempo

Em primeiro lugar, de um ponto de vista estritamente cosmológico, isto é, no que diz respeito à construção do cosmos, do mundo no qual vamos viver, a castração de Urano tem uma consequência crucial: trata-se, muito simplesmente, do nascimento do espaço e do tempo.

Do espaço, primeiro, porque o pobre Urano, sob o efeito da dor atroz que a mutilação lhe causa, foge, como dissemos, "para o alto", de modo que no fim de sua corrida ele se encontra, por assim dizer, fixado ao teto, liberando assim o espaço que separa o céu da terra; e o tempo, por uma razão ainda mais profunda, que é uma das chaves de toda a mitologia: são, graças ao espaço assim liberado, os filhos – neste caso os titãs – que finalmente poderão sair da Terra! Em outras palavras, é o futuro, a dimensão do futuro outrora ainda bloqueada pela pressão de Urano sobre Gaia, que se abre. A partir de agora, as gerações poderão finalmente seguir-se umas às outras, habitar o presente, mas abrir também o futuro. Vemos assim que os filhos aqui simbolizam tanto a vida quanto a história. Mas essa vida e essa história que se encarnam pela primeira vez nesses titãs enfim libertados da sombra e da terra, são também o movimento, o desequilíbrio e, por isso mesmo, a possibilidade incessantemente aberta da desordem. Com as novas gerações, é a dinâmica ao invés da estabilidade, o movimento em lugar do equilíbrio, a mudança perpétua que entram em cena. De modo que pelo menos uma coisa já está clara: os pais têm um sério interesse em desconfiar de seus filhos! E Cronos, mais do que qualquer outro, está numa posição privilegiada para saber disso, pois foi ele quem mutilou seu pai, Urano, foi ele também, por consequência, o primeiro a compreender o quanto seus próprios filhos poderiam constituir uma ameaça à ordem, ao poder estabelecido, aquele que já se tem. Em outras palavras: é preciso desconfiar do tempo, fator de vida, é claro, mas também dimensão por excelência de todas as desordens, de todos os aborrecimentos e de todos os desequilíbrios que estão por vir. Cronos toma consciência deste fato indiscutível: a história está cheia de perigos e se quisermos conservar o que foi conquistado, garantir seu poder, seria melhor, em último caso, aboli-la para que nada mude...

É preciso medir aqui a profundidade do problema existencial que começa a se desenhar nas entrelinhas desse primeiro relato mitológico. Ele significa que toda existência, mesmo a dos deuses imortais, vai se encontrar presa num dilema quase insolúvel: ou se bloqueia tudo, como Urano bloqueia seus filhos no ventre de sua mulher/mãe para evitar que as coisas mudem e possam assim se degradar. Mas, então, corre-se outro risco, o da imobilidade total e, com ela, do tédio mais profundo que acabará se sobrepondo à alegria de viver. Ou, para evitá-los, aceita-se o movimento, a história e o tempo, mas são então os perigos mais temíveis que ameaçam, a começar pelo de ser destronado pelas gerações mais jovens. Como encontrar, pois, o equilíbrio correto? Esta é uma das questões mais fundamentais da mitologia, na verdade da existência em geral, e as respostas que os grandes relatos lendários inventados pelos gregos lhe trarão são de grande interesse para nós, ainda hoje.

Teogonia = cosmogonia

Notaremos a seguir que o nascimento dos deuses e o do mundo se confundem. Como veremos na grande tradição que vai de Platão aos estoicos passando por Aristóteles, há uma equivalência fundamental entre o divino e o cósmico, entre *theion* e cosmos. Ao contrário dos grandes monoteísmos, os deuses gregos, pelo menos os primeiros, confundem-se com regiões do universo. Eles são ao mesmo tempo "pedaços da natureza" e divindades: assim como a Terra é o chão sobre o qual caminhamos, o solo sobre o qual as árvores crescem, mas também uma grandiosa deusa, que tem como vocês e eu um nome próprio, Gaia, assim também Céu, Urano, é um elemento natural, belo céu azul situado acima de nossas cabeças e uma entidade divina, já pessoal e também dotada de um nome próprio. O mesmo vale para Úrea, as montanhas, Ponto, o fluxo marinho, ou para Tártaro, o infernal subterrâneo aninhado nas profundezas do universo. Isso significa que essas divindades são capazes, se necessário, de formar um casal, de se unir entre elas, e de também ter filhos: é assim que milhares de outras criaturas mais ou menos divinas nascerão desses primeiros deuses.

Por enquanto, deixamos a maioria deles de lado para seguir o fio condutor principal do relato e os personagens que nele ocupam um lugar indispensável para a compreensão da guerra dos deuses e da edificação de um mundo ordenado, de uma ordem cósmica autêntica, ou seja, de um universo harmonioso e estável onde os humanos vão poder viver e morrer. Citaremos mais alguns a seguir, mas por enquanto nos contentemos de ter em mente que, nesse primeiro relato mítico, o nascimento do mundo natural e o dos deuses se fundem, teogonia e cosmogonia se encontram – e é por isso que elas estão entrelaçadas dentro de uma única e mesma história. Em outras palavras, contar o nascimento da terra, do céu ou do mar é contar as aventuras de Gaia, Urano, Tártaro, Okéanos, Poseidon ou Ponto.

Todavia, também é preciso observar que, apesar de as primeiras divindades terem um nome próprio como vocês e eu, elas são no início bem mais puras forças da natureza do que pessoas dotadas de um caráter e de uma psicologia próprias. Para organizar o mundo, será necessário se apoiar mais tarde em outros deuses, mais culturais do que naturais, mais pessoais do que cósmicos, que terão de possuir muito mais reflexão e consciência do que as primeiras forças naturais com as quais começa o universo. Além disso, é esse progresso em direção à inteligência, à astúcia, ao cálculo, em suma, essa espécie de humanização dos deuses que vai fornecer uma das molas mais interessantes dos grandes mitos. O fato é que no início o nascimento dos deuses e o dos elementos naturais se fundem, o que nos permite compreender imediatamente duas coisas essenciais:

Primeiro que se é eterno, como os deuses imortais, o cosmos nem sempre existiu. No início não era a ordem, mas o caos que reinava. No início, não somente não é o Verbo divino, como nos evangelhos, mas, ao contrário, é a desordem mais completa e a obscuridade mais total que dominam. No mais, como logo constataremos, os primeiros deuses, longe de serem cheios de sabedoria, como poderíamos esperar de seres divinos, são cheios de ódios e de paixões brutais, toscas, a ponto de guerrearem entre eles de uma forma aterradora. Não é um exagero dizer que desde o começo eles não estão em harmonia, e é por isso que o nascimento do mundo, de uma ordem cósmica harmoniosa, possui uma longa história que assume a forma de uma "guerra dos deuses". Uma história, como vimos, cheia de som e fúria, mas uma história que, no entanto, carrega consigo uma mensagem de sabedoria: a vida em harmonia com a ordem do mundo, mesmo que um dia esteja fadada a acabar, como é o caso para os mortais, é preferível a qualquer outra forma de existência, inclusive a uma imortalidade que seria, por assim dizer, "desordenada" ou "deslocalizada" como a que Calipso oferece a Ulisses. Ainda é necessário, para que possamos viver em acordo com o mundo que nos cerca, que esse mundo ordenado, esse famoso cosmos, exista, o que, no estágio em que nos encontramos, ainda não está garantido.

Observemos também que nessa época das origens ainda não nasceram aqueles que serão chamados a viver verdadeiramente no espaço e no tempo que a castração de Urano acaba de liberar, ou seja, os humanos, os mortais. É só com o mito de Prometeu, do qual falarei da próxima vez, que os veremos aparecer.

A partilha do mundo, a invenção do cosmos e seu significado filosófico

Assim que Zeus venceu a guerra contra os titãs, assim que os trancou no Tártaro, atrás das enormes portas de bronze vigiadas pelo cão Cérbero e pelos cem-braços, ele vai tomar uma decisão crucial, uma decisão que vai estar na origem de toda a filosofia grega: ele vai, como disse, dividir o mundo e as honras que cabem a cada um de maneira justa, segundo a justiça, Têmis. É a "partilha original", o "julgamento de Zeus" que marca a um só tempo o nascimento da paz, mas também, e sobretudo, o nascimento do cosmos, isto é, de um universo pacífico, harmonioso, justo, belo e bom, que vem finalmente substituir o caos inicial. Como se dirá mais tarde no direito romano, Zeus "dá a cada um o que é seu", isto é, dá aos outros deuses o que é deles por direito: ele recompensa os bons e pune os maus segundo o direito, dando a cada um dos outros deuses a parte do mundo que lhe convém: o mar a seu irmão Poseidon, a terra a Gaia, o céu a Urano, os subterrâneos a seu outro irmão, Hades, as estações e as colheitas a Deméter, a proteção dos lares para sua irmã Héstia etc. Depois ele se casa com Hera, que será para sempre sua última esposa (o que não o impedirá de ter uma infinidade de amantes divinas ou humanas). E é dessa partilha justa que nasce enfim um mundo harmonioso, um cosmos equilibrado e bem organizado, um universo bastante semelhante a um organismo vivo onde cada membro, cada órgão está em seu lugar.

E é esse mundo que os filósofos gregos chamarão de "Cosmos". É dele que vão dizer, como os estoicos, que ele é ao mesmo tempo divino e "lógico", *theion* e *logos*: divino porque instituído pelos deuses (sobretudo por Zeus) e não pelos homens, mas lógico, porque é harmonioso, portanto de alguma forma "coerente", acessível à razão humana. É ele também que vai servir para definir a vida boa, para definir o sentido da vida, como vimos na história de Ulisses: a vida boa é a vida em harmonia com o cosmos, em harmonia com a harmonia. O sentido da vida vai, portanto, como toda essa história, do caos à ordem cósmica, da guerra à paz, da desordem à ordem etc., trajetória que já vimos em ação na *Odisseia*, na história de Ulisses, que também vai da guerra (de Troia) à paz (o retorno a Ítaca), de Éris, a discórdia, a Eros, o amor. Compreendemos aqui que para poder definir a vida boa como um ajustamento ao que é justo, como uma harmonização de si com a harmonia do mundo, era preciso primeiro que essa ordem, que essa harmonia cósmica existisse! E agora ela existe.

Mensuramos aqui toda a importância a um só tempo cosmológica e política do segundo casamento de Zeus, aquele que o une a Têmis: assim como não é possível ser o rei dos deuses e o senhor do mundo apenas pela força bruta, sem a ajuda da inteligência simbolizada por Métis, assim também não é possível assumir essa tarefa sem justiça. Ao contrário de Urano e de Cronos – seu avô e seu pai – Zeus compreendeu que é preciso ser justo para reinar, pois antes mesmo do fim da guerra contra os titãs, ele fez, aliás, uma promessa a todos aqueles que quisessem se juntar a ele no combate contra os primeiros deuses: a partilha do mundo será feita de forma equilibrada e equitativa. Aqueles que já têm privilégios os manterão e aqueles que ainda não os têm os receberão.

Eis como Hesíodo relata a decisão tomada por Zeus:

> O olímpio, senhor do relâmpago, chamou todos os deuses imortais ao alto do Olimpo e disse-lhes que a qualquer deus que ficasse do lado dele no combate contra os titãs, ele não retiraria, fossem eles quais fossem, seus privilégios, mas que, ao contrário, cada um deles conservaria no mínimo as devidas honras que já tinha entre os deuses imortais. E Zeus acrescentou que todos aqueles que por causa de Cronos se encontravam sem as devidas honras e sem privilégios obteriam as devidas honras e os privilégios como quer a justiça (Têmis).

Em outras palavras, Zeus propõe a todos os deuses repartir de forma equitativa os direitos e os deveres, as missões e as honras que mais tarde deverão ser oferecidas pelos homens sob a forma de cultos e de sacrifícios – os deuses gregos adoram ser adorados e gostam particularmente de sentir o agradável odor da carne grelhada que os humanos lhes preparam no decorrer das belas "hecatombes". Na sequência do texto, Hesíodo deixa claro como Zeus planeja recompensar tanto os cem-braços e os ciclopes quanto os titãs que, como Okéanos, não se uniram a Cronos contra ele. Okéanos, com efeito, teve o bom gosto de convidar sua filha, Estige, a deusa que também é o rio dos infernos (uma vez mais, uma divindade coincide com um pedaço da ordem cósmica), a se juntar ao campo de Zeus com seus filhos, Cratos e Bia, o poder e a força. Estige, como recompensa pela qual será eternamente honrada, e seus dois filhos terão a insigne honra de permanecer ao lado de Zeus em todas as circunstâncias. Sem entrar em todos os detalhes, toda essa cena significa que Zeus compreendeu que, para instituir uma ordem duradoura, essa ordem cósmica deve se basear no direito e que esse direito não pode ser reduzido ao do mais forte: é preciso atribuir sua justa parte a cada um e é somente a esse preço que o equilíbrio encontrado será estável.

Tártaro, as erínias, as melíades, Afrodite e os outros...

Falamos sobre os primeiros deuses, principalmente sobre Caos, Urano e Gaia, todos os três essenciais ao nascimento do cosmos. Todavia, para que os rios, as florestas, as montanhas, o céu, o sol, os animais, os homens e sobretudo os outros deuses brotem um dia de Gaia, a deusa terra, ou mesmo desse estranho Caos – porque dele também vão sair algumas criaturas divinas –, ainda é preciso uma quarta divindade, Eros, o amor.

Como Caos, ele é de fato um deus, mas não verdadeiramente uma pessoa. É antes uma energia de jorro que faz com que cresçam e surjam os seres. É menos um indivíduo do que um princípio de vida, menos uma entidade pessoal do que uma força vital. Portanto, não se deve confundir esse Eros, que jamais pode ser visto nem identificado a um rosto, com o outro pequeno deus que aparecerá mais tarde e levará o mesmo nome – aquele que os romanos também chamam de Cupido. Este "segundo" Eros, por assim dizer, que muitas vezes é representado como uma criança gordinha, com pequenas asas, com um arco e flechas cujo ataque desencadeia as paixões, não é o mesmo deus que esse Eros primordial, princípio ainda abstrato cuja principal finalidade é fazer passar das trevas à luz todas as divindades que estão por vir.

É, portanto, a partir dessas quatro entidades primordiais – Caos, Gaia, Urano e Eros – que tudo vai se estabelecer, que o mundo aos poucos vai se organizar. Mas agora é hora de falar um pouco mais sobre isso, de evocar um quinto "personagem", ou melhor dizendo, pois também não é realmente uma pessoa, um quinto "protagonista" dessa história das origens. Em seu poema, que ainda nos serve de guia, Hesíodo evoca com efeito o Tártaro primeiramente e sobretudo como um lugar, um local nebuloso e aterrorizante, cheio de bolor e sempre mergulhado nas trevas. Tártaro se situa nas profundezas de Gaia, nos subterrâneos mais distantes da terra. É para esse local – que em breve será identificado ao inferno – que os mortos (quando houver) serão relegados, mas também os deuses vencidos ou punidos (por exemplo, aqueles que juraram pelo Estige, um dos quatro rios que irrigam o Tártaro, e que traíram seu juramento).

Hesíodo nos dá uma indicação interessante sobre a localização dessas famosas trevas infernais – desse Tártaro que é, portanto, também um deus e um lugar, uma divindade que será capaz, por exemplo, de ter filhos como o terrível Tifão, que será engendrado com Gaia, mas também de ser um pedaço da natureza, um canto do cosmos. Ele nos diz que o Tártaro se encontra enfiado na terra tão longe da superfície do solo quanto o céu está longe dessa superfície, e acrescenta uma imagem que talvez seja mais eloquente. Ele nos diz: imaginemos uma pesada bigorna, que então, de acordo com Hesíodo, levaria nove noites e nove dias para esse enorme e pesado pedaço de bronze cair do céu na superfície da terra e novamente nove dias e nove noites para cair dessa superfície da terra até o fundo do Tártaro! Isso mostra o quanto esse lugar infernal, que aterrorizará tanto os humanos quanto os deuses, está situado nos confins mais profundos do universo.

Também mencionamos a castração de Urano por seu filho Cronos. Mas agora é preciso acrescentar que do sangue de Urano espalhado pela terra e pelos mares nascerão ainda outras terríveis ou sublimes divindades que vamos encontrar mais tarde em vários relatos mitológicos com papéis tão eminentes quanto.

As três primeiras criaturas nascidas do sexo cortado de Urano são deusas do ódio, da vingança e da discórdia (Éris) – pois carregam dentro delas o rastro da violência ligada ao seu nascimento. A última, em contrapartida, pertence não ao império de Éris, mas ao de Eros, o amor: trata-se justamente da deusa da beleza e da paixão amorosa, Afrodite.

Observemos isso um pouco mais de perto.

Do sexo decepado do infeliz Urano e do sangue que se espalha sobre a superfície da terra, Gaia, vão nascer primeiro deusas terrificantes, aquelas que os gregos chamam de "erínias"[4]. Segundo Virgílio, são três e chamam-se Aleto, Tisífone e... Megera! Pois é, é daí que vem a famosa Megera que às vezes utilizamos em nossa linguagem cotidiana para designar uma mulher particularmente desagradável. Pois, é preciso admitir, as erínias são tudo, menos amáveis, uma vez que são elas que perseguem os culpados dos crimes cometidos no seio das famílias para lhes infligir tormentos e torturas abomináveis. Elas são configuradas para isso desde o nascimento, pois sua principal finalidade é vingar seu pai, Urano, do crime cometido contra ele por seu filho mais novo. Mas para além desse caso pessoal, elas vão ter um papel muito importante numa série de relatos míticos em que ocupam a função de vingadoras terríveis não só dos crimes familiares, como também, mais largamente, dos crimes cometidos contra a hospitalidade, isto é, contra as pessoas que deveriam ser tratadas, mesmo que sejam estrangeiras, como membros da família. São elas, por exemplo, que vão fazer desaparecer na terra o pobre Édipo que, sem saber ou querer, matou o pai e se casou com a mãe.

Como já lhes disse, se às vezes são chamadas de "eumênides", ou seja, de "benevolentes" – não no poema de Hesíodo, mas, por exemplo, nas tragédias de Ésquilo –, é por antífrase, para afagá-las, para não atrair sua ira. Em latim, tornar-se-ão as "fúrias". Hesíodo não nos dá muitos detalhes sobre elas, mas poetas posteriores as descrevem como mulheres cujo aspecto é atroz: arrastam-se pelo chão mostrando garras pavorosas, asas que lhes permitem agarrar suas presas a toda velocidade, cabelos entrelaçados de serpentes, chicotes na mão, uma boca escorrendo sangue... Como encarnam o destino, ou seja, as leis da ordem cósmica a que todos os seres estão submetidos, também os

---

4. Hesíodo não nos diz nem seu número nem seu nome. Teremos de esperar ainda seis séculos para saber um pouco mais graças a Virgílio, poeta latino que viveu no século I a.C., em que vemos que a maior parte dos grandes relatos mitológicos não nasceu de uma só vez, nem de um único autor, mas que eles foram constantemente completados pelos poetas e pelos filósofos ao longo de muitos e muitos séculos.

deuses estão mais ou menos obrigados a seguir suas decisões, de modo que todos as odeiam e as temem ao mesmo tempo.

Em seguida, ainda do sangue de Urano misturado a Gaia, nasce toda uma plêiade de ninfas, chamadas de "melíades", que em grego designa seres nascidos nos freixos. São também divindades temíveis e guerreiras, pois é precisamente com a madeira dessas árvores, sobre as quais estendem seu reino, que se confeccionam as armas, sobretudo os arcos e as lanças utilizados na guerra.

Além das erínias e das melíades, o sangue de Urano caído sobre Gaia dá origem a outros seres terrificantes, os gigantes, que saem da terra totalmente armados e encouraçados. Eles estão inteiramente fadados à violência e às carnificinas. Nada os atemoriza e nada lhes convém melhor do que as guerras e as matanças. É onde se sentem confortáveis, em casa. Hesíodo não nos fala muito mais sobre eles, mas, aqui também, algumas variantes mais tardias desse mesmo relato pretendem que teria ocorrido uma revolta dos gigantes contra os deuses, revolta que teria originado um terrível conflito chamado de "gigantomaquia", que, em grego, significa simplesmente o "combate dos gigantes". É claro que os deuses teriam saído vitoriosos desse combate, mas para isso teriam sido auxiliados por Héracles. Veremos o motivo no próximo capítulo.

Como podemos ver, todas os personagens nascidos até agora do sangue de Urano misturado com a Terra são seres medonhos, fadados à vingança, ao ódio ou à guerra. É nesse sentido que as erínias, as ninfas melíades e os gigantes pertencem ao domínio de Éris, da discórdia. Éris é, aliás, uma entidade tenebrosa e obscura, uma das filhas que a Noite, Nix, engendrou sozinha, como Gaia engendrou Urano, sem precisar de marido ou de amante.

Mas dos órgãos sexuais de Céu estrelado também surge outra deusa, que não pertence mais a Éris, mas sim, pelo contrário, a Eros, não à discórdia e ao conflito, mas ao amor (a proximidade das duas palavras, em grego, não é desprovida de sentido, pois é muito fácil passar do amor ao ódio, de Eros a Éris, e é com aqueles que amamos que discutimos melhor): trata-se de Afrodite, a deusa da beleza e da paixão amorosa. Não se esqueçam que o sangue que escorre da castração de Urano caiu sobre a terra, e que Cronos jogou o sexo longe, por cima do ombro, e ele perdeu-se no mar. E ficou ali flutuando. Ele flutua sobre a água, no meio da espuma branca – espuma que, em grego, se diz *aphros*, e que, misturando-se com outra espuma, a do esperma de Céu estrelado, castrado enquanto fazia amor com Gaia, dá origem a uma sublimíssima jovem: Afrodite, a filha da *aphros*, a mais bela de todas as divindades. É a deusa da doçura, da ternura, dos sorrisos trocados quando estamos apaixonados. Mas é também a da sexualidade e da duplicidade, das palavras ditas para seduzir o outro, para agradá-lo, e que nem sempre são minimamente fiéis à verdade, uma vez que para seduzir, para atingir nossos objetivos, muitas vezes estamos dispostos a usar todos os artifícios, todos os ardis, ou para nos apresentar sob um ângulo mais lisonjeiro ou para adular a pessoa que queremos conquistar. Afrodite é tudo isso: a sedução e a mentira, o encanto e a vaidade, o amor e o ciúme que dele nasce, a ternura, mas também a perfídia, as explosões de raiva e de ódio que as paixões contrariadas provocam. Nesse sentido, mais uma vez, Eros não está muito longe de Éris, o amor nunca está muito longe da disputa. Quando sai da água, em Chipre segundo Hesíodo, ela está sempre acompanhada por duas outras divindades menores que, de alguma forma, lhe servem de "cortejo", de companheiros e de confidentes: Eros, justamente, mas desta vez trata-se realmente daquele pequeno personagem de que falei há pouco, daquele que geralmente será representado, mas isso bem depois de Hesíodo, como um menino bochechudo, munido com arco e flechas. E, ao lado de Eros, Hímero, o desejo, que sempre precede o amor...

Eis como Hesíodo descreve na *Teogonia* esses momentos essenciais dessa história:

> Eram filhos terríveis esses nascidos da Terra e de Céu, e o pai deles os odiava desde o primeiro dia. Tão logo nasciam e ele os escondia no seio de Terra, em vez de deixá-los subir à luz, e enquanto Céu se deleitava com essa obra lamentável, a enorme Terra em suas profundezas gemia, sufocando. Ela então imagina um ardil pérfido e cruel. Ela cria rapidamente esse metal branco, o aço. Com ele faz uma grande foice e depois se dirige aos filhos e, para excitar-lhes a coragem, diz-lhes com o coração indignado: "Filhos saídos de mim e de um louco, se quiserem acreditar em mim, castigaremos o ultraje criminoso de um pai, por mais que seja o pai de vocês, uma vez que foi o primeiro a conceber obras infames". Ela disse e o terror tomou conta de todos e nenhum deles disse uma palavra. Sozinho, sem estremecer, o alto Cronos dos pensamentos enganosos responde nestes termos à sua nobre mãe: "Sou eu, mãe, dou-lhe minha fé, que farei o serviço. Pouco me preocupo com um

pai abominável, por mais que seja nosso pai, uma vez que foi ele o primeiro a conceber obras infames".

Ele disse e a enorme Terra sentiu grande alegria em seu coração. Ela o escondeu, o pôs de tocaia, colocou a grande foice de dentes afiados em suas mãos e explicou-lhe a armadilha. E veio o grande Céu, trazendo a noite e envolvendo a Terra. Eis que ávido de amor ele se aproxima e se espalha em todas as direções. Mas o filho, do seu posto, estendeu a mão esquerda enquanto, com a direita, agarrou a enorme e comprida foice de dentes afiados. E bruscamente ceifou o pênis de seu pai e o jogou, ao acaso, para trás. No entanto, não foi um destroço vão que escapou de sua mão, pois respingos de sangue jorraram dele. A Terra recebeu todos eles e, com o passar dos anos, deu à luz às poderosas erínias, e aos grandes gigantes das armas cintilantes que seguram em suas mãos longas lanças, e às ninfas também chamadas de melíades sobre a terra infinita. Quanto ao pênis, assim que o cortou com o aço e o jogou da terra no mar agitado, ele foi levado para o alto-mar, por um longo tempo. E, ao redor, uma espuma branca saía do membro divino. Dessa espuma, formou-se uma jovem que tocou primeiro na divina Citera, de onde foi então para Chipre que as ondas cercam. E foi lá que chegou a bela e venerada deusa que fazia a relva crescer ao seu redor, sob seus pés leves, e a quem os deuses e os homens chamam Afrodite por ser formada da espuma, ou mesmo Citereia por abordar em Citera...

Do grego ao latim

Vocês devem saber que todos esses deuses do Olimpo – mas também vários heróis gregos como Héracles, por exemplo (que será Hércules em latim), e certos titãs, como Cronos que se torna Saturno – receberão um novo nome entre os romanos que vão retomar, adaptar e desenvolver a mitologia grega: Zeus será chamado Júpiter, Héstia se tornará Vesta, Deméter = Ceres, Hera = Juno, Hades = Plutão, Poseidon = Netuno, Afrodite = Vênus, Hefesto = Vulcano, Ares = Marte, Atena = Minerva, Apolo = Febo, Ártemis = Diana, Hermes = Mercúrio e Dioniso = Baco. Esta é a razão pela qual ainda hoje conhecemos os deuses gregos muito mais por seus nomes latinos do que por seus nomes originais. Mas ainda são os mesmos personagens. Hércules não é outro senão Héracles, assim como Vênus não é outra senão Afrodite etc., embora às vezes distorcidos pela cultura latina (Baco está longe, por exemplo, de encarnar a assustadora estranheza de Dioniso).

Também é essencial, para compreender os mitos, conhecer os territórios e as funções dos deuses, pois são eles que vão partilhar o mundo entre eles, e vimos que é essa partilha equilibrada do conjunto do universo, partilha garantida pela supremacia de Zeus, que está na base da ordem cósmica. E além do mais isso permite que se comece a ver um pouco melhor quem eles são, a entrar na personalidade de cada um, até mesmo na psicologia de cada um. Com as tarefas que se diferenciam, aparecem também personalidades diferentes: entramos assim progressivamente na dimensão da cultura, da política, da justiça, em suma, numa espécie de humanização do divino, à medida que nos afastamos apenas do reino da natureza.

Menciono-os brevemente, sem entrar em detalhes por enquanto – especificando a cada vez o nome grego e o nome latino do deus:

– Zeus/Júpiter é, naturalmente, o rei dos deuses, o senhor do Olimpo, aquele que detém a métis, a têmis e a força incomparável dos ciclopes que lhe deram suas armas, o raio, o relâmpago e o trovão.

– Héstia/Vesta, como deusa do lar, protege as famílias e as casas. É a filha mais velha de Cronos e de Reia – foi então a primeira a ser engolida por Cronos, a última a ser cuspida por ele e, portanto, também é uma das irmãs de Zeus.

– Deméter/Ceres, deusa das estações e das colheitas, faz brotar as flores, as plantas e, claro, os "cereais". Terá uma filha, Perséfone (ou Cora, a jovem), que ela literalmente adora e que lhe será tirada por Hades antes de se tornar a mulher deste último. Na verdade, Hades e Deméter vão compartilhar Perséfone: cada um deles a terá durante seis meses do ano. É por isso que, no inverno e no outono, nada brota: Perséfone está com Hades, e sua mãe, cheia de tristeza, não faz mais seu trabalho. Quando a filha regressa, na primavera, com ela voltam também a alegria e o sol, de modo que tudo revive...

– Hera/Juno: é "a imperatriz", a mulher de Zeus. Muitas vezes enganada por ele, e terrivelmente ciumenta, ela persegue com seu ódio as inúmeras amantes de seu marido, mas também alguns de seus filhos adulterinos, como Héracles cujo nome significa "a glória de Hera": é ela, com efeito, que exigirá para sua glória a realização dos famosos "doze trabalhos", esperando assim que ele seja morto no decorrer de uma ou outra dessas provações. Héracles, com efeito, não é seu filho, mas o de Alcmena, da qual Zeus se tornou amante ao assumir a aparência do marido, Anfitrião – algo que Hera nunca lhe perdoará. Ele será, no entanto, uma espécie de tenente, de ajudante de Zeus na terra, com a missão de matar monstros que encarnam as forças primitivas do caos e de ajudar assim a manter a ordem cósmica.

– Poseidon/Netuno, deus do mar, é ele quem desencadeia os furacões e as tempestades ao bater no solo com seu tridente (daí seu apelido "Estremecedor da terra"). Deus inquietante, terá como filhos uma quantidade impressionante de monstros turbulentos. Entre eles, encontramos Polifemo, o ciclope cujo olho será furado por Ulisses...

– Hades/Plutão reina nos infernos com sua mulher, Perséfone, filha de Deméter. Todos, mesmo no Olimpo, o temem de certa forma. Dizem que ele é o mais rico (ploutos) de todos os deuses porque reina sobre o povo mais numeroso: o dos mortos.

– Afrodite/Vênus, deusa da beleza e do amor, tem todos os encantos, mas também pratica todas as mentiras e todas as astúcias. Atena e Hera a detestam, pois foi a ela que Páris, o príncipe troiano, ofereceu o pomo da discórdia, designando-a assim como a mais bela das olímpias.

– Hefesto/Vulcano, deus dos ferreiros, de uma habilidade diabólica em sua arte, é também o deus coxo sobre o qual dizem ter sido jogado do alto do Olimpo por Zeus porque ficou do lado de Hera numa discussão tão crucial quanto tensa com seu marido: tratava-se de saber se o gozo sexual masculino prevalecia sobre o feminino ou o inverso! Portanto, ele é o único deus que, se não feio, pelo menos imperfeito. No entanto, casou-se com a mais bela das deusas, Afrodite, que não cessa de enganá-lo, entre outros, com Ares.

– Ares/Marte: brutal, violento, até mesmo sanguinário, é o deus da guerra e um dos principais amantes de Afrodite (que mesmo assim tem muitos outros...). Apesar de sua força, é muito menos inteligente e muito menos forte do que Atena.

– Atena/Minerva: é a filha preferida de Zeus, filha de sua primeira esposa, Métis (a deusa da astúcia). Diz a lenda que ela nasceu diretamente da cabeça de Zeus. Com efeito, Zeus resolveu engolir Métis, quando soube que ela estava grávida, porque previram que, se ela tivesse um filho, ele poderia, como Cronos fez com Urano e ele mesmo com Cronos, tomar seu lugar. Na verdade, Métis estava grávida de uma menina, Atena, que se encontra no corpo de Zeus e que dele sairá... pela cabeça – o que no fundo é bastante lógico, uma vez que ela é a deusa da inteligência. Melhor dizendo, ela também é, como seu irmão Ares, uma divindade da guerra, mas, ao contrário deste, ela aborda os conflitos com sutileza, com astúcia, com inteligência – embora também saiba, quando necessário, lutar com armas de maneira terrível. Nesse sentido, ela é também a divindade das artes e das técnicas. É a guerra em seu lado estratégico e não brutal que ela simboliza. Parece-se com seu pai, Zeus, e possui, como mulher, todas as suas qualidades: força, beleza, inteligência. É a divindade mais poderosa depois do senhor do Olimpo.

– Apolo/Febo: o mais belo dos deuses, um dos mais inteligentes também, e o mais dotado de todos para a música e a medicina. É o irmão gêmeo de Ártemis (Diana em latim), a deusa da caça. Ambos são filhos de Zeus e de Leto, filha de dois titãs (Coios e Febe) e, portanto, prima-irmã de Zeus. Apolo é o deus da luz, da inteligência. É também o inspirador do mais famoso dos oráculos, o de Delfos. Em grego, Delfos significa "golfinho", porque – segundo alguns relatos mitológicos posteriores a Hesíodo – Apolo, ao chegar a Delfos, transformou-se em golfinho para puxar um barco até o porto a fim de fazer de seus passageiros os sacerdotes de seu novo culto. Ele também matou um ser monstruoso, que é chamado Píton porque Apolo o deixou apodrecer (em grego, "apodrecer" se diz "pythein") ao sol depois de lhe ter cortado a cabeça! Essa espécie de serpente aterrorizava os habitantes de Delfos e, em seu lugar, Apolo instalará seu oráculo que por essa razão é chamado de "Pítia". É no templo de Apolo que se podem ler as duas mensagens mais cruciais de toda a cultura grega: "Conhece-te a ti mesmo" e "Nada em excesso", que significam que não se deve pecar por *hybris*, por desmedida, que não se deve tomar a si mesmo por mais do que se é.

– Ártemis/Diana também é filha de Zeus e de Leto. Ela é irmã gêmea de Apolo. Deusa da caça, pode ser temível e cruel. Por exemplo, um dia quando foi surpreendida completamente nua por um jovem enquanto se banhava num rio, ela o transformou num cervo e seus cães o devoraram vivo!

– Hermes/Mercúrio: filho de Zeus e de uma ninfa, Maia, é o "mais trapaceiro" de todos os deuses. É o mensageiro de Zeus, o intermediário em todos os sentidos da palavra, sendo assim considerado o deus dos jornalistas, bem como o deus dos comerciantes e dos ladrões... Muitos jornais, em todo o mundo, ainda levam seu nome (*Mercure de France*, *Mercurio* no Chile, *Merkur* na Alemanha etc.). Deu seu nome a uma ciência chamada "hermenêutica", que é a ciência da interpretação de textos, pois ele interpreta as ordens de Zeus. Mas, como lhes disse, ele também é o deus dos ladrões: muito pequeno, ainda bebê, quando tinha apenas um dia de idade, conseguiu roubar do seu irmão Apolo uma manada inteira de bois! Teve até a ideia de conduzi-los de marcha à ré para que as pegadas enganassem aqueles que o procurassem! Quando Apolo descobre o furto, o pequeno Hermes oferece-lhe para amansá-lo um instrumento musical, a lira, que ele fabricou com a carapaça de uma tartaruga e com cordas feitas das tripas de um boi. Ela será o ancestral do violão e como Apolo ama a música acima de tudo, ele vai se enternecer com esse garoto singular!

– Dioniso/Baco (ou às vezes Liber Pater): o mais estranho de todos os deuses. Dizem que ele nasceu da "coxa de Júpiter", isto é, de Zeus. De fato, sua mãe, Sêmele, filha de Cadmo, rei de Tebas, e de Harmonia, filha de Ares e de Afrodite, pedira imprudentemente a Zeus que se lhe mostrasse tal como era, com sua aparência divina e não mais disfarçado de humano. Na verdade, foi uma sugestão pérfida de Hera, como sempre magoada pelas infidelidades de seu divino marido e ansiosa por aniquilar uma rival. Infelizmente, os humanos não suportam a visão dos deuses, sobretudo de Zeus, que é absurdamente luminoso. Ao vê-lo "como é", a pobre Sêmele pegou fogo, estando grávida do pequeno Dioniso. Zeus então arranca o feto do ventre da mãe para salvá-lo por um triz antes de ela ser consumida, depois o costura dentro da coxa e, quando chega a hora, ele o tira dali – por isso a expressão "Nascido da coxa de Júpiter".

Nos próximos capítulos, teremos a oportunidade de voltar muitas vezes a vários aspectos dessas lendas dos olímpios. Talvez já tenham notado, fazendo as contas, que os 12... são 14! Essa esquisitice deve-se simplesmente ao fato de os antigos mitógrafos nem sempre concordarem entre eles sobre uma lista canônica dos deuses, como testemunham os monumentos que os arqueólogos encontraram e que também fornecem listas diferentes. Às vezes, Deméter, Hades ou Dioniso não aparecem entre os olímpios, de modo que, se contarmos todos aqueles que são, aqui e ali, mencionados como tais, há de fato 14 e não 12 divindades. Mas isso não é muito grave, e nada muda em nossa história: o essencial é compreender que há deuses superiores e divindades secundárias e que esses 14 deuses – os da lista completa que acabei de mencionar – são os principais, os mais importantes na cosmogonia porque são eles que, sob a "égide" de Zeus (isto é, sob a proteção do famoso escudo com a pele mágica de cabra – *aigos*), terão caráter e personalidade suficientes para partilhar entre eles o mundo e estruturar a organização do universo, a fim de torná-lo uma magnífica ordem cósmica.

Contudo, tenho quase certeza de que vocês já estão meio perdidos com todos esses nomes que continuam se entrecruzando a toda hora. É normal, e eu também demorei um tempinho para me acostumar com essa profusão de personagens. Como nos grandes romances policiais, eles são no início numerosos demais para que possamos retê-los todos de uma vez. Por isso, ofereço-lhes um pequeno quadro que irá ajudá-los e, com certeza, daqui a pouco os reconhecerão sem a menor dificuldade, pois vou contar suas histórias, mostrar seus traços característicos para que se tornem bastante familiares.

Resumamos, portanto, nossa teogonia desde o primeiro deus, Caos, até nossos olímpios, seguindo a ordem cronológica de sua aparição. Claro, cito as principais divindades, aquelas que desempenham os papéis principais na construção do cosmo que nos interessa aqui.

Quadro recapitulativo do nascimento dos principais deuses

1. Há no início os seis primeiros deuses, dos quais todos os outros serão os descendentes:

– Caos, o abismo tenebroso e desordenado.

– Gaia, a terra-mãe, sólida e confiável.

– Eros, o amor que traz os seres à luz.

– Tártaro, divindade terrível e lugar infernal localizado no subterrâneo mais profundo de Gaia, cheio de escuridão e de mofo.

– Urano, o céu, e Ponto, o mar, ambos criados por Gaia a partir de si mesma, sem a ajuda de um amante ou de um marido.

Com exceção de Gaia, que começa a ser uma pessoa, esses primeiros deuses ainda não são verdadeiros indivíduos dotados de consciência, capazes de traços de caráter, e sim forças da natureza, elementos naturais do cosmos que virá[5].

2. Os Filhos de Gaia e de Urano

Existem três séries:

– Primeiro os titãs e suas irmãs, as titãs ou titânidas: Okéanos, Coios, Crio, Hipérion, Jápeto e Cronos e, do lado feminino: Teia, Reia, Têmis, Mnemósina, Febe e Tétis.

– Em seguida, os três ciclopes, que serão trancafiados sob a terra por Cronos e que entregarão suas armas a Zeus, quando ele os libertar: Brontes (o trovão), Estérope (o relâmpago) e Arges (o raio).

– Os "cem-braços" ou "hecatônquiros": Coto, Briareu e Giges.

3. Os filhos nascidos do sexo cortado de Urano – ao cair na terra ou no mar

São, portanto, irmãos e irmãs – ou, no caso de Afrodite, a meia-irmã – dos titãs, dos ciclopes e dos cem-braços. Há novamente três linhagens, às quais se acrescenta Afrodite:

– As erínias, divindades da vingança (querem vingar o pai, Urano, da afronta que Cronos lhe infligiu). Saberemos pelos poetas latinos que são três e que a última se chama Megera. Também são chamadas de "eumênides", ou seja, de "benevolentes" e, entre os romanos, levam o nome imagético de "fúrias".

– As ninfas melianas ou melíades, divindades que reinam sobre os freixos, árvores que fornecem a madeira com a qual na época se fabricavam as armas, lanças, arcos e flechas.

– Os gigantes, que saem da terra de elmo e armados, fadados à violência.

---

5. Segue, para ser mais completa, a linhagem de filhos que Caos "fabrica" sozinho e a dos filhos que Gaia também concebe sozinha. Do lado de Caos, encontramos Érebo, as trevas que reinam sob a terra, e Nix, a noite que reina acima. Depois, dos amores de Érebo e de Nix nascem os primeiros netos de Caos, Éter, a névoa luminosa que vai dominar a futura morada dos deuses no topo do Olimpo, e Hemera, o dia que sucede a noite.

– Afrodite, deusa da beleza e do amor, que também nasce do sexo de Urano, mas aqui misturada com a água e não com a terra.

Devemos notar que as três primeiras divindades – erínias, gigantes e melíades – são divindades da guerra, da discórdia, que a *Teogonia* também considera como uma divindade, Éris, uma filha que Nix, a noite, concebeu sozinha, sem amante masculino, enquanto Afrodite pertence ao domínio, não de Éris, mas de Eros, o amor.

4. Os filhos de Cronos e de sua irmã, a titânida Reia

Depois dos titãs, é a segunda geração dos "verdadeiros" deuses, ou seja, dos primeiros olímpios, que entra em cena:

– Héstia (ou Vesta em latim), deusa do lar.

– Deméter (Ceres), deusa das estações e das colheitas.

– Hera (Juno), a imperatriz, última esposa de Zeus.

– Poseidon (Netuno), deus do mar e dos rios.

– Hades (Plutão), deus dos infernos.

– Zeus (Júpiter), rei dos deuses.

5. Os olímpios da segunda geração

– Hefesto (Vulcano), deus dos ferreiros, filho de Zeus e de Hera.

– Ares (Marte), deus da guerra, irmão de Hefesto, filho de Zeus e de Hera.

– Atena (Minerva), deusa da guerra, da astúcia, das artes e das técnicas, filha de Zeus e de Métis.

– Apolo (Febo) e Ártemis (Diana), os gêmeos, deus da beleza e da inteligência, deusa da caça, nascidos do amor de Zeus e de Leto.

– Hermes (Mercúrio), filho e mensageiro de Zeus, cuja mãe é Maia.

– Dioniso (Baco), deus do vinho e da festa, filho de Zeus e de uma mortal, Sêmele.

À guisa de conclusão

Por que Cronos se tornará Chronos, depois Saturno, o deus do tempo. Da filosofia como secularização (racionalização) da mitologia

A filosofia grega, sob muitos aspectos, vai retomar, mas sob outra forma, as mensagens mais profundas da Teo-cosmogonia de Hesíodo. Vamos ao essencial: de um lado, os primeiros filósofos vão retomar por conta própria toda uma parte da herança religiosa tal como inscrita nos grandes relatos míticos que analisamos com relação à história de Ulisses, da guerra de Troia, bem como do nascimento dos deuses e do mundo; mas, de outro, essa mesma herança vai ser consideravelmente modificada, ao mesmo tempo traduzida e traída numa nova forma de pensamento, o pensamento racional, dialógico ou argumentativo, que vai lhe dar um sentido e um estatuto novos. E é nisso, essencialmente, que vai consistir a passagem da mitologia à filosofia, a passagem do relato, da epopeia, portanto do discurso narrativo, ao discurso argumentativo e racional.

Eis o que diz Vernant ao se referir a Cornford, outro grande comentador: segundo ele, a filosofia antiga, essencialmente, "transpõe, numa forma laicizada e no plano de um pensamento mais abstrato, o sistema de representação que a religião elaborou. As cosmologias dos filósofos retomam e prolongam os mitos cosmogônicos... Não se trata de uma analogia vaga.

Entre a filosofia de Anaximandro e a teogonia de um poeta inspirado como Hesíodo, Cornford mostra que as estruturas se correspondem até nos detalhes"[6].

E, de fato, desde a aurora da filosofia, essa secularização da religião que a conserva mesmo indo além dela – a problemática da salvação e da finitude é preservada, mas as respostas propriamente religiosas são abandonadas – já se estabelece muito clara e firmemente. O que é particularmente interessante é que esse processo pode ser lido em dois sentidos: podemos estar mais ou menos ligados ao que associa a filosofia aos mitos que a precedem e a informam ou, pelo contrário, ao que a separa dela e que poderíamos designar como seu momento laico ou racionalista.

---

[6]. Cf. Jean-Pierre Vernant e Pierre Vidal-Naquet. *La Grèce ancienne. Du mythe à la raison*, "Points", p. 198.

Enquanto Cornford é bastante sensível aos vínculos que unem as duas problemáticas, Vernant, sem negar nada dessa filiação, prefere enfatizar o que as opõe. Com certeza, escreve ele, os primeiros "filósofos não tiveram de inventar um sistema de explicação do mundo; encontraram-no pronto... Mas como hoje a filiação, graças a Cornford, é reconhecida, o problema assume necessariamente uma forma nova. Não se trata mais apenas de redescobrir na filosofia o antigo, mas de extrair dele o verdadeiramente novo: o que faz com que a filosofia deixe de ser o mito para se tornar filosofia"[7]. Uma revolução, por assim dizer, na continuidade, que ocorre pelo menos em três planos: primeiro, em vez de falar, como a mitologia, em termos de genealogia – Zeus é filho de Cronos, que é filho de Urano etc. –, a filosofia, racionalista e secularizada, vai se expressar em termos de explicação, de causalidade: tal elemento engendra tal outro elemento, tal fenômeno produz tais efeitos etc. No mesmo sentido, não se falará mais de Gaia, de Urano ou de Ponto, mas dos "elementos", da terra, do céu e das águas do mar, ou seja, as divindades vão se eclipsar diante da realidade dos elementos físicos – esta é a ruptura, o que não impede, e esta é a continuidade, que o cosmos dos físicos herde todas as características fundamentais (harmonia, justeza, beleza etc.) que ele tinha nas antigas visões míticas do universo.

Por fim, a figura do filósofo vai emergir, diferente da do sacerdote: sua autoridade não vem dos segredos que detém, mas das verdades que ele torna públicas, não dos mistérios ocultos, mas dos argumentos racionais e visíveis de que é capaz.

Nem é preciso entrar em uma análise mais aprofundada para termos uma ideia da reviravolta assim introduzida pelo pensamento filosófico se considerarmos um pouco mais de perto a maneira como os filósofos vão passar do sagrado ao profano, do *mythos* ao *logos*, esforçando-se para "extrair" ou para "abstrair" das divindades gregas os elementos "materiais" constitutivos do universo, ao passar, como acabo de dizer, de Ponto à água, de Urano ao espaço celeste, de Gaia à terra etc. Em suma, é mais complicado do que posso indicar agora, mas o princípio é este: trata-se de abandonar as entidades divinas e religiosas, para se interessar pelas realidades naturais e físicas. Alguns

---

7. *Ibid.*, p. 202.

séculos mais tarde, encontraremos ainda em Cícero ecos divertidos sobre essa revolução "laica" pela qual, segundo suas próprias palavras, "os deuses dos mitos gregos foram interpretados pela física". Cícero toma o exemplo de Saturno (nome latino de Cronos) e Caelus, o céu (nome latino de Urano), e explica da seguinte maneira a laicização introduzida pela filosofia estoica em relação às antigas "superstições" mitológicas:

> A Grécia foi invadida, há muito tempo, por essa crença de que Caelus fora mutilado por seu filho Saturno, e o próprio Saturno aprisionado por seu filho Júpiter. Essas fábulas ímpias contêm uma doutrina física sofisticada. Elas querem dizer que a natureza do céu, que é a mais elevada e feita de éter, isto é, de fogo, e que engendra tudo a partir de si mesma, é privada desse órgão corporal que precisa se unir a outro para engendrar. Elas quiseram designar com Saturno a realidade que continha o curso e a revolução circulares dos espaços percorridos e dos tempos, expressas pelo seu nome em grego; pois é chamado Cronos, que é a mesma coisa que *chronos*, que significa "espaço de tempo". Mas nós o chamamos Saturno porque estava "saturado" de anos; e fingimos que ele tem o hábito de comer seus próprios filhos, porque a duração devora os espaços do tempo[8].

Deixemos de lado a questão do valor de verdade filológica dessa leitura das grandes teogonias gregas. O importante aqui é que o mecanismo de "secularização" está claramente elucidado em seu princípio: é menos uma questão de romper com o mito do que de reordenar seus conteúdos, menos de fazer tábula rasa do que de dirigir os grandes temas para uma ótica nova. E é essa dualidade mesma – ruptura e continuidade – que vai marcar, desde a origem, mas de maneira indelével, as relações ambíguas da filosofia com sua única rival séria, a religião. Essa tese não deve, como demonstrei em outra obra[9], limitar-se apenas ao espaço do pensamento grego. Ela possui um alcance tão geral que será confirmada ao longo de toda a história da filosofia, inclusive entre os pensadores conhecidos como os menos religiosos. Mesmo sem entrar em detalhes e mostrar, por exemplo, como a grande filosofia alemã, de Leibniz a Marx, emergirá da Reforma protestante, ainda assim gostaria, para

---

8. *De la nature des dieux*, capítulo XXIV.
9. Principalmente em *La Sagesse des Modernes* [COMTE-SPONVILLE, André; FERRY, Luc. *A sabedoria dos modernos*. São Paulo: Martins Editora, 2008].

concluir, de lhes dar outro exemplo marcante da passagem de um conteúdo religioso a um conteúdo filosófico mostrando-lhes como as grandes morais republicanas que dominaram nossa escola durante os últimos dois séculos saíram diretamente, mesmo quando se acreditavam decididamente ateias, da religião cristã; como, se preferirem, os personagens de Don Camillo e Peppone estão menos distantes do que eles mesmos imaginam...

As grandes morais republicanas: uma herança cristã secularizada

Nossas sociedades republicanas, embora laicas, e mesmo tentadas pelo ateísmo, muitas vezes se baseiam, sem sabê-lo, em princípios éticos claramente herdados diretamente do cristianismo. Aliás, não é evidentemente um acaso se a democracia moderna foi instaurada num mundo culturalmente cristão e em nenhum outro lugar. Não fiquemos engessados nas oposições entre ateus e crentes. Apesar dos grandes episódios conflituais que marcaram o espírito revolucionário e o anticlericalismo republicano (o caso dos padres refratários, os "massacres de setembro" de 1792, a Concordata, a separação entre a Igreja e o Estado etc.), existe, na verdade, muito mais continuidade do que podemos imaginar. O republicanismo é uma herança cristã, um cristianismo secularizado, basta lembrar da parábola dos talentos tal qual apresentada no Evangelho segundo São Mateus para percebê-lo.

Permitam-me citá-la aqui rapidamente. Essa parábola conta a história de um senhor que, prestes a deixar seu palácio para viajar, convoca seus três criados. Ao primeiro, ele dá cinco talentos (a palavra grega *talenta* designando na época moedas de prata de um grande valor), ao segundo, dois talentos, e ao terceiro um talento. Ao retornar, o senhor pede que prestem contas. O primeiro criado fez frutificar seus cinco talentos e devolve dez. O senhor felicita-o calorosamente: "Bom criado, compartilhe a alegria do seu senhor", diz-lhe. O segundo devolve quatro, também é felicitado, exatamente nos mesmos termos: ele dobrou o que recebeu, também fez o dinheiro frutificar. O terceiro criado, por outro lado, teve medo – notemos aqui que o medo é o contrário da confiança, da fé: ele enterrou o talento até o retorno de seu senhor, para o qual o devolve intacto. Então o senhor o insulta e o expulsa de seu palácio.

Essa parábola, se bem compreendida, já anuncia no plano intelectual e moral o colapso do mundo aristocrático. O que ela realmente significa? Sobretudo o seguinte: ao contrário do que a grande ética aristocrática pretende, a dignidade de um ser não depende dos talentos que recebeu ao nascer, de sua biologia, de sua genética, diríamos hoje, e sim do que ele faz com eles, não da natureza e dos dons naturais, e sim da liberdade e da vontade, quaisquer que sejam os recursos iniciais. Claro, existem entre nós desigualdades naturais. Seria completamente inútil querer negá-las em nome de um igualitarismo malcompreendido. Inútil por duas razões: primeiro porque seria contestar a evidência, depois porque, de um ponto de vista moral, não é de todo modo o sujeito. Nada podemos, é um fato: alguns são *de fato* mais fortes, mais bonitos e até mais inteligentes do que outros. Quem pode negar que Einstein ou Newton são mais inteligentes do que a média, *a fortiori* do que uma criança trissômica? É um fato, como é um fato que o primeiro criado tem cinco talentos enquanto o segundo tem apenas dois. E daí? Qual a importância disso no plano ético? Resposta cristã: nenhuma! Pois o que conta é o que cada um fará com os dons que recebeu, com os talentos que o destino lhe deu. É o trabalho que valoriza o homem, não a natureza que o tornaria digno *a priori*.

É preciso compreender bem o alcance moral incomparável dessa simples proposição. Num universo ainda impregnado de ética aristocrática, ela representa um verdadeiro terremoto, uma revolução que deve ser levada em conta. Ela introduz a ideia moderna de igualdade entendida no sentido da igual dignidade dos seres independentemente dos talentos naturais. Volto a insistir nesse ponto, mas o abismo que acaba de se abrir é tão impressionante quanto merecido: doravante, o que constitui a dignidade e o valor moral de um ser não é o que ele recebeu no início (os dons naturais, os famosos "talentos"), mas o que faz com eles; não é a natureza que conta, mas a liberdade. É desse ponto de vista que uma criança trissômica vale tanto no plano moral quanto um gênio como Aristóteles ou Platão. Em que vemos como a moral cristã, ao romper com o aristocratismo dos Antigos, vai paradoxalmente permitir outro nascimento: o das grandes morais laicas e republicanas.

Vejamos em algumas palavras como.

As cosmologias antigas continham duas convicções morais fundamentais. A primeira postulava a existência de uma hierarquia natural dos seres.

Por natureza, eles diferem do mais ao menos, são desiguais, e é preferível, tratando-se dos humanos, que os bons estejam em cima (os sábios) e os maus (os escravos) embaixo. A segunda convicção sustenta que a virtude reside na excelência própria a cada tipo de ser. Para Aristóteles, por exemplo, o olho "virtuoso" é aquele que está equidistante desses dois defeitos simétricos que são a miopia e a presbiopia, assim como a coragem está a uma distância igual da temeridade e da covardia – desse modo Aristóteles pode definir a virtude como um "justo meio" que não é de forma alguma "centrista", que não é um centro mole, mas que expressa ao contrário uma forma de excelência ou de perfeição aristocráticas. Desse ponto de vista, a virtude não está, portanto, em oposição à natureza, pelo contrário, ela nada mais é do que uma atualização bem-sucedida das disposições naturais de um ser bem-nascido, uma passagem, como diz Aristóteles, da "potência" ao "ato".

A mensagem antiaristocrática da parábola dos talentos encontra-se novamente formulada desde a primeira página de um dos maiores textos fundadores da moral republicana, a saber, a *Fundamentação da metafísica dos costumes* de Kant. Trata-se da famosa passagem em que Kant elogia a "boa vontade" explicitando as razões pelas quais se tornou impossível para nós considerar que os dons naturais, os talentos, possuem um alcance realmente moral, que o fato de ser inteligente, alto, forte, belo, hábil nas atividades do corpo e mesmo do espírito seja, propriamente falando, uma virtude – e isso qualquer que seja o poder de atração que tais qualidades podem às vezes exercer sobre nós em outros campos que o da moral, particularmente nos das artes ou dos esportes.

A argumentação de Kant ocupa aqui algumas poucas linhas e mostra perfeitamente a passagem de uma moral religiosa a uma ética: evidentemente, a força, a inteligência, a beleza etc., são moralmente neutras, nem boas nem más em si mesmas, pois cada um reconhecerá, se refletir um instante sobre isso, que podem ser utilizadas tanto para o bem quanto para o mal! "*Corruptio optimi pessima*", diz o provérbio latino: "A corrupção dos melhores é a pior". Não são, pois, as qualidades naturalmente dadas que constituem a virtude, mas apenas o uso que se faz delas, isto é, a liberdade, ou, como bem diz Kant, a "boa vontade". E é por isso que apenas ela pode ser chamada de absolutamente boa. Como já na parábola dos talentos, o que conta moralmente não é, pois, o capital de que se dispõe no início, mas o uso que se faz dele, não a natureza, mas a liberdade.

Uma consequência literalmente abissal, fundamentalmente antiaristocrática: tanto para o republicano quanto para o cristão, o gênio mais sublime não "vale" mais do que a criança trissômica. De um ponto de vista moral, ou seja, de um ponto de vista da dignidade humana, eles são rigorosamente iguais. Da mesma forma, a virtude não tem mais nada a ver com a atualização de disposições naturais "bem-nascidas". Pelo contrário, ela aparece agora como uma luta da liberdade contra a naturalidade em nós, não como um ser, mas como um dever ser, isto é, como um trabalho, noção que o mundo moderno vai valorizar ali onde o mundo aristocrático não via senão uma atividade servil. Podemos gostar ou não dessa visão moral do mundo, como podemos deplorar o colapso dos esplendores aristocráticos do passado. Não podemos negar, todavia, que ela tenha se tornado, *volens nolens*, a de todos os povos democráticos – em que vemos como o mundo laico, muitas vezes sem sabê-lo nem querer reconhecê-lo, foi moldado muito mais do que pensa pelo religioso que o precedeu.

Bem, é, *mutatis mutandis*, exatamente a mesma relação que a filosofia grega vai manter com a religião grega, isto é, com a mitologia, e é isso que vamos ver, espero que com prazer, nas próximas lições.

4
TIFÃO E OS GIGANTES
O caos descontrolado contra a harmonia cósmica

Preâmbulo

Após a vitória conquistada por Zeus contra as potências de destruição e de caos encarnadas pelos titãs, poder-se-ia acreditar que tudo está finalmente calmo, que o cosmos, partilhado por Zeus de maneira equitativa entre os outros deuses, agora está garantido por toda a eternidade, que a paz e a harmonia vão reinar, o que permitirá aos seres humanos (quando houver) buscar tranquilamente o sentido da vida, que consiste em fazer de tudo para se harmonizarem com a harmonia cósmica instaurada pelo rei dos deuses.

Infelizmente, é ir com muita sede ao pote. Pois não se pode vencer tão facilmente as forças do caos e isso por uma razão essencial que teremos a oportunidade de explorar de maneira ainda mais profunda em nosso próximo capítulo, dedicado à criação da humanidade por Prometeu. Com efeito, se a ordem estivesse perfeita, se o cosmos estivesse sob todos os aspectos harmonioso e pacífico, se o equilíbrio do universo estivesse estabelecido por toda a eternidade, então, simplesmente, nada mais aconteceria, não haveria mais história, mais movimento, mais diferença, mais estranheza, e a vida acabaria assemelhando-se à morte. É por isso que, na cosmologia grega, assim que nos aproximamos de um estado de perfeição na paz e na harmonia, é preciso tão logo que reapareça um desequilíbrio, uma alteridade, uma diferença, em suma, um grão de areia que vem reiniciar a máquina, devolver movimento e vida a uma ordem que, de outra forma, tornar-se-ia calma demais para ser viva e, portanto, vivível.

O combate contra Tifão

Neste caso trata-se de um "grão de areia" e tanto! Ele vai se mostrar um adversário temível para Zeus e para sua vontade de acabar com o caos inicial: trata-se de Tifeu ou Tifão (Hesíodo lhe dá os dois nomes), filho de Gaia com o terrível Tártaro (por quê? Voltaremos a isso). De todos os monstros que encontramos até agora, este é o mais aterrorizante. Ele é colossal, ainda mais poderoso do que os titãs, os cem-braços e os ciclopes, mais medonho também, mais caótico, se possível. De seus ombros brotam cem cabeças de serpentes cujos olhos cospem fogo, mas há algo pior, uma particularidade que aparece como o próprio símbolo do caos original: suas múltiplas bocas produzem sons inacreditáveis, de uma diversidade infinita, a maior parte das vezes difíceis de identificar porque variam permanentemente, ilustrando assim a ideia de que Tifão é um ser de alteridade, de diferença, situado em oposição absoluta à identidade harmoniosa que deve reinar no seio da ordem cósmica uma vez estabelecida a paz. Esse monstro pode imitar todas as línguas, emitir todos os sons possíveis e imagináveis, falar aos deuses de maneira inteligível, mas também copiar o mugido do touro, o rugido do leão ou, pior ainda, pois o contraste é pavoroso, os ganidos de um cachorrinho ou os miados de um gatinho!

Eis como o Pseudo-Apolodoro (mitógrafo do século II que tantas vezes nos serve de referência), depois de lembrar o fato de Gaia estar indignada com a forma como o filho de Cronos tratou seus primeiros filhos, os titãs que Zeus trancafiou no Tártaro, descreve em seu grande livro intitulado a *Biblioteca*, tanto o aspecto exterior do monstro como também o desenrolamento dos principais episódios de seu combate contra Zeus:

> Gaia, ainda mais irritada, uniu-se ao Tártaro e, na Cilícia, concebeu Tifão, no qual se misturavam a natureza do homem e a da besta. Em estatura e em força, ele superava todos os filhos de Gaia. Tinha forma humana até as coxas, mas sua altura era tão desmedida que ultrapassava todas as montanhas e, muitas vezes, sua cabeça tocava os astros. Quando estendidos um braço alcançava o Poente e o outro o Oriente, e desses braços saíam cem cabeças de serpentes. A partir das coxas, seu corpo não era senão um entrelaçamento de enormes víboras que esticavam seus anéis até a cabeça e lançavam poderosos sibilos. Sobre a cabeça e as faces crinas sujas esvoaçavam ao vento. Seus olhos expeliam fogo. Tais eram o aspecto e a

estatura de Tifão quando ele atacou o próprio céu, arremessando contra ele pedras incandescentes, numa mistura de gritos e de sibilos, enquanto sua boca cuspia poderosos turbilhões de fogo. Os deuses, vendo-o se precipitar contra o céu, exilaram-se no Egito onde, perseguidos por ele, tomaram a forma de animais. Enquanto Tifão se manteve à distância, Zeus arremessou-lhe raios, mas quando se aproximou, atacou-o com sua foice de aço e o perseguiu em sua fuga até o Monte Cásio, que domina a Síria. Ali, vendo-o todo coberto de ferimentos, travou um combate corpo a corpo, mas Tifão, enrodilhando seus anéis, imobilizou-o, arrancou-lhe a foice e cortou-lhe os tendões das mãos e dos pés. Tifão colocou Zeus nos ombros, transportou-o através do mar até a Cilícia e, tendo chegado ao antro Coriciano (nome da gruta onde ele morava), ali o depositou. Foi também nesse antro que dissimulou os tendões escondendo-os sob uma pele de urso. E confiou sua guarda a um dragão-fêmea, Delfina, que é metade besta e metade mulher. Mas Hermes e Egipã roubaram furtivamente os tendões e os recolocaram em Zeus sem serem vistos. Este, depois de recuperar suas forças, saltou subitamente do céu num carro puxado por cavalos alados e, com seus dardos de raios, perseguiu Tifão até o Monte Nisa (é também nesse monte que nascerá Dioniso, cujo nome significa "o deus de Nisa") onde as moiras enganaram o fugitivo: elas o persuadiram a provar os frutos efêmeros, pois eles o tornariam mais forte. Por isso, novamente perseguido, ele chegou à Trácia e, no combate iniciado perto do Monte Hemos, pôs-se a arremessar montanhas inteiras. Mas, como lhes eram lançadas de volta pelos raios, uma onda de sangue logo inundou a montanha, e é por essa razão, dizem, que esse monte foi chamado de Hemos – o "monte sangrento". E como uma vez mais Tifão se pôs a fugir pelo mar da Sicília, Zeus jogou sobre ele o Monte Etna, que fica na Sicília. É uma montanha enorme da qual, ainda hoje, brotam erupções de fogo que vêm, dizem, dos dardos de raios lançados por Zeus**...

Com certeza vamos comentar os diferentes momentos desse combate para deles extrair seu sentido mais profundo – pois existe um, e mesmo vários, e vocês verão que sob a aparência de um fantástico relato de guerra se escondem

---

** No original em francês o texto citado provém, segundo as palavras do autor, "da bela tradução de dois professores-pesquisadores da universidade de Besançon, Jean-Claude Carrière e Bertrand Massonie, que tiveram a feliz ideia de traduzir a *Biblioteca* e de publicá-la nos anais literários de sua universidade (difusão pela Les Belles Lettres)". O texto em grego também é facilmente encontrado na Internet (N.T.).

muitos e apaixonantes significados filosóficos. Porém gostaria antes de insistir uma vez mais no que está em jogo e nas causas desse novo combate.

Primeiro sobre o que está em jogo: é preciso compreender que Tifão não é senão uma ressurgência das forças anticósmicas primitivas, das potências caóticas originais. Como os titãs, ele nasceu de Gaia (e do Tártaro, ou seja, duas vezes da Terra), de modo que, como Hesíodo indica aliás explicitamente em sua *Teogonia*, se ele vencesse a batalha para a qual se prepara contra Zeus, se conseguisse se apropriar do poder sobre o mundo, tornar-se o senhor dos mortais e dos imortais, não apenas nada jamais poderia ser feito contra ele, como prevaleceria definitivamente a maior desordem sobre a harmonia do cosmos. O caos triunfaria sobre a ordem, a guerra sobre a paz, a violência sobre a justiça, a estupidez sobre a inteligência, e o principal efeito dessa terrificante vitória seria que os humanos não poderiam mais buscar, nem *a fortiori* encontrar, a vida boa, uma vez que não haveria mais harmonia com a qual se afinar. Qualquer busca de sabedoria seria aniquilada, e assim a própria filosofia se tornaria impossível.

Mas então, por que Tifão? De onde ele surge e por quais razões? Como explicar que Gaia, que sempre tomou o partido de Zeus, que o salvou de seu pai Cronos ao escondê-lo numa caverna fabricada em seu interior, que o advertiu que corria o risco de ter um filho que também o destronaria e lhe sugeriu que engolisse Métis, essa mesma Gaia que mais uma vez o aconselhou, como Métis aliás, e de maneira tão sábia, a libertar os ciclopes e os cem-braços se quisesse vencer a guerra contra os titãs, por que então essa avó amável desejaria agora prejudicar seu neto desencadeando contra ele um terrível monstro que ela teria fabricado propositadamente com o medonho Tártaro? Nada óbvio. Ainda mais porque Hesíodo não nos diz nada, rigorosamente nada, sobre as motivações da Terra.

Podemos, no entanto, arriscar duas hipóteses, que parecem minimamente plausíveis: a primeira, a mais superficial, é que Gaia, como sugere Apolodoro, não está satisfeita com o destino que Zeus reservou para seus primeiros filhos, os titãs, trancando-os no Tártaro. Embora nem sempre ela os defenda, eles ainda são, afinal, seus filhos, e ela não pode aceitar sem protestar o destino terrível reservado para eles. Convenhamos que essa maneira psicologizante de apresentar as coisas não é muito satisfatória. É evidente que a psicologia não é aqui o motivo principal do drama, é apenas uma dissimulação de uma verdade mais profunda. Na cosmologia grega, de um modo geral, não se deve confiar nem na psicologia dos sentimentos nem nas anedotas biográficas: elas dissimulam sempre realidades mais secretas, verdades enraizadas na construção do cosmos, cuja finalidade última é dar sentido à vida dos humanos (e não podemos esquecer que foram os seres humanos, não os deuses, que inventaram todas as lendas!). Ora, com Tifão, trata-se de um assunto sério, de uma questão de cosmogonia em que os estados de espírito não são de forma alguma levados em conta.

Uma segunda hipótese é, portanto, muito mais crível: se Gaia fabrica Tifão contra Zeus é porque o equilíbrio do cosmos só estará perfeito quando as forças de Caos estiverem todas canalizadas. Ao liberar um novo monstro, ela dará a Zeus a oportunidade de integrar ainda mais os elementos caóticos à ordem cósmica. Nesse sentido, não se trata aqui apenas de conquista do poder político, como pensam quase todos os comentadores, mas sobretudo de cosmologia e de filosofia. Pois o que Tifão encarna, como sugeri mais acima, é o contrário absoluto do que Zeus busca: ele é o arquétipo da alteridade e, com ela, do tempo, da diferença, da geração, da história, em suma, do movimento e da vida. É preciso integrar Caos ao Cosmos, absorver a diferença na identidade, a desordem na ordem, o desequilíbrio no equilíbrio, mas sem que para tanto Caos seja totalmente aniquilado, do contrário seria paradoxalmente a morte que triunfaria ao mesmo tempo que a paz! Sem dúvida é isso que Gaia deseja quando dizem de maneira um tanto ingênua "que ela não está contente com o destino reservado aos filhos", pois Gaia, em sua grande sabedoria, sabe muito bem que se só restassem as "forças da ordem" e da paz, o mundo acabaria se estagnando, o cosmos seria desprovido de vida. É, portanto, a partir dessa perspectiva estritamente "cosmológica" que se deve decifrar os diferentes episódios que relatam o combate que opõe Tifão aos olímpios, por isso proponho que os examinem com atenção.

A versão de Hesíodo

Em Hesíodo, o relato é muito breve e pouco detalhado. Ele apenas nos informa que o combate é apavorante, de uma violência espantosa, que a terra treme até o Tártaro a ponto de o próprio Hades, o deus dos infernos que habita nas profundezas das trevas, sentir medo, assim como os titãs que estão, Cronos em primeiro lugar, trancafiados nesse lugar escuro e mofado desde que perderam a guerra contra os olímpios. Informa-nos também que, sob os efeitos do raio de Zeus e do fogo cuspido por Tifão, a terra se incendeia, se transforma em lava e escorre como metal fundido. No fim, é Zeus quem vence graças às armas que os ciclopes lhe deram: o trovão, o relâmpago e o raio. Uma a uma, as cabeças de Tifão são fulminadas, carbonizadas, e o monstro infernal é enviado para o seu devido lugar: para o inferno. Tudo isso, é claro, tem um sentido: trata-se de sugerir ao leitor que aquilo que está em jogo nessa terrível luta é nada menos que o próprio cosmos. Com Tifão, é todo o universo que está ameaçado na sua harmonia e na sua ordenação e é por isso que é bem interessante ler com muita atenção, apesar da sua relativa secura, o texto de Hesíodo.

Aqui está:

> Quando do céu Zeus expulsou os titãs, a enorme Terra gerou um último filho, Tifeu, fruto de seu amor com Tártaro, pela graça de Afrodite dourada. Seus braços são feitos para obras de força, e jamais seus pés de deus poderoso se cansam. De seus ombros brotam cem cabeças de serpentes, pavorosos dragões, que mostram línguas negras. Dos olhos que iluminam suas prodigiosas cabeças brotam, abaixo das sobrancelhas, clarões de fogo. Vozes se erguem de todas essas cabeças aterrorizantes fazendo ouvir mil acentos de um indescritível horror. Ora são sons que só os deuses compreendem; ora o mugido de um touro, um animal poderoso de ardor indomável, o rugido de um leão de coração implacável, mas ora também os ganidos de um cachorrinho, aterrorizantes de ouvir, e mesmo sibilos que o eco vem amplificar nas altas montanhas. É então algo irreparável que poderia ter acontecido. Tifeu poderia ter sido o rei dos imortais e dos mortais se o pai dos deuses e dos homens com seu olhar penetrante não o tivesse subitamente visto. Ele trovejou duramente e com força, de modo que não só toda a terra ressoou com um estrondo horrível como também o vasto céu acima dela, o mar, as vagas de Okéanos e o Tártaro subterrâneo, enquanto o grande Olimpo também vacilava sob os pés imortais de seu senhor que foi para a guerra e o chão lhe respondia com um gemido... A terra inteira fervia, e o céu e o mar... Vibrações irreprimíveis começavam a sacudir tudo. Hades, o soberano dos mortos nos infernos, tremia, e também os titãs nas profundezas do Tártaro ao redor de Cronos... E Zeus, recobrando o ímpeto e

pegando suas armas, ergueu-se do alto do Olimpo e atacou. Ele incendiou com um único golpe circular as prodigiosas cabeças do terrível monstro e, vencido pelo golpe que acabava de atingi-lo, Tifeu, mutilado, desmoronou enquanto a enorme terra continuava a gemer... E Zeus, a alma em cólera, lançou Tifeu no vasto Tártaro. De Tifeu continuam a sair ventos violentos de um sopro úmido, exceto Noto, Bóreas e Zéfiro que também nasceram dos deuses e são uma grande bênção para os homens... (os ventos provenientes de Tifeu) soprando ora aqui, ora acolá, dispersando os navios, desorientando as tripulações, de modo que contra tais flagelos não há recurso algum.

Em que vemos que, como sempre, a vitória de Zeus, embora assegure a paz para os deuses, ainda assim deixa escapar os males mais desastrosos para os infelizes humanos...

Como Jean-Pierre Vernant mostrou, não é sem razão que o breve relato de Hesíodo foi enriquecido e dramatizado pelos mitógrafos posteriores. Como o que está em jogo nesta última etapa da construção do mundo é essencial (trata-se de saber quem, Caos ou Cosmos, acabará vencendo, e dessa forma compreender como a vida, a diferença, a alteridade e o tempo podem ser integrados ao equilíbrio eterno), era normal que o tema se tornasse mais rico com o passar dos anos. Se Tifão vencer, não haverá mais edificação de um cosmos harmonioso e justo. Mas se Zeus obtiver a vitória, se a justiça reinar sobre o universo, ainda haverá vida, movimento, tempo e histórias? Com tais interrogações em foco, teria sido realmente surpreendente, e mesmo uma pena, não dar a esse conflito uma versão mais robusta, mais palpitante e dramática do que aquela, um pouco concentrada demais, é verdade, que nos é dada por Hesíodo. Os mitógrafos tardios entregaram-se alegremente a essa tarefa e é interessante acompanhar o resultado desses enriquecimentos sucessivos em duas obras que, cada uma à sua maneira, se esforçaram para fazer a síntese dos relatos mitológicos anteriores.

A versão de Apolodoro

A primeira é justamente a *Biblioteca* de Apolodoro, sobre a qual devo dizer agora algumas palavras. Antes de mais nada, na linguagem de hoje, uma "biblioteca" não é um livro, mas sim o lugar – o móvel ou a sala – onde os livros estão organizados. Aliás, mesmo em grego, a palavra *thêkê* designa um "baú" ou uma "caixa" onde algo é depositado, neste caso livros (*biblios*). No entanto, nos tempos antigos, o termo "biblioteca" às vezes era utilizado de maneira figurada para designar uma coletânea que, como o móvel, reúne tudo o que se pode saber pelos livros sobre um mesmo assunto. Ora, é exatamente isso o que a *Biblioteca* de Apolodoro faz, pois ali encontramos uma espécie de resumo de todo o saber mitológico disponível em sua época. É, portanto, um livro que reúne muitos outros livros e por isso foi assimilado a uma "biblioteca". Falando agora de seu autor, do próprio Apolodoro, por muito tempo se acreditou que sua *Biblioteca*, infinitamente preciosa para conhecer melhor os mitos, havia sido escrita no século II a.C. por um certo Apolodoro de Atenas, um erudito, apaixonado por gramática e mitologia. Sabemos hoje que não é bem assim, que a *Biblioteca* foi sem dúvida escrita por volta do século II, não antes, mas depois de Jesus Cristo, por um autor que não é, pois, esse Apolodoro e sobre o qual, na verdade, ignoramos tudo. E como nada sabemos sobre ele e como o hábito já se estabelecera, continuamos hoje, na falta de melhor, a chamar esse livro de "Biblioteca de Apolodoro"... embora não se trate de uma biblioteca e que não seja de Apolodoro! A obra não deixa de ser para nós extraordinariamente preciosa, porque seu autor, quem quer que seja, teve acesso a textos, hoje perdidos, cuja memória muitas vezes só guardamos graças a ela.

Mas voltemos ao nosso relato e à versão dada pelo nosso "pseudo" (falso) Apolodoro. Em sua obra, o suspense já é muito mais elevado do que em Hesíodo. O que no teatro é chamado de "dramaturgia", a encenação da ação, nele também é mais intensa, inicialmente, ao contrário do que acontece na *Teogonia*, é Tifão quem consegue derrotar Zeus. O infeliz – coisa rara – "perdeu os nervos", mas no sentido mais literal da palavra. Além disso, os outros deuses estão assustados. Tifão é tão monstruoso, tão medonho que ao vê-lo os deuses do Olimpo entram em pânico. Fogem para o Egito e, tentando passar despercebidos para escapar dos golpes de Tifão, agem covardemente a ponto de se transformarem em animais – o que, é preciso confessar, não é particularmente glorioso para os olímpios. Zeus é o único que permanece de pé, valente. Com a mesma coragem de sempre, ele ataca Tifão com seu raio, mas também num corpo a corpo com uma foice, como vimos no texto de

Apolodoro citado mais acima – sem dúvida a mesma que seu pai, Cronos, usara para cortar o sexo de Urano. Mas Tifão desarma Zeus e, virando a foice contra ele, consegue cortar os tendões dos braços e das pernas, de modo que o rei dos deuses, é claro, não está morto – é impossível porque ele é imortal –, mas reduzido ao estado de um vegetal. Incapaz de se mover, ele jaz no chão, como um verdadeiro trapo, e ainda sob vigilância: Delfina, uma pavorosa mulher-serpente a serviço de Tifão, o espiona atentamente.

Por sorte, Hermes está ali. Ele é um dos muitos filhos de Zeus, um de seus favoritos, filho que teve com Maia, a mais jovem das Plêiades. As Plêiades são sete irmãs. São filhas do titã Atlas. Serão divinizadas por Zeus e se tornarão as sete estrelas da constelação que leva o nome delas. Quanto a Hermes, ele é o rei dos malandros, o deus dos ladrões, dos mercadores e dos jornalistas – e como já lhes disse, não à toa Mercúrio, seu nome latino, se tornará em quase todo o mundo o de um jornal ou de uma revista. Hermes será, assim como Íris, o mensageiro de Zeus, aquele que transmite suas instruções ou suas ordens aos outros deuses e aos humanos – razão pela qual seu nome se tornará o de uma disciplina universitária, a hermenêutica, que é a ciência da interpretação dos grandes textos (como Hermes é o intérprete dos pensamentos de seu pai). Voltaremos a isso quando falarmos mais detalhadamente sobre sua vida, sobretudo no capítulo dedicado ao Rei Midas.

Por enquanto, contentemo-nos em saber que também aqui Hermes terá a oportunidade de exercer seus talentos de larápio. Neste caso, ele vai ser ajudado, segundo a versão de Apolodoro, por um certo "Egipã" – sem dúvida outro nome do deus Pã, um dos filhos de Hermes, que é conhecido como o deus dos pastores e dos rebanhos. Dizem também que é o inventor de uma flauta feita com sete juncos, flauta por ele chamada de "Siringe", nome de uma ninfa por quem se apaixonou, mas que se transformou em junco para escapar de suas investidas. Aliás, todos os amantes de música clássica conhecem o magnífico solo de flauta que Debussy intitulou *Siringe*, em memória da infeliz…

É justamente com a doce música que sai dessa flauta que Pã vai conseguir desviar a atenção de Tifão – o que significa que o monstro não é insensível à harmonia, ou seja, ao poder das forças "cósmicas" que, no entanto, são o contrário do que ele representa, ou seja, o caos. Tifão ouve a música, deixa-se embalar, cochila e, enquanto isso, Hermes vai aproveitar para furtar os divinos tendões que ele se apressa em recolocar no corpo de seu pai. De pé novamente, Zeus pode retomar o combate. Ele vai ao encalço de Tifão com suas armas habituais, o raio, o relâmpago e o trovão. Uma vez mais, no entanto, uma ajuda externa lhe é indispensável, a das três moiras. Elas também são filhas de Zeus, filhas que ele concebeu com Têmis, a deusa da justiça. Elas regulam o destino dos homens, mas também o dos deuses, pois como o destino é a lei universal do mundo, ele é superior até mesmo aos imortais. Cada ser possui sua *moira*, seu destino, sua parte ou seu quinhão de felicidade e de infelicidade na existência, mas também a hora de sua morte se for um mortal, de modo que a *moira* dos gregos lembra o carma dos budistas. As moiras se chamam Átropos, Cloto e Láquesis. Dizem que decidem a duração da vida dos homens com a ajuda de um fio que a primeira tece, a segunda enrola e a terceira corta na hora certa.

Vemos então que os filhos de Zeus, ao contrário do que aconteceu com Urano e Cronos, vêm socorrer o pai. Pois é um pai justo e benevolente, não um monstro que os impede de ver a luz do dia. Como Hermes, as moiras vêm ajudá-lo e estendem uma armadilha para o monstruoso Tifão: elas o atraem com frutos deliciosos, prometendo-lhe que eles o tornarão invencível e que com tal dom não terá dificuldade em derrotar Zeus. Na verdade, esses frutos contêm drogas que aniquilam a força, de modo que Tifão, que caiu na armadilha, encontra-se totalmente enfraquecido, também reduzido ao estado de um vegetal, e finalmente é vencido por Zeus que o aprisiona sob um vulcão, o Etna, cujas erupções são o sinal de inúteis sobressaltos.

A versão de Nono de Panópolis

Três séculos depois de Apolodoro, na obra de Nono de Panópolis, outro mitógrafo, a mesma história foi ainda mais aprofundada e desenvolvida, além de recheada com anedotas e diálogos que não aparecem nem em Hesíodo nem mesmo na *Biblioteca* de nosso ilustre desconhecido. Esse mitógrafo do século V d.C. dedica os dois primeiros cantos de sua obra intitulada *As dionisíacas* ao combate entre Tifeu e Zeus. Nono é mais conhecido como o autor desse poema épico consagrado essencialmente, como o próprio título indica, às aventuras de Dioniso. Sua obra é, portanto, redigida três séculos após a *Biblioteca* de Apolodoro e doze séculos após os poemas de Hesíodo, o que dá uma ideia do tempo necessário para constituir o que lemos hoje sob a rubrica "mitologia grega", como se fosse quase um único *corpus* comparável à *Bíblia* ou ao *Alcorão*, ao passo que se trata de uma compilação de incontáveis relatos desenrolados no decorrer de um tempo longo. A obra de Nono nos é particularmente preciosa porque constitui uma verdadeira mina de informações sobre os mitos gregos.

Em sua obra, a história, embora próxima do relato de Apolodoro nas linhas gerais, é no entanto muito mais rica, mais intensa e mais dramática. Pois Nono nunca deixa de sublinhar, com uma riqueza de detalhes que hoje nos informam proveitosamente sobre a forma como esses mitos podiam ser compreendidos em sua época, os desafios "cósmicos" do conflito. Com ele, fica bem claro que é pura e simplesmente a sobrevivência do cosmos que depende do resultado da batalha: se Tifão vencer, todos os deuses do Olimpo serão definitivamente submetidos àquele que tomar o lugar de Zeus, até e inclusive ao lado de sua esposa, Hera, que Tifão continua cobiçando e querendo tirar do senhor do Olimpo.

Vejamos de mais perto como as coisas aconteceram de acordo com ele.

Tal como em Apolodoro, os deuses do Olimpo ficam inicialmente horrorizados ao verem Tifão e, ainda como em sua obra, eles fogem, literalmente em pânico. E Zeus também "perde seus nervos": seus tendões são arrancados e escondidos num lugar mantido em segredo por Tifão. Mas agora não é mais Hermes quem desempenha o papel principal na vitória de Zeus. Será o próprio Zeus quem conceberá um plano de batalha e para colocá-lo em ação convoca Eros, o confidente de Afrodite, e Cadmo, o rei ardiloso, lendário fundador da cidade de Tebas e irmão da bela Europa, que Zeus acaba de raptar metamorfoseando-se em touro. Para recompensar Cadmo pelos serviços que vai lhe prestar, Zeus promete dar-lhe em casamento a bela Harmonia, que não é outra senão a filha de Ares, deus da guerra, e da sublime Afrodite. Promete-lhe também, a mais suprema das honras, que os deuses do Olimpo comparecerão ao seu casamento (observem como todas essas histórias estão entrelaçadas: é uma das filhas de Cadmo, Sêmele, que se apaixonará por Zeus e tornar-se-á a mãe de seu filho Dioniso).

O estratagema elaborado por Zeus merece atenção, pois é bastante significativo da implicação cósmica de sua luta contra Tifão. Zeus pede a

Cadmo que se disfarce de pastor. Munido da siringe de Pã, a flauta da qual saem sons encantadores, e ajudado por Eros, ele toca uma música tão suave e tão cativante que Tifão cai sob o encanto. Ele promete então mil coisas a Cadmo – entre outras, a mão de Atena – para que ele continue a tocar e seja o músico de seu futuro casamento com Hera, a esposa de Zeus, com quem pretende se casar assim que tiver aniquilado seu ilustre marido. Seguro de seu golpe, Tifão cai na armadilha e adormece, embalado pelas sonoridades da siringe. Cadmo pode então recuperar os tendões de Zeus, que os recoloca e se encontra novamente pronto para conquistar a vitória.

Essa versão, como podem ver, é cheia de significado: é particularmente notável que seja pela música, a arte cósmica por excelência, uma vez que se baseia inteiramente na ordenação dos sons que devem, por assim dizer, "rimar" entre eles, que o cosmos seja salvo. O que ressalta ainda mais o fato de o preço da vitória ser precisamente, para Cadmo, a mão de Harmonia: um símbolo e tanto!

Aqui, também, prefiro citar o texto original para que vocês entendam os termos, tão significativos, que Zeus usa para convidar Cadmo e Eros a colocar em ação a armadilha estendida a Tifão:

> Caro Cadmo, toque a siringe e o céu tornará a ficar sereno. Se você demorar, o céu gemerá sob o chicote, pois Tifão se armou com meus dardos celestes... (além dos tendões de Zeus, Tifão também lhe roubou o raio, o relâmpago e o trovão e Zeus pretende recuperá-los o mais rápido possível)... Torne se pastor apenas por uma aurora e, pela música enfeitiçante da sua flauta pastoral, salve o pastor do cosmos (isto é, ele, Zeus, o senhor do Olimpo que aqui fala de si na terceira pessoa)... Pela melodia de sua sedutora siringe, enfeitice o espírito de Tifão. Eu, pelo justo preço de suas dores, dar-lhe-ei uma dupla recompensa: farei de você ao mesmo tempo o salvador da harmonia universal e o esposo de Harmonia. E você, Eros, semente primeira e princípio das uniões fecundas, retese seu arco e o cosmos não ficará mais à deriva (pois Tifão, enfeitiçado não só pela música, mas também pelas flechas de Eros, cairá na armadilha que os dois cúmplices lhe estenderam, o que permitirá salvar o cosmos)...

"O salvador da harmonia universal": a fórmula é significativa, sugere que aqueles que ouviam contar esses mitos deviam realmente compreender que se tratava da sobrevivência de toda a ordem cósmica, ameaçada de destruição por Tifão. É de fato ela que deve ser salva, por intermédio de Zeus, pela harmonia da música que a deusa Harmonia virá consagrar ao se casar com Cadmo. Portanto, Cadmo toca sua flauta e Tifão, o bruto, cai no feitiço como se fosse uma mocinha ingênua. Ele faz mil promessas a Cadmo para que venha cantar sua vitória no dia de seu futuro casamento com Hera, a esposa de seu inimigo. Então Cadmo trapaceia: afirma que com outro instrumento musical, sua lira, um instrumento de cordas, ele pode fazer muito mais do que com a flauta de Pã. Conseguirá até mesmo superar Apolo, o deus dos músicos. Mas, ele precisaria das cordas certas, das cordas feitas, se possível, com tendões divinos, fortes o suficiente para poder fazer o que realmente se chama tocar… Tifão, o tolo, evidentemente não desconfia de nada. Há que se notar que a lira, ao contrário da flauta de Pã, é um instrumento harmônico: com ela é possível tocar várias cordas ao mesmo tempo, fazer acordes que "juntam" vários sons diferentes, o que é muito difícil com um instrumento de sopro. A lira aparece assim como um instrumento mais harmonioso e, nesse sentido, mais "cósmico" do que a flauta, quaisquer que sejam seus méritos (essa mesma oposição será encontrada entre os instrumentos melódicos e os instrumentos harmônicos na mitologia de Midas, particularmente no famoso concurso de música entre Apolo e o sátiro Mársias, que abordaremos num capítulo posterior). Claro, o estratagema urdido por Cadmo visa recuperar os nervos de Zeus:

> E com um sinal de suas terríveis sobrancelhas, Tifão aceita; ele sacode seus cachos e sua cabeleira, cospe o veneno de víbora que cai sobre as montanhas. E, rapidamente, ele corre para sua caverna, pega os nervos de Zeus e os entrega ao astuto Cadmo como presente de hospitalidade, aqueles mesmos nervos que outrora caíram no chão durante o combate contra Zeus. E o falso pastor agradece por esse presente divino. Ele então apalpa cuidadosamente os nervos e, com a desculpa de fazer mais tarde as cordas para sua lira, esconde no oco de uma rocha esse pacote que ele guarda para Zeus, o matador do Gigante. Em seguida, num tom moderado, lábios fechados, e pressionando os tubos que formam sua flauta, ele coloca uma surdina em suas vozes para deixar a música ainda mais suave. E Tifeu estende seus vários ouvidos. Escuta a harmonia sem compreender. O Gigante está enfeitiçado: o pastor da dissimulação o seduz com sua siringe. Com ela, finge narrar a fuga dos deuses,

mas é a futura vitória de Zeus, muito próxima, que ele celebra. Para Tifão, sentado ao seu lado, ele canta a morte de Tifão.

Assim Cadmo recupera os nervos divinos, devolve-os a Zeus, que volta a apoderar-se das suas armas enquanto Tifão dorme, e assim que se levanta recomeça a guerra, que ameaça mais do que nunca toda a ordem cósmica:

> Sob os projéteis do Gigante, a terra racha e seus flancos, agora nus, liberam uma veia líquida: do abismo entreaberto brota o fluxo que jorra dos canais subterrâneos que descarregam a água retida no seio descoberto do solo. E as rochas lançadas caem em torrentes de pedra do alto dos ares. Elas são engolidas pelo mar... Desses projéteis terrestres nascem novas ilhas cujas pontas se cravam espontaneamente no mar para ali se enraizarem... Os fundamentos imutáveis do cosmos já vacilam sob os braços de Tifão... Os laços da indissolúvel harmonia se dissolvem...

De uma forma muito preciosa para nos ajudar a compreender o sentido de todo esse relato, a deusa Vitória, que acompanha Zeus e que, no entanto, é descendente direta dos titãs, declara aterrorizada ao senhor do Olimpo:

> Embora me deem o nome de titânida, não quero ver os titãs governando o Olimpo, mas quero que sejam você e seus filhos.

O que indica, mais uma vez perfeitamente, o que está em jogo no conflito: se Tifão vencer, são as forças do Caos, e com elas as potências titânicas que animam os primeiros deuses, que prevalecerão, e o cosmos será definitivamente aniquilado. Além disso, Tifão não faz disso um segredo quando dá início à batalha, como se vê na maneira como mobiliza "suas tropas", isto é, nesse caso, os incontáveis membros que formam seu próprio corpo. Ele não hesita em lhes ordenar que destruam a ordem harmoniosa e até mesmo em declarar em alto e bom som que ao fim do conflito ele libertará os deuses do caos encerrados por Zeus no Tártaro, começando por Atlas, um dos filhos do titã Jápeto que deve carregar todo o cosmos nas costas, e Cronos:

> Ó meus braços, golpeiem a morada de Zeus, estremeçam os fundamentos do cosmos com os Bem-aventurados, quebrem o divino ferrolho do Olimpo que se move por si mesmo. Derrubem o pilar do Éter; que Atlas, nessa agitação, fuja e deixe cair o orbe estrelado do Olimpo sem mais temer seu curso circular... E Cronos, o comedor de carne crua (não esqueçamos que ele merece esse nome, pois

devora seus próprios filhos...), também é do meu sangue (são todos, aliás, descendentes de Gaia e das divindades "caóticas"): para torná-lo um aliado, vou trazê-lo de volta à luz desde os abismos subterrâneos e desatar as correntes que o oprimem (assim como Zeus fez com os ciclopes e os hecatônquiros: Tifeu compreendeu que ele também precisa fazer aliados!). Vou trazer de volta ao éter (isto é, ao céu luminoso que contrasta com as trevas do Tártaro) os titãs; e vou conduzir sob meu teto, no céu, os ciclopes, esses filhos da terra, e farei com que fabriquem outros dardos de fogo, pois preciso de muitos raios, uma vez que tenho duzentas mãos para combater e não apenas duas como o Crônida (ou seja, Zeus, Crônida significando simplesmente "filho de Cronos").

Mensuramos aqui o quanto a história se transformou desde Apolodoro, mas também como as transformações são, por assim dizer, "lógicas", absolutamente significativas. Por exemplo, não é mais Pã o personagem-chave, mas Cadmo. No entanto, podemos ver claramente que eles se assemelham como irmãos. Pã é o deus dos pastores e o inventor da siringe. Ora, Cadmo se disfarça de pastor e é graças à siringe que ele triunfará sobre Tifão. Podemos facilmente imaginar como, no decorrer dos relatos que se transmitiam muito mais por via oral do que por escrito, tais evoluções foram possíveis.

No fim, é claro, como em Hesíodo e em Apolodoro, a vitória é de Zeus. Porém mais do que os outros, embora no mesmo espírito, Nono insiste na harmonia reencontrada, na restauração da ordem cósmica que foi tão formidavelmente minada no decorrer do conflito. Os pedaços de terra bem como os astros do céu vão reencontrar seu lugar e a natureza vai reconectá-los harmoniosamente para reformar a ordem cósmica:

> No fim, a intendente do cosmos, a natureza primordial, regenerada, cicatriza os flancos abertos da terra despedaçada. Sela uma vez mais os cumes das ilhas descoladas de seus leitos amarrando-os com laços indissolúveis. A desordem já não reina entre os astros: o Sol restabelece perto da Espiga da Virgem o Leão da espessa juba que havia deixado a rota do zodíaco. A Lua traz de volta Câncer que havia saltado sobre a face do Leão celeste, e o fixa nos antípodas do Capricórnio glacial.

Em suma, se traduzirmos claramente essa linguagem imagética, significa que tudo está novamente no lugar, em ordem, que os astros retornaram à sua situação inicial, de modo que Zeus pode cumprir suas promessas celebrando o casamento de Cadmo e de Harmonia.

Mas e o que sobrou de Tifão? Dois flagelos para os humanos, e Nono, aqui, é mais uma vez fiel a Hesíodo. No mar, os furacões, as tempestades também chamadas de tufões, ou seja, esses ventos terríveis contra os quais os infelizes mortais nada podem fazer... a não ser morrer, precisamente. E na terra, as terríveis tempestades que arrasam as plantações nas quais os homens colocaram todos seus os esforços e todos os seus cuidados. O que significa, o ponto é importante, que é essencialmente para os deuses, menos para os homens, que o cosmos atingiu agora uma forma de perfeição. Todas as forças do caos estão sob controle, mas quanto aos transbordamentos que ainda subsistem, eles estão apenas do lado dos humanos. Como bem aponta Vernant, após a vitória de Zeus sobre Tifão, o fato de os resíduos de seus poderes nocivos permanecerem exclusivamente na terra significa que os deuses, como sempre, despacham o tempo, a desordem e a morte para o mundo sublunar, para o lado dos mortais, uma vez que o universo dos deuses está doravante protegido de todas as intempéries. Isso significa que, para eles, as imperfeições restantes são secundárias, não essenciais, até mesmo divertidas. Além disso, refletindo melhor, nem mesmo é certo que se trate realmente de imperfeições. Como já sugeri: se não restasse um pouco de desordem, um pouco de desarmonia e de desequilíbrio, nada mais aconteceria! Não haveria mais tempo, não haveria mais história, e os próprios deuses acabariam se cansando porque um cosmos perfeitamente harmonioso e equilibrado estaria todo engessado. Ele não se moveria mais, estaria confinado à mais total imobilidade e eles morreriam de tédio. Nesse sentido, é bom que reste um pouco de caos, que Tifão vencido, trancafiado sob o Etna ou sob o Vesúvio, ainda se faça ouvir de tempos em tempos: talvez seja este o sentido último desses jatos de fumaça e desses sopros intempestivos que subsistem no fim deste último episódio da cosmogonia.

A luta contra os gigantes

Segundo Hesíodo, já percorremos as etapas pelas quais os deuses do Olimpo passaram para conseguir criar o cosmos. Todavia, segundo certas tradições mais tardias, das quais Apolodoro, como de costume, se faz eco, ainda haveria uma etapa intermediária entre a Titanomaquia e a guerra contra Tifão – ou seja, a "gigantomaquia", isto é, o "combate contra os gigantes". De acordo com essa versão, com efeito, Gaia, antes de conceber Tifão com o Tártaro, teria defendido os gigantes revoltados contra os deuses. Não se esqueçam que os gigantes são filhos de Gaia fecundada pelo sangue que escorre sobre ela vindo do infeliz Urano, cujo sexo foi cortado por seu filho Cronos. Aliás, é porque seus filhos, os gigantes, vão ser aniquilados pelos olímpios que, de acordo com essa versão da lenda, ela em represália criará Tifão. Uma vez mais, nenhum traço dessa "gigantomaquia" é encontrado nos tempos mais antigos, nem em Hesíodo nem em Homero. A hipótese, contudo, não é absurda: ela se encaixa bem no episódio de Tifão, isto é, na ideia de que é necessário dominar gradualmente todas as forças do caos, portanto também aquelas representadas pelos gigantes, para conseguir equilibrar perfeitamente o cosmos.

É por isso que considero proveitoso dizer algo mais sobre essa famosa querela.

A gigantomaquia: o combate entre os deuses e os gigantes

Os gigantes pertencem, como Tifão, como os titãs, ao primeiro círculo das divindades mais arcaicas, aquelas que ainda estão próximas de Caos e que ameaçam constantemente a construção da ordem cósmica harmoniosa, equilibrada e justa que Zeus tanto deseja. Contudo, os gigantes possuem um estatuto muito estranho entre os deuses: com efeito, embora tenham nascido de Gaia e de Urano, eles são mortais, portanto apesar de sua origem puramente divina. Mas não totalmente: eles podem ser mortos, mas com a condição de que seja ao mesmo tempo por um deus e por um mortal, homem ou semideus (como Héracles)! Além disso, alguns deles são imortais desde que tenham os pés pousados na terra em que nasceram! Em que vemos que nos aproximamos cada vez mais da síntese buscada entre caos e cosmos uma vez que são seres mistos, nem inteiramente deuses nem inteiramente homens, seres que são, por conseguinte, potencialmente mortais ou imortais, dependendo da situação estão destinados à eternidade, assim como à mudança e à morte. Sua situação intermediária é tanto mais estranha porque existe, como veremos no relato de Apolodoro, uma erva mágica que pode tornar os gigantes completamente imortais – uma erva da qual Zeus fará de tudo, evidentemente, para se apoderar antes que Gaia possa dá-la aos filhos.

Mas voltemos às origens do conflito. Dominados por essa arrogância propriamente desmedida e louca que os gregos chamam de *hybris*, os gigantes decidiram apoderar-se do Olimpo. O poeta Píndaro refere-se a isso em várias ocasiões[10], mas com certeza Ovídio, nas *Metamorfoses*, é o primeiro a nos dar uma versão coerente. Contudo, como geralmente, é preciso esperar Apolodoro para ter enfim um relato detalhado sobre a gigantomaquia. Assim como Ovídio, ele a situa antes do combate contra Tifão. Em Apolodoro, é com efeito porque Gaia está furiosa por Zeus ter vencido os gigantes que ela "fabrica" Tifão, a fim de garantir que as forças caóticas e titânicas das quais também é mãe não desapareçam totalmente em favor de uma ordem cósmica imutável e imóvel.

Logo, é nessa perspectiva que é preciso ler esses dois relatos, igualmente significativos, do problema levantado pela necessidade de integrar todas as forças anticósmicas, sem qualquer exceção.

Comecemos por Ovídio: o combate acontece numa época em que a terra está povoada por uma raça humana, a raça de ferro, particularmente corrompida, desonesta e violenta. Mas, ele acrescenta, as alturas superiores do éter – ou seja, os cumes do Olimpo onde vivem os deuses – não estão mais favorecidas do que as regiões inferiores. Elas não constituem mais um asilo seguro, pois os gigantes decidiram se assenhorar delas. Como são realmente gigantescos, de uma força prodigiosa, eles pura e simplesmente empilham as montanhas umas sobre as outras para fazer uma espécie de escada que lhes permita subir ao Olimpo para enfrentar os deuses! Ovídio não nos conta muito sobre a guerra em si, exceto que Zeus se serve de sua arma favorita, o raio, para derrubar as montanhas sobre os gigantes que acabam soterrados por colossais massas de terra. Feridos, eles perdem muito sangue e Gaia, querendo evitar que essa raça, apesar de tudo são seus filhos, morra para sempre, fabrica com a mistura de sangue e de terra que escapa dos escombros uma

---

10. Particularmente numa de suas obras, a primeira *Nemeia*, em que observa que Gaia advertiu os deuses de que eles só poderiam vencer essa guerra com a ajuda de semideuses, neste caso de Dioniso e de Héracles.

nova espécie viva que tem uma "face humana", mas que respira a violência e o gosto pela carnificina ligados às suas origens.

O relato de Apolodoro apresenta mais detalhes. Ele descreve em minúcias como cada um dos deuses do Olimpo se entrega à tarefa de vencer os gigantes: Zeus, é claro, mas também Apolo, Hera, Dioniso, Poseidon, Hermes, Ártemis, as moiras etc. O combate é de uma extrema violência, terrivelmente sangrento – o que se explica pelas origens ao mesmo tempo caóticas e sanguinárias que cercam o nascimento dos gigantes. Por exemplo, Atena ,não contente em matar aquele cujo nome é Palas, ela o esfola vivo para fazer de sua pele uma espécie de escudo que ela ajusta ao seu próprio corpo! Quanto a Apolo, ele atira uma de suas flechas no olho direito de um de seus adversários enquanto Héracles, por sua vez, acerta uma no olho esquerdo! Ou seja, eles não têm piedade alguma... Sobretudo, de acordo com o que escreve Píndaro, é preciso, para vencer os gigantes de uma vez por todas, que um mortal, homem ou semideus, ajude os olímpios no combate, por isso cabe a Héracles, toda vez que um gigante é derrubado por um deus, vir em seu auxílio para matá-lo. Mas, como sempre, somente a força não basta. Gaia, fazendo seu habitual jogo duplo – quer a construção de um cosmos equilibrado, mas, ao mesmo tempo, não quer que as forças primordiais, as do caos, sejam totalmente eliminadas –, planeja ajudar os gigantes dando-lhes uma erva que os tornará imortais. Afinal, os gigantes são seus filhos e é normal que ela os proteja. Mas há, como sempre quando se trata dela, um motivo mais profundo que a anima e que já vimos na guerra contra Tifão: sem as forças caóticas, o mundo estaria morto, nada mais aconteceria nele. O equilíbrio e a ordem são certamente algo necessário, mas se houvesse apenas eles, o universo estaria engessado. É preciso, pois, preservar também essa parte de sua descendência que encarna, mesmo à custa da violência, esse quinhão de movimento que é essencial à vida.

Contudo, Zeus, que sabe tudo, se dá conta de suas intenções. Ele pede então ao Sol, Hélio, à Lua e à Aurora que parem de iluminar a terra, para que ninguém possa enxergar mais nada. O que lhe dá tempo de procurar a famosa erva mágica que poderia tornar os gigantes imortais. E assim que a encontra, apressa-se – e esta é a prova de sua inteligência ardilosa, de sua Métis – em ir ele mesmo cortar todas as ervas da imortalidade que

Gaia cultivara, de forma que os gigantes não têm mais chances de vencer o combate.

Para ter uma ideia de como esses mitos eram contados, eis a essência do relato original dado por Apolodoro:

> Gaia, indignada com o tratamento infligido aos titãs, engendrou os gigantes, filhos de Urano, insuperáveis em tamanho e irresistíveis em força. A aparência deles era pavorosa por causa da espessa juba que deixavam flutuar desde a cabeça e as faces. De acordo com alguns, eles teriam nascido em Flegra, de acordo com outros, em Palene. Eles atiravam rochas e carvalhos incandescentes contra o céu. Porfírio e Alcioneu superavam todos eles. Este último era até mesmo imortal enquanto lutava na terra onde havia nascido [...]. Existia entre os deuses um oráculo que dizia que nenhum gigante poderia perecer somente pelos deuses, mas que se um mortal se aliasse aos deuses os gigantes morreriam. Ao saber disso, Gaia saiu em busca de uma droga para que os gigantes também não pudessem sucumbir sob os golpes de um mortal. Mas Zeus proibiu Aurora, a Lua e o Sol de se mostrarem e, chegando antes de Gaia, colheu ele mesmo a planta, recorrendo ainda, por intermédio de Atena, à aliança com Héracles. Este primeiro feriu com suas flechas Alcioneu que, ao cair no chão, tornava-se ainda mais vigoroso. Seguindo o conselho de Atena, Héracles o arrastou para fora de Palene, e foi assim que ele morreu. Mas Porfírio, em pleno combate, lançou-se sobre Héracles e sobre Hera. Zeus despertou-lhe o desejo de possuir Hera, e quando ele rasgava suas roupas e estava prestes a violá-la, Zeus o atingiu com seu raio e Héracles o abateu com uma flecha. Quanto aos outros, Apolo atirou uma flecha no olho esquerdo de Efialtes, Héracles outra no olho direito [...]. Atena lançou sobre Encélado, que estava fugindo, a ilha da Sicília, esfolou Palas e com a pele, em pleno combate, cobriu o próprio corpo. Polibotes, perseguido por Poseidon através do mar, consegue chegar a Cos. Poseidon arrancou um pedaço da ilha e lançou sobre ele [...], os outros foram abatidos por Zeus com raios, e todos, em sua agonia, foram feridos pelas flechas de Héracles.

Três coisas me impressionam nessa descrição. Primeiro, como sempre, a extraordinária criatividade da mitologia grega. Todas as vezes eu me pergunto onde foram buscar tudo isso, todos esses detalhes, todas essas "relíquias", todas essas histórias na história, todos esses nomes (notaram que cada gigante tem um nome, e mesmo características particulares, como Alcioneu, que recupera seu vigor toda vez que toca sua mãe, a terra?). Em seguida, é também essa mistura de crueldade e de sexo que pode surpreender. Aqui, esfola-se vivo e quando se atira uma flecha é no olho; quanto a Zeus, ele não hesita em se servir de sua mulher para levar um gigante a uma excitação sexual tão intensa a ponto de perder a cabeça e se tornar uma presa mais fácil. Por fim, é sempre o lado cósmico que acaba dominando: é literalmente toda a Sicília que Atena joga como uma pedrinha na cabeça do gigante Encélado, quanto a Poseidon, sem dúvida menos poderoso do que ela, é também com um belo pedaço de ilha que ele luta contra Polibotes, uma maneira de lembrar ao ouvinte desses relatos que é de fato todo o universo que está nas mãos dos deuses, que nessa história trata-se de fato da construção ou da destruição do cosmos.

Portanto, com estas últimas peripécias, é toda a cosmogonia que se completa. Pois essas duas guerras constituem os episódios que marcam o fim da história da edificação do mundo. Após a morte dos gigantes e a vitória de Zeus sobre Tifão, as forças caóticas que vimos em ação ao longo desse relato primordial estão finalmente amordaçadas, ou melhor dizendo, integradas ao todo e, literalmente, "colocadas de volta ao seu lugar", sob a terra. O cosmos está agora solidamente instalado. Sem dúvida ainda existem, do lado dos humanos, alguns ventos ruins, alguns terremotos acompanhados, eventualmente, de erupções vulcânicas. Mas, grosso modo, o universo ordenado, justo, belo, harmonioso e bom está edificado sobre bases finalmente sólidas.

Resta saber que lugar nós, os mortais, vamos então poder ocupar nesse universo. Resta saber também como e por que eles nasceram. Este será o assunto do nosso próximo capítulo, dedicado justamente à criação da humanidade mortal por Prometeu.

5
PROMETEU E A CAIXA DE PANDORA
O nascimento da humanidade

Preâmbulo

Por que homens? Por que raios os deuses sentiram a necessidade de criar essa humanidade que, com certeza, vai tão logo se dedicar a introduzir uma quantidade considerável de desordem e de confusão no cosmos pacífico e harmonioso tão duramente conquistado por eles? A menos que, justamente, não seja para lhe devolver um pouco de vida? E a partir do nosso humilde ponto de vista de meros mortais, como nos situarmos com relação à visão do mundo que emana pouco a pouco da construção grandiosa que vimos ser edificada ao longo da guerra dos deuses? Qual é nosso lugar nesse universo divino que parece feito mais para os imortais do que para os pequenos humanos que somos? Para responder a essas perguntas vou narrar a criação da humanidade por Prometeu, inspirando-me em grande parte (mas com perfeita fidelidade, se não na forma, pelo menos na substância: faço questão disso!) em quatro obras fundadoras: a Teogonia, *depois* Os trabalhos e os dias, *de Hesíodo (um poeta que viveu no século VII a.C.), o* Prometeu, *de Ésquilo (século VI a.C.), e o* Protágoras, *de Platão (século IV a.C.). As versões são geralmente muito diferentes umas das outras, especialmente as de Hesíodo e de Platão, com a qual vou começar. Mas todas elas, como verão, são apaixonantes e de um considerável interesse filosófico.*

O mito de Prometeu segundo Platão: a criação da humanidade, fonte de movimento mas também de *hybris*

Tudo começa no Olimpo, depois da guerra dos deuses contra os titãs, Tifão e os gigantes. O céu luminoso finalmente está calmo e pacífico desde que Zeus dividiu o mundo segundo a justiça (Têmis, sua segunda esposa). Nós o vemos, cercado por uma dúzia de outros deuses, numa espécie de pequeno anfiteatro como havia em quase toda parte na Grécia na Antiguidade. Ao seu lado, reconhecemos sua esposa, Hera, e sua filha favorita, Atena, com suas duas lanças na mão e a pequena coruja sobre o ombro, símbolo de sua inteligência (já que ela é um pássaro que enxerga na escuridão). Um pouco mais distante, vemos outros deuses: Ártemis, a deusa da caça, gêmea de Apolo, com seu arco, Ares de armadura, Dioniso, o único mestiço do grupo, quase negro, com olhos amendoados e "cara de mestiço", Hefesto, o deus coxo, mas também o mais habilidoso dos ferreiros, Poseidon, com seu tridente, Apolo que toca sua lira, um instrumento cuja tábua é uma carapaça de tartaruga e confeccionada por seu irmãozinho, Hermes, que também vemos ao lado de seu pai, Zeus, com asas nos pés, elas permitem que ele transmita rapidamente as mensagens do senhor do Olimpo... Atrás de Zeus, sempre cuidando dele, estão seus dois guarda-costas, Cratos (a força), um homem impassível com músculos impressionantes e Bia (a violência), uma mulher tão temível quanto seu colega. Zeus toma a palavra e se dirige a todo esse pequeno mundo:

> Vencemos a guerra contra os titãs. Eles estão trancafiados no Tártaro, atrás dos portões de bronze que Poseidon construiu, vigiados por Cérbero. Podemos finalmente dormir em paz!

Zeus para por um momento, o tempo para que suas lembranças desse terrível conflito, que ressurgem enquanto ele fala às suas ovelhas, se apaguem. Depois ele continua:

> Dividi o mundo entre vocês, devolvi a cada um as honras que lhe eram devidas. Minha avó, Gaia, permanece guardiã da terra, Urano do céu; Okéanos, um dos raros titãs que se juntou a nós, será o pai dos rios, Hera, minha divina, você é a imperatriz; minha filha, Atena, você é a deusa das artes e da guerra, quanto a vocês, meus dois irmãos, eu não os esqueci: Poseidon, você é o senhor dos mares e o estremecedor da terra, e Hades o mestre do subterrâneo

infernal... Em suma, cada um de vocês teve seu quinhão de honras e o mundo agora está estável, pacífico e bem dividido. Aproveitem, divirtam-se, descansem, enfim sejam felizes...

Os deuses aplaudem, felicitam Zeus, e nós os vemos se divertindo na natureza, cada um retornando para sua morada. E, de fato, eles descansam e se divertem, absorvendo os alimentos divinos, o néctar e a ambrosia, em seus magníficos palácios, servidos por deslumbrantes ninfas. Tocam, fazem música, fazem amor, pregam peças uns nos outros, às vezes, também discutem de tempos em tempos; em suma, aproveitam o bom tempo como geralmente fazemos no pós-guerra.

Depois, pouco a pouco, sentimos que eles estão começando a se entediar, a achar o tempo longo. Nós os vemos bocejar. Alguns, como Ares, chegam mesmo a ter saudades da guerra que ao menos os ocupava, dava sentido às suas vidas, e se perguntam o que vão poder fazer agora que tudo está estável no mundo, que não há mais nada acontecendo, que não há mais história, não há mais vida, não há mais nenhum movimento no universo...

Zeus, que vê e compreende tudo, diz a si mesmo que é preciso encontrar uma ocupação para suas tropas. Depois de refletir por um tempo, ele tem uma ideia fabulosa, genial. Muito entusiasmado, ele convoca novamente a assembleia dos deuses no mesmo anfiteatro – que é como o palácio de seu governo: "Vocês não acham que o mundo está demasiado calmo ultimamente? Nada acontece e a vida se torna monótona, certo?"

Grande aprovação nos bancos da assembleia:

> Bem, meus amigos, tive uma ideia e, até mesmo, uma ideia genial: vamos fabricar seres mortais, todos os tipos de seres mortais. Poderemos então brincar com eles, vê-los viver, acompanhar suas aventuras, participar delas se necessário e, assim, a vida e as intrigas de todo tipo retornarão ao universo e nunca mais nos faltarão distrações ou assuntos para reflexão. O que acham dessa ideia?

Mais uma vez, grande aprovação. Sorriso encantado de Zeus, ainda muito feliz com seu golpe de gênio:

> Decidi, continua o rei dos deuses, pedir ao meu primo Prometeu, filho do titã Jápeto, que também se juntou a nós na guerra, para cuidar desse trabalho. Vocês sabem como Prometeu é inteligente,

> ao contrário de seu irmão Epimeteu, o pobre simplório, e tenho certeza de que desempenhará essa tarefa maravilhosamente bem!

(Lembro que em grego pro-meteu significa "aquele que compreende antecipadamente", antes dos outros, como um mestre que está um passo à frente no xadrez, enquanto epi-meteu é "aquele que compreende depois do ocorrido", aquele que não tem, como dizem, "presença de espírito". Em outras palavras: ele é o idiota da família e logo veremos que desastres sua estupidez vai gerar para a humanidade.)

Zeus então se vira para Cratos e Bia:

> Cratos e Bia, meus fiéis servidores, vão agora à casa de Jápeto buscar Prometeu. Digam-lhe o que ele tem de fazer: com terra, água e fogo, quero que fabrique arquétipos, modelos, todo tipo de bonequinhos, estatuetas representando todas as espécies possíveis e imagináveis de seres mortais, humanos e animais, aos quais vamos dar vida.

Entramos então no palácio do titã Jápeto. Vemos Epimeteu e Prometeu na mesma sala. Prometeu, com seus olhos enormes e profundos, se diverte resolvendo problemas matemáticos, está cercado de pergaminhos, de instrumentos de geometria, de astronomia etc., e parece em plena meditação; já Epimeteu, com um sorriso bobo nos lábios, joga bolinha de gude como uma criança de 5 anos. Prometeu parece um pouco exasperado com o barulho feito pelo irmão que o impede de refletir...

Cratos e Bia entram na sala. Expõem aos dois irmãos a ordem de Zeus: fabricar modelos, arquétipos de todas as espécies mortais, bonequinhos com terra, água e fogo etc. Quando o trabalho estiver concluído, Zeus dará vida às estatuetas que tiverem concebido. Epimeteu, imediatamente, implora ao irmão que o deixe começar. Promete dar seu melhor, jura que, desta vez, não vai estragar o trabalho, que enfim devem confiar nele, dar-lhe uma chance etc. etc. Prometeu, um pouco descrente, acaba cedendo, mas com a condição de que seu irmão nem pense nos humanos e que primeiro trabalhe nas espécies animais desprovidas de razão. Epimeteu está muito contento, cheio de gratidão, e logo começa a trabalhar.

E como ele se conduz?

À primeira vista, temos a impressão de que Epimeteu não é tão idiota quanto dizem. Nós o vemos trabalhando com muito afinco, com a língua de fora, bem compenetrado, e sua distribuição dos dons e das qualidades aos diferentes arquétipos, às diferentes espécies animais que ele imaginou é até muito hábil. Ele também constrói, em sua própria escala, um pequeno "cosmos", um sistema perfeitamente equilibrado, harmonioso e viável, o que hoje chamaríamos de um "ecossistema" repleto de biodiversidade, garantindo que cada espécie animal tenha suas chances de sobrevivência em relação às demais. Por exemplo, quando se trata de animais pequenos, como um pardal ou um coelho, então a um ele dá asas, para que possa fugir dos predadores, e ao outro, pela mesma razão, velocidade na corrida e capacidade de construir tocas nas quais poderá se abrigar em caso de perigo. Para a tartaruga, que como sabemos é muito lenta, dá uma carapaça; nos países frios, os animais, como as focas e os ursos, recebem uma pele grossa ou uma bela pelagem; em outros lugares, nas florestas ou nos mares, outros recebem garras para subir nas árvores, nadadeiras para entrar nas águas etc. etc., de modo que o conjunto forma um universo perfeitamente bem-organizado – e de fato ele se assemelha tintim por tintim ao que os gregos chamam de "cosmos".

Eis como o sofista Protágoras, que conta essa história no diálogo de Platão que leva seu nome e que serve de fonte principal a este relato, descreve o trabalho de Epimeteu:

> Em tudo, a distribuição consistia de sua parte em igualar as oportunidades. E em tudo o que imaginava, ele tomava suas precauções para evitar que nenhuma raça se extinguisse. Mas, uma vez que lhes tinha dado os meios de escapar das mútuas destruições, eis que imaginava para elas uma defesa cômoda para as variações de temperatura que vêm de Zeus: ele as vestia com uma espessa pelagem ou então com sólidas carapaças, adequadas para protegê-las do frio, mas também capazes de fazer o mesmo contra os calores escaldantes. Sem contar que, quando fossem se deitar, isso constituiria também uma cobertura, que seria adequada a cada um e que, naturalmente, faria parte de si mesmo. Ele calçava tal raça com cascos, com unhas, outra com garras sólidas e desprovidas de sangue. Em seguida, ele escolhia alimentos diferentes para as diferentes raças: para algumas a relva que brota da terra, para outras os frutos das árvores, para outras as raízes; para algumas estabeleceu que o alimento fosse a carne de outros animais, mas atribuiu-lhes

uma fecundidade limitada, enquanto atribuía uma fecundidade abundante às que assim eram devastadas e, com isso, garantia uma salvaguarda à espécie.

Em suma, Epimeteu concebe e realiza uma ordem harmoniosa, justa e viável, na qual cada espécie animal deve ser capaz de sobreviver ao lado e até mesmo com as outras. Terminado o trabalho, muito satisfeito consigo mesmo, ele chama o irmão. Eles estão no Olimpo e contemplam a terra do alto: "Você vê", ele diz com orgulho, fez bem em confiar em mim desta vez. É um trabalho bom e bem bonito, não é?"

Prometeu examina as coisas e balança a cabeça, parecendo acabrunhado:

> Você é incorrigível. Sim, de certa forma, é bom, o que você fez, mas não percebe que esqueceu os humanos, que deu tudo aos animais, que não sobrou nada para eles, nem carapaça, nem garras, nem asas, nem nadadeiras, nem pelagem, nem mais nenhum dom que possa equipá-los para lhes permitir sobreviver perante esse reino animal que lhes será hostil?

Vemos Epimeteu desanimado, depois Prometeu quebrando a cabeça e se perguntando como será capaz de corrigir a tolice de seu irmão. E então vemos que ele tem uma ideia genial:

> Vou roubar o fogo na forja de Hefesto e as técnicas (as artes) no laboratório de Atena, que não à toa é a deusa da inteligência, para oferecê-los aos homens. Dessa forma, eles poderão inventar sua própria vida, fabricar suas vestimentas, já que não têm pelagem, suas casas, já que não têm cavernas nem tocas nem carapaças, cultivar plantas, criar animais, construir barcos, carros, armas, ferramentas etc. Em suma, graças ao fogo e às artes, poderão dominar a criação e tornarem-se senhores e possuidores da natureza!

Aqui está a passagem do *Protágoras* de Platão que descreve o erro de Epimeteu:

> Mas, como Epimeteu, e todos sabem disso, não era muito inteligente, não percebeu que, tendo desperdiçado assim o tesouro das qualidades em benefício dos seres privados de razão, ainda lhe restava a raça humana que nada recebera; e ele estava embaraçado por não saber o que fazer a respeito. Ora, enquanto está nesse embaraço, Prometeu chega para controlar a distribuição. Ele vê os outros animais devidamente providos em todos os aspectos, ao passo que

> o homem está completamente nu, descalço, desprovido de coberturas, desarmado... Então Prometeu, entregue ao embaraço de saber que meios encontraria para proteger o homem, rouba de Atena o gênio criador das artes, e de Hefesto o fogo (pois, sem o fogo, não haveria como alguém adquirir esse gênio ou utilizá-lo). E assim procedendo ele dá ao homem seu presente.

Imaginamos Prometeu se esgueirando furtivamente pela forja de Hefesto para roubar o fogo. Ele enfia alguns carvões em brasa num talo de erva-doce, depois vai para a casa de Atena, onde vemos uma espécie de laboratório das técnicas. Nele há armas, ferramentas de todos os tipos, rodas de carro, instrumentos de navegação, planos de um barco etc. Em algum canto, a coruja de Atena contempla a sala. Prometeu enche uma grande bolsa com amostras de todos esses tesouros e, com essa bolsa e o fogo no talo de erva-doce, volta à terra e presenteia os humanos com as maravilhas que acaba de roubar dos deuses...

Graças a esses dons, os humanos se tornam inteligentes, de repente começam a produzir sons dotados de sentido, a falar, a fazer vestimentas, a cozinhar alimentos, a construir casas, carros, armas, barcos, ferramentas. Para compreender o fio condutor da história é preciso ver como Prometeu comete aqui um duplo erro que levará a uma dupla punição de Zeus, a sua e a dos homens.

Primeiro, Prometeu se conduziu como um ladrão. É sem permissão que ele entra na oficina compartilhada por Hefesto e Atena para furtar do primeiro o fogo e da segunda as artes. Portanto já será punido por esse furto. Mas, acima de tudo, Prometeu, sem o consentimento de Zeus, confere à humanidade um poder novo, um gênio criativo quase divino, que nos leva a supor o forte risco de que mais dia menos dia ele conduza os humanos a se considerarem deuses, eles que são tão rápidos em se deixar levar pela *hybris*, pela desmedida, pela arrogância e pelo orgulho. Pois, como nos indica Protágoras, graças às qualidades propriamente divinas que Prometeu lhes oferece, os homens aparecem agora como os únicos seres vivos capazes de fazer objetos "técnicos", artificiais: calçados, coberturas, vestimentas, alimentos tirados da terra, carros, barcos, armas, ferramentas etc. Isso significa que, tal como os deuses, também eles se tornam verdadeiros criadores. E mais, eles são os únicos não só capazes de articular sons de modo a lhes dar um sentido, isto é, os únicos a possuir linguagem, o que, uma vez mais, os aproxima consideravelmente dos deuses, como também podem inventar suas vidas, dotar-se livremente de todos os tipos de destinos diferentes: como não são nada de especial no início, eles podem se tornar tudo mais tarde. Ao contrário, por exemplo, das abelhas, que são programadas para fabricar mel, ou dos gatos, que são programados para perseguir os ratos, os humanos não têm um programa inicial, e nisso são seres livres, capazes de todas as vidas.

Como esses dons lhes vêm diretamente dos olímpios de quem Prometeu os roubou, claro que os humanos também serão os únicos vivos a saber que existem deuses e, portanto, a poder respeitá-los, construir-lhes altares e honrá-los oferecendo-lhes os sacrifícios que os deuses tanto apreciam. Contudo, uma vez que continuam se comportando de forma injusta uns com os outros, a ponto de correrem o constante risco, ao contrário dos animais que desde o início formam um sistema equilibrado e viável, de se destruírem mutuamente, a *hybris*, a desmedida, os ameaça permanentemente! Trata-se, portanto, de uma espécie extremamente perigosa e inquietante para o cosmos essa que Prometeu acaba de forjar sem o consentimento de Zeus. Por isso é muito fácil compreender por que este último se aborrece com ele, por que, além de julgar os ardis de Prometeu detestáveis e imprudentes, também considera punir tanto esse filho de titã quanto os homens, para, precisamente, devolvê-los ao seu devido lugar e convidá-los a nunca ceder à *hybris*.

Tal é o verdadeiro desafio do mito: garantir que os mortais, apesar dos dons feitos por Prometeu, não se tomem por deuses e não ameacem a ordem cósmica como fizeram Tifão e os gigantes!

Zeus no auge de sua fúria, sua raiva desenfreada não conhecendo mais nenhum limite, fala para si mesmo: "Prometeu me pagará! Esse pobre louco não percebe que ao dar o fogo e as artes aos humanos faz deles a mais perigosa das espécies, a única, para dizer a verdade, capaz de ameaçar a ordem que acabo de instaurar tão dolorosamente! Irresponsável! Cratos, Bia, vão buscá-lo imediatamente e tragam-no até mim!"

Cratos e Bia vão buscar Prometeu em seu palácio e o levam até Zeus, com as mãos amarradas e com uma aparência lamentável:

> Prometeu, pobre tolo, não apenas você é um ladrão, como também incorreu no risco de dar aos humanos as armas que talvez

lhes permitam destruir a ordem do universo que me deu tanto trabalho para instalar. Sua punição será tão terrível quanto seu crime. Cratos e Bia o levarão a um rochedo no Cáucaso onde ficará acorrentado por toda a eternidade. Trema. Todos os dias, uma águia monstruosa – é um dos filhos de Tifão e Équidna – virá lhe devorar o fígado e, todas as noites, este irá se regenerar, para que seu sofrimento seja tão atroz quanto infinito. Juro pelo Estige, o rio dos infernos, que ninguém pode desafiar, nem mesmo eu, que jamais o livrarei de suas correntes nem de seu rochedo. Nunca, ouviu bem?

Veremos mais adiante como Zeus, finalmente, encontrará um ardil que lhe permitirá ao mesmo tempo não cometer perjúrio e deixar seu filho Héracles libertar o de Jápeto, apesar de seus erros. Mas vejamos agora a versão que, muito antes de Platão, Hesíodo havia elaborado dos grandes feitos de Prometeu em benefício da humanidade e, em particular, das razões que o levaram a roubar o fogo e as artes para oferecê-los aos homens. Como vocês verão, elas são bem diferentes das mencionadas por Platão.

Outra versão do mito de Prometeu: a má divisão na planície de Mecone e a "caixa de Pandora" segundo Hesíodo

No momento em que começa a cena que nos interessa, não estamos mais no Olimpo, como em Platão, mas numa vasta planície onde os homens ainda vivem em perfeita harmonia com os deuses: a planície de Mecone. Segundo as próprias palavras de Hesíodo, ali eles ainda vivem na chamada idade de ouro, uma época em que estão "protegidos, longe dos infortúnios, sem trabalhar duramente, sem sofrer das tristes doenças que fazem com que os homens morram" e "envelheçam cedo no infortúnio". Em suma, ainda é o paraíso. Naquele dia, por uma razão que Hesíodo não menciona, Zeus decide "resolver as divergências entre homens e deuses". Na verdade, trata-se de continuar a construção do cosmos: assim como Zeus dividiu adequadamente o mundo entre seus pares, os outros imortais, atribuindo a cada um o legítimo lugar que lhe pertence e dando, como o direito romano dirá mais tarde, "a cada um o seu", da mesma forma ele deve agora decidir qual parte do universo pertence aos humanos, qual é o quinhão justo dos mortais. Pois agora é deles que se trata. E nesse propósito, para determinar adequadamente o que, no futuro, pertencerá, de um lado, aos deuses e, do outro, aos homens, Zeus pede a Prometeu que sacrifique um boi e o partilhe de maneira equitativa para que essa partilha sirva como uma espécie de modelo para suas relações futuras.

O que está em jogo é, portanto, considerável e Prometeu, acreditando que está fazendo a coisa certa para ajudar os homens que, como dizem, ele sempre defendeu contra os olímpios – talvez porque ele seja descendente dos titãs e, como tal, nem sempre amigo dos deuses da segunda geração –, estende uma armadilha para Zeus: ele divide em duas partes, depois coloca os bons pedaços de carne, aqueles que os homens gostariam de comer, sob a pele do animal. Essa pele, é claro, não é comestível e, para completar, para garantir que esse primeiro monte será bem repugnante e não terá chance alguma de ser escolhido por Zeus como aquele destinado aos deuses, ele enfia tudo no estômago pouco apetitoso do boi sacrificado; do outro lado, ele reúne os ossos brancos, cuidadosamente limpos e, portanto, absolutamente intragáveis para os homens, e ele os desliza delicadamente sob uma bela camada de gordura brilhante e muito apetitosa! Recordo-lhes que Zeus, que engoliu Métis, deusa da prudência e da astúcia, e que de todos os deuses ele é, portanto, o mais inteligente, não se deixa enganar pela armação de Prometeu. Claro que ele viu o que ia acontecer, mas enfurecido com a ideia de ser ridicularizado, vai fingir cair na armadilha – já saboreando a terrível vingança que está preparando contra Prometeu e, aliás, contra os humanos que este último acredita defender nessa partilha. Então Zeus escolhe o monte de ossos brancos dissimulados sob a gordura crocante e deixa os bons pedaços de carne para os humanos.

Observem que Zeus[11] não precisa se esforçar muito para deixar a carne aos mortais, e isso por uma excelente razão: os deuses do Olimpo nunca a comem! Eles comem e bebem apenas ambrosia e néctar, o único alimento adequado aos imortais. Este é um ponto crucial, e que por si só já anuncia toda uma parte dos infortúnios vindouros para a humanidade que vai sair da idade de ouro por culpa de Prometeu: só aqueles que vão morrer precisam se alimentar com alimentos, como a carne e o pão, destinados a regenerar as suas forças. Os deuses comem e bebem apenas por prazer, para se divertir, não para sobreviver, uma vez que são imortais, mas porque suas

---

11. Este é mais um tema que Vernant justamente trouxe à luz.

iguarias são deliciosas; os homens se alimentam sobretudo por necessidade, e se não o fizessem morreriam ainda mais rápido do que vão morrer mais dia menos dia, afinal. Guardar a carne para os humanos e dar os ossos aos deuses é então, na verdade, endossar o fato de que eles são mortais, rapidamente cansados pelo trabalho, sempre em busca de alimento na ausência do qual definham, sofrem, adoecem e morrem de fome – coisas que os deuses evidentemente ignoram.

Ainda assim, Prometeu tentou enganar Zeus em benefício, ele acredita, dos homens, e Zeus está furioso. Para castigá-los, ele deixa de dar-lhes o fogo que vem do céu. Concretamente, isso significa que ele agora impede que seus raios caiam sobre as copas das árvores ou sobre a relva seca, em suma, sobre o que permitia aos homens dispor do fogo que o rei dos deuses generosamente lhes dispensava durante as tempestades, um fogo com o qual eles podiam se aquecer, mas, sobretudo, cozinhar os alimentos que lhes permitem viver. Cozinhar é, para os gregos, um dos sinais distintivos da humanidade do homem, um dos que mais seguramente o colocam a uma igual distância dos deuses e dos animais, pois os deuses, como acabamos de dizer, não precisam de alimentos e, quanto aos animais, eles os comem crus. Ora, é essa especificidade que a humanidade perde assim que Zeus lhe retira o fogo.

Ainda por cima, como segunda punição, Zeus – como nos relata Hesíodo numa fórmula um tanto enigmática (o texto completo está mais adiante) – "dissimulou tudo". O que na verdade significa o seguinte: enquanto, como durante a idade de ouro, os frutos da terra eram oferecidos em plena luz e em todas as estações ao apetite dos homens, doravante as sementes serão enterradas na terra, de modo que agora será necessário trabalhar o solo, lavrá-lo, regá-lo, semeá-lo etc., para produzir vegetais consumíveis. Será necessário cavar e semear para fazer germinar o trigo, depois ceifá-lo, moê-lo e cozinhá-lo para fazer o pão. Portanto – ponto crucial – é com o nascimento do trabalho, atividade das mais árduas, que começa a queda para fora do mundo paradisíaco.

Vejam, pois, a diferença em relação a Platão: não é para reparar as asneiras de seu irmão que Prometeu rouba o fogo, porque os homens não receberam nenhum dom, nenhum talento particular, e sim porque Zeus agora se recusa a dá-lo por causa da má divisão que Prometeu quis estabelecer entre humanos e deuses! É por isso que ele cometerá seu segundo furto, seu segundo crime de lesa-majestade – e aqui convergimos para o relato de Platão: ele simplesmente rouba o fogo de Zeus e o devolve aos homens. E então a fúria de Zeus atinge o ponto máximo, sua raiva atiçada transborda. Para astuto, astuto e meio. Ele também vai inventar uma armadilha – e que armadilha – para punir os humanos que Prometeu queria proteger!

É claro que Zeus começa punindo Prometeu, como sabemos, amarrando-o ao rochedo do Cáucaso, lançando contra ele a famosa águia que lhe devora o fígado e jurando pelo Estige que nunca o libertará. Mas, como em Platão, também é preciso dissuadir os humanos, agora detentores do fogo, de pecar por *hybris* e é aí que Zeus inventa um ardil, uma métis, para devolvê-los ao seu lugar, para exauri-los, fatigá-los e impedi-los assim de prejudicar. Diz a si mesmo mais ou menos o seguinte: "Quanto aos humanos, para astuto, astuto e meio! Vou lhes preparar uma armadilha – e que armadilha! – da qual vão se lembrar por toda a vida! Para dizer a verdade, não quero exatamente puni-los – afinal, não é culpa deles se Prometeu lhes ofereceu dons divinos –, mas quero dissuadir para sempre essa espécie detestável e pretensiosa de sucumbir à *hybris*, à desmedida. Não quero que esses mortais sejam capazes de destruir a magnífica ordem cósmica que construí. Eles não perdem por esperar, pois vou esgotá-los de uma maneira e tanto!"

Zeus convoca uma vez mais a assembleia dos deuses *via* Cratos e Bia... Depois, dirigindo-se a Hefesto, o deus coxo dos ferreiros, ordena-lhe que fabrique o mais rápido possível, com água, fogo e terra, a estátua de uma "jovem que todos amariam", na verdade uma mulher absolutamente fatal pela qual esses pobres humanos tolos vão se apaixonar. Pandora, este é seu nome, deve ser sublime, irresistível. Ela será a primeira mulher desse tipo, a primeira mulher fatal (antes, talvez houvesse mães e filhas, mas não mulheres fatais). Em seguida, Zeus se volta para os outros deuses e pede que todos deem um dom a Pandora – aliás, o nome Pandora pode significar duas coisas em grego: "aquela que tem todos os dons" ou então "aquela que foi dada (aos homens) por todos os deuses". De todo modo, os dois significados estão corretos, pois Pandora possui em aparência todas as virtudes possíveis e inimagináveis em termos, ao menos, de sedução (talvez não de ética, o que é outra história) e, por outro lado, foi enviada aos homens por todos os olímpios que querem puni-los de antemão ou em todo caso dissuadi-los de mergulharem na *hybris*.

Vemos então Hefesto trabalhando em sua forja. Ele fabrica uma estatueta que, mesmo sem vida, e ainda de terra, já parece sublime. Depois vemos toda uma plêiade de deuses divertindo-se dando-lhe um talento, uma graça, um encanto. Com a ajuda de algumas ninfas, Atena veste Pandora com um magnífico vestido branco bem decotado, adornado com correntes de ouro. As ninfas colocam sobre sua cabeça uma coroa de flores suntuosa. Afrodite oferece-lhe a graça absoluta e o dom de despertar o desejo "que faz os homens sofrerem" e provoca "as preocupações que os deixam abatidos" (como diz Hesíodo em *Os trabalhos e os dias*, texto que serve de fonte a toda esta passagem). Também a presenteia com o dom de pronunciar palavras falsas, tão úteis na arte da sedução. Hermes, o deus da comunicação e do comércio, astuto e sedutor, meio ladrão e trapaceiro, acrescenta algo mais: incorpora-lhe o que Hesíodo chama de um "coração de cadela e modos dissimulados": essa jovem "sempre vai querer mais" ou, como ainda escreve Hesíodo, "mais do que o bastante" – é o que a expressão "coração de cadela" significa. Ela será insaciável, em todos os níveis: alimentação, dinheiro, presentes, joias, sempre vai precisar de mais, como também, é claro, no nível sexual, em que seu apetite também é sem limites. Trata-se de esgotar os homens, tornando-os loucamente apaixonados, portanto dependentes de qualquer mulher fatal que cruzarem pelo caminho. Potencialmente, seu gozo nunca termina – e nesse sentido o homem, ainda que pretenda, rapidamente se esgota. O objetivo desse caráter insaciável é, pois, fatigar e tiranizar os homens o máximo possível. Quanto às suas "maneiras dissimuladas", significam que ela pode seduzir qualquer um, pois todos os argumentos, todos os ardis e todas as mentiras mais deliciosas lhe agradam. Para completar esse quadro encantador, Atena a presenteia com ornamentos sublimes, Hefesto lhe confecciona um diadema de uma sofisticação inimitável, no qual vemos todos os tipos de animais mágicos; e outras divindades, as graças, as chamadas horas e que são filhas de Zeus e de Têmis, ou ainda a deusa da Persuasão, também lhe oferecem presentes de forma que no fim, como Zeus diz a si mesmo com um riso maldoso, os infelizes humanos nada poderão fazer, rigorosamente nada, contra essa armadilha, contra essa "peste para os homens que trabalham" como

Hesíodo diz uma vez mais, contra essa mulher sublime na aparência, temível em realidade, que "regozijará seus corações" a tal ponto que , "muito contentes", os tolos "acalentarão seu próprio mal" (Hesíodo, como sempre)... Então a assembleia dos deuses se reúne mais uma vez, a fim de examinar o trabalho e, diante dos outros imortais deslumbrados, Zeus (ou Atena) finalmente dá vida a essa sublime criatura. Ela bufa, encantadora, solta alguns gritinhos deliciosos, sorri um pouco, gira sobre si mesma... Os deuses contemplam seu trabalho e ficam boquiabertos, fascinados com Pandora. Então Zeus chama Hermes e pede que a leve até Epimeteu, aquele simplório que age antes e pensa depois, quando é tarde demais e o estrago já está feito.

Prometeu, no entanto, advertira seu irmão. Dissera-lhe, é claro, que não aceitasse sob nenhum pretexto um presente dos deuses do Olimpo, pois sabia muito bem que procurariam se vingar dele e, por meio dele, dos homens.

Mas evidentemente Epimeteu cai na armação. Assim que Pandora entra em sua casa, apaixona-se perdidamente por ela e a pede em casamento. As bodas logo se realizam no palácio de Epimeteu, onde os amantes encadeiam os mais deliciosos momentos de amor. Num canto do palácio percebemos, no entanto, uma jarra estranha (a famosa "caixa de Pandora"). Ela tem algo de maléfico: não é uma jarra bonita, está suja, e há algo de malsão que exala dessa caixa. Está fechada com uma tampa. Pandora, toda vez que passa diante dela, para e a contempla com um ar cheio de curiosidade. Na verdade, esse surpreendente recipiente foi ali colocado por Hermes a mando de Zeus, que antes teve o cuidado de nele encerrar todos os males, todos os infortúnios e todos os sofrimentos que se abaterão sobre a humanidade; apenas a esperança ficará trancada no fundo da funesta caixa. Claro, um dia Pandora não aguenta mais e se aproxima suavemente da jarra, então, após muita hesitação, ela a entreabre e logo vemos todos os males voarem como terríveis pequenos morcegos enegrecidos. Pandora tenta em vão fechar a tampa, mas é tarde demais, os males continuam a escapar e, quando consegue fechá-la, só resta a esperança em seu interior...

Mas vejamos, antes de continuar, como Hesíodo, na *Teogonia*, descreve toda essa história:

> Foi no tempo em que a disputa entre deuses e homens estava sendo resolvida em Mecone. Naquele dia, Prometeu, com o coração ze-

loso, dividiu um boi enorme que em seguida colocou diante de todos. Ele procurava enganar a inteligência de Zeus: numa das duas partes, ele colocara sob a pele carnes e vísceras cheias de gordura, depois cobrira tudo com o estômago do boi; na outra havia, por um pérfido ardil, disposto num monte os ossos nus do animal, depois cobrira tudo com uma boa gordura branca. Então, o pai dos deuses e dos homens lhe disse: "Ó filho de Jápeto, de todos o mais nobre senhor, você, bom amigo, foi muito parcial ao fazer a distribuição". Assim, zombeteiramente, falava Zeus dos conselhos eternos, e Prometeu dos pensamentos astutos respondeu-lhe com um leve sorriso, preocupado com seu pérfido ardil: "Zeus, grandíssimo, o mais glorioso dos deuses que não morrem, escolha, pois, dessas partes aquela que seu coração indica em seu peito". Disse-lhe, com o coração cheio de falsidade, e Zeus dos conselhos eternos compreendeu o ardil e soube reconhecê-lo. Mas já, em seu coração, ele meditava sobre a ruína dos mortais, em como colocá-la em ação. Com as duas mãos, ele levantou a gordura branca e a ira encheu sua alma enquanto a bílis aumentava em seu coração ao ver os ossos nus do animal que traíam o pérfido ardil – e também é por isso que, na terra, os filhos dos homens queimam para os imortais sobre os altares perfumados os ossos nus das vítimas. Indignado, Zeus, o que reúne nuvens, disse: "Ah! filho de Jápeto, que sabe mais do que todos, vejo, bom amigo, você ainda não esqueceu o pérfido ardil". Assim irritado falava Zeus dos conselhos eternos e, a partir de então, desse ardil sempre guardando a lembrança, recusava-se a dirigir sobre os freixos o ímpeto do fogo infatigável em proveito dos mortais, habitantes desta terra. Mas o corajoso filho de Jápeto soube enganá-lo e roubou, no oco de um caule, o ofuscante clarão do fogo incansável e Zeus, que troveja nas nuvens, foi ferido profundamente no coração e sua alma se irritou quando viu brilhar entre os homens o ofuscante clarão do fogo. Imediatamente, em vez do fogo, ele criou um mal destinado aos humanos. Com a terra, o ilustre Coxo (isto é, Hefesto) modelou um ser em tudo semelhante a uma casta virgem, pela vontade do Crônida (isto é, filho de Cronos, Zeus). A deusa dos olhos cinza, Atena, amarrou-lhe o cinturão depois de adorná-la com um vestido branco, enquanto suas mãos faziam cair de sua fronte um véu de mil bordados, maravilha para os olhos. Em volta da cabeça colocou um diadema de ouro forjado pelas mãos hábeis do ilustre Coxo, para agradar seu pai Zeus: trazia inúmeras cinzeladuras, maravilha para os olhos, imagens de animais que aos milhares alimentam a terra e os mares. Hefesto colocou milhares deles e um encanto infinito iluminava a joia, verdadeiras maravilhas todas semelhantes a seres vivos.

> E quando, em lugar de um bem, Zeus criou esse mal tão belo, ele o trouxe para onde estavam deuses e homens, soberbamente adornado pela virgem dos olhos cinza. E os deuses imortais e os homens mortais iam se maravilhando diante da visão dessa armadilha profunda e sem saída destinada aos humanos. Pois é dela que saiu a raça, a ninhada amaldiçoada das mulheres, terrível flagelo instalado no meio dos homens mortais. Elas habitam com os homens e da maldita pobreza não fazem a companheira: precisam mais do que o bastante. É como nas colmeias, quando as abelhas engordam os zangões e então tudo dá errado para elas: o dia todo e até o pôr do sol estão ocupadas pondo seus favos de cera branca, enquanto os outros ficam no fundo das colmeias. É então o cansaço dos outros que eles acumulam em suas panças. Da mesma forma, Zeus que troveja nas nuvens criou as mulheres para o maior infortúnio dos homens mortais. Em vez de um bem, deu-lhes um mal porque elas geram angústia. Aquele que se recusa a casar fugindo assim tanto do casamento quanto das preocupações que as mulheres trazem, e que, ao atingir a velhice amaldiçoada, não tem apoio para seus velhos dias, este certamente não vê faltar-lhe o pão enquanto viver, mas ao morrer, seus bens são divididos entre seus colaterais. E aquele que, por outro lado, em seu destino encontra o casamento, talvez encontre uma boa esposa de bom-senso, mas, mesmo assim, ele vê durante toda sua vida o mal compensar o bem. E se encontrar uma mulher louca, então, ao longo de sua vida, carrega no peito uma mágoa que não abandona mais sua alma nem seu coração, e seu mal não tem remédio.
>
> Assim, por vontade de Zeus, não é fácil se furtar nem se esquivar. Mesmo o filho de Jápeto, o benfeitor Prometeu, não escapou de sua pesada ira e, apesar de todo seu conhecimento, a submissão a um terrível vínculo o prende.

Duas observações sobre esse texto surpreendente (e, convenhamos, tão misógino que nem mesmo seria possível lê-lo numa universidade americana hoje sem se arriscar a ser imediatamente demitido pelo diretor).

Primeiro, como observa Vernant, a semelhança entre o ardil de Prometeu e o de Zeus é patente. Eles se correspondem de cabo a rabo: como sempre no cosmos harmonioso, a punição deve corresponder ao erro. Prometeu tentou enganar Zeus jogando com as aparências – ele escondeu os ossos intragáveis sob a boa gordura e, inversamente, dissimulou a boa carne no repugnante estômago do boi. Pouco importa! Zeus também vai jogar com a miragem das ilusões: Pandora tem toda a aparência da felicidade prometida mas, no fundo, é a rainha das megeras e tudo menos um presente!

Como podemos ver, não se trata aqui, na *Teogonia*, da famosa "caixa de Pandora". É em *Os trabalhos e os dias* que encontramos pela primeira vez uma descrição que também vale a pena citar, não só pelo seu interesse intrínseco e pela sua formidável posteridade, mas também porque levanta uma importante questão filosófica: a do estatuto da esperança no pensamento antigo. No início, como vocês verão, a descrição é essencialmente a mesma apresentada na *Teogonia*: Hesíodo cita rapidamente a partilha enganosa ocorrida na planície de Mecone. Para punir os homens, Zeus não lhes envia mais o fogo, então Prometeu o rouba, e Zeus, para puni-los novamente, pede ao deus Coxo, Hefesto, que fabrique Pandora. Mas a sequência do texto vai pouco a pouco se enriquecendo da seguinte maneira:

> Sem perda de tempo, o ilustre coxo modela na terra a forma de uma casta virgem segundo a vontade do Crônida. A deusa dos olhos cinza, Atena, a enfeita e ata o cinturão. Em volta do pescoço, as graças divinas e a augusta Persuasão colocaram colares de ouro [...] e em seu seio, o Mensageiro, matador de Argos (trata-se de Hermes que de fato matou Argos, o monstro de cem olhos, que Hera encarregara de vigiar Io, uma das muitas amantes de Zeus, para impedir que seu ilustre marido fosse encontrá-la), cria mentiras, palavras enganosas, um coração ardiloso tal qual desejado por Zeus dos pesados trovejos. Depois, o arauto dos deuses nela coloca a fala e dá a essa mulher o nome de Pandora porque, com esse regalo, todos os habitantes do Olimpo presenteiam com o infortúnio os homens que comem pão. Com sua armadilha assim moldada, com seus contornos abruptos e sem escapatória, o Pai dos deuses envia o ilustre matador de Argos para entregar a Epimeteu o presente dos deuses. Prometeu, no entanto, dissera-lhe para nunca aceitar um presente de Zeus, o olímpio, mas devolvê-lo, por temer que um mal aconteça aos que morrem. Mas ele aceitou, e só quando teve o infortúnio nas mãos enfim compreendeu (ele sempre compreende depois do fato, tarde demais). Antigamente, as tribos dos homens viviam sobre a terra, protegidas, longe das desgraças, sem trabalhar duro, sem sofrer com tristes doenças que fazem com que os homens morram (aqui encontramos uma alusão ao mito da idade de ouro, esse paraíso perdido descrito pelo texto de Hesíodo e ao qual voltaremos daqui a pouco: é com o aparecimento de Pandora que os homens sairão dela); aqueles que devem morrer envelhe-

cem cedo no infortúnio. Então a mulher, levantando com as mãos a tampa da jarra, espalhou o mal entre os homens, causou-lhes sofrimentos cruéis (essa jarra que logo se tornará a famosa "caixa de Pandora", Hesíodo não nos diz de onde ela vem ou como foi parar ali, mas o certo é que Zeus a encheu com seu conteúdo detestável e podemos supor que foi Hermes quem a depositou na casa de Epimeteu ao mesmo tempo que Pandora). Apenas a esperança permaneceu dentro de sua casa indestrutível, longe das bordas da jarra sem voar para fora; pois antes a tampa baixou sobre a jarra como Zeus da égide (palavra vinda do grego *aigos*, que significa "cabra" e designa o célebre escudo de Zeus fabricado com a pele da cabra Amalteia, que dizem ser impossível perfurar com flechas...). Eis que dez mil sofrimentos vagam entre os homens (pois Zeus havia colocado na "caixa de Pandora" todos os males possíveis e imagináveis para punir os humanos: doenças de todos os tipos, medos, angústias, velhice, morte etc.); a terra está cheia de desgraças, delas também o mar está cheio; doenças entre os homens, umas de dia, outras à noite, viajam conforme seus caprichos, trazem aos homens infortúnios sem nada dizer, pois Zeus, prudente, tirou-lhes a voz (todos esses males caem sobre nós sem que possamos prevê-los ou preveni-los: este é o próprio trágico). Não é possível, pois, se esquivar da vontade de Zeus.

Depois do que vimos mais acima, creio que agora esse texto é inteligível para todos – no entanto, ele continua enigmático num ponto: aquele referente ao estatuto dessa famosa "esperança" que permaneceu no fundo da jarra.

A questão da esperança: um bem ou um mal?

Duas interpretações diferentes, e mesmo opostas, são possíveis. Podemos pensar primeiro que se trata de mais uma punição: os desafortunados humanos não terão nem como se agarrar a uma insignificante esperança, uma vez que esta não saiu da caixa! Esta interpretação, a mais comum, é tipicamente cristã e moderna. Para nós, herdeiros da mensagem cristã, a esperança é uma coisa boa, um fator de otimismo. Foi assim que o Papa João Paulo II, por exemplo, numa famosa encíclica convidou os fiéis a "entrar na esperança".

Também podemos compreender, o que é evidentemente mais justo, que a única coisa que resta ao alcance da mão dos mortais não é senão mais uma armadilha. Aos olhos dos gregos, com efeito, como já tive a oportunidade de explicar nos capítulos anteriores, a esperança não tem nada de um benefício e, além disso, é difícil acreditar que Zeus daria um presente aos humanos quando pretendia puni-los severamente. Na cultura grega, a esperança é uma desgraça, uma tensão negativa: esperar é estar sempre na falta, é desejar o que não se tem e, portanto, estar de algum modo insatisfeito e infeliz. Quando esperamos riqueza é porque somos pobres, quando esperamos saúde é porque estamos doentes, em todas essas situações estamos na necessidade, na falta, de modo que a esperança é muito mais um mal do que um bem. Como Espinosa dirá mais tarde, não há esperança sem temor, não há esperança sem certa angústia, as duas são inseparáveis, como duas faces de uma mesma realidade.

Acrescento que essa crítica à esperança é evidentemente indissociável de outra característica da cultura mitológica que também já foi mencionada nas lições anteriores e que serão encontradas em toda a filosofia grega, a saber, o elogio ao presente contra as miragens do passado e do futuro. Como Ulisses na Ítaca enfim reencontrada, o sábio é aquele que é capaz de fugir das ilusões da nostalgia como daquelas da esperança para conseguir habitar no presente. Não vou voltar a isso, acho que esse tema já está claro, mas vocês compreendem que ele reforça a ideia de que a esperança é um mal, porque, assim como a nostalgia, os remorsos e as culpas, ela nos impede de viver na única dimensão real do tempo, no aqui e agora.

Três lições filosóficas do mito de Prometeu e de Pandora

Em primeiro lugar, se Pandora é de fato, como insiste Hesíodo, a primeira mulher, isso significa que na época da idade de ouro, antes da famosa partilha do boi realizada por Prometeu em Mecone, os homens viviam por definição sem mulheres. Certamente havia feminilidade nesse mundo, sobretudo uma miríade de divindades femininas, mas os mortais eram exclusivamente machos. O que implica, portanto, que eles não nasciam da união de um homem e de uma mulher, mas apenas pela vontade dos deuses e de acordo com os meios que escolheram (sem dúvida nasciam diretamente da terra, como outros relatos mitológicos nos levam a crer). O ponto é crucial, pois é esse nascimento a partir da união sexual de um homem e de uma mulher que vai de alguma forma tornar os mortais verdadeiramente mortais. Pois, como insiste Hesíodo, durante a primeira época da humanidade, a idade de ouro, os homens não morriam verdadeiramente, ou melhor dizendo, não como hoje: eles desapareciam bem lentamente, adormecendo, sem angústia ou sofrimento, e sem nunca pensar em sua finitude. E mais: após sua morte, ainda segundo Hesíodo, eles permaneciam de certa forma vivos, uma vez que se tornavam "demônios", aqui a palavra deve ser entendida em seu sentido antigo, não cristão, pois os demônios de Hesíodo são espécies de anjos da guarda encarregados de distribuir aos homens riquezas e benefícios segundo seus méritos.

É, portanto, com o aparecimento de Pandora que os mortais vão se tornar absolutamente mortais, e por uma razão de uma infinita profundidade metafísica: o tempo tal como o conhecemos, com seu cortejo de males – envelhecimento, doenças, mortes... –, enfim realmente nasceu. Lembrem-se de que Urano e na sequência Cronos não queriam deixar seus filhos viverem em pleno dia. Urano os encerrava no ventre de Gaia, mãe deles; quanto a Cronos, ele simplesmente os devorava até o dia em que Reia, mãe de Zeus, o enganou fazendo-o engolir uma pedra envolta em panos no lugar de seu filho Zeus. A verdadeira razão dessa vontade feroz de impedir os filhos revela-se aqui: não é só uma questão de prevenir um eventual conflito no decorrer do qual o rei em exercício poderia perder seu poder ao ser destronado por seus próprios herdeiros, mas, de uma forma ainda mais profunda, é uma questão de se opor ao tempo, à mudança e, consequentemente, a essa forma de morte simbolizada pela sucessão das gerações. Um cosmos ordenado e estável, eis o ideal de qualquer soberano ajuizado e a filiação, a procriação, sempre implica em boa medida a ruína dessa bela permanência. Doravante é esta abertura à descendência que, por causa de Pandora, realmente se estabelece – e desse modo vemos também que as crianças ocupam uma posição no mínimo ambígua: nós as amamos, é claro, mas elas simbolizam também nossa ruína – nesse ponto os gregos parecem menos sentimentais, e talvez um pouco menos simples, do que nós nos tornamos hoje...

Em segundo lugar, como na Bíblia, a saída da idade de ouro é acompanhada por uma calamidade bastante funesta: o trabalho. De agora em diante, com efeito, os homens terão de ganhar o pão com o suor do rosto, e isso por pelo menos duas razões. A primeira, como vimos, é que Zeus "dissimulou tudo", como diz Hesíodo, ele enterrou as sementes de onde vêm as plantas que servem de alimento aos homens, especialmente os cereais com os quais fazem o pão, de modo que agora devem cultivar a terra para se alimentarem. Mas há também a deslumbrante Pandora da qual veio "a raça das mulheres, grande flagelo para os mortais". Acabou aquela bela idade de ouro em que os homens podiam festejar todos os dias com os deuses e se alimentar em toda a inocência, sem nunca depender das necessidades de um trabalho duro. Agora terão de trabalhar para seduzir suas mulheres, oferecer-lhes presentes, satisfazê-las em todos os aspectos, enfim, mantê--las vivas e fazê-las felizes. Mas o pior, se podemos dizer, é que a mulher não é evidentemente um mal absoluto.

Isso seria simples demais, e esta é a terceira lição do mito: a vida humana é trágica nesse sentido profundo de que não há bem sem mal, não há felicidade sem infelicidade – e nossos modernos mercadores de felicidade poderiam muito bem meditar sobre isso. O homem, como Zeus quis ao rir sem alegria, foi totalmente ludibriado, preso na armadilha sem escapatória. Por exemplo, como diz Hesíodo na passagem já citada, caso não queira se casar, para que seu patrimônio não seja, como o das abelhas com as quais o poeta o compara, devorado pelos zangões (as mulheres "que sempre querem mais do que o bastante"), então, sem dúvida, o homem pode, trabalhando menos, acumular mais riqueza. Mas para quê? Por quem se dará a todo esse trabalho já que não terá filhos, descendência, e que seus bens acabarão nas mãos de parentes distantes com os quais ele não tem nada a ver! Ele morrerá, por assim dizer, uma segunda vez já que, privado de descendência, nada dele lhe sobreviverá. Duplamente mortal, de alguma forma. Ele deve, portanto, se casar, se quiser herdeiros, mas então uma vez mais a armadilha se fecha sobre ele – e ainda há o fato de que seus filhos podem ser maus, o que é a pior desgraça para um pai. Em suma, num caso como no outro, o bem é inevitavelmente acompanhado de um mal maior, nesse sentido não há, nunca há um amor eternamente feliz.

É claro que o texto de Hesíodo é terrivelmente misógino – porém, uma vez mais, nem sempre é pertinente e justo julgar as épocas passadas ou as tribos distantes pela régua de nossa civilização moderna. Procuremos sobretudo compreender antes de desencadear paixões moralizantes e vinculemos as palavras de Hesíodo ao que o move, a saber, a questão da vida boa para os mortais. Nessa época abençoada que ele chama de idade de ouro, os homens nasciam, portanto, não das mulheres, mas da terra, e morriam, é claro, mas sem perceber, sem angústia nem sofrimentos. À nova vida dada pela mulher quando se passa de um nascimento a partir da terra, decidida e regulada pelos deuses, a um nascimento por uma união sexual, corresponde uma nova abordagem da morte. De agora em diante, ela será precedida de sofrimentos, de labuta, de doenças e todos os males associados à velhice que os seres humanos da idade de ouro não conheciam e que Pandora libertou.

Daí, novamente, a questão crucial, subjacente, que a mitologia em breve legará à filosofia: o que é uma vida boa para os mortais? Ao contrário do que farão as grandes religiões, a mitologia grega não nos promete a vida eterna ou o paraíso. Tenta apenas, como a filosofia que ela anuncia, ser lúcida sobre a condição que é a nossa. O que fazer a não ser tentar viver em harmonia com a ordem cósmica ou então, caso se queira evitar a morte anônima, tentar como Aquiles ser famoso pela glória heroica? Com Ulisses, é preciso se convencer de que essa vida pode até ser preferível à imortalidade...

Para completar as duas versões anteriores segundo *Os trabalhos e os dias* de Hesíodo: o mito da idade de ouro e as cinco raças humanas

Acabamos de evocar o famoso mito da idade de ouro, a ideia de um tempo em que os homens viviam na serenidade e na doçura, longe da labuta e dos trabalhos árduos que vão nascer da punição que Zeus inflige enviando-lhes Pandora, escondendo as sementes debaixo da terra e obrigando-os a cultivá-las e a trabalhar para viver. Agora preciso contar um pouco mais sobre isso para completar o que já vimos.

Na obra de Hesíodo, que é a primeira a relatá-lo, o mito da idade de ouro confunde-se com o das cinco idades, ou melhor dizendo e seguindo ao pé letra o texto grego, das "cinco raças" humanas. Pois é sobretudo disso que se trata: Hesíodo nos descreve cinco humanidades diferentes, cinco tipos humanos que teriam se sucedido ao longo do tempo, mas sobre os quais também é possível pensar que permanecem, por uma série de razões, ainda mais ou menos possíveis no seio da humanidade atual.

O mito gira inteiramente em torno da questão das relações entre *hybris* e *Diké*, entre o orgulho e a justiça, ou melhor dizendo, entre a desmedida e a medida: ele traça uma divisão fundamental entre vidas humanas em harmonia com a justiça, com o cosmos ou, pelo contrário, existências devotadas à *hybris*, à arrogância desmedida. Dizem às vezes que esse poema de Hesíodo foi inspirado por circunstâncias reais. Talvez isso seja em parte verdadeiro, embora as análises em termos de biografia e de história factual sejam sempre duvidosas quando se trata de mitologia e de filosofia. Mas a verdade é que Hesíodo, em sua própria vida, acaba de passar por uma dolorosa provação, por um sério desentendimento com seu irmão Perses, ao qual o poema é dirigido: com a morte do pai, Perses teria reivindicado mais do que sua parte da herança familiar (pecou assim por *hybris*). Teria até mesmo subornado as autoridades encarregadas de instruir o processo para que lhe dessem razão. É normal nessas condições que o poema enviado para seu irmão trate da justiça, de *Diké*. Mas Hesíodo, ao vincular seu caso particular à teogonia e à cosmologia, alarga o assunto, de modo que sua obra não se limita de forma alguma a uma anedota biográfica qualquer. Pelo contrário, ela aborda de maneira geral, na perspectiva que é a da ordem cósmica organizada sob a égide dos deuses, a questão da oposição entre uma vida boa, uma vida segundo *Diké*, e uma vida ruim, uma vida segundo a *hybris*. Mas, apesar da aparência de um tratado moral, o poema de Hesíodo vai muito mais longe; é ele quem primeiro aborda a questão que mais nos interessa depois da cosmogonia e da teogonia, depois do nascimento do mundo e dos deuses: a do nascimento da humanidade tal qual a conhecemos hoje. Pois, mais uma vez, a questão fundamental para nós mortais é compreender por que estamos aqui e o que vamos poder fazer neste mundo, divino e ordenado, certamente, mas onde nossa existência mortal não tem, ao contrário da dos deuses, senão um tempo muito curto que teremos de ocupar o melhor que pudermos.

Retomemos.

No início, portanto, há a idade de ouro, uma época absolutamente feliz, pois os homens ainda vivem nela num bom entendimento com os deuses. Naquela época, eles são fiéis à *Diké*, são justos. Ou seja, eles evitam essa deplorável *hybris* que leva a pedir mais do que sua parte e, assim, a menosprezar tanto quem se é como em que consiste a ordem do mundo. Naqueles tempos, ainda segundo Hesíodo, os homens se beneficiam de três maravilhosos privilégios, privilégios que ainda hoje, tenho certeza, gostaríamos de ter. Em primeiro lugar, como dissemos, eles não precisam trabalhar, nem para exercer uma profissão, nem para ganhar a vida, pois a natureza é tão generosa que ela mesma lhes dá – como no jardim do Éden, o famoso paraíso perdido do mito bíblico de Adão e Eva – tudo o que é preciso para viver agradavelmente: os mais deliciosos frutos da terra, rebanhos gordos e numerosos, nascentes de água-doce e rios acolhedores, um clima ameno e constante, enfim, o que comer, beber, vestir e aproveitar a vida sem nenhuma preocupação. Em seguida, eles não conhecem nem o sofrimento, nem a doença, nem a velhice. Vivem absolutamente protegidos dos males que costumam prejudicar a existência humana, longe dos infortúnios que atualmente nos atingem quase diariamente. Por fim, embora todos sejam mortais, morrem "o menos possível", sem dor nem angústia, "como se fossem levados pelo sono", segundo Hesíodo. Se eles são "quase mortais", é simplesmente porque não temem uma morte que ocorre como num piscar de olhos, sem alarde, de forma que estão o mais perto possível dos deuses cuja vida cotidiana, aliás, eles compartilham.

Quando essa raça um dia acaba por se extinguir, "escondida pela terra", segundo a fórmula de Hesíodo, esses homens de certa forma não morrem. Disse-lhes que se tornam o que os gregos chamam de "demônios" e que a palavra não tem para eles o sentido negativo que assumiu na tradição cristã e ao qual estamos acostumados hoje: pelo contrário, são espíritos benevolentes e justos, capazes de distinguir a *hybris* da *Diké*, o mal e o bem, a desmedida e o justo. Por causa desse discernimento notável, eles receberão de Zeus o privilégio de distribuir as riquezas de acordo com as boas e as más ações dos homens. E o que mostra que após a morte esses seres continuam de alguma forma a viver e até a viver bem é que, uma vez transformados em demônios/anjos da guarda, eles permanecem com os vivos, na terra, e não embaixo, nas trevas, como os maus que foram punidos pelos deuses[12].

---

12. Essa idade de ouro, Hesíodo também a chama de "idade de Cronos", o que pode parecer estranho, dada a famosa guerra de Zeus contra os titãs que acabei de contar. Há que se dizer que, segundo Hesíodo, apesar de seus crimes posteriores, Cronos ainda era o primeiro soberano, o primeiro senhor do cosmos, antes de ser derrotado por Zeus e precipitado no Tártaro. Além disso, como veremos com a sequência do poema, o senhor do Olimpo acabará perdoando e reabilitando seu pai.

Vem então a idade de prata em que reina uma raça de homens pueris e maus, depois a idade de bronze, também detestável, povoada de seres aterrorizantes e sanguinários, à qual sucede a idade dos heróis, guerreiros também, mas valorosos e nobres, que terminarão seus dias na ilha dos bem-aventurados onde a vida deles se assemelha em tudo à da idade de ouro.

A raça de prata é diretamente fabricada pelos deuses do Olimpo, como a raça de ouro, e ela não envelhece. No entanto, sua juventude duradoura possui um significado muito diferente: durante cem anos os homens da raça de prata vivem como crianças. Ou seja, não são adultos realizados, como os da raça de ouro, mas seres infantis que, assim que atingem a maturidade, vivem muito pouco porque a mais terrível das *hybris* se apodera deles, levando-os imediatamente à morte: não só são extremamente violentos entre si, como se recusam a honrar os deuses, a oferecer-lhes sacrifícios e a reverenciá-los como merecem. Exasperado por essa falta de *Diké*, por esse desconhecimento da justa hierarquia dos seres, Zeus decide, pois, fazer com que desapareçam. Podemos dizer que esses homens são absolutamente à imagem das divindades más. Como Tifão ou os titãs que guerreiam contra os olímpios, eles não procuram edificar uma ordem cósmica justa e harmoniosa. Pelo contrário, desprezam-na e trabalham para sua destruição – razão pela qual Zeus é obrigado a se livrar deles. Em contrapartida, os homens da idade de ouro correspondem a uma ordem do mundo bem regida e bem organizada sob a égide dos olímpios – razão pela qual podem viver em perfeita harmonia com eles. Quando os homens da idade de prata morrem pela vontade de Zeus, eles também se tornam demônios, mas esses demônios, ao contrário dos primeiros, são enterrados, como as divindades más e "caóticas", sob a terra, nas trevas. Esta é a punição deles.

A terceira raça é a de bronze, que não é da mesma categoria que as duas primeiras: são seres limitados, porque sua existência se reduz, por assim dizer, a uma única dimensão da vida humana, a saber, a pura violência da guerra. Não sabem fazer nada além de lutar e sua brutalidade é sem igual. Têm uma força aterrorizante, possuem armas de bronze e até vivem em casas de bronze. Nada de caloroso ou de confortável envolve a vida deles. Habitam lugares à sua imagem: metálicos, duros, frios e vazios. Se a primeira raça corresponde às boas divindades favoráveis ao cosmos, a segunda às divindades sombrias e caóticas, a terceira corresponde aos gigantes, e como estes últimos, aliás, ela está condenada à morte anônima, àquela que os gregos chamam de "morte negra", a morte mais pavorosa existente para eles, aquela que reina nas trevas das profundezas da terra e da qual ninguém consegue escapar. De tanto lutar entre si, como os guerreiros saídos da terra no mito de Jasão, os homens de bronze acabam se aniquilando uns aos outros, de modo que Zeus nem precisa intervir para livrar o cosmos deles.

A quarta raça, a dos heróis, também se dedica à guerra. Mas, ao contrário dos homens de bronze, eles a praticam na justiça, *Diké*, na honra, e não nessa *hybris* constituída pela violência pura. Como Aquiles, Heitor, Ájax, Teseu, Héracles, Ulisses ou Jasão, esses homens da idade heroica, esses seres cujas ações gloriosas e corajosas os tornaram célebres entre todos – e não anônimos, sem voz e sem rosto, como os de bronze – são soldados, certamente, mas são sobretudo homens de honra, preocupados em respeitar os deuses e encontrar finalmente seu lugar no seio da ordem cósmica. Também por isso esses heróis, que Hesíodo chama também de "semideuses", são um pouco como os homens da idade de ouro, pois também não morrem verdadeiramente. Os mais valorosos dentre eles, quando já cumpriram seu tempo, são instalados por Zeus num lugar magnífico, a "ilha dos bem-aventurados" onde, sob a égide de Cronos, que foi libertado e perdoado pelo senhor do Olimpo, ali também vivem como os homens da idade de ouro, sem necessidade de trabalhar, sem preocupações, sem doenças nem dores, numa terra de abundância que lhes dá tudo o que é necessário para uma vida doce e bem-aventurada.

Por fim, vem a idade de ferro, isto é, nossa época e nossa humanidade. Em relação a ela, pela primeira vez, a descrição de Hesíodo é, se assim posso dizer, apocalíptica. Este período, com certeza, é o pior de todos. Na idade de ferro, os homens não param de trabalhar e de sofrer: não há uma única alegria que, para eles, não seja logo acompanhada de um pesar, nem um bem que não implique, como o reverso de uma medalha, um mal. Os homens não apenas envelhecem com muita rapidez, como também precisam trabalhar duro para ganhar a vida. E ainda assim, estamos apenas no início dessa era e as coisas podem piorar. Por quê? Simplesmente porque essa humanidade vive na *hybris*, na desmedida mais total, nesse orgulho prometeico que já não se limita, como o dos homens de bronze, à brutalidade guerreira, mas que contamina todas as dimensões da existência humana. Habitada pelo ciúme, pela inveja, pela violência, essa raça detestável não respeita nem a amizade, nem os juramentos, nem a justiça sob qualquer forma que seja, de modo que os últimos deuses que habitam a terra e ainda vivem perto dos homens podem muito bem decidir retornar ao Olimpo definitivamente. Estamos aqui nos antípodas da bela idade de ouro em que os seres humanos viviam em comunhão de amizade com os deuses, sem trabalhar, sem sofrer e (quase) sem morrer. Os homens dessa idade de decadência se encaminham para a catástrofe, pois se perseverarem nessa via, como Hesíodo conjectura em razão da disputa com o irmão, não haverá mais nenhum bem no reverso da medalha, apenas males e, no fim do caminho, uma morte anônima e irremediável em que vemos os danos extremos e devastadores de uma vida entregue à *hybris*, de uma vida em desacordo com a ordem cósmica e, o que dá no mesmo, de uma existência sem respeito aos deuses.

Esse mito levantou e ainda levanta inúmeras questões. Para além das evidências, ou seja, que ele trata das diferentes faces da *hybris* e da *Diké*, ele deu origem a uma inacreditável pluralidade de interpretações. Não vou mencioná-las aqui, apenas me deter por um momento numa questão que se mostra mais evidente do que todas as outras: como e por que a humanidade passou da idade de ouro à idade do ferro? De onde vem esse declínio, essa derrelição? Como, retomando uma linguagem de uma perspectiva bem diferente, a da *Bíblia* – mas que neste caso convém perfeitamente –, explicar essa "queda" para fora de um "paraíso" agora perdido? É evidentemente a essa questão que os mitos, inseparáveis entre si, de Prometeu e de Pandora respondem: foi porque deixaram de viver na *Diké* para entrar na *hybris* que os homens saíram da idade de ouro, ao mesmo tempo porque a partilha feita por Prometeu na planície de Mecone foi tão injusta quanto arrogante, como visto em Hesíodo, mas também porque, como visto em Platão, os humanos são agora ameaças reais à ordem cósmica. Nesse sentido, agora vocês dispõem de boas chaves de leitura para compreender a mitologia das cinco raças.

Mas vejamos ainda a maneira como Ésquilo imaginou, justamente numa perspectiva que se aproxima daquela que Protágoras trará em Platão, a defesa que Prometeu poderia ter feito diante de Zeus para justificar seus "crimes" de lesa-majestade e implorar tanto sua clemência quanto o reconhecimento da humanidade.

A defesa de Prometeu segundo Ésquilo

No fundo é para uma ideia bastante próxima que conduz a leitura da peça que Ésquilo consagrou a Prometeu quase dois séculos antes de Platão colocar em cena o mesmo mito por meio das palavras de Protágoras: se Zeus detesta Prometeu e os homens é porque desconfia desde a origem dessa raça humana sempre pronta a pecar por *hybris*. Mas aqui, mais uma vez, prefiro citar diretamente o texto de Ésquilo:

> Mal se sentou no trono paterno (isto é, o trono de Cronos, que Zeus acabara de derrubar com a ajuda dos ciclopes e dos hecatônquiros), ele repartiu os privilégios entre os diferentes deuses e fixou as posições em seu império (como se lembram, é aqui que realmente começa a criação da ordem cósmica harmoniosa). Mas nem levou em conta os infelizes mortais. Queria mesmo desaparecer com toda a raça para criar uma nova. E ninguém se opunha a isso além de mim, Prometeu. Sozinho, tive essa audácia e impedia que os mortais alquebrados descessem ao Hades. Por isso estou curvado sob o peso dessas dores atrozes de suportar, lamentáveis de ver (trata-se, é claro, das correntes dolorosas e da águia devoradora de fígado). Por ter tido piedade dos mortais, fui julgado indigno de piedade...

Sem dúvida, mas também aqui, por quê? Um pouco mais adiante, Prometeu se gaba de todos os benefícios que trouxe aos homens. Quando vemos a lista deles, como em Platão, compreendemos por que Zeus não vê com bons olhos essa espécie capaz de ser – mais ou menos como os ecologistas de hoje temem – desde então a única sobre a terra que pode praticar, graças às técnicas de que dispõe, a desmedida a ponto de pura e simplesmente ameaçar de destruição a ordem cósmica:

> Ouçam antes as misérias dos mortais e como, de crianças que eram outrora, fiz seres dotados de razão e de reflexão. Quero dizer-lhes isso, não para difamar os homens, mas para lhes mostrar com que favores minha bondade os cobriu. Antigamente, eles viam sem ver, escutavam sem ouvir, e como nos sonhos embaralhavam tudo ao longo da vida. Não conheciam as casas de tijolos ensolaradas.

Não sabiam trabalhar a madeira. Viviam enterrados como formigas agitadas no fundo de tocas sem sol. Não tinham nenhum sinal certo do inverno, nem da primavera florida, nem do verão rico em frutos. Faziam tudo sem usar a inteligência, até o dia em que lhes mostrei a difícil arte de discernir o nascer e o pôr dos astros. Inventei-lhes a mais bela de todas as ciências, a dos números, e a reunião das letras que conserva a lembrança de todas as coisas e favorece a cultura das artes. Fui também o primeiro que reuni os animais e os submeti à canga e à sela para substituir os mortais nos trabalhos mais penosos e atrelei ao carro os cavalos dóceis com as rédeas, luxo com o qual a opulência se adorna. Ninguém além de mim inventou esses veículos com asas de linho onde os marinheiros vagam pelos mares. Essas são as invenções que imaginei para beneficiar os mortais e eu mesmo, desafortunado, não vejo como me livrar da minha miséria atual.

Prometeu é um bom advogado e os benefícios que ele evoca são de fato admiráveis, salvo por passar totalmente ao largo do problema que preocupa Zeus – problema que, mais uma vez, ressurge sob uma perspectiva muito próxima na ecologia contemporânea – não sendo de forma alguma um acaso se a imagem de Prometeu também esteja ali onipresente. Pois aos olhos de Zeus, a declaração de Prometeu soa como uma terrível confissão e o que o filho de Jápeto avança em sua defesa é do ponto de vista dos olímpios a mais terrível das acusações. O que a mitologia grega apresenta aqui com uma clarividência e uma profundidade impressionantes é a definição, absolutamente moderna[13], de uma espécie humana cuja liberdade e criatividade são fundamentalmente antinaturais e anticósmicas. O homem prometeico já é o homem da técnica moderna, é capaz de inovar, de inventar constantemente, de fabricar máquinas e artifícios capazes de um dia libertá-lo de todas as leis do cosmos. É exatamente isso que Prometeu lhe dá ao roubar o "gênio das artes", ou seja, a faculdade de inventar e depois de utilizar todo tipo de técnicas em seu próprio benefício. Agricultura, aritmética, linguagem, astronomia: tudo lhe servirá para sair de sua condição, para se elevar arrogantemente acima dos seres da natureza e para perturbar esse novíssimo cosmos que Zeus tão penosamente conseguiu construir! Em suma, ao contrário das outras espé-

---

13. Nós a encontraremos no início da tradição humanista, em Pico della Mirandola, em Rousseau, em Kant e até mesmo em Sartre.

cies vivas – aquelas cuja vida Epimeteu regulou tão perfeitamente que formou um sistema equilibrado e imutável, em tudo oposto ao que a humanidade vai formar, uma vez dotada das artes e das ciências –, a espécie humana é a única entre os mortais que é capaz de *hybris*, a única que pode tanto desafiar os deuses quanto perturbar, e até mesmo destruir, a natureza. E é exatamente isso que Zeus só pode ver de forma hostil, para não dizer de forma cruel, se julgarmos pelas punições infligidas a Prometeu e aos humanos!

Daí a pensar em destruir toda a humanidade é só um passo, que certos relatos mitológicos do dilúvio não hesitaram em dar. Voltaremos a isso num capítulo posterior. Mas por ora continuemos com o mito de Prometeu porque é notório que ele terá prolongamentos essenciais no pensamento contemporâneo, e mesmo em Sartre e Heidegger.

6
MIDAS CONTRA APOLO
A estupidez ameaçando o Cosmos

Preâmbulo

Era uma vez, numa região da Grécia chamada Frígia, um rei chamado Midas. Vamos imaginá-lo em seu palácio, um magnífico edifício cercado por florestas profundas. Ele veste trajes suntuosos, bem brancos, e um cinturão de ouro, uma coroa de flores na cabeça, e está se empanturrando, bebendo crateras de bom vinho, festejando, antes de dormir ali mesmo no chão, cercado de moças deslumbrantes, com sua grande pança virada para o céu...

Alguns afirmam que Midas era filho de um deus e de uma mortal. É bem possível, mas o que é certo, em contrapartida, é que Midas não é lá muito inteligente. É um folgazão, certamente, mas, para ser honesto, um belo de um cretino. Um pouco como Epimeteu, ele sempre pensa devagar, "depois do fato", tarde demais. Age sem pensar e sua estupidez, como veremos, às vezes lhe prega peças bem desagradáveis.

A poucas léguas do palácio, nas profundezas da floresta que o rodeia, numa pequena clareira, podemos ver o habitual cortejo de Dioniso, o deus do vinho, da festa, da loucura e da música, um dos mais estranhos filhos de Zeus, mas também de uma mortal, Sêmele, que morrerá ao dar à luz. A jovem pediu a seu amante real que se mostrasse a ela em todo seu esplendor, em sua forma divina e não simplesmente humana. Zeus se recusa no começo, depois acaba por ceder, mas ele é abrasador e luminoso como o sol, de modo que, ao vê-lo, a bela Sêmele se incendeia e se consome. Para salvar o bebê que ela carrega em seu ventre, Zeus o arranca da barriga de sua mãe, faz um largo corte em sua coxa, nela coloca o feto até que ele atinja a maturidade (daí a conhecida expressão "Sair da coxa de Júpiter", que evoca o singular nascimento de Dioniso).

No centro do cortejo, contemplando o espetáculo da festa, vemos o próprio deus, de tez morena, o físico se assemelha ao de um indiano, traços finos, olhos amendoados, mas uma pele muito morena que contrasta com a população grega: é evidente que ele é o que se chamava na Antiguidade um "mestiço", um estrangeiro. Atrás de Dioniso, sua tropa de sempre: bêbados, mulheres nuas, casais que fazem amor com toda impudicícia, animais esfolados vivos cujas cabeças adornam estacas...

Um pouco afastado, vemos Sileno montado em seu asno. Sileno é um deus de segunda categoria, uma divindade secundária, mas ainda assim é um dos filhos de Hermes (ou de Pã, segundo certas tradições). Ele faz parte do cortejo, mas aos poucos dele se afasta, sem nem perceber de tão alcoolizado que está. Acaba deixando de vez a multidão, sonolento. Penetra na floresta cambaleando. Ele segura uma cratera de vinho na mão e, evidentemente, está bêbado como um gambá. Sileno tem um rosto de assustar criancinhas. É inacreditavelmente feio: velho, corpulento, gordo, careca e barrigudo. Sua barriga é enorme, um verdadeiro odre. Ele ostenta um nariz monstruosamente achatado, lábios enormes e orelhas de cavalo, peludas e pontudas, que lhe dão uma aparência aterradora. Mas, por outro lado, é um ser inteligente, um autêntico sábio. Não à toa Zeus lhe confiou a educação de seu filho, Dioniso. Tendo se tornado, com o tempo, amigo do deus do qual era pai adotivo, ele o iniciou nos mais profundos segredos que conhecia e, para além das aparências, é o contrário de Midas, o contrário de um imbecil. Então Sileno penetra na floresta e abandona o cortejo, ele continua a cantarolar, a beber seu vinho. Como era de se esperar, acabou tombando do asno e caiu no sono. Ele ronca como um porco, sua enorme pança voltada para o céu.

Alguns criados do Rei Midas, simples camponeses que por ali passavam, veem o monstro. Meio apavorados, meio curiosos, correm para amarrá-lo com fortes cipós, para tão logo levá-lo ao seu senhor. Enquanto o amarram, Sileno acorda e começa a gritar: "Seus imbecis, cretinos, pobres tolos, me soltem imediatamente! Vocês não sabem com quem estão lidando. Sou filho do deus Pã e pai adotivo de Dioniso. Se não me libertarem imediatamente, pagarão caro!"

Pois é, Sileno é de fato filho de Pã e pai adotivo de Dioniso. Mas os camponeses caem na gargalhada, abraçam-se, cutucam-se e um deles responde a Sileno: "É claro, velho tolo, vai falando!" Se você é filho de Pã e pai adotivo de Dioniso, então eu sou rei da Frígia, ah! ah! ah!"

E arrastando Sileno amarrado, eles o levam ao palácio de Midas e o mostram ao seu rei.

Ora, acontece que Midas, que participou de algumas orgias e outras festas bem regadas, logo reconhece Sileno. E como ele está a par de suas relações ao mesmo tempo paternais e amistosas com Dioniso – um dos mais poderosos e mais terríveis deuses cuja ira é melhor não atrair – ele repreende com firmeza seus criados e manda desamarrar imediatamente o velho bêbado. E mais: na esperança de atrair os favores do deus, ele celebra apropriadamente a chegada de seu hóspede oferecendo-lhe uma festa pomposa que não dura menos de dez dias e dez noites! Bebem, dançam como loucos, e o resto eu deixo vocês imaginarem... Depois, Midas pede a Sileno, que se tornou seu "novo melhor amigo", permissão para acompanhá-lo até o cortejo de Dioniso, a fim de, ele diz, ter certeza de que não terá outro encontro desagradável. Na verdade, Midas, que é tolo, mas que nunca perde a cabeça quando seus interesses estão em jogo, pretende pedir um favor ao deus da festa. Midas e Sileno se põem então a caminho, atravessam a floresta e acabam se juntando a Dioniso. Vendo Sileno, Dioniso o beija, muito feliz por reencontrá-lo. Depois, em agradecimento, oferece a Midas o benefício de escolher uma recompensa que lhe agrade. "Benefício agradável, mas pernicioso", segundo a feliz fórmula de Ovídio (cujo colorido relato seguirei em grande parte aqui). Pois Midas, repito, não é muito esperto. Além disso, ele é avarento e cheio de concupiscência. De modo que vai abusar – e aí começa sua hybris, *sua desmedida – do presente que Dioniso lhe promete.*

Midas, Pã e Apolo

O "toque de ouro"

Ele expressa um desejo exorbitante, verdadeiramente desmedido, mas absolutamente em relação com sua mesquinhez: pede ao deus que faça com que tudo o que tocar logo se converta em ouro. Este é o famoso "toque de ouro". Dioniso já sabe que esse desejo é absurdo a longo prazo, fatal para quem o faz, mas também portador de todos os perigos para o universo, para a ordem cósmica estabelecida por seu pai, Zeus, uma vez que o cosmos corre o risco de ser profundamente modificado por este dom perigoso.

"Você tem certeza do que quer, Midas?", ele tenta alertá-lo.

O outro obstina-se em sua *hybris*, mas se prometeu, está prometido, e Dioniso concede o toque de ouro ao velho ganancioso. Louco de alegria, Midas deixa a tropa de Dioniso e volta a pé para seu palácio saltitando de satisfação. Claro, ele se apressa em experimentar seu novo poder: onde quer que coloque a mão, tudo em que resvala, planta, pedra, torrão de terra, líquido ou animal, transforma-se logo em metal amarelo e precioso. No começo, o tolo fica feliz, extasiado de prazer. Como uma criança, Midas dança, canta, faz entrechats, diverte-se no caminho de volta ao seu palácio transformando tudo o que pode em ouro. Ele vê um ramo de oliveira e, pronto, as belas folhas verdes e as azeitonas se colorem de um laranja muito brilhante. Apanha uma pedra, um miserável torrão de terra, corta espigas secas e tudo vira lingote, até um passarinho que pousou inadvertidamente num galho Midas transformou em ouro.

"Rico, eu sou rico, o mais rico do mundo!" continua a exclamar o infeliz que ainda não tem ideia do que o espera.

Midas volta para casa e ainda se diverte praticando seu novo talento.

E uma vez confortavelmente instalado em seu magnífico salão – cujas paredes, móveis e assoalhos ele, evidentemente, logo se apressou em transformar em ouro fino – é que as coisas se complicam. Midas ordena aos criados que lhe sirvam comida e bebida. Sua alegria aguçou seu apetite. Mas no momento em que pega a taça de vinho fresco para saciar a sede, é um pó amarelo desagradável, nauseante, que flui em sua boca. O ouro não é lá muito bom de beber... E quando agarra a coxa de frango que seu criado lhe estende e começa a mordê-la com avidez, quase quebra os dentes! Midas começa a refletir e percebe, embora um pouco tarde, que se não se livrar de seu novo dom, simplesmente morrerá de fome e de sede. E começa a amaldiçoar todo esse ouro que o cerca, a detestá-lo, como também começa a odiar a estupidez e a concupiscência que o impeliram a agir sem refletir. Midas começa a gemer e mesmo a chorar. Ele chama suas filhas, mas antes que possa detê-las, elas se atiram em seus braços e vemos duas pequenas estátuas de ouro congeladas em seus movimentos.

Midas está desesperado, e mesmo enlouquecido de angústia. Corre uma vez mais para a floresta, junta-se sem demora a Dioniso e implora ao deus que lhe retire o dom. Felizmente para ele, Dioniso, que certamente previra tudo isso, é um bom príncipe. Ele aceita tirar esse poder que se transformou numa maldição.

Mas antes, Dioniso se dirige a Midas para fazê-lo compreender em que consiste seu erro:

> Tudo bem! Midas, vou acabar com essa maldição, mas antes quero que compreenda o que há de errado com você. Que você goste de festas, de vinho e de dinheiro, sabe o quanto eu, Dioniso, que sou o deus das libações e dos excessos de todos os tipos, não me importo. Que você seja glutão e sovina, estou pouco ligando! O que me incomoda, por outro lado, é que com esse toque de ouro você ameaça simplesmente a ordem cósmica que meu pai, Zeus, tão penosamente instaurou. Não vê que, ao transformar seres vivos em matéria inanimada, você se arrisca a destruir tudo, a estragar tudo? Não vê que seu poder é ilimitado, que ele pode corromper pouco a pouco todo o universo, que você pecou por *hybris*, por uma desmedida louca?

Imaginemos, com efeito, que Midas percorresse o mundo: pouco a pouco, o planeta se transformaria numa bola de ouro, as florestas passariam do verde ao dourado, assim como os mares e as montanhas, carregando nesse movimento irreprimível todos os seres vivos e transformando-os em objetos inanimados.

Midas assente, todo envergonhado...

Magnânimo, Dioniso então lhe diz o que fazer para perder aquele maldito toque de ouro que tão estupidamente desejou:

> Para se livrar desse flagelo, você deve ir ao Rio Pactolo, que atravessa a Frígia. Quando lá estiver, subirá o curso até a nascente, depois se banhará inteiramente, da cabeça aos pés, o que lhe permitirá lavar a um só tempo o ouro e a estupidez. Vá, vá e não peque mais...

Todo mortificado, Midas sai e o vemos subindo o rio e mergulhando em sua nascente. Quando terminou suas abluções, percebemos que o rio carrega uma quantidade impressionante de pepitas de ouro: daí vem a expressão "Tocar o Pactolo", que significa ganhar uma grande soma de dinheiro.

Eis como Ovídio, que é aqui, como disse, a fonte principal, descreve a cena (é Dioniso quem primeiro se dirige a Midas):

> "Você não pode permanecer besuntado desse ouro que tão imprudentemente desejou. Vá até o rio perto da grande cidade de Sardes e, subindo seu curso entre as alturas de suas margens, continue sua caminhada até chegar ao local onde ele nasce; então, quando estiver diante de sua nascente espumante, ali onde ele brota em ondas abundantes, mergulhe a cabeça nas águas; lave ao mesmo tempo seu corpo e seu erro". O rei, obedecendo essa ordem, mergulha na nascente; a virtude que possui de transformar tudo em ouro dá uma nova cor às águas e passa do corpo do homem ao rio. Ainda hoje, por ter recebido o germe do antigo filão, o solo desses campos é endurecido pelo ouro que lança seus pálidos reflexos sobre a terra úmida.

Mais adiante voltaremos à exata natureza e significado do "erro" cometido por Midas. Será que só pecou por cupidez, por concupiscência, como se dirá mais tarde, na tradição cristã, ou, mais profundamente, por *hybris*, por desmedida, como sugere todo o pano de fundo grego desse mito? E se for esse o caso, onde exatamente se situa a desmedida de Midas e em que sentido ele realmente ameaça a ordem cósmica e divina instaurada por Zeus?

Mas continuemos o relato, antes de retornar a essas questões fundamentais. Pois a sequência também vai esclarecê-las.

Um ano depois... Como Midas recebe orelhas de asno num concurso de música entre a flauta de Pã e a lira de Apolo

Encontramos Midas no meio da floresta. Não está mais vestido como um rei, e sim como um camponês. Cabelos desgrenhados, roupas sujas, barba malfeita, mas ele não é um mendigo, também não é um rei, e sim um pobre pastor, para não dizer um homem da floresta. É que pelo menos aparentemente Midas se acalmou após o tapa levado por causa de seu desastroso "toque de ouro". Parece enfim ter se tornado mais humilde, quase modesto. Longe do fausto e do luxo que esperava de seu ouro, ele vive retirado no campo. Afastado de seu suntuoso palácio, contenta-se com uma vida rústica e simples, nos campos e nos prados que gosta de percorrer sozinho ou, por vezes, na companhia de Pã, deus dos bosques e dos pastores.

Pã se parece com Sileno e com os sátiros. Ou seja, também é feio, de uma feiura literalmente medonha: quem o vê é tomado de terror, congelado de horror por esse medo que é justamente chamado de "pânico" a partir de seu nome, uma espécie de homenagem bem negativa. Primeiro, ele é meio-homem, meio-animal: todo peludo, chifrudo e disforme, ostenta os chifres e as pernas, ou melhor, as patas de um bode. O nariz é achatado como o de Sileno, o queixo saliente, as orelhas gigantescas e peludas como as de um cavalo, os cabelos eriçados e sujos como os de um mendigo. Afirmam por vezes que sua própria mãe, uma ninfa, ficou tão aterrorizada no dia em que ele nasceu que o abandonou. Ele teria sido recolhido por Hermes, que o teria levado ao Olimpo para mostrá-lo aos outros deuses – que teriam simplesmente caído na gargalhada, divertindo-se a valer com tanta feiura. Seduzido por suas deformidades, Dioniso, que ama por princípio tudo o que é estranho, diferente, teria então decidido fazer dele mais tarde um de seus companheiros de brincadeiras e de viagens...

De uma força e de uma rapidez prodigiosas, Pã passa a maior parte do tempo perseguindo as ninfas, mas também os rapazes cujos favores ele tenta por todos os meios obter. Aqui ou ali, vemos Pã e Midas divertindo-se assustando amantes que se perdem na floresta, correndo atrás das jovens e fazendo-as entrar em pânico. Não pensem que eles são sempre alegres debochados. São também seres perigosos, em suma, violadores. Além disso, foi durante uma de suas perseguições costumeiras que a pequena ninfa Siringe, em cuja homenagem Debussy comporá uma deliciosa peça para flauta solo, encontrou a morte: um dia, quando Pã estava perseguindo Siringe, ela preferiu se matar jogando-se num rio a ceder aos seus avanços. Ela transformou-se então num junco à beira do rio, e Pã, agarrando o talo ainda trêmulo, teria feito uma flauta, seu instrumento fetiche, a famosa "flauta de Pã" que ainda hoje é tocada.

Muitas vezes vemos o deus Pã, como Sileno e os sátiros, na companhia de Dioniso, dançando como um demônio, festejando e bebendo vinho até o delírio, ou seja, esse deus nada tem de "cósmico". Como sempre nos mitos, mesmo naqueles que parecem os mais anódinos, os menos profundos na aparência, a questão cosmológica está sempre presente. Claro que Pã não é um artesão da ordem, e sim um fervoroso amante de todas as desordens. É um ser caótico, um pequeno deus que evidentemente pertence à linhagem das forças do caos, da alteridade, da estranheza, a ponto de alguns relatos não hesitarem em considerá-lo um filho de Hybris, a deusa da desmedida. Em que pressentimos que Midas, pelo menos se o julgarmos por suas frequentações, talvez não tenha se tornado tão ajuizado quanto poderia parecer, visto que sua estupidez e sua lentidão de espírito permanecem firmemente enraizadas em sua pobre cabeça como mostrará a história a seguir.

Um dia quando Pã está tocando sua famosa flauta para tentar encantar algumas moças, o deus se entrega, como é comum nesse tipo de circunstância, à gabolice. Muito satisfeito consigo mesmo e com seu novo instrumento, ele decreta que seu talento como músico supera, e de longe, o do próprio Apolo (que, vale lembrar, é também o deus da música, mas, como veremos, não da mesma música que Dioniso). E não aguentando mais, no auge da *hybris*, chega ao cúmulo de desafiar esse senhor do Olimpo. Ele grita para o céu que é o maior músico e, do alto da montanha divina, Apolo se irrita ao ouvir esse monstro pretensioso desafiá-lo. Ele desce à terra, determinado a colocá-lo em seu devido lugar, a dar-lhe uma boa lição. Encontra-o, pois, na floresta e também o desafia.

Um concurso é de imediato organizado, entre a lira de Apolo e a flauta de Pã. É preciso saber que a tábua da lira, um instrumento oferecido a Apolo por Hermes, seu irmãozinho (daqui a pouco não só voltarei a isso como também contarei essa história cheia de sentido), é feita com a carapaça de uma tartaruga dentro da qual as cordas foram esticadas. É, pois, um instrumento com o qual se pode fazer acordes, portanto um instrumento que emite notas exatas e precisas, bem distintas umas das outras, mas que justamente por isso podem se harmonizar entre elas para formar uma música que poderíamos dizer "cósmica", o contrário exato da música "caótica", áspera e sensual, que emana da flauta de Pã cujos sons se encadeiam entre eles numa espécie de contínuo dentro do qual, como no caos inicial, tudo é "apeiron", indefinido, nada é muito distinto, muito individualizado. Observem que também neste caso, como sempre nos mitos, o confronto entre cosmos e caos, entre ordem e desordem, identidade e diferença, harmonia e alteridade, está sempre presente, pelo menos como pano de fundo, mesmo onde não seria de se esperar.

E Tímolo, uma divindade da montanha – na verdade, Tímolo é a própria montanha, um deus-montanha dotado de fala – é escolhido como o local do concurso ao passo que Midas é escolhido como árbitro.

Pã começa a soprar o instrumento, uma flauta com seis ou sete tubos cortados, como dito, de um junco. Os sons produzidos são rústicos, sensuais, brutais, assim como quem a toca. Podem ser considerados encantadores, é claro, mas de um encanto bruto, para não dizer bestial: o som que o sopro produz nos tubos de junco assemelha-se ao que o vento produz na natureza. Na assembleia os ouvintes aplaudem, mas moderadamente, meio constrangidos com essa música estranha. Então Apolo entra no meio do círculo, toma o lugar de Pã e pega sua lira. É um instrumento muito sofisticado, delicado e, como lhes disse, ele é suave, harmonioso, o contrário daquele que a assembleia acabou de ouvir. A lira explora com uma precisão matemática as relações entre o comprimento das cordas e suas respectivas tensões, garantindo uma perfeita precisão dos sons e de suas relações. A música de Apolo, ao contrário da de Pã, é um símbolo da harmonia que Zeus instaurou em todo o universo. É um instrumento civilizado, em oposição ao lado selvagem da flauta, a sedução que desperta é cheia de doçura.

Todos, é claro, aplaudem Apolo, todos, se assim posso dizer, "votam" nele... menos uma voz! A de Midas, evidentemente.

No momento em que o deus da montanha, Tímolo, está prestes a ordenar que deem os louros a Apolo, aquele grande desajeitado entra em cena e emite, durante o concerto de louvores que cerca o deus da música civilizada, uma opinião dissonante. Já acostumado à vida das florestas e dos campos, amigo de Pã, Midas declara em alto e bom som preferir, e de longe, o som gutural da flauta às harmonias delicadas da lira. Pagará bem caro por isso! Não se desafia Apolo impunemente e, como sempre em tais casos, a punição será de acordo com a natureza do "crime" cometido pelo infeliz Midas, ou seja, ele pecou tanto pela audição quanto pela inteligência, portanto é pelas orelhas e pela mente que ele será punido.

Eis como Ovídio descreveu toda essa cena, como sempre em suas *Metamorfoses* (o relato começa depois de Midas ter se livrado de seu famoso toque de ouro):

> Midas, enojado da riqueza, preferia muito mais as florestas e os campos, e o deus Pã, cuja morada ordinária são as cavernas das montanhas. Mas sua inteligência continuava grosseira e sua estupidez seria fatal para ele mais uma vez. Dominando uma vasta extensão de mar, Tímolo eleva seu cume escarpado a uma grande altura e estende seus dois flancos, de um lado até Sardes, do outro até a humilde Hipepa. Ali, Pã se gabava às jovens ninfas de seu talento musical e modulava melodias leves em seus juncos recobertos de cera. Teve então a audácia de dizer desdenhosamente que os acordes de Apolo valiam menos do que os seus. Ao submeter o debate a Tímolo, ele se engajou numa luta desigual. Na função de juiz, o velho senta-se sobre sua montanha e retira as árvores dos ouvidos. Apenas as folhas de carvalho coroam sua cabeleira escura, enquanto glandes pendem de suas têmporas. E então, olhando para o deus dos rebanhos, ele declara que o juiz está pronto. Pã entoa sua flauta rústica, cuja selvagem harmonia encanta Midas, que se encontra ao lado do músico. Assim que Pã terminou, o deus do Tímolo se volta para Febo: a floresta que o circunda segue os movimentos de seu rosto. Febo, cuja cabeça loira está coroada com louros colhidos no Parnaso, varre a terra com seu manto, tingido na púrpura de Tiro. Sua lira, incrustada de joias e de marfim da Índia, repousa em sua mão esquerda. A outra segura o plectro. Essa simples atitude revela um mestre da arte. Então seu polegar hábil faz vibrar as cordas e, encantado com a doçura desses acordes, Tímolo sugere que Pã reconheça que a cítara venceu os juncos. A sentença dada pelo deus da montanha é aprovada por todos. Midas é o único que a ataca e a declara injusta. O deus de Delos não quer que orelhas tão grosseiras conservem a forma humana: ele as alonga, as enche de pelos cinza. Ele torna a raiz flexível e lhes confere a capacidade de se moverem em todas as direções. Todo o resto do corpo de Midas é o de um homem. Ele é punido apenas nessa parte de seu corpo. Está coroado com orelhas do moroso asno...

E assim compreendemos que as orelhas de asno com as quais Apolo adorna o infeliz Midas à guisa de castigo simbolizam não só a estupidez, a falta de gosto musical, como também a incapacidade de reconhecer o valor da harmonia verdadeira num mundo que, no entanto, se apoia inteiramente nela desde que Zeus destruiu as forças do caos. Como sempre nos mitos, o castigo tem uma relação direta com o crime cometido.

É claro que Midas morre de vergonha de suas novas orelhas. Não sabe mais o que fazer para dissimular aos olhos do mundo o ridículo que agora ostenta – ridículo que o designa aos outros não só como um ser desprovido de ouvido, de sentido musical, mas também como um imbecil, cuja inteligência é igual à de um moroso asno. Midas faz de tudo para esconder seus novos atributos sob uma variedade de bonés, lenços, coroas, enfim, vários apetrechos com os quais envolve furiosamente sua cabeça. Mas nada funciona, elas sempre ficam de fora! Além disso, há pelo menos uma pessoa que as vê: seu barbeiro que, meio sufocando uma risada, meio assustado, sempre faz um comentário sobre elas: "Majestade, mas o que está acontecendo com o senhor? Parece que tem orelhas de asno!"

Ele pagará caro por isso, pois Midas também não prima pela gentileza. E jura-lhe então que, se por acaso revelar a alguém o que acaba de descobrir, ele será imediatamente supliciado: sua barriga será aberta e suas entranhas serão dadas aos cães para que as devorem.

O infeliz barbeiro fica completamente angustiado. Nós o vemos mordendo os lábios quando lhe perguntam sobre o Rei Midas, seu ilustre cliente, fazendo de tudo para manter bem guardado o calamitoso segredo. Mas, ao mesmo tempo, morre de vontade de contá-lo aos amigos, à família. Às vezes começa a falar demais, depois se contém e estremece ao pensar que um dia, inadvertidamente, talvez até durante o sono, uma palavra possa lhe escapar. Para se aliviar do fardo, ele tem uma ideia: "Vou, disse a si mesmo, cavar um grande buraco na terra, e depois confiarei meu segredo às profundezas do solo que tão logo taparei. Assim me livro desse peso excessivo demais para mim". Dito e feito. Nosso barbeiro encontra um lugar longe da cidade. Cava a terra, freneticamente, depois grita e até mesmo urra com toda força sua mensagem no buraco: "Midas, aquele gordo imbecil, tem orelhas de asno!", e repete a frase até não poder mais. Por fim, ele tapa o buraco cuidadosamente e pisoteia a terra antes de voltar para casa com o coração leve, aliviado do fardo. Mas na primavera vemos uma densa floresta de juncos crescer no chão recém-evolvido. Eles se movem lindamente com a brisa. Quando o vento começa a soprar mais forte, ouvimos uma voz formidável que se eleva e também incha e urra por toda a Frígia para quem quiser ouvi-la: "O Rei Midas tem orelhas de aaaasno, o Rei Midas tem orelhas de aaasno..." E vemos Apolo rindo com sua lira, do alto do Olimpo, de onde evidentemente viu tudo...

O significado cosmológico do mito

Eis como Midas foi punido por Apolo por sua falta de discernimento. Talvez me digam que não veem a ligação entre o que se assemelha mais a uma fábula da Idade Média do que a um mito grego, e uma eventual ameaça que o pobre Midas teria representado à ordem do mundo, ao famoso cosmos instaurado por Zeus. Sim, ele desafiou um deus, e mesmo um dos principais, já que Apolo, divindade da música e da medicina, é um dos olímpios. Mas, afinal, era apenas uma questão de gosto em que cada um tem o direito de dizer o que pensa, e se Apolo se sentiu ferido, parece que foi mais em seu amor-próprio, e mesmo em sua vaidade, do que em seu papel de guardião do templo cósmico. Portanto, sua reação parece muito excessiva, para não dizer um pouco ridícula.

Essa impressão, no entanto, só se justifica se não prestarmos atenção aos detalhes da história, se nos contentarmos em julgá-la de um ponto de vista moderno, marcado pela tradição cristã. Pois observando bem, trata-se aqui, como no fim do combate de Zeus contra Tifão, de uma disciplina, a música, com a qual não se brinca: ela põe em jogo diretamente nossa relação com a harmonia do mundo. Como sugeri, a lira é um instrumento gracioso que pode emitir acordes de várias notas distintas dedilhadas ao mesmo tempo com a mão, em compensação a flauta, que só pode tocar uma única nota por vez, emite "glissandos", passando de uma nota a outra de forma um tanto "caótica", contínua, e nesse sentido ela nunca é harmônica, mas só melódica, pois com a lira, assim como com o violão, podemos acompanhar seu canto, e mesmo que os gregos não conhecessem a harmonia no sentido que compositores modernos como Rameau ou Bach vão entendê-la, eles ainda assim começam a colocar mais ou menos em consonância sons nitidamente diferentes entre eles, ao passo que com a flauta a harmonização da diversidade se dá numa imprecisão artística dentro da qual nada é verdadeiramente identificável, em que tudo é, como lhes disse, "apeiron", sem delimitação muito precisa.

Na verdade, o que está em jogo sob a aparência de uma competição puramente musical é a oposição cardinal de dois mundos, o de Apolo, civilizado, cósmico e harmonioso, e o de Dioniso, do qual Pã é próximo, um universo de embriaguez caótica, indistinta e desordenada como suas festas que podem a qualquer momento descambar em horror. Pois nas famosas "Dionísias" ou "Bacanais" organizadas por Dioniso e seus amigos – assim serão chamadas mais tarde, entre os latinos, as festas dionisíacas, quando o deus grego tiver sido substituído por Baco –, às vezes as mulheres que acompanham o deus, as "bacantes", se entregam a orgias que escapam ao entendimento, pois sob a influência do delírio dionisíaco, perseguem filhotes e os destroçam vivos, e os devoram crus e, às vezes, não são apenas os animais que são submetidos às piores abominações, mas as crianças, e mesmo os adultos, como Penteu, rei de Tebas que acabará estraçalhado por suas garras e devorado por seus dentes. Para ter uma boa noção do quão brutal pode ser a oposição desses dois universos, o cósmico de Apolo e o caótico de Dioniso, é preciso se referir a uma variante mais dura desse mesmo concurso de música: aquela que traz o suplício atroz do desafortunado Mársias.

Uma variante do mito: Mársias contra Apolo

O atroz suplício de Mársias: a vitória de Apolo e das musas sobre a música caótica dos sátiros

Este mito é simplesmente análogo ao que acabei de contar, salvo que neste caso trata-se de um sátiro, Mársias – ou de um sileno, mas isso pouco importa, pois esses dois tipos de seres que pertencem ao cortejo de Dioniso são mais ou menos parecidos, ambos caracterizados por uma feiura só comparável ao seu apetite sexual –, aqui então é Mársias que desempenha o papel de competidor de Apolo. Ora, Mársias, como Pã, também é considerado o inventor de um instrumento musical, o *aulos*, uma espécie de oboé com dois tubos. Segundo o poeta grego Píndaro, que foi o primeiro a evocar essa história, já no século V a.C., a própria deusa Atena teria concebido e fabricado o *aulos*[14]. E a maneira como teve essa ideia, que por fim rejeitou, merece ser

---

14. Em seu poema intitulado *Píticas*, estrofe 12, versos 6-8.

contada, uma vez que indica razoavelmente bem o quanto o som "caótico" da flauta é maldito aos olhos das divindades cósmicas.

O caso começa com a morte de Medusa.

Segundo a lenda, havia três seres particularmente estranhos e maléficos, as górgonas. O aspecto delas era medonho, ainda pior do que o de Pã, dos silenos e dos sátiros: os cabelos eram trançados de serpentes, horríveis presas de javali saíam de suas bocas, as mãos providas de garras eram de bronze e tinham nas costas asas douradas que lhes permitiam agarrar suas presas a uma velocidade espantosa. Para piorar, podiam transformar em estátua de pedra qualquer um que tivesse o azar de cruzar o olhar delas. Por isso, aliás, ainda hoje são chamadas de "Górgonas" as plantas marinhas que se erguem eretas na água como se tivessem sido petrificadas pelo olhar funesto de um desses três monstros. Ora, essas três irmãs, embora aterrorizantes para os humanos, se amavam ternamente. Duas delas eram imortais, mas a terceira, chamada Medusa, não. Ela será morta por um herói grego, Perseu, em circunstâncias que serão narradas num capítulo posterior, e, segundo Píndaro, foi ao ouvir as irmãs de Medusa gritando de dor quando Perseu exibiu a cabeça cortada da górgona que Atena teve a ideia da flauta. Basta dizer que esse instrumento nasceu em circunstâncias claramente caóticas, nos antípodas da harmonia e da civilidade que vão caracterizar a lira de Apolo.

É por outro poeta, Melanípide de Melos[15], que também escreveu no século V a.C., que conhecemos a sequência da história:

Atena, que não é apenas a deusa da guerra, mas também das artes e das ciências, está muito orgulhosa de sua nova invenção. E com razão. Afinal, não é todo dia que se inventa um instrumento de música que ainda será tocado em todos os países do mundo milênios depois. Mas o problema é que, ao soprar sua estranha flauta de dois tubos, suas bochechas ficam ridiculamente inchadas e seus olhos esbugalhados – todos os que tocam oboé, que me perdoem, conservam ainda hoje as mesmas caretas estranhas que Atena devia ter. O que significa, observemos rapidamente, que esse instrumento enfeia,

---

15. Encontram-se ecos muito breves (apenas quatro linhas) dessa história em Heródoto (*História*, livro VII, alínea 26) e Xenofonte (*Anábase*, capítulo II, alínea 8), mas, por outro lado, duas descrições completas aparecem em Ovídio e em Higino.

quebra a harmonia do rosto – seu segundo ponto "caótico" negativo. Hera e Afrodite, que não são lá muito gentis e que nunca perdem uma oportunidade de exibir seu ciúme em relação a Atena, percebendo os olhos esbugalhados e as bochechas inchadas da deusa, caem ostensivamente na gargalhada. Elas caçoam, ridicularizam Atena e zombam abertamente de seu rosto disforme quando ela sopra no pobre tubo. Atena, envergonhada demais, foge e procura imediatamente um bom lugar para verificar o efeito que ela produz. Ela corre até uma nascente límpida, uma lagoa ou um lago, para ali contemplar o reflexo de seu rosto. Uma vez sozinha, ao abrigo do olhar das duas malvadas, ela se debruça sobre a água e então acaba constatando que, quando toca, seu rosto se deforma a ponto de se tornar grotesco. Enlouquecida de raiva e de despeito, ela joga o instrumento longe, depois lança um feitiço terrível em quem o encontrar e tiver a audácia de usá-lo.

Ora, é o sátiro Mársias que, percorrendo os bosques como de costume em busca de alguma ninfa, encontra a flauta de Atena. E encanta-se, claro, com esse *aulos*, que lhe convém perfeitamente, ele, o ser caótico por excelência, tão desarmônico a ponto de amedrontar. E ele o usa tanto e tão bem que acaba, como Pã em nossa história anterior, acreditando-se superior ao próprio Apolo a ponto de desafiá-lo numa disputa em que, além do mais, ele comete o erro fatal de tomar as musas como árbitro.

Relembro que as nove musas são filhas de Mnemósina (ou Harmonia) e de Zeus. Saibam que não apenas fazem parte, como cantoras divinas, da origem da música, mas também são consideradas como divindades, não apenas dos sons corretos, mas também, pois é a mesma coisa, do pensamento correto, ou seja, harmonioso no sentido cósmico do termo. São elas, por exemplo, que ditam aos soberanos as falas corretas que permitem reduzir os conflitos, apaziguar as querelas, evitar as guerras ou devolver a paz aos homens que a perderam. Zeus e os outros olímpios sempre as ouvem com alegria e seus cantos bastam para trazer doçura, paz e serenidade a quem os ouve. Ademais, é dessa visão da música que vem o famoso adágio segundo o qual essa arte "abranda os costumes" – adágio que, aliás, compreenderíamos muito mal se não levássemos em conta seu significado original – pois não é muito evidente que toda forma de música tenha como finalidade ou como efeito abrandar seja lá o que for. A *Cavalgada das Valquírias*, por exemplo, paralisava os nazistas, e nada nos diz que nossos *shows* modernos de *techno* ou de *hard rock* sejam necessariamente orientados para o abrandamento e o apaziguamento dos espíritos.

Em suma, as musas referem-se, pois, a uma certa concepção literalmente cosmológica, e é significativo que sejam filhas do deus que destruiu os titãs. Há que se observar, no entanto, que existia, segundo certas lendas, dois grupos de musas, as da Trácia, que eram colocadas sob a égide de Dioniso, e as da Beócia, reagrupadas, pelo contrário, sob a batuta de Apolo que dirigia seus cantos – o que sugere que para os gregos existiam dois tipos de música, uma dionisíaca e caótica, a outra apolínea e cósmica. Daqui a pouco voltaremos a essa questão, por ora continuemos com nosso relato.

É claro que Apolo aceita o desafio lançado pelo sátiro, mas impõe uma condição: o vencedor poderá fazer o que bem entender com o vencido. Apolo, evidentemente, acaba vencendo – continuando a obra de Zeus contra Tifão e contra todas as forças do caos, pois com sua lira faz triunfar os acordes graciosos e delicados produzidos pela aliança dos sons bem distintos que as cordas emitem, sendo que cada uma delas é dedicada a uma nota em particular. A melodia da flauta, rouca e bruta, com sons nebulosos e indistintos, é vencida. Deve-se notar, contudo, que ele triunfa ao mostrar que é capaz de produzir os dois tipos de música: virando sua cítara, ele a usa como instrumento de sopro e prova a todos que sabe tocar tanto a lira quanto a flauta – algo que Mársias não pode fazer com seu instrumento. De certa forma ele é como o próprio Zeus, capaz de um domínio vitorioso das forças do caos sob o primado das forças cósmicas.

Mas desta vez ele não se contenta, como fizera com Midas, com uma punição, afinal bem leve e proporcional à indelicadeza cometida. Ele havia avisado: o vencedor poderá dispor do vencido como quiser! Sendo assim, Apolo manda pendurar o infeliz sátiro pelos pés numa árvore, depois ordena que seja esfolado vivo. O sangue que jorra de toda parte será transformado em rio e sua pele será usada para marcar a localização da gruta onde o rio agora nasce. Higino, em suas fábulas, resume todo o caso assim – como de costume, cito esse texto original para que possam ver em que termos exatos esses mitos ainda eram contados na Antiguidade romana:

> Minerva (Atena), dizem, foi a primeira a confeccionar uma flauta com um osso de cervo e veio tocá-la no banquete dos deuses. Como Juno (Hera) e Vênus (Afrodite) caçoaram dela porque seus olhos estavam esbugalhados e suas bochechas inchadas, Minerva, assim enfeada e ridicularizada durante sua apresentação, foi até uma fonte, na Floresta de Ida, tocou, se observou na água e compreendeu que tinha sido ridicularizada por um bom motivo. Então jogou sua flauta ali e jurou que quem a pegasse sofreria um terrível suplício. Um dos sátiros, Mársias, pastor filho de Oeagro, encontrou-a e, de tanto treinar, obteve dia após dia um som mais agradável a ponto de desafiar Apolo e sua cítara para um concurso musical. Quando Apolo chegou, eles tomaram as musas como juízes e como Mársias estava vencendo, Apolo virou a cítara e fez o mesmo som. E Mársias não podia fazer o mesmo com a flauta. Por isso Apolo entregou o derrotado Mársias a um cita que o esfolou membro por membro... e seu sangue deu nome ao Rio Mársias.

Por sua vez, Ovídio, que certamente teria gostado de escrever roteiros de filmes de terror se vivesse hoje, relata o suplício infligido por Apolo nos seguintes termos:

> Ao sátiro que ele havia derrotado no combate da flauta concebida pela deusa do Tritão (ou seja, Atena, a quem Ovídio chama assim por causa do Rio Tritão perto do qual Atena supostamente nasceu): "Por que me arranca de mim mesmo?" perguntava este último (fórmula que significa evidentemente que Apolo arranca a pele do sátiro e o separa assim de alguma forma de si mesmo). E ele gritava: "Ah! Como me arrependo! Ah! Uma flauta não vale tanto assim!" Apesar de seus gritos, a pele lhe é arrancada de toda a superfície do corpo; ele é apenas uma ferida. Seu sangue escorre de toda parte; seus músculos nus aparecem à luz do dia; um movimento convulsivo faz tremer suas veias, despojadas da pele; seria possível contar suas vísceras palpitantes e as fibras que a luz ilumina em seu peito. Os faunos rústicos, divindades dos bosques, os sátiros, seus irmãos, Olimpus (o pai de Mársias)... e as ninfas choraram por ele. Suas lágrimas, caindo, banharam a terra fértil... Assim nasceu um rio..., o chamado Mársias, o mais límpido da Frígia.

Como vemos, a punição neste caso é terrível, muito mais atroz do que a infligida a Midas. As duas histórias, a de Mársias, em que os juízes são musas, e a de Pã, em que é Midas e Tímolo que desempenham esse papel, não deixam de ser muito próximas. Tanto que muitas vezes são confundidas[16]. Em ambos os casos, de fato, a música, arte cósmica por excelência, está no centro do relato, e em ambos os casos se trata uma vez mais de um conflito entre um deus, que defende sobretudo a harmonia cósmica, e seres caóticos, munidos de instrumentos rústicos que só encantam espíritos rudimentares como os de Tifão e de Midas. É, aliás, nesse sentido que Ovídio acaba ressaltando que Midas, depois das suas desventuras no Pactolo, vive apenas nos bosques, como Pã, em contato, portanto, com realidades menos civilizadas: por isso ele prefere, como um asno, os sons roucos e brutos da flauta de Pã aos sons harmoniosos e suaves da lira de Apolo. Há que se dizer que essa lira, da qual se extraem acordes deliciosos, tem toda uma história. Não é um instrumento ordinário, mas, segundo outro mito transmitido em especial pelos *Hinos homéricos*, provavelmente a partir do século VI a.C., é mesmo um instrumento divino[17], pois foi concebido, fabricado e oferecido pelo próprio Hermes a Apolo ao fim de uma aventura bastante singular que vou contar agora...

A invenção da lira de Apolo por Hermes (segundo os Hinos homéricos)

Hermes é um dos filhos favoritos de Zeus. O rei dos deuses até fez dele seu principal embaixador, aquele que ele envia quando tem uma mensagem importante para transmitir. Sua mãe, Maia, é uma ninfa encantadora, uma

---

16. Além disso, na fábula 191, não são mais as musas, e sim Midas que se torna o árbitro da competição entre Apolo e Mársias – prova de que, no espírito dos mitógrafos, as duas histórias, na verdade, formavam apenas uma: "O rei Midas foi escolhido... na época em que Apolo participou de um concurso de flauta com Mársias ou Pã..." Enquanto alguns davam "a vitória a Apolo, Midas disse que era necessário dar a Mársias. Irritado, Apolo disse então a Midas: "Daquele cujo espírito você teve em seu julgamento, dele também terá suas orelhas", e com essas palavras fez crescer as orelhas de um asno..." O que permite a Higino fazer a ligação entre os dois mitos, o de Midas e Pã e o de Mársias – que nenhum texto arcaico conectava entre eles? A resposta pode ser bem simples. Como no processo da "condensação" no sonho segundo Freud, o que deve ter sugerido que Midas fazia parte da história são quatro pontos de aproximação: primeiro, a flauta, seja a de Mársias ou a de Pã, é, ao contrário da lira de Apolo, um instrumento não harmônico, uma vez que é possível imitar o som da voz, do vento nas árvores, o grito dos animais selvagens, mas não extrair acordes harmoniosos; depois, a cena se passa na Frígia, da qual Midas é rei, e o primeiro poema a evocar a história – pelo menos o primeiro que nos resta – a saber, as *Píticas* (12, versos 6/8) de Píndaro, é dedicado ao "flautista Midas"; por fim, tanto Mársias como Pã são seres "dionisíacos", ou seja, seres de caos, de festa, de loucura e de desordem, e não como Apolo dos olímpios, fiadores da obra cósmica do pai fundador, Zeus.

17. Como quase sempre, será encontrada uma versão marcante desse mito nas *Metamorfoses* de Ovídio [OVÍDIO. *Metamorfoses*. São Paulo: Editora 34, 2017].

das sete Plêiades, que também são filhas de Pleione (como seu nome indica) e do titã Atlas, irmão de Prometeu e de Epimeteu, que Zeus puniu obrigando-o a carregar o mundo sobre os ombros.

Não é um exagero dizer que o pequeno Hermes é incrivelmente precoce.

> Nascido de manhã, conta-nos o autor do hino homérico que relata essa história, ele tocava cítara desde o meio do dia e, à noite, roubou as vacas do arqueiro Apolo...

Primeiro dia de vida bastante agitado para um recém-nascido que tem apenas algumas horas: Hermes já é um músico completo e um ladrão excepcional! Seu pai, Zeus, um dia se apaixonou por sua futura mãe, Maia. A mãe de Maia, Pleione, é filha de dois titãs, Okéanos e Tétis. Apesar dessa ascendência divina, e embora seja uma das amantes de Zeus, ela é muito pobre. Vive numa gruta na rocha. Assim que o pequeno Hermes abre os olhos, mal saído do ventre de sua mãe, ele quer protegê-la da miséria, por isso vai imediatamente em busca das vacas do rebanho de Apolo. No caminho, encontra uma tartaruga que vive na montanha e cai na gargalhada: só de ver o infeliz animal, ele compreendeu toda a vantagem que poderia tirar dele. Volta imediatamente para casa, escava o pobre bicho, mata uma vaca, puxa sua pele até a borda da carapaça, fabrica cordas com as tripas e com juncos-chave para esticá-las. Ainda é um recém-nascido de poucas horas, mas graças à sua inteligência divina a lira nasceu, com a qual ele pode fazer sons de perfeita precisão, muito mais harmoniosos do que os da flauta de Pã.

Não contente com essa primeira invenção, ele sai uma vez mais em busca das vacas imortais de seu irmão mais velho. Vendo o rebanho de Apolo, ele separa cinquenta animais e, para camuflar seu crime, os conduz em marcha à ré, depois de ter tido o cuidado de prender nos cascos uma espécie de raquetes de relva que ele rapidamente confeccionou para dissimular os passos deles. Depois conduz os bovinos até uma caverna para escondê-los de seu irmão. Alguns minutos depois, reinventou o fogo sozinho. Ele sacrifica duas vacas aos deuses e passa o fim da noite espalhando as cinzas da fogueira. Volta então para sua própria caverna, onde foi criado por Maia, ali onde está seu berço, e volta a dormir dando-se o ar de inocência próprio de um recém-nascido. À mãe que o repreende, ele simplesmente responde (pois já está falando, é claro) que está farto da pobreza deles e que quer ficar rico. É por isso que mais tarde será o deus dos comerciantes, dos jornalistas e dos ladrões – deixo vocês apreciarem o tipo de equivalência que a mitologia estabelece entre essas três profissões... Além disso, muitos jornais, em boa parte do mundo, adotarão seu nome latino, Mercúrio, como título de sua publicação.

Primeiro dia, portanto, do bebê divino.

Resta compreender como a lira se tornará o instrumento favorito de Apolo, aquele que lhe permitirá triunfar sobre Pã e Mársias.

Claro, o irmão mais velho acaba descobrindo a trapaça. Ele compreende que fizeram seu rebanho andar para trás e, continuando sua investigação, encontra a caverna onde Hermes dorme em seu berço. Quando põe as mãos no filho de Zeus, ele o sacode como uma ameixeira e ameaça jogá-lo no Tártaro, nos infernos, se não devolver suas vacas! Hermes jura pelos grandes deuses que é inocente como o cordeiro que sai do ovo (bem, algo assim). Apolo o brande com o braço estendido, o sacode novamente como uma boneca de milho e se prepara para jogá-lo longe, mas Hermes fala algo tão surpreendente que ele acaba por soltá-lo (tipo: "como você parece um idiota com esses olhos esbugalhados...", tudo acompanhado de caretas que imitam a raiva de Apolo). A disputa é finalmente levada à corte de Zeus... que evidentemente também cai na gargalhada diante de tamanha precocidade. Na verdade, ele está bastante orgulhoso de seu filho mais novo. O conflito ainda continua entre Apolo e Hermes, mas este empunha a arma absoluta, sua lira, e começa a tocá-la com tanta arte que Apolo, assim como Zeus, acaba desistindo e literalmente cai sob o feitiço do garotinho.

Seduzido, Apolo, deus da música, fica pasmo com a beleza dos sons que saem desse instrumento que ele ainda não conhece. Em troca da lira, ele promete a Hermes torná-lo rico. Mas o menino continua a negociar, a pechinchar, e consegue ainda a guarda dos rebanhos do irmão mais velho! Apolo chega a lhe oferecer, para completar, o chicote de pastor e a varinha mágica da riqueza e da opulência, aquela que será usada para fazer o emblema de Hermes, o famoso caduceu, e que também lhe permitirá trazer riqueza e prosperidade para sua mãe. Vamos aproveitar a ocasião para fazer um pequeno esclarecimento sobre as origens deste estranho símbolo das profissões médicas.

Sobre a origem dos três caduceus de nossos médicos e farmacêuticos

A palavra "caduceu" vem do grego *kérukeion*, que significa o "cetro do Arauto", não no sentido do herói que vence as batalhas e faz proezas, mas do arauto que anuncia as notícias, como Hermes, o mensageiro dos deuses.

O primeiro caduceu combina bem com o nome, uma vez que é o emblema do deus Hermes. É constituído por duas serpentes que se enrolam em torno de um bastão encimado por um par de pequenas asas. Os mitos, neste caso, divergem uns dos outros. Segundo alguns, Apolo teria trocado seu cetro de ouro com Hermes por uma flauta que este teria inventado depois da lira. Segundo outros, Hermes, vendo um dia duas serpentes brigando – ou fazendo amor? –, as teria separado jogando um bastão (a varinha mágica de Apolo?) entre os dois répteis. As serpentes teriam então se enrolado nesse bastão e Hermes teria apenas acrescentado as pequenas asas, que são sua marca própria, uma vez que permitem que ele cruze o mundo e fenda o ar a toda velocidade.

É, estranhamente, esse mesmo caduceu de Hermes que na maioria das vezes serve, ainda hoje, de emblema da medicina nos Estados Unidos. Na realidade, no entanto, ele não tem qualquer ligação com essa disciplina. Parece que nossos amigos americanos simplesmente confundiram esse caduceu com outro, o de Asclépio, provavelmente porque a medicina antiga (e com frequência até mesmo a de hoje) é uma arte "hermética", que utiliza, como em Molière, palavras eruditas, um jargão obscuro e, sobretudo, porque no início as primeiras faculdades de medicina se assemelhavam às sociedades secretas. Erro explicável, pois, mas erro ainda assim.

Pois o segundo caduceu, aquele que simboliza realmente a medicina, não é o de Hermes. Também aqui os mitos são bastante obscuros e variados. Duas linhas de relato principais convergem: de acordo com a primeira, Asclépio, quando foi educado por Quíron, que lhe ensinou a medicina como Apolo lhe pedira, teria tido uma experiência muito estranha: ao cruzar uma serpente em seu caminho, ele a mata... e constata surpreso que outra serpente vem socorrer a primeira, trazendo na boca uma pequena erva que ela a faz ingerir e que a desperta da morte. É daí que Asclépio teria tirado sua vocação para a ressurreição dos mortos. Segundo a outra, Asclépio teria tomado a serpente como símbolo de sua arte por uma razão muito mais simples: porque esse animal parece começar uma nova vida quando se renova e muda de pele. Basta passear pelas terras rochosas da Grécia para ver em quase toda parte essas peles de serpente abandonadas. Para concluir então que o animal morto conhece um renascimento, há apenas um passo que Asclépio teria dado. Como podemos ver, as duas histórias, basicamente, se juntam. Em ambos os casos, com efeito, a serpente simboliza o renascimento, a esperança de uma segunda vida. É também por isso que quando Zeus fulmina Asclépio, ele o transforma na constelação do "Serpentário", daquele que carrega a serpente, uma forma de tornar Asclépio imortal, de lhe oferecer uma apoteose. Os médicos europeus, ao contrário dos americanos, adotaram com toda razão o caduceu de Asclépio como símbolo de sua arte. Eles simplesmente acrescentaram um espelho, para representar a prudência necessária ao exercício de sua profissão.

Acrescento que desde então um terceiro caduceu foi inventado, o dos farmacêuticos. Para dizer a verdade, é apenas uma variante do de Asclépio. Ele também é constituído por uma serpente que envolve um bastão, com a diferença de que aqui a cabeça do animal pende sobre uma taça na qual cospe seu veneno. Esta taça é a de Hígia, uma das filhas de Asclépio (cujo nome deu origem à palavra "higiene"), irmã de Panaceia (o remédio universal), e o veneno depositado na taça simboliza as preparações de medicamentos cujos segredos só os farmacêuticos conhecem...

Último esclarecimento para concluir essa história: o maior médico grego, Hipócrates, evocará Asclépio e dirá que é seu descendente direto. Ainda hoje, todos os médicos devem, antes de praticar, fazer um juramento de boa conduta chamado "juramento de Hipócrates". Infelizmente, ainda não são capazes de restaurar a vida daqueles que morreram e que gostaríamos de ver novamente...

Da *hybris* grega ao orgulho cristão: Midas e Frankenstein

Na interpretação do mito há uma questão que surge imediatamente: quais são os vínculos e as diferenças entre o que os cristãos chamam "pecado do orgulho" e o que os gregos chamam de *hybris*. Com nosso olhar moderno, marcado por vinte séculos de cristianismo, tendemos espontaneamente a pensar que a fábula significa, em linhas gerais, que Midas pecou sobretudo por cupidez e concupiscência, ou seja, se formos à raiz desses dois defeitos, por orgulho e por vaidade, por querer parecer mais do que ser. Para nós, a lição da história poderia ser formulada mais ou menos da seguinte maneira: Midas tomou o superficial pelo essencial, ele acreditou que a riqueza, o ouro, o poder e as posses que ele acarreta formavam a finalidade principal da vida humana. Nesse sentido, ele confundiu o ter e o ser, a aparência e a verdade. E por isso é merecidamente punido. Tudo está bem quando acaba bem. Amém.

Na realidade, o mito grego vai muito mais longe. Ele tem, embora mais secreta, uma dimensão cósmica e não se resume de forma alguma ao clichê segundo o qual "dinheiro não compra felicidade". Com seu toque de ouro, com efeito, Midas tornou-se uma espécie de monstro. Potencialmente, como sugeri no início, é de fato toda a ordem cósmica que ele ameaça, uma vez que tudo o que ele toca morre, pois seu poder aterrorizante chega a transformar o orgânico em inorgânico, o vivo em matéria inanimada. Ele é de certa forma o oposto de um criador de mundo, uma espécie de antideus, um ser caótico, anticósmico. As folhas, os galhos das árvores, as flores, os pássaros e os outros animais que ele toca deixam de ocupar seu lugar e sua função, seu "ergon" no seio do universo com o qual, momentos antes, viviam ainda em perfeita harmonia. Basta que Midas os resvale para que mudem de natureza e, potencialmente, seu poder devastador é infinito, sem limites, pois ninguém sabe até onde ele pode ir. No fundo, talvez seja todo o cosmos que poderia ser alterado: imaginemos, por exemplo, que Midas viaje, que consiga metamorfosear nosso planeta numa gigantesca bola metálica, dourada mas morta, definitivamente desprovida das qualidades que os deuses conseguiram lhe conferir na origem, no momento da partilha primordial do mundo por Zeus após sua vitória sobre as forças caóticas dos titãs, dos gigantes e de Tifão: seria o fim de toda vida e de toda harmonia.

Se ainda assim quisermos estabelecer uma comparação com o cristianismo, ela deve, portanto, ir muito mais fundo do que pensamos espontaneamente. Assim como o mito do doutor Frankenstein, inspirado em antigas lendas nascidas na Alemanha do século XVI, as desventuras do Rei Midas nos contam na verdade a história de uma despossessão trágica.

O doutor Frankenstein também gostaria de se tornar igual aos deuses. Neste caso, ele sonha em dar vida, como fez o Criador. E passa seu tempo tentando descobrir como conseguir reanimar os mortos. E um belo dia, ele consegue. Ele coletou cadáveres, roubando-os do necrotério do hospital e, utilizando a eletricidade do céu, conseguiu devolver a vida ao monstro que fabricou com os corpos em decomposição. No início, tudo vai bem, e Frankenstein pensa que é um verdadeiro gênio da medicina. Mas o monstro adquire pouco a pouco sua independência e consegue escapar. Como seu aspecto é abominável, ele semeia o terror e a desolação por onde passa, de modo que em reação ele próprio torna-se mau e ameaça devastar a terra e seus habitantes. Despossessão trágica: a criatura escapou ao seu criador, que por isso se encontra, por assim dizer, frustrado. Ele perdeu o controle – o que, claro, na perspectiva cristã que domina esse mito, significa que o homem que se toma por um deus flerta com o desastre.

É num sentido análogo que o mito de Midas deve ser compreendido, ainda que o deus, ou melhor, os deuses no caso dos gregos, não seja o dos cristãos. Pois Midas, como Frankenstein, quis atribuir a si mesmo, com o toque de ouro, um poder divino, uma capacidade que vai muito além de toda a sabedoria humana, a começar pela sua própria, já tão reduzida: a de perturbar a ordem cósmica. E, como o doutor Frankenstein, ele logo perde qualquer controle sobre suas novas atribuições. O que ele pensava dominar escapou-lhe completamente, de modo que só lhe resta implorar à divindade, neste caso Dioniso, para se tornar novamente um simples humano.

7
OS AMORES DE ZEUS
O nascimento de Héracles e seus doze trabalhos

Preâmbulo

Héracles é fruto dos amores de Zeus e de uma mortal, Alcmena, mas antes de lhes contar as circunstâncias de seu nascimento, de suas primeiras façanhas, de seus famosos trabalhos e de sua apoteose final, devo dizer-lhes algo sobre os vários significados que os amores do rei dos deuses foram adquirindo na mitologia. Como verão, esta é uma das chaves essenciais para entender o caráter complexo de Héracles.

Incontáveis livros foram dedicados às relações amorosas de Zeus com suas mulheres, suas amantes e até seus amantes. Há que se dizer que suas conquistas são tão impressionantes quanto o número de seus filhos. Podemos, é claro, considerar o rei dos deuses um maníaco sexual – o que não é inteiramente falso e, como foram os homens que inventaram os deuses, é bem provável que tenham projetado certo número de suas fantasias naqueles aos quais davam uma existência bem-aventurada. Mas para além das considerações puramente eróticas, as empreitadas amorosas do senhor do Olimpo não são tão leves e desprovidas de sentido como se poderia pensar à primeira vista. Na verdade, podemos distinguir quatro finalidades, quatro significados principais das relações amorosas que Zeus mantém com suas incontáveis conquistas:

– política;

– teológica;

– *erótica;*

– *cosmológica.*

Os amores de Zeus e seus significados

Comecemos pela função política, a primeira que entra em cena na vida de Zeus. Já mencionamos em que condições e por quais razões "político-militar-diplomáticas" Zeus se casara com suas duas primeiras esposas, Métis e Têmis. Sem a inteligência astuta de Métis, que ele vai transformar numa gota de água para melhor absorvê-la, mas também sem a justiça encarnada por Têmis, Zeus jamais teria conseguido derrotar os titãs nem dividir o mundo com sabedoria bastante para que este se tornasse um cosmos harmonioso, pacífico e duradouro. Dizem também que essa partilha foi feita com seus três irmãos, por sorteio, o que, no mundo grego, é uma das encarnações mais adequadas da ideia de justiça: Hades obteve o domínio dos subterrâneos, do inferno e do povo dos mortos – por isso será chamado em latim "Pluton", do grego *ploutos,* que significa "rico", porque ele reina, com sua esposa Perséfone (que também é uma das muitas filhas de Zeus, filha que teve com sua irmã Deméter, deusa das estações e das colheitas), sobre o povo que, de longe, é o mais numeroso, o dos infelizes defuntos. Quando os três ciclopes foram libertados dos infernos por Zeus, retirados do Tártaro úmido, mofado e tenebroso onde Cronos os havia trancafiado, eles ofereceram a Hades um gorro de pele de cachorro, um chapéu dotado de uma propriedade sobrenatural: apaga os rostos e torna invisível quem o usa (veremos mais adiante como será usado, por exemplo, por Perseu para decapitar a górgona Medusa, ou ainda para libertar sua amada, Andrômeda, das garras do monstro que estava prestes a devorá-la); quanto a Poseidon, ele recebeu dos ciclopes o tridente que estremece a terra quando o bate no chão. Também obteve pela sua "parte de honra", ainda graças a esse mesmo sorteio, o privilégio de reinar sobre os mares; quanto a Zeus, o destino (o acaso dos dados) lhe atribui o "céu luminoso" e já sabemos que os ciclopes também lhe deram de presente o relâmpago, o raio e o trovão, o que o torna mais forte do que todos os outros deuses juntos.

Logo, o significado de seus dois primeiros casamentos é claro: sem eles, ele não teria sido o senhor do universo, o fiador da ordem cósmica e o rei dos deuses. Ainda assim, de tempos em tempos, outras divindades se juntam contra ele. Hera e Atena por exemplo, mas também seus irmãos, que por vezes lhe contestam a soberania, principalmente Poseidon, mas é sempre Zeus quem acaba vencendo e restabelecendo a ordem cósmica como se pode ver numa passagem bastante significativa do canto XV da *Ilíada*: enquanto Zeus acaba de lhe enviar sua fiel mensageira, Íris (não confundir, como infelizmente fazem algumas obras populares, com Éris, a deusa da discórdia), para obrigá-lo a não mais intervir na guerra, Poseidon se revolta... antes de desistir:

Íris: "Venho aqui, senhor da terra, deus dos cabelos azuis, para trazer-lhe uma mensagem em nome de Zeus que detém a Égide (ou seja, o escudo coberto com a pele da cabra – *aigos* – Amalteia, um couro que nenhuma flecha pode transpassar e que Zeus compartilha com Atena). Ele ordena que pare a luta e a batalha e volte para a casa dos deuses, ou então para o mar divino. Se não ouvir essa ordem, se não a levar em conta, ele ameaça vir aqui pessoalmente para lutar frente a frente com você, por isso o aconselha a se esquivar do braço dele. Pois afirma ser muito superior a você em força, assim como é seu primogênito pelo nascimento. Você, porém, não tem qualquer escrúpulo em seu coração para lhe falar como se fala com um igual, para falar com aquele que causa medo em todos os outros".

E o ilustre Estremecedor da terra se irrita e responde.

Poseidon: "Ah! Por mais corajoso que seja, ele proferiu aqui uma palavra muito arrogante. Ele pretende, portanto, me reduzir pela força e apesar de mim, eu que sou seu igual! Somos três irmãos, saídos de Cronos e paridos por Reia: Zeus e eu e, em terceiro, Hades, o monarca dos mortos. O mundo foi dividido em três. Cada um teve seu apanágio. Consegui para mim, após sorteio, habitar o mar branco para sempre; Hades teve como quinhão a escuridão brumosa, Zeus o vasto céu, no meio do éter, no meio das nuvens. Para nós três, a terra é um bem comum assim como o alto do Olimpo. Por isso não pretendo viver segundo a vontade de Zeus. Por mais forte que seja, que fique tranquilo no seu quinhão, o terceiro, e que nem tente me assustar com os braços, como se eu fosse covarde! Faria melhor guardar suas censuras e suas imponentes palavras, que ele considera amedrontadoras, para as filhas e os filhos dos quais é pai para que ouçam suas ordens".

A rápida Íris, dos pés velozes como os ventos, responde:

Íris: "Devo levar tal qual a Zeus, senhor da terra, deus dos cabelos azuis, suas intratáveis e duras palavras, ou cederá em algo? Coração valente se deixe curvar, sabe como as erínias sempre seguem os mais velhos".

E o Estremecedor da terra, Poseidon, por sua vez disse-lhe:

"Divina Íris, o que me diz está correto. É muito bom ter de lidar com um mensageiro tão sábio. Mas uma dor atroz penetra também na minha alma e no meu coração quando Zeus pretende repreender a mim, seu igual, destinado a uma parte igual à dele, com palavras exasperadas. No entanto digo que, desta vez, apesar do meu despeito, vou me curvar..."

Essa passagem é interessante por vários motivos.

Primeiro, ela mostra como Zeus acrescenta justiça à força e à inteligência. Constantemente, durante a Guerra de Troia, ele segura a balança que pesa os destinos, e mesmo quando preza um herói, como é por exemplo o caso de Heitor, que Zeus aprecia particularmente porque sempre o honrou, ainda assim confia no destino que a balança de Têmis indica com justeza. Uma rápida observação: poderíamos nos surpreender ao ver Zeus apresentando-se como o primogênito, quando ele é, como seu pai, Cronos, o caçula dos irmãos. É verdade, salvo que, lembrem-se, a pedra envolta em panos que o representa no ventre de Cronos é também aquela que sai primeiro graças ao vomitivo que Métis o fez absorver, de modo que, simbolicamente, ele é o primogênito – onde vemos como o princípio dinástico reforça ainda mais a supremacia dada a Zeus pela inteligência de Métis, pela justiça de Têmis e pela força dos três ciclopes. Íris, a esperta, aproveita a ocasião para evocar as erínias, as famosas e aterrorizantes "benevolentes" (eumênides) que punem os crimes cometidos nas famílias, de modo que após madura reflexão Poseidon, apesar do que sente, só pode obedecer...

Em seguida, os amores de Zeus preenchem uma função, no sentido literal, teológica, pois deles nascerá uma plêiade de divindades cujo papel se revelará considerável na mitologia. Impossível mencionar todas aqui, mas citemos algumas entre as mais essenciais. A primeira será, a cada um o que lhe é devido, Atena, filha de Métis e de Zeus e, como tal, deusa da inteligência e da guerra – a divindade mais poderosa depois de seu pai, para a qual ele praticamente nada pode recusar. Lembro que um oráculo havia profetizado que se Zeus tivesse um filho de Métis, essa criança conseguiria destroná-lo. É

Prometeu quem a revela a Zeus, o que lhe permite então ser perdoado por ter roubado o fogo e as artes para dá-los aos homens, tornando-os assim capazes de *hybris*, de desmedida, dessa arrogância que os leva às vezes a se considerarem como iguais aos deuses.

Portanto, vendo que Métis está grávida, Zeus pede que ela se transforme numa gota d'água e a engole. Muito bom. Mas o embrião já está ali começando a crescer no corpo do senhor do Olimpo, e não é um embrião qualquer: trata-se de Atena que se instalou na cabeça do rei dos deuses (como Dioniso, filho de Zeus e de uma mortal, Sêmele, crescerá em sua coxa, de onde acabará "saindo" – daí a famosa fórmula latinizada: "sair da coxa de Júpiter"). Quando a estranha gravidez chega ao fim, Zeus pede a Hefesto (ou, segundo algumas variantes, a Prometeu) que lhe fenda a cabeça com uma machadada e Atena sai totalmente vestida, totalmente armada e, se me atrevo a dizer, pronta para a ação.

Mas Zeus terá muitos outros filhos divinos: Ares, o deus da guerra, concebido com Hera, como Hefesto, deus do fogo e dos ferreiros; Hermes, seu mensageiro, filho de Maia; os gêmeos, Apolo e Ártemis, que concebe com Leto, mas também as musas, as moiras (os destinos), as graças, Mnemósina (a memória), até Afrodite, que segundo certas lendas não seria sua tia (a filha de Urano e de Gaia), mas a filha que ele teria tido com Dione, uma titânida... A dimensão, nesse sentido literal, "teológica", de suas relações amorosas é, portanto, tão importante e manifesta quanto seu significado político-militar. Pois não duvidem: todas essas divindades surgidas de Zeus terão um papel eminente em muitíssimos mitos, bem como uma contribuição essencial à coerência de conjunto da visão do mundo que as subtende. Deixemos de lado as mais conhecidas, das quais já falamos e das quais voltaremos a falar ao longo dos próximos capítulos, e consideremos as divindades geralmente tidas, erroneamente, como secundárias, as musas, as horas, as moiras e as cárites (que em latim são chamadas as graças), por exemplo. Quem são elas e qual é o seu papel?

Já tivemos a oportunidade de evocar, ao analisar as duas músicas, a de Apolo e a de Dioniso, que se enfrentam no mito de Midas, quais eram a origem e o significado das musas. Não volto a esse assunto. Mas falemos um pouco sobre essas outras divindades que ocupam todas as funções cosmológicas essenciais.

Primeiro as cárites. São três, três irmãs, Eufrósina, Talia e Aglaia, filhas de Zeus e de Eurínome, filha do titã Oceano, segundo Apolodoro, mas, segundo outras versões, seriam filhas de Zeus e de Hera. Elas vivem no Olimpo, com os deuses, e são divindades da beleza, às vezes também, segundo outras lendas, potências vegetais. Seja como for, assim como as musas, elas pertencem ao cortejo de Apolo, às vezes até ao de Dioniso, de todo modo, dedicam-se à música, à beleza e à alegria sob todas as suas formas. São geralmente representadas como três jovens encantadoras, nuas, que se apoiam uma na outra e que são inseparáveis, unidas pelo ideal de Harmonia que justifica seu lugar no coração da montanha dos imortais. Além disso, elas foram encarregadas de tecer o vestido de noiva de Harmonia, filha de Afrodite e de Ares, para seu casamento com Cadmo, o fundador de Tebas, que encontraremos principalmente na lenda de Dioniso.

Depois vêm as horas, que são principalmente divindades das estações mas que, mais tarde, também acabarão designando as horas do dia e da noite. São filhas de Zeus e de Têmis, portanto irmãs das moiras, dos destinos, das quais falarei daqui a pouco. Também são três e são chamadas Diké, Eunômia e Irene, ou seja, justiça, retidão (literalmente: boa lei) e paz. Como as cárites, são divindades da vegetação, fazem as plantas crescerem, mas à ideia de beleza que domina o mundo das graças, elas acrescentam esta, complementar, de ordenamento agradável e harmonioso, em que, uma vez mais, a função cosmológica aparece como essencial.

Por fim, uma palavra sobre as moiras (que em latim se tornarão as parcas), as divindades do destino (em grego: moira). Na verdade, elas são a personificação do destino que domina a vida de cada um de nós. Aqui também, são três irmãs, Átropos, Cloto e Láquesis, filhas de Zeus e de Têmis. São elas que determinam a duração de nossas vidas com a ajuda de um fio que uma fia, a segunda enrola e a terceira corta quando chega a hora da morte. Embora não tenham uma verdadeira personalidade, elas simbolizam um elemento essencial que encontraremos na tragédia grega, quando falarmos de Édipo e de Antígona, a saber, a ideia de que nossas existências são uma mistura de destino e de liberdade, de necessidade fatal e de escolha consciente, a parte que pertence à fatalidade cega sendo geralmente muito mais importante do que a das intenções claras.

Contudo, quando as relações românticas de Zeus não parecem ter outro significado além do erótico, é com ninfas, e mesmo com mortais, que na maioria das vezes ele prefere se unir. Impossível aqui enumerá-las de tanto que são múltiplas e diversas, de Io a Europa passando por Calisto ou por Egina. Por que divindades secundárias, ou mesmo simples humanas? Porque são menos perfeitas, mais frágeis, porque, tratando-se de mulheres particularmente jovens, sua beleza é efêmera, fadada ao esmaecimento – essa dimensão do efêmero, e mesmo do imperfeito, tendo algo de infinitamente tocante, como se a perfeição e a eternidade acabassem cansando pela falta de originalidade, de singularidade, de vida e de movimento. Pensem no que vocês amam e verão que a singularidade é sem dúvida o elemento essencial do amor, "porque era ele, porque era eu", dirá Montaigne sobre seu amigo La Boétie. Ali onde a perfeição das deusas tem, afinal, algo de intercambiável, a fragilidade dos seres humanos às vezes os torna insubstituíveis, de modo que colhê-los a tempo, quando estão no auge de sua graça e de sua beleza, pouco antes de começar a se esmaecer, é para Zeus um prazer incomparável.

Ainda haveria muito a dizer sobre a atração do frágil, do imperfeito, do efêmero, do singular, mas vamos direto ao ponto, ao quarto e último traço dos amores de Zeus, quero dizer ao seu aspecto cosmológico: é aquele que veremos particularmente ilustrado nas relações de Zeus com Alcmena e com Dânae, relações que darão origem ao nascimento de dois heróis, na verdade dois "tenentes" particularmente prestigiosos e eficazes: Héracles e Perseu.

A lenda de Héracles

A cada um o que lhe é devido, comecemos pela lenda de Héracles que se tornará Hércules entre os romanos. É, sem dúvida, uma das mais antigas de toda a mitologia grega. Homero e Hesíodo já nos falam dela, o que nos prova que era, desde os séculos VIII-VI a.C., certamente bem conhecida de seu público. Héracles também é, de longe, o herói grego mais famoso – por sua força lendária, por sua coragem incomparável, por suas façanhas fabulosas, por seu senso de justiça, *Diké*. Centenas de milhares de páginas foram escritas sobre ele. Quadros, estátuas, poemas, livros, filmes, desenhos animados, histórias em quadrinhos em número quase infinito lhe foram dedicados. Desde a Antiguidade, todos os mitógrafos, poetas, trágicos e até filósofos evocam, cada um à sua maneira, episódios de sua vida. A ponto de os acontecimentos que marcam o curso de sua história serem todos, sem exceção, objeto de uma impressionante variedade de versões diferentes. Não há nem um único feito do nosso herói, nem um momento de sua existência, até mesmo a origem de seu nome, que não seja objeto de múltiplas histórias – sendo o imaginário grego sobre ele praticamente ilimitado.

Por isso vocês não devem confiar nos livros ou nos filmes que narram tranquilamente sua vida, de forma linear, como se fosse um único relato aceito por todos com base num texto canônico. Neste caso, estamos beirando a impostura. Apenas em torno de três eventos-chave é que as múltiplas variantes convergem – e novamente de forma muito aproximada: seu nascimento, os famosos "doze trabalhos" e sua morte, precedendo sua "apoteose", ou seja, no sentido etimológico do termo ("*apo-théos*" = tornar-se um deus), sua divinização, sua passagem do estatuto de ser humano mortal ao de imortal bem-aventurado. São esses três momentos que vou narrar da forma mais coerente possível, mas também sem esconder, dado o caso, as variantes mais significativas e aproveitando para indicar os textos originais que nos servem de fonte, para que possam encontrá-los. Tentarei seguir os mais profundos e ricos relatos, aqueles que parecem ter dado origem a uma cultura comum no seio do mundo grego. Pois, afinal, é isso que importa se quisermos compreender como a lenda de Héracles conseguiu por vários motivos fornecer um modelo de sabedoria que a filosofia, em particular o estoicismo, retomará em boa parte por conta própria dando-lhe uma forma racional.

O estratagema de Zeus e o nascimento de Héracles segundo o poema de Hesíodo

Imaginem a seguinte cena: Zeus está sentado em seu trono, no alto do Olimpo. Sozinho, ele parece muito preocupado, absorto em seus pensamentos. Ele pensa alto, e nós o ouvimos pensar mais ou menos nos seguintes termos:

> Agora que venci a guerra contra as forças do caos, contra os titãs, contra os gigantes e até mesmo contra aquele pobre louco Tifão, como vou garantir a paz? Preciso absolutamente de um representante na terra, um tenente, alguém que possa, como eu mesmo fiz, restabelecer a harmonia do universo sempre que ela for ameaçada

por monstros, pela ressurgência sempre possível das potências originais de destruição. Preciso de um colosso, um ser dedicado à minha causa, a da harmonia e da justiça, um ser dotado de uma força sobre-humana, capaz de enfrentar todos os desafios, de superar todos os obstáculos, de destruir todos aqueles que ameaçam a magnífica ordem cósmica que acabo de instaurar. Mas onde encontrá-lo?

Zeus continua meditando, então, de repente, ouvimo-lo exclamar com ar de quem acaba de resolver um problema delicado (como "Meu Deus, é tão óbvio!"):

É isso, entendi, achei a solução! Eu mesmo vou engendrar um filho numa mortal. Portanto, esse filho será um semideus, divino por parte de pai, humano por parte de mãe, o que lhe permitirá conviver com os dois mundos, ao mesmo tempo com a terra e com o céu, com os homens e com o Olimpo! Preciso apenas encontrar uma mulher excepcional... e se possível encantadora!

Com este último pensamento, o sorriso de Zeus torna-se ligeiramente obsceno e, do alto do Olimpo, vemo-lo examinando a terra dos homens para ali encontrar a mulher ideal.

Ele dá um *zoom* no planeta. Seu olhar se detém na adorável Alcmena que está ocupada em seu palácio...

Zeus continua pensando em voz alta:

Essa Alcmena parece-me perfeita! Inteligente, corajosa, sensual e bela como o dia. Ela vai me dar exatamente o filho de que preciso. Mas há um detalhe um pouco chato: ela é casada com esse bravo Anfitrião, que também é um cara estimável e corajoso. Mas pouco importa! Vejo que ele está prestes a ir para a guerra. Vou me transformar em seu sósia, e vou tomar o lugar dele enquanto estiver fora, e quando retornar, ele será papai!

E já começa a sorrir, encantado com a bela peça que está maquinando.

Continuemos a imaginar (mas seguindo, de toda forma, o texto do *Bouclier* de Hesíodo** que vocês podem facilmente ler por conta própria). Descemos do Olimpo e voltamos à Terra.

** *Le Bouclier d'Héraclès* é um antigo poema grego atribuído, ao menos em parte, a Hesíodo. Há uma tradução para o português feita por José Antonio Alves Torrano [TORRANO, J. A. A. *Escudo de Héracles*, poema de Hesíodo. São Paulo: Hypnos 5.6, 2000, p. 185-221] (N.T.).

Encontramo-nos na casa de Alcmena, um pequeno palácio encantador. Estamos, portanto, na casa da mulher mortal que se tornará a mãe de Héracles e que acabou de se casar com Anfitrião. É bom mencionar que Alcmena e Anfitrião são primos-irmãos. Seus pais são irmãos e ambos são filhos de outro famoso herói grego, Perseu. Este é, portanto, o bisavô de Héracles... e, ao mesmo tempo, é também seu meio-irmão, pois também é filho de Zeus! Para nós, meros mortais, as genealogias às vezes são difíceis de compreender quando se trata dos filhos dos deuses. Como Héracles, Perseu se tornará um famoso matador de monstros, pois enfrentará vitoriosamente a terrível górgona, Medusa, no decorrer de uma série de aventuras às quais retornaremos num próximo capítulo.

Alcmena dirige-se ao marido, com um ar bastante zangado, testa franzida, mais bela e sedutora do que nunca:

> Anfitrião, você é meu marido e eu o amo. Mas meus irmãos foram mortos pelos filhos do covarde Ptérela, rei dos teléboas, com a ajuda dos habitantes da Ilha de Tafos. Enquanto não os tiver vingado, sabe muito bem que meu pai, Eléctrion, rei de Micenas, me fez jurar nunca compartilhar meu leito com você. Impossível nos amarmos enquanto essa afronta não for lavada!

Anfitrião pega a doce Alcmena em seus braços. Ele a beija. Ela o rejeita gentilmente, mas com firmeza. Então ele lhe diz:

> Já que é assim, partirei com um exército para guerrear contra os táfios e os teléboas. Vingarei seus irmãos, eu prometo. E quando tiver vencido essa guerra, voltarei e você será minha. Teremos filhos e viveremos felizes. Quero que se orgulhe de mim, mas também gostaria que meu pai, Alceu, rei de Tirinto, também se orgulhe... Contudo, os teléboas são guerreiros durões e se quiser matá-los, precisarei da ajuda do rei de Tebas, Creonte, e de seus exércitos. Vou vê-lo imediatamente.

Anfitrião pega suas armas, sobe em seu carro e vai ao palácio de Creonte. Ele pede uma audiência, entra no salão de honra e expõe seu problema ao rei de Tebas: ele precisa absolutamente de sua ajuda para guerrear contra os habitantes da Ilha de Tafos e contra os teléboas para vingar os irmãos de sua esposa etc.

Creonte, em troca, oferece-lhe um acordo:

Creonte: "Quero muito ajudá-lo, Anfitrião, mas com uma condição. Antes terá de me fazer um favor. Há uma monstruosa raposa nas vizinhanças da cidade que ronda e devasta os rebanhos, que às vezes até devora as criancinhas. Essa raposa é demoníaca, dotada de poderes sobrenaturais: imagine que, por um dom dos deuses, ela corre mais rápido do que aqueles que a perseguem, de modo que todos meus caçadores falharam ao nos livrar dela. Se conseguir, colocarei meu exército à sua disposição".

Anfitrião: "Obrigado, grande rei. Sua raposa agora é um problema meu. Conheço um cão de caça que também é extraordinário, originário de Creta, é chamado o cão de Pócris. Os oráculos previram que nada, nenhum animal nem nenhum humano, poderia ser mais rápido do que ele. Vou buscá-lo e quanto à raposa, confie em mim, vou trazê-la de volta pendurada pela cauda!"

Anfitrião dá um jeito de encontrar o cão de Pócris, depois volta para perseguir a monstruosa raposa, manifestamente dotada de poderes sobrenaturais, que devora os rebanhos e as criancinhas e que nenhum cão, nenhum humano, nenhum cavalo consegue alcançá-la na corrida, pois estamos lidando aqui, é claro, com dois seres que não pertencem ao mundo normal dos animais. A corrida começa, mas como os oráculos previram, nenhum dos dois animais pode superar o outro. A perseguição entre eles continua e sempre que o cão alcança a raposa, a raposa escapa etc.

Enquanto isso, Zeus continua a observar os acontecimentos do alto do Olimpo:

Zeus: "Decididamente, essa história de cão e de raposa não me ajuda nem um pouco. Devo acabar com isso o mais rápido possível para que Anfitrião possa finalmente ir para a guerra e para que eu possa então substituí-lo junto à sua esposa. Chega de brincadeira, vamos ao que interessa!"

Resumamos a sequência. Recorrendo às suas armas favoritas, Zeus fulmina as duas feras que congelam, literalmente petrificadas, transformadas em estátuas de pedra. Anfitrião assiste à petrificação da raposa e, embora seja com a ajuda de Zeus, uma ajuda cujo preço nem imagina, ele cumpriu a condição estabelecida por Creonte: os tebanos estão finalmente livres do flagelo. Ele retorna ao palácio do rei de Tebas e coloca a estátua da raposa petrificada a seus pés. Portanto, Creonte também cumpre a outra parte do contrato: Anfitrião terá a aliança dos tebanos contra os teléboas do Rei Ptérela para vingar os irmãos de Alcmena.

Zeus, ainda do alto do Olimpo, continua a observar os acontecimentos terrestres. Vê Anfitrião saindo à frente de seu novo exército. Observa como ele se comporta como um bravo guerreiro nos combates. Ele devasta literalmente a Ilha de Tafos e está prestes a massacrar seus habitantes, os táfios, mas um oráculo previu que a ilha só poderá ser tomada e saqueada após a morte do Rei Ptérela. Um conselheiro militar de Anfitrião conta-lhe sobre a lenda de Tafos: a vida do Rei Ptérela está protegida por um fio, na verdade um cabelo dourado escondido em sua cabeleira. Não seja por isso: Cometo, filha de Ptérela, se apaixona perdidamente por Anfitrião assim que o vê entrar na ilha à frente de seu exército em seu carro magnífico. Para seduzi-lo, ela entra no quarto do pai à noite e corta o cabelo dourado. E então a Ilha de Tafos cai nas mãos de Anfitrião, que massacra todos os habitantes, incluindo a infeliz Cometo, porque nunca se deve confiar nos traidores. Cenas de saques, de torturas, de execuções: as guerras da época eram tão terríveis quanto as nossas. Tanto Anfitrião quanto seus soldados massacram os prisioneiros, violam as prisioneiras e depois dividem os despojos que tomaram de seus adversários. Então, Anfitrião escolhe joias, particularmente uma magnífica taça de ouro do Rei Ptérela com a qual quer presentear Alcmena assim que retornar vitorioso ao seu palácio.

Ele espera assim conquistar seus favores e finalmente dormir com ela. É nesse exato momento que Zeus toma seu lugar, que ele se transforma no sósia de Anfitrião. Torna-se simplesmente sua cópia perfeita. Desce do Olimpo e entra na casa de Alcmena como se fosse seu marido, como se acabasse de voltar da guerra. Eles se beijam, alguém traz uma cadeira, Alcmena manda trazer crateras, vinho, iguarias deliciosas, e Zeus, que lhe segura as mãos carinhosamente, tem a pachorra de contar suas façanhas, de lhe dizer como seduziu Cometo, como ela arrancou o fio de cabelo dourado que protegia seu pai e os habitantes da ilha, como derrotou os táfios e os teléboas, como matou Cometo, massacrou os habitantes, como se fosse ele quem tivesse realizado essas proezas. Chega ao cúmulo de lhe oferecer as joias, a magnífica taça de ouro que arrancou do inimigo. E, claro, não só satisfeita com o trabalho realizado pelo marido para vingar os irmãos como também seduzida por um homem tão corajoso, Alcmena finalmente concorda em dormir com ele – isto é, na verdade, com Zeus, que, como planejado, imediatamente a engravida do pequeno Héracles. Zeus considera Alcmena tão bela que se dirige a Hélio, deus Sol, e lhe ordena que fique de vigília, que sobretudo não se levante cedo demais, para que sua noite de amor com Alcmena dure… três dias inteiros!

E então as coisas se complicam.

Pois o próprio Anfitrião está a caminho para encontrar sua amada. Ele chega no momento em que Zeus sai de seu palácio por uma porta secreta para retornar ao Olimpo, encantado com as três noites de amor que passou no leito de Alcmena. De volta à casa, o verdadeiro Anfitrião começa a contar a Alcmena exatamente as mesmas aventuras, que por isso o acha tão bizarro quanto aborrecido: ele lhe repete exatamente a mesma coisa, como se ela já não o soubesse! Ela não para de lhe dizer: "Mas Anfitrião, eu já sei de tudo isso, o que está acontecendo com você, você já me contou" etc. Ele fica pasmado ao ver que ela o recebe sem entusiasmo, ao ver que as coisas se passam como se ela já soubesse de tudo o que ele lhe conta. De sua parte, ela fica igualmente surpresa quando ele lhe entrega pela segunda vez exatamente as mesmas joias, a mesma taça presenteada três dias antes! Nem ele compreende como esses presentes já estão com Alcmena. Mas, afinal, ele cumpriu seu contrato, vingou seus irmãos, matou Ptérela e, portanto, embora um pouco enfadada e, evidentemente, esgotada por Zeus, ela dorme com ele "de novo" (por assim dizer). Anfitrião a engravida de um segundo filho: será Íficles, irmão gêmeo de Héracles, que nascerá um dia depois dele, mas não do mesmo pai.

Anfitrião, no dia seguinte, considera tudo tão estranho que vai consultar um famoso adivinho, Tirésias, um cego que sabe dizer o futuro, mas também o passado, como nenhum outro. Tirésias lhe revela o ardil de Zeus, de modo que Anfitrião compreende tudo. Tudo finalmente fica claro, tudo o que ele achava tão singular no comportamento de Alcmena adquire sentido! Ele decide então salvar sua honra. Manda acorrentar Alcmena, não sem antes a ter insultado copiosamente, depois manda preparar uma grande fogueira, à qual amarra a infeliz, mas quando as chamas começam a lamber os troncos, Zeus, que continua a observar tudo isso do alto do Olimpo, desencadeia uma tremenda tempestade que apaga o fogo. Depois ele desce à terra, aparece pessoalmente a Anfitrião e pede para se acalmar, que Alcmena não o traiu, e que ele deveria se sentir honrado com o fato de o rei dos deuses ter dormido com sua esposa! Anfitrião se acalma, com efeito, aceita seu destino e perdoa Alcmena, grávida dos gêmeos, Íficles e Héracles...

Depois vem o momento do parto. As duas crianças finalmente nascem, Héracles primeiro, Íficles um dia depois, e o bravo Anfitrião promete a Alcmena que criará e amará seus dois filhos como se fossem seus. Além do mais, ele nem mesmo sabe qual deles é seu filho e qual é filho de Zeus. Uma anedota logo lhe revelará.

Mas antes de contá-la, uma citação do *Bouclier* de Hesíodo para que, como sempre, vocês tenham as fontes originais de todas essas aventuras dos deuses e as ouçam como eram contadas na época:

> O pai dos deuses e dos homens [...] queria para os deuses tanto quanto para os homens criar um defensor contra o perigo (trata-se, é claro, de Zeus que quer criar Héracles para derrotar as sempre possíveis ressurgências sob a forma de monstros das forças titânicas e caóticas das origens). Ele, portanto, lançou-se do alto do Olimpo, maquinando uma armadilha em sua alma e cobiçando o amor da mulher da bela cintura (Alcmena). Era noite. Veloz, ele foi ao Tifônio (montanha da Beócia sob a qual Tifão está trancafiado) e dali, alcançando o cume do Fício, Zeus da astuta inteligência sentou-se e, em sua alma, meditava sobre proezas maravilhosas. Na mesma noite, unido pelo abraço amoroso à electrionida de finos tornozelos (= Alcmena, filha de Eléctrion), satisfez seu desejo. E, na mesma noite, Anfitrião, o condutor de guerreiros, brilhante herói, tendo completado sua orgulhosa façanha, retornou a seu palácio. Não foi antes encontrar seus servos ou seus pastores nos campos; pois desejara primeiro subir ao leito de sua esposa, tanto o desejo dominava o coração desse chefe de guerreiros; e a noite toda, deitado ao lado de sua casta companheira, deixou-se encantar pelas dádivas de Afrodite cintilante de ouro. E ela, tendo se submetido, depois da lei de um deus, à de um herói, valente entre os valentes, na Tebas das sete portas, gerou dois filhos gêmeos. Mas, embora fossem irmãos, nem por isso tinham o mesmo coração. Um não valia o outro, que era um herói muito superior a todos, terrível e poderoso, Héracles, o Forte. Ela o concebera submetendo-se à lei do filho de Cronos da nuvem negra enquanto Íficles nasceu de Anfitrião lançador de dardos...

A origem da Via Láctea e a cólera de Hera

Como era de se esperar, do alto do Olimpo, Hera também viu tudo, observou tudo e entendeu todo o ardil do marido. Viu-o perfeitamente traindo-a com Alcmena, viu o nascimento de Héracles, e até mesmo, daqui a pouco compreenderemos o motivo, fez de tudo para atrasar seu nascimento. Como ele simboliza a infidelidade do marido, ela o odeia e jura que vai se vingar. Quanto a Zeus, ele quer que mais tarde seu filho se torne um deus. Vemos que mais uma vez está refletindo sobre esse destino já conhecido: ele sabe que Héracles um dia, após sua morte como humano, virá morar com ele no Olimpo, entre os imortais dos quais se tornará um dos membros. Mas para isso deve ser nutrido com o alimento dos deuses, a ambrosia (em grego, a palavra "ambrosia": *a-(m)brotoi*, significa simplesmente "não mortal", e os deuses não comem nossos alimentos, carne ou pão, não precisam e se nutrem, apenas por diversão, de néctar e de ambrosia).

Zeus então convoca Hermes, um de seus muitos filhos, mas sobretudo seu mensageiro e seu servidor mais fiel no Olimpo. Ele o encarrega de colocar o pequeno Héracles no seio de Hera enquanto ela dorme. Pois de seu seio, é claro, flui o alimento divino que permitirá que o bebê se torne imortal. Mas Hera acorda: Héracles é tão guloso que lhe mordeu o peito! Abrindo um pouco os olhos, ela fica horrorizada ao ver esse pequeno ser que sempre lhe recorda a infidelidade de Zeus. Ela o rejeita com extrema violência, ela literalmente o arranca de seu peito, um gigantesco jorro de gotas de leite então se espalha no céu, e é assim que Héracles dá origem à Via Láctea. Furiosa, Hera mais uma vez jura se vingar. Contudo, o monstrinho possui dons excepcionais, incríveis para sua idade, como evidenciado por suas primeiras façanhas.

As primeiras façanhas de Héracles

Primeiro, a famosa história das duas serpentes

Alcmena, sempre tão doce e bela, acaba de colocar seus dois bebês na cama, Íficles num berço, Héracles em outro, todos num lindo quarto comum. Lembremos que nesta fase nem ela nem o marido sabem qual das duas crianças é o filho de Zeus. Ela os beija, conta-lhes um mito para adormecê-los, ela os mima, depois apaga a lamparina a óleo e sai do quarto. Logo depois, vemos Hera entrar pé ante pé. Os gêmeos estão dormindo, ainda são muito pequenos, com apenas alguns meses de idade. Hera retira de uma grande bolsa duas víboras monstruosas, e as deixa deslizar silenciosamente nos berços. Héracles acorda, Íficles também, ele começa a gemer, a gritar de medo e foge engatinhando! Héracles, com o olhar furioso, adota a atitude oposta: ao invés de fugir, ele enfrenta. Ele agarra as serpentes pela garganta e as aperta tanto que as estrangula e as mata. Alcmena e Anfitrião, alertados pelos gritos de Íficles, entram no quarto e, petrificados de horror, compreendem o que acabou de acontecer. Agora Anfitrião não tem mais nenhuma dúvida: ele adivinha de imediato quem é seu filho e quem é o de Zeus. Estupefato com a façanha do pequeno Héracles, ele compreende que este está no caminho certo para uma carreira de herói.

Inúmeras pinturas antigas irão representar a cena de uma forma impressionante: vemos Héracles ali, muito bebê, uma serpente em cada mão sendo apertada até sufocar. O que, para uma criança com menos de um ano, anuncia uma carreira heroica incomparável.

A morte de Lino, irmão de Orfeu e professor de música

Continuemos a acompanhar a evolução de Héracles. Agora ele tem 10 ou 11 anos. Ele já é colossal, mesmo assim podemos ver que ainda não saiu da infância. Recebe uma educação muito completa. Anfitrião mostra-lhe como dirigir um carro. O próprio Castor, ilustre irmão de Pólux (os "Dióscuros", os gêmeos, que também são, ao menos um deles, filhos de Zeus), ensina-lhe o manejo da espada, enquanto outros valorosos soldados lhe ensinam tiro com arco, luta livre, lançamento de disco, lançamento de dardo etc. Mas quem vence seus professores é Héracles! Quanto ao que hoje se chamaria "humanidades", isto é, letras e artes, Héracles não é muito bom. Ele morre de tédio...

Ele tem sobretudo um professor de música, Lino, que não é outro senão o irmão de Orfeu, o maior músico de todos os tempos. Junto com Íficles, o falso gêmeo, Héracles é obrigado a seguir as lições de Lino. Íficles mostra-se muito comportado enquanto o pequeno Héracles é desatento, instável, turbulento, pouco obediente, muitas vezes até revoltado a ponto de um dia Lino repreendê-lo. Repreensões talvez um pouco duras, mas ainda assim justificáveis. Exasperado com a má conduta de Héracles, o professor não aguenta mais, quer lhe dar a merecida correção e começa a persegui-lo, com sua cítara na mão. Mas o pequeno Héracles se enfurece e, como com as serpentes, ele se vira, vermelho de raiva, e o encara. Ele arranca a lira de Lino e, simplesmente, a esmaga na cabeça do infeliz, cujo crânio literalmente explode! Para dizer a verdade, ele ataca Lino com tanta fúria que o rosto deste vira uma massa disforme e o professor passa da vida à morte.

Apesar de sua tenra idade, Héracles é levado ao tribunal. Alegando legítima defesa e citando então um artigo do grande jurista Radamanto (um dos irmãos do Rei Minos) explicando que, nessas condições, pode ser lícito matar seu adversário, Héracles é finalmente absolvido. Observemos que, apesar de sua parcela de sombra e de violência, Héracles sempre se apoia na *Diké*, na justiça. Ele é duro, violento, não é terno nem poeta, mas possui uma coragem a toda prova e sua preocupação com o direito nunca é criticada. É realmente um soldado de Zeus como vai provar de maneira brilhante no decorrer dos doze trabalhos que Hera logo lhe imporá na tentativa de se vingar e de acabar com ele.

Mas antes de falar sobre esses famosos trabalhos, ainda há algumas aventuras para contar...

O leão e os cinquenta filhos de Héracles

Os anos passam. Héracles cresce. Ainda é um rapaz, mas já é muito impressionante. Inquieto diante da violência que habita de maneira cada vez mais evidente aquele que, apesar de tudo, ele considera como seu filho, Anfitrião decide afastá-lo de sua casa por um tempo. Para tentar acalmá-lo, manda-o para o campo para guardar seus rebanhos numa região próxima a Tebas, cidade onde Héracles nasceu. Ora, acontece que, nessa região selvagem, todos os dias um leão aterrorizante ataca os rebanhos de Anfitrião, mas também os de um certo Téspio, vizinho e amigo da família. Vendo o rebanho de seu pai e de Téspio dizimados, Héracles, que acabara de completar 16 anos, mas que já tem a altura de um adulto e possui estatura e força prodigiosas, não se faz de rogado: pega suas armas e sai no encalço do leão. Para estar mais perto da fera que está perseguindo, ele vai até Téspio, que fica muito feliz em oferecer hospitalidade a um ser tão excepcional que só pode ser divino.

Por cinquenta dias, Héracles persegue incansavelmente o animal. No fim de cada dia, ele volta para a casa de Téspio... que toda noite sempre encontra um jeito de colocar uma de suas filhas na cama do herói. Um tanto cansado de suas corridas pelas montanhas, Héracles não presta muita atenção, e então sempre pensa que está dormindo com a mesma moça. Ledo engano, Téspio tem cinquenta filhas que se parecem como gêmeas. O que vem a calhar: é justamente o número de noites que Héracles passará em sua casa, apenas o tempo necessário para encontrar e, finalmente, matar o leão durante um terrível combate. E dessas cinquenta uniões noturnas nascerão cinquenta filhos!

Já são, portanto, três façanhas: matar duas serpentes com as próprias mãos antes de um ano de idade, matar um adulto desafortunado, Lino, antes mesmo da adolescência, depois um leão aos dezesseis e, com a mesma idade, ser pai de cinquenta filhos em apenas cinquenta noites: que homem!

Os mínios de Orcômeno e a morte de Ergino

Héracles decide finalmente voltar à sua casa, em Tebas, para reencontrar seus pais. Voltando de sua caça ao leão, ele cruza com mensageiros de um rei da Beócia, um certo Ergino, que, depois de ter vencido uma guerra contra os habitantes de Tebas, exigira que estes pagassem todos os anos, durante vinte anos, a título de reparação, um tributo de cem bois. Azar o deles, Héracles nasceu em Tebas e, como tebano, ele evidentemente considera esse tributo injusto.

Como sempre, ele não se incomoda com escrúpulos inúteis:

Ele provoca os mensageiros de Ergino. Esses mensageiros são soldados valorosos, aguerridos, e diante de alguém que, apesar de tudo, não passa de uma criança, não se deixam enganar. Eles respondem aos insultos lançados contra eles por Héracles. E se dão mal: ele os agarra brutalmente e, à guisa de discussão, corta-lhes o nariz, as orelhas e as mãos! E com eles faz um colar, amarra-o aos pescoços e os envia todos ensanguentados de volta para Ergino, com a única instrução de dizer a ele que a partir de agora este será o único tributo que os tebanos lhe pagarão! Como podem imaginar, Ergino não está muito satisfeito. Em seu palácio, ele tem um ataque de fúria. Depois reúne suas tropas e parte novamente para lutar contra os tebanos. Só que agora

Héracles está ao lado deles e, portanto, com o herói e seu arco no comando, os tebanos literalmente dizimam o exército de Ergino. Infelizmente, no decorrer dos combates, Anfitrião, que também participou da guerra, é morto. Como recompensa, Creonte, rei de Tebas, tio de Antígona e de Édipo, propõe que Héracles se case com sua filha, Mégara.

Vemos aqui o quanto Héracles é um personagem sombrio e trágico, o que Apolodoro, aliás, sempre insinua quando descreve esse episódio da vida do herói ainda muito jovem:

> Ergino marchou contra Tebas, matou um bom número de tebanos e concluiu um tratado, garantido por juramentos, que estipulava que os tebanos lhe enviariam por vinte anos um tributo de cem vacas por ano. Héracles encontrou os mensageiros que iam a Tebas recolher esse tributo e lhes infligiu um tratamento ignominioso: cortou-lhes as orelhas, o nariz e as mãos, amarrou-os em volta do pescoço com cordas e disse-lhes que os levassem de volta como tributo a Ergino e aos mínios. Indignado com esse tratamento, Ergino marchou contra Tebas. Héracles, que havia recebido armas de Atena, assumiu o comando, matou Ergino, afugentou os mínios e os obrigou a pagar aos tebanos o dobro do tributo anterior. Mas no decorrer da batalha Anfitrião morreu lutando bravamente. Como recompensa honorífica, Héracles recebeu de Creonte sua filha mais velha, Mégara...

Como no caso do assassinato de Lino, nosso herói agiu, sem dúvida, em nome de uma certa justiça, neste caso defendendo sua cidade e seu rei. Apesar de tudo, ele aparece como um ser terrivelmente violento, para não dizer sanguinário: toda sua vida será repleta de assassinatos, de matanças, de suplícios atrozes e até sua própria morte será marcada, como veremos, pelo signo do horror. E não é o próximo episódio de sua vida que vai contradizer essa observação...

Héracles furioso: Mégara e seus filhos jogados nas chamas...

Héracles acaba de se casar com a bela Mégara, filha de Creonte, princesa de Tebas. Eles tiveram três filhos, que ainda são muito pequenos. Nós os vemos se divertindo cheios de vida e de alegria num lindo jardim do palácio. Héracles e sua esposa estão brincando com eles e eles parecem muito apaixonados, e muito felizes. Finalmente, Héracles parece calmo, apaziguado e até capaz de ternura... Mas isso sem levar em conta a vingança de

Hera. Do alto do Olimpo, ela nunca deixou de observar o itinerário dessa criatura de seu marido. Sempre louca de ciúmes ao ver o sucesso de nosso herói, ela lança um feitiço sobre Héracles, um sortilégio que o deixará louco. O malefício funciona e, tomado por um pavoroso acesso de delírio, por um acesso de loucura pelo qual é totalmente irresponsável, Héracles se atira sobre seus três filhos e os joga no fogo. Para completar, ele também mata dois de seus sobrinhos, os filhos de seu irmão gêmeo, Íficles, esmagando-lhes as cabeças contra as árvores!

Como que hipnotizado por Hera, ele não tem mais controle sobre si mesmo, age como uma espécie de sonâmbulo, os olhos velados pelo filtro de ódio lançado pela rainha dos deuses. Passado algum tempo, terminada a crise, volta a si, e percebe então todo o horror da situação e, enlouquecido de dor, condena-se ao exílio. Desesperado, ele deixa seu palácio e vai para uma cidade próxima para ser, segundo o costume, "purificado". No decorrer de uma cerimônia ritual, acrescida de numerosos sacrifícios de animais, um sacerdote ou um deus podia com efeito purificar, isto é, lavar o erro daqueles que haviam cometido um crime grave, em particular um assassinato.

Realizado o ritual, Héracles vai a Delfos, para consultar a Pítia: ela recomenda então, para ser perdoado por ela, colocar-se a serviço de Hera para realizar doze façanhas julgadas impossíveis. Tal é a verdadeira origem dos famosos doze trabalhos que Hera lhe imporá (por meio de seu primo, o terrível Euristeu, que daqui a pouco será apresentado). A Pítia acrescenta ainda que Héracles, após o cumprimento desses trabalhos, um dia se tornará imortal – não apenas por sua glória, mas porque será realmente transformado em deus. Será sua "apoteose" que lhe permitirá juntar-se à ilha dos Bem-aventurados, e mesmo sentar-se no Olimpo ao lado de seu pai, Zeus.

É também essa Pítia que lhe dá pela primeira vez seu nome definitivo de Héracles, porque, antes, nosso herói chamava-se "apenas" Alcides, o filho de Alceu, que significa "o forte". No mais, entendemos claramente que os dois nomes – Hera, Héracles – se assemelham, ou melhor, que um faz parte do outro, pois com efeito eles têm um vínculo entre eles. Etimologicamente, "Héracles" significa "a glória de Hera". É ainda nesse momento que a Pítia revela a um Héracles estupefato o segredo de seu nascimento e sua origem semidivina.

O nome de Héracles e a origem dos doze trabalhos

Para se assegurar de seu poder sobre Héracles e impor-lhe tarefas no decorrer das quais ela espera que ele encontre a morte, Hera também vai recorrer a um estratagema que não deixa nada a dever ao de seu marido.

No momento em que Zeus percebeu que o nascimento de seu filho se aproximava, ele havia declarado, sem dúvida um pouco apressadamente, diante da assembleia dos deuses, que o primeiro descendente de Perseu a nascer se tornaria rei de Micenas, uma das cidades mais prósperas e invejáveis do Peloponeso, que segundo a lenda foi fundada, precisamente, por Perseu. Ao dizer isso, Zeus evidentemente pensava em Héracles para o qual planejou um destino real. Mas Hera o tomou ao pé da letra. Por ciúmes, ela atrasa o parto de Alcmena e, por outro lado, acelera o nascimento de um certo Euristeu, primo-irmão de Héracles, que também é descendente de Perseu. Euristeu nasceu de sete meses, enquanto Héracles permaneceu até dez meses no ventre de sua mãe. É, portanto, seu primo que se torna rei de Micenas em seu lugar. De acordo com o costume, Héracles lhe deve obediência. Hera fará dele seu braço forte: é Euristeu que vai então encomendar a Héracles as famosas provações que Hera quer lhe infligir; é esse primo mau que todas as vezes vai mandá-lo percorrer o mundo para enfrentar os piores perigos esperando assim que num momento qualquer ele acabe sucumbindo.

Nessa lenda, Euristeu é sempre descrito como um personagem insignificante e covarde, um pobre coitado sem envergadura, o completo oposto de seu primo. Ele claramente desempenha o papel do mesquinho e do poltrão.

Portanto, inicialmente, Héracles chamava-se Alcides – que significa o "filho de Alceu" – em memória de seu avô que tinha esse nome que em grego significa, como eu lhes disse, "o forte".

Como Hera está tomada pelos ciúmes, como detesta ser uma vez mais enganada por Zeus, ela, como vimos na história das serpentes, desenvolveu um verdadeiro ódio pelo recém-nascido. É ela quem vai agora inventar as doze provações na esperança de matar Héracles o mais rápido possível, enviando-o para lutar contra monstros que nenhum humano jamais conseguiu vencer. Ora, acontece que Héracles vai sair desses combates não apenas vitorioso, mas aureolado de uma glória (*kleios*) sem igual. Além disso, o semideus e a deusa acabarão se reconciliando, após a morte de Héracles, quando ele finalmente será transformado em imortal e acolhido no Olimpo. Portanto, é apesar de tudo "graças" a Hera que Héracles se tornará famoso em todo o mundo. E isso em dois sentidos: sua glória é inteiramente dedicada à esposa de Zeus e é também, embora isso seja paradoxal, a ela que ele a deve. Daí seu nome, como vimos: "*Hera-Kleios*", a glória de Hera.

Os doze trabalhos

Antes, algumas palavras sobre a origem exata, o sentido e o número desses famosos trabalhos que, sem dúvida, constituem o momento mais célebre de toda a mitologia grega.

Em primeiro lugar, o sentido "cósmico" dos "trabalhos de Hércules", como serão chamados com frequência em sua versão latinizada, vai ser duplamente atestado, tanto pelas armas que ele usa em seus combates, como também pelos alvos que o ignóbil Euristeu sempre vai lhe designar. Como a maioria dos mitógrafos insiste, são os próprios deuses – e não deuses quaisquer: os olímpios – que oferecem a Héracles seu equipamento militar. De acordo com Apolodoro, foi primeiro Atena quem lhe deu os primeiros dons, mas também foi Hermes quem lhe ensinou a arte do tiro com arco e o presenteou com o que o acompanha: o arco, é claro, mas também a aljava e as flechas, ao passo que Hefesto, por sua vez, se vê no dever de dar a ele um presente suntuoso: uma couraça de ouro que ele mesmo confeccionou com seu gênio de ferreiro que já conhecemos. Para completar, Atena acrescenta ainda um magnífico manto e nosso herói está pronto para suas novas aventuras. Este ponto é importante: significa que Héracles, claramente, é de fato um representante dos deuses nesta terra. Evidentemente, sua missão é divina ou, o que dá no mesmo no universo mental dos gregos, cósmica: não é apenas seu pai, Zeus, mas todo o Olimpo que está por trás e com ele[18].

Quanto aos alvos que vão lhe designar, é extremamente significativo que quase todos pertençam a um universo que não é normal, a um mundo lite-

---

18. Contudo, último pequeno detalhe sobre seu equipamento militar, Héracles fabricará sua própria arma favorita, aquela com a qual é tantas vezes representado nos vasos gregos: o famoso porrete de oliveira com o qual matará tantos monstros.

ralmente sobrenatural – o que mostra que Héracles é de fato um tenente de Zeus, que está aqui para prosseguir a mesma tarefa que ele, para continuar seu trabalho, já que essas lutas vão ser principalmente contra forças de destruição que nada têm de ordinário, mas que são claramente ressurgências de Caos, dos titãs, e mesmo de Tifão, em suma avatares das forças originais contra as quais Zeus teve de lutar para instaurar a ordem cósmica.

Por fim, quanto ao total dos trabalhos, foi apenas no século I que o número doze se tornou canônico e foi adotado por todos os mitógrafos. Na Grécia arcaica, não é isso que acontece e o total das provações é variável. Em Apolodoro, no início foram apenas dez trabalhos, mas Euristeu, que é tão mau jogador quanto mau perdedor, se recusa a "homologar" dois deles – a hidra de Lerna e os estábulos de Augias – por ter sido ajudado ou recompensado por essas duas façanhas. Portanto, ele acrescenta dois outros trabalhos, o que nos permite chegar ao número de doze, do qual ninguém se desviará a partir de então.

E agora vamos ao cerne da questão[19].

Primeiro, e sem dúvida o mais conhecido de todos os trabalhos junto com os estábulos de Augias, há a famosa luta contra o leão de Nemeia, cidade localizada na região de Argos. Euristeu, o fantoche de Hera que agora é rei de Micenas, pediu a seu ilustre primo que lhe trouxesse a pele do leão. O que merece nossa atenção nesta história é, antes de tudo, a natureza do animal contra o qual Héracles terá de lutar. Claro, ele é assustador. Ele devasta literalmente a região chamada Argólida, dizimando os rebanhos, mas também devorando todos os humanos que encontra em seu caminho. No entanto, este não é o ponto essencial. O mais importante, com efeito, é que essa fera... não é realmente uma! Não é um leão ordinário com o qual Héracles está lidando, mas sim um monstro, cujos pais não são de forma alguma leões. Seu pai não é outro senão o próprio Tifão, e sua mãe, segundo alguns, é Équidna, a terrível mulher-víbora que lhe serve de esposa. O ponto é evidentemente decisivo: testemunha sem a menor ambiguidade a

---

19. Essencialmente, e exceto por alguns detalhes, sigo aqui, para evitar que nos percamos demais nas variantes, os relatos bastante convergentes de Diodoro – que é o primeiro historiador a dar, a partir do século I a.C., um relato completo, coerente e encadeado dos doze trabalhos – e de Apolodoro, que, afinal, é muito parecido (ainda que a ordem dos trabalhos nem sempre seja a mesma nos dois autores).

natureza real do combate hercúleo, que nada tem a ver com uma caçada normal contra um animal, por mais terrivelmente selvagem e perigoso que ele seja. Héracles é um Zeus em miniatura: se este teve de enfrentar Tifão, agora é a vez de seu filho enfrentar seus descendentes. O que prova a natureza monstruosa e sobrenatural do leão da Nemeia é sua pele – da qual Euristeu tanto gosta. Ela possui, com efeito, uma particularidade notável, uma característica que nenhum animal saído do mundo normal possui: nada pode perfurá-la, nem flecha, nem espada, nem punhal, por mais afiados e pontiagudos que sejam, o que torna o monstro mais temível ainda, pois invulnerável aos caçadores.

Apesar de todo seu talento como arqueiro, Héracles deve, portanto, desistir de usar suas armas habituais: as flechas ricocheteiam na besta sem sequer arranhá-la e os golpes de espada que ele inflige deslizam sobre seu corpo como água sobre as penas de um pato. Então, Héracles terá de buscar nas profundezas de seus recursos os mais excepcionais: em sua força e em sua coragem, também elas sobrenaturais e quase divinas. O leão habita numa caverna que possui duas entradas que se comunicam por um longo corredor. Nosso herói fecha uma das aberturas com uma enorme pedra e não hesita um segundo em entrar pela outra. Na mais completa escuridão, ele avança contra o animal. Quando este se lança sobre ele, Héracles o agarra pela garganta e o aperta com tanta força e por tanto tempo em seus braços que o leão acaba dando seu último suspiro. Então, Héracles o arrasta para fora de sua caverna puxando-o pela cauda. E ali ele consegue esfolar o animal morto, depois confecciona com a pele uma espécie de manto que lhe servirá de armadura e, com a cabeça, faz um elmo de combate.

Quando Euristeu vê Héracles retornando vitorioso nesse traje, ele quase desmaia. Está literalmente apavorado: se Héracles é capaz de vencer o leão de Nemeia, é claro que é melhor desconfiar dele. Paralisado de angústia, esse rei de araque o proíbe para sempre de entrar na cidade. A partir de agora, Héracles terá de depositar os troféus que trará de volta – se conseguir, uma vez que Euristeu realmente espera se livrar dele um dia ou outro – ao pé das muralhas, fora das portas da cidade. Apolodoro ainda especifica que, sob a influência do medo, Euristeu manda construir e depois instalar sob a terra uma espécie de grande jarro de bronze, no qual planeja se esconder se alguma coisa der errado mais tarde[20]... Eis, como sempre a título de exemplo, a versão original de Apolodoro:

> Depois de ser purificado do assassinato de seus filhos, "Héracles foi a Delfos para perguntar ao deus onde ele deveria se estabelecer dali em diante. A Pítia deu-lhe então pela primeira vez o nome de Héracles. Antes era chamado Alcides. Disse-lhe para se estabelecer em Tirinto, colocando-se a serviço de Euristeu por doze anos, e para realizar os dez trabalhos (várias vezes já se propôs corrigir o número dez usado aqui por Apolodoro pelo doze canônico, mas o autor leva em conta aqui o fato de os dois trabalhos terem sido recusados por Euristeu porque Héracles teria sido ajudado) que lhe eram impostos; assim, ela disse, após a conclusão dos trabalhos, ele seria imortal. Depois dessas palavras, Héracles foi a Tirinto e cumpriu o que Euristeu lhe encomendou. Primeiro, portanto, Euristeu ordenou-lhe trazer o leão de Nemeia. Era um animal invulnerável gerado por Tifão. Em seu caminho para atacar o leão, Héracles chegou a Cleonai. Ali foi hospedado por um pobre trabalhador, Molorco. Como seu anfitrião quisesse sacrificar uma vítima, disse-lhe que esperasse até o trigésimo dia e, se retornasse são e salvo da caçada, sacrificasse a vítima a Zeus Salvador e se, ao contrário, morresse, a oferecesse como a um defunto tornado herói. Chegando em Nemeia, ele procurou o leão e começou a lhe atirar flechas. Quando percebeu que o animal era invulnerável, ele brandiu seu porrete e partiu em sua perseguição. O leão se refugiou numa caverna com duas entradas: Héracles bloqueou uma e entrou pela outra para atacar a fera. Agarrou-o pelo pescoço e manteve o animal estrangulado até sufocá-lo, depois o colocou nos ombros e o trouxe de volta para Cleonai. Encontrando ali Molorco que, tendo chegado ao último dia de espera, estava prestes a oferecer-lhe um sacrifício como se estivesse morto, ele sacrificou a Zeus Salvador e levou o leão a Micenas. Euristeu, estupefato com sua bravura, proibiu-o de entrar em sua cidade no futuro e ordenou que a partir de então expusesse seus troféus fora das portas. Dizem que, com medo, até mandou instalar uma jarra de bronze sob a terra para ali se esconder e que, para os trabalhos, enviou suas ordens a Héracles por intermédio de um arauto..."

Se quiser acabar com Héracles, ele deve, pois, encontrar outra coisa, uma segunda provação, ainda mais temível do que a primeira. Euristeu pede-lhe

---

20. Euristeu acabará sendo morto durante uma guerra contra os atenienses. Dizem que após sua morte sua cabeça foi trazida de volta a Alcmena, a mãe de Héracles, que lhe arrancou os olhos.

então para matar uma hidra que vive na região de Lerna. Porém, uma vez mais, essa hidra não tem nada de natural. No mundo real, o que ainda hoje tem o nome de hidra é um pequeno pólipo de água-doce bem inocente – cerca de um centímetro e meio –, assemelha-se a uma anêmona do mar. Ela possui uma dúzia de tentáculos urticantes que crescem novamente quando cortados, mas nada de muito nocivo. Mas a hidra de Lerna tem pouco a ver com o que normalmente encontramos nesta terra. É um verdadeiro monstro, gigantesco, armado com nove cabeças que voltam a crescer assim que cortadas – e às vezes são duas cabeças que rebrotam caso se tenha a infelicidade de cortar uma delas! Ela também devasta literalmente o país, matando tudo o que passa, animal ou ser humano, perto dela. Hesíodo, na *Teogonia*, nos dá duas informações preciosas sobre ela. Primeiro, trata-se novamente, assim como o leão, de um monstro nascido dos amores de Équidna e de Tifão: também aqui, o vínculo com os trabalhos de Zeus é evidente. O filho combate os filhos do monstro que o pai abateu: de uma geração a outra, os adversários são afinal sempre os mesmos. Em seguida, ainda de acordo com Hesíodo, foi Hera quem, em sua raiva contra Héracles, fez com que a besta fosse criada para se opor a ele quando chegasse o dia.

Aqui está a maneira como Apolodoro relata a vitória de Héracles sobre a hidra:

> Como segundo trabalho, Euristeu encomendou que Héracles matasse a hidra de Lerna. Essa hidra, alimentada nos pântanos de Lerna, saía para a planície para devastar os rebanhos e o país. Tinha um corpo gigantesco e nove cabeças, oito delas mortais e a última, a do meio, imortal. Héracles subiu então em seu carro, com Iolau (seu sobrinho) como cocheiro, e foi para Lerna. Mandou parar os cavalos, encontrou a hidra numa espécie de colina, perto da nascente Amimone onde ela tinha seu covil. Lançando dardos inflamados, ele a forçou a sair, e, quando ela estava do lado de fora, agarrou-a e segurou-a com firmeza. Mas ela lançou uma de suas pernas e se agarrou a ele. Por mais que abatesse suas cabeças com golpes de porrete, não chegava a lugar algum, pois para cada cabeça abatida rebrotavam duas. Um caranguejo gigante veio em socorro da hidra e mordeu-lhe o pé. Por isso, depois de ter matado o caranguejo, ele chamou Iolau, que pôs fogo numa parte da floresta vizinha e, com tições, queimou as cabeças na raiz para evitar que voltassem a crescer. Quando, desse modo, deu cabo das

cabeças que sempre renasciam, ele cortou a cabeça imortal, depois a enterrou sob a terra e colocou um enorme rochedo sobre ela, na beira da estrada que vai de Lerna a Eleonte. Quanto ao corpo da hidra, ele o abriu para embeber suas flechas em seu veneno. Mas Euristeu declarou que não se devia contar essa prova entre os dez trabalhos porque Héracles não havia vencido a hidra sozinho, mas com a ajuda de Iolau...

Depois dessas duas proezas que lhe valeram, apesar da má-fé de Euristeu, uma grande reputação em toda a Grécia, Héracles derrotará ou pelo menos dominará segundo o mesmo modelo toda uma série de monstros disfarçados de animais. Não vou contar uma a uma todas essas vitórias, cuja trama é bastante repetitiva. Além disso, elas podem ser facilmente encontradas sob formas análogas em todas as obras dedicadas à lenda de Héracles. Vamos apenas citá-las: primeiro a corça de Cerínia, depois o javali de Erimanto, os pássaros do lago de Estínfalo, as éguas de Diomedes (animais muito maus que se alimentam de carne humana), o cão Cérbero (o de Hades, com várias cabeças e cauda de serpente, que vigia os infernos), o touro de Creta, o cinturão da Rainha Hipólita, os pomos de ouro das hespérides, os bois de Gerião e os estábulos de Augias.

Pouco importa a ordem em que as várias façanhas de Héracles são apresentadas. Ela varia de acordo com os mitógrafos e as versões diferem. O que deve ser notado nesses relatos também não são os detalhes da intriga, que é praticamente sempre a mesma – seres monstruosos que devastam o país e os quais Héracles sempre consegue vencer –, mas a natureza anticósmica, caótica e maléfica das entidades sobrenaturais que o herói enfrenta: fora o javali de Erimanto, que de particular tem apenas uma força excepcional e um caráter agressivo desconhecido no mundo real – os textos arcaicos, os anteriores ao século V, praticamente não o mencionam – os outros monstros não só são destruidores da ordem como estão claramente enraizados num além que não tem nada de terreno: por exemplo, não só a corça de Cerínia é gigantesca, como tem chifres, o que evidentemente é um sinal do seu não pertencimento à natureza ordinária; as penas dos pássaros de Estínfalo são de aço, espinhosas e afiadas como lâminas de barbear; quanto ao touro de Creta, os diferentes mitógrafos antigos o assimilam ora àquele que Poseidon retira da água para permitir que Minos se torne rei, ora àquele que foi usado para sequestrar Europa, a bela ninfa da qual Zeus quer se tornar o amante, às vezes ainda ao touro pelo qual Pasífae, a esposa de Minos, se apaixona, ou mesmo ao de Maratona: vou contar a história deles mais tarde, mas já saibam que, em todos os casos, trata-se uma vez mais de seres sobrenaturais, cujos pais não são uma vaca nem outro touro, como deve ser na natureza real, mas deuses que querem se divertir com os homens. As éguas de Diomedes são ainda piores: são animais que comem carne humana, porque um feitiço foi lançado sobre elas – o que cavalo algum faz, pois é necessariamente herbívoro.

O cão Cérbero também não pertence ao mundo terreno. Os bois de Gerião nada têm de monstruosos, mas, por outro lado, seu proprietário, que Héracles deve enfrentar para se apoderar dos animais, é filho de Poseidon e da terrível Medusa. Quanto ao cão Ortro, que guarda seus rebanhos e que Héracles também deve aniquilar, ele é um ser monstruoso, que não tem nada em comum com um verdadeiro cão, uma vez que tem duas cabeças e é – decididamente, o tema que liga Héracles às façanhas do próprio Zeus onipresente – um filho de Tifão e Équidna!

Em outras palavras, as forças de destruição que Héracles combate são de fato sobrenaturais, e mesmo divinas, à imagem daquelas que o próprio Zeus teve de enfrentar antes da partilha do mundo e da criação definitiva do cosmos. Divino não quer dizer bom: existem deuses maus, como Caos, como os titãs, como Tifão. Além disso, a hidra de Lerna, da qual uma das cabeças também é imortal, é dominada exatamente segundo o esquema utilizado por Zeus para derrotar Tifão: assim como Zeus consegue aniquilá-lo, sem matá-lo, o que é impossível, mas enterrando-o sob um enorme vulcão, o Etna, assim também Héracles ao colocar uma pesada rocha sobre a cabeça não mortal da hidra consegue livrar o cosmos de sua presença. Acrescentemos que Hera às vezes é mencionada explicitamente como aquela que, se não criou o "animal", pelo menos o fez cruzar o caminho do herói cuja morte ela quer a qualquer preço.

Leão de Nemeia, hidra de Lerna, javali de Erimanto, corça de Cerínia, pássaros de Estínfalo, cão Cérbero, éguas de Diomedes, touro de Creta, bois de Gerião guardados pelo medonho Ortro: já são nove trabalhos.

Os três restantes, os que ainda não mencionei – o cinturão da rainha das amazonas, Hipólita, os pomos dourados das hespérides e os estábulos de Augias –, por outro lado, parecem diferentes. Não se trata mais de vencer monstros disfarçados de animais nocivos, e sim, mais simplesmente por assim dizer, de realizar uma tarefa considerada impossível. No fundo, é nesta mais do que nas outras proezas que a noção de "trabalho" pode de fato ser aplicada, uma vez que se trata sobretudo de um trabalho, de uma missão impossível e perigosa, certamente, mas na qual o monstruoso não é nem o primeiro nem o único elemento característico. Não estamos mais no esquema habitual da luta vitoriosa contra uma entidade caótica, herdeira direta ou indireta de Tifão.

Ainda assim, não se enganem, as forças titânicas e caóticas continuam presentes como pano de fundo.

É o caso, claro, das amazonas, essas guerreiras intratáveis que, desde a infância, amputam o seio direito para que mais tarde não as atrapalhe no manuseio do arco e do dardo. Desta vez, não é diretamente Euristeu quem inflige um novo trabalho a Héracles, mas Admete, sua filha, que tem um desejo: ela quer porque quer, e urgentemente, que lhe tragam o soberbo cinturão da rainha das amazonas, Hipólita. Ora, acontece que a rainha o recebeu das próprias mãos de Ares, deus da guerra, de modo que tudo leva a crer na imensa dificuldade que Héracles terá para arrancá-lo de sua proprietária. No entanto, contra toda expectativa, quando ele encontra a rainha, depois de muitas aventuras que não citarei aqui, é de bom grado que ela o presenteia com esse ornamento. Hera, descontente, não leva em conta o resultado. Ela decide assumir a aparência de uma amazona – os deuses são capazes de todas as metamorfoses – e, descendo do Olimpo, espalha entre as guerreiras o rumor de que Héracles veio como inimigo para raptar a rainha, o que, claro, é uma mentira. Então, irrompe um violento combate entre, de um lado, Héracles e seus companheiros de armas e, do outro, as amazonas, combate durante o qual Hipólita é morta por Héracles. No relato de Apolodoro, o episódio mostra mais uma vez a fúria que se apodera do herói assim que lhe oferecem resistência:

> Euristeu ordenou que Héracles trouxesse o cinturão de Hipólita. Esta era a rainha das amazonas, uma grande nação guerreira que vivia às margens do Rio Termodon. As amazonas cultivaram as virtudes viris e, caso se unissem ao outro sexo e tivessem filhos, criavam apenas as meninas: o seio direito delas era comprimido para que não fossem impedidas de lançar o dardo e o seio esquer-

do era deixado para que pudessem amamentar. Hipólita trazia com ela o cinturão de Ares, símbolo da primazia de sua posição. Héracles foi enviado para buscar esse cinturão desejado por Admete, filha de Euristeu... Quando ele desembarcou no porto de Temiscira, Hipólita veio encontrá-lo. Perguntou-lhe por que tinha vindo e prometeu dar-lhe o cinturão. Mas Hera, assumindo as feições de uma amazona, circulou entre a multidão dizendo que os estrangeiros que acabavam de chegar estavam raptando a rainha. As amazonas armadas se precipitaram a cavalo em direção ao navio. Quando Héracles viu que todas estavam armadas, pensou que era o resultado de um ardil: ele matou Hipólita e despojou-a de seu cinturão, então, depois de um combate com as outras amazonas, voltou para o mar...

Aqui começamos a perceber melhor a dimensão trágica do personagem de Héracles. Não apenas ele se encontra constantemente dividido entre violência e justiça, entre *hybris* e *Diké*, mas sua vida lhe escapa. Se uma das molas principais da tragédia grega reside no conflito que opõe o destino e a liberdade humana, então Héracles é constantemente ator e vítima desse conflito.

Quanto aos famosos pomos de ouro das hespérides – relembro que foi um desses pomos que Éris colocou sobre a mesa durante o casamento de Tétis e de Peleu –, trata-se mais uma vez de frutos mágicos, de seres não encontrados no mundo natural. São pomos muito especiais, que crescem diretamente na árvore de metal precioso, e por um bom motivo: foi o presente dado por Gaia a Hera no dia de seu casamento com Zeus. A rainha dos deuses achou-os tão sublimes que mandou plantar a árvore que os produz num jardim situado nos confins do mundo real, no Atlas, a montanha que também é um deus, um dos filhos do titã Jápeto, um dos irmãos de Epimeteu e de Prometeu, sobre cujos ombros se apoia o mundo.

Hera está sempre com medo de que lhe roubem os pomos. Coloca então duas espécies de guardas na entrada do jardim. Primeiramente, há três ninfas, chamadas hespérides, que darão seu nome a esse famoso jardim. Em grego, "hespérides" significa simplesmente "filha de Hésperis", sendo esta última filha de Hésperos, o anoitecer. Essas divindades também levam nomes que evocam as cores do fim do dia: "Brilhante", "Vermelha", "Aretusa do poente"... Mas como Hera, pelo que dizem, não confia muito nessas ninfas, acrescentou um segundo guardião: um dragão imortal que, claro, também é filho de Tifão e de Équidna, como sempre eles estão no caminho de Héracles assim como estavam no caminho de seu pai! Não se esqueçam que é também no decorrer dessa expedição em busca dos pomos de ouro que Héracles vai libertar Prometeu de suas correntes: ele mata a flechadas a águia que lhe devora o fígado, e que também é filha de Tifão e de Équidna! Curiosamente, não é pela força, mas, como veremos, pela astúcia que Héracles consegue roubar os pomos de Hera – prova de que ele é mesmo filho de Zeus que engoliu Métis.

Com efeito, Prometeu, uma vez libertado, se sente à vontade para indicar a Héracles o que ele está procurando há mais de um ano: a localização exata do famoso jardim das Hespérides. É fácil, já que está ali onde Atlas, seu irmão, está. Prometeu o aconselha a não roubar os pomos pessoalmente – isso seria um furto imperdoável – mas a enviar Atlas para buscá-los. Quando encontra Atlas, Héracles lhe propõe um acordo: ele vai sustentar o mundo em seus ombros no lugar do titã, enquanto este vai colher os pomos. Atlas aceita, mas, ao retornar, sente-se muito leve. Descobre a que ponto é agradável viver sem fardo, a que ponto está cansado de carregar o mundo nas costas. E como o compreendemos! E declara a Héracles que, no fim das contas, ele mesmo levará os pomos a Euristeu. Enquanto isso, Héracles sustenta toda a abóbada celeste sobre seus ombros. Mesmo sendo forte, está começando a sentir o peso! Ele deve encontrar uma solução para devolvê-la urgentemente aos ombros de Atlas. Como quem não quer nada, para não chamar sua atenção, ele diz que concorda. Mas, se Atlas tivesse a gentileza de retomar o fardo por um segundo, ele poderia pegar uma almofadinha e colocá-la sobre a cabeça para se sentir um pouco mais confortável. Atlas é forte, mas idiota: ele deixa-se enganar, retoma a abóbada e, é claro, Héracles vai embora e retorna à casa de Euristeu com os pomos, deixando o pobre Atlas entregue ao seu funesto destino.

O fim da história também é muito instrutivo: assim que os tem na mão, Euristeu mal olha para os pomos e imediatamente os devolve a Héracles. O que prova, se ainda fosse necessário, que o objetivo dos trabalhos não é obter este ou aquele objeto, atingir esta ou aquela finalidade, mas apenas matar o herói, uma vez que o que ele traz de volta não tem em si o menor interesse. Além disso, é absolutamente proibido roubar esses pomos, que devem imperativamente permanecer em seu jardim cósmico. Héracles os entrega, portanto, a Atena que tão logo os colocará de volta no lugar, em harmonia com o resto do mundo...

Guardei os estábulos de Augias para o fim, embora Apolodoro faça dele o quinto desafio, porque essa aventura não se assemelha a nenhuma outra. Sem monstros, sem filhos de Tifão nem de Équidna, sem seres sobrenaturais... e, no entanto, o combate da ordem contra a desordem, do caos contra o cosmos, encontra-se aqui, uma vez mais, onipresente.

Primeiro pelo próprio personagem de Augias, rei de uma região chamada Élida e que se revela um senhor não só da desordem, mas também da injustiça. Ele possui imensos rebanhos dados por seu pai – Hélio, deus do sol. Mas desde que se tornou proprietário nunca se preocupou em limpar os estábulos. Eles estão agora numa imundice inimaginável, a ponto de ameaçarem poluir toda a região. O esterco nunca foi removido e, como foi se depositando em camadas espessas sobre as terras vizinhas, está tornando-as estéreis. Estamos de fato lidando com um transtorno que hoje chamaríamos de "ecológico", de considerável magnitude. Héracles evita dizer a Augias que foi enviado por seu primo para limpar tudo. Quer, com efeito, pedir-lhe um salário por esse trabalho, uma vez que começa a compreender que, desta vez, não lhe foi imposto para tentar matá-lo – neste caso, a vida do herói não está ameaçada como nas outras aventuras – e sim para humilhá-lo, rebaixá-lo à categoria de escravo que deve colocar as mãos na lama. Héracles quer então ser recompensado e pede, segundo o relato de Apolodoro, uma décima parte do gado de Augias se conseguir remover todo o esterco num único dia, o que Augias aceita, não porque goste de limpeza e queira sanear a região, mas porque considera Héracles um maluco e não acredita nem por um segundo que ele possa alcançar seus objetivos.

Ele quer ver o que vai acontecer, só isso. Acrescentemos que, além da retribuição que espera obter, Héracles não quer sujar as mãos. Ele não é um escravo, e sim um semideus, filho de Zeus. Mais uma vez, à astúcia se acrescentará a força. Ele abre uma boa brecha na parte mais alta, no muro principal que bordeja as cavalariças, e não se esquece de abrir uma segunda brecha na cerca que as fecha, na parte mais baixa. Depois desvia o curso dos dois rios que passam por perto, o Alfeu e o Peneu, e a água desce em cascata pela primeira brecha. Como ela sai pela segunda, carrega tudo em seu caminho, e assim em poucas horas os estábulos estão brilhando como um espelho!

O problema é que Augias não é apenas desmazelado, é também mentiroso: ao saber que Héracles venceu a aposta e que foi enviado por Euristeu, recusa-se a pagá-lo mesmo tendo cumprido seu contrato. E para se justificar elabora uma argumentação capciosa: afirma que, como Héracles tinha de fazer o trabalho de qualquer maneira, ele não precisa ser pago por ele. É claro que não teria concordado em pagá-lo se Héracles não tivesse ocultado o sentido e a origem da tarefa que, de todo modo, com ou sem salário, ele realmente tinha a obrigação de realizar. O argumento é tão enganador que Augias é, perante o tribunal que agora se reúne para decidir o caso, obrigado a mentir: ele jura, o que é pura mentira, que não prometeu recompensa alguma a Héracles. Por infelicidade seu próprio filho, que presenciou toda a cena, testemunha contra o pai e defende o herói. Sendo um mau perdedor, Augias nem espera a sentença proferida pelos juízes, e rapidamente expulsa Héracles e seu filho de sua casa. Pagará caro por isso. Héracles não esquecerá. Acabará encontrando Augias e o matará. Justiça severa, certamente, mas justiça mesmo assim. Desse modo, Héracles pode retornar absolutamente vitorioso à cidade de seu primo, que tem de desistir de acumular outras provações, pois todas se revelam inúteis, pelo menos em relação ao funesto desígnio que é o de Hera.

Por sua covardia, como por sua teimosia contra nosso herói, Euristeu será punido, como nos diz Apolodoro no fim da passagem dedicada a Héracles em sua *Biblioteca*. Após sua morte, da qual falaremos no próximo capítulo, Héracles será imortalizado, conduzido ao coração do Olimpo, ao lado dos principais deuses (quem sabe para a ilha dos Bem-aventurados). Quanto ao seu horroroso primo, eis o que o espera:

> Quando Héracles foi transportado entre os deuses, seus filhos, para escapar de Euristeu, refugiaram-se junto a Ceix (rei de Traquis, amigo de Héracles). Mas como Euristeu pedia-lhe para entregá-los e o ameaçava com uma guerra, eles se amedrontaram e, deixando Traquis, fugiram através da Grécia. Perseguidos, foram para Atenas onde se sentaram sobre o altar da Piedade e pediram para serem socorridos. Os atenienses se recusaram a entregá-los e sustentaram uma guerra contra Euristeu. Mataram seus filhos, Alexandre, Ifimedonte, Euríbio, Mentor e Perímedes. Quanto ao

próprio Euristeu, ele fugiu num carro, mas, quando passava pelas rochas Cironianas, Hilo perseguiu-o, matou-o e cortou-lhe a cabeça, que ele deu a Alcmena. Esta então arrancou-lhe os olhos com agulhas de tear.

Mas ainda não chegamos lá e, no momento, Héracles ainda faz parte deste mundo. São incontáveis as aventuras depois dos doze trabalhos. Os relatos preservados são tão diversos, e mesmo tão divergentes, que seria absurdo querer contá-los como se formassem um itinerário sensato numa biografia coerente. Prefiro, em nosso próximo capítulo, também dedicado a Héracles, contar-lhes com o que a maioria dos mitógrafos está de acordo: o último casamento do herói com Dejanira, seus últimos momentos, sua morte atroz e sua apoteose. Veremos então que Héracles é de fato, no sentido grego, um herói trágico.

8
MORTE E RESSURREIÇÃO DE HÉRACLES
O significado do trágico grego

Preâmbulo

Na maioria das vezes, nas histórias em quadrinhos, nos desenhos animados, nos livros infantis, nos livros de contos e lendas ou nos filmes de Hollywood, Héracles, que é simplesmente chamado por seu nome latino, "Hércules", é apresentado como um herói de romance policial, como uma espécie de James Bond antigo, um Super-Homem cuja força serve apenas para levar as jovens ao desmaio e para punir os bandidos. A realidade é bem diferente. Héracles nada tem de um super-herói dos tempos modernos. Não está aqui, no mundo, para brilhar, para seduzir, para se divertir, para mostrar seus músculos, e sim para manter a ordem cósmica, à custa dos piores sofrimentos e sem nunca tirar proveito algum para si mesmo, ordem que Zeus tão custosamente instaurou em sua luta contra os titãs. Ao longo de sua existência infeliz, ele apenas luta, como seu pai fizera antes dele, contra as forças sempre renascentes do caos.

Héracles contra as forças ressurgentes do caos

Como vimos ao evocar os relatos trazidos pelo *Le Bouclier*, poema atribuído a Hesíodo que narra o nascimento de Héracles, ao concebê-lo com a bela Alcmena, "o pai dos deuses e dos homens [...] queria, tanto para os deuses quanto para os homens, criar um defensor contra o perigo". Um "defensor contra o perigo": é esse, com efeito – como comprovam todos os relatos trazidos no capítulo anterior – o papel principal de Héracles. Mas de que perigo exatamente? E por que Zeus quer, como o xerife nos faroestes, um "auxiliar"? Héracles, com efeito, é mesmo, no sentido literal do termo, um "substituto" que Zeus quer criar, alguém capaz de "substituir" o rei dos deuses na terra, e não apenas no céu, de ajudá-lo aqui embaixo em sua luta contra a ressurgência maléfica das forças de destruição, herdeiras distantes dos titãs. É exatamente esse perigo que sempre está presente na lenda de Héracles. Talvez se perguntem como reconhecer tais forças? É preciso perceber que nessa época, evidentemente lendária, em que os deuses ainda não estão separados dos mortais – uma vez que se unem a eles e os engravidam –, ainda estamos muito próximos das origens do mundo, do caos inicial e das grandes batalhas que levaram Zeus à edificação do cosmos. No momento em que quer gerar um novo filho "contra o perigo", Zeus mal acaba de derrotar Tifão, o último monstro que ameaçava destruir o universo. Mas em nosso planeta vemos com frequência o renascimento dos "minitifões", muitas vezes filhos do próprio Tifão, seres concebidos por ele com sua esposa-víbora, Équidna, descendentes que desempenham o mesmo papel destrutivo que os titãs perante Zeus, uma vez que também ameaçam retomar o poder. É, pois, urgente colocá-los no seu devido lugar, o que, dada a sua força e o horror que costumam inspirar nos humanos, está longe de ser uma tarefa fácil.

Esta é precisamente a missão cosmológica que Zeus confiou a Héracles: ele deve continuar no "mundo sublunar" o trabalho que o senhor do Olimpo realizou em outra escala, a de todo o cosmos, em sua guerra vitoriosa contra os primeiros deuses. Toda sua vida será dedicada a lutar, em nome de *Diké*, da ordem justa, contra a injustiça, contra entidades destrutivas que, de várias maneiras, encarnam ainda o possível renascimento do caos, da desordem. Sejamos claros: seria evidentemente um erro compreender aqui a palavra "desordem" num sentido moderno, "policial", como falamos das "forças da ordem" para designar os policiais responsáveis por acabar com as "desordens da ordem pública" ou por reprimir uma manifestação. Não se trata disso, mas de uma ordem entendida no sentido cosmológico, isto é, no sentido ontológico do termo. Trata-se da harmonia do próprio Ser, do ordenamento do "Grande Todo" do universo, e as forças da desordem não são "manifestantes" que reivindicam, mas seres caóticos, descendentes diretos dos primeiros deuses que ameaçam a própria existência do mundo, da ordem justa e harmoniosa instaurada por Zeus no momento da famosa partilha original do universo. Para compreender plenamente o que está em jogo nessa lenda de Héracles é preciso ter constantemente em mente a ideia de que a preservação do cosmos é tanto menos uma questão de simples policiamento, uma vez que envolve a própria finalidade da existência humana, o sentido último da vida dos mortais. Se a vida boa, para nós, consiste em encontrar nosso lugar no macrocosmo e, segundo o modelo de Ulisses, encontrá-lo custe o que custar, é ainda preciso que essa ordem exista previamente e seja preservada. Caso contrário, é o próprio significado da vida humana como um todo que desmorona e, com ele, qualquer possibilidade de busca de uma sabedoria, de uma filosofia.

É por isso que a filosofia estoica, que em muitos aspectos representa um pináculo do pensamento grego, viu no personagem de Héracles uma figura tutelar, uma espécie de padrinho ideal. A ideia fundamental que anima o estoicismo é que o mundo, o cosmos, é divino, uma vez que ele não apenas é superior e exterior aos homens, não criado por eles, mas além disso é harmonioso, racional, justo, belo e bom. Nada é mais bem organizado do que a ordem natural e nossa missão na terra, para nós, pequenos humanos, é preservá-la, encontrar nosso lugar nela e nos ajustar a ela. É nessa perspectiva que os pais fundadores da escola estoica se referiam a Héracles como um de seus ancestrais. Cleanto, o segundo diretor da escola (depois de seu fundador, Zenão de Cítio), gostava quando lhe diziam que ele era um "segundo Héracles" e Epicteto em seu *Manual* e em suas *Entrevistas* várias vezes destaca que Héracles é um "deus vivo na terra", um desses seres que participaram da elaboração e da preservação da ordem divina do mundo.

O desafio filosófico das aventuras de Héracles se revela assim considerável. Seja em Apolodoro, em Diodoro de Sicília ou mesmo em Higino, os mitógrafos nunca deixaram de insistir na natureza muito particular, literalmente caótica ou anticósmica, dos monstros que Héracles enfrenta no decorrer de seus famosos trabalhos. Aqui, a título de exemplo, a maneira como uma das fábulas de Higino os descreveu:

> Quando criança, ele matou com as mãos duas serpentes que Juno havia enviado, daí seu nome de "primogênito" (é de fato graças a essa façanha que Alcmena e Anfitrião puderam distinguir seus dois gêmeos, Héracles e Íficles, e compreender que o mais velho era de fato filho de um deus). O leão de Nemeia, imortal, que a

Lua havia nutrido numa caverna com duas aberturas, ele o matou, e usou sua pele para se cobrir. A Hidra de Lerna, filha de Tifão, com suas nove cabeças, ele a matou perto da nascente de Lerna. Ela tinha tal capacidade de envenenamento que matava homens com sua respiração, e se alguém passasse por perto enquanto dormia, ela soprava em suas pegadas e ele morria em torturas ainda piores. Seguindo as instruções de Minerva, ele a matou, a estripou e impregnou suas flechas com seu veneno. Por isso, nada do que ele tocou depois com suas flechas escapou da morte, o que lhe valeu sua própria morte mais tarde, na Frígia (porque foi pelo veneno da hidra derramado em suas flechas que o sangue do centauro Nesso foi envenenado, e é esse veneno mortal que Dejanira espalhará sobre a túnica do marido, causando assim sua morte atroz). Ele matou o javali de Erimanto. O feroz cervo da Arcádia, com seus chifres de ouro, trouxe-o de volta vivo diante dos olhos do Rei Euristeu. Os pássaros de Estínfalo, que lançavam suas penas como dardos sobre a Ilha de Marte, ele os matou com suas flechas. O esterco dos bois do rei de Augias, ele o limpou em apenas um dia, a maior parte com a ajuda de Júpiter e fazendo fluir um rio, ele limpou todo o esterco. O touro com o qual Pasífae dormiu, ele o levou vivo da Ilha de Creta até Micenas. Diomedes, rei da Trácia, e seus quatro cavalos que se alimentavam de carne humana, ele os matou, auxiliado por Abdero. Os nomes dos cavalos eram Podargo, Lâmpon, Xanto, Deino. Da rainha das amazonas, Hipólita, filha de Marte e da Rainha Otrera, ele arrancou o cinturão [...]. Gerião, o filho de corpo triplo de Crisaor (ele mesmo filho de górgona e de Poseidon), ele o matou com um único golpe. A serpente Monstruosa, filha de Tifão que guardava os pomos de ouro das hespérides, matou-a perto do Monte Atlas e trouxe os pomos de volta ao Rei Euristeu. O cão Cérbero, filho de Tifão, ele o trouxe de volta do inferno diante dos olhos do rei.

Observamos assim que, nesses trabalhos, como destaquei no último capítulo, nada é natural, tudo está além do verdadeiro real, tudo está fora da natureza, monstruoso, nesse sentido a tarefa de Héracles também aparece como sobre-humana, como propriamente cosmológica. Mas há muitos outros trabalhos, dos quais falamos menos, das "parerga" como dizem os mitógrafos, ou seja, os "complementos" dos primeiros, em que a dimensão trágica da vida de Héracles vem se acrescentar de forma ainda mais clara à sua função cosmológica. Héracles, como nesta outra fábula de Higino que vamos ler agora, não aparece ali apenas como um justiceiro, como um trabalhador de *Diké*, um infatigável herói da justiça…, mas também como um matador, um assassino afinal bastante sinistro, como um ser trágico, constantemente dilacerado entre sua aspiração ao bem e sua natureza dupla, também monstruosa, que sempre o conduz a uma violência que pressentimos não ser compatível com a harmonia que ele pretende manter ou restaurar:

> Matou, na Líbia, Anteu, filho da terra. Este obrigava seus convidados a lutar contra ele e quando estavam exaustos, ele os matava; matou-o numa luta. Busíris, no Egito, que costumava sacrificar seus convidados, quando soube dessa prática, Hércules deixou-se conduzir vendado ao altar e, enquanto Busíris queria dirigir uma prece aos deuses, Hércules o matou, e também os sacerdotes do sacrifício, com um porrete. Venceu o combate contra Cicno, filho de Marte, e o matou. Quando Marte chegou e quis, por causa de seu filho, lutar contra ele, Júpiter lançou o raio entre eles e assim os separou. O monstro marinho ao qual Hesíona foi oferecida, ele o matou em Troia. E como Laomedonte, pai de Hesíona, não a concedeu, ele o matou com suas flechas. Matou Lico, filho de Netuno, porque quis matar sua mulher, Mégara, filha de Creonte, e seus filhos, Terímaco e Ofites. O Rio Aqueloo tomava qualquer forma. Enquanto combatia Hércules para se casar com Dejanira, ele se transformou num touro do qual Hércules arrancou um chifre, que foi oferecido às ninfas das hespérides. As deusas o encheram de frutos e o chamaram cornucópia. Matou Neleu, filho de Hipocoonte, com seus dez filhos, pois ele se recusou a purificá-lo depois de ter matado Mégara e seus dois filhos. Matou Eurito, pois pediu sua filha em casamento e Eurito o rejeitou. Matou o centauro Nesso porque queria violar Dejanira. Matou o centauro Euritião porque ele pediu em casamento sua noiva Dejanira, filha de Dexâmeno etc.

Para além de seu lado repetitivo, para além da pluralidade das anedotas a que alude sem explicitá-las – o que certamente torna a fábula de Higino incompreensível para o leitor moderno –, esse texto apresenta um interesse bastante notável desde que consigamos decifrar seu sentido. Deste ponto de vista, ele merece alguns comentários.

Observaremos primeiro que Héracles é acima de tudo um assassino. É certo que quase sempre luta por justiça, se bate contra seres geralmente maléficos, mas o mínimo que podemos dizer é que ele não conhece uma reação gradual. *Occidit, occidit, occidit*: "ele o matou, ele o matou, ele o matou": na verdade, ele só sabe matar, matar e matar. Nunca perdoa, nunca para, nunca conhece ou reconhece a doçura. É inteiramente fadado ao combate, à guerra, e é este evidentemente o ponto essencial, aquele que nos colocará no caminho do seu lado trágico, dilacerado e dilacerante, ele assemelha-se estranhamente às forças caóticas que, no entanto, pretende combater. Ele é seu duplo perfeito, do lado cósmico, claro, mas de um cosmos que ele defende claramente de maneira "caótica", brutal, com uma força literalmente "titânica".

Héracles é, portanto, duplo, cósmico e caótico, olímpio e brutal, apolíneo e dionisíaco, e ambos os lados do personagem merecem nosso interesse.

O lado cósmico, primeiro, vem dos seres que ele combate. Como já sugeri, eles geralmente pertencem às forças da destruição. Anteu, por exemplo, pelo qual começa a lista de óbitos de Higino, é filho de Gaia. É, pois, irmão de Tifão, um ser "ctônico", terrestre, que está por conseguinte muito próximo dos primeiros deuses, muito próximo do caos original. Além disso é uma entidade claramente sobrenatural, não é deste mundo, é um gigante invulnerável quando em contato com sua mãe, a terra – razão pela qual Héracles só poderá matá-lo levantando-o e sufocando-o enquanto os pés dele estiverem fora do chão.

Busíris (que alguns às vezes identificam com Osíris) também é um ser maléfico, um rei do Egito conhecido por sua lendária crueldade. Seu sonho é raptar as hespérides, as ninfas que guardam a famosa árvore dourada de onde vem o pomo da discórdia. Ora, o jardim das hespérides é o jardim cósmico por excelência. A árvore mágica que ele abriga foi dada por Gaia a Hera por ocasião de seu casamento com Zeus. Ela é guardada por um dragão pavoroso, filho de Tifão e de Équidna, para que ninguém possa se apoderar dos magníficos frutos que ela esconde. As hespérides, as ninfas do poente (do anoitecer, hésperos), são três (ou quatro) irmãs que, segundo alguns, são filhas de Zeus e de Têmis. Isso significa que elas pertencem claramente ao mundo apolíneo da harmonia e da justiça. Dizem também que são de uma beleza de tirar o fôlego, uma qualidade que excita a luxúria de Busíris. Ele envia uma expedição para capturar as jovens. Pagará caro pelo erro, pois dos doze trabalhos que Euristeu encomenda a Héracles, um deles consiste justamente em buscar os famosos pomos de ouro. Foi durante essa prova que Héracles se deparou com a expedição de Busíris e que massacrou, como de costume, todos que dela faziam parte. Aqui também a dimensão cosmológica de sua missão é clara, tanto mais clara porque, uma vez que os pomos foram entregues a Euristeu, e por meio dele a Hera, eles foram imediatamente recolocados no jardim, que assim recuperou seu caráter simbólico da harmonia cósmica.

O mesmo se passa com o terceiro nome citado por Higino, o de Cicno, o cisne, um dos filhos de Ares (Marte) e de uma das filhas de Pélias, Pelopia. Tratando-se dele, há várias versões, como sempre, mas em todas ele é também conhecido sobretudo por um traço de caráter: sua lendária violência sanguinária e sua hostilidade a Apolo. Cicno se delicia raptando e massacrando os peregrinos que vão a Delfos para se dirigir ao templo do deus da música e consultar seu famoso oráculo – o que desperta o ódio feroz de Apolo. Este enviará Héracles para matar o cisne que seu pai desejará vingar, Zeus finalmente intervindo para separar seus dois filhos com um raio...

Laomedonte, entretanto, é um dos primeiros reis de Troia, filho de Ilo (de onde vem o nome grego dessa cidade, Ílion, que dá seu título à *Ilíada*...). Também é pai de Príamo, rei cujo primeiro nome era Podarce (que significa o "resgatado", pois Podarce foi escravizado por Héracles e tão logo resgatado por sua irmã, Hesíona). Foi Laomedonte quem mandou construir as famosas muralhas que protegem a cidade, muralhas ao pé das quais se desenrola a guerra entre troianos e gregos. Para erguê-las, recorreu aos serviços de Apolo e de Poseidon, mas uma vez o trabalho concluído, ele se recusou a retribuí-los conforme o combinado. Então Poseidon enviou um monstro marinho para devorar Hesíona, filha de Laomedonte, mas este chamou Héracles para libertá-la e em troca prometeu dar-lhe seus cavalos. Héracles matou o monstro, e novamente houve perjúrio. Laomedonte recusou-se a dar-lhe o que era devido – então Héracles matou o pai e todos os seus filhos, exceto Príamo, que foi reduzido à escravidão, mas cuja irmã foi autorizada a resgatá-lo –, daí seu nome. Portanto, uma vez mais, a missão de Héracles é justa, vai no sentido do cosmos e eu poderia continuar enumerando seus bem-feitos examinando um a um os outros nomes citados por Higino.

Mas fiquemos por aqui, seria entediante – ainda que nos deslumbremos, aqui também, com a infinita riqueza, literalmente inesgotável, do imaginário grego – tanto mais que, para cada uma dessas lendas, no entanto secundárias, há sempre uma pluralidade de versões. E aqui também resta o fato de que ele só sabe matar e sempre brutalmente. Como com os mínios de Orcômeno, ele massacra todos, criados, crianças, sacerdotes, tudo o que está ao seu alcance assim que sentiu falta de alguém, seja um bandido ou simplesmente, como na continuação da fábula, um concorrente no amor, e mesmo um pai que se atreve a lhe recusar a filha. Poderíamos reforçar ainda mais essa leitura se levássemos em conta o relato das inúmeras expedições que, além dos trabalhos e das parergas que acabamos de mencionar, completam o quadro de um herói entusiasmado pela justiça, certamente, mas por uma justiça que ele só sabe implementar por meio de uma violência tão desenfreada quanto assassina.

Sem dúvida, é isso que explica o quão sinistra é sua vida, à imagem de uma morte que devo agora relatar, tanto sua atrocidade está de acordo com a existência que a precede.

Morte e ressurreição: a "apoteose" de Héracles

Quanto ao fim da vida de Héracles, a fonte mais antiga e mais desenvolvida nos é fornecida pela tragédia de Sófocles intitulada *As traquínias*, ou seja, as mulheres de Traquis, cidade onde se encontram finalmente reunidas de maneira trágica Dejanira, a última esposa do herói, e Iole, sua última amante. Embora muito confusa, a sequência de eventos que conduzem à morte horrível de Héracles é mais ou menos coerente – e entre os mitógrafos tardios, Diodoro, Apolodoro ou Higino, por exemplo, ela permanecerá essencialmente a mesma. Se nos atermos à trama fundamental, ela pode ser dividida em seis atos principais.

Primeiro ato: no decorrer das circunstâncias cujos detalhes deixo de lado, Héracles encontra Dejanira na cidade de Calidon. Apaixona-se e, claro, quer imediatamente se casar com ela. Mas ela tem um pretendente, um certo Aqueloo. Este é ao mesmo tempo um deus e um rio, como o Escamandro ou o Xanto na *Ilíada*. Ele também tem uma característica muito estranha, que sem dúvida vem de sua fluidez: é capaz de se metamorfosear em todos os tipos de seres diferentes, cada um mais difícil de se combater do que o outro. Ora tem sua forma inicial, a de um rio, e ora se transforma num touro ou mesmo num dragão. Héracles deve combatê-lo para tomar-lhe Dejanira. Foi quando Aqueloo assumiu a aparência de um touro que ele conquistou a vitória arrancando-lhe um dos chifres. Aqueloo, que quer absolutamente recuperá-lo, começa a gemer e se declara vencido, e então implora a Héracles que lhe devolva esse apêndice de seu miserável crânio. Uma das muitas variantes do mito conta que, em troca, Aqueloo presenteou Héracles com o famoso chifre da cabra Amalteia, a primeira babá de Zeus, quando ele ainda era bebê, na caverna fabricada por Gaia, sua avó, para salvá-lo de Cronos, seu pai, que queria devorá-lo. O chifre de Amalteia às vezes também é chamado de "cornucópia da abundância", pois tinha a propriedade sobrenatural de oferecer a quem o possuísse tudo o que se poderia desejar em termos de alimento... Não se esqueçam que é também a pele dessa cabra, impossível de ser perfurada, que servirá para fabricar a "égide" (do grego *aigos*, "a cabra"), o famoso escudo que Zeus compartilha com Atena.

Mas voltemos à nossa história. Após a vitória sobre Aqueloo, Héracles permanece um tempo em Calidon, com sua nova conquista, Dejanira, com quem acaba de se casar. Infelizmente, durante um jantar oferecido por Eneu, rei dessa cidade, ele mata "sem querer", como dizem as crianças, mas ainda assim algo deplorável, um de seus criados, que também é parente do rei. Definitivamente, Héracles é realmente forte demais para permanecer no mundo dos humanos onde começa a causar mais danos do que benefícios. Compreendemos então, com esse episódio, que talvez seja hora de ele ir para um outro mundo, um mundo divino, mais adequado à sua estatura. Como foi um acidente, Héracles é então perdoado por Eneu. No entanto, não está orgulhoso de si mesmo. Sente-se culpado e, com seu rigoroso senso de justiça, decide aplicar a si mesmo a dura lei do exílio. Deixa Calidon, com Dejanira, para ir para outra cidade, Traquis, precisamente, onde pretende se estabelecer.

No caminho – terceiro ato – é levado à beira de um rio, o Eveno, que é preciso atravessar. Ali encontra-se um barqueiro, um centauro chamado Nesso, meio-homem, meio-cavalo, que cobra das pessoas a travessia do rio feita numa espécie de barco. Héracles atravessa o rio por conta própria, mas, em contrapartida, confia Dejanira ao barqueiro. Este não encontra nada melhor para fazer do que tentar violá-la durante o trajeto. Dejanira começa a gritar, Héracles ouve seus gritos, saca o arco e as flechas e, com uma única flechada, transpassa o coração de Nesso. Trata-se aqui de uma daquelas flechas envenenadas cujas pontas Héracles mergulhou no sangue venenoso da hidra de Lerna. Detalhe que se revelará importante mais tarde. Com efeito, quando dá seu último suspiro, Nesso, que assim espera se vingar de Héracles depois de morto, conta a Dejanira uma história para boi dormir: ele consegue convencê-la de que ela pode, com o sangue que escorre da ferida, fabricar um filtro de amor, uma poção mágica que lhe permitirá, se um dia Héracles lhe escapar, trazê-lo de volta para ela e fazê-lo se apaixonar novamente. Dejanira cai na armadilha e engole a fábula de Nesso como se fosse uma verdade, pois acredita ingenuamente que um ser à beira da morte não poderia mentir. Mas a continuação da história irá, infelizmente, provar que se enganou.

Quarto ato: Héracles e Dejanira finalmente chegam a Traquis, onde o herói instala sua esposa na casa do rei da cidade, Ceix, que é ao mesmo tempo amigo e parente (é sobrinho de seu pai terreno, Anfitrião). Incapaz de ficar quieto, ele logo parte para uma nova série de aventuras, de combates, de guerras diversas no decorrer das quais ainda mata muitos malfeitores e saqueia inúmeras cidades. Vou poupá-los dos detalhes. Digamos apenas que durante uma dessas pilhagens costumeiras – na época, todos faziam o mesmo e as guerras quase sempre acabavam, como a Guerra de Troia, com o saque da cidade derrotada – ele aprisiona a encantadora Iole, planejando aparentemente torná-la sua amante. Ele manda conduzi-la sob boa vigilância, junto com outras cativas, a Traquis, onde ela ficaria na residência de Ceix, com Dejanira. Ele mesmo voltará um pouco mais tarde. Por enquanto, deseja parar por um tempo nas proximidades do cabo Ceneu, para ali fazer algumas oferendas a Zeus. Aproveitando o mensageiro que acompanha Iole e as demais cativas, ele pede a Dejanira que lhe envie uma túnica nova para poder realizar os sacrifícios rituais com vestimentas limpas, dignas do ato de purificação que quer produzir.

Assim que vê Iole, Dejanira percebe a ameaça: essa jovem é decididamente encantadora. Sófocles, em *As traquínias*, narra a cena e vemos como, num piscar de olhos, Dejanira compreende que o marido corre o risco de lhe escapar.

É quando ela se lembra de Nesso e de sua suposta poção mágica. Rapidamente, ela vai pegá-la e a espalha cuidadosamente sobre a túnica que o mensageiro deve levar de volta ao marido. Espera assim trazê-lo de volta para ela, torná-lo novamente apaixonado, como Nesso lhe prometeu. Claro, é uma armadilha: a poção tem de fato poderes, certamente, mas eles nada têm a ver com o amor. Pelo contrário, consistem em levar a uma morte abominável quem com ela entrar em contato! Héracles veste a túnica que Dejanira lhe enviou. Assim que aquecida por seu corpo, ela começa a queimá-lo. Claro que ele tenta retirá-la, mas ela gruda de maneira atroz em sua pele. Quando removida, fragmentos de carne calcinada vêm com o tecido. A dor é excruciante e não há como salvar quem caiu na armadilha. Além disso, um oráculo avisara Héracles que ele seria morto por um morto, e o herói compreende que esse morto não é outro senão Nesso, o centauro que ele matou com uma flecha envenenada.

Então Héracles pede a um de seus filhos que mande erigir uma grande pira para ele, para que possa morrer pelo fogo purificador. Seu filho, horrorizado, se recusa. Um criado aceita – em troca Héracles lhe dará o arco e as flechas. Ele sobe na pira. O criado acende o braseiro e é assim, nas chamas, aniquilado pela dor, que Héracles termina sua vida terrena. Ele teve de morrer, como qualquer ser humano, mas a história não acabou. Segundo Apolodoro, que aqui expressa a opinião mais comum entre os mitógrafos, uma nuvem desce do céu. Ela se coloca delicadamente sob o corpo em chamas de Héracles e o levanta lentamente em direção ao céu. É lá, no Olimpo, que ele será transformado em deus. É lá também que Hera o perdoará e que eles se reconciliarão. É sua apoteose – *apothéos*: sua transformação em deus – que vem recompensar seu trabalho, com efeito divino, de luta incessante contra as forças do caos.

Eis como Ovídio, sempre voraz por atrocidades, narra nas *Metamorfoses* o fim abominável de Héracles (o relato de Apolodoro, como sempre muito mais curto, é quase idêntico):

> Alarmada com o rumor dessa nova paixão (de Héracles por Iole), a desafortunada Dejanira primeiro dá livre-curso às suas lágrimas. Ela desafoga sua dor chorando, mas depois: "Por que chorar? ela diz. Minha rival se alegrará com minhas lágrimas. Já que ela está vindo, devo me apressar e encontrar um meio enquanto é tempo em que a outra ainda não está em meu leito" [...]. Sua mente vagueia em várias direções, mas ela decide por fim enviar a túnica impregnada com o sangue de Nesso, esse sangue que deve reacender um amor enfraquecido. Sem suspeitar do perigo, ela mesma confia a Lichas (o mensageiro que Héracles enviou para buscar vestimentas limpas), que também não suspeita de nada, essa vestimenta que a

enlutará e com palavras amáveis ela o encarrega de presenteá-la ao esposo. O herói a recebe sem saber o que o espera e joga sobre seus ombros o veneno da hidra de Lerna. Enquanto ele queima o incenso nas chamas nascentes dirigindo suas preces aos deuses, enquanto, com um vaso na mão, ele esparge o vinho sobre os altares de mármore, o veneno se aquece, a ação nociva liberada pela chama passa para os membros de Héracles, invadindo-o por todos os lados. Pelo tempo que pôde, o herói conteve seus gemidos graças à sua habitual coragem. Quando a dor triunfou sobre sua calma, ele derrubou os altares e encheu a Floresta de Oeta com seus urros. De repente, ele se esforça para rasgar a túnica fatal, mas onde quer que a rasgue, rasga também sua pele. Algo horrível de dizer, ou então, apesar de seus esforços para retirá-la, ela permanece grudada em seus membros, ou então expõe os músculos em farrapos e os ossos gigantescos. Seu sangue estremece, como uma lança embranquecida pelo fogo quando mergulhada num banho de água gelada, e a queimadura do veneno o resseca. Mas isso ainda não é o bastante: durante esse tempo, uma chama ávida devora-lhe as entranhas, um suor negro escorre de todo seu corpo, seus músculos consumidos estalam, o mal oculto derrete a medula de seus ossos. Então, erguendo as mãos para os astros, ele exclama: "Farte-se de minhas desgraças, filha de Saturno (é evidentemente uma mensagem para Hera, filha de Cronos, que enfim venceu o herói), sim, festeje do alto do céu, deusa cruel! Contemple meu suplício e sacie seu coração bárbaro!"

E é assim que, desejando a morte, Héracles cumpre seu destino.

O paradoxo de Héracles, herói cósmico e trágico

Dir-se-á certamente que sua morte é trágica, mas caso se queira usar essa palavra corretamente, este não é o ponto essencial. O que é trágico, no personagem de Héracles, é muito mais sua vida do que o modo como ela termina, seu perpétuo dilaceramento entre dois princípios opostos, a justiça de um lado, a preocupação com a ordem cósmica pela qual seu pai o colocou no mundo, mas, de outro, essa violência, esse gosto pelo sangue, em suma, esse elemento caótico que faz com que constantemente ele se assemelhe com o que deve, no entanto, combater. Se quisermos avançar na análise e, como verão, ela vale a pena, devemos então responder à questão prévia: afinal, o que é o trágico? A noção possui uma dupla dimensão, tanto histórica, porque foi primeiramente pensada de maneira explícita pelos gregos numa determinada época muito específica de sua história e, ao mesmo tempo, é também uma categoria universal do pensamento, uma estrutura que pode evidentemente ser encontrada fora do contexto da tragédia grega e que conserva um significado precioso até os dias atuais.

Quais são então seus traços característicos? Retornaremos, a propósito de outros personagens, Édipo, Antígona, mas também Dioniso, ao sentido da tragédia grega, às razões também pelas quais ela existiu apenas durante um período muito curto da história grega – menos de um século, na verdade, a partir do fim do século VI em Atenas. Por ora, contentemo-nos em traçar o que se poderia chamar um "tipo ideal" do trágico, em apontar os diferentes traços característicos que constituem sua noção, seu conceito.

O tipo ideal do trágico grego

Para que uma situação ou um personagem sejam trágicos são necessários quatro traços essenciais:

Antes de mais nada, deve haver um conflito, uma rasgadura original, e essa rasgadura, que constituirá a própria essência do trágico, deve se destacar de um fundo de harmonia. No cosmos, a harmonia deveria ser a regra, ela é, por assim dizer, o fundo da tela, e quando rasgada, rompida, é preciso restaurá-la por todos os meios. Ora, no caso do trágico, veremos por que daqui a pouco, isso é impossível: não há, não pode haver uma reparação ideal, perfeita, nenhum *happy end* possível, nenhum "ganhando-ganhando", de forma que o restabelecimento da ordem perdida ou danificada geralmente só pode ocorrer pela morte ou, no mínimo, pela aniquilação dos personagens – o fim de Héracles ilustra perfeitamente o ponto.

Esta é precisamente a segunda característica do trágico, sem dúvida a mais essencial: se não há nenhuma solução harmoniosa imaginável para o conflito trágico, nenhuma possibilidade de reparação, se a rasgadura é daquelas que não pode ser recosturada, impossibilitando assim a consideração de qualquer final feliz, é porque o conflito trágico envolve na maioria das vezes legitimidades que são ao mesmo tempo equivalentes e indissociáveis. O exemplo típico é o de Antígona e de Creonte, ao qual voltaremos num capítulo posterior. Creonte, rei de Tebas, defende a razão de Estado. Seu sobrinho, Polinice, irmão de Antígona, traiu sua cidade travando uma guerra contra ela à frente de tropas estrangeiras e essa traição, como rei e como tio, Creonte simplesmente não tem o direito de perdoá-la. Ele, portanto, se recusa a conceder uma sepultura a seu sobrinho. Mas Antígona, irmã de Polinice, vê as coisas de outra perspectiva, do ponto de vista da família, da lei do coração, como dirá Hegel, não da razão de Estado, que lhe parece secundária. Ela vai, portanto, desafiar a proibição de Creonte, enterrar seu irmão, e com isso corre o risco de ser condenada à morte. Vemos assim que os dois protagonistas têm razão. Cada um deles tem argumentos válidos para apresentar, mas isso não impede de forma alguma que os pontos de vista opostos sejam inconciliáveis, pelo contrário: não há arranjo possível, não há nenhuma moção de síntese ideal no horizonte. Apenas a destruição dos indivíduos poderá restabelecer a ordem ameaçada, apenas ela porá fim à rasgadura que os separa. Vemos assim que a categoria do trágico pode ser aplicada a mil situações diferentes, a todas aquelas, na verdade, que põem em jogo legitimidades equivalentes. Israel tem direito à sua segurança, os palestinos a um Estado, a Ucrânia tem direito ao respeito de suas fronteiras, as cidades do Leste e a Crimeia à sua autonomia se assim o desejarem, e como as legitimidades são defendidas por ambos os lados, é geralmente a guerra que se instala, uma guerra tanto mais duradoura e difícil de extinguir porque cada um dos pontos de vista é legítimo. Também sob esse ponto de vista, Héracles é um personagem trágico: sua constante preocupação com a justiça só pode, paradoxalmente, se realizar pela violência, pela força indispensável nos combates contra as forças de destruição que ele deve enfrentar, isto é, por um princípio que, embora necessário, não deixa de ser o contrário da finalidade desejada.

Vemos então, terceira característica, que o trágico é tudo menos uma categoria moral. Não tem nada a ver com ética e isso por uma razão básica: os heróis trágicos não são nem desonestos nem seres responsáveis pelo conflito no qual entram contra sua vontade. Eles não podem fazer de outra forma, simples assim. Para Antígona, é absolutamente impossível não defender seu amor pelo irmão, infringir a lei da família, uma prescrição que ela considera ser uma lei divina, superior à da cidade; mas, por seu lado, como rei, Creonte também não pode deixar de defender as leis da cidade de que é fiador, não pode aceitar a traição, mesmo a de um de seus sobrinhos. O trágico aqui, como Hegel o havia compreendido de maneira genial nas passagens dos cursos de estética que ele dedica à tragédia grega – e voltaremos a isso com mais profundidade quando falarmos dos grandes mitos de Édipo e de Antígona –, é que cada um dos dois personagens em questão possui a rasgadura dentro de si: Antígona não pode ignorar que Creonte tem razão, ela que é filha de um rei (é filha de Édipo, que também foi rei de Tebas). Ela conhece melhor do que ninguém os constrangimentos impostos pela função de seu tio; quanto a Creonte, ele também sabe que Antígona, pelo menos de outro ponto de vista, também tem razão, pois o traidor que ele condena a ser abandonado aos cães e aos abutres é seu próprio sobrinho. Cada um tem, por assim dizer, dentro de si o ponto de vista do outro, cada um é de certa forma obrigado a compreendê-lo e, por tudo isso, não pode renunciar à sua posição. Daí o fato de que o verdadeiro trágico não tem relação alguma com o problema moral do crime ordinário, do delito cometido por um assassino ou por um ladrão. Nem Creonte nem Antígona são criminosos, não fazem mal. São até tão honestos quanto corajosos. Eles simplesmente defendem um ponto de vista que é indissoluvelmente legítimo e indefensável, e não podem escapar dele, não podem deixar de encarnar uma visão unilateral do mundo.

E também nesse sentido, Héracles é de fato um personagem trágico: nele cosmos e caos, justiça e violência não cessam de coabitar para seu maior infortúnio e somente a morte o livrará da disputa. Mas esta última é tudo menos um castigo, e nunca é pelo castigo que se pode sair do trágico. Daí a desconfiança de Nietzsche com relação ao moralismo socrático que ele percebe em Eurípides, dramaturgo que, para ele, marca o fim do verdadeiro trágico. Pois a "solução moral", a punição que as peças de Eurípides muitas vezes aplicam, ao contrário das de Ésquilo e de Sófocles, talvez fosse apropriada para um erro, para uma injustiça, mas não há literalmente falando erro na tragédia autêntica, portanto também nenhuma solução moral, nenhuma punição, que possa convir – daí a tese nietzscheana, retomada em particular por Clément Rosset nos diversos ensaios consagrados a essas questões, segundo a qual todo moralismo, toda visão moral do mundo são em essência antitrágicas.

Por fim, quarta característica, o trágico se apodera de nós sob a forma de destino: os atos realizados pelos personagens trágicos não vêm de uma escolha possível, de uma opção entre outras, mas se impõem a eles sob a forma da fatalidade, de um destino que acorrenta os indivíduos, quer queiram ou não. Héracles foi colocado aqui, na terra, por seu pai, com uma missão muito precisa que consiste em proteger o cosmos, em derrotar os filhos de Tifão e de Équidna, e essa missão se realiza por vias que lhe escapam por todos os lados (Hera, Euristeu, a loucura, sua própria natureza dilacerada etc.). Ele é muito mais um joguete do que o ator livre, ou melhor dizendo talvez, a parcela de liberdade que lhe cabe é evidentemente menor do que a da fatalidade que se abate sobre ele. Da mesma forma, Creonte não pode fazer diferente do que faz, não pode escapar à sua função de rei, assim como Antígona não pode deixar de ser irmã de seu irmão traidor. O mesmo vale para Édipo, que nunca para de cometer atos (matar o pai, casar com a mãe e tudo o que decorre disso) cujo sentido lhe escapa e que de forma alguma quis cometer – como Héracles, Alcides, o forte, programado *volens nolens*, desde o nascimento, para ser ao mesmo tempo um herói da justiça e da violência.

9
TESEU CONTRA O MINOTAURO

Preâmbulo

Teseu é primo e grande admirador de Héracles, cuja tarefa ele continua neste mundo. Ele é, como seu predecessor, um fabuloso matador de monstros, também está em busca de Diké, da justiça e, além disso, suas primeiras façanhas são explicitamente apresentadas pela maioria dos mitógrafos como uma continuação direta dos trabalhos de um Héracles que por algum tempo esteve indisponível por causa de sua condenação à escravidão junto à Rainha Ônfale. Resta, como veremos, que ao contrário de Héracles, herói trágico constantemente dilacerado por suas contradições, Teseu alcançará a serenidade, e mesmo a felicidade, pelo menos durante um longo período de sua vida. Ele é, como Ulisses, um desses heróis gregos que associam a vida boa à justiça concebida, não como uma simples técnica política de resolução de conflitos, porém, mais profundamente, como uma harmonização de si com a harmonia do mundo. Por isso Teseu será sempre considerado como um dos pais fundadores da cidade grega, como um artesão da ordem justa e como um homem profundamente sereno e benevolente. Nesse sentido, como a de Ulisses, a mitologia de Teseu anuncia a filosofia grega, uma filosofia que, diferentemente das morais republicanas modernas, como a de Kant ou de Rousseau, coloca a felicidade ainda mais acima da liberdade na hierarquia das finalidades da existência humana.

Por isso, depois de ter contado os pontos altos da lenda de Teseu, proponho-lhes uma reflexão filosófica sobre a questão da felicidade e sobre a diferença, precisamente, entre as sabedorias antigas, que fazem dela o objetivo da vida (o chamado "eudemonismo"), e as éticas modernas como a de Kant ou mesmo a de Nietzsche (sim, há também uma ética nietzscheana) que geralmente colocam a liberdade em primeiro lugar, bem antes da preocupação com a felicidade.

Notaremos primeiro que, como Héracles no Peloponeso e na região de Argos, Teseu é o maior herói de todos os tempos, pelo menos na chamada "Ática", isto é, na região que circunda Atenas. Teseu, como Héracles, é evidentemente apenas um ser lendário. Ele nunca existiu. No entanto, conhecemos suas aventuras pelas "biografias" que o descrevem e contam sua vida como se fosse um personagem histórico bastante real[21]*, um rei que teria vivido uma geração antes da Guerra de Troia – cronologia mítica atestada pelo fato de que dois de seus filhos teriam tomado parte no conflito. Teseu seria assim, embora mais jovem do que ele, contemporâneo de Héracles e, aliás, segundo várias tradições, eles terão a oportunidade de se encontrar. Infelizmente – ou talvez felizmente: afinal, é também essa diversidade que torna a mitologia tão encantadora – essas biografias míticas costumam ser muito divergentes entre elas. E essas divergências começam já no nascimento de Teseu.*

A infância de Teseu em Trezena, no palácio de Piteu, com sua mãe Etra...

Segundo alguns, principalmente Plutarco – que, com relação à juventude de nosso herói, continua sendo a fonte mais importante, embora tardia –, Teseu é filho de Etra, uma princesa, filha do rei da cidade de Trezena, Piteu. Seu pai seria Egeu (pelo menos seu pai "terrestre", pois pretende-se que um deus, Poseidon, seria seu pai celeste) – rei de Atenas que reinou sobre toda a Ática. Ele tem, portanto, "berço". Segundo essa tradição, conta-se que, como não teve filhos com suas várias esposas, Egeu, teria resolvido ir a Delfos para ali consultar a Pítia de Apolo. Com palavras, como sempre, sibilinas, ou seja, muito pouco inteligíveis, ela lhe teria dito "para não abrir seu odre de vinho

---

21. A primeira, pelo menos entre as que conservamos, é a de um poeta grego do século V a.C., Baquílides, que felizmente foi redescoberto no século XIX, quando o Museu Britânico quase por acaso adquiriu dois rolos de papiro que continham cerca de vinte poemas perfeitamente conservados. Entre esses poemas estavam os chamados "ditirambos", ou seja, odes dedicadas à glória de Dioniso, que um coro cantava em grandes anfiteatros ao ar livre durante concursos de poesia muito apreciados pelos gregos. E entre esses ditirambos encontra-se um relato das primeiras proezas do jovem Teseu (ao menos cinco delas). Quanto ao resto de sua vida, é preciso, como de hábito, se referir ao nosso mitógrafo costumeiro, Apolodoro, bem como a dois outros autores, também tardios, Plutarco (século I d.C.) e Diodoro da Sicília (século I a.C.).

antes de ter voltado para casa, em Atenas". Eis, segundo Plutarco, os termos exatos que ela teria usado:

> Não vá desatar o pé que sai do odré, ó grande príncipe, antes de ter chegado a Atenas.

Aproveito a oportunidade para lhes dizer, rapidamente, de onde vem a expressão "palavras sibilinas" e o que significa na origem a palavra "sibilino". Sibila era simplesmente uma Pítia, uma sacerdotisa encarregada de revelar os oráculos de Apolo. Como era muito respeitada, decidiu-se após sua morte transformar seu nome próprio num nome comum e dizer "uma" sibila para designar as sacerdotisas que a sucederão em Delfos ou em outro lugar para proferir palavras oraculares. Ora, os oráculos tinham uma característica constante: eram sempre equivocados, ambíguos, seus termos nunca tinham um significado claro e imediato, de modo que era preciso interpretá-los sem nunca ter certeza absoluta de decifrá-los corretamente. Por quê? Sem dúvida para marcar a distância que separa os homens e os deuses, sendo o oráculo uma espécie de elo intermediário entre os dois mundos. Daí a expressão "palavras sibilinas" para designar discursos obscuros ou ambíguos.

Portanto, Egeu não compreende quase nada das palavras da Pítia. Ele decide, a caminho de Atenas, visitar um de seus amigos, Piteu, rei de Trezena, para se aconselhar. Para este último, por outro lado, não é muito difícil compreender o que o oráculo significa, a saber, que é preciso embriagar Egeu, colocar sua filha, Etra, em sua cama para que ela lhe dê um filho, pelo menos se ele conseguir "desatar o pé que sai do odré"! Como fórmula, não é muito poético, admito, mas também não é muito sibilino... Esse comportamento, sobretudo por parte de um pai, pode nos parecer estranho hoje: nos dias atuais é difícil imaginar pais embebedando de bom grado seu hóspede para que ele durma com a filha! Faríamos qualquer coisa para evitar esse tipo de catástrofe. Sem dúvida, mas na época de Piteu não se viam as coisas como hoje: aos olhos do rei de Trezena, Egeu, rei de Atenas, é um excelente partido para sua filha. Um filho dele seria uma honra para sua família e talvez até a oportunidade, ou mesmo a garantia, de ter um neto extraordinário. É assim, em todo caso, que Teseu teria nascido segundo Plutarco.

Segundo outras fontes (Baquílides e Apolodoro), ele certamente seria filho de Etra – a mãe nunca é fonte de dúvidas nessas questões –, o pai verdadeiro não sendo Egeu, e sim Poseidon, que também teria estado, justamente na mesma noite que Egeu, no leito de Etra. Nascimento ainda mais nobre, portanto, pois divino. Além disso, a paternidade de Poseidon explicaria certas proezas marítimas de Teseu sobre as quais falarei mais adiante, quando lhes contar sobre sua travessia de barco até o labirinto onde se esconde o monstro chamado "Minotauro".

Mas não vamos nos antecipar.

O que é certo, ao menos, é que desde o início Teseu possui o estofo de um herói, pelo menos se julgarmos, como era de hábito nesse universo aristocrático, segundo seus ascendentes prestigiosos. No entanto, durante sua infância, ele vai ignorar tudo sobre seu pai. Sua mãe, com efeito, se recusa a lhe revelar sua identidade. De todo modo, quando um deus se une a uma mortal, seu marido (ou neste caso seu companheiro) não deve, em geral, se sentir ofendido. Como Anfitrião com Héracles, ele deve criar ou mandar criar a criança como se fosse sua. Egeu, no dia seguinte à noite em que se embriaga e dorme com Etra, diz a si mesmo que se algum dia tiver um filho seria bom que, quando for jovem, este pudesse reconhecê-lo. Para isso, esconde sob uma enorme pedra, muito difícil de deslocar, um par de sandálias e uma espada. Antes de retomar sua viagem a Atenas, ele explica à jovem princesa que, caso ela tenha um filho seu, ela espere até ele ser maior e forte o suficiente para deslocar a pedra. Então, e só então, ela poderá revelar-lhe esse esconderijo e o nome de seu pai para que, ao levantar a pedra, ele descubra por si mesmo os presentes que ele lhe deixou. Que ele então vá a Atenas para ser reconhecido, graças a eles, por seu pai.

Etra e Piteu criam o pequeno Teseu com o maior cuidado.

Alguém talvez se pergunte por que Egeu não leva Etra e seu futuro filho com ele. Não é um bom pai, que não se importa com os filhos que semeia pelo caminho? De forma alguma. Como sempre, é preciso desconfiar das aparências. Na verdade, Egeu só quer uma coisa na vida, por isso viajou até Delfos e consultou o oráculo: ter um filho. Mas quer que esse filho chegue à idade adulta antes de se dar a conhecer e de ser reconhecido, caso contrário ele corre o risco de simplesmente ser trucidado por seus primos-irmãos, os Palântidas, filhos de Palas, irmão de Egeu. Com efeito, todos em Atenas sabem que Egeu não tem filhos. Portanto, seus sobrinhos dizem para si mesmos: que maravilha, nós herdaremos o trono de Atenas! Se por uma infelicidade soubessem que Egeu tem um filho, certamente tentariam se livrar dele para impedir que lhes tire o que agora consideram como um direito, ou seja, a sucessão ao trono de Atenas. E como são cinquenta e sem escrúpulos – pois é, o irmão de Egeu teve nada menos que cinquenta filhos! –, o menino não terá chance alguma de escapar. É por isso que ele aconselha Etra a permanecer em silêncio, a não dizer nada a Teseu sobre suas origens até que seja grande e forte o suficiente para levantar a pedra e para usar a arma que está escondida embaixo dela.

Mas vamos com calma. Antes de chegar lá, o pequeno Teseu ainda tem um longo caminho a percorrer e, desde muito cedo, terá um encontro que marcará sua vida: o encontro com o grande Héracles, seu primo. Podemos imaginar a cena seguindo fielmente as fontes já indicadas.

O encontro com Héracles

Piteu, avô de Teseu, um distinto velho de barba branca, está sentado no grande salão de seu palácio com Etra, a adorável mãe de Teseu. Eles se levantam para acolher um convidado fora do comum: trata-se simplesmente de Héracles, vestido como de costume com sua pele de leão (na verdade, é mais do que uma simples pele, pois a cabeça do animal ainda está intacta e lhe serve de elmo, foi o primeiro leão que Héracles matou quando ainda era adolescente). Ele segura sua arma favorita na mão, o porrete do qual raramente se separa. Num canto do grande salão, vemos um menino de 7 ou 8 anos que está brincando com alguns amigos.

Piteu: "Héracles, seja bem-vindo! Que honra você nos dá! Meu neto, Teseu, seu primo, ficará muito feliz. Você não pode imaginar o quanto ele admira suas façanhas desde sua mais tenra infância..."

Piteu chama Teseu, para que venha cumprimentá-lo. O menino, muito tímido, vem beijar Héracles. Depois volta a brincar. Etra também cumprimenta Héracles e com um bater de palmas chama os criados que vêm imediatamente. Os dois homens sentam-se, as criadas se agitam, trazem crateras de vinho, pão e alguns pedaços de carne. Elas ajudam Héracles a retirar a pele de leão e a levam com cuidado para um quarto contíguo ao das crianças, depois servem o jantar, enquanto Etra leva as crianças para a cama, ajudada por uma dessas criadas.

Pouco depois, vemos as crianças deitadas em suas camas, uma ao lado da outra. Em frente, no mesmo corredor, por uma porta entreaberta, vemos a pele de leão colocada sobre uma cama, iluminada por lamparinas a óleo cuja chama é um tanto quanto vacilante. Vista na penumbra, através das chamas trêmulas, o animal parece vivo, assustador, com olhos cintilantes. Uma das crianças o percebe no escuro, e começa a gritar: socorro! Um leão! Os gritos invadem o palácio. Todos os meninos (são três ou quatro) se levantam, paralisados de horror, e fogem gritando. Mas Teseu permanece calmo. Em vez de fugir, ele corre em direção a uma espada que está pendurada na parede do corredor e enfrenta o leão, arma na mão, quando Piteu e Héracles, alertados por toda essa algazarra, também entram no quarto; eles desataram a rir, mas Héracles, ainda impressionado, pega o menino pelos ombros e o felicita: "Você é incrivelmente corajoso, meu primo, terá um grande destino, tenho certeza disso. Estou realmente muito orgulhoso de você…" Teseu, modesto, baixa os olhos, mas cora de prazer…

Encontramos Teseu dez anos depois no mesmo palácio. Ele cresceu, mas não é difícil reconhecê-lo. Ele é o mesmo garoto, mas se tornou um rapaz atlético, belo, musculoso, quase tão impressionante quanto seu primo Héracles. Ele passa seus dias treinando tiro com arco, espada, dardo, luta livre ou lançamento de disco com mestres ou colegas de sua idade. Ele já supera evidentemente todos os seus adversários. Uma noite quando retorna ao palácio ainda todo suado para encontrar sua mãe Etra, um pouco envelhecida, mas ainda muito bonita, ele não aguenta mais. Cai aos pés dela e segura-lhe os joelhos, como os gregos costumam fazer para pedir um favor: "Mãe, ele diz, aprendi tudo sobre as artes da guerra, permaneci dócil e obediente durante anos, mas agora sou um adulto, é hora de me dizer quem é meu pai e qual é meu destino nesta terra".

Etra: "Sim, é verdade, você tem razão, é hora, embora meu desejo seja apenas um: o de mantê-lo aqui, comigo. Você sabe que seu primo Héracles, aquele que você tanto admira e que já viu aqui em casa quando era pequeno – lembra-se dele, não é, você havia matado seu leão (sorriso da mãe)? –, teve dois pais, um pai celeste, Zeus, e um pai terreno, Anfitrião. Pois é, meu pequeno Teseu, o mesmo vale para você. Seu pai divino não é outro senão Poseidon, o deus do mar, e seu pai humano é Egeu, rei de Atenas, é por isso que você tem, como Héracles, uma origem muito nobre, nunca se esqueça disso..."

Teseu: "Mas por que Egeu, meu pai terreno, nunca me procurou? Por que me abandonou? O que aconteceu com ele?"

Etra: "Egeu não o abandonou. Ele temia simplesmente que seus sobrinhos, os Palântidas, filhos de seu irmão Palas, quisessem eliminá-lo para sucedê-lo no trono de Atenas. Entenda bem: você é seu único filho, é o herdeiro do trono. Um dia, após a morte dele, você se tornará rei de Atenas, mas se os Palântidas soubessem de sua existência (e eles são cinquenta!), certamente tentariam se livrar de você de todo jeito possível. Por isso Egeu me pediu para escondê-lo aqui em Trezena, na casa de seu avô, Piteu, até que você possa se defender. Além disso, venha, siga-me, pois Egeu deixou algo para você, num esconderijo bem disfarçado para escapar aos olhares indiscretos..."

Etra e Teseu percorrem os jardins do palácio até se aproximarem de uma pedra imponente, da altura de Teseu.

Etra: "É bem aqui. Egeu me disse que no dia em que conseguisse deslocar sozinho essa enorme pedra, você também seria capaz de se defender e de fazer bom uso do que ela esconde!"

Teseu aproxima-se da pedra, pega-a com os dois braços e a desloca com um único movimento, revelando o esconderijo. Ele enfia o braço ali dentro e retira, embora um tanto surpreso, um par de sandálias e uma espada...

Teseu franze a testa, contempla esses objetos, afinal bastante comuns. Ele reflete profundamente e fala para si mesmo, ao lado de sua mãe: "A espada, eu entendo, é para me defender dos Palântidas, mas e as sandálias, para que servem? O que meu pai queria que eu compreendesse?"

Etra não diz nada. Teseu continua a refletir, então tudo fica claro: "É isso, saquei! Meu pai queria que eu fosse ao seu encontro pela estrada, a pé. Estamos em Trezena. Tenho de ir para Atenas. É um longo caminho, então preciso de boas sandálias. Sim, é isso, claro! Egeu está me esperando em Atenas e não quer que eu vá para lá por mar, não há um segundo a perder!"

Enquanto isso, Piteu se aproximou de Etra. Ambos se olham e imploram a Teseu que não pegue a estrada: é perigoso demais, dizem-lhe em coro. Esse caminho é conhecido por ser povoado de bandidos, e mesmo de monstros sobrenaturais, literalmente abomináveis, bastante semelhantes aos que o próprio Héracles teve de enfrentar no decorrer de seus famosos trabalhos, seres sem fé nem lei que submetem os viajantes às mais atrozes torturas!

"Vá por mar, Teseu, eu imploro, suplica Piteu, vamos equipar um barco, será infinitamente mais seguro."

Mas Teseu está inflexível: "Se meu pai me deixou sandálias, não foi à toa. É um sinal, ele quer que eu vá por terra e não por mar e eu entendo o motivo: ele quer saber se sou corajoso e forte o suficiente para enfrentar os bandidos e os monstros de que vocês me falam".

Sua decisão está tomada, ele beija seu avô e sua mãe e, no dia seguinte ao amanhecer, ele pega a estrada...

As primeiras façanhas de Teseu

Durante o caminho, Teseu fala consigo mesmo, como para se encorajar: "Como meu primo, Héracles, terei de enfrentar monstros que ameaçam a harmonia do cosmos estabelecida por Zeus. Piteu e minha mãe estão tremendo de medo por mim, isso é normal, mas não tenho medo. Que venham me ver, eles encontrarão alguém para conversar..."

E Teseu continua a caminhar valentemente. Ao longe, vemos uma cidade. É a cidade de Epidauro e Teseu está contente em chegar lá. "Finalmente poderei comer alguma coisa e descansar um pouco!", diz ele. Mas, numa curva do caminho, encontra um cidadão estranho, um certo Perifetes, que lhe bloqueia o caminho:

Perifetes: "Quem é você, jovem, e para onde vai com um passo tão determinado? Eu me chamo Perifetes e sou um dos filhos de Hefesto, o chamado 'deus coxo'. Além disso, veja minhas pernas, elas também são doentes, todas tortas. Você faria a gentileza de me ajudar a atravessar a estrada?"

E, de fato, o filho possui, como o pai, pernas tão curtas quanto disformes. Parece que foi moldado num barril! Para despertar a piedade, ele finge apoiar-se numa bengala, na verdade uma espécie de maça ou de porrete, para que o viajante compadecido se aproxime e lhe ofereça ajuda. O que Teseu gentilmente faz. Em troca, como agradecimento, o horroroso Perifetes agarra sua arma poderosa para abater seu benfeitor. Teseu, muito mais rápido e hábil, dá um salto. Saca sua espada, o transpassa e o mata.

"Que lhe sirva de lição, e já que não vai precisar mais do porrete, fico com ele. Como Héracles, meu primo, nunca me separarei dele."

Ele apanha o porrete, empurra o cadáver para a vala e retoma seu caminho em direção a Epidauro (a partir de agora sempre o veremos com seu porrete, como Héracles com o seu).

Segundo ato: Teseu cruza em seu caminho com um ser ainda mais abominável do que Perifetes. Trata-se de um homem chamado Sínis que tão logo se dirige ao nosso herói: "Chamam-me Pitiocampes, diz Sínis a Teseu, isto é, "aquele que verga pinheiros", mas sou um dos filhos de Poseidon. Você poderia me ajudar? Tenho apenas de vergar um desses dois pinheiros que você vê ali adiante!"

Sínis é um gigante com uma força inimaginável, literalmente, inumana – na qual já podemos ver um sinal de sua monstruosidade: é três vezes mais alto do que Teseu. Para ter uma boa compreensão do joguinho atroz ao qual Sínis se entrega, é preciso recorrer à iconografia da época – às imagens pintadas, especialmente em vasos, que descrevem a cena e que, por vezes, são mais explícitas do que os textos escritos. Sínis interpela os viajantes que têm a infelicidade de passar perto dele. Pede-lhes gentilmente que o ajudem a vergar até o chão dois pinheiros próximos um do outro. No momento em que o viajante está tentando segurar as copas das duas árvores, Sínis amarra sorrateiramente um pé numa copa e o outro na outra, e o infeliz, abandonado, acaba soltando as copas, de modo que é literalmente rasgado ao meio, esquartejado no momento em que as árvores se distendem violentamente e se endireitam. Então Sínis cai na gargalhada, aplaude freneticamente, esse é seu passatempo favorito, algo que realmente o diverte. Até o dia em que Teseu cruza seu caminho. Nosso herói finge entrar na brincadeira, mas não deixa que Sínis lhe amarre os pés, em vez disso é ele quem prende os do assassino sádico nas duas árvores de forma que quando elas se distendem Sínis é cortado ao meio, sofrendo assim o destino que tão de bom grado inflige aos outros!

Terceiro ato muito pior, acreditem: a porca de Crômion, ou melhor, a fêmea de javali, pois certamente trata-se de uma fêmea de javali. Mas essa fêmea não é nem um pouco ordinária. Não tem nada em comum com os outros javalis conhecidos até hoje. Como a maioria dos monstros que Héracles deve enfrentar durante seus famosos trabalhos, ela é filha de Tifão e de Équidna, um ser com rosto de mulher cujo corpo termina, não por pernas, mas por uma cauda de serpente. Ela mesma é filha de Tártaro e mãe, entre outros, de Cérbero, o cão dos infernos. Em suma, essa porca tem a quem puxar. E seu passatempo também é o assassinato: ela aterroriza a região, mata tudo o que passa perto dela, é um animal carnívoro..., até encontrar Teseu que, após um combate titânico, com golpes de espada livra a face da terra desse animal.

O quarto monstro, Teseu o encontra perto da cidade de Mégara. Ele ainda está viajando, com seu porrete, e podemos ver a cidade ao longe. O trapaceiro tem uma fisionomia humana, mas bem pouco confiável. Trata-se de Cirão e, uma vez mais, é um filho de Poseidon. Ele estabeleceu seu território à beira da estrada que ladeia o mar, perto de um cabo que é justamente chamado de "rochas cirônicas". Ali ele espera pacientemente pelos viajantes e os obriga a lhe lavar os pés! Tem sempre uma bacia à mão, mas quando o infeliz se abaixa para realizar a tarefa que o outro lhe inflige, ele o golpeia com a bacia, depois o joga no abismo onde se torna presa de uma tartaruga gigantesca, também monstruosa, que o devora ainda vivo. Teseu não se deixa enganar. Segundo algumas pinturas, ele pega a bacia de Cirão, dá-lhe uma boa pancada na cabeça e o manda juntar-se à tartaruga no fundo do mar. *Perdeu*, Cirão!

E Teseu retoma seu perigoso caminho. E é claro que uma vez mais se depara com uma verdadeira peste. Desta vez a cena se passa em Elêusis, a cidade de Deméter e de seus mistérios. Um estranho personagem bloqueia o caminho de Teseu. Trata-se de Cércion, outro filho de Poseidon (ou talvez de Hefesto, como o terrível Perifetes). De todo modo ele tem uma força sobre-humana e seu passatempo favorito é fazer o mal pelo mal, prejudicar os outros pelo prazer de prejudicar os outros. Ele para os viajantes e os obriga a lutar contra ele. Evidentemente, por causa de sua origem divina e de sua força sobre-humana, ele sempre vence. Mas não se satisfaz em ganhar. Uma vez seu adversário no chão, ele se compraz em torturá-lo antes de matá-lo. Quando para Teseu, Cércion confia em sua jogada. Um rapaz de apenas dezesseis anos! Será mamão com açúcar! Só que Teseu é fora do comum e que, com seus 16 anos, é rápido como uma pantera. Ele agarra Cércion por um braço e por uma perna, levanta-o acima da cabeça, gira-o e, simplesmente, joga-o no chão com toda a força. O monstro encontrou alguém mais forte do que ele: estatela-se no chão com todo o seu peso... e morre na hora!

Como em todas as boas histórias, deixamos o pior para o fim. E o pior é um certo Procusto. Às vezes lhe dão outros nomes ou apelidos: também é chamado de Damastes, Polipêmon, ou ainda Procusto, termo que parece significar nesse contexto "aquele que martela", veremos por que daqui a pouco. E, mais uma vez, alguns consideram Procusto (como Higino, em particular) um filho de Poseidon – ao qual certamente atribuem um monte de filhos nem um pouco simpáticos... Procusto possui duas camas, uma grande e outra pequena, em sua casa também localizada à beira dessa estrada (que vai de Trezena a Atenas). Com muita gentileza, como quem não quer nada, Procusto oferece hospitalidade aos viajantes que passam perto de sua morada. Ele faz a mesma proposta a Teseu. Assim que o convidado entra na casa, ele sempre dá um jeito de oferecer a cama grande aos mais baixos e a cama pequena aos mais altos, de modo que os primeiros tenham muito espaço no leito, e os segundos, em contrapartida, fiquem com a cabeça e os pés para fora. Assim que adormecem, o medonho amarra-os firmemente à cama e, dos mais altos, corta tudo o que vai além, ao passo que, dos mais baixos, ele pega um pesado martelo e lhes quebra as pernas, reduzindo-os literalmente a um mingau para então alongar mais facilmente o que resta até as dimensões do colchão! Quando Teseu chega à casa de Procusto e vê as duas camas, como não é idiota, percebe a perversa manobra de seu anfitrião em quem, desde o início, não confia. Subjuga-o, submetendo-o então ao suplício que costuma reservar aos seus convidados.

O reencontro de Teseu e de Egeu, seu pai, em Atenas

Teseu, como seu primo, saiu vitorioso de todas as provações que o aguardavam em seu caminho antes de chegar a Atenas. Quando entra na cidade da qual seu pai é rei, a multidão o reconhece e se amontoa ao longo do caminho para aclamá-lo. Pois ele se tornou famoso graças às suas fabulosas façanhas que já são conhecidas em toda a cidade! Todos lhe são gratos por ter livrado a região desses monstros abomináveis. Teseu atravessa a multidão, impassível. Gentilmente agradece, mas no fundo vemos que ele não se importa em ser aclamado, o que quer é encontrar o palácio de seu pai o quanto antes. E finalmente consegue. O palácio fica muito perto da acrópole, também reconhecemos o templo de Atena que se eleva nas proximidades.

Num dos terraços do palácio de Egeu vemos uma mulher, tão encantadora quanto inquietante. É a feiticeira Medeia, um ser temível (que não hesitou, quando estava apaixonada por Jasão, em despedaçar o irmão para retardar a corrida daqueles que os perseguiam, depois, quando foi abandonada, em degolar seus próprios filhos: voltaremos ao contexto desses episódios num capítulo posterior, mas eles já revelam o quão Medeia é perigosa). Depois, ela tornou-se a esposa de Egeu e não é com bons olhos que vê Teseu, esse potencial concorrente, chegar. Ela observa a multidão aplaudindo o jovem herói e fala consigo mesma:

Medeia: "Ah, aí está você, jovem Teseu! Você logo compreenderá quem eu sou, eu, Medeia, a nova esposa de seu pai. E acredite, você vai se arrepender de ter deixado Trezena..."

Medeia sai do terraço e desce para o grande salão do palácio onde encontra Egeu. Amorosamente, vem se colocar ao seu lado para beijá-lo, depois, muito gentilmente, ela o adverte:

Medeia: "Egeu, meu rei, um rapaz está atravessando a cidade sob os aplausos da multidão. Seu nome é Teseu, é um desconhecido, mas é aclamado porque adquiriu a reputação de ser um matador de monstros. Acredite, eu sei ler o futuro: esse rapaz é perigoso, ele quer matá-lo e tomar seu lugar, desconfie desse jovem e livre-se dele o mais rápido possível..."

Egeu (que ainda não sabe que Teseu é seu filho) se deixa convencer: "Medeia, você sabe o quanto a amo e o quanto confio em você. Se me diz que esse jovem representa um perigo, acredito, mas o que me sugere?"

Medeia: "Mande-o lutar contra o touro de Maratona. Essa fera é aterrorizante, nenhum humano jamais conseguiu nos livrar dela. Veremos, acrescenta Medeia com um sorriso maligno, se esse jovem é tão corajoso quanto dizem. Ele não poderá recusar sem perder sua reputação!"

Enquanto isso, Teseu chega às portas do palácio, seguido pela multidão, e pede para ser recebido pelo rei. Mas Egeu, sem perder tempo, ordena que seu intendente lhe diga que só será recebido depois de uma provação: matar o touro de Maratona. Egeu instruiu o intendente a proclamar essa condição em alto e bom som diante da multidão para que Teseu se sinta desafiado e não possa recusar. Um longo murmúrio percorre a assembleia ao anúncio dessa provação: o povo se afeiçoou a Teseu e teme sua morte. Há que se dizer que a besta em questão é, uma vez mais, um monstro sobrenatural, um touro carniceiro, uma espécie de ogro/animal, que devora criancinhas e semeia o pânico em toda a Ática, a região de Atenas.

Teseu, é claro, aceita o desafio. Parte rapidamente para o campo, munido de sua espada e de seu fiel porrete. Ele acaba encontrando o famoso touro. Diante dele, vemos uma família de camponeses paralisados de angústia, que a besta está prestes a massacrar. Teseu se precipita, se interpõe e inicia o combate. Embora o touro seja colossal, Teseu, mais flexível e ágil, acaba abatendo-o e cortando-lhe a cabeça. Ele a carrega até Atenas, ainda toda sanguinolenta, e a joga nos degraus do palácio de Egeu. A multidão o aclama, mais entusiasmada do que nunca.

O intendente corre para avisar o rei, que está bem no meio de uma conversa com Medeia. A feiticeira fica espantada, mas por dentro continua a praguejar..., até que imagina um novo estratagema. Ela esperava que o touro matasse Teseu, como isso não aconteceu, ela se volta para Egeu e lhe sugere outro plano:

Medeia: "Veja, Egeu, eu lhe disse que esse rapaz era perigoso. Alguém que é capaz de matar o touro de Maratona não terá problemas em assassiná-lo. Finja recebê-lo de forma amigável e dê-lhe um dos seus melhores vinhos para beber. Vou colocar o que for preciso em sua cratera e, acredite, nos livraremos dele para sempre!"

Egeu, sempre crédulo, faz o que Medeia lhe disse. Ele bate palmas, ordena aos criados que façam entrar o herói. Teseu está acompanhado por alguns jovens admiradores, que se aproveitam para entrar no palácio com ele: são bem-vindos, pois vão festejar dignamente sua vitória sobre o touro! Enquanto isso, Medeia volta ao seu quarto, uma espécie de laboratório de feiticeira onde, com um sorriso maligno, ela fabrica um veneno mortal com o qual enche um pequeno frasco.

Egeu recebe Teseu muito amavelmente. Medeia se apressa para entregar uma cratera de vinho ao jovem príncipe, na qual já despejou o conteúdo do frasco. Mas o olhar de Egeu se dirige para as sandálias de seu filho, depois para a espada que este traz pendurada nas costas, e reconhece os objetos que lhe deixou! Então compreende que é realmente seu filho que está diante dele e, com um simples gesto, derruba a cratera de vinho que Teseu estava prestes a beber, o abraça e o beija, com lágrimas nos olhos! O líquido venenoso se espalha pelo chão, soltando uma leve fumaça desagradável...

Medeia, furiosa, compreende que perdeu a jogada e se eclipsa na hora. Egeu a procura com os olhos, compreende tudo, e ordena que ela nunca mais seja autorizada, sob qualquer pretexto, a entrar no palácio sob pena de morte. Está banida para sempre.

Teseu no labirinto construído por Dédalo: a luta contra o Minotauro

Dias depois, tudo está calmo no grande salão do palácio. Egeu e Teseu estão juntos, conversando, felizes por finalmente terem se encontrado. Mas o rei ainda parece preocupado, tenso. Do lado de fora, ouve-se uma multidão esbravejar e gritar de ódio contra ele.

Teseu lhe pergunta: "Pai, o que está acontecendo, o que é essa multidão que esbraveja? Diga-me, por favor, gostaria muito de ajudá-lo, se eu puder..."

Egeu então suspira e se volta para o filho: "É uma longa e terrível história: um dia, um dos filhos de Minos, rei de Creta, que como você sabe é filho de Zeus e da bela Europa, viajou a Atenas para participar de uma festa chamada 'panateneias'. Os rapazes deviam competir em várias provas: lançamento de dardo, lançamento de disco, corrida a pé, a cavalo, luta etc. Em circunstâncias duvidosas, Androgeu, filho de Minos, foi morto, e o pai dele imediatamente me acusou do assassinato. Declarou então guerra aos atenienses e, para acabar com o cerco de Atenas, tive de ceder às suas condições: ele pede que lhe sejam enviados de nove em nove anos sete rapazes e sete moças. Hoje é esse dia fatídico e é por isso que a multidão está esbravejando..."

Teseu: "E o que acontece com esses infelizes?"

Egeu: "Minos reservou-lhes um destino atroz. Mandou seu arquiteto, o famoso Dédalo, construir um labirinto tão extraordinariamente tortuoso que ninguém nunca conseguiu sair dele. Ora, nesse labirinto, Minos colocou um monstro, o Minotauro, um ser gigantesco com corpo de homem e cabeça de touro. Ele nasceu dos amores contra a natureza da esposa de Minos, Pasífae, com um monstro taurino que Poseidon trouxera das águas para ajudar Minos a se tornar rei. O deus pedira a Minos que o sacrificasse assim que o prodígio tivesse se realizado, mas, por mesquinhez, Minos o guardou para si. Para puni-lo, Poseidon fez com que sua esposa se apaixonasse pela fera e foi desses amores que o Minotauro nasceu. Desde então, o monstro persegue os desafortunados jovens no labirinto assim que ali são jogados, e quando os alcança, estão condenados a uma morte medonha..."

Tão logo ouve essa história, Teseu se oferece para ser um dos jovens que vão partir para o labirinto. Ele está convencido de que, participando da expedição, poderá se livrar do Minotauro e salvar todos da região.

A origem do Minotauro...

Essa história do touro vem de muito, muito longe. Vamos começar pelo personagem de Minos. Ele é rei de Creta e não é um homem muito simpático. Acredita ser um dos muitos filhos de Zeus, um filho que teria tido quando ele próprio se transformara em touro, justamente, para raptar a deslumbrante Europa, uma jovem sublime pela qual tinha se apaixonado, como de costume. Além disso, Europa é irmã de Cadmo, rei grego que, como se recordam, ajudou Zeus a derrotar Tifão, o que lhe valeu receber como presente a mão de Harmonia, uma das filhas de Afrodite e de Ares – isso mostra como todas essas lendas se correspondem entre elas.

Mas voltando à vaca fria, ou melhor, aos nossos touros.

Para seduzir Europa sem ser pego em flagrante por sua esposa, a ciumenta Hera, Zeus assumiu a aparência de um jovem e gentil touro de uma brancura imaculada. O animal é encantador, muito dócil e dotado de chifres semelhantes a uma lua crescente. Embora disfarçado de animal, Zeus deu um jeito de conservar todo seu charme. Europa está brincando na praia com outras moças.

É a única, pelo que dizem, a não fugir diante do aparecimento do animal. O touro se aproxima dela. Claro, ela está um pouco assustada mesmo assim, mas ele parece tão gentil, tão pouco feroz – Zeus faz o possível para manter a aparência afável! – que ela começa a acariciá-lo. Ele tenta seduzi-la. Ajoelha-se diante dela, muito fofo. Ela não consegue resistir, sobe em seu lombo... e pronto, Zeus/o touro se levanta e a carrega o mais rápido possível por entre as ondas, até Creta, onde reassume a forma humana para fazer, um atrás do outro, três filhos na linda jovem: Minos, Sarpedon e Radamante. Como podemos ver, para o rei de Creta tudo começa com uma história de touro.

Dos três irmãos, aquele que nos interessa aqui é Minos. Segundo o relato de Apolodoro – que mais uma vez sigo em grande parte – Minos redige leis para Creta, o país no qual nasceu e do qual quer se tornar rei. Casa-se então com uma jovem, Pasífae, também de origem nobre, pois afirmam que ela é uma das filhas de Hélio, o Sol. Com ela terá vários filhos, incluindo duas filhas que também se tornarão célebres: Ariadne, que já conhecemos, e Fedra. Com a morte do antigo rei de Creta, que não tem filhos, Minos decide ocupar o lugar deixado vago. Para consegui-lo, ele afirma a quem quiser ouvi-lo que tem o apoio dos deuses. Se alguém lhe pedir que comprove, ele simplesmente afirma ser capaz de fazer com que Poseidon faça surgir das ondas um touro magnífico. Para obter os favores do deus do mar, Minos evidentemente teve de sacrificar-lhe vários animais e, sobretudo, prometeu-lhe que se algum dia aceitasse seu pedido, se fizesse, no dia marcado, surgir do mar um touro, ele tão logo lhe sacrificaria o animal. Ora, nada agrada mais aos deuses do que os sacrifícios. Eles adoram a devoção dos homens, os cultos e as honras que lhes prestam, mas também, o que vier é lucro, o delicioso odor que as boas coxas de touro exalam quando assadas nas brasas... Assim, Poseidon faz o que Minos lhe pediu: diante dos olhos maravilhados do povo de Creta reunido para a ocasião, um magnífico touro emerge lentamente das águas e se eleva no céu!

Tão logo o milagre é realizado, Minos se torna rei. O povo não poderia negar nada a um homem que é tão favorecido pelos olímpios. Mas, como sugeri antes, Minos não é realmente o que chamaríamos de um cara legal. Entre outros defeitos, ele não tem palavra. E acha o touro de Poseidon tão bonito, tão poderoso, que decide mantê-lo como animal reprodutor, para seus próprios rebanhos, ao invés de sacrificá-lo ao deus, como havia prometido. Erro grave, que na verdade beira a *hybris*. Não se brinca impunemente com Poseidon e o deus, desta vez muito irritado, decide castigar o impudente.

Eis como Apolodoro relata o episódio:

> Poseidon, irritado com Minos porque ele não havia sacrificado o touro, tornou o animal fogoso e fez com que Pasífae (esposa de Minos) passasse a desejá-lo. Apaixonada pelo touro, ela se alia a Dédalo, arquiteto banido de Atenas por causa de um assassinato. Este construiu uma vaca de madeira, colocou-a sobre rodas, escavou seu interior, costurou sobre ela a pele de uma vaca que ele já havia esfolado e, depois de tê-la colocado no prado onde o touro costumava pastar, fez com que Pasífae entrasse nela. O touro veio e se acasalou com ela como com uma vaca de verdade. Foi assim que Pasífae deu à luz Astério, chamado Minotauro, que tinha o rosto de um touro e, de resto, o corpo de um homem. Minos, de acordo com os oráculos, mandou prendê-lo e o manteve no Labirinto. Esse Labirinto, que Dédalo havia construído, era uma casa com desvios tortuosos, de modo que nele se perambulava sem jamais conseguir sair.

Alguns comentários sobre essa passagem.

Primeiro, a vingança de Poseidon. Admitamos que ela é bastante extravagante. Ele simplesmente decide fazer de Minos um corno, e não de uma maneira qualquer: com o touro que ele deveria ter sacrificado! Como sempre, o castigo é proporcional ao crime, ele é, no sentido grego, seu *symbolon*, seu símbolo. Para compreender o que é um *symbolon*, imagine um galho, um fósforo, por exemplo, que foi quebrado em dois pedaços: as duas pontas quebradas se correspondem perfeitamente, encaixam-se uma na outra, isso é um *symbolon*, e os castigos que permeiam os mitos gregos sempre têm essa estrutura: Minos enganou com o touro, com o touro ele será enganado. Poseidon lança assim um feitiço em sua esposa, Pasífae, para que ela se apaixone pelo animal e assim com ele gere o Minotauro – que significa literalmente: "o touro de Minos" – o qual, apesar desse nome, é tudo menos o pai...

Teseu contra o Minotauro, no labirinto, com a ajuda de Ariadne, filha de Minos

Mas retomemos o fio de nossa história.

Teseu, portanto, se oferece para ser um dos jovens que Minos vem buscar em Atenas para entregar ao monstro. Ele se prepara, pega suas armas, depois o vemos chegar ao porto de Atenas. Percebemos, ao mesmo tempo, o Rei Minos chegando num grande barco para escolher os sete rapazes e as sete moças que, cabisbaixos, aguardam trêmulos, enquanto suas famílias demonstram sua angústia. Os infelizes designados para morrer entram no barco. Teseu, claro, é um deles, assim como uma moça sublime, Periboea, que se destaca do grupo por sua beleza excepcional. Eles trocaram algumas palavras quando ela se apresentou a ele, enquanto Minos a olhava com um olhar concupiscente.

Egeu também está lá, no porto, vendo o filho partir. Antes de entrar no barco, entrega-lhe uma bolsa de pano e diz-lhe:

"Você vai partir com velas pretas, sinal de infortúnio, mas pegue esta bolsa: dentro encontrará velas brancas. Se voltar vitorioso, mande içá-las no mastro, para que eu saiba antes de qualquer outra pessoa que você se salvou!"

O navio de Minos solta as amarras. Deixa do porto e se afasta sobre as ondas azuis. Seguimos um pouco a travessia e vemos, à noite, o ignóbil Minos que se esgueira para dentro da cabine onde dorme a jovem Periboea. Ele retira delicadamente a camisola da jovem, vemos seus lindos seios aparecerem e, louco de desejo, tenta beijá-la, ou seja, violá-la. Periboea grita. Teseu acorda, sai correndo de sua cabine, interpõe-se entre Minos e a jovem que ele leva para fora. Os três então se encontram no convés do barco, em mar aberto.

Enraivecido, Minos lhe diz: "Você sabe quem eu sou? Um filho de Zeus, e vou provar a você que meu pai está comigo!" Erguendo os braços e os olhos para o céu, ele implora a Zeus que envie um sinal.

Os jovens e alguns marinheiros despertados pelo tumulto vieram assistir à cena no convés do barco. Segundos após o apelo de Minos, um fabuloso relâmpago cruza o céu enquanto os marinheiros caem de joelhos.

Então Teseu se volta para Minos e lhe diz: "Também sou filho de um deus, Poseidon, e não tenho nada a temer de você…" Minos escarnece: "Então prove, pobre tolo!" E tira o anel do dedo e o joga ao mar, gritando: "Se você é filho de Poseidon, peça-lhe então para ajudá-lo a encontrar esse anel e eu lhe entrego a moça!" Escárnio de Minos e de seus esbirros. Sem perder um segundo, mas muito calmo, Teseu mergulha na água escura… Passa um minuto, depois dois, depois cinco. Olham para todos os lados, creem que ele se afogou, Minos está satisfeito..., quando, saindo da onda, pingando, Teseu sobe pela popa do barco, com o anel entre os dentes! Seu pai celeste não o havia esquecido.

Minos, furioso, manda todos voltarem para suas cabines e retorna para a dele.

A viagem é retomada, a remo e a vela. Finalmente, o barco chega a Creta. Eles desembarcam. Minos conduz os catorze jovens ao local de seu suplício. Do alto da colina onde fica o palácio do rei, podemos contemplar a obra-prima de Dédalo: o labirinto é imenso, não vemos seus limites, e as árvores que o recobrem são tão grossas que é impossível imaginar que se possa sair dele. Na entrada, narinas fumegantes, olhos avermelhados, dentes de carnívoro escorrendo baba, vemos o horrível monstro esperando suas presas. Mas enquanto os jovens se reagrupam diante da porta do labirinto, vemos também uma linda mulher se aproximando. Ela beija Minos no rosto, dizendo-lhe: "Bom dia, pai", porque é de fato uma de suas filhas, a bela Ariadne. E vemos Ariadne olhando para Teseu de um jeito estranho. Na verdade, ambos trocam um olhar ardente. É amor à primeira vista! Ambos estão seduzidos, dominados pelo amor. Como quem não quer nada, furtivamente, Ariadne consegue se aproximar dele sem que o pai perceba, ela acaricia a mão de Teseu. E lhe diz sussurrando: "Sei quem você é, Teseu, conheço suas façanhas e não vou deixá-lo morrer. Perguntei a Dédalo como sair do labirinto, e ele me deu este novelo de linha. Assim que você entrar no primeiro corredor, amarre o fio no ferrolho e vá desenrolando o carretel ao longo do percurso. Você só terá que enrolá-lo de volta para refazer o caminho!"

Depois, suspirando, ela o toca e o beija enquanto os jovens são empurrados pelos soldados para seu terrível destino. Pouco antes de Teseu entrar, Ariadne diz algo ao pé do ouvido: "Só peço uma coisa. Se conseguir derrotar o Minotauro, leve-me e case-se comigo, pois quero ser sua esposa".

Teseu, já dominado pelo amor, claro que promete partir com ela...

Mal andaram alguns metros e o Minotauro se lança sobre os jovens e começa a devorar alguns deles de forma atroz. Teseu entrou por último, não por covardia, é claro, mas para amarrar o fio. Guiado pelos urros dos infelizes, ele se precipita para encontrar a fera. Ele a enfrenta em combate singular e com a força apenas de seus punhos nus consegue nocautear o Minotauro. Claro, ele tomou todo cuidado, antes de entrar nesse jardim maléfico, de nunca perder o famoso "fio de Ariadne". Uma vez o monstro abatido, ele pega o fio e o segue com os poucos jovens que não foram devorados. Encontra a saída onde o espera a filha de Minos, que imediatamente o guia em direção ao porto. Eles correm a toda velocidade, entram num barco que Ariadne mandara fretar de noite, soltam de imediato as amarras e fogem para Atenas.

Durante a travessia, Teseu e Ariadne não param de fazer amor. Ao longo do caminho, o barco para numa ilha. Ariadne adormece. Mas no meio da noite aparece Atena, com a coruja sobre o ombro, a lança na mão e o escudo com a cabeça de Medusa. Ela então se dirige a Teseu:

> Teseu, sei que vou magoá-lo, mas me ouça com atenção. Do alto do Olimpo, Dioniso viu Ariadne salvando você e também se apaixonou loucamente por ela. Ele quer se casar com ela e ninguém, nem mesmo você, pode se opor à vontade de um deus tão poderoso quanto ele. Além disso, se você realmente ama Ariadne, saiba que ela terá com Dioniso um destino suntuoso. Então seja ajuizado, volte para seu barco e retome a viagem enquanto ela dorme, eu cuido do resto...

Não se desobedece aos deuses, especialmente esses dois. Muito triste, Teseu sobe no bote e foge no meio da noite. Quando Ariadne acorda, Dioniso está aos pés de seu leito e a leva consigo para o Olimpo...

Aqui, segundo uma das versões mais antigas dessa lenda, a de Ferécides, que serviu de matriz e de modelo para a maioria dos mitógrafos, como as coisas aconteceram:

> Quando ali chega (em Creta), Ariadne, filha de Minos, tão apaixonadamente preocupada com ele, dá-lhe um novelo de linha que ela recebera de Dédalo, o arquiteto, e recomenda que ele amarre, depois de entrar, uma ponta do novelo no ferrolho no alto da porta, que avance desenrolando-o até chegar ao fundo e, depois que tiver agarrado o Minotauro adormecido e que o tiver derrotado, sacrifique a Poseidon alguns fios de cabelo da cabeça do monstro, e retorne enrolando de volta o novelo... Depois de ter matado o Minotauro, Teseu pega Ariadne e embarca também os rapazes e as moças para quem o momento de ser entregue ao Minotauro ainda não havia chegado. Feito isso, ele parte no meio da noite. Aproxima-se da Ilha de Dia, desembarca e deita-se na praia. Atena

surge ao lado dele e ordena que deixe Ariadne e vá para Atenas. No mesmo instante ele se levanta e cumpre a ordem. A Ariadne que se lamenta aparece Afrodite e ela a exorta a ter coragem: ela vai ser esposa de Dioniso e ficar famosa. Então o deus lhe aparece e lhe dá uma coroa de ouro que, mais tarde, os deuses transformaram numa constelação para agradar a Dioniso...

Isso explica o drama que levará à morte de Egeu. Entregue à tristeza causada pela ausência de Ariadne, Teseu esquece, ao chegar a Atenas, de colocar as velas brancas que seu pai lhe havia confiado no momento da partida. Nós o vemos, muito triste, em seu barco, pensando em sua amada quando entra no porto de Pireu, com suas velas pretas. Os vigias do rei avistam o navio e imediatamente vão avisar Egeu. Desesperado, ele se joga no mar do alto da acrópole, o rochedo que domina o porto. É a partir deste momento que essa extensão de água passou a ser chamada de "Mar Egeu"...

Hipólito, Fedra e a morte de Teseu

Desde a morte de seu pai, Teseu se tornou o novo rei de Atenas. Ele envelheceu, ainda não é um idoso, e sim um homem maduro, um adulto, e não mais um jovem, e exerce o poder com grande sabedoria. Ele é mesmo considerado como um dos principais fundadores da democracia ateniense, e como um dos primeiros a cuidar dos mais fracos. Ele administra a justiça, cria uma assembleia legislativa, cuida dos mais pobres. Tem um grande coração e, por exemplo, se compadecerá do infeliz Édipo quando, com exceção de Antígona, sua filha, ele for abandonado por todos. Virá lhe falar e ele próprio o conduzirá ao lugar de seu descanso final. Além disso, como vemos na peça de Sófocles *Édipo em Colono*, que narra precisamente esse episódio, quando Creonte, que substituiu Édipo no trono de Tebas, vai a Colono para raptá-lo (um oráculo previu que só o antigo soberano poderia salvar a cidade), Teseu assume a defesa do velho infeliz, e em nome da justiça que estabeleceu em Atenas e que agora engrandece sua cidade ele intervém dirigindo-se a Creonte, que acaba de raptar Ismênia e Antígona, filhas de Édipo, e que quer fazer o mesmo com o pai, nos seguintes termos:

Você não sairá deste país antes de trazer essas moças de volta, antes de colocá-las diante de meus olhos! Você agiu de forma indigna, indigna de mim e de seu país. Como assim? Você entra num Estado que pratica a justiça, que não faz nada sem o aval da lei e aí está você negligenciando suas autoridades, correndo para levar o que lhe agrada, apropriando-se à força! Parece ter imaginado que minha cidade está vazia de homens ou povoada apenas de escravos e que eu não contava para nada! Tebas, no entanto, não o criou para fazer o mal e não tem o hábito de alimentar os homens para a injustiça… Quanto a mim, não gostaria, ainda que tivesse boas razões para tal, de entrar em sua terra sem o aval de seu chefe, fosse ele quem fosse. Não gostaria de arrancar nem de levar ninguém e saberia como um estrangeiro deve se comportar entre cidadãos, ao passo que você desonra seu país sem que de forma alguma ele o mereça. O número de seus anos faz de você um velho e um tolo.

Uma bela lição de direito, uma bela preocupação com a justiça que Creonte terá alguma dificuldade em receber, mas aqui uma vez mais mensuramos tudo o que separa Teseu de seu primo Héracles. É certo que, como este, ele luta contra as monstruosas ressurgências das forças destruidoras do caos inicial, mas, ao contrário de Héracles, ele não está dilacerado, não está habitado por essa violência desmedida que acaba sempre por torná-lo infeliz. Para ele, a justiça anda de mãos dadas com a vida boa, com a serenidade e a felicidade.

Voltaremos a isso, mas, por enquanto, encontramos o rei Teseu em seu palácio, conversando com seu filho, Hipólito, um belo rapaz que nasceu de um encontro de Teseu com uma amazona.

Teseu: "Hipólito, meu filho, como você está? Diga-me se tudo vai bem com você". Teseu ama seu filho, é muito solícito com ele, e Hipólito lhe devolve na mesma moeda. Depois, Teseu lhe confidencia que está pensando em se casar com Fedra, irmã de Ariadne, outra filha de Minos, portanto. É ao mesmo tempo uma história de amor, mas também um sinal de reconciliação com a família de seu antigo adversário agora fora de combate. Algum tempo depois, o casamento acontece, uma festa suntuosa realizada nos magníficos jardins do palácio real. Hipólito, claro, está ao lado do pai, na primeira fila, e está feliz por ele. Vemos a deslumbrante Fedra que, curiosamente, está sempre olhando para Hipólito. Compreendemos que ela sente algo forte por ele, pois ele é jovem e bonito como um astro. O que ela não sabe, no entanto, é que ele não é apenas leal, mas que, assim como muitos cidadãos de Atenas, ele prefere homens às mulheres...

Teseu não percebe nada. Ele ama Fedra, mas esta se parece com a princesa de Clèves: embora sinta um grande respeito pelo marido, que ela ama como amigo, nem por isso deixa de se apaixonar perdidamente por outro, neste caso seu enteado, Hipólito. A ternura e o amor paixão são coisas diferentes. Nós a vemos atraindo-o para seu quarto sob um falso pretexto e tão logo se jogando em seus braços para beijá-lo. O infeliz Hipólito fica horrorizado. Fiel ao pai, recusa evidentemente os avanços da madrasta, e isso por duas razões que ele deixa bem claro: primeiro, não se sente atraído por mulheres. Seus únicos passatempos são a caça e os jogos de guerra com outros rapazes. Tudo o que é feminino o aborrece ou o amedronta; mas, além disso, Hipólito adora literalmente seu pai, e por nada no mundo pensaria em traí-lo dormindo com sua esposa.

Fedra não aceita muito bem a recusa do jovem. Pega um vaso precioso e o joga no chão com toda força. Assim que Hipólito fecha a porta, ela jura vingança. Além disso, ela começa a se preocupar, na verdade, ela entra em pânico: pensa que ele poderia muito bem falar com Teseu sobre isso. Então ela antecipa o drama, dá o primeiro passo. Um belo dia, quando Hipólito está por perto, ela arromba voluntariamente a porta do quarto, rasga as roupas de propósito, revelando os lindos seios que ela coça até sangrarem, então começa a gritar e afirma que o jovem tentou violá-la! Teseu vem correndo. Hipólito está aniquilado de horror. Ele tenta se defender junto ao pai, mas, como sempre, Teseu confia na esposa e, de coração partido, expulsa o filho de sua casa. Furioso, ele comete o erro fatal de implorar a Poseidon, seu pai celeste, que faça com que Hipólito morra.

Vemos então o jovem na estrada. Ele abandona a casa apressadamente, com lágrimas nos olhos, em seu carro puxado por cavalos velozes. Quando a parelha costeia o mar, vemos Poseidon aparecer no céu, ele faz emergir da onda um touro gigantesco (definitivamente, tudo nessa história acontece sob o signo dos bovinos). Aterrorizados, os cavalos entram em pânico, abandonam a estrada, o carro vira e se quebra em mil pedaços. No acidente, Hipólito morre. Os criados do rei ficam sabendo da notícia e imediatamente a anunciam a Teseu e a Fedra, que não suporta o drama.

Ela acaba confessando a verdade ao marido e se suicida enforcando-se em seu quarto.

Esse episódio inspirou uma série de dramaturgos e a história, sem dúvida por ser uma das mais trágicas, ficou gravada na memória. Teseu não é mais do que uma sombra de si mesmo. Ele abandona o trono para se refugiar na casa de um obscuro primo distante, um certo Licomedes. Um dia, quando está andando pelas montanhas da ilha, ele cai numa espécie de fenda e morre. Mais tarde, os atenienses recuperarão seus restos mortais e lhe prestarão um culto muito semelhante ao que é reservado aos deuses...

Claro, como todos os humanos, Teseu conhece o infortúnio. Como todos os mortais, seres finitos por definição, sua vida termina pela morte. O fato é que, durante uma longa parte de sua existência, ele alcança a felicidade, e se a alcança é porque se reconcilia consigo mesmo e com o mundo. Encontrou seu lugar em Atenas, onde faz reinar a justiça e a caridade, de modo que quando o infortúnio ocorre ele vem de fora, não de si mesmo ou de seus dilaceramentos interiores.

10
PERSEU E A GÓRGONA MEDUSA
DE CARA COM A MORTE

Preâmbulo

Nem o sol nem a morte podem ser encarados de frente, diz um ditado de Heráclito, um dos primeiros filósofos gregos entre os chamados "pré-socráticos". A máxima será retomada e popularizada por La Rochefoucauld. É isso, claro, o que Medusa, a górgona, simboliza, ela petrifica, ou seja, literalmente, transforma em estátua de pedra quem tem a infelicidade de cruzar com seu olhar. Ninguém pode olhá-la de frente. Ela é a morte negra, o terrível destino que nos espera e do qual todos nós procuramos fugir, exceto os suicidas. Devemos pensar na morte, ou mesmo imaginar a morte? Freud afirmava, numa carta ao colega Fliess, que nada deve ser feito a respeito, que quem pensa na morte está doente, pois essa preocupação é por natureza patológica, segundo ele um dos principais sinais da neurose obsessiva. No entanto, não seria mais sábio, como os sábios budistas nos convidam a fazer, nos habituarmos ao pensamento de que somos seres finitos, fadados um dia ou outro a deixar este mundo? De que adianta ocultar a verdade se ela é inevitável? E nessas condições não seria melhor, ao invés de fugir sempre do olhar de Medusa, tentar domá-lo, preparar-nos para partir e, em caso afirmativo, o que precisaria ser feito para, como também dizem os sábios do Oriente, "viajar leve", não se sobrecarregar com os pesos do apego que nos acorrentam ao mundo e tornam nossa partida mais angustiante, mais complicada e ainda mais dolorosa?

A lenda de Perseu

Voltaremos a essas questões, mas comecemos por ver em que condições e quais artifícios Perseu, nosso herói do dia, utilizou para derrotar Medusa, para enfrentar seu olhar e tirar-lhe a vida.

Assim como Héracles, Perseu é um desses heróis gregos guiados sobretudo pela justiça, por *Diké*, e preocupados em expulsar do mundo os seres vivos capazes de destruir a bela ordem cósmica instaurada por Zeus. O primeiro relato coerente das aventuras de Perseu vem de Ferécides de Siros, filósofo e mitógrafo do século VI a.C. Apolodoro, ao que tudo indica, segue-o quase integralmente, e é a partir dessa matriz que os outros mitógrafos adquiriram o hábito de acrescentar algumas variantes. Vou lhes contar a história de Perseu e em especial sua luta contra Medusa, uma das três górgonas, seres aterradores com poder maléfico, seguindo em grande parte essa versão original.

Era uma vez dois irmãos gêmeos que se chamavam Acrísio e Proitos e dizem que se entendiam tão pouco que já brigavam no ventre da mãe! Para evitar essa constante briga quando se tornaram adultos, eles resolveram partilhar o poder. Proitos tornou-se rei da cidade de Tirinto e Acrísio, que é quem nos interessa aqui, reinou sobre a bela cidade de Argos – não confundir com outros três Argos, personagens da mitologia que levam o mesmo nome da cidade de Acrísio: um Argos é o cão de Ulisses; também é o nome do monstro de cem olhos que será morto por Hermes quando Hera o enviou para vigiar Io, a bela ninfa transformada em bezerra por Zeus, um monstro cujos olhos, segundo a lenda, serão impressos nas penas do pavão após sua morte; e finalmente Argos, o arquiteto naval que constrói o barco de Jasão e dos argonautas…

Mas voltando a Acrísio, rei de Argos. Ele tem uma filha encantadora, Dânae, mas nenhum filho, e nessa época distante um rei tinha de ter um filho se quisesse um herdeiro que pudesse sucedê-lo no trono. Tentemos imaginar a cena tal como podemos reconstruí-la a partir dos primeiros relatos originais de Ferécides e de Apolodoro.

A prisão de Dânae e o nascimento de Perseu

Em seu palácio, o Rei Acrísio parece pensativo, preocupado. Seu primeiro-conselheiro – que também é o intendente de sua casa – pergunta-lhe: "O que o senhor tem, grande rei? Parece preocupado…"

Acrísio: "Você sabe muito bem o que me atormenta. Estou envelhecendo e ainda não tenho herdeiro. Claro, há a minha filha Dânae, mas se eu não tiver um filho, serão os do meu ignóbil irmão, Proitos, que tomarão meu lugar e não quero isso por nada no mundo!"

O intendente: "Vejo apenas uma pessoa para aconselhá-lo: vá a Delfos, ao templo de Apolo, e consulte o oráculo. A Pítia certamente o esclarecerá…"

Acrísio: "Você tem razão. Prepare os sacrifícios, mande atrelar meu carro e partirei logo depois…"

Um pouco mais tarde. Um boi é levado aos jardins do palácio onde está localizado o altar de Apolo. Acrísio está ali, com uma longa faca na mão, vestido de branco como deve ser para os sacrifícios, todo o ritual está preparado. O boi é degolado, sacrificado ao deus. Então vemos Acrísio em seu carro a caminho de Delfos. Ele atravessa a bela paisagem grega e acaba chegando ao templo de Apolo. Ali, vemos as inscrições que aparecem no alto do edifício, bem legíveis: "Nada em excesso", "Conhece-te a ti mesmo". A Pítia fica perto do altar. Acrísio se inclina, ele a interroga. "Diga-me, ó sacerdotisa, um dia terei um herdeiro que possa me suceder quando eu morrer? Por favor me responda…"

A Pítia demora um tempo. Depois responde: "Sim, você terá um neto chamado Perseu, filho de sua adorável filha Dânae.

Acrísio solta um grito de alegria.

Mas a Pítia o acalma imediatamente: "Não se alegre demais, Acrísio, pois se Dânae tiver um filho, você terá um herdeiro, mas ele o matará. O dia de seu nascimento será o de sua morte anunciada!"…

Acrísio acusa o golpe. Desconcertado, transtornado, nós o vemos subindo titubeante em seu carro, cruzando mais uma vez o campo e correndo de volta ao seu palácio. Ao chegar, ele convoca seu intendente/conselheiro para a grande sala do trono:

O intendente: "Quais são as novidades, meu rei? O oráculo falou?"

Acrísio: "Sim, infelizmente, ele falou e eu sou o mais infeliz dos homens. Ele disse que Dânae, minha querida filha, teria um filho e que esse filho me mataria. Portanto, ouça com atenção o que vou lhe dizer: mande imediatamente construir uma prisão sob o pátio do palácio, uma caverna oca cujas paredes serão recobertas com folhas de bronze. Para ela você levará Dânae com sua criada e mandará lacrar definitivamente a porta. Você me ouviu bem: quero que ela nunca consiga sair dessa masmorra. Deixará apenas uma pequena abertura no alto, uma fenda que deixará passar o ar e o alimento, só isso. Não quero nenhuma porta ou janela!"

No dia seguinte, no pátio, os operários trabalham na construção de uma espécie de gruta cujo modelo é o das catacumbas encontradas em todas as necrópoles dessa época. A reclusão da pobre Dânae se anuncia particularmente sinistra. Vemos os escravos recobrindo as paredes com largas placas de bronze, deixando depois, como Acrísio ordenou, uma pequena abertura que aflora na superfície de um dos pátios do palácio. Dânae em prantos, seguida pela criada, protesta junto ao pai, suplica para não ser trancafiada, alega que não cometeu nenhum erro. Mas Acrísio está inflexível e as duas mulheres são jogadas na prisão com comida e água. Os operários lacram a entrada utilizando grandes pedras seladas com argamassa. Nessa masmorra, sem porta nem janela, Acrísio mandou colocar alguns móveis. Tudo é mal-iluminado por lamparinas a óleo cujas chamas se refletem fraca e sinistramente nas paredes douradas. As infelizes choram, abraçam-se e lamentam: "Pobres de nós, o que será de nós, que destino atroz, estamos emparedadas vivas!"

Do alto do Olimpo, Zeus, como sempre, contempla a Grécia e seu olhar se dirige para a Argólida, região de Argos; depois se detém no palácio de Acrísio, e o que ele vê? A encantadora Dânae tomando banho. Ela sai da água, nua, mais bela do que nunca, e sua criada a ajuda a se secar. Zeus não demora muito para pensar que seria uma pena deixar tal criatura trancafiada para sempre. Ainda mais porque, como com Héracles, ele está sempre em busca de um filho que possa ajudá-lo na terra em sua luta contra as sempre possíveis ressurgências das forças do caos. Ele deixa seu trono e manda preparar seu carro para descer em direção ao palácio de Acrísio...

Encontramo-nos na prisão de Dânae, que dorme, seminua, estendida em sua cama. Pela fresta aberta para o céu, presenciamos um espetáculo muito estranho: uma fina chuva de ouro cai suavemente sobre o leito da princesa, depois se deposita sobre seu colo branco, sobre seu ventre, sobre seus ombros. Existe hoje em Madri, no museu do Prado, se não me engano, uma linda pintura de Rafael que representa a cena e que os turistas têm certa dificuldade de compreender quando não sabem que essa chuva de ouro é apenas uma das muitas metamorfoses de Zeus. Dânae entreabre os olhos, vê todo esse ouro que a cobre pouco a pouco, depois o pó dourado começa a se mover, ele se recompõe, toma forma humana e vemos Zeus aparecer em sua cama. Ele a toma nos braços, a acaricia suavemente, a tranquiliza, dizendo-lhe que não se preocupe, ela terá um destino e um filho magníficos, certamente ainda passará por algumas provações dolorosas, mas pelo menos uma coisa é certa: não vai passar a vida na prisão. E, claro, o rei dos deuses passa a noite com Dânae para saborear com ela as delícias de Afrodite cintilante de ouro.

Nove meses depois, Dânae ainda está na cela e com a barriga bem redonda. Logo ela começa a sentir dores, evita gritar porque evidentemente não quer atrair a atenção de seu pai. Poucas horas depois, ela dá à luz um menino. Ela o toma nos braços e anuncia à criada que o chamará Perseu.

O menino está crescendo na prisão, agora tem 3 ou 4 anos. Vemos as duas mulheres ocupadas em torno dele. Fazem de tudo para que ele não chore, não faça o menor barulho, mas ele ainda é um bebê e, como todas as crianças do mundo, às vezes embirra e até grita. Apesar de tanto esforço, um dia, quando Acrísio passeia pelo pátio do palácio, bem em cima da prisão, ele ouve o choro de uma criança. Atordoado, ele presta mais atenção. Com certeza estes são os gemidos de um menino. Ele desce aos porões, chama alguns escravos e manda abrir uma brecha na prisão que ainda está perfeitamente lacrada. Ele entra no calabouço e o que vê? Dânae paralisada de angústia segurando o pequeno Perseu nos braços.

Enfurecido Acrísio compreende que é de fato o neto anunciado pela Pítia que está diante dele! Ele insulta Dânae, trata-a de cadela, agride-a, insulta a criada, que devia vigiar a filha, pergunta às duas mulheres o que aconteceu. Dânae responde que foi o próprio Zeus quem passou pela abertura do telhado depois de se transformar numa chuva de ouro...

Acrísio dá uma gargalhada maldosa: "Você acha mesmo que vou engolir essa bobagem? Você verá o que custa desobedecer às minhas ordens! Volta-se para seus operários e ordena que acorrentem a criada e a conduzam ao altar, o mesmo usado para sacrificar o boi antes de ir ao templo de Apolo. Mais uma vez, Acrísio segura seu grande cutelo e vestiu a roupa branca dos sacrifícios. Vemos a desafortunada chegar acorrentada, arrastada pelos criados do rei. É o próprio Acrísio que a degola sobre o altar enquanto pede aos deuses para mudar o curso do oráculo. Dânae assiste ao sacrifício, petrificada de horror, com o pequeno Perseu nos braços. Assim que o sangue da criada se espalha pelo chão, Acrísio se volta para seu intendente. Ordena-lhe que fabrique um grande baú de madeira para ali colocar Dânae e Perseu: "Não quero matá-los eu mesmo; são meus filhos, apesar de tudo, carne da minha carne. As ondas vão se encarregar disso para mim. Coloque-os nesse baú e jogue-o no mar, o mais longe possível de Argos".

Dânae e seu filhinho, amontoados nessa espécie de caixa de madeira que flutua assim-assim sobre as ondas azuis do Mediterrâneo, afastam-se lentamente da costa ao sabor da brisa. Ora o mar está revolto e é um horror, depois ele se acalma; nem por isso é mais tranquilizador porque, sob um sol escaldante, os dois infelizes não têm mais nada para beber. Estão totalmente perdidos, abandonados por todos, sem a menor ideia do que os espera, a não ser uma morte terrível. Ao longo de seu calvário, Dânae continua cuidando do pequeno Perseu com infinita ternura: ela ainda o amamenta, o lava, o protege como pode do sol, da chuva, do frio da noite, e lhe conta historietas. Em suma, ela é uma mãe-modelo. Uma bela manhã, quando acordam, convencidos de que as derradeiras horas chegaram, avistam ao longe a costa de uma ilha que se desenha no horizonte. O baú flutua suavemente na superfície da água e, pela primeira vez, uma leve brisa os empurra na direção certa. Não muito longe, um pescador, num barco, interpela os náufragos. O baú ficou preso na rede! Ele rema na direção deles e se dirige a Dânae: "Meu nome é Dictis, sou pescador e aquela ilha que você vê ao longe é a Ilha de Sérifo, cujo rei, Polidectes, é meu irmão. O que aconteceu com vocês? Como foram parar nesse baú sobre as águas? Pesco aqui há anos e anos e acredite, nunca peguei nada igual!"

Dânae explica que ela é filha do Rei Acrísio que a baniu junto com o filho, o pequeno Perseu etc.

Dictis: "Venha comigo (ele os coloca em seu barco), eu cuido de vocês".

Dictis os leva para a ilha, manda lavá-los, preparar comida para eles, roupas limpas, camas boas e secas para que recuperem as forças. Ele os aloja em sua própria casa, enfim, cuida deles como faria um amigo delicado e afetuoso. Dânae lhe é infinitamente grata. Infelizmente, o irmão de Dictis, Polidectes, não é tão bem-intencionado. Um dia, quando ele vem visitar o irmão, vemos imediatamente que o tirano da ilha é um homem arrogante, a quem nada pode resistir. Assim que vê Dânae, ele a quer para ele. Começa cortejando-a, mas diante das recusas educadas da princesa tenta mais ou menos forçá-la e, a cada vez, Dânae se recusa. O tempo passa e Dânae sempre consegue escapar da obstinação de Polidectes. Perseu vai crescendo: cinco, dez, quinze, dezoito anos agora, ainda na casa de Dictis. Polidectes, no entanto, não desistiu, ele sempre retorna à casa do irmão para tentar seduzir Dânae, mas Perseu, que é alto e forte, belo como um astro (como seu irmão Héracles, ele é filho de Zeus), agora está ali para se interpor, ele protege a mãe, sem usar sua força, mas com firmeza suficiente para que o tirano do lugar comece a odiá-lo.

Polidectes não aguenta mais. Nós o vemos praguejando em seu palácio, lamentando-se com seu intendente: "Já estou farto desse Perseu que me impede de colocar Dânae em minha cama". Vou lhe estender uma armadilha, ele foi criado pelo infeliz do meu irmão, ele é pobre, não tem fortuna alguma. Vou obrigá-lo a me dar um presente que ele não poderá me oferecer e, em troca, pedirei a mão de Dânae! Organize rapidamente um grande jantar para o qual você convidará todos meus amigos, assim como Perseu. Veremos quem ri por último (sorriso maligno do tirano)..."

Encontramo-nos então, na noite desse grande jantar, no palácio real. Uma grande mesa de banquete, iguarias suntuosas: um luxo ofuscante cerca os convidados, e tudo isso evidentemente é para que o jovem Perseu compreenda que não faz parte desse mundo. O rei toma a palavra, depois de pedir silêncio:

"Meus amigos, ele declara, vocês sabem que em breve me casarei com a bela Hipodâmia, filha de Enômao. E sabem o quanto ela ama os cavalos. Sei que pretendem me dar um presente. Então me digam logo: o que pretendem me oferecer?"

Os convidados, todos em coro, respondem: "Um cavalo, ó rei!"

Perseu se cala e inclina a cabeça: "Rei Polidectes, você sabe que sou pobre. Minha mãe e eu fomos recolhidos por seu irmão e, desde que deixamos o palácio do pai dela, vivemos de sua amizade. Não conseguiria dinheiro para comprar um cavalo, mas…"

Há silêncio ao redor da mesa. Um silêncio ensurdecedor. Todos os olhares se voltam para Perseu, que parece mergulhado numa intensa reflexão. Depois de uma hesitação, ele continua: "…mas vou trazer-lhe muito mais do que um cavalo, vou trazer a cabeça de Medusa, uma das três górgonas, a única das três irmãs que é mortal!"

Há um grande murmúrio de admiração e de terror ao mesmo tempo na assembleia. Todos já ouviram falar de Medusa e sabemos o quão ela é perigosa, pois basta cruzar com seu olhar, mesmo que por um décimo de segundo, para ser transformado numa estátua de pedra. O tirano Polidectes, com uma risada maldosa, declara diante de seus convidados atônitos: "Eu não pediria tanto, mas agora que você se comprometeu, Perseu, não pode mais recuar. Quero que parta imediatamente e que mantenha sua promessa".

Depois se volta para seu intendente e lhe diz em voz baixa: "Medusa, como suas duas irmãs, é invencível. Basta cruzar com seu olhar para ser imediatamente petrificado, no sentido literal, ou seja, transformado em estátua de pedra. Ninguém jamais conseguiu se aproximar dela sem perder a vida. Aqui estou finalmente livre desse pequeno arrogante. Nada mais vai me impedir de agarrar Dânae…"

Como Jasão, que havia prometido o Velo de Ouro ao Rei Eetes, Perseu falou sem pensar. Nós o vemos saindo do palácio muito preocupado: "Por que eu disse aquilo? Não fui muito presunçoso? Primeiro, não faço ideia do lugar onde as górgonas moram! E ainda que soubesse, como poderia cortar a cabeça de Medusa sem ser petrificado antes mesmo de ter me aproximado o suficiente para matá-la?"

Perseu senta-se numa pedra à beira do caminho que vai do palácio à casa de Dictis e ali permanece, refletindo, quando vê dois seres extraordinários descendo do céu. Evidentemente são deuses, e Perseu não tarda a perceber: ali está Hermes, que reconhecemos pelas pequenas asas nos pés bem como pelo caduceu que segura na mão, e Atena, com a coruja no ombro, a lança e o escudo na mão (ainda não tem a cabeça de Medusa no escudo, mas graças a Perseu em breve isso ocorrerá...).

Perseu, estupefato, se inclina: "Hermes? Atena? Mas a que devo essa honra?"

Os deuses: "Você é como nós, um filho de Zeus. Então é nosso irmão, como poderíamos abandoná-lo? Nós iremos ajudá-lo. Eis o que você tem de fazer: vá encontrar as três greias, aquelas velhas horríveis que também são irmãs das três górgonas. Cuidado, elas pertencem à primeira geração dos deuses e, sob uma aparência benévola, são extremamente perversas e mais perigosas do que lobos: adoram torturar e devorar os jovens. Você as encontrará no Extremo-Oeste, no país da noite, onde o sol nunca brilha. Encontre um jeito para que lhe digam onde vivem as ninfas, pois elas sabem onde encontrar as górgonas. Agora é com você!"

E as duas divindades voam para o Olimpo... Enquanto Perseu, um pouco mais tranquilo, mas ainda assim perplexo, levanta-se para voltar para a casa de sua mãe e preparar sua viagem.

O encontro com Medusa

Perseu faz uma longa viagem a pé (ele é pobre demais para ter um carro). Finalmente chega ao Oeste, que se parece um pouco com o deserto de Agriates na Córsega, exceto que lá é constantemente noite. Apenas um pálido luar ilumina um pouco a paisagem. Essa paisagem pálida é bastante tenebrosa, muito inquietante. Mas Perseu não está ali para se divertir e acaba encontrando as três greias: elas são imundas, incrivelmente velhas, verdadeiras feiticeiras das animações de Miyazaki. Estão ali, as três, vestidas de preto (parecem velhas corsas, digamos, sem querer ofender ninguém...), sentadas num banco, e Perseu presencia uma cena incrível, que o deixa sem voz: as três velhas têm apenas um olho e apenas um dente para todas elas (além disso um dente bastante assustador, que mais parece uma espécie de lâmina do que um dente)! E como na brincadeira de passar o anel ou como na dos três copos, elas passam uma para a outra e muito rapidamente o dente e o olho, os dois passando de mão em mão a uma velocidade espantosa!

Perseu assiste a cena, petrificado de horror; depois, superando sua repulsa, ele fala muito educadamente: "Senhoras, sem querer incomodá-las, qual de vocês teria a gentileza de me dizer, por favor, onde poderia encontrar suas irmãs, as três górgonas? Percorri um longo caminho para vir vê-las e ficaria extremamente grato se pudessem me ajudar..."

As três feiticeiras desataram a rir maldosamente: "Aproxime-se, criança, estamos velhas, já não ouvimos muito bem. Chegue mais perto..."

Perseu reflete: "Essas velhas malucas me tomam por idiota, vão ver do que sou capaz..."

Ele se aproxima lentamente. Vemos o dente e o olho passando de mão em mão, e, rápido como um gato, Perseu apodera-se dos dois bens mais preciosos das greias!

As feiticeiras começam a gritar! "Estamos cegas, não podemos mais comer! Devolva-nos o olho e o dente, caso contrário nossa vida será um inferno! Por favor, jovem, somos apenas velhas..."

Então Perseu faz sua chantagem: "Diga-me onde estão as ninfas e eu devolvo o que é de vocês!"

As velhas: "Você encontrará as ninfas retornando para o Leste, na floresta que fica ao pé da primeira montanha que você atravessará".

Perseu, um bom rapaz, agradece-lhes e joga o olho e o dente. Em seguida, foge a toda velocidade.

Aos poucos o céu vai clareando. Deixamos a escuridão do Oeste e, ao longe, finalmente avistamos uma montanha. Perseu a escala, com dificuldade. Então, uma vez no topo, ele contempla uma imensa floresta de cedros mais abaixo. Desce em direção ao vale, penetra nos bosques e logo vê, atrás de cada tronco de árvore, uma ninfa que o olha com um olhar maldoso, com um sorriso nos lábios. São, como todas as ninfas, tão sublimes quanto pouco vestidas. Elas finalmente deixam a árvore e se reúnem em torno dele. Uma delas toma a palavra: "Sabíamos que você viria, Perseu. Hermes e Atena nos avisaram de sua vinda. Deixaram-lhe presentes que serão infinitamente preciosos na tarefa que o aguarda. Mas primeiro sente-se e recupere suas forças..."

Com efeito, Perseu parece um pouco cansado. As ninfas levam-no para a casa delas, para uma casa escavada no oco de uma árvore gigante, e trazem-lhe pratos deliciosos acompanhados de vinho que elas lhe servem numa cratera. Ele adormece e, no dia seguinte, está todo animado. A ninfa que parece ser a rainha está perto de sua cama, com três objetos na mão: "Aqui está um elmo de Hades para você. Ele é recoberto com pele de cão e possui um poder mágico: assim que cobrir a cabeça com ele, você de imediato ficará totalmente invisível".

A ninfa entrega o elmo de pele de cão a Perseu, depois se vira e pega uma espécie de bolsa, uma espécie de bornal como os caçadores carregam, e continua:

> Agora aqui está um alforje: sabemos qual é sua missão, matar a górgona Medusa. Saiba que as três górgonas estão zangadas com toda a humanidade desde que o infortúnio se abateu sobre elas. Em outros tempos, elas eram deslumbrantes, mas tiveram a insolência de afirmar que eram ainda mais bonitas do que Atena. Para colocá-las em seu devido lugar, Atena literalmente as desfigurou. Agora estão adornadas com horripilantes olhos esbugalhados. Permanentemente, uma língua, semelhante à de um porco, jorra de sua boca de onde saem as presas de javali. Têm braços e mãos de bronze e asas de ouro nas costas. Mas o pior é que de seus olhos globulosos surge um olhar que transforma todos os seres vivos, animais, plantas ou humanos, em pedra assim que o cruzam. Saiba também que, mesmo morta, a górgona mantém seus poderes e se você cruzar com seu olhar, será transformado numa estátua, por isso o alforje no qual terá de colocar imediatamente a cabeça dela se conseguir cortá-la.

Perseu pega o alforje e a ninfa lhe entrega um terceiro grupo de objetos, uma pequena foice de metal branco e um par de sandálias:

> Última coisa: estas sandálias e esta pequena foice não parecem grande coisa, mas vêm de Hermes e são dotadas de um poder mágico: as sandálias permitem que você voe como um pássaro, quanto à foice, qualquer que seja o objeto que você tenha de cortar, mesmo o bronze mais duro, ela o cortará como manteiga. Ela lhe será útil porque o pescoço das górgonas é recoberto de escamas de dragão que nenhuma espada humana conseguiria cortar. Vá, agora! E que os deuses estejam com você. As górgonas vivem no Oeste, no país das hespérides, não muito longe do reino dos mortos, na gruta que você encontrará quando retornar pelo caminho, um pouco mais adiante, logo após nossa montanha. Você já passou por perto, não terá dificuldade em encontrá-la.

Perseu agradece, faz uma reverência e continua seu caminho. O céu escurece novamente à medida que ele refaz seus passos. Como previsto, do outro lado da montanha, na beira da floresta, ele vê uma gruta. É o covil das górgonas. Perseu penetra lentamente na caverna. Está muito escuro ali, mas uma lamparina a óleo permite ver claro o suficiente para se orientar. Ele vê as três irmãs dormindo e roncando como javalis cujas presas elas exibem. Seus olhos globulosos brilham na noite e Perseu imediatamente tampa os olhos com a mão para evitar cruzar com os delas. Ele calça as sandálias mágicas de Hermes e tão logo começa a voar ao redor da caverna (muito parecido com a fada Sininho, exceto que ele tem asas nos pés, não nas costas). Ele segura a foice na mão e pensa em voz alta: "Estou perdido se cruzar com o olhar de um desses monstros. Como cortar a cabeça de Medusa sem olhar para ela?"

É aqui que Atena entra em cena. Ela está ao pé da cama de Medusa, com um escudo reluzente na mão, tão bem polido que pode perfeitamente desempenhar o papel de um espelho. Perseu logo compreende o que Atena está fazendo: ele poderá olhar para Medusa nesse espelho improvisado sem correr o risco de ser petrificado. Vemos então a cabeça de Medusa, com seus olhos globulosos e vermelhos, com o pescoço cheio de escamas e com a língua que sai da boca. Medusa ronca como um porco, mas Perseu só a vê através de seu reflexo no escudo de Atena. Ele se aproxima, pega a foice e, com um só golpe, corta a cabeça da górgona e imediatamente a enfia no alforje.

O sangue esguicha e escapa do pescoço de Medusa. Vemos duas grandes veias que se incham no pescoço. Da primeira sai uma fumaça que se transforma pouco a pouco num ser estranho (como o gênio que sai da lâmpada de Aladim): quando a fumaça para de jorrar com o sangue do pescoço de Medusa, percebemos que se trata de um cavalo alado, que voa e sai da caverna com toda rapidez. É Pégaso que acabou de nascer. Da segunda veia, outra fumaça sai, e outra criatura se forma: é Crisaor, filho de Poseidon e de Medusa, um guerreiro inquietante, que segura na mão uma espada cintilante, toda dourada.

As outras duas górgonas despertam com o barulho feito pelas asas de Pégaso e com toda essa presença na caverna. Elas veem Medusa decapitada e começam a gritar. Seus olhos lançam raios, um rato que passava por ali se transforma numa estátua de pedra, assim como um pássaro imprudente que se aventurou no covil. Elas veem Perseu voando acima delas e tentando fugir da caverna. Imediatamente elas voam, graças às suas asas de ouro, para interceptá-lo; mas Perseu tira o elmo de Hades do bolso, coloca-o na cabeça e tão logo se torna invisível. Apavoradas, as górgonas voam em todas as direções como pássaros enlouquecidos, mas, claro, não encontram nosso herói. Quando retornam à caverna, tudo o que podem fazer é chorar o cadáver da irmã. Atena também se evaporou...

Eis como nossa fonte sempre tão preciosa, a da *Biblioteca* de Apolodoro, nos transmitiu toda essa parte da vida de Perseu:

> Guiado por Hermes e Atena, Perseu vai encontrar as filhas de Fórcis, Ênio, Pefredo e Dino. Eram filhas de Ceto e Fórcis, irmãs das górgonas e mulheres velhas (greias) desde o nascimento. As três tinham apenas um olho e um dente, que emprestavam uma à outra. Perseu os agarrou e quando elas os pediram de volta, ele disse que só os devolveria se lhe mostrassem o caminho para encontrar as ninfas. Essas ninfas tinham em sua posse sandálias aladas e a kibisis que era, como dizem, um Alforje... A kibisis tira seu nome do fato de que roupas e alimentos são ali depositados (kesthai). Elas também tinham o elmo de couro de Hades. Como as filhas de Fórcis lhe mostraram o caminho, ele devolveu-lhes o dente e o olho, foi procurar as ninfas e obteve o que desejava: colocou o alforje, ajustou as sandálias aos tornozelos e colocou o elmo na cabeça. Com esse elmo, ele podia ver quem queria sem ser visto pelos outros. Depois de ter recebido também uma foice de aço de Hermes, ele chegou voando ao Oceano e encontrou as górgonas adormecidas. Elas se chamavam Esteno, Euríale e Medusa. Apenas Medusa era mortal, então ele foi enviado para buscar sua cabeça. As górgonas tinham a cabeça eriçada com anéis escamosos de serpentes, longas presas de javali, mãos de bronze e asas de ouro que lhes permitiam voar. Transformavam em pedra aqueles que as olhassem. Perseu, portanto, colocou-se acima de seus corpos adormecidos e, graças à ajuda de Atena que dirigia seu braço, desviando a cabeça e fixando um escudo de bronze onde ele via o reflexo da górgona, ele decapitou Medusa. Quando cortou a cabeça jorraram de seu corpo Pégaso, o cavalo alado, e Crisaor, o pai de Gerião. Ela os concebera de Poseidon. Perseu colocou a cabeça de Medusa no alforje e tomou o caminho de volta. As górgonas voaram da cama e tentaram persegui-lo, mas não puderam vê-lo por causa do elmo que o dissimulava de sua visão.

O casamento de Perseu com a bela Andrômeda

Perseu tirou o elmo. Agora o vemos sobrevoando o mar, as ilhas gregas desfilando sob seus pés alados. Ele segura o alforje na mão, com seu horrível conteúdo sanguinolento que escorre lentamente. Ele voa como o vento para reencontrar sua mãe na Ilha de Sérifo para protegê-la dos ataques de Polidectes. Mas, ao sobrevoar uma ilha, ele vê uma cena muito estranha: uma jovem está acorrentada a um rochedo, ou melhor, a uma falésia que domina o mar e cai direto na água. Perseu se aproxima e constata que, sob a aparência aterrorizada, ela é de uma beleza incomparável. Uma multidão está reunida acima da falésia, em silêncio. Ela parece esperar por algo... ou alguém. Ouvimos uma pessoa sussurrando, também assustada, para sua vizinha: "Você acha que o monstro está vindo? Pobre coitada, que destino terrível..." Perseu desce e aterrissa na ilha. Ele questiona as pessoas na multidão: "O que está acontecendo etc.?"

O pai da jovem, um belo idoso, fende a multidão e se dirige a Perseu: "Rapaz, não sei quem você é, mas para voar como voa, deve ser um deus, ou pelo menos um protegido dos deuses. Meu nome é Cefeu e sou rei desta região chamada Etiópia. A jovem que você vê é Andrômeda, minha filha adorada..."

Perseu: "Mas se é sua filha, o que ela está fazendo ali, o que você está esperando para libertá-la?"

Cefeu: "Rapaz, não é tão simples, infelizmente. Cassiopeia, sua mãe, foi imprudente, como Medusa com Atena, ao desafiar algumas deusas, as nereidas, filhas de Nereu, um dos deuses mais antigos do mar. Ela até as insultou abertamente alegando superá-las em beleza – o que significa cometer o pecado de *hybris* em seu mais alto grau... O melhor amigo das nereidas é Poseidon, que também se irritou com essa pretensão estúpida. Para punir a insolente, todos os anos ele envia um maremoto, além de um monstro marinho, que aterroriza a região. Para apaziguá-lo só há uma maneira: dar-lhe como pasto a filha do rei, ou seja, minha filha, minha Andrômeda..."

É por isso que a jovem está amarrada como um salame ao rochedo, esperando um fim atroz assim que o monstro quiser agarrá-la. Então Perseu não hesita por um segundo: promete a Cefeu libertar a linda jovem. Em troca, pede simplesmente que aceite que ele se case com ela. Acordo feito.

Vemos o abominável monstro marinho vindo ao longe. Ele se aproxima dela, pingando água, uma mandíbula pavorosa que está prestes a devorar a desafortunada. Andrômeda está aterrorizada, começa a gritar. Com a foice, as sandálias aladas e o elmo que o torna invisível, Perseu se eleva no ar. A batalha começa. O monstro é coberto de escamas e realmente gigantesco. Ele se defende como um leão. Mas, claro, Perseu consegue feri-lo tanto e tão bem com sua lâmina que de tanto perder sangue ele acaba morrendo. O herói liberta então a jovem e a traz de volta à terra em seus braços.

Todos estão encantados, menos um certo Fineu, seu tio, irmão de Cefeu, que estava prestes a se casar com Andrômeda e que não vê com bons olhos – para dizer a verdade está com muito ciúmes – o heroísmo sedutor do rapaz. O Rei Cefeu organiza uma festa, um magnífico jantar em seu palácio para saudar a vitória de Perseu e o futuro casamento dos dois jovens. Nos corredores do palácio vemos Fineu que, com cara de poucos amigos, trama um complô contra nosso herói. Ele pretende se livrar de Perseu antes do fim da cerimônia e, para isso, estende-lhe uma armadilha. Ele paga alguns capangas para esperar Perseu na saída e degolá-lo. Mas um criado ouve a conversa e a relata a Perseu e a Cefeu. Então, o jovem herói avança furtivamente pelos corredores e, descobrindo os conspiradores que o esperam na saída, tira a cabeça de Medusa do alforje e, plantando-se diante dos assassinos, mostra-lhes a górgona: num décimo de segundo, lá estão eles congelados em suas posições, os olhos cheios de pavor, transformados para sempre em estátuas de pedra...

No dia seguinte, Perseu retoma o caminho para Sérifo, a bela Andrômeda ao seu lado. E agora aqui está o fim da história que deixo Apolodoro contar, com seu jeito lacônico de sempre:

> De volta a Sérifo, Perseu encontrou sua mãe que, com Dictis, buscara refúgio num templo para escapar da violência de Polidectes. Ele entrou no palácio, no momento em que Polidectes recebia os amigos que convidara e, desviando o olhar (para não ser petrificado), mostrou a todos a cabeça da górgona. Os convidados (incluindo, é claro, Polidectes) foram tão logo transformados em pedra, cada um na posição exata em que se encontrava (imaginem um pouco a cena: alguns bebendo vinho, outros bastante surpresos ao ver Perseu entrar, Polidectes certamente cheio de curiosidade e apreensão etc.). Depois de ter estabelecido Dictis como rei de Sérifo (Polidectes está morto, transformado em estátua e, portanto,

é seu irmão, justo e bom, que o sucede no trono), Perseu devolveu as sandálias, o alforje e o elmo a Hermes e deu a Atena a cabeça da górgona. Hermes devolveu esses objetos às ninfas e Atena colocou a cabeça da górgona no centro de seu escudo (não esqueçamos que ela também é a deusa da guerra e que com a cabeça de Medusa ela pode literalmente "petrificar" de medo todos os seus inimigos...).

Última reviravolta, inevitável: agora é necessário que o oráculo seja cumprido e que Acrísio seja punido como merece. Acompanhado por Andrômeda, que agora é sua esposa, e por sua mãe Dânae, Perseu decide voltar para Argos. Ele, um bom príncipe, perdoou o avô: não o culpa, porque sabe que no fundo Acrísio fez tudo o que fez por medo de ver o oráculo se realizar. Quer até mesmo dar-lhe seu perdão.

Mas Acrísio fica sabendo por seu intendente que Perseu está a caminho, e fica apavorado com a ideia de que o oráculo se cumpra. Ele foge o mais rápido possível para outra cidade, Larissa, onde pede proteção ao rei, um certo Teutâmides. Ora, este último tinha acabado de organizar alguns jogos atléticos, espécies de justas, jogos Olímpicos que os gregos adoravam na época, provas em que os jovens se enfrentavam em todos os tipos de competições. Nós os vemos lançando o dardo, o disco, desafiando-se na luta, no carro a cavalos etc.

Acrísio é convidado por seu amigo Teutâmides para apreciar o espetáculo da tribuna. Ao saber que os jogos acontecem bem perto de Argos, pois fica justamente no seu caminho, Perseu não consegue resistir ao prazer de participar deles. E é especialmente excelente no arremesso de disco. Ele se inscreve ao lado dos outros jovens e a competição começa. Vemos os primeiros lançadores, depois Perseu entra em cena. Ele lança o disco para o céu: um lançamento magnífico, que supera todos os concorrentes! Mas, de repente, uma estranha rajada de vento faz o projétil vacilar, desviando-se de sua trajetória normal. Agora ele voa sobre as tribunas e, ainda de uma forma bem insólita, cai sobre o pé de Acrísio. Sua perna é cortada e o sangue jorra tão rapidamente que Acrísio morre minutos antes que algo possa ser feito para socorrê-lo.

A justiça foi feita e o destino – esse outro nome para a vontade dos deuses – se cumpriu. Tudo volta ao normal, e Perseu poderá seguir tranquilamente o curso de sua vida, entre sua mãe e sua esposa, bem como com os filhos que ela não deixará de lhe dar. Após sua morte, Zeus, seu pai, far-lhe-á um insigne favor para um mortal: para recompensar sua coragem e sua contribuição à manutenção da ordem cósmica, ele o inscreve pela eternidade na abóbada celeste, sob a forma de uma constelação que, ao que dizem, também desenha os contornos de seu rosto...

Podemos, devemos olhar a morte de frente?

Medusa, como devem ter compreendido, não é apenas uma das faces da morte. É mais do que isso e algo diferente, a saber, como mostrou Jean-Pierre Vernant, a personificação da impossibilidade de encarar a morte de frente:

> Exposto ao olhar da górgona, o homem se defronta com os poderes do além em sua alteridade mais radical, a da morte, da noite, do nada. Ulisses, o herói da perseverança, faz meia-volta na entrada dos Infernos: "Um temor violento se apodera de mim, diz ele, que a nobre Perséfone não me envie das profundezas do Hades a cabeça gorgônia do monstro aterrorizante". Górgona marca a fronteira do mundo dos mortos. Penetrar nele é, sob seu olhar, transformar-se a si mesmo, à imagem da górgona, no que são os mortos, cabeças vazias e sem força, cabeças vestidas de noite...

É também por isso que Medusa, na representação dada pelas máscaras usadas nas tragédias gregas ou nos desenhos que aparecem em vasos antigos, confunde todas as referências, apaga todas as identidades marcantes. Escutemos mais uma vez Vernant:

> Essa alteridade radical, os artistas gregos a expressam formalmente, para torná-la visível aos olhos humanos, pela monstruosidade. Uma monstruosidade baseada numa confusão sistemática de todas as categorias que o mundo organizado distingue e que, nesse rosto, se misturam e interferem. No rosto da górgona, o bestial se sobrepõe ao humano: a cabeça, alargada, arredondada, evoca uma máscara leonina; a cabeleira é tratada como uma juba de animal ou, na maioria das vezes, eriçada de serpentes. As orelhas, enormes, evocam as de um bovino. A boca, aberta num ricto, fende toda a largura do rosto revelando, no alinhamento dos dentes, as presas de animais selvagens ou as defesas de javali. A língua, gigantesca, que, projetada para frente, cai sobre o queixo. Ela baba, como o cavalo imprevisível e aterrorizante, animal vindo do além,

> que muitas vezes é representado em seus braços... Uma mistura de humanidade e de animalidade, portanto, mas também uma fusão de gêneros: o queixo é peludo e barbudo. Representada em pé, ela às vezes é dotada de um sexo masculino ao passo que, por outro lado, é uma criatura feminina que se une a Poseidon... Como suas irmãs, as greias, moças velhas nascidas com cabelos brancos, enrugadas como a nata do leite, a górgona tem rugas profundas nas faces e na testa. Como elas, ela é jovem e velha ao mesmo tempo. De uma feiura repulsiva, ela é, no entanto, sedutora, bastaria o desejo de Poseidon como prova... Jovem/velha, bela/feia, masculina/feminina, humana e bestial, a górgona também une o mortal e o imortal. Suas duas irmãs são imperecíveis. Só ela está morta, mas sua cabeça decepada continua a viver e a dar a morte[22]...

Em suma, como a morte, como a alteridade radical, Medusa não pode ser olhada nos olhos. Ela nos coloca outra questão, a que já encontramos ao evocar o budismo: não é precisamente porque é impossível para o comum dos mortais encarar a morte de frente que o sábio deve se esforçar para olhá-la o máximo possível a fim de se preparar para ela?

À guisa de conclusão

No fundo, parece-me que, diante da morte, quatro atitudes fundamentais são possíveis.

Nunca pensar sobre isso, jamais olhá-la de frente porque, como Medusa, ela nos petrifica. Essa é a atitude comum, aquela que sem dúvida nos é a mais familiar na vida cotidiana, em que fazemos tudo o que podemos para evitar pensar sobre ela.

Não acreditar realmente nela, ou melhor dizendo, decretar junto com as grandes religiões, a começar pelo cristianismo, a morte da morte, a possibilidade real de superar a finitude para aceder à salvação, neste caso a uma vida tanto eterna como luminosa.

Acreditar na morte, mas se preparar para ela como convidam o estoicismo e o budismo, mas também as filosofias de Epicuro, de Montaigne ou de Schopenhauer, com essa convicção de que é melhor sempre pensar sua vida

---

22. VERNANT, Jean-Pierre. *Mythe et Tragédie*, tomo II.

no condicional, preparar-se constantemente para a catástrofe, a fim de que ela não seja uma.

Por fim, pensar a morte no que ela tem de radical, de insuperável, de insuportável e, como Medusa, de não observável, mas tirar assim a conclusão que se impõe, a saber, que nossas vidas são insubstituíveis e que é preciso vivê-las, fazer algo com elas, que não estamos aqui como turistas, numa imensa Disneylândia onde só nos divertiríamos, mas que a existência é uma oportunidade única de construir algo e que ainda que a vida não tenha sentido, há sentido na vida.

Vocês escolhem!

11
JASÃO E O VELO DE OURO
O sentido da justiça

Preâmbulo

Já observamos em várias ocasiões como o heroísmo, a bravura na guerra e a busca dos grandes feitos, que valem uma glória eterna a quem os realizou, ocupam um lugar central na cultura mitológica dos gregos. Trata-se, pelas ações fora do comum, pela coragem que testemunham, de ganhar, contra o império do efêmero e da mortalidade que caracterizam o mundo humano, uma certa forma de eternidade. Como Hannah Arendt mostrou no livro já citado num capítulo anterior, A crise da cultura, *é por meio da escrita que a perenidade do herói ganha forma: se ele conseguir se tornar objeto de uma lenda que os mitógrafos e os historiadores passam a transcrever preto no branco, então, diferentemente de outros humanos que a morte acaba apagando completamente da memória, nós nos lembraremos dele por muito tempo, talvez para sempre. O herói permanecerá assim um ser singular, ao contrário do comum dos mortais que a morte dessingulariza, despersonaliza e, finalmente, torna anônimo. As sombras que habitam o reino de Hades são sem nome, sem voz e sem rosto. Perderam toda individualidade, toda personalidade. Para permanecer uma pessoa, mesmo que apenas nas memórias dos outros, é preciso merecê-lo: a glória não é fácil de se obter. Ela pode ser alcançada pela guerra, como Aquiles, o combatente mais valoroso que a Grécia já conheceu. Pela coragem, pela astúcia e pela inteligência, como Ulisses, que conseguiu sair das inúmeras armadilhas que Poseidon semeou em seu percurso.*

Porém, ainda maior é a glória que acompanha os heróis que combateram em nome de uma missão divina, em nome da justiça, Diké, para defender a ordem cósmica contra as ameaças que a ressurgência sempre possível das antigas forças do caos faz pesar sobre ela. É esse heroísmo que vimos em ação nas lendas que cercam os maiores heróis da mitologia: Héracles, Teseu, Perseu.

Jasão evidentemente é um deles. No entanto, com ele, abandonamos a categoria dos heróis matadores de monstros. Claro, ele encontrará alguns em seu caminho – entre outros: um touro que cospe fogo e que terá de "pegar diretamente pelos chifres" para conseguir abatê-lo (daí vem a expressão ainda famosa), guerreiros terríveis saídos diretamente da terra, as abomináveis harpias, um dragão aterrorizante, rochedos móveis etc. –, mas não é esse, como no caso de Héracles, de Teseu ou mesmo de Perseu, o ponto essencial de sua história. Jasão vem sobretudo reparar uma injustiça cometida por um rei vilão, Pélias, tanto contra os deuses quanto contra os homens. E para recolocar as coisas no lugar, para restabelecer uma ordem justa diante dos danos desse soberano maléfico, ele terá de partir para conquistar um objeto mítico, o Velo de Ouro.

Mas, primeiro, o que é o Velo de Ouro e por que Jasão precisa sair em busca dele?

O Velo de Ouro e sua história...

Sua história – pelo menos na versão mais corrente, aquela contada particularmente pela *Biblioteca* de Apolodoro e que em grande parte sigo aqui – começa com um rei, Atamas, que reinava sobre a Beócia, região de camponeses de onde Hesíodo, aliás, era originário. Atamas acaba de se casar com uma jovem, Néfele, com quem teve dois filhos, um menino, Frixo, e uma menina, Hele. Mas logo ele repudia sua primeira esposa e contrai um segundo casamento com Ino, filha de Cadmo, rei de Tebas e marido de Harmonia, que é filha de Ares e de Afrodite (não se esqueçam que num capítulo anterior dedicado à luta de Zeus contra Tifão, o rei dos deuses havia prometido a Cadmo a mão de Harmonia caso ele viesse em seu auxílio). Ino mais tarde se tornará uma divindade do mar, mas, por enquanto, ela ainda é apenas uma simples mulher. E uma mulher terrivelmente ciumenta. Ela teve dois filhos com Atamas e não suporta os que o marido teve com Néfele, sua primeira esposa. Louca de ciúmes por causa do amor que ele lhes dedica, ela os odeia a ponto de conceber um terrível estratagema para se livrar deles.

Como lhes disse, a Beócia é uma região de pequenos agricultores que as pessoas da cidade fingem desprezar, porque lhes parecem incultos, pouco sofisticados, "caipiras" como ainda se diz tão tolamente hoje em dia. Além disso, usamos "beócio" para designar alguém um pouco ingênuo, tosco, pouco culto. Portanto, não é difícil para Ino enganar seu povo, inventar uma mentira que lhe permite persuadir as mulheres da região a tostar, antes de plantá-los, sem os maridos saberem, os grãos de trigo guardados para a semeadura, o que, evidentemente, acaba tornando-os estéreis. Ela as convence de que serão melhores, de que darão um pão mais saboroso.

No ano seguinte, as colheitas são, como previsto por Ino, completamente insignificantes, nada sai da terra: os grãos tostados não dão nada. Atamas, muito preocupado – ele ignora tudo sobre as ações de sua nova esposa –, envia mensageiros a Delfos para consultar o famoso oráculo. Mas Ino consegue, sempre manipulando grosseiramente, convencê-los a dizer a Atamas que é necessário, para tornar a terra novamente fértil e apaziguar seja qual for a ira dos deuses, sacrificar seus filhos, Frixo e Hele, a Zeus. Atamas, horrorizado, resiste, mas o povo de camponeses crédulos ouve o falso oráculo. Confia nele e ameaça revoltar-se contra seu rei: em todos os cantos eles clamam insistentemente pelo sacrifício das duas crianças. Atamas é forçado a ceder e, com a alma pesarosa, conduz os desafortunados ao altar onde será realizado o sacrifício. Mas então, Néfele, a mãe deles, intervém, com a ajuda de Zeus, que não apreciou o ardil de Ino e enviou seu fiel mensageiro, Hermes, para ajudar as duas crianças. Ora, essa ajuda dos deuses toma a forma de um carneiro que Hermes oferece a Néfele. Esse carneiro nada tem de ordinário. Em vez da lã que todos os carneiros do mundo normalmente têm nas costas, ele ostenta uma magnífica pelagem dourada, um Velo de Ouro fino, e têm asas que lhe permitem voar como um pássaro. Mais que depressa, Néfele manda Frixo e Hele montarem no animal que logo começa a voar e os leva para uma região menos hostil, a Cólquida. Infelizmente, no caminho, a pequena Hele se inclina para contemplar a paisagem e, fascinada pelo que vê, ela cai no mar e se afoga: desde então o lugar onde ela se afogou é chamado "Helesponto" – hoje o estreito de Dardanelos, que separa a Europa da Ásia.

Mesmo devastado pela dor, Frixo, irmão de Hele, continua sua jornada nas costas do carneiro, de modo que ele chega em segurança ao seu destino. Ali é gentilmente recebido por Eetes, rei da Cólquida, e para agradecê-lo Frixo sacrifica o carneiro – uma variante do mito, menos ingrata (e que agrada mais às crianças), afirma que foi o próprio carneiro que pediu para ser sacrificado para que pudesse abandonar sua forma mortal e retornar aos céus divinos. Seja como for, Frixo dá a Eetes o Velo de Ouro. Os oráculos afirmam então que ele protegerá sua região e que, em contrapartida, o infortúnio ocorrerá se alguém o pegar de volta e o deixar partir. Eetes manda pregar a pele dourada numa árvore tão bem escondida no meio da floresta que é quase impossível encontrá-la e, para completar, coloca um dragão assustador, que nunca dorme, para vigiá-la dia e noite.

É esse velo que Jasão terá de recuperar. Para quem e por quê? Para responder a essas duas perguntas, devemos retornar à infância de nosso herói. Aqui, novamente, nossa fonte, em sua maior parte, é constituída pelo relato de Apolodoro, que devemos completar aqui e ali com a ajuda de outra obra essencial sobre esse assunto: a de um poeta que viveu no século III a.C., Apolônio de Rodes, ao qual devemos um enorme livro, *Os argonautas*, em certos aspectos análogo à *Odisseia* de Homero, que narra a expedição de Jasão e de seus companheiros, os argonautas, na Cólquida.

Jasão e a busca por justiça

A infância de Jasão, o pequeno príncipe de Iolcos

O pequeno Jasão tem apenas 10 anos. Observemos nosso jovem herói durante uma aula bastante particular: a cena se passa numa imensa caverna bem mobiliada, talhada na rocha da montanha. É a casa do centauro Quíron, um ser meio-homem, meio-cavalo, um sábio que já foi preceptor de Aquiles e que possui a reputação de ser o maior pedagogo de todos os tempos. Quíron está dando uma aula. Ele ensina medicina a Jasão, nesse momento a anatomia, e para isso lhe mostra como dissecar um animal. Uma ovelha está pendurada pelos pés, presa à parede da caverna, e Quíron detalha os diferentes órgãos. Explica os segredos da circulação sanguínea, das vias respiratórias, a função do coração, do fígado, dos pulmões. Ele fala sobre possíveis doenças, sobre remédios de plantas etc. Seu aluno, evidentemente, é muito observador. Muito dotado, responde com a seriedade das crianças bem-comportadas às perguntas do centauro, que o felicita calorosamente.

Em seguida, assistimos a uma série de outras cenas em que compreendemos que Jasão vai crescendo ao longo dos anos enquanto Quíron lhe ensina as outras artes: música, claro, mas também corrida a pé, luta livre, tiro com arco, lançamento de disco, lançamento de dardo, manejo da espada etc. Jasão é formidavelmente precoce, talentoso em todas as disciplinas, e Quíron se orgulha dele.

Alguns anos depois, nós nos encontramos uma noite na mesma caverna. Nada mudou, a não ser que Jasão agora tem 20 anos. Ele é um magnífico rapaz, de uma beleza incomparável. É precisamente o dia de seu aniversário. Ele e o centauro estão sentados bebendo vinho numa cratera. Estão cercados pelas filhas de Quíron (elas também são cavalos com cabeças e torsos humanos, mas nem por isso são menos encantadoras). Elas servem o jantar aos dois homens. A atmosfera é bastante alegre e Quíron, depois de ter novamente elogiado Jasão, coloca sua cratera num aparador e se dirige de maneira calma, mas um tanto cerimoniosa, àquele que ele criou de maneira tão completa e amigável por tantos anos. "Jasão, você é um homem agora, e um homem realizado. Criá-lo foi uma alegria, pois você é o mais talentoso de todos meus alunos. Mas, como você sabe, não sou seu pai, e chegou a hora de lhe revelar o segredo de suas origens. Sei que isso vai perturbá-lo, mas gostaria que me ouvisse com atenção, sem se deixar levar pela paixão!"...

E o segredo que Quíron revela ao filho adotivo é que ele, que desde sempre foi criado pelo centauro e que nunca conheceu seus pais, não é órfão, como sempre acreditou: na verdade, é filho de Esão, legítimo rei da cidade de Iolcos. Seu tio Pélias destronou pela violência seu próprio irmão há apenas vinte anos.

"E você, Jasão, foi salvo *in extremis* da morte quando seus pais o esconderam dos soldados de Pélias que o estavam procurando a fim de degolá-lo para que você nunca viesse vingar seu pai ou reivindicar o trono. Foi sua babá, por ordem de sua mãe, que veio até aqui, nesta caverna. Você era um bebê, envolto em panos, e ela me pediu para criá-lo como se fosse meu filho!"

Este é o segredo que perturba e ao mesmo tempo indigna Jasão, que imediatamente pede notícias de seus pais.

"Seu pai, Esão, e sua mãe, Alcimede, ainda estão vivos. Eles moram em Iolcos, numa casa pobre, uma vez que Pélias temia a ira dos deuses e a vingança das erínias se os mandasse matar."

Jasão, é claro, espuma de raiva e promete a si mesmo ir no dia seguinte a Iolcos para encontrar seus pais e reivindicar o que Pélias lhe deve. Mas Quíron lhe diz tranquilamente: "Acalme-se e reflita antes de agir. Aguarde uma ocasião que lhe seja favorável e, então, você poderá encontrar seus pais e reivindicar o que é seu... Por enquanto, vamos nos deitar, a noite é boa conselheira..."

Jasão em Iolcos, no palácio do rei

Estamos agora no palácio do rei de Iolcos – um lugar elegante, todo de mármore branco e decorado com ricos ornamentos dourados. Uma gigantesca estátua de Posêidon, com seu tridente, aparece em lugar de destaque: dizem que ele é pai de Pélias, esse usurpador que reina sobre a cidade há anos, há exatamente vinte anos, ou seja, desde que tomou o lugar de seu irmão Esão e procurou matar Jasão. Ele tem poder, sim, e riquezas que o acompanham, mas percebemos que está inquieto, não muito feliz. Nós o vemos pensando sobre toda essa história. De repente, ele decide, para se certificar de que os deuses não o punirão um dia pelos crimes que cometeu, ir a um templo de Apolo para consultar o oráculo a respeito do seu futuro, a respeito do tempo durante o qual poderá continuar reinando sobre Iolcos. Nós o vemos partindo em seu carro, depois chegando a Delfos, parando em frente ao templo do deus para consultar a Pítia. Sobre o frontão do edifício estão as famosas inscrições bem legíveis: "Nada em excesso" e "Conhece-te a ti mesmo" que aprofundam um pouco mais seu sentimento de culpa.

Ele então interroga o oráculo, pergunta por quanto tempo mais pode esperar manter o trono e reinar sobre Iolcos.

A Pítia responde simplesmente, como sempre de maneira sibilina, portanto quase incompreensível, que deve "desconfiar de qualquer um, estrangeiro ou cidadão de Iolcos, que só use uma sandália".

Pélias fica perplexo, não compreende evidentemente as palavras do oráculo. Ele retorna, tanto insatisfeito quanto angustiado, a Iolcos, ao seu suntuoso, mas triste palácio. Para deixar de lado as preocupações, na verdade para se tranquilizar e atrair as boas graças de seu pai, Posêidon, ele decide organizar uma festa em sua homenagem, uma grande cerimônia durante a qual serão feitos gigantescos sacrifícios, uma soberba hecatombe. Ele convida todos os jovens do reino. Jasão sabe por Quíron sobre a realização das festividades e esta é precisamente a ocasião que ele estava esperando. Decide ir até lá em traje de gala – mas como nunca saiu de sua caverna e Quíron também não é verdadeiramente mundano, seu traje é um tanto estranho, para não dizer ligeiramente ridículo: ele está vestido apenas com uma pele de pantera e ostenta duas imensas lanças que segura em cada uma das mãos...

No caminho, ele chega à beira de um rio. Uma velha que está ali, sentada numa pedra, pede-lhe ajuda porque a correnteza parece muito forte. Jasão, gentilmente, a coloca nas costas, atravessa o rio e a deposita delicadamente na outra margem. Na verdade, essa velha não é outra senão Hera que se disfarçou para a ocasião e que o vê partir murmurando para si mesma:

"Esse rapaz, definitivamente, tem todas as qualidades. Claro, ele não viu que eu sou Hera, esposa de Zeus, e que o escolhi para que eu também possa cumprir minha vingança contra Pélias, aquele pobre tolo que teve a audácia de matar uma mulher, a bela Sidero, num dos meus altares, e que além disso só honra seu pai, Posêidon, sem nunca me oferecer o menor sacrifício. Ele vai me pagar caro por isso e Jasão será o instrumento desse castigo..."

E, de fato, pelo que dizem, Pélias não é apenas injusto com os homens: ele também ofendeu vários deuses do Olimpo, especialmente Hera, ao assassinar uma mulher no próprio templo da deusa. Além disso, ele se recusa obstinadamente a honrar Hera e proíbe seu culto em sua cidade, impondo que todos os sacrifícios sejam reservados para seu pai, Posêidon – que decididamente gerou com as mortais um número impressionante de monstros e de canalhas. Por isso os olímpios decidem finalmente enviar Jasão à Cólquida, para trazer de volta, não tanto o Velo de Ouro, que na verdade é apenas um pretexto, mas Medeia, a feiticeira filha de Eetes, rei da região. Medeia é temível, é sobrinha de outra feiticeira que conhecemos na *Odisseia*, a bela Circe. O que Hera pretende neste caso? Simplesmente que Medeia se apaixone por Jasão, que ele a traga de volta a Iolcos junto com o Velo de Ouro para que ela possa punir Pélias como ele merece – e veremos, com efeito, no fim da história, de que maneira atroz Pélias terminará sua triste vida de vilão.

Acrescento que essa interpretação do sentido da viagem de Jasão já é a de Hesíodo, na *Teogonia*, que descreve Pélias como "hybristès", ou seja, como um ser absolutamente desencaminhado pela *hybris*. Hesíodo deixa claro então que esse rei é "terrível, insolente, furioso e brutal", e que tal é a razão pela qual os deuses estão na origem da viagem de Jasão, cujo principal objetivo é de fato trazer de volta Medeia: com efeito, é "pela vontade dos deuses" que Medeia será tirada de seu pai, Eetes (na verdade com o consentimento dela, pois ela se apaixona perdidamente por Jasão, talvez até, além disso, segundo certos mitógrafos, pelas obras de Afrodite que teria enviado o pequeno Eros para alvejar o coração da feiticeira no momento em que ela pôs os olhos em nosso herói...).

Mas não nos antecipemos e voltemos ao fio da nossa história.

Sem se dar conta, durante a travessia do rio, Jasão perdeu uma das sandálias, de modo que, além de seu estranho traje, quando atravessa a cidade e chega ao palácio com um pé descalço, com a pele de leopardo sobre as costas e com as duas lanças na mão, as pessoas olham para trás quando ele passa. As moças cochicham, rindo, meio admiradas, meio irônicas. Elas caçoam dele um pouco, mas ele tem presença, e é belo como um deus. Ele que nunca viu moças, exceto as de Quíron, fica muito comovido, mas atravessa orgulhosamente a cidade, de cabeça erguida, sem desviar o olhar ou deixar transparecer suas emoções...

Ele chega às portas do palácio de Pélias. Os bois do sacrifício estão diante da entrada, os sacerdotes de Posêidon vestiram os trajes brancos das grandes ocasiões e os habitantes de Iolcos se aglomeram para contemplar o espetáculo. Jasão fende a multidão e penetra no palácio. Ninguém pensa em detê-lo de tanto que sua aparência é dissuasiva. Contentam-se em murmurar quando ele passa e até se perguntam se não é um deus que desceu do Olimpo. Quando chega perante Pélias, que já está cercado pelos jovens da cidade, o pé descalço fica tão visível quanto um chifre na testa de um cavalo. Evidentemente, assim que Pélias o vê, ele tem um estalo, ele compreende tudo: não só a semelhança com seu irmão, Esão, pai de Jasão, é impressionante, como também Pélias finalmente interpreta corretamente as palavras da Pítia que recomendou desconfiar daquele que só usasse uma sandália: com certeza Jasão é o filho de seu irmão que veio para matá-lo e retomar o trono. Pélias rumina um estratagema para se livrar do intruso que ele não pode, afinal, matar na frente de todos – seria visível demais e contrário demais às leis de hospitalidade que são sagradas na Grécia e cujo descumprimento é punido de maneira atroz pelas erínias. Após refletir, e diante de todos os convidados, Pélias faz a Jasão uma pergunta muito estranha:

"O que você faria, jovem, se fosse rei, como eu, e que soubesse que um de seus convidados veio para matá-lo e tirar-lhe o trono?"

Jasão, inspirado sem sabê-lo por Hera, e veremos como ela o ajudará mais tarde, responde-lhe sem pestanejar, sem realmente saber por que está dizendo isso: "Pedir-lhe-ia que me trouxesse o Velo de Ouro!"

Murmúrios estupefatos na plateia! O Velo de Ouro é um objeto mítico, totalmente inacessível! Todos sabem que ele está guardado num lugar secreto, um bosque denso consagrado a Ares, deus da guerra, nos confins da Cólquida, uma terra tão distante que nenhum navegador grego jamais conseguiu alcançá-la e, além disso, ela é protegida por uma criatura de Ares, um dragão assustador que nunca dorme! Com um sorriso maligno, Pélias diz "que atrevido!" (bem, o equivalente grego...), convencido de que Jasão morrerá nessa aventura a que acaba de se condenar. Jasão volta para casa, um pouco envergonhado, ou seja, ainda para a casa de Quíron, mas está determinado a partir não importa o que aconteça, e até o mais rápido possível, em busca do mítico velo.

No caminho, ele encontra seus pais, a mãe, Alcimede, e o pai, Esão, que Pélias poupou para salvar as aparências[23]. Reencontros emocionantes, abraços etc. Alcimede tenta por todos os meios dissuadir o filho de ir embora justo no momento em que acaba de reencontrá-lo, mas Jasão ordena que todos

---

23. De acordo com outra versão, que não seguirei aqui, pois não nos permite compreender o fim da história em que, como vocês verão, Esão desempenha um papel mais uma vez essencial, Pélias, para ter certeza de não ser destituído por seu meio-irmão do trono da cidade de Iolcos, acabaria por matá-lo. Para dizer a verdade, ele não faz isso sozinho, mas é praticamente pior: Esão descobre que seu meio-irmão pretende mandar assassiná-lo e, se antecipando, pede-lhe permissão para acabar com tudo ele mesmo, para se suicidar. Eetes, contente demais por não ter de sujar as mãos, aceita, e é dessa maneira que o infeliz pai de Jasão teria morrido. Para completar, e para ficar absolutamente tranquilo, Eetes também teria mandado assassinar a mãe do herói, bem como seu irmão mais novo...

os arautos da cidade enviem para todas as regiões da Grécia a mensagem de que está procurando homens corajosos para acompanhá-lo nessa aventura: a busca do Velo de Ouro.

Dentro de pouco tempo alguns jovens respondem ao chamado e chegam de todos os lugares à casa de Jasão. Agora estão com ele na caverna do centauro. Ali se encontram os melhores, uma plêiade de heróis magníficos. Reconhecemos, entre outros, Héracles, forte como um búfalo, Teseu, que derrotou o Minotauro, Orfeu, o músico genial, acompanhado de sua lira, Castor e Pólux, os gêmeos fabulosos, combatentes incomparáveis, mas também a bela Atalanta, a mulher mais rápida do mundo na corrida e a única presença feminina no barco. Mas há outros, talvez menos conhecidos, cujos dons são, contudo, tão preciosos quanto os das celebridades: Eufemo, que pode andar sobre a água, Periclimeno, que consegue assumir qualquer forma, Linceu, cuja visão de "lince" é tão "penetrante" que pode ver através das paredes, dois filhos do deus do vento, os "Boreades", que voam como pássaros – o que lhes permitirá, como veremos mais adiante, expulsar as harpias quando for necessário... Ao todo, estão reunidos ali, na caverna de Quíron, nada menos do que cinquenta jovens manifestamente tão corajosos quanto em plena posse de seus meios.

Na caverna onde todas essas pessoas se agrupam, Jasão pede silêncio e se dirige a esses valorosos para agradecer-lhes a ajuda. Os jovens aprovam com entusiasmo, mas ainda assim um deles pede para falar: "Jasão, estamos todos prontos para ajudá-lo, pois ficamos sabendo sobre a injustiça que atinge você e seus pais. Mas diga-nos: do que se trata afinal? O que, exatamente, é esse Velo de Ouro e por que Pélias tem tanta certeza de que você perderá a vida nessa viagem?"

Murmúrios de aprovação na sala. Então Jasão pede uma vez mais silêncio e conta aos novos amigos a história do Velo de Ouro. Ele evoca primeiro o famoso estratagema que já conhecemos: ele descreve Ino que, à noite e em segredo, vai ao celeiro de trigo do reino e manda as criadas tostarem ligeiramente os grãos que em breve serão utilizados como sementes em toda a Beócia, para que na primavera nada cresça, as colheitas foram destruídas antecipadamente, o que ameaça provocar fome em todo o país. Atamas então envia alguns servidores para consultar o oráculo, que revela de fato a verdade, mas Ino os suborna e os obriga a mentir sob pena de uma morte atroz, de modo que eles convencem Atamas que são seus filhos os responsáveis pela ausência de colheita e pela fome que se anuncia. Distorcendo as palavras do oráculo, os servidores de Ino declaram ao rei que os deuses exigem que ele os sacrifique para que as colheitas retornem. Atamas se recusa, mas pouco a pouco os camponeses se revoltam e, diante dos gritos do povo excitado por Ino, ele acaba, com a alma pesarosa, resolvendo fazê-lo, mas Zeus, desgostoso com o ardil de Ino, envia um carneiro mágico, um carneiro voador munido de um magnífico Velo de Ouro, para salvar *in extremis* as crianças da morte.

E Jasão dá mais detalhes sobre o relato: esse carneiro chamava-se Crisómalo, e ele vai, com efeito, salvar as crianças, pois as leva embora pelos ares, na direção da Cólquida. A viagem é magnífica, eles sobrevoam o mar e as ilhas gregas. Infelizmente, durante a viagem, Hele, a garotinha, se inclina, muito curiosa sobre o que acontece lá embaixo. Ela cai na água e se afoga. Seu irmão grita, desesperado. Para consolá-lo, Zeus dá o nome da garotinha ao lugar onde ela morreu: a partir de agora esse lugar será chamado de "Helesponto", e é uma espécie de canal natural que separa a Grécia (o Mar Egeu) do ponto Euxino. Frixo chega então sozinho montado em seu carneiro à Cólquida, à casa do Rei Eetes. Ao ver aquele animal voador cujo velo é de ouro, Eetes compreendeu imediatamente que o jovem era protegido dos deuses, talvez até mesmo de Zeus, e por isso o recebe de braços abertos. Em breve, inclusive, lhe dará uma de suas filhas, Calcíope, em casamento. Como sinal de gratidão, Frixo sacrifica o carneiro e oferece o Velo de Ouro a Eetes, que rapidamente compreende que essa pelagem mágica é um amuleto da sorte do qual ele nunca deverá se separar: e, de fato, a Cólquida vive na prosperidade desde que o velo foi pendurado numa árvore, no bosque consagrado a Ares, guardado por uma enorme serpente alada que nunca dorme. Acrescentemos que Eetes tem outra filha, Medeia, uma feiticeira temível cuja tia, como já dissemos, não é outra senão Circe, irmã precisamente de Esão, outra feiticeira terrível que Ulisses já encontrou no decorrer de sua própria viagem…

Em suma, quando Jasão termina de contar a história à sua maneira, a assembleia de jovens heróis está um pouco desanimada, pois pressentem que a busca pelo Velo de Ouro não será realmente uma moleza. Não apenas Eetes se preocupa em esconder muito bem seu tesouro no coração de uma floresta profunda, em mandá-lo vigiar por um dragão, mas, além disso, ele evidentemente jurou perante os deuses não se separar dele por nada no mundo! Mas nem por isso nossos jovens heróis estão menos decididos a encontrá-lo para vingar o pai de Jasão e ajudá-lo a recuperar o trono. Mas ninguém na assembleia sabe ainda muito bem como fazer...

Héracles intervém: antes de mais nada, temos de construir um navio capaz de cruzar o Helesponto, o que nenhum navegador conseguiu fazer até agora. Além disso, não existe um barco desse tamanho em Iolcos, onde os pescadores se contentam com pequenos barcos incapazes de enfrentar o alto-mar e de transportar cinquenta camaradas a bordo. Outras vozes ecoam: o que faremos para convencer Eetes a dar o velo, algo pouco provável que ele faça por vontade própria? E também para vencer o dragão que o guarda, e enfrentar mil outros perigos?

O que é certo, aqui, na caverna de Quíron, é que os novos amigos estão dispostos a acompanhar Jasão, que nenhum faltará: Teseu, Orfeu, Héracles, os gêmeos e os outros, estão todos lá e o acompanharão assim que ele tiver encontrado um meio para construir a nau rápida capaz de ir além desse Helesponto que marca os confins do mundo conhecido e no qual o sonho de todos os navegadores se despedaçou, pois nenhum dos que tentaram a travessia jamais voltou...

O encontro de Jasão com Atena e a construção do "Argo"

Eles se separam com essas promessas e essas dúvidas. Na manhã seguinte, Jasão, a conselho de Quíron, vai consultar os deuses para descobrir logo se eles são contrários ou favoráveis ao seu empreendimento e, é claro, ele pretende saber sobretudo a opinião de Zeus, o principal deus.

Mas como se aproximar de tal deus?

Na tentativa de consegui-lo, Jasão parte sozinho nessa mesma noite, nas profundezas da noite, em direção a uma imensa e sombria floresta de carvalhos iluminada por uma lua muito branca. Disseram-lhe que no coração desses bosques está o "carvalho de Zeus", uma árvore mágica que fala e nada mais é do que um oráculo do rei dos deuses. Ao longo do caminho, ele cruza com Atena, que ele reconhece de imediato pela sua beleza incomparável e pela pequena coruja pousada sobre o ombro. Atena pega-lhe a mão e diz suavemente que vai ajudá-lo. Exausto, ele adormece e, de manhã, acorda ao lado de um enorme tronco de carvalho. Horrorizado, ele teme que seja o carvalho de Zeus que teria sido derrubado por engano, mas Atena aparece uma vez mais e o tranquiliza: não, é outro carvalho, um carvalho também mágico no qual ele terá de talhar o mastro do barco que servirá para cruzar os mares na direção da Cólquida. Ele também terá, ela diz, de esculpir uma figura de proa – na verdade, a figura de proa será um avatar de Atena e de Hera, que se revezarão dando conselhos sábios aos argonautas ao longo da viagem.

Mas como construir um barco grande o suficiente para transportar cinquenta homens quando em Iolcos há apenas frágeis embarcações de pescadores e nenhum arquiteto naval? Aqui, novamente, Atena vem em auxílio de Jasão: ela pedirá a Argos, príncipe da mais importante cidade da Argólida, um arquiteto naval inigualável, para construir o barco. Aliás, ele será chamado Argo – que em grego significa "rápido" – e é por isso que os marinheiros de Jasão serão chamados de "Argonautas" (atenção, mais uma vez: não confundam, sobretudo, como costumam fazer as obras de vulgarização, o príncipe Argos com o monstro de cem olhos que deveria vigiar a pequena ninfa Io, um monstro que Hermes matará e cujos olhos acabarão sobre as penas dos pavões. Não confundam também nosso arquiteto com o cão de Ulisses, que também responde pelo mesmo nome...).

Mas voltemos ao relato: Jasão agora sabe que os deuses, pelo menos os principais, Atena, Hera e Zeus, estão com ele e teremos a oportunidade de ver durante essa terrível viagem que isso é de muita valia.

Graças a Atena, portanto, começa a construção do barco, acompanhada dos inevitáveis sacrifícios de touros dedicados a Zeus

A própria Atena participa do trabalho. Ela tece a vela com outras jovens e nós a reconhecemos não só pela sua beleza única, mas também, como sempre, pela pequena coruja que nunca a abandona e que simboliza a inteligência (porque ela vê na escuridão). Antes da partida, um sacerdote de Zeus (que veio expressamente da Floresta de Dodona) consulta os ventos, o voo dos pássaros e se pronuncia como adivinho sobre as chances da expedição: ela terá sucesso, mas três argonautas perecerão e um deles abandonará o navio para voltar para casa a pé.

Tudo bem. Fazer o quê? Os argonautas se reúnem para eleger seu chefe. Vemos novamente Teseu, Orfeu, os dois gêmeos, Castor e Pólux, Héracles e seu amante, Hilas, mas também Linceu (que será a sentinela já que, como um "lince", tem uma visão penetrante), Tífis, o piloto, e os outros companheiros que deliberam. A assembleia designa primeiro Héracles, porque ele é evidentemente o mais forte e o que inspira mais segurança, mas este último toma a palavra e declara tranquilamente que, é claro, cabe ao próprio Jasão conduzir a expedição e todos concordam com ele, é Jasão quem finalmente é escolhido como chefe.

Partida do barco. Navegação inicialmente tranquila entre as ilhas gregas...

Em busca do Velo de Ouro

A Ilha de Lemnos

Depois de alguns dias no mar, Jasão e os argonautas desembarcam na Ilha de Lemnos. O lugar parece à primeira vista inacessível, pois é cercado por recifes. Ainda assim, eles acabam descobrindo uma pequena enseada onde lançar âncora. Como muitas vezes acontece durante a viagem, eles desembarcam para buscar água e víveres, se possível frutas e caça. Nós os vemos partindo, alguns para coletar, outros para caçar. No decorrer da expedição, eles não demoram a assistir um espetáculo mais do que estranho: primeiro veem uma mulher de uma beleza de cortar o fôlego saindo dos bosques. Ela veste uma túnica branca bordada de ouro, nada por baixo, e o véu é tão leve, tão translúcido que adivinhamos suas formas sublimes (esses detalhes são importantes, veremos por que daqui a pouco).

Jasão, surpreso, teme que se trate de uma dessas terríveis amazonas, mulheres que massacram os homens e que na adolescência amputam um dos seios para melhor atirar com o arco. Teseu e alguns homens sacam suas espadas, mas não é nada disso, trata-se da encantadora rainha de Lemnos, Hipsípila, que logo tranquiliza Jasão sobre suas intenções mais do que pacíficas. Além disso, dos bosques ao redor também saem umas trinta, depois umas cinquenta jovens deslumbrantes, vestidas (ou melhor, despidas) como sua rainha. Elas são só sorrisos e incrivelmente charmosas. Propõem um banquete e, claro, ninguém pensa em recusar. Resumindo a sequência: durante o banquete, todos bebem muito e as jovens caem nos braços dos argonautas que, evidentemente, se deixam seduzir. Os dias passam, cheios de doçura e de festas e, alguns meses depois, todas essas moças estão grávidas. Elas então declaram aos amantes que eles não podem mais partir, uma vez que os filhos precisarão dos pais. Ou seja, Jasão e seus amigos viverão dois anos inteiros na casa das deslumbrantes com as quais fazem ainda muitos outros filhos!

Mas a ilha, sob seu aspecto acolhedor, esconde um terrível segredo. Jasão, intrigado com a ausência de qualquer representante do sexo masculino, acaba pressionando a rainha. Ela é obrigada a confessar a verdade, a saber, que essas amáveis mulheres degolaram os pais, os maridos e os irmãos alegando que estes as perseguiam, as maltratavam e as impediam de viver livres. Mas ainda assim elas querem repovoar a ilha, daí a busca por novos amantes. Depois de dois anos, Héracles acaba explodindo de raiva e repreendendo Jasão, dizendo-lhe que tudo isso já passou dos limites! Os argonautas acordam como de um sonho e, com a alma um tanto pesarosa, concordam em deixar a ilha para partir novamente em busca de novas aventuras. As moças conseguiram o que queriam, filhos para repovoar a ilha e, portanto, elas os deixam partir, beijando-os com ternura e desejando-lhes boa sorte...

A ilha dos gigantes

Eles chegam enfim ao Helesponto, esse largo canal natural que liga o Mar Egeu e o Mar Morto (utilizo o vocabulário de hoje) e que é, pois, a única via de acesso para a Cólquida, esse braço de mar de onde nenhum navegador da época jamais voltou (em breve veremos o motivo). O espetáculo é de tirar o fôlego tanto esse tipo de rota marítima é belo: ela parece talhada brutamente entre rochedos escarpados de uma altura impressionante. Acharíamos que estamos no sopé do Monte Atos. Mas toda essa costa é rochosa, é impossível aproximar-se para reabastecer com víveres e água.

Jasão está preocupado, os víveres e a água estão começando a faltar cruelmente e eles são obrigados a racionar.

Enfim, mesmo assim eles percebem uma enseada, no momento em que realmente não têm mais nada para beber nem para comer, e desembarcam. Eles caçam muitos animais, encontram nascentes de água fresca, enchem ânforas, mas, de repente, uns vinte gigantes, na verdade monstros com seis braços e altos como três homens, atiram enormes pedras no vale onde Jasão e seus marinheiros se aventuraram. Eles fazem de tudo para tentar impedir que retornem ao Argo. Felizmente, Héracles permaneceu a bordo e, com seu arco e suas flechas, ele massacra trinta e três gigantes, os outros acabam fugindo. É um verdadeiro banho de sangue e os argonautas compreendem o quanto são sortudos por terem esse incomparável herói ao lado deles. É então que aparece um alto e belo soldado, de elmo e cercado por um exército. Trata-se do Rei Cízico, que está à frente de suas tropas, o povo dos doliones: ele não tem palavras calorosas o suficiente para agradecer Jasão e os argonautas por livrarem seu povo dos gigantes que tiranizavam toda a região há anos.

Para agradecê-los, eles organizam um banquete suntuoso: comem e bebem à farta, Orfeu toca a lira; enfim, divertem-se, festejam, mas no dia seguinte, os argonautas retomam sua viagem.

E então se deparam com um nevoeiro espesso, tão espesso que giram em círculos e não percebem que acabam retornando ao ponto de partida, e como os doliones não os reconhecem, tanto o nevoeiro é denso, eles se precipitam sobre seus novos amigos acreditando que são os gigantes que estão retornando! Como os argonautas são jovens guerreiros de uma força e de uma coragem excepcionais, os desafortunados doliones são literalmente massacrados. Sem querer, Jasão mata até o bravo Rei Cízico e, quando o nevoeiro se dissipa, todos tomam consciência da catástrofe. Os mortos e os feridos se espalham pelo chão, é um espetáculo pavoroso e, percebendo o equívoco, todos se desfazem em lágrimas.

Em vez de culparem uns aos outros, argonautas e doliones compreendem, apesar de tudo, que foram vítimas da má sorte. Perdoam-se e fazem as pazes. Organizam então os ritos fúnebres juntos. Lágrimas, sacrifícios e abraços.

Mas o Argo tem de retomar a rota e, com Jasão na proa, ele fende a água na direção da Cólquida.

A morte de Hilas e a partida de Héracles

Após vários dias de navegação tranquila, o Argo para novamente numa costa para buscar água e víveres. Héracles, forte demais como sempre, quebrou seu remo. Ele vai para a floresta, em busca de uma grande árvore na qual possa talhar um novo remo, mais sólido, na medida de sua força. Traz com ele seu amante, Hilas, um jovem por quem está loucamente apaixonado. Por sua vez, Hilas está encarregado de encontrar uma nascente para obter água limpa. Ele se aventura na floresta profunda e encontra, com efeito, uma linda cachoeira, sob a qual há um pequeno lago onde se banham cinco deslumbrantes moças cujas cabeleiras longas e imensas são a única vestimenta. Elas flertam graciosamente com ele, deixando-o entrever seus encantos. Tímido, ele acaba se deixando tentar, entra na água que se torna escura e se transforma num abismo onde ele se afoga e se perde para sempre. Héracles o ouve gritar, corre, mas não o encontra. As ninfas e Hilas desapareceram. Ele jamais será encontrado, mas Héracles tem de ficar em terra para continuar sua busca enquanto os argonautas têm de partir com a alma pesarosa. A primeira parte da profecia do sacerdote de Zeus se concretizou: um dos companheiros de Jasão está morto e o outro retornará à Grécia a pé...

No país dos brebices

A navegação continua, mas novamente falta água e víveres. É preciso desembarcar, neste caso no país dos brebices, cujo rei, Âmico, é um colosso sádico e sanguinário. De tamanho e força gigantescos, ele desafia a uma luta de boxe todos os estrangeiros que têm a infelicidade de parar em sua casa. Além disso, ele inventou uma espécie de luvas, as "cestes", que são enchidas com chumbo, de modo que os combates são na maioria das vezes mortais. Jasão está consternado por não ter Héracles com ele, pois o rei Âmico acaba de desafiar os recém-chegados e ele parece invencível. Ao longo de todo o caminho que leva ao palácio onde a luta acontecerá, vemos infelizes cidadãos com um ar acabrunhado, muitas vezes aleijados, pois Âmico sempre governou seu povo com terror e com violência.

Ele pergunta a Jasão quem é o primeiro a enfrentá-lo, e é o pequeno Pólux, um dos dióscuros, que imediatamente se oferece. Murmúrios na assembleia: ao lado de Âmico, ele parece uma criança, para não dizer um anão. Âmico o olha de cima e diz arrogantemente que ele é filho de um deus, neste caso Posêidon – ao que Pólux responde diante de uma multidão espantada que ele também é filho de um deus, mas não de um deus qualquer: é um filho de Zeus, o que abala um pouco a autoconfiança de Âmico. O combate começa e Âmico, forte, mas pesado e imbecil, é literalmente massacrado pelo pequeno Pólux, mil vezes mais ágil (cujos punhos, aliás, são guiados e tornados mais pesados pelo próprio Zeus). Pólux o derruba, amarra-o a uma árvore e o deixa viver em troca da promessa pública e solene de que ele vai parar de martirizar seu povo. Enquanto isso, os brebices saqueiam o palácio de Âmico para oferecer todos os tipos de presentes aos seus libertadores... que partem novamente com os porões cheios de víveres, de água e de riquezas na direção de seu destino, a Cólquida, onde o Velo de Ouro ainda está em segurança, guardado pelo terrível dragão.

A ilha das harpias

A próxima parada do Argo é uma ilha tão estranha quanto horrorosa. Pássaros imensos planam constantemente sobre ela: eles têm cabeças e seios de mulheres, mas asas e corpos de abutres gigantescos. Eles, ou melhor elas, passam o tempo atormentando um velho magro como um palito. Aproximando-se, Jasão e os Argonautas são importunados por um fedor repugnante e percebem que o infeliz velho, além de sua magreza pavorosa, é cego. O que aconteceu com ele e quem são esses pássaros monstruosos? Seu nome é Fineu, e ele é rei, rei de Salmidesso, além do mais não é um rei qualquer, pois é filho de Posêidon. Então, o que ele está fazendo ali, por que essa decadência? Porque um deus mais poderoso do que seu pai (trata-se evidentemente de Zeus) o puniu. Por quê? Porque Fineu é um adivinho, ele conhece o futuro, e queria que os homens se beneficiassem desse dom que recebeu dos deuses, mas Zeus viu nisso uma arrogância insuportável. Prever o futuro sem autorização é apanágio dos imortais, e Fineu pecou por *hybris*, por orgulho e por desmedida, tomou-se por um deus. Para castigá-lo, Zeus o cegou e o exilou nessa pedra. Mas há muito pior: ele atiçou contra Fineu as "harpias", aquelas que os gregos também chamam de "cadelas de Zeus" ou de "raptoras" e que os latinos chamarão de "fúrias", mulheres com corpo de pássaro que têm uma maneira muito curiosa de punir os mortais: elas os impedem de comer roubando-lhes o alimento e depois cobrindo o que sobra do festim com seus excrementos, tornando assim os restos impróprios ao consumo. Daí a magreza do pobre Fineu e o fedor insuportável que reina na ilha!

Os argonautas têm pena dele. Entre eles se encontram, como já disse, dois filhos de Bóreas, um dos deuses do vento: Calais e Zetes. Eles têm um dom muito apropriado, pois também eles, filhos do vento, sabem perfeitamente voar. Eles partem em busca das harpias, mas, ao contrário delas, são rápidos e incansáveis. As harpias têm um corpo pesado demais para voar por muito tempo, cansam-se rapidamente e quando estão esgotadas, mergulham no mar e se afogam (como as sereias). Nossos dois filhos do vento, portanto, logo enxotam as harpias e as fazem prometer não voltar mais, em troca eles as deixam viver. Fineu, louco de alegria, é libertado e, para agradecer seus benfeitores, dá-lhes um presente que se revelará mais do que precioso: uma pombinha branca.

À primeira vista, o belo pássaro parece bastante inútil. Para que poderia servir? Fineu lembra então aos argonautas que em algum lugar do caminho que leva à Cólquida, onde se encontra o Velo de Ouro, existem rochas aterrorizantes, chamadas rochas "Simplégades": elas têm a particularidade de se fecharem a uma velocidade fulminante sobre os navios que tentam passar entre elas e os esmagam impiedosamente – o que explica por que nenhum navegador retornou dessa viagem para além do Helesponto, esse famoso canal que como vimos conduzia ao Ponto Euxino (o Mar Negro), onde está localizada a Cólquida. Se soltarem a pomba na proa do barco no momento em que perceberem as rochas Simplégades, ela tentará atravessá-las e, se conseguir, significa que o barco também poderá passar, caso contrário será necessário parar a viagem ali e, sobretudo, não tentar nada. Jasão agora sabe o que esperar. Ele sabe que os deuses continuam a zelar por ele, que Zeus com certeza já o perdoou por ter suspendido o castigo de Fineu e que, se atravessar as rochas, provavelmente conseguirá chegar à Cólquida e encontrar o velo. Resta o fato de ser pouco provável que o Rei Eetes o presenteie de livre e espontânea vontade...

As rochas Simplégades

O barco se aproxima das rochas mortais, a água torna-se escura, o céu ameaçador. Jasão solta a pomba, que parte como um raio, as rochas se estreitam imediatamente, a pomba acelera... e passa por tão pouco que perde algumas penas da cauda (daí a expressão "deixar a penas"). Imediatamente, como Fineu recomendou, o barco também se lança, os remadores se empenham, remam com força total, as rochas que haviam se afastado após a passagem da pomba se fecham novamente, tudo parece perdido, os rostos dos marinheiros refletem um terror indescritível, mas o Argo consegue passar *in extremis*... deixando mesmo assim, como a pomba, parte de sua popa que foi esmagada num barulho assustador. As rochas estão se afastando novamente, o céu e o mar uma vez mais tornam-se azuis e as Simplégades estão paralisadas por toda a eternidade: de agora em diante, elas não se moverão mais, não ameaçarão mais os marinheiros que poderão atravessar o Helesponto sem dificuldade para entrar no Mar Negro. Jasão abriu uma rota marítima...

O Argo passa diante do rochedo em que Prometeu está acorrentado

O Argo continua sua navegação, mas agora navega em mar aberto, uma vez que saiu do canal. Ele conhecerá mais dois momentos fortes antes de chegar à Cólquida.

O primeiro quando o Argo costeia uma imensa falésia e que eles veem o infeliz Prometeu acorrentado no topo de um rochedo. Uma águia se aproxima dele, abre-lhe o ventre e lhe devora o fígado. Esta é uma oportunidade para relembrar brevemente a história de Prometeu para aqueles que não acompanharam os episódios anteriores: ele é filho dos primeiros deuses, os titãs. Qual é seu crime, por que é punido com tanta atrocidade (a águia lhe devora o fígado todos os dias, que volta a crescer todas as noites, para que sua tortura jamais termine)? Prometeu criou os homens com seu irmão, Epimeteu, o que é uma coisa boa aos olhos dos deuses, uma excelente distração para eles, mas como seu irmão havia distribuído todas as qualidades aos animais (asas, pelagem, garras, nadadeiras, carapaças etc.) e não restara mais nada para os homens, Prometeu roubou o fogo de Hefesto e as artes de Atena para lhes dar. Portanto, os homens tornaram-se quase iguais aos deuses, agora são capazes de *hybris*, o que não agrada nada a Zeus, que manda acorrentar Prometeu e assim puni-lo...

Jasão sente pena do filho do titã Jápeto, mas segue seu caminho, pouco preocupado em se arriscar a irritar uma segunda vez o rei dos deuses. É nesse momento que os valorosos argonautas descobrem uma floresta onde dois deles se perderão para sempre: trata-se da floresta das mariandinas. As mariandinas são moças deslumbrantes, mas muito perigosas: assim que alguém entra na floresta perde-se para sempre como no pior dos labirintos, mas elas só podem "recolher" um homem de cada vez. Os argonautas cruzam com duas jovens à beira de uma nascente de água fresca quando estão procurando víveres e água. Elas vão, portanto, raptar dois marinheiros, um chamado Edmundo, mas também Tífis, o piloto, o que é mais inoportuno porque terá de ser substituído, uma vez que a floresta nunca devolve suas vítimas... Depois de Hilas, são então três argonautas que são perdidos – sem contar Héracles, que deu meia-volta. O oráculo de Zeus está cumprido.

A chegada à Cólquida, o encontro com Eetes: três novas provações para Jasão

O Argo finalmente chega ao seu destino: Fineu dissera a Jasão que a entrada para a Cólquida era feita por um rio, o Fase, reconhecível pelo fato de carregar lama constantemente, de modo que as águas do mar adquirem uma cor mais ou menos dourada quando dele se aproximam. Dizem que as águas do Fase, por causa do velo, estão carregadas de ouro. Na entrada do rio, a estátua de proa talhada na madeira mágica da Floresta de Dodona (e que ora encarna Hera, ora Atena, as duas protetoras de Jasão), começa a falar: ela revela a Jasão que ele encontrará em Aea, a capital da Cólquida, onde mora o Rei Eetes, uma mulher que se apaixonará loucamente por ele e que o ajudará a conquistar o velo e, sem ela, nada será feito (trata-se evidentemente de Medeia, mas Jasão não sabe ainda).

O palácio de Eetes é suntuoso, grandioso – pois o velo traz prosperidade ao país a partir do momento em que foi pendurado na árvore e vigiado pela serpente alada. Jasão pede uma audiência ao rei, que o recebe e, de imediato, explica-lhe o motivo de sua visita. O rei está estupefato, na verdade enfurecido, mas se contém: não pode matar o rapaz sob seu teto, as regras da hospitalidade o proíbem. Então, para se livrar dele, faz como Pélias, ou seja, lança a Jasão um desafio que acredita ser mortal. Ele terá de enfrentar três provações impossíveis. Antes que o rei as aponte, a atenção de Jasão é atraída para um jovem de olhos verdes e para uma moça ao lado do rei. Ela é incrivelmente bela, mas seu olhar é inquietante. O jovem é filho do rei, seu nome é Absirto, e a jovem, com certeza já adivinharam, é Medeia, filha de Eetes e, como já disse, sua tia (irmã do rei) não é outra senão a feiticeira Circe, aquela que tenta seduzir Ulisses em outra viagem. Os olhos de Jasão e de Medeia se cruzam e ele compreende que o oráculo da proa acaba de se tornar realidade: essa mulher está apaixonada por ele e, no mais, ele também cai sob seu encanto. É ela, com certeza, quem irá ajudá-lo...

Segundo outras fontes, dizem que Medeia, que vai trair o pai ajudando Jasão nas provações que o aguardam, o detestava há muito tempo por causa do destino que ele reservava geralmente aos estrangeiros: preocupado em proteger seu amuleto da sorte, ele adquirira o mau hábito de condená-los à morte assim que chegavam à Cólquida, e Medeia o recriminava por isso. Diante da animosidade demonstrada por sua filha, ele a jogara na prisão, uma cela da qual ela teria escapado sem grande dificuldade graças aos seus talentos de feiticeira no mesmo dia em que encontrou Jasão. Dizem também que ela teria se apaixonado loucamente por ele em razão das obras de Afrodite, que teria assim ajudado Hera a realizar sua vingança contra Pélias...

Aqui está, em todo caso, como Ovídio, que foi em seu tempo não apenas o mitógrafo que conhecemos, mas também um dos maiores conhecedores da vida amorosa, descreveu os sentimentos de Medeia quando ela percebe Jasão pela primeira vez. Como verão, tudo sugere que Medeia está realmente sob a influência de um deus:

> Um fogo violento se acende no coração da filha de Eetes. Ela luta por muito tempo, mas a razão não pode triunfar sobre seu delírio: "É em vão que você resiste, Medeia", diz a si mesma. Um deus, não sei qual, se opõe aos seus esforços. Eu ficaria surpresa se não fosse (ou pelo menos algo parecido) o que chamam de amor. Por que, com efeito, as ordens de meu pai me parecem demasiado duras? Sim, realmente elas são demasiado duras. Esse rapaz, acabei de vê-lo pela primeira vez, de onde vem que já temo por sua vida? Qual é a causa de tão grande temor? Afugenta de seu coração virginal esta chama que a devora, infeliz, se ao menos puder! Se eu pudesse,

estaria curada, mas, apesar de mim, uma força desconhecida me oprime. A paixão me dá um conselho, a razão, outro. Vejo o bem, eu o aprovo, e é o mal que me arrasta. Por que, filha de um rei, você arde assim por um estranho e pensa em tê-lo como esposo em outro universo? Sua própria pátria poderia oferecer-lhe um objeto digno de seu amor. Que esse rapaz viva ou morra é problema dos deuses. Mas não, quero que ele viva! Aliás, posso muito bem lhes oferecer essa prece mesmo sem amor. Qual foi com efeito o crime de Jasão? Quem então, a não ser um bárbaro, não se comoveria a seu favor, com sua idade, com seu nascimento, com sua coragem? Quem, na ausência de todo o resto, não seria sensível à sua beleza? Meu próprio coração, pelo menos, é sensível a ela, e se não o ajudar, ele perecerá sob o bafejo dos touros, ou então será exposto aos golpes dos inimigos semeados por sua mão e gerados pela terra, ou então será entregue como presa, como um animal selvagem, à avidez do dragão"...

Desse modo, Medeia evoca as três provações mortais que aguardam o eleito do seu coração. Com efeito, o rei acaba de retomar a palavra para apresentar os três desafios que Jasão terá de enfrentar se quiser retornar com o Velo de Ouro.

Primeiro, será preciso domar e atrelar dois touros furiosos, touros realmente bastante monstruosos que foram oferecidos ao rei por Hefesto em pessoa (o deus dos ferreiros e do fogo): suas narinas vomitam um fogo escaldante, seus chifres e seus cascos são feitos de metal que inflige terríveis ferimentos a quem deles se aproxima...

Segunda provação: se Jasão conseguir controlar e domar os monstros, também terá de fazê-los puxar uma charrua, uma relha para cavar sulcos nos quais ele terá de semear grãos bastante curiosos: na verdade, são dentes arrancados de um dragão também oferecido por um deus, o belicoso Ares, deus da guerra. Assim que um desses dentes é semeado, não é uma planta que sai da terra, mas um guerreiro armado, de força e violência espantosas, três vezes a altura de um humano. Crescerão quatrocentos e Jasão terá de matar todos eles! Ao pronunciar essas palavras, Eetes tem um sorriso maligno. Ele evidentemente acha que é totalmente impossível de cumprir esse desafio.

Mas vamos admitir que Jasão consiga, o que leva mais uma vez o rei a gargalhar, ele ainda terá de encontrar numa imensa floresta o lugar exato onde o velo está pendurado numa árvore. Ora, ninguém além do rei conhece essa localização e, além disso, a árvore, como vimos, é guardada por uma serpente alada que cospe fogo, um dragão que nunca dorme.

Último esclarecimento: as três provações deverão ser concluídas no mesmo dia, entre o nascer e o pôr do sol!

Tendo assim falado, o rei ri dissimuladamente – mas não Jasão que se pergunta se desta vez ele não está em maus lençóis.

Ele retorna ao barco para consultar seus companheiros e para que reflitam juntos. Eles discutem em torno de um copo (uma cratera), os argonautas se oferecem para ajudar Jasão, todos são voluntários, é claro, mas o rei deixou claro: só Jasão deve enfrentar os três desafios e tudo em apenas um único dia! Ninguém, para dizer a verdade, vislumbra a menor saída. Todos finalmente vão dormir esperando que a noite seja boa conselheira. Jasão está sozinho em sua cabine, muito triste e preocupado, quando alguém bate em sua janela. Ele a abre e, para sua grande surpresa, vê dois sublimes olhos verdes brilhando na noite... E depois todo o corpo de Medeia: ela é ainda mais deslumbrante e inquietante, o arquétipo da mulher fatal. Ela pega-lhe o queixo, olha-o nos olhos, diz que se ele a ama, ela o ajudará. Jasão está paralisado, hipnotizado, ela o toma nos braços, eles se beijam por um longo tempo, o destino deles está selado...

Então ela mostra um pequeno frasco e anuncia a Jasão que ele contém um unguento que o protegerá não só do fogo e de todos os ferimentos dos touros como também dos soldados. Contudo, resta um problema: mesmo que ele não seja ferido, são quatrocentos soldados! Como matar todos eles? Fácil, Medeia lhe diz: eles são fortes, mas muito estúpidos. Basta jogar uma pedra no meio deles e vão começar a lutar e depois a se entrematar. E o velo? Como encontrá-lo? E o dragão, como matá-lo? Medeia diz-lhe calmamente, muito segura de si, que se encarrega desse assunto, que tratarão disso mais tarde, que ele comece cumprindo as duas primeiras provas. Pede-lhe mais uma coisa antes de partir em seu barco que bate suavemente contra o casco do Argo: que ele se case com ela e a leve para a Grécia com ele assim que o velo estiver em sua posse. Jasão, claro, responde que será uma honra e uma alegria para ele. Mas no fundo, podemos ver que ele ainda está um pouco preocupado com a potência e a magia dessa mulher tão bonita quanto estranha...

Pegar o touro pelos chifres, aniquilar os gigantes e matar o dragão

Prontos para o duelo! A multidão se aglomera em torno de um grande terreno retangular, cercado por barreiras, onde dois touros monstruosos se agitam como loucos. O rei está instalado sobre um promontório, numa espécie de anfiteatro, para assistir à cena cercado por seu filho e por sua filha que estão ao seu lado. Jasão entra na arena. A multidão grita. Os touros se atiram sobre ele e quando o fogo de suas narinas o envolve, ele não sente nada e sai ileso para grande espanto do populacho que não acredita no que vê. Ele até reaparece segurando cada um dos touros por um chifre, sente no corpo uma força desconhecida, sobre-humana, que lhe permite torcer o pescoço dos monstros que se ajoelham no chão. A multidão agora grita de entusiasmo, subjugada pelo espetáculo. Jasão pede que lhe tragam a canga e os dois animais, dominados, se deixam atrelar como dóceis pôneis de circo...

A segunda prova pode começar. Jasão traça então belos sulcos bem retos. Depois semeia os grãos que o rei lhe deu, são os dentes do dragão, e, novos gritos da multidão, imensos soldados todos armados com uma lança, com uma espada, com um escudo e com perneiras saem da terra. Em segundos, quatrocentos guerreiros aterrorizantes se erguem diante dele. Eles são três vezes mais altos do que Jasão e, para falar a verdade, suas cabeças assustam as criancinhas... Jasão começa a combatê-los, mesmo sem se ferir, ele é rapidamente cercado. É então que avista ao lado uma pedra bastante pesada. Ele a agarra e a lança gritando no meio dos homens armados. Estes se voltam como robôs, depois se jogam como feras selvagens sobre a coitada da pedra... e começam, como esperado, a se matar uns aos outros! Estamos assistindo a uma verdadeira guerra civil, a um verdadeiro massacre. Jasão passa por trás e tranquilamente acaba com eles, um a um. Não é muito glorioso, mas é o que ele pode fazer...

Furioso, aborrecido, envergonhado, e já um pouco preocupado, o rei declara Jasão vencedor, mas com um sorriso cruel, anuncia-lhe que ainda precisa encontrar o velo e derrotar o dragão que o guarda. E acrescenta: "Boa sorte, meu jovem amigo!", depois vira as costas para Jasão e retorna ao palácio.

Nosso jovem herói está novamente perdido. Mas alguém pega-lhe na mão no meio da multidão, enquanto ele tenta sair do local do espetáculo, e o arrasta para fora do campo. Rápido, você tem de encontrar o velo antes do anoitecer. E, claro, Medeia sabe onde ele está. Os dois jovens estão agora no meio de uma floresta de carvalhos. Eles avançam lentamente, depois chegam a uma vasta clareira. Vemos um grande carvalho, depois um galho onde o velo brilha intensamente. Mas na frente está a gigantesca serpente alada. Ela parece aterrorizante e bem-acordada! Medeia começa a cantar, com uma voz rouca, sempre tão sedutora quanto inquietante. A serpente começa a balançar suavemente a cabeça ao ritmo da música, depois adormece. Jason saca sua espada e lhe corta a cabeça, e então simplesmente se apodera do velo.

O retorno a Iolcos com Medeia

A fuga da Cólquida, com Medeia: as sereias, Caríbdis e Cila, Talos, o gigante de ferro

"Rápido, rápido", diz-lhe Medeia, "vamos para o barco, porque meu pai vai nos perseguir".

E, de fato, durante esse tempo, Eetes, que não compreende o que aconteceu, mas que supõe um ardil, um truque de magia, está determinado a não deixar Jasão partir com seu tesouro. Eetes pediu ao filho, Absirto, que com seu exército cercasse o navio de Jasão a fim de lhe cortar o caminho e de interceptá-lo, caso conseguisse vencer as três provações. Mas o jovem Absirto é fraco, sob o controle de sua irmã, que o convence, sem grande dificuldade, não apenas a deixá-los passar, mas a partir com eles a bordo do Argo. Eles irão juntos para a Grécia e lá ele terá uma boa vida, longe do pai tirano! Absirto, para sua desgraça, trai o pai e segue a irmã no Argo, que imediatamente levanta âncora. Assim que Eetes compreende que foi traído, manda preparar um barco e sai em busca dos fugitivos. Seu barco, mais ligeiro, está ganhando terreno, aproximando-se pouco a pouco do Argo. Jasão está mais uma vez inquieto. Medeia então lhe pede, com uma desculpa qualquer, que lhe empreste sua espada, ela tem algo para cortar, diz. Jasão, sem prestar muita atenção, entrega-lhe a espada. Medeia desce ao porão com seu irmão. Ela logo sai dali coberta de sangue, com um braço ensanguentado na mão, que ela joga na água. Então desce novamente e traz de volta uma perna, depois a cabeça do irmão. A cada vez, ela joga um dos pedaços do infeliz na água, são dez ao todo. Jasão fica horrorizado, os argonautas também assistem apavorados ao espetáculo terrível que dura bastante tempo, sem dizer uma palavra. O barco de Eetes para. O pai compreendeu o ardil da filha. Se quiser prestar as honras fúnebres com dignidade ao filho, ele deve recuperar todos os pedaços, caso contrário Absirto não poderá encontrar descanso, atravessar com Caronte o rio dos infernos. Portanto, o ardil de Medeia deu certo. O barco do rei desaparece da vista dos argonautas, que regressam tranquilamente à Grécia. Uma única parada bastante especial no caminho de volta: eles lançam âncora perto da Ilha de Circe, a feiticeira e tia de Medeia, para serem purificados e perdoados pelos deuses pelo crime atroz que Medeia cometeu.

No entanto, ainda há três obstáculos a superar antes de chegar a Iolcos:

Primeiro, o Argo cruza um grupo de sereias, pássaros com cabeça de mulher que têm um canto tão encantador que atrai irresistivelmente os marinheiros para os recifes onde eles se afogam. A única maneira de escapar é encobrir seu canto, tarefa à qual se dedica Orfeu, cuja lira é tão divina que até faz as pedras chorarem! As sereias são derrotadas com suas próprias armas e, é a regra, quando não conseguem vencer os marinheiros, são elas que perecem: caem na água e se afogam.

Segunda prova: o barco de Jasão deve passar entre dois monstros pavorosos, Caríbdis e Cila. O primeiro é um enorme redemoinho que engole tudo o que está ao seu alcance, incluindo barco e tripulação. Caríbdis é filha de Gaia, a terra, e de Posêidon. Quando por milagre se consegue evitá-la, inevitavelmente se cai em Cila – daí a expressão "cair de Caríbdis em Cila", que significa ir de mal a pior, pois Cila é, com efeito, ainda pior do que sua sinistra colega: é um monstro que tem seis hediondas cabeças de cães e cuja cintura é cercada por uma multidão de cabeças de cães furiosos que devoram tudo o que passa por perto.

Graças à proteção de Hera, o Argo e seus marinheiros deslizam entre as armadilhas e escapam por pouco dos dois monstros, depois desembarcam na Ilha de Esquéria, cujo rei se chama Alcínoo. É o mesmo rei dos feácios que já encontramos na *Odisseia* e que tão gentilmente ajudou Ulisses a voltar para casa. Ali, os argonautas descobrem horrorizados que o Rei Eetes chegou bem antes deles, seu barco já está ancorado no porto da ilha e ele é hóspede de Alcínoo, que acredita que Jasão roubou o velo – enquanto na verdade venceu após grandes esforços. Jasão vai ver Alcínoo para se explicar. Diz ao rei que venceu as provações que o rei da Cólquida lhe impôs e que não roubou nada. Resta o terrível crime de Medeia. Para que ela possa escapar da ira de seu pai, Alcínoo decide, a conselho de sua esposa Arete, casá-la com Jasão para que Eetes não tenha mais nenhum direito sobre ela. Magnífica cerimônia em que Medeia e Jasão juram amor e fidelidade para toda a vida... Uma vez celebrado o casamento, o Rei Eetes não pode fazer mais nada e os dois cônjuges repartem a bordo do Argo. Mas depois de alguns dias, é preciso mais uma vez acostar para encontrar água e víveres. É urgente porque os porões estão vazios.

Terceiro e último obstáculo a superar! Uma ilha é novamente avistada, é Creta, e os marinheiros estão muito felizes... só que ao se aproximarem veem um gigante de aço com pelo menos dez metros de altura e que lhes atira enormes rochas para impedi-los de se aproximar! A ilha pertence ao Rei Minos (cujo touro gerou com sua esposa, Pasífae, outro monstro, o Minotauro que Teseu derrotou no labirinto). A ilha é guardada por esse gigante que se chama Talos e que foi oferecido a Minos pelo deus dos ferreiros, Hefesto. Ele parece invencível, mas Medeia vê uma caverna, na verdade uma das muitas entradas para o inferno guardado por Hades, deus dos mortos. Ela invoca Hades e cães assustadores saem da caverna e atacam o gigante, que foge, prende o pé entre duas rochas e se fere: pelo ferimento, é seu ponto fraco, flui um líquido escuro. É seu sangue, seu fluido vital, de modo que depois de alguns minutos o gigante morre.

O retorno a Iolcos: a morte de Pélias

Jasão chega triunfante ao palácio de Pélias e lhe entrega o velo. O usurpador perdeu todo seu orgulho. Está muito velho, trêmulo, não acredita em mais nada, nem quer mais o velo... Quanto a Jasão, ele reencontra seu pai, Esão, e percebe que o poder não o interessa (o que importa é o caminho, não o resultado, as aventuras pelas quais passou, não o objetivo em si). Na verdade, todos estão pouco se lixando para o velo ou mesmo para o trono. Esão, como seu irmão Pélias, também está muito velho e entediado com tudo. Sente que vai morrer, mas Medeia restaura sua juventude graças a uma de suas poções mágicas. Vendo esse sortilégio, as filhas de Pélias pedem à feiticeira que faça o mesmo pelo pai. Medeia cometerá novamente um crime atroz.

Ela promete às filhas do velho Rei Pélias rejuvenescer o pai e mostra-lhes como fazê-lo: pega um carneiro velho, degola-o, corta-o em pedaços e mergulha-o numa enorme panela de água fervente. Joga ervas mágicas nele e, depois de alguns minutos, tira um lindo cordeirinho da panela. As filhas de Pélias estão entusiasmadas. Medeia lhes diz para fazerem o mesmo com o pai, que elas degolam, cortam em pedaços, jogam na água fervente... só que Medeia deu-lhes apenas simples ervas de cozinha, de modo que Pélias simplesmente morre de uma maneira atroz.

Aqui está, a título de ilustração, a maneira como Ovídio, sempre ávido por atrocidades, relatou em suas *Metamorfoses* o rejuvenescimento de Esão e a morte de Pélias:

Depois de ter preparado uma poção mágica usando todos os tipos de ingredientes mais ou menos estranhos...

> Medeia tira uma espada de sua bainha. Abre a garganta do idoso (de Esão), deixa escorrer seu sangue velho e o substitui pelos sucos que ela preparou. Nem bem Esão os absorveu pela boca ou pelo ferimento que a barba e o cabelo brancos voltam a ser pretos. Sua magreza desaparece, a palidez e o emurchecimento de seu rosto somem. Uma substância nova preenche a cavidade de suas rugas e seus membros recuperam todo o vigor. Esão fica espantado: encontra-se como estava há quarenta anos... Então, a feiticeira do Fase simula um falso ódio pelo marido e refugia-se, suplicante, na casa de Pélias. Como ele próprio estava acabrunhado com a velhice, são suas filhas que a recebem. Não tarda para que a astuta colquidiana as seduza sob a aparência de uma amizade fingida. Entre seus benfeitos, conta em primeiro lugar o de ter tirado Esão de sua decrepitude. Ela estende insistentemente esse assunto. Então as filhas de Pélias nutrem a esperança de que seu pai possa com um processo semelhante recuperar seu frescor. Pedem esse favor a Medeia... "Para que confiem na minha arte, diz ela, o carneiro mais velho do seu rebanho que anda à frente das suas ovelhas, graças às minhas poções, voltará a ser um cordeiro". Imediatamente trazem até ela um animal lanoso esgotado pelos incontáveis anos. Medeia vasculha sua garganta murcha com uma faca de Hemonia. O ferro mal se mancha com as poucas gotas de sangue. Ela então joga o corpo do animal num vaso de bronze junto com seus sucos com virtudes poderosas... E eis que do meio do vaso... um cordeiro salta e procura alegremente tetas prontas para alimentá-lo...

Diante desse prodígio, as filhas de Pélias ficam deslumbradas, encantadas, mais do que convencidas. Então, Medeia sugere que elas mesmas cortem o pai em pedaços:

"Agora, diz-lhes, por que vocês hesitam? Por que ficam imóveis? Saquem suas espadas e façam escorrer o sangue envelhecido para que eu possa introduzir um sangue jovem em suas veias esvaziadas. Vocês têm em suas mãos a vida e a idade de seu pai. Se têm alguma piedade filial em seu coração... ajudem seu pai! Afugentem a velhice pela força das armas, mergulhem o ferro no peito dele para tirar o sangue corrompido." Levada por essas exortações, a mais sensível à piedade é a primeira a se tornar ímpia e, para não ser criminosa, ela comete um crime.

As moças dedicam-se à tarefa com ardor. Mergulham suas espadas no corpo de Pélias enquanto Medeia prepara um grande caldeirão de água fervente. Pélias não compreende o que está acontecendo com ele: "O que estão fazendo, minhas filhas? diz-lhes. Por que atentam contra a vida de seu pai? Seus corações e suas mãos falham ao mesmo tempo. Ele estava prestes a dizer algo mais quando Medeia interrompe suas palavras cortando-lhe a garganta e jogando os membros dilacerados na água fervente".

Perdeu, Pélias.

Finalmente, é o filho, Acasto, que tomará o lugar do pai. Nem Esão nem Jasão estão mais interessados no assunto. Os argonautas organizam um gigantesco sacrifício para honrar Posêidon. Afinal, o deus do mar foi relativamente clemente com eles e, como oferenda, mandam queimar o Argo. Para agradecê-los, Posêidon transforma o navio numa constelação de estrelas... Acasto, o novo rei, entra no grande salão do palácio, ele tropeça numa espécie de tapete fosco, uma espécie de pano de chão mofado: é o Velo de Ouro que perdeu seu brilho, um objeto ordinário que ninguém mais quer. Quanto a Jasão e Medeia, eles partem para Corinto onde vão viver juntos, ter filhos e, depois desses dez anos de felicidade, conhecer muitas outras aventuras, algumas das quais serão terríveis...

No início, tudo vai bem para os recém-casados. Após a morte de Pélias, Jasão e Medeia devem deixar Iolcos e se refugiar em Corinto. Ali, eles vivem felizes por alguns anos, com os filhos nascidos de seus amores. Mas, como às vezes acontece nos casamentos, Jasão se cansa de Medeia e cobiça a bela

Glauce, uma das filhas do Rei Creonte. Mortificada com essa traição – Jasão não havia jurado que ficaria ao lado dela para sempre? –, Medeia decide se vingar. Envia à sua rival um deslumbrante vestido no qual ela cuidadosamente espalhou um unguento maléfico, semelhante ao usado na túnica de Héracles. A infeliz Glauce se incendeia assim que coloca o vestido! Começa a arder viva, se consome e Creonte, seu pai, que tenta salvá-la, começa a arder com ela. Logo, todo o palácio real pega fogo e é impossível controlar o incêndio, de modo que toda a família vira fumaça.

Mas Medeia não está satisfeita com esse primeiro resultado. É preciso mais para satisfazer sua vingança. Ela agarra os três filhos que teve com Jasão e lhes corta a garganta no templo de Hera antes de fugir num carro celeste, atrelado a cavalos alados dados por Hélio, deus do sol, seu avô. Ela vai para Atenas, onde se casa com Egeu, rei da cidade, iludindo-o com a promessa de lhe dar um filho. É ali que ela tentará matar Teseu, como vimos no capítulo anterior. Uma vez expulsa de Atenas após sua tentativa fracassada de assassinato, ela foge com seu filho, Medo, que dará seu nome ao povo dos medos. De acordo com algumas lendas, ela mais tarde retornou à Cólquida, onde Perseu havia tomado o lugar de seu pai, Eetes, para se reconciliar com ele e lhe devolver o trono. Onde vemos que, como sempre, as variantes são numerosas e contraditórias.

Quanto a Jasão, diante de todo esse desastre, ele decide retornar a Iolcos e reconquistar o trono agora ocupado por Acasto, filho de Pélias. Com a ajuda dos dióscuros, ele retorna à sua cidade, massacra todos os que se opõem ao seu retorno, expulsa Acasto do trono e retoma seu lugar para reinar sobre Iolcos até sua morte.

Justiça feita, Jasão está finalmente em seu lugar.

12
DIONISO, DEUS DA FESTA
A loucura no coração do Olimpo

Preâmbulo

Colocar-se, como Ulisses, em harmonia com a harmonia do mundo: ao longo dessas lições, vimos em que sentidos múltiplos e complexos essa injunção fundamental poderia servir para definir o sentido da vida tal qual os grandes mitos gregos nos convidam a pensar.

Com a tragédia de Édipo, veremos, porém, que nem sempre tudo está bem no cosmos. Às vezes há disfunções no sistema da harmonia cósmica, grãos de areia que podem afetá-lo, causar-lhe problemas e, no mínimo, revelar-se a nós, humanos, como trágicos.

Com Dioniso, o deus da festa, da natureza selvagem, da loucura e da embriaguez, vamos justamente começar a abrir a reflexão sobre o que poderíamos designar de uma maneira geral como a "alteridade", como o "Outro" do cosmos e da harmonia. Pois a grandeza dos mitos gregos não reside apenas na descrição sublime dos esplendores do universo. Ela também se deve a esse esforço quase desesperado para integrar o que é diferente dessa bela organização num esquema de pensamento dominante que privilegia, no entanto, a harmonia antes de qualquer outra coisa. É um fato: a cosmologia enfatiza a ordem e a justiça, o acordo e a identidade. Mas ela não é menos sensível ao que também constitui o confuso atrativo do caos, da diferença, da loucura que vem, na festa e na embriaguez, romper a monotonia dos trabalhos e dos dias, em suma, a tudo o que, à primeira vista, se refere a algo diferente da sabedoria. Se nos colocarmos desse ponto de vista, o que parece realmente admirável nas construções mitológicas é que elas tiveram a inacreditável audácia de satisfazer esse aspecto das coisas, de levá-lo em conta de maneira explícita ao encarná-lo num personagem: o de Dioniso, cuja estranha personalidade vamos descobrir. Digamos logo: era preciso uma singular audácia para fazer de um ser tão pouco frequentável um olímpio, para integrá-lo de maneira tão brilhante e assumida nas profundezas do sistema cosmológico.

Dioniso, a alteridade no coração do cosmos

O singular nascimento de Dioniso

Pois não basta dizer que Dioniso é difícil de digerir.

Em primeiro lugar, a pluralidade de seus nomes, ou pelo menos dos epítetos que o acompanham (e que são chamados na linguagem erudita de "epicleses"), é única no panteão grego. Ela já funciona como um indício de sua singularidade, da diversidade dos rostos desse ser múltiplo e impenetrável que é Dioniso, Baco, Liber Pater, Iaco, mas também Brômio, o vibrante, Lieu, aquele que nos faz esquecer nossas preocupações (graças ao vinho em particular), Evoé ou Elelé (grito de reunião das bacantes que formam sua comitiva, seu cortejo, em linguagem erudita: seu "tíaso"), Leneu (gênio da prensa), Nitélio (deus dos mistérios da noite), ou mesmo Ditirambo (aquele ao qual se dirigem os ditirambos): nenhum deus do Olimpo exibe tal coleção de nomes, como se a multiplicidade de suas facetas se refletisse na de seu estado civil.

Mas é também a singularidade de seu nascimento que o torna um ser muito diferente dos outros olímpios, um ser duplo desde a origem, meio-divino, meio-humano. Note-se que sua mãe, Sêmele, uma mortal, é uma das quatro filhas de Cadmo e de Harmonia, Cadmo, fundador de Tebas, cidade onde a peça de Eurípides, *As bacantes*, vai ser encenada. O próprio Cadmo é filho de Agenor, rei de Tiro, portanto, não um grego, mas um fenício, senhor de uma cidade hoje localizada no Líbano. O que significa dizer que Dioniso é de ascendência estrangeira, que ele é, digamos a palavra, o que o os gregos chamam de "mestiço".

Segundo várias fontes convergentes, foi Hera quem urdiu a armadilha que levará à morte atroz de Sêmele e, ao mesmo tempo, ao surpreendente nascimento de Dioniso, seu filho. Tal como acontece com Héracles, que ela persegue com seu ódio, infligindo-lhe os doze trabalhos na tentativa de levá-lo à morte, Hera fica louca de ciúmes ao saber das infidelidades de seu marido. Em suas *Metamorfoses* (mas a história já é conhecida e atestada na Grécia arcaica), Ovídio conta como as formas arredondadas de Sêmele parecem um insulto insuportável à esposa de Zeus, uma afronta que lança seu infortúnio na cara de todo mundo (é Hera que diz a si mesma na seguinte passagem): "Ela vai dar à luz. Essa vergonha era só o que me faltava! Suas ancas pesadas revelam seu erro aos olhos de todos e ela quer de Júpiter apenas a honra de ser mãe, quando eu mesma mal a desfrutei, confia tanto assim em sua beleza? Bem que eu poderia transformar essa beleza em sua ruína. Não, não sou filha de Saturno se seu Júpiter não a precipitar nas águas do Estige", isto é, nos infernos.

Hera decide então, para se vingar da deslumbrante Sêmele (deslumbrante porque é filha de Harmonia que tem a quem puxar: é filha de Ares e de Afrodite), incitá-la a exigir que Zeus se mostre a ela sob sua verdadeira forma, não sob sua forma humana, mas em todo seu esplendor divino. Hera sabe muito bem que a jovem mortal não resistirá nem um minuto ao esplendor do senhor do Olimpo e que perecerá queimada viva. Para ser crível, a rainha dos deuses, que detém esse poder, se transforma numa velha criada em quem Sêmele confia.

Vejamos novamente o relato de Ovídio: ele desvela toda a perfídia de Hera que usa um tom muito gentil para persuadir sua infeliz rival de que ela deve absolutamente verificar a identidade de seu amante:

> Hera assume a aparência de uma velha, cobre as têmporas de cabelos brancos, enruga a pele e, curvando os membros, avança com passos trêmulos. Além disso, adota a voz de uma mulher idosa: era o retrato fiel de Beroé de Epidauro, a babá de Sêmele. Depois de longos e capciosos discursos ela conduziu a conversa ao nome de Júpiter, ela suspira, depois: "Desejo", ela diz, "que seja realmente Júpiter, mas eu temo tudo: quantos mortais têm, sob o nome dos deuses, penetrado nas castas camadas. Além disso, não basta que ele seja Júpiter, ele também deve lhe dar uma prova de seu amor. Se é realmente ele, exija que a grandeza e a glória de que está cercado, quando a altiva Juno o recebe em seu seio, se manifestem também quando ele se aninha em seus braços. Que ele comece, portanto, vestindo o aparato de seu poder!"

Quando a ingênua Sêmele, convencida pelas palavras de sua falsa babá, dirige-lhe seu pedido, Zeus faz tudo o que pode para se livrar dessa súplica, mas nada consegue, Sêmele está intratável. Então ele se despoja o máximo possível de suas armas resplandecentes, mas, mesmo sob essa forma atenuada, o esplendor do astro divino é insuportável para os meros mortais:

> Na medida do possível, ele tenta enfraquecer sua força. Ele não se arma, desta vez, com os raios com os quais abateu Tifão das cem mãos, eles são terríveis demais! Existe outro raio, mais leve, ao qual os ciclopes misturaram menos violência, menos chama e raiva: os deuses o chamam raio de segunda ordem. Ele o pega e entra na residência de Agenor. O corpo de uma mortal não pôde suportar o estrondo que sacudia o ar, ela foi consumida pelos presentes de seu amante. A criança, que ainda não atingira a maturidade, é arrancada do ventre de sua mãe e, ainda muito frágil, é costurada (se é permitido acreditar) na coxa de seu pai onde completa o tempo que deveria passar nas ancas maternas. Ino, irmã de sua mãe, envolveu em segredo seu berço com os primeiros cuidados. Então ela o confiou às ninfas de Nisa que o esconderam em suas cavernas e o alimentaram com leite.

Razão pela qual, como dizem às vezes, o nome do deus nascido da coxa de Júpiter é Dioniso, deus de Nisa...

Físico, viagens e metamorfoses de Dioniso o "Diferente": mestiço, mulher, cabrito, andarilho, folião e louco

Saído da coxa de um homem e não do ventre de uma mulher, Dioniso é, portanto, desde o nascimento um ser à parte. Além disso, aquele que pelas razões que acabamos de ver é chamado o "nascido duas vezes" é de fato o único entre os olímpios que primeiro veio de uma mulher mortal, e num segundo momento veio de um deus. Isso já sugere que ele carrega dentro de si uma parte de alteridade, uma diferença fundamental, uma espécie de imperfeição. E não é só isso: dizem que ele tem algo de oriental, que não parece um grego de "boa estirpe", que parece um estrangeiro. Ele tem algo de asiático, de oriental. Aliás, ele vem de Lídia, com seus olhos amendoados e sua tez "acobreada", que Eurípides gosta de enfatizar em *As bacantes* durante uma descrição física bastante incomum nas tragédias gregas. Penteu, o jovem rei de Tebas, queixa-se de Dioniso, seu primo-irmão, que enlouqueceu as mulheres da cidade.

Elas se juntaram ao seu cortejo (seu "tíaso"), elas emitem um grito demente, o Evoé, sinal de reunião das bacantes que costumam formar sua comitiva. Penteu ordenou que fossem presas e jogadas na prisão. Algumas, com efeito, estão em suas celas, mas a maioria ainda assim continua festejando na montanha próxima da cidade, e entre as mênades (outro nome para as bacantes que seguem o deus), encontramos até mesmo Agave, mãe de Penteu, assim como suas irmãs, Autônoe e Ino, irmãs também de Sêmele, portanto tias de Dioniso, que também são levadas pelos transes mais delirantes. No meio dessa orgia que literalmente revolta Penteu, vemos um estrangeiro (Dioniso), de cuja ascendência divina o jovem rei duvida (erroneamente e pagará caro por isso). Além disso, ele nos dá uma descrição bastante singular mas preciosa:

> Foi longe, pois estava ausente deste país, que soube do recente flagelo que se abateu sobre nossa cidade, como nossas mulheres, abandonando suas casas, fugiram para os pretensos mistérios e, permanecendo na floresta sombria, exaltam com suas danças seu novo deus, Dioniso – ele é assim chamado. Crateras cheias de vinho, dizem, erguem-se entre seus tíasos. Por todos os lados, as mulheres vão se agachar, oferecendo-se ao bom prazer dos machos. Estes são, afirmam, os ritos das mênades, mas, antes de Baco, celebram Afrodite! Apanhei várias delas que, com as mãos bem amarradas, estão detidas pelas minhas gentes na prisão pública. Vou pegar o resto nas montanhas. Em minhas redes de ferro as manterei cativas, Ino e Agave, minha mãe, esposa de Equião, assim como Autônoe, mãe de Acteão. Vou acabar com esses delírios criminosos. Dizem que um estrangeiro, introduzindo-se aqui, um mago, um encantador vindo da Lídia, com cabelos perfumados, espalhados em mechas loiras, tez acobreada e olhos cheios do encanto de Afrodite, mistura-se dia e noite à sua multidão. Às nossas virgens, ele oferece o Evoé e as iniciações! Deixe-me mantê-lo aqui, sob meu teto, e eu farei com que desaprenda a golpear o chão com seu tirso e a deixar seus longos cabelos flutuarem ao vento cortando-lhe o pescoço (o tirso é o símbolo de Dioniso, seu cetro, uma espécie de lança cercada de hera e encimada por uma pinha. Quando o deus ou suas mênades o batem no chão, vemos jorrar leite, mel ou vinho. Mas quando os soldados de Penteu querem capturar as mulheres, o tirso torna-se uma arma mágica, temível, que ninguém tem interesse em enfrentar sob pena de morte brutal). É ele que vai dizendo: "Dioniso é deus"! Já foi costurado na coxa de Zeus. Ora, ele foi consumido no ventre de sua mãe pelo fogo fulgurante, pois ela mentira afirmando ser a esposa de Zeus (de fato, como vimos,

> Sêmele não mentiu. São Penteu e suas irmãs que recusam a verdade, e é justamente por isso que, na peça de Eurípides, Dioniso vai a Tebas para castigar os incrédulos e lavar a honra de sua mãe). Que audácia! Não merece a forca, quem quer que seja, esse intruso que assim me insulta e me desafia?

Onde vemos o quanto a alteridade de Dioniso continua a se aprofundar. Não só é evidente que ele vem de outro lugar, do leste da Lídia, com sua tez acobreada; não só ele pretende ser um deus apesar de ter nascido de uma mulher mortal, como além do mais é um ser misto, meio-feminino, meio-viril, com seus longos cabelos e seus cachos loiros que caem sobre seus ombros como os de um uma mulher, e isso num mundo que no espaço público valoriza apenas os homens. Há que se dizer que, de acordo com as tradições convergentes, foi desde a mais tenra infância que o disfarçaram de menina para salvá-lo da fúria de Hera. Não contente por ter conseguido matar a mãe, ela gostaria, como no caso de Héracles, de eliminar também o filho. No início, foi para escapar da raiva de Hera que o Rei Atamas, a quem Hermes confiou o jovem deus, o fez adotar o disfarce de menina. Mas com o tempo, Dioniso começou a gostar de suas roupas femininas. Para se vingar, Hera vai enlouquecê-lo assim que descobrir o ardil. Além disso, não é só Dioniso que ela enlouquece, mas também seus pais adotivos, Atamas e Ino (aliás, é aqui que, segundo algumas versões, nasce o mito do Velo de Ouro, pois os filhos de Atamas procuram escapar da loucura do pai). Dioniso terá de fazer esforços de purificação quase sobre-humanos para sair dos delírios insensatos que a esposa de Zeus colocou em sua cabeça.

Eis como Apolodoro nos conta essas peregrinações do jovem Dioniso antes de seu retorno a Tebas, sua cidade natal, para realizar a vingança que Eurípides narra em *As bacantes*:

> Dioniso, depois de ter descoberto a videira, é enlouquecido por Hera. Ele vagueia pelo Egito e pela Síria. Primeiro, ele é acolhido por Proteu, rei do Egito, depois chega a Cibela, na Frígia e lá é purificado por Reia. Aprendeu com ela os ritos de iniciação, recebeu seu longo manto e correu em direção à Trácia para atacar os indianos. Licurgo, que reinava sobre os edonianos, povo estabelecido às margens do Rio Estrimão, foi o primeiro a ultrajá-lo e a expulsá-lo... (veremos mais adiante, ao evocar a morte atroz de Licurgo, o quanto custa se opor a Dioniso). Depois de ter percorrido a Trá-

cia e toda a Índia, país onde erigiu pilares (colunas que deveriam marcar o limite oriental do mundo), Dioniso foi para Tebas onde obrigou as mulheres a deixarem suas casas e a se entregarem, no Monte Citerão, aos transportes báquicos...

Para completar, acrescentemos ainda as dimensões de alteridade cada vez mais radicais que caracterizam nosso estranho olímpio que, para salvá-lo do ódio de sua esposa, Zeus já havia transformado, antes de Dioniso enlouquecer, num cabrito, antes de confiá-lo às ninfas de Nisa, o que, é preciso admitir, faz dele um ser cada vez mais singular. Seja como for, ele viaja muito, e é, como diz Apolodoro, durante essas várias andanças que ele acaba sendo purificado e curado de sua demência.

Em resumo: não só ele é filho de uma mortal, não só é feminino, louco, oriental, estrangeiro, viajante incansável, instigador de orgias em que as pessoas se entregam a todos os excessos como, ainda por cima, ele tem um passado de animal! É pouco dizer que *a priori* ele não tem muita coisa de um olímpio. Em contrapartida, ele tem tudo para desagradar quando passa, com seu séquito de sátiros, de bacantes e de silenos, com costumes inimagináveis, pelas cidades gregas dominadas por valores viris e marciais da ordem justa. Com seu cortejo de malucos de embriaguez desmedida, de sexualidade desenfreada, de sadismo insensato, é a *hybris* em todos os níveis! Mais uma vez: era realmente preciso uma singular audácia para incluir este olíbrio na lista canônica dos deuses mais legítimos. Pergunta, muito simples, pelo menos aparentemente, que teremos de nos fazer: por quê?

Mas vamos estudar um pouco mais a personalidade desse deus sem igual e ver sobretudo como ele pune aqueles que têm a audácia de ignorá-lo e de se opor a ele.

As vinganças de Dioniso: as mortes atrozes de Licurgo e de Penteu

O que talvez seja mais marcante no personagem de Dioniso, para além das características mais estranhas que já destacamos, é uma vontade sem falha, poderíamos dizer até mesmo feroz, de ser reconhecido e respeitado, mas também de impor seu rito em todo lugar que ele quiser. Qualquer um que se opuser a ele será punido, castigado com um refinamento sádico que ultrapassa às vezes o entendimento. Ora, é preciso compreender que as vinganças de

Dioniso nada têm de anedóticas. Pelo contrário, elas se inscrevem no coração de seu personagem, dão-lhe todo seu sentido dentro do panteão grego. Sem dúvida por ser diferente dos outros, por ser de alguma forma um marginal no Olimpo (e, além disso, nem sempre aparece nas listas canônicas dos olímpios), Dioniso quer ser reconhecido por aquilo que é em todos os lugares por onde passa: não apenas um filho de Zeus (e não é fácil negar sua ascendência divina), um deus maior, uma divindade que não está apenas fadada a um determinado setor de atividade, por exemplo Ártemis na caça ou Ares na guerra, mas que, ao contrário, está na origem de toda uma religião, de uma visão do mundo que, como nenhuma outra, pode trazer prazer, serenidade e felicidade a quem a ela adere.

Como Vernant bem compreendeu, Dioniso é:

> ...um deus que impõe aqui na terra sua presença imperiosa, exigente, invasora: um deus de "parúsia". Em todas as terras, em todas as cidades que decidiu fazer suas, ele vem, ele chega, ele está ali [...]. Ele quer ser visto como deus, se manifestar como deus aos mortais, se dar a conhecer, se revelar, ser conhecido, reconhecido, compreendido [...]. O estatuto religioso reivindicado por Dioniso não é o de uma divindade marginal, excêntrica, cujo culto estaria reservado a uma confraria de sectários conscientes e contentes com essa diferença, marcados por eles mesmos aos olhos de todos por essa alteridade diante da religião comum. Ele exige o reconhecimento oficial pela cidade de uma religião que, de certa forma, escapa à cidade e a ultrapassa. Ele pretende colocar no coração, no centro da vida pública, práticas que abertamente ou de forma alusiva comportam aspectos de excentricidade[24].

Daí, em Dioniso, como a outra face inseparável dessa vontade de reconhecimento, desse desejo de instalar a alteridade, não nas margens, mas no coração do espaço público, uma atitude inflexível, terrível, diante de tudo o que a ele se opõe.

Quando ele tenta entrar na Trácia, Licurgo, rei dessa região, comete um erro ao recebê-lo como um prefeito intolerante que não veria com bons olhos os ciganos invadirem sua cidade limpinha. Licurgo, como mais tarde Penteu, não quer esse cortejo insensato em sua casa: ele manda prender Dioniso e seu

---

24. VERNANT, J.-P. "Le Dionysos masqué des Bacchantes d'Euripide". In: *Mythe et Tragédie*, v. II. La Découverte, 1986.

grupo. Pagará caro: o deus, embora muito jovem, já é terrivelmente poderoso. Nenhuma das amarras que pretendem impedi-lo ou impedir as mênades de seu tíaso (as bacantes de seu cortejo) resiste a seus poderes mágicos. Uma vez solto, ele lança um feitiço sobre Licurgo, que, por sua vez, mergulha na loucura: ele acabará de maneira atroz, esquartejado por cavalos depois de ter massacrado o próprio filho e de ter cortado a própria perna num acesso de demência, como relata Apolodoro nesta passagem de sua *Biblioteca*:

> Licurgo foi enlouquecido por Dioniso. Em sua fúria, imaginando que cortava um tronco de videira, ele matou seu filho Drias a machadadas. Ele só recuperou a razão depois de se mutilar (na verdade, Licurgo cortou simplesmente sua própria perna). Como a terra permanecia estéril, o deus fez saber por um oráculo que ela só daria frutos se Licurgo fosse morto. Ao saber disso, os edonianos o levaram ao Monte Pangeia, amarraram-no e ali ele morreu, segundo a vontade de Dioniso, morto por cavalos (ou seja, esquartejado[25]).

Depois das diversas andanças já mencionadas, Dioniso finalmente retorna à sua cidade, Tebas, a cidade de sua mãe, Sêmele, que como vimos é filha de Cadmo e de Harmonia, soberanos e fundadores de Tebas. Sêmele tem, como também vimos, três irmãs, uma das quais, Agave, teve um filho, Penteu, que é, portanto, primo-irmão de Dioniso e neto de Cadmo. Este, velho demais para reinar ainda sobre a cidade que fundou, deixou o lugar ao jovem, de modo que Penteu agora é rei de Tebas. O pai de Penteu, personagem importante na história que se seguirá, é exatamente o contrário de Dioniso, esse viajante vagabundo: ele é um dos famosos "semeados", um dos *spartoi* nascidos dos dentes de um dragão morto por Cadmo no mesmo local onde fundou Tebas. Esse monstro, que pertencia a Ares, guardava uma nascente de água fresca da qual Cadmo precisava absolutamente para sustentar sua cidade. Ora, os dentes da besta, também sobrenaturais, tinham uma propriedade notável: quando semeados no solo, como grãos, um guerreiro de armadura saía imediatamente do solo. Cinco soldados aterrorizantes sairão assim do solo, cinco semeados, cinco "espartanos", incluindo Equião, pai de Penteu. Eles servirão para povoar a cidade de Tebas.

---

25. Como sempre, cito a bela tradução de J.-C. Carrière e B. Massonié, publicada pela Belles Lettres.

Equião é o mais famoso deles. Ele é o que em grego se chama um autêntico "autóctone", que etimologicamente significa "nascido da terra". Ele é, portanto, pelo menos deste ponto de vista, o contrário de Dioniso: não um exilado, mas um nativo, não um estrangeiro, mas um local, um produto da terra. Agave, sua esposa, sempre zombou de sua irmã Sêmele, mãe de Dioniso: ela nunca acreditou na história do Zeus fulminante, e muito menos na da "coxa de Júpiter", e espalha o rumor de que toda essa história é apenas uma fábula, uma impostura – o que desagrada enormemente Dioniso. Por duas razões: primeiro porque ele não gosta que sua mãe seja caluniada, depois porque isso equivale a negar sua relação de filiação com Zeus. Penteu e sua mãe pagarão caro, muito caro.

Como Vernant contou maravilhosamente bem essa história, não posso fazer melhor do que dar-lhe a palavra para expor pelo menos a cena inicial, a chegada de Dioniso a Tebas:

> Nessa cidade, que é como um modelo de uma cidade grega arcaica, Dioniso chega disfarçado. Ele não se apresenta como o deus Dioniso, mas como o sacerdote do deus. Sacerdote ambulante, vestido de mulher, seus longos cabelos caem sobre as costas, ele tem tudo de um mestiço oriental, com seus olhos escuros, com o ar sedutor, um bom falante... Tudo que pode exasperar o "semeado" do solo de Tebas, Penteu. Ambos têm quase a mesma idade. Penteu é um rei muito jovem e, da mesma forma, esse pretenso sacerdote é um deus muito jovem. Em torno desse sacerdote gravita todo um bando de mulheres jovens e mais velhas que são lídias, ou seja, mulheres do Oriente. O Oriente como tipo físico, como modo de ser. Nas ruas de Tebas, elas fazem barulho, sentam-se, comem e dormem ao ar livre. Penteu vê isso e se enfurece. O que esse bando de andarilhos está fazendo aqui? Ele quer expulsá-los[26]...

O que é evidente na descrição de Vernant, e por que a cito aqui, é o formidável contraste entre Dioniso e Penteu, o exilado e o homem da terra, o mestiço e o autóctone: percebemos logo que eles não podem se entender. Dioniso vai lhe pregar uma peça funesta, sua vingança será terrível. Eis o porquê.

---

26. *L'Univers, les dieux, les hommes*, p. 181.

Como lhes disse, desde seu nascimento, as irmãs de Sêmele, a começar por Agave, mãe do jovem rei, negam ferozmente que Dioniso seja filho de Zeus. Mas não se contentam com essa negação. Inventam uma história totalmente diferente. Afirmam que Sêmele não só mentiu, se gabou, mas que, se morreu queimada viva, foi precisamente porque Zeus a puniu por se vangloriar de ter sido sua amante. As razões para a vinda de Dioniso a Tebas são, portanto, três: primeiro, Tebas é "sua" cidade, a de sua mãe, aquela onde ele nasceu e pretende estar em sua casa, acolhido com as honras que lhe devem; depois, ele vem lavar a honra de sua mãe, reparar os ultrajes que Agave e suas outras irmãs lhe infligem; por fim, contra Penteu, que odeia literalmente seu cortejo tanto quanto seu culto, Dioniso pretende instalar sua religião excêntrica no coração da cidade, uma instalação semelhante àquela que é sua no coração do Olimpo. E para começar a exercer seu poder ali, ele enlouquece todas as burguesas da cidade, todas as mulheres "honestas", boas mães e esposas fiéis, não importando a idade delas. Ele as transforma em bacantes loucas furiosas. Eis como o próprio Dioniso explica seu comportamento já no prólogo da peça de Eurípides:

> Já nos países de onde venho dispus meus coros, instituí meus ritos para me manifestar aos homens como um deus. A primeira escolhida entre as cidades gregas é Tebas, que faço tremer com meus gritos... As irmãs de minha mãe, que mais do que ninguém deveriam ter me poupado desse insulto, afirmaram que eu, Dioniso, não era filho de Zeus, que Sêmele, seduzida por um amante mortal, atribuíra seu próprio erro a Zeus, um artifício inspirado por Cadmo. Em voz alta, proclamam que, se Zeus a fulminou, foi para puni-la por ter assim se vangloriado dos amores divinos. Por isso fiz com que todas saíssem de suas casas sob o incentivo de meu delírio. E eis que elas, com o espírito desvairado, habitam nas montanhas, constrangidas a um comportamento orgíaco. Além disso, toda a população feminina de Tebas, tudo o que a cidade tinha de mulheres, eu as expulsei de suas casas: dementes, aqui estão misturadas com as filhas de Cadmo, no meio das rochas e sob os pinheiros verdes. É preciso que esta cidade, apesar dela, compreenda que não foi iniciada em meus ritos báquicos, que vingo a honra de Sêmele, minha mãe, manifestando-me aos homens como o deus que ela gerou para Zeus!

Penteu imediatamente manda que seus esbirros prendam Dioniso, este que se apresenta a ele, não pelo que é, mas como um mago, um sacerdote do deus que ele apenas afirma representar. Ele se deixa prender sem protestar, em seguida se deixa ser jogado na prisão. Mas, assim como na cidade de Licurgo, nada resiste a seus poderes e, assim que deseja, suas amarras se soltam por conta própria e uma parte do palácio de Penteu desmorona enquanto o estrangeiro/Dioniso se encontra tranquilamente ao ar livre. É aqui que ele coloca em ação a segunda parte de seu plano de vingança. Ele convence Penteu a ir com ele para a montanha onde as mulheres da cidade, incluindo sua mãe Agave, se entregam a todos os tipos de rituais orgiásticos dos quais ele nem tem ideia. Seria bom que visse tudo isso por si mesmo, com os próprios olhos, para formar seu próprio julgamento e tomar as decisões apropriadas, se assim o desejar.

Penteu está enraivecido, escandalizado, mas por trás da fúria do jovem rei há, como muitas vezes, uma forma inconsciente de tentação. No fundo, ele está fascinado por todas essas mulheres, por essa sensualidade que ele já viu transbordar nas ruas, quando as bacantes orientais atravessaram sua cidade. Na verdade, mesmo que não queira admitir para si mesmo, essa liberdade de tom e de espírito o fascina, ele que é travado como nenhum outro, criado desde a infância da maneira mais dura, da maneira "espartana", nos valores "viris" de sua cidade modelo. Dioniso se aproveita disso, joga com esse fascínio. Convida-o – é preciso dizer: ardilosamente – a entrar na floresta para assistir às festas, a essas famosas bacanais que ali vão acontecer em homenagem ao deus. Penteu se deixa tentar. O estrangeiro, que o espectador da peça compreendeu ser ninguém menos do que Dioniso, conduz então Penteu para a floresta que coroa a montanha. Ali, o deus curva sem esforço um grande pinheiro – ato sobrenatural que por si só já deveria colocar uma pulga atrás da orelha de Penteu. Mas Dioniso teve o cuidado de enlouquecê-lo ligeiramente. Até o fez atravessar a cidade disfarçado de mulher, de mênade, sem que Penteu, o viril, conquistado por essa doce loucura, tenha sequer pensado em protestar.

Uma vez o pinheiro curvado, Penteu se agarra à copa e Dioniso reduz delicadamente sua pressão, de modo que a árvore se distenda suavemente, sem derrubar seu novo habitante. Do seu posto de observação, Penteu acredita que poderá ver sem ser visto. E, pelo menos no início, não se decepciona, o espetáculo que se desenrola diante de seus olhos e que Eurípides descreve em detalhes é simplesmente espantoso. O contrário exato do que ele é, o travado, o viril, o que, justamente por essa razão, exerce em sua alma, e talvez também em seu corpo, uma atração secreta e inquietante: as bacantes, às quais as mulheres da cidade e as irmãs de Sêmele se misturam, começam a delirar, a dançar, a beber, a fazer amor, a correr atrás de filhotes para torturá-los, para rasgá-los vivos, para devorá-los crus. Em suma, é a loucura dionisíaca em estado bruto, em que se misturam todas as paixões mais obscuras, a sexualidade, é claro, o gosto do vinho, evidentemente, mas também o sadismo, os transes, os êxtases de possessão. De vez em quando, as mulheres batem no chão com seu tirso, lança cercada de hera e coroada com uma pinha que é o símbolo desse deus, e do chão jorram ora leite, ora mel ou até vinho que elas absorvem vorazmente até o delírio bradando o Evoé, seu inarticulado grito de união.

Dioniso poderá finalmente realizar sua vingança. Bem no meio da loucura orgíaca, ele revela às mulheres de olhar enlouquecido a presença do espião que as observa do alto do pinheiro. Para sua desgraça, Penteu é rapidamente descoberto. As loucas apontam para ele. Esta é sua nova presa! Elas sacodem a árvore, fazem-na curvar, forçam o desafortunado a descer. Penteu grita para sua mãe que é seu filho, mas Agave, enlouquecida pelo deus da loucura, o confunde com um filhote de leão. E delirante, ela se toma por um caçador magnífico, um caçador que nem precisa de armas para massacrar sua presa. Ela conduz as operações como um general do exército e rasga vivo, com a ajuda de suas comparsas, seu próprio filho. E como se isso não bastasse, ela arranca-lhe a cabeça e a coloca sobre a pinha de seu tirso. Muito orgulhosa, volta à cidade de Tebas dançando e cantando para mostrar ao pai, Cadmo, seu troféu: a cabeça de Penteu, toda sanguinolenta, na ponta de sua lança.

O velho Cadmo, é evidente, fica aniquilado. Pouco a pouco, conversando com o pai, Agave recupera a razão. Ela fica então literalmente petrificada de horror, enquanto Dioniso se revela aos olhos de todos e instala seu poder em plena luz do dia.

A peça de Eurípides recebeu duas interpretações perfeitamente opostas por parte dos comentadores. Alguns acreditaram ver nela uma condenação radical dos ritos dionisíacos, um julgamento moral, à maneira, é verdade, do poeta, dado contra a crueldade e a loucura do deus. Outros, exatamente o inverso, pensaram que, à medida que envelhecia (*As bacantes* foram compostas por Eurípides no fim de sua vida), ele teria desejado, ao contrário, mostrar o que acontece quando se peca por *hybris*, quando se desobedece aos deuses, quando se levantam assim contra as tradições. Uma passagem do terceiro canto do coro defende antes a segunda interpretação:

> A potência divina se move lentamente. Em contrapartida, é infalível. Ela cobra daqueles que praticam a arrogância e cujo louco desvario recusa honrar o que pertence aos deuses. Ela rouba do ímpio por mil ardis a marcha do tempo e o segue de perto. Pois não devemos conceber nada, praticar nada que seja superior às tradições.

Podemos, sem dúvida, debatê-las, mas para dizer a verdade, seja qual for a intenção de Eurípides, o essencial está em outro lugar, no fato de que os gregos sentiram a necessidade de completar seus mitos cosmológicos, suas lendas inteiramente dedicadas à glória da harmonia e da ordem, com esse tipo de episódio próximo da demência menos harmoniosa e menos conveniente que seja. Há algo tão estranho aí que devemos nos perguntar sobre o significado dessa integração de um ser como Dioniso no universo dos deuses. Uma vez mais a pergunta se impõe: por quê? A resposta não é evidente. Antes de mais nada, devemos sobretudo não nos enganar: Dioniso não é, como os titãs ou como Tifão, um ser somente "caótico", um oponente "frenético", por assim dizer, à edificação do cosmos por Zeus. Ou seja, compreendemos bem que ele não seria um olímpio, isso não seria possível. Ele estaria, pelo contrário, como as demais forças arcaicas, trancafiado no Tártaro, relegado sob boa vigilância às entranhas de Gaia. Ele não é, portanto, de todo modo não apenas, um lado de dois polos, caos/cosmos, ainda que, como vimos no capítulo dedicado a Midas com o comentário de Nietzsche sobre a música, haja nele, evidentemente, algo caótico, algo titânico. Para dizer a verdade, ele é uma espécie de reunião dos dois, uma forma de síntese cheia de sentido, pois ela significa para nós que não há harmonia sem levar em conta a diferença, não há imortais sem mortais, não há identidade sem diferença, não há autóctones sem mestiços, não há cidadãos sem estrangeiros.

Mas novamente surge a pergunta: Por que essa mensagem é tão importante a ponto de ser preciso instalá-la simbolicamente no coração do Olimpo? Para essa pergunta, várias respostas vão surgir. Além disso, é normal que a leitura dos mitos seja plural, já que eles não têm, a rigor, autores identificáveis. Trata-se aqui, como nos contos de fadas, de uma literatura "genérica", de criações que não podem ser atribuídas a ninguém em particular e sob as quais, por consequência, é sempre difícil imaginar uma intenção consciente que seria facilmente identificável: impossível entrevistar os autores dos mitos como se faria hoje com um escritor no lançamento de seu livro. Não simplesmente porque estão mortos, mas porque estamos lidando com uma pluralidade de autores, que abrange inúmeras tradições orais que nenhum indivíduo pode pretender ser o único inventor, consciente e responsável. É, portanto, sempre "de fora" que devemos tentar restituir um sentido e, nessas condições, é bastante natural que perspectivas diferentes sejam possíveis, certamente ainda mais do que quando podemos relacionar uma obra a um autor "pessoal".

Por isso, a reconstrução de um sentido é ainda mais interessante. Cuidemos para não ceder à mania, tão frequente num passado recente, que consiste, sob o pretexto de que muitas vezes estamos lidando mais com "textos" do que com obras, em ver neles apenas "estruturas" sem nunca procurar extrair um significado autêntico. Certamente isso seria um grande erro. Então, vamos tentar destacar algumas das interpretações mais marcantes do personagem de Dioniso.

Algumas interpretações do personagem de Dioniso

Uma leitura segundo a "geração de maio de 68" de Dioniso é crível?

Segundo uma primeira leitura, que se poderia chamar vulgarmente de "geração de maio de 68", Dioniso encarnaria o lado festivo da existência. Representaria aqueles momentos de loucura, talvez um pouco delirantes, certamente excessivos, mas tão lúdicos quanto alegres, até no excesso precisamente, em suma, aqueles momentos de amável transgressão que uma vida "liberada" deve dedicar ao hedonismo, ao prazer, à satisfação das paixões eróticas mesmo as mais secretas... Teríamos aqui uma interpretação "de esquerda" dos rituais dionisíacos que seriam uma espécie de antecipação do anarquismo, para não dizer das revoltas libertárias que, ainda que se revelem na década de 1960, são tão velhas quanto o mundo. Não foi, aliás, num sentido já bastante próximo que a tradição romana acabou retratando Baco? Um velho bêbado, sim, sem dúvida, mas simpático, apreciador da vida, cheio de bom humor, de amor e, em última análise, como seu companheiro Sileno, verdadeiro sábio. "Viva como um vulcão": tal poderia ser, nesta perspectiva, o lema máximo de Dioniso.

O problema é que nada em sua vida, tal como nos relatam os mitos, vem corroborar essa imagem de Épinal. Evidentemente, a verdade deles é bem diferente. Em nenhum momento a vida do deus do vinho e do banquete se assemelha minimamente a algo feliz. Seu nascimento é doloroso e sua infância tumultuada. Quando é enxotado por Licurgo, em suas viagens pela Índia ou pela Ásia, quando retorna para se vingar de Agave e de Penteu, ele vive muito mais no medo ou no ódio do que no amor e na alegria. Além disso, as festas dionisíacas, se pelo menos pararmos para considerar atentamente o que os textos fundadores nos dizem sobre elas – a realidade com certeza era um pouco diferente –, assemelham-se infinitamente mais a um filme de horror do que a uma alegre orgia: cenas de animais dilacerados vivos, crianças torturadas, violações coletivas, assassinatos atrozes se sucedem num ritmo assustador, o que sugere que as imagens de Épinal da boa e velha festa da geração de maio de 68 ou mesmo da orgia romana passa totalmente ao largo do assunto. Por outro lado, como vemos com seu primo Penteu, Dioniso se comporta o menos possível como um herói simpático: ele encanta, sim, ele seduz, certamente, mas pela hipocrisia e pela mentira, praticando a traição, a delação, enfim, recorrendo a artifícios que, quando vistos de perto, nada têm a ver com o que os próprios defensores dessa interpretação pretendem valorizar: o excesso e a transgressão, sim, mas na alegria e no amor. Há muito excesso e transgressão em Dioniso, mas muito pouca alegria e amor.

Uma visão hegeliana do deus da festa

Outra interpretação, já mais profunda, inspira-se desta vez, não numa espécie de nietzscheísmo desnaturado, mas sim em Hegel. Ela consiste em dizer, em essência, que Dioniso representa o que Hegel chama em seu vocabulário muito particular de momento da "diferença"[27]. Ele corresponderia

---

27. O que Hegel chama de ser-aí na tríade em si, ser-aí, para si.

à ideia de que é preciso dar tempo à eternidade, diferença à identidade cósmica inicial, vida ao equilíbrio perfeito das origens para poder integrar num terceiro tempo essa alteridade. Para tentar formular as coisas de uma forma mais simples, sem jargões, esse deus do delírio encarnaria nessa perspectiva, diante do universo calmo e divino, eterno e estável que Zeus fundou e garantiu, a necessidade de levar em conta tudo o que, justamente, é contrário a essa ordem, diferente dela, até mesmo oposto a ela: não, certamente, o caos absoluto no nível divino (isso é assunto dos titãs e de Tifão, que são eles mesmos deuses, e que são dominados antes mesmo de o cosmos estar totalmente estabelecido), mas o acaso, a confusão, a contingência, os dilaceramentos e outras imperfeições do mundo humano. De certa forma, tudo isso teria de ser expresso para ser, num terceiro tempo (o primeiro sendo o da criação do cosmos), recuperado e reintegrado na harmonia geral: daí o lugar de Dioniso no próprio coração do Olimpo. Tese, antítese, síntese, se preferirem.

Essa leitura das coisas tem seu encanto, é até possível que tenha alguma verdade. Mas para enriquecê-la, no mínimo, é preciso ir mais longe e, como sempre, é em Vernant, pelo menos entre os intérpretes modernos, que encontramos, ao que me parece, as pistas de reflexão mais preciosas.

A interpretação de Vernant: a alteridade no coração do Olimpo, as duas felicidades e as duas loucuras

Nos vários artigos que o grande filólogo dedicou ao deus do vinho e da festa, cinco traços característicos do personagem me pareceram particularmente interessantes. Vamos, muito simplesmente, enumerá-los.

a) Em primeiro lugar, Dioniso reivindica constantemente uma alteridade, mas uma alteridade central, não marginal. No panteão grego, Dioniso, escreve Vernant, "ocupa uma posição ambígua, como é seu estatuto: mais semideus do que deus, mesmo que ele queira ser deus plena e totalmente. Mesmo no Olimpo, Dioniso encarna a figura do Outro". Por quê? Porque mistura todas as fronteiras e esta é precisamente sua segunda característica essencial.

b) Dioniso, com efeito, é aquele que, para além mesmo de seus constantes truques de magia, torna mais ou menos dementes todos aqueles que ele deseja metamorfosear. E é nesses acessos de demência que todas as referências clássicas se confundem: "Ultrapassagem de todas as formas, jogo com as aparências, confusão entre o ilusório e o real, a alteridade de Dioniso se deve também ao fato de que por meio de sua epifania todas as categorias definidas, todas as oposições nítidas que dão coerência à nossa visão do mundo, em vez de permanecerem distintas e exclusivas, chamam-se, fundem-se, passam umas às outras". É assim que em seu cortejo, em seu tíaso, os contrários se fundem um no outro, o feminino e o masculino, o jovem e o velho, o rico e o pobre, o além e o aqui embaixo, o divino e o humano, o distante e o próximo, o grego e o bárbaro, o louco e o sábio, o deus novo e os da tradição, o selvagem e o domesticado, o natural e o cultural… Isso, aliás, é o que vai simbolizar seu terceiro apanágio, sua descoberta "maravilhosa" das virtudes da videira e do vinho, essa bebida por excelência meio cultural (é "criada" e trabalhada pelos homens), meio natural (ela vem da terra e às vezes nos leva de volta para lá), meio selvagem, meio domesticada.

c) Como aponta Vernant: "O vinho é ambíguo. Ele encerra uma força de uma extrema selvageria, um fogo ardente quando puro; traz à vida cultivada, quando é cortado e consumido segundo as normas, uma dimensão suplementar e por assim dizer sobrenatural: alegria da festa, esquecimento dos males, droga que faz desaparecer as mágoas (*pharmaco*), é o adorno, o coroamento, o brilho vivo e alegre do banquete, a felicidade da festa". Uma passagem da peça de Eurípides suscitou muitos comentários a esse respeito. Nela Dioniso é chamado de grande "sobretudo" ou "acima de tudo" pelo fato de (e estou citando aqui o próprio texto de Eurípides) "ter dado aos homens a vinha, soberano calmante da mágoa. Sem vinho não há mais amor, não há mais felicidade para os homens". Jacqueline de Romilly se perguntou se esse elogio de um hedonismo afinal de contas bastante materialista não seria excessivo, se o lugar concedido ao vinho não havia sido usurpado: realmente, a grandeza de Dioniso se reduziria "acima de tudo" a isso? Por mais curioso que pareça, a resposta é sim, pelo menos se compreendermos que o vinho é um dos meios privilegiados de conseguir habitar o presente, de abandonar enfim, como é tão difícil de conseguir sem ele, as preocupações do passado e do futuro. É o que uma passagem da tragédia destaca por intermédio do coro: "Aquele que, dia a dia, prova a felicidade da vida, esse eu proclamo feliz como deuses" – tema do *carpe diem* que já encontramos tantas vezes que me abstenho aqui de comentá-lo novamente. Poderíamos dizer deste ponto de vista que, no sentido etimológico da palavra, o vinho é "entusiasmante", que nos faz entrar na esfera do *theion*, do divino.

d) Mas na embriaguez, como no delírio orgíaco, há duas categorias. Há uma loucura boa, a das mênades, as bacantes que são fiéis ao deus, e uma loucura ruim, a dessas mulheres, as irmãs de Sêmele, que Dioniso só enlouqueceu para melhor puni-las. Quando Agave sair do delírio, quando perceber que matou o filho com as próprias mãos, compreenderá o quanto seus arrebatamentos eram tudo menos felizes. Como Vernant escreve com razão: "No fim do drama, Cadmo dirá a Agave: 'Você delirava, toda a cidade estava possuída por Dioniso'... Com olhos revirados, com a boca espumando, Agave, possuída pelo deus, 'não raciocina como deve raciocinar'. Ao sair do transe, ela terá de, com certa dificuldade, recuperar a razão: ela não guardará nenhuma lembrança das ações atrozes que realizou com suas companheiras como num estado alterado. Bem diferente é o quadro das seguidoras de Dioniso. Não só nunca as vemos delirar ou sujeitas à mania, mas quando evocam, nos párodos, os percursos errantes, as danças que conduzem nas montanhas, ao chamado e na companhia do deus, tudo ali é pureza, alegria, felicidade sobrenatural. Até a omofagia (o consumo de carne crua) está associada à ideia de doçura e de delícia. A influência de Dioniso sobre seus devotos, no contexto de seu tíaso, em pleno respeito às regras rituais, aparece, portanto, muito diferente da loucura assassina, da raiva demente que ele inspira em seus inimigos para castigar sua impiedade".

e) Daí também a diferença radical que separa duas figuras da alegria, diferença paralela às duas formas de loucura. De um lado, a "possessão/felicidade dos fiéis", do outro, a "possessão/castigo dos ímpios": "A felicidade da qual a rainha (Agave) se prevalece e da qual se vangloria de beneficiar toda sua família (quando ela caminha triunfante pela cidade, com a cabeça do filho na ponta da lança) é apenas a sombra, o fantasma derrisório e macabro do que as verdadeiras bacantes compartilham com seu deus". Para estas últimas, não há desilusão, nem ressaca quando o transe termina, apenas a sensação de plenitude e o desejo de recomeçar. Simplesmente o contrário, e já compreendemos, do terrível despertar de Agave tomando consciência dos horrores que acaba de cometer.

É difícil, como vemos, desviar-se da interpretação, tão inteligente quanto erudita, que Vernant nos legou. Portanto, o que proponho agora é um simples complemento inspirado naquele outro grande filólogo, Nietzsche.

Para uma leitura nietzscheana do caso Dioniso

Com efeito, as indicações de Vernant certamente nos aproximaram mais da verdade das lendas dionisíacas: sim, é preciso levar em conta a alteridade, a estranheza, a desordem, a embriaguez, as diferentes figuras da loucura e da alegria, em suma, tudo o que parece *a priori* diferente daquilo que constitui a harmonia olímpica. E com certeza sim também, é verdade, Zeus teve de "inventar" Dioniso e dar-lhe um bom lugar entre os deuses, porque a verdadeira vida, a vida boa, para nós como para os imortais, é Cosmos e Caos reunidos, identidade e diferença juntos. Só com Cosmos a vida para, congelada, porém só com Caos é ainda pior: ela explode. A desordem das bacanais entregue a si mesma transforma-se em desastre e em morte. É preciso que um princípio diferente venha equilibrá-la e, reciprocamente, a ordem cósmica sem humanos, sem seres vivos que se agitam num tempo que é o da história real, é outra forma de morte, por congelamento na imobilidade.

Como naquilo que Nietzsche chama de "grande estilo" (mas falo aqui do "verdadeiro" Nietzsche que não é de forma alguma "nietzscheano" e menos ainda "de esquerda"), é preciso integrar o inimigo em si mesmo, não o deixar de fora, isso seria perigoso demais, mas, e muito pior, chato demais. É nesse sentido, por exemplo, que é preciso compreender as muitas passagens da obra de Nietzsche em que ele estranhamente elogia seu principal inimigo, o cristianismo, no entanto apresentado como o ápice do "niilismo", como o arquétipo da vitória das forças reativas sobre as forças ativas, da depreciação da vida em nome de um ideal e de um "além" ilusórios. Embora odeie o cristianismo e o platonismo, Nietzsche não cessa de dizer que não se trata de rejeitá-los (ao rejeitar as forças reativas, nós mesmos nos tornaríamos reativos), mas de integrá-los harmoniosamente em si mesmo, como faz o Classicismo.

É por isso que não devemos sobretudo, segundo Nietzsche, nos livrar do que é diferente de nós, neste caso, para ele, a Igreja e seus fiéis, mas, ao contrário, é preciso compreender, como Zeus com Dioniso, todo o interesse em ter um "bom inimigo", um inimigo interior que ingerimos para nos tornarmos ainda mais fortes, uma alteridade que integramos dentro de nós. Eis o que Nietzsche diz de uma forma que não poderia ser mais explícita a esse respeito, que poderia servir para refletir sobre a relação do olímpio cósmico com o dionisíaco caótico:

> Declarei guerra ao ideal anêmico do cristianismo, bem como a tudo o que o toca de perto, não com a intenção de destruí-lo, mas para pôr fim à sua tirania... A continuação do ideal cristão faz, pelo contrário, parte das coisas mais desejáveis que existem. Mesmo que apenas por causa do ideal que quer se valorizar ao lado dele, e talvez acima dele. Pois é preciso ter adversários vigorosos para se tornar forte... A inimizade é outro triunfo de nossa espiritualização (a "espiritualização" designa aqui o grande estilo, ou seja, a integração em si do inimigo interior, o espiritual opondo-se aqui à tolice daqueles que, como os anarquistas, rejeitam as forças reativas) – ela consiste em compreender profunda e fundamentalmente o interesse que há em ter inimigos. Nós, imoralistas e anticristãos, temos um grande interesse na sobrevivência da Igreja. O mesmo vale para a grande política. Uma nova criação, por exemplo, um novo império, precisa mais de inimigos do que de amigos. É somente pelo contraste que a grande política começa a se sentir, a se tornar necessária. Não nos comportamos de maneira diferente em relação ao inimigo interior. Também aqui espiritualizamos a inimizade, também aqui compreendemos seu valor... Espiritualizamos a inimizade na medida em que nós mesmos a integramos, o que nos torna "maiores".

Não à maneira hegeliana e dialética de uma "ultrapassagem que conserva" (*Aufhebung*) em parte o que é negado, mas no sentido de que se trata de hierarquizar e de manter de alguma forma as forças reativas sob o comando das forças ativas. Aliás, em *Humano, demasiado humano* (1878), Nietzsche expõe essa concepção do grande estilo melhor do que em qualquer outro lugar. Vamos lê-lo com muita atenção e veremos quão perto estamos aqui da compreensão grega das relações entre cosmos e caos, identidade e diferença, apolíneo e dionisíaco:

> Suponha que um homem viva tanto no amor às artes plásticas e à música, que ele se deixa levar pelo espírito da ciência (em outras palavras: esse homem está, portanto, tanto nas forças ativas ou aristocráticas – a arte, a música, a pintura – quanto na paixão científica, ou seja, no que Nietzsche chama as forças reativas por excelência: Nietzsche fala evidentemente dele, que foi um compo-

sitor amador esclarecido, um bom pianista e que também se interessava pela biologia, pelas teorias evolucionistas, mas também pela lógica e, é claro, pela filosofia. Imaginemos então um homem dividido entre essas duas paixões, a paixão ativa da arte aristocrática e a paixão reativa da ciência racionalista) e que considere impossível fazer com que essa contradição desapareça privando-se de uma ou de outra dessas duas paixões (em suma, o contrário dessa ideia absurda de que seria necessário evacuar as "forças más", as forças reativas para manter apenas as "forças boas" ativas. O que aconteceria?)... Resta-lhe apenas fazer de si mesmo um edifício de cultura tão vasto que seja possível a essas duas potências, a essas duas forças, ali habitar, ali coexistir ainda que em extremidades distantes, enquanto entre elas duas as potências conciliadoras terão seu domicílio dotado de uma força proeminente para aplanar em caso de dificuldade a luta que surgiria entre elas.

Ninguém poderia ser mais claro: o que Nietzsche chama de grande estilo, e que para ele é o próprio sentido da vida, o ápice da vida boa, consiste em harmonizar – e é por isso que a arte clássica grega, isto é, a arte simples, cósmica, matemática e harmoniosa por excelência, é para Nietzsche um modelo – todas as forças em nós, tanto as forças reativas da harmonia cósmica como as forças ativas da embriaguez dionisíaca. É essa auto-harmonização, esse autocontrole, que se traduz na expressão calma e serena que caracteriza as estátuas gregas, mas também a simplicidade geométrica que se expressa na música clássica francesa que Nietzsche coloca muito acima do romantismo alemão.

Daí o fascínio do filósofo alemão pelo personagem de Dioniso no qual ele se reconhece. Os dois momentos que ele descreve em seu livro sobre o nascimento da tragédia, o apolíneo e o dionisíaco, são inseparáveis um do outro, ambos necessários à vida: assim como não há cosmos sem caos, também não há eternidade sem o tempo, identidade sem diferença. Dioniso, por sua mera existência, nos lembra constantemente as origens do mundo, a obscuridade abissal de onde ele saiu. Faz-nos sentir, sempre que necessário, o quanto o cosmos se construiu sobre o caos e o quanto essa construção, resultante da vitória de Zeus sobre os titãs, é frágil, tanto mais frágil porque esqueceríamos sua origem e sua precariedade, precisamente – é por isso que a festa assusta, assim como a loucura inquieta, porque sentimos que ela está muito perto de nós, para dizer a verdade dentro de nós. Este é, basicamente, o ensinamento de Dioniso, ou melhor, de sua integração no universo dos olímpios: trata-se, como na tragédia, de nos fazer compreender que toda essa construção é de fato feita em última instância por e para os humanos, para aqueles que não são apenas membros do cosmos eterno, mas estão também imersos no mundo da finitude e da morte, nesta dimensão de dilaceramento e de desordem de que Dioniso lhes fala em todas as circunstâncias.

Todavia, não há, como na interpretação hegeliana, reconciliação final, nem *happy end*, e talvez seja nesse ponto que o mito de Dioniso nos permite compreender melhor do que qualquer outro por que todas essas construções míticas ainda nos tocam hoje de maneira tão íntima. É que elas nos falam de nós, mortais, de maneira bem diferente do que as religiões o farão: em termos de espiritualidade laica, e não de crença, em termos de salvação humana mais do que de fé em deus. O que comove, por exemplo, na trajetória de Ulisses, é que ele faz de tudo para se virar sozinho, tentando ser lúcido, permanecendo no seu lugar, recusando a imortalidade que Calipso lhe propõe e a ajuda fácil demais dos deuses.

Alguns, claro, como Atena e Zeus, vão ajudá-lo, outros vão atrapalhar sua vida – é o caso de Posêidon. No fim, ele acaba se virando sozinho, assumindo a morte que o espera. Nesse sentido, a filosofia se inscreverá em sua filiação. Estou bem consciente do paradoxo que essa afirmação pode ter aos olhos de um leitor apressado: A mitologia não está, evidentemente, demasiado cheia de deuses, demasiado povoada de seres sobrenaturais para que a chamemos de "laica", assim sem muita cerimônia? Sim, claro, a objeção é evidente. Mas, precisamente, não devemos ficar na evidência. Se aprofundarmos um pouco o olhar, como tentamos fazer ao longo destes capítulos, descobriremos nos mitos algo bem diferente de uma religião: uma tentativa, e é isso que Dioniso simboliza, sem igual, de levar em conta a realidade da finitude humana, a verdade dessa loucura que os deuses relegaram inteiramente aos homens e ao mundo sensível a fim de se livrar dos homens e preservar o cosmos para eles. É a esse mundo, a esse universo sublunar e marcado pelo tempo que é preciso dar um sentido, ou melhor, toda uma plêiade de significados possíveis perante seu Outro, o cosmos dos deuses imortais. No fundo, o que a mitologia nos oferece, e que ela deixará como ponto de partida à filosofia, é uma descrição cheia de vida dos itinerários possíveis para os indivíduos que nós somos dentro de um universo ordenado e belo que nos ultrapassa por todos os lados. Numa época como a nossa, em que as religiões, pelo menos na velha Europa, estão cada dia mais esfumadas – estou falando aqui do nosso espaço laico, não dos continentes ainda marcados pelo teológico-político –, a mitologia grega explora uma questão que nos toca como nunca antes: a do sentido da vida fora da teologia, e é isso, no fundo, que ainda pode nos servir de modelo para pensarmos nossa própria condição.

13
PIRRA, DEUCALIÃO, NOÉ E GILGAMESH
Os mitos do dilúvio

Preâmbulo

É em dois poemas muito antigos, a Epopeia de Astrahasis *e a* Epopeia de Gilgamesh, *que o mito do dilúvio aparece pela primeira vez, por volta do século XVIII a.C. Voltaremos num próximo capítulo ao relato das aventuras de Gilgamesh, rei de Uruk. Basta aqui observar que, na primeira epopeia, aquele que sobreviveu ao dilúvio, Atrahasis, e que é, portanto, o ancestral de Noé, recebe o apelido de "Supersábio". Na* Epopeia de Gilgamesh, *escrita na mesma época em língua suméria e depois em língua acadiana, ele é chamado Utanapishti, mas em ambos os casos, o relato mesopotâmico é muito próximo, salvo por algumas nuanças.*

Na primeira epopeia, o relato começa evocando uma divisão entre os deuses, de um lado os mais importantes, começando por Enlil e Ea, do outro, aqueles que no poema são chamados igigi, divindades secundárias que trabalham para alimentar os primeiros. Os igigi fazem greve, revoltam-se, querem tomar o lugar dos grandes deuses. Ea aconselha então Enlil a encontrar uma solução criando uma raça, a dos homens, que trabalhará no lugar dos igigi. Dito e feito, com barro, criaram a espécie humana. Mas ela começa a se agitar, a fazer barulho, a proliferar de forma inquietante, de modo que começa a perturbar o sono dos deuses. Enlil envia vários flagelos, depois epidemias para dizimar essa raça perniciosa, mas nada funciona. Daí a decisão de recorrer ao dilúvio. Mas Ea, apesar de ter jurado aos outros deuses guardar segredo, previne um homem justo, Utanapishti (ou Atrahasis). Para não trair o juramento que o liga aos outros deuses aos quais prometeu guardar o segredo, ele recorre a um subterfúgio: em vez de se dirigir diretamente aos nossos "supersábios", ele fala apenas à paliçada – sabendo muito bem que atrás dela está Utanapishti (ou Atrahasis).

Eis como o próprio Utanapishti relata o episódio a Gilgamesh quando este finalmente consegue encontrá-lo para pedir-lhe o segredo da imortalidade:

> Mas apesar de ter jurado segredo aos outros deuses, Ea, o príncipe, revelou as intenções deles à minha paliçada: Paliçada! Ó paliçada! Parede! Ó Parede! Ouça paliçada, lembre-se disto, parede: Ó Surupakéen, filho de Ubar-Tutu, demole sua casa para fazer um barco! Desista de sua riqueza para salvar sua vida! Afaste-se de suas posses para se manter seguro! Mas embarque consigo espécimes de todos os animais! O barco que você deve fabricar será uma construção equilátera com largura e comprimento idênticos e você o cobrirá...

Seguindo o conselho de Ea, o Supersábio conta como ele então constrói essa gigantesca arca, depois continua seu relato:

> No dia seguinte, tudo o que eu possuía, coloquei na arca: tudo o que eu tinha de prata e de ouro, tudo o que tinha de animais domésticos de todas as espécies. Embarquei minha família e toda minha casa, assim como grandes e pequenos animais selvagens... Quando a aurora despontou, uma nuvem negra surgiu no horizonte... e, durante sete noites, borrascas, chuvas torrenciais, furacões e dilúvio continuaram a devastar a terra. No sétimo dia, cessaram tempestades, dilúvio e hecatombes. Depois de ter distribuído seus golpes ao acaso, como uma mulher no parto, o mar se acalmou e se imobilizou, porque furacão e dilúvio pararam. Olhei em volta, o silêncio reinava. Todos os homens foram transformados novamente em barro e a planície líquida parecia uma laje. Abri uma claraboia e o ar fresco atingiu meu rosto. Caí de joelhos, imóvel, e chorava. Lágrimas escorriam pelo meu rosto, depois procurei com o olhar a costa, no horizonte... Quando chegou o sétimo dia, peguei uma pomba e a soltei. A pomba foi embora e depois voltou: não tendo visto nada onde pousar, ela voltou. Então peguei uma andorinha e a soltei. A andorinha foi embora e depois voltou. Não tendo visto nada onde pousar, ela voltou. Então peguei um corvo e o soltei. O corvo foi embora, mas, ao encontrar as águas baixas, bicou, coaxou, sacudiu-se, mas não voltou...

O Supersábio, portanto, também encontra a terra, aproxima-se, sacrifica aos deuses enquanto ainda permanece a bordo de sua arca, mas Enlil, que decidiu o dilúvio, percebendo que um mortal sobreviveu, se enfurece. Ea toma *então a palavra e acusa Enlil de injustiça: só os culpados deveriam perecer, não os inocentes, e ele, Ea, não traiu o segredo, uma vez que só o revelou num sonho ou a uma paliçada, não falando com ninguém diretamente! E aqui está como Ea termina seu relato – sempre segundo Utanapishti, que o conta a Gilgamesh:*

> Não revelei o segredo dos grandes deuses, apenas mostrei um sonho ao Supersábio e foi assim que ele soube do segredo! Agora decida o destino dele! Então Enlil subiu no barco, me pegou pela mão e me levou com ele. Também fez minha esposa subir e se ajoelhar. Ele nos tocou na testa e, de pé entre nós, nos abençoou nestes termos: Utanapishti, até agora era apenas um ser humano: de agora em diante, ele e sua esposa serão semelhantes a nós, os deuses! Mas eles morarão longe: na embocadura dos rios... Mas agora, Gilgamesh, quem reunirá novamente os deuses para você, para que você também obtenha a vida sem fim que procura?

Subentendido, ninguém, é claro: Gilgamesh, que tinha ido até Utanapishti para tentar aprender com ele o segredo da imortalidade, deve ter se resignado: os mortais... são mortais, ele como os outros, o sentido dessa fábula sendo absolutamente claro: a busca religiosa da imortalidade é um engodo, pura ilusão, e se quisermos encontrar a vida boa, é aqui, e aceitando a finitude humana, isto é, a morte, que ela deve ser encontrada!

Em muitos aspectos, a epopeia mesopotâmica anuncia a de Ulisses que também terá de, mas desta vez por sua própria vontade, renunciar à imortalidade que a ninfa Calipso lhe oferece. Mas é claramente sobre outra lenda, precisamente sobre o mito de Pirra (a ruiva) e Deucalião que a Epopeia de Gilgamesh vai ter uma influência absolutamente direta antes de ser encontrada quase intacta em outra tradição, a da Bíblia.

O dilúvio segundo o mundo grego: o mito de Deucalião e Pirra

Proponho que acompanhem aqui o relato encontrado nas *Metamorfoses*, de Ovídio, que é, como costuma acontecer com o poeta latino, o mais completo e o mais dramático.

Tudo começa com a ira de Zeus. O rei dos deuses do Olimpo decidiu tomar forma humana para visitar incógnito a Terra e os homens que a povoam. Ele quer ter uma ideia do estado moral da humanidade, e fica literalmente aterrorizado com o que descobre: um povo sedento de sangue e de massacres, desprezando os deuses e chafurdando na *hybris*, na desmedida e na arrogância mais abjetas. Um certo Licáon até tenta lhe cortar a garganta durante sua estada na casa dele e, talvez ainda pior, fazê-lo comer carne humana para saber se ele é ou não verdadeiramente um deus. Para puni-lo, Zeus o transforma num lobisomem (o que seu nome sugere) e fulmina seu palácio. Eis o relato que Ovídio dá desse episódio que precede imediatamente o dilúvio e fornece sua causa (é o próprio Zeus quem narra aos confrades olímpios sua estada na terra):

> A fama dos opróbrios desta época atingira meus ouvidos: desejando que fosse mentirosa, desci das alturas do Olimpo e, depois de ter disfarçado minha divindade em figura humana, comecei a percorrer a terra. Seria longo demais enumerar os crimes que encontrei por toda parte. A fama estava bem aquém da verdade... Entro então na casa inospitaleira que abrigava o tirano da Arcádia (é Licáon)... Revelo a presença de um deus e o povo começa a me dirigir suas preces. A princípio Licáon ri dessas piedosas homenagens. Depois ele exclama: "Verificarei com uma prova manifesta se é um deus ou um mortal. Ninguém mais poderá duvidar da verdade". Durante a noite, enquanto eu dormia pesadamente, tenta me surpreender e me matar. Era com essa prova que queria saber a verdade. Mas ainda era pouco para ele. Com sua adaga, corta a garganta de um dos reféns que lhe foram enviados pelo povo de Molossos. Em seguida, ele amacia na água fervente uma parte de seus membros palpitantes e manda assar a outra parte na brasa. Mal os colocara sobre a mesa que, com meu raio vingativo, derrubei a casa sobre ele... Aterrorizado, ele fugiu e depois de chegar ao campo silencioso começou a gritar. Em vão tenta falar, toda a raiva de seu coração se concentra em sua boca. Sua sede habitual de carnificina se volta então para os rebanhos e mesmo agora ele se delicia no sangue. Suas vestes se transformam em pelos, seus braços em pernas, mas tendo se tornado um lobo, ele ainda conserva vestígios de sua antiga forma. Tem ainda o mesmo pelo grisalho, o mesmo olhar feroz, os mesmos olhos ardentes, ainda é a imagem da ferocidade.

Mas as coisas não param por aí, porque Licáon está longe de ser o único culpado. De volta ao Olimpo, Zeus anuncia sua decisão irrevogável aos deuses que o cercam: ele vai destruir a humanidade pelo fogo. Pega então as armas que lhe foram dadas pelos ciclopes –o raio, o relâmpago e o trovão –

mas no último momento muda de ideia, temendo que o fogo alcance o éter e finalmente suba até o Olimpo. É então pela água que a humanidade vai perecer, e Ovídio, como sempre preocupado com a dramatização dos mitos gregos, oferece uma descrição pungente da terra coberta pela água:

> Ali onde as cabras esguias pastavam na relva, as focas colocam seus corpos informes. As nereidas se maravilham ao ver no fundo das águas parques, cidades, casas; os golfinhos habitam as florestas, saltam para o alto de seus galhos e se chocam contra os carvalhos que eles sacodem. O lobo nada entre as ovelhas, a onda carrega os leões de pelo castanho... A maioria dos seres vivos é levada pelas águas, aqueles que elas pouparam perecem por falta de alimento, vítimas de um longo jejum.

A terra está assim "limpa", purificada de todas as suas criaturas viciosas. Resta apenas um casal de justos, Deucalião e Pirra, que Zeus decidiu salvar. Recomendou-lhes, como Ea a Utanapishti, construir uma imensa embarcação, nela colocar um casal de cada espécie animal, aprovisionar alimentos e se preparar para o dilúvio. Mas, e aqui está o essencial do que vai diferenciar o mito grego do seu homólogo bíblico, quando a natureza se acalma, põe fim à sua hostilidade, quando as águas do céu deixam de afogar o solo, Deucalião e Pirra vão imediatamente reconciliar-se com Gaia, a terra, de modo que a bela totalidade cósmica que o universo constitui aos olhos dos gregos se remodela imediatamente após a catástrofe.

Assim que a arca toca a terra firme, Deucalião e Pirra vão com efeito implorar, no pátio de seu templo, a clemência de Têmis, a deusa da justiça. E Têmis, apiedada, dirige-lhes estas palavras um tanto sibilinas: "Afastem-se do templo, cubram a cabeça e joguem para trás os ossos de sua avó". O casal demora um pouco para compreender o sentido da declaração, mas acaba percebendo que a avó à qual Têmis se refere não é outra senão Gaia, a terra, e que seus ossos são as pedrinhas que estão em sua superfície. Quando Pirra joga uma no chão, uma mulher brota imediatamente, e quando Deucalião faz o mesmo, um homem sai do barro. Assim, reconstitui-se uma humanidade virgem e pura, mas também trabalhadora e robusta, como as pedrinhas de onde ela surgiu, e como insiste o relato mítico, esses homens novos beneficiam de uma tripla harmonia, pois estão reconciliados entre si, mas também com os deuses e com a natureza cuja lei e ensinamentos eles mais uma vez poderão seguir. Para falar a linguagem que será a de Hegel no pequeno ensaio *O espírito do cristianismo e seu destino*, que ele dedica em parte a esses mitos do dilúvio, a humanidade saiu da "cisão", do dilaceramento, não está mais separada do absoluto, do divino (mesmo que este último ainda não seja pensado como sujeito, como deus pessoal, mas como substância, como ordem cósmica).

Do mito grego ao mito bíblico

O dilúvio visto por Noé

Observemos primeiro que, na versão bíblica do dilúvio assim como o *Gênesis* a apresenta, não são apenas os humanos que são punidos, nem mesmo os animais com eles, mas toda a criação, tudo o que está sob o céu, inclusive a própria terra (não ocorreria a um grego imaginar um mito no qual Gaia seria punida por um deus superior a ela):

> Javé viu que a malícia do homem era grande sobre a terra e que seu coração não formava senão maus pensamentos ao longo do dia. Javé arrependeu-se de ter feito o homem sobre a terra e se afligiu em seu coração. Javé disse: "Vou apagar de cima da superfície da terra os homens que criei, do homem ao gado, aos répteis e às aves do céu, porque me arrependo de tê-los feito". Mas Noé encontrou graça aos olhos de Javé. Aqui está a história de Noé: Noé era um homem justo, perfeito entre os de sua geração. Noé andava com Deus. Noé gerou três filhos, Sem, Cam e Jafé. A terra se perverteu diante de Deus e a terra se encheu de violência. Deus olhou a terra e eis que ela estava pervertida, pois toda carne havia feito uma conduta perversa sobre a terra. Então Deus disse a Noé: "Chegou o fim de toda carne diante de mim, pois a terra está cheia de violência por causa deles; eis que eu os destruirei assim como a terra. Faça uma arca de madeira de cipreste etc."

A atitude de Noé vai nessas condições ser muito diferente da de Deucalião, e essa diferença é tanto mais impressionante porque transparece no contexto de um relato praticamente idêntico. Tudo começa, pois, tanto para Noé e sua família como para Deucalião e Pirra, pela catástrofe, por uma cisão assassina da natureza. No entanto – nova diferença fundamental em relação ao mito grego –, a reconciliação com a natureza nunca acontecerá, pois os seres da natureza, vegetais e animais, estão doravante submetidos à humanidade como se fossem apenas objetos insignificantes, um vasto reservatório de coisas à disposição de um ser humano doravante único senhor e possuidor de uma natureza completamente dominada por ele:

> Deus abençoou Noé e os filhos, dizendo-lhes: "Sede fecundos, multiplicai-vos e povoai a terra. O medo e o terror de vós estarão sobre todos os animais da terra, sobre as aves do céu, os répteis e sobre todos os peixes do mar; eu os coloco todos em vosso poder. Tudo que vive e se move vos servirá de alimento. Entrego-vos tudo, como já vos dei os vegetais. Contudo, não deveis comer carne com vida, isto é, com sangue".

Como podemos imaginar, dois mil e quinhentos anos depois de sua redação, essa passagem do *Gênesis* ainda faz estremecer de horror os ecologistas. Mas ao menos ela explica a atitude de Noé: ao invés de se reconciliar com a natureza, com Gaia, como fazem Deucalião e sua família, Noé se compromete, na tentativa de se proteger dela para sempre, a dominá-la. É nessa perspectiva que ele recorre a um Deus que o ajudará a se tornar senhor e mestre do mundo natural – com o único imperativo de não matar outros homens e de respeitar a vida, mandamento cujo traço simbólico será a interdição de consumir o sangue dos animais. Eis como o grande historiador judeu Flávio Josefo comentou essa passagem bíblica no Livro I das *Antiguidades judaicas*, no século I d.C.:

> Noé, temendo que Deus todos os anos inundasse a terra com o firme propósito de aniquilar os homens, ofereceu holocaustos e implorou a Deus que no futuro conservasse a ordem primitiva e que não desencadeasse tais flagelos que ameaçariam de morte todo o reino animal, mas, os maus uma vez punidos, que poupasse aqueles que por sua retidão haviam sobrevivido e merecido escapar do perigo... Implorou-lhe, portanto, que aceitasse seu sacrifício e não alimentasse mais tal cólera contra a terra, de modo que pudessem se dedicar a trabalhá-la, construir cidades e levar uma vida feliz sem a falta de nenhum dos bens que eles usufruíam antes do dilúvio, em particular atingindo uma velhice avançada e uma vida longa tal como antes.
> Noé tendo feito suas súplicas, Deus, que amava esse homem por sua justiça, significou-lhe que aceitaria suas preces; aqueles que pereceram, disse Ele, não foram suas vítimas, mas foi pela própria perversidade que sofreram esse castigo... "Pois foi a arrogância desmedida com que tratavam a piedade e a virtude (*all ois exubri-*

zon eis tèn émèn eusébéian kai arétèn) em relação a mim que me levou a lhes infligir essa pena. Seja como for, de agora em diante deixarei de punir os crimes com tanto rigor e isso graças sobretudo à sua prece... Contudo, exorto-os a não mais derramar sangue humano e a manterem-se puros de qualquer assassinato punindo aqueles que cometerem tal crime. Vocês poderão dispor de todos os outros seres vivos de acordo com sua vontade e seus desejos. Eu os fiz senhores de todos, sejam eles terrestres ou aquáticos, ou vivam e se movam nos ares. Mas vocês não são senhores do sangue porque é nele que reside a alma. Manifestar-lhe-eis a trégua futura pelo meu arco." É o arco-íris que ele designou assim porque acreditam que é o arco de Deus. Tendo assim falado e prometido, Deus se retirou. Após o dilúvio, Noé viveu mais 350 anos e, tendo passado todo esse tempo em felicidade, morreu após uma vida de 950 anos.

Observemos então que aquilo que podia parecer uma importante diferença em relação à versão mesopotâmica do mito, ou seja, o fato de Utanapishti ser imortal, se reduz na Bíblia. Sim, Noé não é imortal como seu confrade do golfo Pérsico, mas ainda assim ele pertence a uma época em que a duração da vida dos humanos era infinitamente superior à que conhecemos hoje. Além disso, Noé vive, segundo Josefo, numa felicidade quase completa – uma felicidade de cuja existência real Hegel, no entanto, duvidará, pois é obtida à custa de uma dupla submissão, portanto de um duplo dilaceramento, de uma dupla cisão dolorosa: entre os homens e Deus, e entre a natureza e os homens. Ora, se a felicidade é harmonia, se é reconciliação, como encontrá-la a tal preço? Tal é pelo menos a suspeita da qual Hegel se apodera. Noé, segundo ele, está na realidade apenas elevando seu ideal de dominação da natureza à posição de um Ser supremo, o Deus único do monoteísmo que rompe com a Grécia, um mito teológico que ele inventa do zero para esse fim:

> Noé elevou seu ideal simplesmente pensado à posição de um Ser real e a ele opôs todas as coisas como o que é pensado, ou seja, dominado. Esse Ser prometeu a Noé colocar os elementos a seu serviço e mantê-los dentro dos limites deles para que nenhum dilúvio pudesse mais destruir os homens. De todos os seres vivos suscetíveis de serem assim dominados, apenas o homem não poderia ser morto pelo homem: quem infringisse essa regra caía no poder de Deus e devia então perder a vida. Ele compensou os homens por

essa servidão dando-lhes poder sobre os animais. Mas este foi o único caso em que ele autorizou esse dilaceramento do Vivente, a destruição das plantas e dos animais, e embora tenha transformado essa hostilidade imposta pela necessidade numa dominação legítima, o Vivente ainda assim foi honrado na medida em que permaneceu a interdição de consumir o sangue dos animais, porque ele continha sua alma, sua vida.

Em outras palavras, é pela submissão absoluta ao divino transcendente que Noé consegue se prevenir contra uma nova catástrofe semelhante ao dilúvio, mas é também pela mediação do divino que ele se torna senhor e possuidor da natureza, esta última conservando para sempre seu caráter de hostilidade, de força bruta e desprovida de sentido. Em que vemos que, pelo menos segundo Hegel, o judaísmo permanece prisioneiro da "cisão", do dilaceramento: a reconciliação com o divino transcendente é doravante impossível, a não ser sob a forma de uma submissão cega e absoluta, mas, além disso, é a harmonia com a natureza que é impensável. Sua representação está agora nos antípodas da "bela totalidade grega", desse cosmos harmonioso, justo, belo e bom no seio do qual Deucalião e sua família se movem novamente após o dilúvio de forma muito "amigável".

Mas a história não acabou e o dilaceramento no qual a humanidade está mergulhada vai aumentar ainda mais. Depois do dilúvio, com efeito, a humanidade se reconstitui e a juventude floresce, de modo que o Deus de Israel recomenda que suas tropas criem colônias; uma vez mais, porém, a humanidade volta a cair na *hybris*, uma forma de orgulho desmedida que sempre a faz imaginar que sua salvação depende dela mesma, assim como os bens de que pode desfrutar nesta terra.

Ouçamos ainda Flávio Josefo (sempre no Livro I das *Antiguidades judaicas*):

> Como eles tinham uma jovem população florescente, Deus uma vez mais os aconselhou a criar uma nova colônia, mas eles, sem pensar que a abundância vinha da benevolência divina e atribuindo a si mesmos a origem da prosperidade, não obedeceram. A essa desobediência, chegaram mesmo a acrescentar a suspeita de que Deus lhes estendia uma armadilha ao forçá-los a emigrar para que, divididos, fossem mais fáceis de dominar.

Daí o aparecimento do personagem de Ninrode, o homem revoltado contra Deus, aquele que vai inventar a figura prometeica, que poderíamos chamar de moderna, do homem cartesiano antes do tempo, aquele que, não mais confiando no divino, quer por si mesmo tornar-se "senhor e possuidor da natureza".

Ninrode, o homem revoltado: a construção da Torre de Babel contra o retorno possível do dilúvio

Sigamos um pouco mais a leitura hegeliana dos grandes mitos do dilúvio. Ninrode, o caçador, aquele que vai mandar construir a Torre de Babel, vai então mais longe do que Noé no sentido da hostilidade ao cosmos, mas também da exterioridade radical do divino. Ninrode não confia num Deus que decidiu utilizar os elementos naturais para punir a espécie humana. Ao contrário de Noé, ele não quer tê-lo, portanto, como intermediário para assentar seu domínio sobre a terra e os seres vivos. Seguro de si e de seus poderes, ele aspira a uma dominação ao mesmo tempo real e direta sobre o mundo, uma dominação que venha apenas dos homens e que possa, se necessário, prescindir completamente do divino para protegê-los – é por isso que Ninrode começa a construir uma torre gigantesca, uma torre tão alta e tão sólida que nenhum dilúvio jamais será capaz de submergi-la. Conhecido por seu talento de caçador, é também de maneira direta, sem intermediários, até sem levar em conta Deus, que ele subjuga os animais.

Aqui está o que Flávio Josefo diz sobre isso, ainda nas *Antiguidades judaicas* (livro I):

> Aquele que incitou os homens ao desprezo insolente de Deus (*pros te ubrin tou théou*: é sempre a palavra *hybris* que surge) foi Ninrode, neto de Cam, filho de Noé. Homem audacioso e de grande vigor, persuadiu-os a não atribuir a Deus a causa da prosperidade, mas a considerar que somente o seu próprio valor a acarretara, e pouco a pouco transformou a situação em tirania, pois acreditava que o único meio de afastar os homens do temor de Deus era que eles confiassem em seu poder. Prometia se vingar de Deus se Ele quisesse inundar a terra novamente: ele construiria uma torre mais alta do que a água poderia alcançar e vingaria até mesmo seus ancestrais.

> O povo desejava seguir os conselhos de Ninrode porque viam a obediência a Deus como uma servidão, e construíram a torre com ardor infatigável e sem abandonar o trabalho: ela subiu mais rapidamente do que se poderia supor graças ao grande número de braços. Sua espessura, no entanto, era tão maciça que a altura parecia menor para aqueles que a viam. Foi construída de tijolos cozidos, cimentados com betume para que não se molhassem. Vendo-os assim enlouquecidos, Deus não decidiu exterminá-los completamente, pois nem a destruição dos primeiros tornara seus descendentes mais sensatos, mas jogou-os na discórdia fazendo-os falar línguas diferentes cuja variedade os impedia de se entenderem. O lugar onde construíram a torre agora é chamado Babilônia por causa da confusão causada pela inteligibilidade primitiva da linguagem. Com efeito, confusão em hebreu é "babel"...

Em seguida, Flávio Josefo cita as palavras da Sibila, relatadas por vários autores gregos, segundo as quais os deuses teriam finalmente destruído a torre de Babel para que os povos se dispersassem de acordo com as línguas para ocupar lugares diferentes e formassem assim as diferentes nações separadas umas das outras tanto por suas línguas diversas como por aquilo que mais tarde se tornará fronteiras. Eis agora o comentário de Hegel sobre essa passagem que comenta a Bíblia (Hegel tendo evidentemente o texto de Josefo à sua frente):

Ninrode, ele escreve, elevou o homem...

> ...à posição de um ser que faz de todo o resto do real um objeto de pensamento, ou seja, mata-o, domina-o. Ele tentou com bastante eficácia dominar a natureza para que ela a partir de então não pudesse se tornar um perigo para os homens; colocou-se em estado de guerra contra ela, como um homem loucamente presunçoso, orgulhoso de seu braço forte; caso Deus ainda quisesse submergir o mundo num dilúvio, não lhe faltariam, ameaçava ele, os meios para lhe opor uma importante resistência. Pois Ninrode decidira construir uma torre cuja altura excederia em muito aquela que as vagas e as ondas poderiam alcançar, e desse modo vingar a morte de seus ancestrais [...]. Foi assim que ele mudou tudo e em pouco tempo estabeleceu uma dominação tirânica. Não devolveu aos homens, agora desconfiados, estranhos uns aos outros e preocupados em se dispersar, os laços de uma sociabilidade alegre em que todos confiam nos outros e na natureza; se ele os manteve unidos, foi pela força. Ele ergueu muros para se defender das águas, foi caçador e rei.

É para punir Ninrode por sua louca arrogância, por essa *hybris*, por essa desmedida que anuncia a modernidade técnica em seu projeto de subjugar a totalidade do real, de tornar-se "senhor e possuidor da natureza", que Deus vai separar os homens dando-lhes línguas, "babils" diferentes (daí o nome da famosa torre). De um segundo para o outro, eles não se compreendem mais. Assim, a estratégia de Ninrode conduz ao que Hegel chama "a consciência infeliz", uma consciência dilacerada que vive numa tripla cisão e da qual o judaísmo é, para ele, a encarnação prototípica: cisão dos homens entre eles, pois já não se compreendem; cisão entre os homens e o divino, que foi arrogantemente rejeitado; cisão entre os homens e a natureza, reduzida à categoria de inimiga, de puro estoque de objetos sem significação ou valor, destinados apenas a serem dominados, vencidos e subjugados pelos humanos.

As lições de Abraão: a transcendência da lei e a consciência infeliz

Afinal é essa infelicidade absoluta da consciência clivada, dilacerada, que Abraão vai encarnar – nesse sentido Hegel o vê como o verdadeiro pai fundador do judaísmo, como figura suprema dessa infelicidade da consciência (equivalente, é preciso deixar claro, ao kantismo, que também faz da natureza, das "propensões naturais", um inimigo da ética verdadeira, a virtude definindo-se como a coragem de lutar contra as "inclinações naturais"). O judaísmo aparece assim como a religião que encarna e sacraliza essa tripla cisão: dos homens entre eles (o povo judeu separado de todos os outros); entre os homens e o divino (Deus é absolutamente transcendente, aterrorizante, e não se pode fazer dele nenhuma imagem, nenhuma representação, nem mesmo nomeá-lo); entre a humanidade e a natureza, percebida como o inimigo por excelência, o ser que é preciso dominar e explorar.

Hegel resume toda essa história nestes exatos termos:

> Noé havia garantido sua segurança em relação à potência hostil (natureza) submetendo-a, assim como ele, a um mais poderoso (Deus), Ninrode dominando-a por si mesmo; ambos concluíram uma paz forçada com o inimigo e assim perpetuaram a hostilidade; nenhum deles se reconciliou com ele como fizeram o belo casal de Deucalião e Pirra quando, após o dilúvio, convidaram os homens a reatar sua amizade com o mundo e a natureza, fizeram com que esquecessem na alegria e nas delícias a necessidade e o ódio, con-

cluíram uma paz do amor, tornaram-se a origem de belas nações e fizeram de seu tempo a mãe de uma natureza recém-nascida que iria conservar a flor da juventude. Abraão, nascido na Caldeia, em sua juventude já havia abandonado uma pátria na companhia de seu pai; mas na planície da Mesopotâmia, para se tornar um homem completamente independente e também um chefe, ele rompeu completamente com sua família sem que ela, no entanto, o tivesse ofendido ou expulsado; ele não havia experimentado a dor na qual se revela, no ser vítima de um erro ou de uma crueldade, a necessidade persistente de um amor que, ferido mas não perdido, busca uma nova pátria para ali florescer e se regozijar de si mesmo.

A mensagem de Hegel é clara: ao contrário do helenismo, o judaísmo não aparece depois do dilúvio como uma religião da reconciliação, mas como uma religião da cisão – tripla cisão, para dizer a verdade, sobre a qual não retorno, mas que explode de maneira particularmente clara no fato de que a terra, a Gaia dos gregos, já não é sequer cultivada, humanizada, amada seja de que maneira for (cito mais uma vez o comentário de Hegel):

> Abraão vagava com seus rebanhos por uma terra sem limites; dessa terra ele não teria cultivado nem embelezado uma parcela sequer para assim se sentir mais próximo dela, se afeiçoar a ela e adotá-la como parte de seu mundo... O mundo todo, seu oposto absoluto, era mantido na existência por um Deus que lhe permanecia estranho, um Deus do qual nenhum elemento na natureza devia participar, mas que dominava tudo... Mas simplesmente era-lhe impossível amar alguma coisa. Mesmo o único amor que teve, o amor pelo filho [...] lhe foi pesado, importunou sua alma, que se isolava de tudo, e a mergulhou um dia em tal inquietude que ele também quis destruir seu amor e só se apaziguou pela certeza de que a força desse amor não ia, no entanto, até o ponto de torná-lo incapaz de sacrificar o filho com as próprias mãos.

Daí esta conclusão de Hegel, chocante para nós hoje e injusta, evidentemente, mas que se inscreve na lógica dessa interpretação do judaísmo como filosofia da lei, da antinatureza mais do que da harmonia grega:

> A religião mosaica é uma religião nascida da infelicidade e para a infelicidade [...]. Pois na infelicidade há a cisão [...], na felicidade, essa cisão desapareceu, é o reino do amor, da unidade... Pois agora existe um Deus que não é um senhor, mas um ser amigável, uma beleza, uma realidade viva cuja essência é a conciliação enquanto

o Deus judaico é a mais profunda cisão, exclui toda livre-união, autoriza apenas a dominação e a servidão.

A oposição entre Atenas e Jerusalém, entre o mundo grego e o mundo judaico, atinge aqui seu ápice: de um lado, uma divindade totalmente imanente ao mundo, um divino que se confunde com a natureza, com a ordem cósmica na medida em que, de Hesíodo aos estoicos, prevalece a fórmula *théiov* = cosmos = *logos*; do outro, um Deus transcendente, inacessível e irrepresentável; de um lado, uma natureza harmoniosa, justa, bela e boa, uma natureza na qual se trata de se fundir, com a qual é preciso viver em harmonia; do outro, uma natureza hostil, não amigável, cujo único uso possível passa pela dominação ou pela exploração; de um lado, a transcendência de uma lei que, no judaísmo como mais tarde no kantismo, se impõe pela força à natureza, às propensões naturais fundamentalmente egoístas e preguiçosas, sob a forma de um imperativo, de um dever-ser, de um "você deve!"; do outro, ao contrário, uma lei que emana da natureza, na medida em que, retomando uma frase do filósofo Hans Jonas, os "fins estão domiciliados nela".

O Deus de amor de que Hegel fala aqui em contraste com o judaísmo, esse divino que a bela totalidade grega, em certo sentido, já encarnava, é evidentemente também Jesus que vai representá-lo, mas de outra maneira, e especialmente em seu famoso "Sermão da montanha" no qual Ele se opõe de todo coração à mensagem dos fariseus, à observância mecânica e sem amor de uma lei transcendente emitida por um Deus inacessível.

Embora ele pareça nos distanciar dos mitos do dilúvio, é de fato a mesma questão que Jesus aborda nesse famoso "Sermão", ou seja, a da relação entre o homem e a natureza. Nesse sentido é interessante dizer aqui algumas palavras que nos permitirão compreender melhor a diferença entre Atenas e Jerusalém.

A mensagem de Jesus: não seguir a Lei mecanicamente, também não a abolir, mas cumpri-la graças ao milagre do amor

Voltemos, portanto, ao início dessas Bem-aventuranças – que desde Santo Agostinho, que assim as batizou, são designadas como o Sermão da montanha. Ao percorrer a Galileia, a fim de pregar para multidões cada vez mais numerosas, Jesus, diante do crescente número de pessoas que vêm escutá-lo, instala-se num promontório para ser ouvido por todos. O episódio é relatado por Mateus (5,17-20), mas também por Lucas (6,17-49), embora de forma abreviada. Ele começa, depois das Bem-aventuranças propriamente ditas, com esta breve, mas crucial, mensagem:

> Não penseis que vim abolir a Lei ou os Profetas. Não vim abolir mas completar. E eu vos garanto: enquanto não passar o céu e a terra, não passará um i ou um pontinho da Lei, sem que tudo se cumpra. Quem, pois, violar um desses preceitos, por menor que seja, e ensinar aos outros o mesmo, será chamado o menor no Reino dos Céus; mas quem os praticar e ensinar, será chamado grande no Reino dos Céus. Pois eu vos digo: se a vossa justiça não ultrapassa a dos escribas e fariseus, não entrareis no Reino dos Céus.

E essa "ultrapassagem", que dá também o sentido dessa "complementação" (*pleroma*) da lei, é simplesmente o amor, este *ágape* que recebemos de Deus, que a permitirá. Na sequência do Sermão, Jesus mobiliza toda uma série de exemplos emprestados da lei judaica, essencialmente do Decálogo: não matarás, não cometerás adultério, não cometerás perjúrio etc. E cada vez, Ele opõe o espírito à letra, o coração à aplicação mecânica da regra, pois a lei, que é boa, cujo conteúdo não é duvidoso e do qual Jesus diz muito claramente que não mudará um i, não tem sentido algum nem qualquer valor se for seguida pela simples observância mecânica, racional e seca, em nome apenas do dever, de *um mandamento que se opõe à natureza*. É, ao contrário, por *um movimento natural*, neste caso por um impulso do próprio coração guiado pelo *ágape*, portanto de alguma forma por uma "inclinação sensível", uma "propensão natural" como diria Kant, que a lei deve se complementar, se preencher.

Vemos como Jesus, em nome do amor, rejeita a separação operada pelo judaísmo ortodoxo entre a natureza e a lei (como também teria rejeitado, pelo menos ainda segundo Hegel, e por razões idênticas, a mesma separação em Kant). É nesse sentido que não se trata de forma alguma de suprimir o conteúdo da lei, a mensagem que lhe é própria, mas de suprimi-la como tal, em sua forma de lei, de aboli-la como lei que comanda em nome do dever, como um imperativo categórico: pois é exatamente a forma do dever que o amor torna supérflua, pois essa forma se sustenta apenas na separação entre a natureza e a lei – em que vemos em que sentido o episódio do dilúvio e sua interpretação já preparavam, por contraste, a lógica nova desse amor que Jesus professa diante dos fariseus um tanto atordoados, até mesmo escandalizados. Visto que Jesus não os deixa de lado, se me atrevo a dizer, Ele até mesmo os inclui, por exemplo, com relação à esmola e à hipocrisia que o ato de caridade (*ágape*) permite encobrir:

> Evitai praticar as vossas boas obras diante dos outros para serdes vistos por eles. Do contrário, não tereis nenhuma recompensa do Pai que está nos céus.
> Quando, pois, deres esmola, não vás tocando trombeta diante de ti, como fazem os hipócritas nas sinagogas e nas ruas, para serem louvados pelos outros [...]. Mas quando deres esmola, não saiba a mão esquerda o que faz a direita. Assim a tua esmola se fará no oculto e teu Pai, que vê no oculto, te dará o prêmio (Mt 6,1-4).

A ultrapassagem da cisão entre lei e natureza, entre dever e inclinação, entre a letra e o espírito, entre a razão e o coração, é feita, portanto, pelo amor, pela caridade, pelo *ágape*. É ele que preenche a lei, que a completa sem modificá-la num i – só que a lei desaparece como imperativo, como mandamento: não é preciso editar uma lei para dizer a uma mãe que ama seu filho que é preciso beijá-lo, pegá-lo nos braços quando ele chora, aquecê-lo quando está com frio, alimentá-lo quando tem fome... O amor proporciona isso *naturalmente*, e é nesse movimento, nesse impulso do coração que a forma da lei, ou seja, seu caráter imperativo, desaparece. Se amássemos os outros como amamos nossos filhos, é provável que todas as guerras tivessem desaparecido da face do globo. Eis como Hegel comentou esta passagem, na minha opinião de forma perfeitamente justa e profunda:

> Na descrição desse Reino dos Céus não aparece, porém, a supressão das leis, mas elas devem ser completadas por uma justiça que seja diferente e mais total do que a da fidelidade ao dever: a incompletude das leis encontra sua complementação. Jesus mostra então o princípio dessa complementação para várias leis: esse princípio mais rico pode ser chamado de propensão a agir como as leis ordenariam, a unidade da inclinação e da lei graças à qual esta perde sua forma de lei; esse acordo com a inclinação é o *pleroma* ("preenchimento") da lei...

E sempre nesse Sermão, para cada mandamento particular, Jesus mostra como e em que sentido ele deve ser preenchido com o amor de caridade, *ágape*. Como, por exemplo, para o famoso "não matarás", que Hegel comenta nos seguintes termos:

> Você não deve matar: Jesus opõe uma virtude, uma disposição de amor, que não só torna esse mandamento supérfluo quanto ao seu conteúdo, mas também suprime o mandamento quanto à sua forma, sua oposição, na medida em que aquilo que ordena, a uma realidade que resiste, afasta qualquer pensamento de sacrifício, de destruição ou de submissão da alma; ela é ao mesmo tempo uma plenitude viva mais rica do que o frio mandamento da razão.

Para ser bem-compreendido, o texto de Hegel merece mais dois comentários.

A razão em questão é, naturalmente, a razão prática de Kant, com seu imperativo categórico, que Hegel associa aqui totalmente ao judaísmo dos fariseus, na medida em que ele também opõe a natureza e a lei, essa oposição conferindo imediatamente a esta última um caráter imperativo: é porque a natureza resiste, porque se opõe espontaneamente à lei, por seu egoísmo e sua preguiça, por sua falta de caridade natural, que esta última deve assumir a forma de um mandamento. Se, ao contrário, partirmos da ideia de que o amor tende *naturalmente* ao "preenchimento" da lei, então a forma imperativa desaparece, porque também desaparece a oposição entre a natureza e a lei.

Mas não é só isso, e apresento meu segundo comentário: Hegel descreve o amor de caridade, de *ágape*, como uma "plenitude viva", mobilizando aqui um conceito da vida que nada tem de anedótico. Em Hegel, na época em que escreve esse texto, a Vida designa algo bastante preciso, a saber, a reconciliação entre o inteligível e o sensível, entre o universal e o particular: o vivente é sempre a união de uma matéria e de um espírito, de um corpo, e se não de uma alma, pelo menos de um princípio vital, nesse sentido ele é, como o amor do qual é uma espécie de análogo perfeito, reconciliação dos contrários, supressão da cisão, do dilaceramento. Há, portanto, um ponto de passagem de uma profundidade abissal entre o amor e a Vida – passagem que constitui o essencial da doutrina cristã da salvação. É nesse sentido que Hegel pode escrever este comentário inspirado sobre a passagem já citada, em que Jesus declara que não veio para abolir, mas para completar:

> Mas, como nessa complementação das leis e de tudo o que a elas se liga, o dever, a disposição moral e o resto deixam de ser um

universo oposto à inclinação, e porque a inclinação deixa de ser um particular oposto à lei, esse acordo é Vida e, como relação de realidades distintas, amor.

Aqui, é mais uma vez Kant que é visado por meio da crítica ao judaísmo. Para dizer a verdade, ele é visado como ressurgência moderna do judaísmo antigo – o que explicará, aliás, isso dito de passagem, que as grandes escolas filosóficas judaicas pós-hegelianas, começando pela Escola de Marburg e pela Escola de Frankfurt, farão de Kant uma de suas figuras tutelares. Voltaremos a isso daqui a pouco. Mas, por enquanto, contentemo-nos em observar que o sentido da fala hegeliana é bastante claro: em Kant, como no judaísmo ortodoxo (pelo menos tal qual é criticado por Jesus no Sermão), a lei é um universal, um mandamento geral e absoluto que se opõe à particularidade egoísta de minha natureza, de minhas inclinações naturais – e é essa oposição que torna a lei imperativa, que lhe dá a forma de um "você deve!" É porque minha natureza egoísta resiste, porque não tende espontaneamente ao bem, que a lei moral toma a forma de um dever, de um imperativo. Ao contrário, se o amor está presente, se é por meio dele e em seu nome que eu ajo, então preencho naturalmente a lei, sem precisar ouvir nada além do meu coração. Nenhum imperativo exterior à minha natureza e oposto a ela me conduz, de modo que minha propensão para o outro, essa inclinação natural guiada pelo *ágape*, não é mais uma propensão particular que uma lei universal viria corrigir e, por assim dizer, endireitar, mas, ao contrário, uma relação harmoniosa entre essas duas realidades distintas, mas não opostas, que são nessa perspectiva a natureza e a lei, o amor e o mandamento – e é exatamente essa reconciliação que Hegel chama de "Vida":

> Assim, o mandamento: você não deve matar é um princípio reconhecido como válido pelo querer de todo ser razoável e que pode valer como princípio de uma legislação universal. Jesus opõe a esse mandamento o gênio mais elevado do espírito de conciliação que é ele mesmo apenas um dos aspectos do amor e que, não só não age contra a lei, mas a torna inteiramente supérflua e contém uma plenitude tão mais rica, mais viva, que para Ele algo tão pobre quanto uma lei não existe de forma alguma. Se o espírito de conciliação – uma vez que nele a lei despoja sua forma, uma vez que o conceito é expulso pela Vida – perde aquela universalidade que no conceito contém em si toda particularidade, essa perda é

apenas aparente e representa na realidade um ganho infinito em razão da riqueza de suas relações vivas com os indivíduos, talvez poucos, que se encontram em relação com ele.

Em seu comentário, Hegel segue passo a passo o Sermão, comentando cada um dos exemplos que o próprio Jesus extrai da "lei e dos profetas". Deixo o leitor desejoso de também se regalar com o prazer de seguir Hegel. Mas o essencial está dito: é o amor que reconcilia a natureza e a lei, é ele que torna a forma imperativa supérflua, é também ele que dá aos homens uma "riqueza viva" sem a qual a vida dificilmente valeria a pena ser vivida. Nesse sentido, como para os gregos, mas de forma diferente, é de fato uma reconciliação com a natureza que ocorre após o dilúvio.

14
O COMPLEXO DE ÉDIPO

Preâmbulo

Todos conhecem, pelo menos em linhas gerais, a trama da história: Édipo é essa criança abandonada pelos pais quando era ainda bebê e que, uma vez adulto, vai, segundo um oráculo anunciado no templo de Delfos, sem saber ou querer, matar seu pai, Laio, rei de Tebas, e se casar com sua mãe, Jocasta, com quem terá duas meninas, Ismênia e Antígona, e dois meninos que se entrematarão, Etéocles e Polinice.

Desse mito que apaixonou os gregos e se tornou um dos objetos privilegiados de sua reflexão sobre o trágico, a psicanálise quis tirar uma espécie de arquétipo universal, como se todos os meninos do mundo fossem um Édipo em potencial, como se o sucesso universal das tragédias gregas se explicasse pela universalidade do complexo afetivo que elas haviam encenado e trazido à luz. Como vou mostrar mais adiante, essa interpretação não é a melhor, nem a mais plausível, longe disso. Na verdade, ela passa totalmente ao largo do sentido profundo do trágico e perde completamente o significado que os gregos atribuíam a essa lenda. Daqui a pouco vou contá-la, mas antes gostaria de dizer em que passagem da peça Édipo rei, *de Sófocles, essa visão psicologizante e redutora do trágico edipiano pôde ter se enraizado.*

Para compreender plenamente o sentido desse momento do drama ao qual a psicanálise constantemente fará alusão, obscurecendo assim o sentido real da tragédia grega, é preciso lembrar que Édipo, então rei de Tebas, acaba de saber da morte de Políbio, rei de Corinto, seu pai adotivo, que ele ainda considera como seu único pai. Ele está, portanto, entristecido com o falecimento desse homem que o criou e, ao mesmo tempo, encantado por constatar que o oráculo que predisse o assassinato de seu pai não se cumpriu: Como ele poderia matar Políbio, uma vez que ele já está morto? O espectador da peça, que já conhece o fio condutor da história, sabe que o oráculo não está de forma alguma invalidado com a morte de Políbio, pois este não é seu "verdadeiro" pai, seu pai biológico, o que Édipo ainda ignora. Sua maior preocupação refere-se, pois, apenas à segunda parte do oráculo, aquela que prediz que ele vai se casar com sua mãe: ora, para ele, essa mãe só pode ser a esposa de Políbio, Mérope, que ainda está viva.

Agora vejam como Jocasta pretende tranquilizar o filho e então marido (mas ela também não sabe que ele é seu filho) chamando o mensageiro que traz a "boa notícia" da morte do rei de Corinto:

> Édipo. – Querida mulher, Jocasta que eu amo, por que mandou me buscar no palácio?
> Jocasta. – Ouça o homem que aqui está e veja o que aconteceu com os oráculos augustos do deus (estes são, naturalmente, Apolo e o oráculo de Delfos, que Jocasta acredita reduzido a nada pelo anúncio da morte de Políbio, o suposto mas não verdadeiro pai de Édipo).
> Édipo. – Esse homem, quem é ele e o que tem a me dizer?
> Jocasta. – Ele vem de Corinto e avisa que Políbio não existe mais: seu pai morreu.
> Édipo. – O que você está dizendo, estrangeiro? Explique-se.
> O coríntio. – Se é a primeira notícia que tenho para lhe anunciar claramente, saiba que Políbio, com efeito, desapareceu.
> Édipo. – Vítima de um complô ou de uma doença?
> O coríntio. – O menor descuido basta para derrubar um velho no chão.
> Édipo. O infeliz, segundo você, teria então morrido de doença?
> O coríntio. – E também dos longos anos que viveu.
> Édipo. – Ah, mulher, quem poderia agora recorrer a Pito, ao lugar profético ou então a esses pássaros piando sobre nossas cabeças? (Édipo pensa aqui no oráculo de Delfos, a famosa Pítia cujo nome vem da serpente Píton que Apolo matara com suas flechas antes de ali instalar seu templo. O monstro está enterrado sob o ônfalo – literalmente: o umbigo – do edifício, pedra simbolizando tanto o centro do mundo quanto a presença de Zeus.) Segundo eles, eu deveria assassinar meu pai e eis meu pai morto, enterrado no fundo de um túmulo e eu, que estou aqui, não toquei em ne-

nhuma espada (compreendemos que Édipo está muito feliz por finalmente ter certeza de que o oráculo anunciado no templo de Delfos está claramente invalidado)... A menos que tenha morrido pelo arrependimento de não me ver mais? Só nesse sentido ele seria morto por mim. O certo é que a esta hora Políbio está no Hades com todo seu cortejo de oráculos sem valor!
Jocasta. – Não era isso que eu lhe dizia há muito tempo?
Édipo. – Certamente, mas o medo me enganou.
Jocasta. – Então, pare de se atormentar com esses oráculos!
Édipo. – Mas como não temer ainda a cama da minha mãe?
Jocasta. – E o que poderia temer um mortal, um joguete dos eventos, que nada pode prever com certeza? É muito melhor nessas condições viver da melhor maneira possível. Não tenha medo do hímen de uma mãe: em seus sonhos, muitos mortais já compartilharam a cama da mãe. Aquele que dá pouca importância a tal coisa é também aquele que suporta mais facilmente a vida.

É claro que são estas últimas palavras de Jocasta, e em particular sua observação sobre o sonho, que em grande medida colocaram em movimento a interpretação psicanalítica. Como Jocasta reconhece, a maioria dos homens teria sonhado em dormir com a mãe, o que, segundo ela, torna esse tipo de sonho bastante inocente. Não é por acaso que em sua obra dedicada à interpretação dos sonhos (1900) Freud abordou pela primeira vez a interpretação psicanalítica do mito de Édipo. Voltaremos a isso porque, para compreender o sentido verdadeiro da peça de Sófocles, será necessário primeiro remover essa certeza que ainda hoje funciona como uma tela, como um obstáculo quase intransponível – que terá, no entanto, de ser superado se quisermos compreender seu sentido autêntico. Mas já observem que o essencial, nas falas de Jocasta, não tem nada a ver com o que ela diz dos sonhos edipianos, mas com o que precede imediatamente, a saber, que os humanos são joguetes do destino, de uma história cujas especificidades lhes escapam totalmente, de modo que eles não são responsáveis moralmente por elas. Pertencemos às histórias que nos precedem, que estão aqui, presentes e determinantes, muito antes de nosso nascimento, e a parcela de liberdade real que nos cabe é infinitamente menor do que geralmente imaginamos. Há, portanto, dois níveis em nossas vidas: o do destino, que pertence aos deuses e que os oráculos revelam, e o da liberdade humana, que erroneamente pensamos ser soberana. Nessas condições, como sugere Jocasta, a sabedoria é aceitar o curso do mundo, deixar-se levar pela corrente em vez de tentar constantemente resistir a ela – tema que anuncia o estoicismo e que se mostrará, como veremos mais adiante, de grande profundidade trágica.

Mas não vamos antecipar e comecemos pelos fatos, ou seja, pelo que as várias fontes à nossa disposição nos ensinam sobre o mito de Édipo.

O mito de Édipo tal como é

Nossa fonte principal, evidentemente, é fornecida pelas tragédias gregas, sobretudo as de Sófocles: *Antígona, Édipo rei, Édipo em Colono* (nome da cidade localizada nos arredores de Atenas para onde o herói se dirige para morrer após a série de catástrofes que marcaram sua vida). Mas, como sempre na mitologia, existem outras versões desse relato e cada episódio da vida de Édipo é objeto de variantes. Sabemos em particular que existia, bem antes da época dos trágicos, portanto bem antes do fim do século VI a.C., toda uma série de lendas pertencentes ao chamado "Ciclo tebano", um conjunto infelizmente perdido, em que a figura de Édipo aparecia entre tantas outras. O relato de suas desventuras era muito diferente do de Sófocles, principalmente no que diz respeito ao fim de sua vida: Édipo não furava os próprios olhos e continuava tranquilamente como rei de Tebas. É bom, se necessário, levar em conta, aqui ou ali, as diferentes versões que às vezes podem trazer alguns esclarecimentos interessantes[28], mas é quase sempre a Sófocles que a literatura contemporânea vai se referir para contar e interpretar esse que de todos os mitos é o mais famoso. Portanto, são as linhas gerais da trama de seu relato que vou seguir aqui.

Algumas palavras, antes, sobre o período que antecede o nascimento do pequeno Édipo. Ele é descendente direto do famoso Cadmo, o primeiro rei de Tebas – irmão de Europa, mãe de Minos, rei de Creta que Zeus concebeu com ela... Depois de ter se casado com Harmonia, filha de Ares e de Afrodite, Cadmo fundou essa cidade onde o essencial do drama vai se desenrolar.

---

28. Quanto ao período arcaico – século V e antes –, existem algumas preciosas menções ao mito de Édipo em Homero, em Hesíodo e em Píndaro. *As fenícias*, de Eurípides, também trazem sobre certos pontos um ângulo muito diferente daquele de Sófocles. Mais tardiamente, é claro, teremos de nos referir aos nossos dois mitógrafos "habituais", Apolodoro e Higino, bem como a Pausânias e a Diodoro da Sicília.

Como vimos, o "verdadeiro" pai de Édipo chama-se Laio, e sua "verdadeira" mãe, Jocasta. No momento em que nossa história começa, eles acabam de saber por meio de um terrível oráculo que se algum dia tivessem um filho, ele mataria o pai e, segundo alguns, até provocaria a destruição de Tebas. Na época, é comum que nesse tipo de caso os pais tomem a triste decisão de abandonar o bebê – de "expô-lo", como se diz então, porque o expõem, com efeito, na maioria das vezes amarrando-o a uma árvore, ao apetite das feras, mas também, às vezes, à clemência dos deuses...

Laio e Jocasta confiam então o bebê a um de seus criados, um pastor, para que ele vá abandoná-lo. O homem trata o infeliz como se fosse um animal: fura-lhe os tornozelos para passar uma corda a fim de carregá-lo mais facilmente nas costas para depois pendurá-lo na árvore onde ficará "exposto". É dessa experiência que Édipo tomará seu nome, que em grego significa simplesmente "pés inchados" (*oidos*, que dará, por exemplo a palavra "edema", ou seja, "inchado", e *pous* designa o pé). No caminho, o criado de Laio cruza "por acaso" – mas o espectador da tragédia de Sófocles sabe bem que o acaso é sempre outro nome para a vontade dos deuses – com o rei de outra cidade, Corinto. Esse rei (Políbio, é claro) não consegue justamente ter filhos e sonha em ter um. Como o bebê é muito bonitinho, os homens de Políbio se oferecem para levá-lo com eles. Por que não? Afinal, se Laio quis expô-lo em vez de matá-lo é porque pretendia lhe dar uma chance. Eles o levarão então ao seu senhor e este certamente desejará adotá-lo. É assim que as coisas acontecem, e o bebê é salvo *in extremis*...

Édipo cresce na cidade de Corinto, longe de Tebas, onde nasceu, na corte do rei e da rainha e está evidentemente convencido de que eles são seus pais. Tudo está indo bem para ele. Mas um dia, durante um banquete, um bêbado o chama de "bastardo", de "suposto" filho de Políbio e de sua esposa, a Rainha Mérope, insinuando que seus pais não são seus "verdadeiros" pais, que ele é apenas um bebê encontrado e depois adotado, ao qual mentiram desde sempre... Édipo, transtornado, se precipita para interrogar os pais "oficiais", mas estes, indignados, negam de uma forma um tanto constrangida demais para que ele não guarde um sentimento mitigado, uma vaga suspeita de dúvida. Ele decide então tirar essa história a limpo e, para isso, vai a Delfos a fim de também consultar, como tinham feito seus pais "biológicos", Laio e Jocasta, a famosa Pítia de Apolo. Ele lhe pergunta quem ele é, de onde vem, quem são seus pais... Como sempre, a Pítia não responde de forma direta, não com indicações relativas ao seu passado, mas, muito pelo contrário, com uma previsão relativa ao seu futuro. E a previsão é terrível: segundo o oráculo, Édipo matará o pai e se casará com a mãe.

Ao ouvir o oráculo, Édipo fica arrasado. Para evitar que a previsão se cumpra, ele decide deixar Corinto para sempre. É a cidade, ele pensa apesar de suas dúvidas, onde vivem seus pais: deixando esse lugar, ele não correrá o risco de matar o pai ou de dormir com a mãe. Salvo que o Rei Políbio não é seu pai e tampouco Mérope é sua mãe, pelo menos no sentido biológico do termo, e que se afastando de Corinto o infeliz Édipo vai inexoravelmente, às cegas, fazer exatamente o contrário do que desejava: ele vai se aproximar do cumprimento da predição oracular. Em outras palavras, ao acreditar que está fugindo, ele prepara inconscientemente a realização dessa predição – contradição que fornece uma das molas mais presentes da tragédia de Sófocles, como vemos nesta passagem de *Édipo rei*, em que Édipo conta a Jocasta o episódio do bêbado que o deixou tão preocupado e o do assassinato de Laio, que ainda naquele momento ele ignora ser seu pai:

> Meu pai era Políbio – Políbio de Corinto. Minha mãe Mérope, uma doriana. Eu era importante ali, entre os cidadãos, quando ocorreu um incidente que merecia minha surpresa, com certeza, mas não merecia que eu o levasse a sério como levei. Durante uma refeição, na hora do vinho, embriagado, um homem me chama de "suposto filho". A palavra me feriu. Naquele dia consegui me conter, mas no dia seguinte fui questionar meu pai e minha mãe. Eles se mostraram indignados com o autor da fala, mas se a atitude deles em relação a ela me satisfez, a palavra não deixou de me assombrar e foi aos poucos abrindo caminho em meu coração. Então, sem avisar meu pai ou minha mãe, parti para Pito. E ali Febo me manda embora sem sequer se dignar a responder por que eu viera, mas não sem antes, por outro lado, ter claramente revelado a este desafortunado o mais horrível, o mais lamentável destino: eu entraria no leito de minha mãe, revelaria ao mundo uma raça monstruosa, seria o assassino do pai do qual nascera! Tanto que depois de ouvi-lo coloquei para sempre uma distância entre mim e o país de Corinto, fugi para lugares onde não pudesse ver realizadas as ignomínias que o terrível oráculo predizia para mim.

E Édipo conta a Jocasta como foi justamente fugindo de Corinto e do oráculo que cruzou o caminho de um velho, Laio, que ele evidentemente ignora ser seu pai. Este último lhe bloqueia o caminho, começa uma discussão, o velho tenta atingi-lo com um bastão, o que leva Édipo, agindo de certa forma em legítima defesa, a matá-lo e a matar também os criados que tentam intervir... Claro, é também nesse contexto em que tudo já está previsto pelos deuses, como testemunham os dois oráculos que não são senão a tradução dos seus desígnios, que Édipo se dirige a Tebas, a cidade dos seus pais de origem, Laio e Jocasta. Ora, acontece que justamente nessa época, como que para piorar o caso, a cidade de Tebas é vítima de uma terrível epidemia que dizima a população.

Mas continuemos: nesse contexto catastrófico, foi Laio, rei de Tebas, que Édipo encontrou e matou. O tebano também havia decidido, como seu filho, ir a Delfos para consultar novamente o oráculo sobre o que deveria ser feito para salvar os habitantes de sua cidade.

Estamos aqui no coração do nó trágico que devia emocionar todo o público: é preciso imaginar o pai, convencido de que seu filho está morto, e o filho, convencido de que seu pai está em Corinto, caminhando sem nada saber um na direção do outro! Os destinos se cruzam, tanto no sentido literal como figurado: os carros de Laio e de Édipo se encontram frente a frente, no cruzamento de três estradas tão estreitas que eles são obrigados a parar suas equipagens. Um deles teria de dar marcha à ré e encostar na lateral para deixar passar aquele que se encontra bem à sua frente, mas os dois homens são orgulhosos, cada um convencido de seu direito, até mesmo de sua preeminência sobre o outro: o Rei Laio porque é rei de Tebas, e Édipo porque é príncipe de Corinto. O conflito aumenta. Os criados lançam insultos e, ao que parece, o próprio Laio, como disse Édipo a Jocasta, inicia as hostilidades desferindo um violento golpe de bastão em Édipo. Eles chegam às vias de fato e, levado pela ira, Édipo mata o pai, bem como os cocheiros e os guardas que o acompanham. Apenas um dos criados escapa e foge correndo, mas ele, e isso será importante para a continuação, viu toda a cena... E aqui está a primeira parte do oráculo cumprida! Sem que Édipo, e nem Laio aliás, tenha compreendido a dimensão real do que acaba de acontecer, ele matou, de fato, seu próprio pai...

Ignorando totalmente sua identidade – tanto a sua quanto a de seu adversário –, Édipo continua seu caminho para Tebas. Claro, o episódio violento que acaba de acontecer é lamentável, ambos erraram na mesma medida, mas Édipo acha que está certo. Afinal, não foi ele quem deu os primeiros golpes. Ele acaba, portanto, esquecendo o caso e chega à sua cidade natal depois de uma longa e sinuosa viagem.

Acontece que a cidade onde ele acaba de chegar é objeto de uma dessas calamidades cuja origem é certamente divina. Ela castiga Tebas, cujo novo rei, que subiu ao trono após a morte de Laio, não é outro senão Creonte, irmão de Jocasta e, consequentemente, tio de Édipo. O flagelo tem um nome: Esfinge, uma mulher que tem corpo de leão e asas de abutre. Ela aterroriza literalmente a cidade propondo um enigma para todos os jovens que ali habitam. Se não conseguem responder, ela os devora, de modo que a cidade começa a ficar singularmente deserta. Aqui está uma das versões – existem outras formulações, mas dizem essencialmente a mesma coisa – do enigma em questão:

> Qual é o animal que de manhã tem quatro pés, ao meio-dia tem dois e à noite tem três, e que, contrariamente à lei geral, é tanto mais fraco quando mais pés tem?

Édipo ouve falar dessa Esfinge e, sem a menor hesitação, apresenta-se como salvador da cidade. Ele fica diante dela e pede que ela lhe proponha o enigma mortal. Assim que ouve o enunciado do problema, não tem dificuldade em resolvê-lo: é claro que se trata do homem que, na manhã de sua vida, quando ainda é um bebê, anda sobre quatro pés, depois sobre dois quando é adulto e, finalmente, sobre três, no fim de sua vida, quando está mais fraco e tem de se apoiar numa bengala.

Vocês já se perguntaram por que a Esfinge propôs precisamente essa pergunta a Édipo e não outra, e por que ele encontrou a solução com tanta facilidade? Evidentemente, há uma ligação entre o enigma e a vida de Édipo. Não é ele, com efeito, que vai encarnar no mais profundo de sua existência e para sua grande desgraça as três gerações ao mesmo tempo? Ele é ao mesmo tempo filho de Jocasta, seu bebê, mas também seu marido, um adulto que se tornará pai de seus outros filhos. Mas ao descobrir seu infortúnio, Édipo também vai se mutilar, vai furar seus olhos, encontrando-se assim obrigado a andar com uma bengala. Se não é difícil para Édipo compreender o enigma é porque este tem uma relação direta com sua vida. No fundo, ele é o enigma – de modo que, quando encontra a solução já está na verdade cego, já é incapaz de entender por que a Esfinge lhe faz essa pergunta e como ele a resolve com tanta rapidez. Sua lucidez é, portanto, apenas muito parcial e é só para o espectador informado que a cena adquire todo seu sentido. Toda sua vida está resumida nas palavras da Esfinge: ele foi abandonado quando bebê, na idade em que ainda andamos sobre quatro pés; é como adulto que o trágico de sua existência se tece e é como velho que ele terá de terminá-la "andando sobre três pés", no bosque das erínias, divindades atrozes que punem os crimes cometidos nas famílias.

Segundo uma antiga profecia, a Esfinge, como as sereias da *Odisseia*, deveria morrer se um dia um humano conseguisse desarmar suas armadilhas, ou seja, resolver um de seus enigmas. Perante Édipo, ela logo se joga do topo das muralhas e se estatela no chão. E a cidade se vê assim livre do monstro. Como podemos imaginar, Édipo então entra na cidade como um verdadeiro herói. Todo o povo de Tebas o festeja, oferece-lhe presentes suntuosos. A multidão aplaude quando ele passa e como a Rainha Jocasta está livre – é uma viúva muito jovem, pois Laio acaba de ser morto –, Creonte, seu irmão, oferece a Édipo, em sinal de agradecimento, a mão de sua irmã e, com ela, o trono de Tebas. Ele lhe deixa o lugar que, aliás, só exerce interinamente.

Assim se cumpre a segunda parte do oráculo: Édipo que, ainda em total ignorância do que orienta sua vida, já matou seu pai, agora se casa com sua mãe. Como lhes disse, ele lhe fará quatro filhos: dois meninos que um dia lutarão até a morte para sucedê-lo no poder, Etéocles e Polinice, e duas meninas, Ismênia e Antígona. Por quase vinte anos, no entanto, tudo corre bem. Édipo administra sabiamente a cidade de Tebas ao lado de sua esposa e mãe, Jocasta, criando seus filhos com atenção.

Infelizmente, quando estes se aproximam da idade adulta, uma terrível epidemia de peste volta a devastar a cidade. Nada pode detê-la. E, como se não bastasse, acontecem coisas ainda piores: ocorrem vários acidentes incompreensíveis, mulheres dão à luz crianças natimortas ou monstruosas, mortes súbitas e inexplicadas se multiplicam, as colheitas se tornam escassas etc. Mais uma vez, o espectador é obrigado a supor, mesmo que não seja dito explicitamente, que o flagelo foi enviado pelos deuses e que será necessário, nessas condições, perguntar-se por que razão. Visto que não se trata apenas de uma epidemia de peste, como na *Ilíada*, mas de uma desordem cósmica tal que o coro, representando os cidadãos da cidade de Tebas, descrita em seu canto inaugural em termos que não deixam nenhuma dúvida, nem sobre sua origem teológica (atribuída ao próprio Ares) nem sobre seus efeitos propriamente cosmológicos, uma vez que as plantas são tão afetadas quanto os homens:

> Ah, sofro de incontáveis males. Todo meu povo é vítima do flagelo e meu pensamento não encontra nenhuma arma para nos defender. Os frutos deste solo sombrio já não crescem na luz e os felizes nascimentos já não coroam o trabalho que arranca gritos das mulheres. Um após outro, podemos ver os tebanos, semelhante a pássaros alados, mais rápidos do que a chama indomável, precipitando-se sobre as margens onde reina o deus do poente (Hades). E a cidade morre nesses incontáveis mortos. Não há piedade para seus filhos estendidos no chão: eles também carregam a morte, ninguém geme sobre eles... Ares, o Brutal, renuncia desta vez ao escudo de bronze. Ele vem envolto num imenso clamor para nos assaltar, para nos consumir... Sobre esse deus, ó Zeus Pai, senhor do relâmpago flamejante, lance o raio, esmague-o.

Como ninguém compreende de onde vem a catástrofe, Édipo envia novamente um mensageiro para consultar o oráculo de Delfos e, excepcionalmente, a Pítia responde com bastante clareza que a peste cessará de devastar a cidade assim que tiverem capturado e castigado o assassino de Laio. Tal crime, com efeito, não poderia ficar impune – o que uma vez mais leva o espectador a pensar que os deuses não apenas acompanham cuidadosamente todo o caso desde o início, mas também são os verdadeiros artesãos dessa história, como indica de maneira indubitável o fato de todas as reviravoltas serem anunciadas pela boca dos oráculos que são os representantes diretos de Apolo.

Édipo ainda não tem a mínima ideia de que ele é o culpado. Ansioso para obedecer ao oráculo, ele conduz uma investigação, depois manda chamar, a conselho de Creonte, o adivinho mais conhecido do reino, o famoso Tirésias, que já encontramos várias vezes em outros relatos lendários. Claro, Tirésias conhece toda a verdade – caso contrário não seria adivinho. Mas está constrangido, para não dizer horrorizado com os segredos que guarda, e experimenta uma relutância insuperável em divulgá-los em público, na presença de um Édipo que ainda se encontra na mais total ignorância. Então este último se zanga, acusa Tirésias de ter armado tudo em cumplicidade com Creonte; em suma, faz tanto barulho que o adivinho acaba cedendo. Conta-lhe tudo: bem, sim, se ele realmente quer saber, foi ele, Édipo, que matou Laio, e este último, segundo o oráculo, era mesmo seu pai, de modo que se casou com sua própria mãe! Jocasta, arrasada, protesta, tenta se persuadir e persuadir Édipo de que o adivinho está delirando. Para convencê-lo, ela lhe dá alguns detalhes sobre o assassinato de Laio, sobre o cruzamento onde ocorreu o drama: não foi um único homem que o matou, mas um bando de bandidos, então não pode se tratar dele! Para completar, ela revela que teve um filho, com efeito, mas esse filho foi exposto. Édipo está apenas meio tranquilizado: a descrição do cruzamento em questão lhe traz algumas lembranças inquietantes, mas afinal tudo isso ainda está bastante confuso...

É nesse momento do drama que um mensageiro chega de Corinto para anunciar a Jocasta e a Édipo a morte daquele que este ainda acredita ser seu pai, Políbio – o que, como vimos, entristece Édipo, mas ao mesmo o tempo o alivia: pelo menos não matou seu pai! Só que o mensageiro deve acrescentar um detalhe bastante funesto: que Édipo não se aflija demais, ele declara, de todo modo Políbio não era seu verdadeiro pai. Ele é uma criança exposta, encontrada por acaso e adotada pelos soberanos de Corinto. Catapimba! Todo o quebra-cabeça se junta de uma só vez. Édipo, para tirar a história a limpo, convoca o pastor que outrora expusera o filho de Laio e Jocasta. Acontece também que esse pastor é precisamente o criado que acompanhava Laio quando este foi morto. Desde então ele se escondeu nas montanhas e foi quem declarou, para ficar tranquilo, que o rei de Tebas havia sido morto por bandidos – o que fez Jocasta pensar que Édipo não poderia ser o culpado. Mas era mentira e agora o pastor confessa tudo: sim, Tirésias e o mensageiro de Corinto estão dizendo a verdade; a criança exposta não é outra senão Édipo e foi de fato uma única pessoa que matou Laio. Todos podem agora somar dois mais dois e reconstruir toda a história: o terrível oráculo de Apolo está finalmente realizado e reconhecido.

Estamos em plena tragédia e, acima de tudo, não devemos esperar um final feliz. Pelo contrário, as coisas só vão piorar. Jocasta se suicida assim que descobre o ponto principal da história. Quanto a Édipo, ao encontrá-la enforcada em seu quarto, ele pega o broche que fecha seu vestido e, com a ajuda da joia, escava literalmente os olhos. Ele os fura com raiva e, como sempre, seu castigo está diretamente ligado a seu "crime" – coloco a palavra entre aspas porque ele, na verdade, nunca quis nada do que aconteceu, de modo que não é de forma alguma responsável. Mas, precisamente, todo seu drama é que ele não viu o que estava para acontecer. Apesar de toda sua inteligência, ele foi *cego* do início ao fim. E como pecou por falta de visão, de clarividência, é também dessa maneira que deve ser punido. À sua cegueira mental responde agora sua cegueira física...

O fim de sua vida também é sinistro. Se seguirmos, aqui também, a versão de Sófocles – existem várias outras, mas esta se tornou canônica –, Édipo deixa imediatamente o trono, que é reassumido, uma vez mais de forma interina, por Creonte. Foge então para Colono, onde ele, o rei honrado por todos como o salvador de Tebas durante quase vinte anos, viverá uma existência miserável de andarilho. Sua filha, Antígona, muito bondosa e com um forte senso de família, o acompanha e cuida dele. Depois ele vai para Atenas, onde reina então um excelente rei, o benevolente Teseu. Passando pela estrada, perto de um pequeno bosque, ele reconhece instintivamente o lugar onde deve morrer: esse bosque, com efeito, pertence às erínias, as terríveis divindades nascidas do sangue de Urano, espalhado sobre Gaia, a terra, depois da castração cometida contra seu pai por Cronos... As erínias, é preciso lembrar, receberam desde sua origem a missão principal de punir os crimes cometidos no seio das famílias. Deste ponto de vista, o pobre Édipo, embora sem ter procurado ou desejado, tornou-se campeão em todas as categorias. É normal, nessas condições, que seja entre as mãos das "benevolentes" que termine sua infeliz existência. Mas esse bosque é sagrado. Alguns criados do rei de Atenas acreditam fazer a coisa certa ao expulsar Édipo desse lugar amaldiçoado. Este último, então, manda buscar Teseu, que, sempre imbuído de bondade e de justiça, chega rapidamente. Ele se compadece de Édipo e o acompanha na morte: a terra se abre, as erínias o levam embora, mas ninguém jamais saberá exatamente onde se encontra o local de seu desaparecimento. Teseu prestará honras fúnebres a Édipo, em sinal de amizade e de perdão por seus crimes involuntários...

Este é, em essência, o roteiro básico, a trama fundamental do mito. Algumas palavras ainda devem ser acrescentadas sobre suas últimas consequências relativas aos filhos do desafortunado herói. Elas estão relatadas, em parte na *Antígona* de Sófocles, mas também na única peça de Ésquilo que chegou até nós que trata desse assunto (havia várias outras, infelizmente hoje perdidas): *Os sete contra Tebas*. Etéocles e Polinice, os dois filhos de Édipo, se comportaram mal com o pai quando souberam de sua verdadeira história. Eles o humilharam, o maltrataram, a ponto deste último acabar invocando a ira dos deuses contra eles. Com sucesso: os dois irmãos se tornarão os piores inimigos do mundo. Na tentativa de resolver a disputa pelo poder, que é deles agora que Édipo está morto, eles decidem reinar revezando-se a cada ano: Etéocles ocupará o trono de Tebas no primeiro ano, Polinice no segundo, Etéocles novamente no terceiro e assim por diante... Só que, uma vez no poder, Etéocles se recusa a devolvê-lo ao irmão. Este último então reúne um exército argivo para retomar Tebas e fazer cumprir o acordo. Esse exército é dirigido por sete chefes, que correspondem às sete portas da cidade que Polinice quer sitiar – daí o título da peça de Ésquilo: *Os sete contra Tebas*. De um lado vemos a águia argiva, que luta sob o comando de Polinice, do outro o dragão de Tebas.

Bem protegida por suas muralhas, a cidade de Etéocles e de Creonte resiste valentemente aos assaltos dos Sete, cujo exército perde lamentavelmente a batalha. Os dois irmãos inimigos se enfrentam em torno da sétima porta e, em combate singular, eles se entrematam. Creonte que, portanto, ainda está no poder, decreta que se enterre com honras aquele que defendeu sua cidade, a saber, Etéocles, enquanto Polinice, que a combateu, terá a suprema humilhação reservada aos traidores da pátria, será privado de sepultura: será abandonado aos cães e aos abutres. E se alguém decidir ir contra esse decreto, será imediatamente condenado à morte!

É nesse ponto que começa a tragédia de Antígona. Embora muito breve, ela fará correr muita tinta, dando origem a uma infinidade de comentários aos quais retornaremos no próximo capítulo. A intriga, no entanto, parece bastante simples: Antígona declara – de acordo com o fim da peça de Ésquilo – que ela deve assumir seu lugar na comunidade que a viu nascer, ou seja, sua família, e isso independentemente dos infortúnios que pesaram sobre ela. A esfera privada deve, para ela, prevalecer sobre a lei da cidade. Ela então desafia as ordens de seu tio, Creonte, e vai enterrar seu irmão. Claro, é presa e condenada à morte. A peça de Ésquilo para por aí. Se continuarmos a história a partir de Sófocles, ficamos sabendo que Creonte, a princípio, é inflexível. Depois, diante das fortes injunções de seus familiares, ele reconsidera sua decisão e pede a libertação de Antígona, que acaba de ser presa e jogada na prisão enquanto aguarda a execução da sentença de morte. Tarde demais! No momento em que chegam para libertá-la, descobrem que ela se enforcou. Como desgraça pouca é bobagem, o filho de Creonte, que era apaixonado por Antígona, se suicida, assim como sua esposa, deixando o velho rei meditar sozinho sobre as consequências de más decisões... Mais tarde, os filhos dos Sete, aqueles que serão chamados de "Epígonos", vão querer vingar os pais. Pegarão em armas novamente e a cidade de Tebas será destruída.

Assim termina o sinistro ciclo das lendas tebanas. Do destino de Édipo e da revolta de Antígona, dezenas de interpretações diferentes foram dadas. O mito fascinou durante séculos e, ainda hoje, não se passa um ano sem que surjam novos trabalhos acadêmicos sobre ele. Mas é, sem dúvida, a leitura psicanalítica que mais marcou o período moderno. É por ela que, portanto, começarei. Farei isso de uma perspectiva crítica porque, como poderão ver por si mesmos, ela oculta o verdadeiro sentido dessa fabulosa lenda.

A interpretação psicanalítica: o esquecimento da Grécia e a incompreensão do verdadeiro sentido do trágico

Todo mundo conhece hoje a tese freudiana: o menino deseja possuir a mãe e se livrar do pai do qual sente inveja. É a partir dessa grade de leitura que muitos psicanalistas empreenderam depois de Freud a leitura dos mitos gregos, começando, é claro, pelo de Édipo. Segundo Freud, é a universalidade desse famoso complexo que explicaria o sucesso igualmente universal da peça de Sófocles. Num artigo muito divertido, tão informado e perspicaz quanto devastador para o reducionismo freudiano, "Édipo sem complexo"[29], Jean-Pierre Vernant fez uma crítica radical às interpretações psicanalíticas

---

29. Cf. J.-P. Vernant e P. Vidal-Naquet. *OEdipe et ses Mythes*, Complexe.

dos grandes mitos. Eis como ele resume a posição freudiana, antes de revelar toda sua falsidade:

> Segundo Freud, escreve Vernant, "é o sucesso constante e universal da tragédia de Édipo que prova a existência igualmente universal, na psique infantil, de uma constelação de tendências semelhantes àquela que leva o herói à sua perdição. Se Édipo rei nos comove tanto quanto inquietava os cidadãos de Atenas, não é, como se acreditava até então, porque ele encarna uma tragédia da fatalidade, opondo a onipotência divina à pobre vontade dos homens, é porque o destino de Édipo é de alguma forma o nosso, porque carregamos dentro de nós a mesma maldição que o oráculo pronunciou contra ele. Ao matar o pai, ao se casar com a mãe, ele realiza o desejo de nossa infância que tanto tentamos esquecer. A tragédia é, portanto, comparável em todos os aspectos a uma psicanálise: ao levantar o véu que esconde de Édipo seu rosto de parricida, de incestuoso, ela nos revela a nós mesmos [...]. Nossos antigos desejos de morte do pai, de união com a mãe, remontam à nossa consciência que fingia nunca os ter experimentado".

Esse resumo da leitura freudiana me parece correto até mesmo na sua conclusão: sim, segundo a interpretação psicanalítica mais corrente, a peça de Sófocles desempenharia o papel de uma análise selvagem: ao revelar subitamente as profundezas de nosso inconsciente, ela teria um efeito emancipador que explicaria seu sucesso ao longo dos séculos, bem como além das fronteiras. Os incontáveis sucessores de Freud retomaram essa visão do mito, cada um tentando refinar as palavras do mestre, entrar muito mais nos detalhes, analisar a menor peripécia da lenda no sentido dessa grade de leitura pretensamente intemporal. Foi assim que Bruno Bettelheim, como freudiano ortodoxo, tentou estender a análise não apenas aos contos tradicionais, mas também aos grandes mitos gregos.

A ideia que ele desenvolve em seu livro agora clássico, *La Psychanalyse des contes de fées* [*A psicanálise dos contos de fadas*. Rio de Janeiro: Paz e Terra, 2014], é que os contos são a projeção, se não na telona pelo menos no relato, dos grandes conflitos psíquicos que animam o mundo da infância – nesse sentido eles lembram em muitos aspectos os sonhos despertos. Um conto é a projeção imaginária, rica em ficções e em relatos, desses grandes conflitos psíquicos que perturbam a vida das crianças, que evoluem também em função da idade e do sexo – existem contos de fadas que afetam mais as meninas, outros mais os meninos. E, claro, o complexo de Édipo ocupa aqui um bom lugar.

Tomemos como exemplo *Ivanhoé*, originalmente um conto em que um rapaz corajoso luta contra um velho ignóbil que trancou uma linda jovem numa masmorra: evidentemente, de acordo com Bettelheim, esta é uma cena maldisfarçada do complexo de Édipo, em que o filho tenta recuperar a mãe que um velho reservou e guardou para ele. O gosto da criança pela repetição das mesmas histórias e sua necessidade de um final feliz obedecem nessas condições à necessidade de controlar o conflito psíquico, de encontrar um desfecho positivo para ele. Mas temos de ir mais longe e não apenas nos colocar do ponto de vista do menino, neste caso representado por Ivanhoé ou por Édipo, mas também considerar a posição dos pais que, por sua vez, reagem evidentemente à agressividade de seus filhos. É nesse sentido que Bettelheim propõe, por exemplo, interpretar *Branca de Neve* como uma história de ciúme materno diante de uma criança amada por seu pai, mas reler toda a lenda dos Labdácidas, desde Cadmo, fundador de Tebas, até Etéocles e Polinice passando por Édipo, à luz dessa hostilidade que os pais manifestam em relação aos filhos dá o seguinte resultado:

> Resumamos as diferentes relações assassinas desses mitos: em vez de aceitar seu filho com amor, Tântalo o sacrifica para seus próprios fins. Laio faz o mesmo com Édipo e esses dois pais acabam sendo mortos. Enômao morre porque tenta guardar a filha para ele, assim como Jocasta, que se apega demais ao filho: o amor sexual pela criança do sexo oposto é tão destrutivo quanto os atos inspirados pelo temor de que a criança do mesmo sexo substitua e supere o pai ou a mãe. Édipo se destrói ao suprimir o pai, como se destroem seus filhos abandonando-o à sua desgraça. É por ciúme, por rivalidade, que os dois filhos de Édipo se destroem. Antígona, que não abandona seu pai Édipo, mas ao contrário compartilha de sua miséria, morre por seu apego excessivo ao irmão Polinice.

Segundo a vulgata analítica, se Antígona permanece virgem, é por amor ao pai, para conservar-se intacta para ele. Quanto a Creonte, ao condenar Antígona à morte, ele provoca a morte do próprio filho, Hêmon, que, apaixonado pela filha de Édipo, se mata ao saber do seu desaparecimento. Se acrescentarmos que Cronos castrou seu pai Urano, que ele mesmo foi destronado por seu filho, Zeus, podemos concluir facilmente que, no fim, todos os mitos gregos giram em última instância apenas em torno de um único e mesmo problema: o complexo de Édipo!

Para compreender a noção grega de destino: a interpretação de Vernant

O que opor então às interpretações psicanalíticas das lendas de Édipo? Muitas coisas, no detalhe, e sobre esse ponto cito uma vez mais o belo artigo de Vernant. Mas, para se ater à essência do caso, a psicanálise aplicada aos mitos gregos passa totalmente ao largo dos elementos fundamentais para sua correta compreensão, a começar por este: Como compreender que a tragédia tenha tido na Grécia uma duração de vida tão precisa quanto limitada – cerca de menos de um século desde seu nascimento no fim do século VI – se não recorrermos à história?

> Na perspectiva de Freud, esse caráter histórico da tragédia permanece inteiramente incompreensível. Se a tragédia extrai seu material de um tipo de sonho que tem valor universal, se o efeito trágico decorre da mobilização de um complexo afetivo que cada um de nós carrega dentro de si, por que a tragédia nasceu na virada do século IV para o V? Por que as outras civilizações o ignoraram inteiramente? Por que, na própria Grécia, a veia trágica secou tão rapidamente para se apagar diante de uma reflexão filosófica que fez desaparecer, ao explicá-las, essas contradições sobre as quais a tragédia construía seu universo dramático?

Uma objeção forte, com efeito, e ainda mais forte porque Vernant propõe tão logo uma resposta crível e erudita às perguntas que ele acabou de fazer.

Sua tese, com efeito, é que a tragédia grega faz parte, não de um complexo universal e intemporal, mas de uma história muito particular, de uma problemática política historicamente atestada: aquela que trata da questão da responsabilidade humana no seio de uma cidade que começa a se organizar democraticamente. Ao racionalizar essa questão, ao esboçar uma tipologia das ações mais ou menos livres, a filosofia, em particular a de Aristóteles, virá substituir a tragédia, colocando então um ponto-final nesse gênero literário tão datado quanto específico da Antiguidade grega. Aqui também, permita-

-me citar Vernant, não apenas para dar a César o que é de César, mas para que vocês possam julgar mais facilmente por si mesmos:

> O brusco surgimento do gênero trágico no fim do século VI, no exato momento em que o direito começa a elaborar a noção de responsabilidade ao diferenciar de forma ainda desajeitada e hesitante o crime "voluntário" do crime "desculpável", marca uma etapa importante na história do homem interior. No contexto da cidade, o homem começa a experimentar a si próprio como agente mais ou menos autônomo em relação às potências religiosas que dominam o universo, mais ou menos senhor de seus atos, tendo maior ou menor controle sobre seu destino pessoal e político. Essa experiência ainda flutuante e incerta daquilo que será a categoria da vontade na história psicológica do Ocidente, se expressa na tragédia sob a forma de um questionamento angustiado sobre as relações do homem com seus atos: Em que medida o homem é realmente a fonte de suas ações? Mesmo quando ele parece tomar a iniciativa e assumir a responsabilidade sobre essas ações, será que a verdadeira fonte não está em outro lugar que não nele? [...] Essa íntima ligação entre um contexto social em que os conflitos de valores parecem insolúveis e uma prática humana que se tornou inteiramente problemática explica por que a tragédia é um momento histórico muito precisamente localizado no espaço e no tempo. Nós a vemos nascer, florescer e depois desaparecer em Atenas no espaço de um século. Quando Aristóteles escreve a *Poética*, no público e entre os autores de teatro, a mola trágica já estava quebrada [...]. Aristóteles, que elabora uma teoria racional da ação procurando distinguir mais claramente os graus de comprometimento do agente em seus atos, não sabe mais o que são a consciência ou o homem trágicos: eles pertencem a uma época para ele passada.

É, portanto, o nascimento da ideia democrática que explicaria a da tragédia, assim como é a da filosofia que explicaria seu fim: ao dar um sentido político à ideia de vontade e de responsabilidade, a cidade grega traz inevitavelmente a questão do destino, do conflito entre liberdade humana e providência divina. Ao propor uma solução racional à questão da responsabilidade humana, ao esboçar uma tipologia das ações livres e voluntárias, portanto passíveis de um castigo, em relação às que não o são e seriam como tais mais "desculpáveis", a filosofia torna pouco a pouco o trágico supérfluo. Poder-se-ia dizer, seguindo assim outro pensador, Clément Rosset, que o ponto de vista moral abole o trágico. Ele substitui a noção de destino pela de castigo.

Simplificando, parece-me que Vernant tem razão, que esta é de fato a mola da tragédia de Édipo, e é nesse sentido, seguindo sua inspiração, que lhes proponho ir ainda mais longe na compreensão do mito elevando-nos da problemática histórico-política cara a Vernant até o nível, com efeito ainda mais elevado, da cosmologia.

Para ir mais longe: a interpretação cosmológica da lenda de Édipo

É sempre presunçoso também se arriscar, depois de tantas interpretações eruditas da lenda edipiana, a uma visão nova. Portanto, é com a maior prudência que vou lhes propor, em vez de acrescentar mais uma leitura moderna, retornar à maneira como os próprios gregos deviam considerar o mito – pelo menos segundo o que Ésquilo diz quando faz discreta, mas claramente, alusão aos relatos sobre o nascimento de Tebas.

O que essas diferentes histórias realmente dizem? Primeiro, e evidentemente, que Édipo não é "culpado", no sentido em que nossa concepção moderna de justiça o entenderia. Édipo, é claro, não soube nem quis nada do que lhe acontece, por assim dizer, do exterior. É evidente, como prova o lugar crucial ocupado pelos oráculos e, com eles, pelos deuses, que ele é o joguete de um destino superior que lhe escapa por todos os lados. Acrescentemos, pois seria um erro esquecer os "pequenos", os sem posição, nesse caso, que os tebanos também não são, como cidadãos simples, como povo, nem de perto nem de longe responsáveis pelas calamidades e outros flagelos que se abatem invariavelmente sobre eles até a destruição final da cidade pelos Epígonos.

Ora, num nível ainda mais geral, é um fato pouco duvidoso que os humanos nem sempre mereceram as calamidades que se abatem sobre eles e devastam suas vidas. As catástrofes naturais, os acidentes e as doenças mortais afetam indiferentemente os homens bons e os maus. São como a chuva, eles não escolhem sobre quem caem e, salvo para afundar na superstição religiosa mais obscurantista, o infortúnio não pode e nem deve ser interpretado como um castigo divino. Portanto, a questão não pode ser evitada: Num mundo em que a justiça e a harmonia cósmicas deveriam dominar, num universo justo, belo e bom no seio do qual os deuses são onipresentes e interferem em tudo, como compreender tal injustiça? Que sentido dar a esse escândalo que é o infortúnio humano quando ele parece perfeitamente injustificado? Mesmo que possua muitas outras conotações – "harmônicas" –, o mito de Édipo responde sobretudo a essa questão. Seu estudo aparece assim como um complemento indispensável ao que vimos nos capítulos anteriores tanto a respeito da construção da ordem cósmica por Zeus como também da sua preservação por heróis como Teseu ou Héracles: a tragédia edipiana vem por assim dizer deixar claro o significado e, sobretudo, os limites dessa famosa harmonia cósmica que ocupa o centro da visão grega do mundo, pelo menos tal como a teogonia e a mitologia vão legá-la à filosofia antiga.

A vida de Édipo vira um pesadelo ao passo que, para falar como as crianças, caso tenha agido mal, em todo caso "foi sem querer". Portanto, não é por razões morais que ele é, não literalmente, punido, mas atingido pelo destino, e este é um elemento essencial do trágico tal como os gregos o imaginaram: os infortúnios que atingem os heróis trágicos não podem nem devem ser concebidos a partir de um ponto de vista ético, como castigos que viriam, por assim dizer, reparar um erro que teriam cometido. Se é verdade que Édipo de fato matou o pai e se casou com a mãe, a culpa não é dele. Ele foi o joguete do destino, ou seja, dos deuses, como confirma sem a menor ambiguidade o fato de seu futuro ser anunciado em várias ocasiões por oráculos que sabemos representar apenas as vontades divinas.

Trata-se aqui de um elemento do qual o próprio Édipo tem plena consciência e que o espectador das peças de Sófocles também tinha em mente, como evidenciam várias passagens de *Édipo em Colono*, por exemplo esta cujo contexto menciono antes de citá-la: Édipo, que furou seus olhos, que portanto se cegou voluntariamente, é conduzido por sua filha Antígona a Colono, uma cidade da Ática muito próxima de Atenas onde Teseu, então rei, faz reinar a justiça. Há ali um pequeno bosque, que pertence às erínias, divindades aterrorizantes cuja principal missão, como vimos, é punir os crimes cometidos nas famílias. Provavelmente inspirado pelos deuses, Édipo sabe que é nesse lugar que a morte o espera, que é ali que seu caminho termina, mas quando os habitantes da cidade o veem, eles ficam assustados e, conhecendo sua lenda, querem tão logo expulsá-lo dali, pois temem que um castigo divino venha puni-los se abrigarem um homem que matou o pai e dormiu com a mãe. Eles são, na peça de Sófocles, representados pelo coro e por seu chefe, o corifeu. Antígona então defende a causa de seu pai. Ela lembra que ele é inocente dos crimes que cometeu, já que era apenas o joguete do destino, que não fez nada intencionalmente. Tocado por seus argumentos, o corifeu lhe responde antes de Édipo dirigir-lhe, por sua vez, uma súplica:

> O Corifeu: Vá! Saiba, filha de Édipo, nossa compaixão é igual por ele e por você quando consideramos seu destino, mas tememos os deuses...
> Édipo: – Então, para que servem a glória e a boa reputação? Elas se foram, estão perdidas? Pois nos dizem que Atenas é a mais piedosa das cidades, única capaz de salvar um hóspede em perigo, única capaz de defendê-lo. Mas quando se trata de mim, tudo isso teria desaparecido?... É meu nome que os assusta? Porque certamente não sou eu nem meus atos! Pois meus atos, eu os sofri e não os cometi, se me é permitido evocar também os de meu pai e de minha mãe (passagem crucial em que vemos que Édipo, e também o espectador, compreende que seu destino não apenas lhe escapa, mas que provêm dos crimes cometidos por seus ancestrais, não por ele). E seria, no entanto, por esses mesmos atos que você hoje me rejeita com pusilanimidade para longe, como percebo agora? Mas sou um criminoso nato? Simplesmente retribuí o mal que me fizeram [...]. Foi sem saber de nada que cheguei aqui onde estou... Que os deuses o inspirem aqui. Não esconda o brilho desta ilustre Atenas prestando-se a impiedades.

E, de fato, os habitantes vão finalmente aceitar a presença de Édipo em seu território. Teseu, que se junta a eles, irá ao seu encontro e o conduzirá ao coração do bosque das erínias até o lugar onde as benevolentes vão levá-lo e conduzi-lo ao Hades.

O trágico move-se, pois, inteiramente fora da moral. Essa é uma das suas molas mais essenciais, como veremos em breve ao analisar o caso de Antígona. Acrescentemos que Édipo, por outro lado, é um homem íntegro, de uma inteligência excepcional. Ele possui uma coragem e um senso de justiça fora do comum. É ele que persegue o culpado do assassinato de Laio sem saber que se trata dele e, quando o descobre, inflige a si mesmo o pior dos suplícios. Ele está longe de ser recompensado por isso, pois não só sua existência assume a aparência de um verdadeiro inferno como, apesar de toda sua inteligência, ele será do começo ao fim o joguete de eventos e de forças cegas que estão além dele e que ele nunca compreenderá – pelo menos até que seu fim trágico coloque um ponto-final aos seus terríveis sofrimentos. Como é possível uma tal negação de justiça? Como contemplar um destino tão trágico quanto injusto sem julgar que o mundo, longe de ser um cosmos harmonioso, não é senão um tecido de loucuras ordenadas por deuses maus que brincam com os homens como fariam crianças que se divertem arrancando as asas das moscas ou esmagando formigas?

Para responder a essas questões, é preciso colocar-se não apenas, como faz Vernant, de um ponto de vista histórico-político, mas também de um ponto de vista cosmológico. Eis, parece-me, o princípio geral da solução: uma vez o cosmos desordenado, é impossível restabelecer a ordem sem causar danos colaterais consideráveis. É por isso que, por exemplo, quando o pai cometeu um crime atroz, talvez as gerações seguintes paguem por ele, não porque elas sejam literalmente responsáveis ou culpadas, mas porque a ordem não pode voltar ao estado em que as coisas estavam de repente, como num passe de mágica. Claro que não somos responsáveis pelo que nossos pais fizeram, mas ainda assim não é menos verdade que as ações deles nos comprometem e que a maneira como conduziram suas vidas pode ter repercussões consideráveis na nossa, queiramos ou não, saibamos ou não. Se eles, por exemplo, pecaram gravemente por *hybris*, é possível que a ordem do mundo seja afetada e, uma vez o cosmos danificado, ele não se repara num piscar de olhos. Leva tempo, e esse tempo é exatamente o do infortúnio dos homens, mesmo daqueles que são inocentes. Por isso é necessário, se realmente quisermos compreender o mito de Édipo e não nos limitarmos aos clichês usuais da psicanálise ou da filosofia moderna, retroceder bem aquém do próprio Édipo. É no que precede seu nascimento que encontraremos a origem de seus males.

Essa concepção do mundo poderá parecer para nós, modernos, bastante ultrapassada. Ela pode, com razão, chocar em relação aos nossos critérios morais de hoje. Adquirimos, com efeito, o hábito de considerar que um castigo nunca deve recair sobre alguém que não fez nada de errado: exceto em países totalitários, não pensamos mais em punir as crianças pelo comportamento de seus pais. No entanto, veremos que ele não tem nada de absurdo e poderíamos dar uma infinidade de exemplos que ainda hoje ilustram o fato de que um mundo *desregulado*, tanto no plano social como natural, aniquila seres que não têm nada a se recriminar em especial. Todos sabem, aliás, para falar a linguagem coloquial dos provérbios, que os filhos pagam pelos erros dos pais...

A maldição original, chave de um destino cego

A verdade é que uma antiga maldição pesa desde o início sobre toda a linhagem dos reis de Tebas, e essa maldição, ligada a um desregulamento inicial que só pode terminar após a restauração da ordem na família e na cidade. Ora, esta última passa, no fim, à maneira dos mitos de Deucalião ou de Noé, pela destruição total dos protagonistas. Os desafortunados não podem fazer nada a respeito, e é isso que é trágico. Eles estão cercados por um destino que lhes escapa e que os esmaga não importa o que façam, pois essa maldição remonta a um tempo bem distante. Ela está sobretudo ligada, se começarmos pela geração imediatamente anterior a Édipo, a de seu pai, ao crime outrora cometido por Laio contra o filho de Pélops, que é filho de Tântalo. É preciso saber que Pélops acolheu e criou Laio como se ele fosse um membro de sua família. Este último, por razões que não comentarei aqui, passou toda sua infância na casa dele. Mas um dia, Laio se apaixona pelo jovem Crísipo, filho de Pélops, e tenta violá-lo. O jovem, horrorizado, se suicida, e Pélops, louco de raiva e dor, lança então uma terrível invocação aos deuses: se Laio tiver um filho, que este o mate – sempre a mesma proporção entre o erro e a punição – e que a cidade de Tebas seja destruída. Segundo alguns mitógrafos, Hera e Apolo nunca perdoarão os tebanos por terem colocado Laio à frente de sua cidade sem jamais terem cogitado em punir seu crime.

Todo o resto se encadeia de maneira implacável: Apolo, *via* seu oráculo, previne os esposos, Laio e Jocasta, que se tiverem um filho, a catástrofe se abaterá sobre eles. Além disso, Laio não gosta muito de mulheres, prefere bem mais os rapazes. É, portanto, segundo a maioria das versões do mito, sob a influência da bebida e já num estado avançado de embriaguez, que ele faz amor com ela e gera o pequeno Édipo.

Eis o que o coro diz a esse respeito na tragédia de Ésquilo:

> Penso, com efeito, no erro antigo, logo punido, mas cujo efeito se estende até a terceira geração, no erro de Laio, surdo à voz de Apolo que, por três vezes, em seu assento fatídico de Pito, umbigo do mundo (aqui encontramos uma alusão ao Ônfalo, o umbigo do templo

de Apolo), havia declarado que ele deveria morrer sem filhos se quisesse salvar sua cidade. Mas, cedendo a um desejo insano (Laio está sob o efeito da bebida quando faz amor com Jocasta…), ele engendrou sua própria morte, Édipo, o parricida, que, no sulco sagrado de uma mãe onde fora alimentado, ousou plantar uma raiz sangrenta. O delírio unira esses esposos ensandecidos (ainda é o álcool que explica o esquecimento da recomendação de Apolo…). Um mar de males lança suas vagas sobre nós. Quando uma rebenta, ela levanta outra três vezes mais forte, que troveja fervilhando contra a popa da nossa cidade… Pois eis a realização do terrível acerto das antigas imprecações…

E, um pouco mais adiante, descobrimos, absolutamente dentro da mesma lógica, que se Polinice, "o augusto sétimo chefe", é morto por seu irmão, este é um efeito direto da vontade de Apolo. O deus reservou-se o direito de cuidar ele mesmo da sétima porta, aquela onde se dá o combate mortal entre os dois irmãos, "a fim de executar na raça de Édipo o castigo do erro antigo de Laio".

As coisas não poderiam ser ditas de maneira mais clara e é inútil procurar em outro lugar, em considerações psicológicas quaisquer. Aliás, a sequência da peça insiste várias vezes nesse ponto: todos os descendentes de Laio são vítimas de um destino que lhes escapa, pelo qual não são responsáveis, que responde à vontade dos deuses, neste caso representados por Apolo. O mesmo vale para Antígona, que explica sem rodeios sua vontade de enfrentar a morte ao infringir as ordens de Creonte como uma escolha, certamente livremente consentida, mas situada, no entanto, num contexto em que nada o é, em que tudo é forçado, determinado de antemão pelo destino cósmico e pelos deuses:

"Estamos forçosamente ligados, diz ela, pela comunidade no seio da qual nascemos, filhos de uma mãe miserável e de um pai infortunado. Por isso minha alma compartilha voluntariamente seu infortúnio involuntário e, viva, testemunha ao morto (Polinice) seus sentimentos fraternos. Suas carnes não serão pasto de lobos de barriga vazia; que ninguém acredite nisso, pois conseguirei, ainda que mulher, encontrar um túmulo para sepultá-lo…"

Belo paradoxo, que resume perfeitamente o trágico da história: Antígona age livremente, por vontade. Ela mesma toma sua decisão, com plena consciência do perigo que corre, mas o faz, contudo, numa situação em que tudo também lhe escapa, e em que sente que não pode, na verdade, agir de outra forma, pois ela pertence à sua família, muito mais do que sua família lhe pertence. Sendo assim, está ligada à maldição que pesa sobre ela desde as origens, e nada poderá fazê-la mudar de rumo.

Assim como a psicanálise, em suas interpretações do mito, deu lugar de destaque ao inconsciente, o feminismo, mas também as antifeministas, pois o texto de Ésquilo pode ser lido nos dois sentidos, muito comentaram sobre o fato de Antígona ser uma mulher, de encarnar desse modo, por assim dizer "naturalmente", a lei do coração, da esfera privada, contra a lei, seca e racional, dos homens e da cidade, dos machos e do coletivo etc. Não é impossível que essas conotações de hoje estejam de alguma forma presentes no mito. É até provável, pois os gregos não eram mais idiotas do que nós e tinham ideias próprias sobre os homens e as mulheres, sobre o inconsciente, sobre a vida das paixões e sobre outros temas caros à psicologia contemporânea. Mas essa certamente não é a chave do mito, e essas preocupações não têm nada de essencial, a não ser aos nossos olhos de modernos, "deformados" por lentes talvez legítimas, mas certamente diferentes das dos gregos.

Não há razão alguma para não acreditar em Ésquilo: não se trata nessa tragédia de psicologia, mas de cosmologia e do destino cego – o que é bem diferente do inconsciente pessoal – que restabelece a ordem quando o sistema cósmico foi, por uma razão ou outra, desregulado. E desde que os homens existem, desde que Pandora e Epimeteu os engendraram, as desregulações abundam: elas são inevitáveis, pois constituem, como sabemos agora, a própria mola da vida, da história como tal. Se as gerações não existissem, o cosmos ficaria paralisado por toda a eternidade num tédio total. Mas a existência de gerações é também o risco constante de derrapagens trágicas. Razão pela qual seria necessário, na verdade, retraçar toda a história de Tebas desde sua fundação por Cadmo, para compreender até em suas raízes a maldição que atinge Édipo. Por enquanto citei apenas Laio e o crime cometido por ele contra o filho de Pélops. Mas é desde a origem que o verme está no fruto.

Primeiro, Cadmo casou-se com Harmonia, que, apesar do nome, já é fruto de certa desordem por ser filha de Ares e de Afrodite, de uma união capenga e proibida – Afrodite é oficialmente casada com Hefesto – entre a guerra e o amor... Mas não é só isso, há mais, muito mais: Cadmo, para fundar sua cidade, teve de recorrer aos serviços dos "semeados", aqueles famosos "espartanos" que nasceram dos dentes de um dragão que guardava a nascente de Ares e que Cadmo matou para encontrar a água necessária ao sacrifício da vaca que lhe mostrara o local onde fundar sua cidade. Ora, esses famosos "semeados", são cinco, são homens de guerra, forças arcaicas, próximas do caos original, da terra, dos titãs, de Tifão. Nos quais encontramos um tema cosmológico maior, fora do qual é impossível compreender seja o que for das lendas que cercam, como a de Édipo, toda a história da cidade de Tebas. Além disso, um desses "semeados", que participa da fundação da linhagem de Édipo, chama-se Equíon, e seu nome evoca inevitavelmente o monstro Équidna, a famosa companheira, meio-mulher, meio-víbora, de Tifão... O destino dos descendentes de Cadmo será muitas vezes terrível, sempre tempestuoso, como o de Penteu, seu neto que o sucede no trono de Tebas e que acabará dilacerado pelas bacantes de Dioniso.

Sem entrar aqui nos detalhes dessa longa história, fica claro que o destino que pesa sobre Édipo e Antígona vem de muito longe e que nenhum deles pode fazer rigorosamente nada a respeito, não mais do que os jovens devorados pela Esfinge, ou as populações dizimadas em Tebas pela peste. É assim. As calamidades foram expulsas do Olimpo pelos deuses, pelo menos desde que derrotaram os titãs, desde que Zeus operou a partilha original, repartiu o mundo de acordo com a justiça para que finalmente ele fosse um cosmos harmonioso e bom, pelo menos lá no alto, no Olimpo, mas não aqui embaixo! Em nossa terra, deve haver desordem uma vez que existe tempo e vida: é inevitável. A prova? Se quiséssemos a todo custo evitar que haja um pouco de caos na terra e, consequentemente, de injustiça, a única maneira de consegui--lo seria suprimir a história, as gerações, ou seja, os humanos mortais. É por isso que, desde a famosa partilha original, todos os infortúnios lhes foram reservados. E não pode ser de outra forma. Na verdade, alguns ainda por cima buscam mais dificuldades. Como dizem nas famílias, eles as mereceram! É o caso de todos aqueles que pecam por *hybris* e que são responsáveis por seus atos. Mas existem outros, e é de longe a maioria, que não são responsáveis por nada. Existem males que às vezes são transmitidos de geração em geração, como uma doença, uma tara genética – só que no caso presente essa tara está ligada a uma desregulação cósmica pela qual, eventualmente, um ancestral foi mais ou menos responsável, mas que sempre lembra que a ameaça representada pelo caos inicial nunca poderá desaparecer, pois é consubstancial à vida e à história dos homens.

Às vezes, pode ser que os deuses, por mais injusto e cruel que possa parecer, precisem consertar o sistema, restaurar sua ordem mediante a aniquilação em primeiro lugar de toda a linhagem daqueles que são os herdeiros da ruptura inicial do equilíbrio. Isso talvez explique, ao menos aos olhos dos espectadores da tragédia, como e por que os males mais atrozes caem sobre a humanidade como uma chuva. É assim, simplesmente, e não há nada que possamos fazer a respeito, pois essas aflições pertencem essencialmente ao nosso estatuto: o de mortais imersos numa vida e numa história que incluem constantemente a possibilidade de um mal com o qual se deve aprender a viver.

É uma sinistra lição de vida, talvez, mas ainda assim cheia de verdade e de sabedoria. Em primeiro lugar, muito simplesmente porque ela é factualmente verdadeira: sim, a existência humana é às vezes, para não dizer sempre, trágica, uma vez que o infortúnio acontece sem que possamos dar-lhe um sentido. Erramos quando fazemos tudo para esquecê-lo. Hoje, assim que o mal nos atinge injustamente, logo nos entregamos à mania moderna que consiste em procurar os "responsáveis". Um rio transborda e afoga alguns campistas... Claro que a culpa é do prefeito, do subprefeito, do ministro, todos incompetentes, para não dizer nocivos! Um avião cai... Rápido, comecemos um processo para identificar os culpados e colocá-los no pelourinho. Seja o telhado de uma escola que desmorona, uma tempestade que derruba árvores, um túnel onde irrompe um incêndio, precisamos a todo custo de uma explicação humana, um erro moral que deve ser estigmatizado com urgência. Sejamos honestos: em nenhum lugar a loucura dos modernos é mais evidente do que nesta atitude. Nós, humanos, estamos tão convencidos de que somos os senhores absolutos do mundo, os detentores de todos os poderes, que sem perceber começamos a pensar que controlamos tudo, inclusive as forças naturais, as catástrofes e os acidentes! Ora, é simplesmente delírio, no sentido literal do termo: uma negação da realidade. A verdade é bem diferente, pois apesar de todos os poderes, com efeito gigantescos, que a ciência nos dá, o fato é que o destino nos escapa e sempre nos escapará e por todos os lados. Não só o acaso faz parte da vida, não só a contingência é inerente à história, como além disso somos partes interessadas de contextos tão variados, tão complexos e ramificados, que pretender controlar tudo o que acontece aos homens é pura e simplesmente grotesco.

A sabedoria dos gregos vai no caminho inverso. Para eles, trata-se de aceitar a absurdidade do mundo como ele é, de tentar amá-lo como ele é. Uma sabedoria no presente, de certa forma, que nos convida a "lidar com". Não uma resignação, mas um incentivo a desenvolver a nossa capacidade de acolhimento, de abertura ao mundo, a aproveitar a vida enquanto ela está aí, enquanto vai bem, o que supõe uma certa relação com o tempo que em grande parte perdemos. Tal é a convicção, simples e profunda, que se expressa na sabedoria grega na forma como o estoicismo, em particular, vai popularizá-la. No qual descobrimos um pensamento que já encontramos muitas vezes, ou seja, para ser salvos, para aceder à sabedoria que reside na vitória sobre os medos, devemos aprender a viver sem nostalgia do passado nem temores supérfluos do futuro, o que supõe que deixemos de habitar permanentemente essas dimensões do tempo que, aliás, não têm existência alguma (o passado já não é e o futuro ainda não é), para se ater na medida do possível ao presente. Como diz Sêneca em suas *Cartas a Lucílio*: "É preciso suprimir essas duas coisas: o temor do futuro, a lembrança dos males antigos. Estes já não me dizem respeito e o futuro ainda não me diz respeito" porque, diz ele, de tanto se preocupar com essas dimensões fictícias do tempo, acabamos simplesmente "deixando de viver".

Podemos talvez objetar que os heróis trágicos parecem em todos os aspectos distantes dessa sabedoria, que para eles o destino reservado pelos deuses parece imundo, insuportável, para não dizer revoltante. Além disso, podemos imaginar que o espectador da tragédia devia pensar mais ou menos a mesma coisa: ele certamente devia dizer a si mesmo que toda essa história era aterradora e que o real, por ser desejado e guiado pelos imortais, era tão pouco reconfortante quanto amável. Em outras palavras, como conciliar a sabedoria grega do amor ao real, da reconciliação entre o presente e o sentimento trágico que vai no caminho inverso e que nos faz pensar que, mesmo desejado pelos deuses e, sem dúvida, afinal, harmonioso, o mundo é insuportável para muitos de nós?

Com essa pergunta bastante simples, tocamos, creio, no cerne das maiores dificuldades inerentes à visão cosmológica e divina do universo. Podemos, parece-me, dar-lhe três respostas diferentes.

A primeira, que é sem dúvida a que melhor concilia a sabedoria do amor ao mundo e à realidade do trágico, consistiria em dizer algo mais ou menos assim: saibam, pobres humanos, que, a exemplo de Édipo, o destino não lhes pertence e que ele sempre pode dar errado, pegar de volta o que lhes deu. Durante vinte anos, quando era rei de Tebas, feliz com Jocasta e seus filhos, Édipo viveu na glória e na felicidade. Tudo isso lhe foi tirado. Pior ainda: aquilo mesmo que havia participado da construção de sua felicidade, ou seja, o fato de ter matado o pai e se casado com a mãe, tornou-se o princípio fundamental da catástrofe absoluta. Moral da história: como Jocasta diz a Édipo numa passagem da peça de Sófocles já citada, é preciso aproveitar a vida quando ela é boa, quando vai bem, nunca a desperdiçar com tormentos inúteis. Sabendo que, de todo modo, ela acaba mal, é preciso aproveitar o presente, os vinte anos resplandecentes em Tebas, e seguir o famoso princípio do "Carpe diem" de Horácio: receber e amar cada dia como ele vier, sem se fazer perguntas inúteis. O sábio é aquele que vive no presente, não por falta de inteligência, por ignorância do que pode acontecer, mas simplesmente porque sabe muito bem que um dia ou outro tudo vai dar errado e que é preciso saber aproveitar aqui e agora o que nos é dado. É, de certa forma, a versão minimalista da sabedoria estoica.

A versão maximalista vai, é claro, muito mais longe, e ela também nos convida a amar o real, mas em todas as suas facetas, mesmo quando ele é trágico e dilacerante. Nessas condições, o sábio não se limita a amar apenas o que é amável. Isso, todos podem. Ele é aquele que consegue o que Nietzsche chamará de *amor fati*, amar o mundo como ele é, não apenas quando ele é amável – isso seria fácil demais –, mas também quando ele é, como é o caso da tragédia de Édipo, atroz:

> Minha fórmula para o que há de grande no homem, diz Nietzsche, é *amor fati*: não querer nada além do que está, nem diante de você, nem atrás de você, nem nos séculos dos séculos. Não se conten-

tar em suportar o inelutável, e muito menos em escondê-lo de si mesmo – todo idealismo é uma maneira de mentir para si mesmo diante do inelutável –, mas em *amá-lo*[30].

Em outras palavras, que poderiam ser aquelas da sabedoria antiga no que chamo aqui por comodidade de sua versão "maximalista", nunca se deve habitar nas dimensões não reais do tempo, no passado e no futuro, mas, ao contrário, tentar habitar na medida do possível o presente, dizer-lhe "sim" com amor mesmo quando ele é terrível – numa "afirmação dionisíaca", como diz Nietzsche em referência ao deus do vinho, da festa e da alegria.

Gostaria realmente de amar essa ideia, mas, para falar a verdade, nunca acreditei nem por um segundo que ela seja praticável, que seja possível dizer "sim" com alegria diante da morte de uma criança, de um desastre natural ou de uma guerra e, à sua maneira, o triste fim de Édipo é prova suficiente de que a tragédia grega pouco tem a ver com essa visão das coisas, sem dúvida grandiosa no papel, mas ainda assim absurda na vida cotidiana. Pessoalmente, nunca consegui compreender como é possível, à maneira de Nietzsche, de Espinosa ou dos estoicos, dizer "sim" a tudo o que acontece. Além disso, nem mesmo tenho certeza de que isso seja desejável. O que significaria dizer "sim" a Auschwitz? Disseram-me que o argumento é vulgar. Que seja, sejamos vulgares e assumamos que: de fato, nunca consegui obter o menor embrião de uma resposta apenas crível a essa pergunta, aliás trivial, de meus amigos estoicos, espinosistas ou nietzscheanos, e é isso que me impede, ainda hoje, de compartilhar seus pensamentos. De resto, repito, o próprio Édipo não consegue mais do que você ou eu fazê-lo, aderir ao horror.

Resta, portanto, entre a sabedoria minimalista que, diga-se de passagem, me parece muito bela e já bastante difícil de praticar tanto quanto necessário, e a maximalista, que não tem sentido algum na realidade humana, tentar pensar no último caminho, aquele que, para mim, a tragédia grega desenha nas entrelinhas, de maneira quase implícita ou sub-reptícia. Evidentemente, Édipo não diz "sim" alegremente a seu destino e seria preciso ter muita má-fé para afirmar que os espectadores se deleitam em ver o cosmos, a ordem divina, retomar seus direitos legítimos contra os pequenos humanos que ele

---

30. *Ecce homo, Pourquoi je suis si sage* [NIETZSCHE, F. *Ecce homo: como alguém se torna o que é.* São Paulo: Companhia de Bolso, 2008].

tritura, aliás, de maneira tão brutal. Isso significa dizer, sob o pretexto de que Édipo não pensa nem age como um estoico, um espinosista ou um nietzscheano faria em princípio, que ele não é um sábio? Não tenho certeza. Pois me parece que ele nos deixa uma mensagem interessante diferente daquela do *amor fati*. É claro que, como um grego que acredita em seu mundo e em seus deuses, ele aceita em parte seu destino, como evidencia o fato de que ele mesmo se pune. Ele fura os olhos e abandona o trono para terminar miseravelmente e essa é uma escolha sua, na verdade a única escolha que ainda lhe resta. Mas, para tanto, por sua vida mesma, por seu sofrimento exibido que nada tem de um amor pelo presente, ele se revolta, ele protesta, ele grita que algo está errado, e sua filha, Antígona, ainda mais do que ele, mas na mesma direção, segue os mesmos passos. Não que ambos contestem a ordem fundamental do universo em que estão imersos: pelo contrário, Antígona diz claramente que ela pertence à sua família e que não pode fazer nada a esse respeito. Mas, precisamente, há algo que destoa: essas pessoas são formidáveis, Édipo é sábio, inteligente, benevolente, honesto; Antígona é corajosa, leal, fiel a ideais que manifestam uma nobre ética e, no entanto, eles são esmagados. E isso não convence e exige uma meditação mais profunda.

Essa triste história nos ensina sobretudo a compreender melhor a condição humana, a perceber melhor que o infortúnio é parte integrante e inevitável da vida dos mortais, porque também ele é sempre injusto, absurdo e insensato. É isso que o coro, na tragédia de Sófocles, diz melhor do que ninguém:

> Pobres gerações humanas, a soma de suas vidas é igual ao nada. Quem é, pois, esse homem que obtém mais felicidade do que a necessária para aparecer, e depois essa aparência dada desaparece do horizonte? Tendo seu modelo como exemplo, seu próprio destino, ó infeliz Édipo, não posso mais julgar feliz quem quer que seja entre os homens. Ele havia mirado mais longe, tornara-se senhor de uma fortuna e de uma felicidade completas. Ele havia destruído, ó Zeus, a virgem das garras curvadas, a voz de oráculos (a Esfinge, é claro, assimilada de maneira significativa a uma declamadora de oráculos, o que confirma a interpretação do enigma que ela submete a Édipo e que tem a ver com o sentido de sua trajetória na vida). E foi assim, Édipo, que você fora proclamado nosso rei, que recebera as mais altas honras, que reinara sobre a poderosa Tebas. E agora, quem poderia ser considerado mais infeliz do que você?

[...] O tempo que tudo vê acabou por encontrá-lo, você que não agira de propósito [...].

E medimos assim até que ponto o que as filosofias da felicidade hoje chamam sem nuanças "a sabedoria grega" é muito mais complexa do que pensamos a partir do momento em que levamos em conta o pensamento trágico que a habita. Apreendemos assim as razões que advogam paradoxalmente a favor de uma sabedoria do amor ao mundo, que nos convida a nos abster na medida do possível de ruminar as lembranças dolorosas ou de fantasiar sobre futuros radiantes. Mas para além dessa primeira lição, que vai ao encontro do que chamei de sabedoria "minimalista", se Édipo e Antígona se tornam para nós, como já para os gregos, heróis, personagens lendários de alguma forma positivos, é porque eles testemunham como ninguém mais, por seu próprio sofrimento, o que a condição humana tem de singular no seio da ordem cósmica. Existe aí uma espécie de fermento do futuro humanismo. Assim como Prometeu, na peça de Ésquilo, revolta-se contra os deuses em nome do homem, o espectador das tragédias de Sófocles provavelmente começava a pensar, ainda que fugazmente, que era preciso ser capaz de mudar este mundo, de melhorá-lo, de transformá-lo e não apenas de interpretá-lo. De todo modo, existe, com certeza, uma espécie de grão de areia no sistema e ele tem um nome: essa pedrinha no sapato é o homem. Antígona, ainda que fale em nome dos deuses ao defender uma moral do coração, é uma revolucionária, uma humanista – é a mesma coisa, neste caso – que talvez se desconheça mas que nós não podemos ignorar. Muito mais que ao *amor fati*, à rendição ao mundo como ele é, ela nos incentiva à crítica daquilo que é. E é isso que ela tem de propriamente humano, que não pode ser reduzido à ordem, não pode ser assimilado nem pelos deuses, nem pelo cosmos. Será preciso esperar o nascimento do humanismo, com Rousseau e Kant, com a Revolução Francesa, para dar pleno direito a essa ideia prometeica – e o termo assume aqui seu sentido pleno, pois, como vimos, Prometeu foi o primeiro que, de acordo com Platão, viu nos humanos seres que não são nada no início, mas para os quais tudo é possível depois, inclusive a revolta contra a ordem do mundo. Para mim, e aqui reside toda a grandeza da tragédia de Édipo: a principal certamente, ela responde favoravelmente, no próprio coração da cosmologia grega, a essa ideia de humanidade com potencial subversivo praticamente ilimitado.

15
ANTÍGONA
A lei do coração contra a razão de Estado

Preâmbulo

Algumas palavras sobre a etimologia, o vocabulário e a história da tragédia, antes de entrar no cerne deste tema incomparável e de abordar o sentido do combate de Antígona contra a razão de Estado encarnada pelo rei de Tebas, Creonte, seu tio. Primeiro sobre a etimologia que sempre deixa pensativos os melhores especialistas: tragos/odè: "o canto do bode"! Em seu livro sobre a tragédia, a própria Jacqueline de Romilly confessa sua perplexidade, suas hesitações, na verdade sua incapacidade de decidir entre as duas interpretações geralmente dadas a essa etimologia. Uma única certeza, porém, antes de evocar esses dois pontos de vista, é que a origem da tragédia é claramente religiosa, pelo menos num sentido muito particular, uma vez que, e neste ponto todos concordamos, as tragédias só eram representadas por ocasião das festas, as Dionísiacas ou os concursos de ditirambos (poemas que consistiam num diálogo entre um personagem e um coro), organizadas em homenagem a Dioniso. Daí as duas hipóteses apresentadas. Para alguns, a alusão ao bode se referiria simplesmente ao tíaso, ao cortejo de Dioniso que sabemos ser composto de sátiros, portanto de seres meio-homens, meio-bodes. Para outros, dado que nunca se trata de bodes nas tragédias, nem mesmo de Dioniso, na maioria das vezes (certas peças, como As bacantes, de Eurípides, são de fato dedicadas a ele, mas não constituem o essencial dos temas trágicos, longe disso), dever-se-ia antes adotar a ideia de que o bode fazia parte dos prêmios recebidos pelo vencedor dos concursos de poesia organizados em homenagem ao deus do vinho e da festa – a menos que, variante dessa segunda hipótese, o "canto do bode" não se refira aos gritos do animal que era sacrificado em homenagem ao deus.

Parece-me que, ao considerar a história da tragédia, e não apenas a etimologia da palavra, podemos, no entanto, avançar algumas certezas sobre o sentido desse gênero literário singular, na verdade único, como vimos na afirmação de Vernant a respeito de Édipo, em l'Histoire et la géographie. Sabemos, com efeito, desta vez com toda certeza, como demonstrou Jacqueline de Romilly, que foi entre 536 e 533 que a primeira tragédia foi representada em Atenas para a grande festa das Dionisíacas. Era uma obra de um autor hoje esquecido – ou cuja notoriedade, pelo menos, não é a de Sófocles, de Ésquilo ou de Eurípides: Téspis. Ainda assim, a data desse pontapé inicial é significativa. Nessa data, com efeito, Atenas estava sob o domínio de Pisístrato, o único tirano que ela conheceu, e Pisístrato, que também mandará colocar por escrito as obras de Homero, era um fiel absoluto do culto de Dioniso – como testemunha, entre outras coisas, o famoso templo de Dioniso que ele mandou construir ao pé da acrópole. Como observamos no capítulo anterior dedicado a Édipo, esse gênero literário durará menos de um século no total – e qualquer que seja a interpretação que se dê ao seu nome, o essencial, o que não deixa dúvidas, é que ele está ligado ao culto de Dioniso.

Mais algumas palavras sobre o vocabulário da tragédia para que aqueles que não o conhecem bem não se percam no caminho.

Na tragédia antiga, o personagem central, por assim dizer, era o coro. Dado que o teatro trágico era um espetáculo ao mesmo tempo popular e nacional, para o qual todos os atenienses eram convidados, são cidadãos ricos, os "coregos", que escolhiam e mantinham às próprias custas os quinze membros do coro, chamados os "coreutas". O que eles representavam e qual era basicamente sua função? Eis o que Jacqueline de Romilly diz sobre isso, que, aliás, corresponde inteiramente à interpretação que Hegel já dava em suas Lições sobre estética:

> Originalmente, o coro tinha um papel preponderante no desenrolar da tragédia. Ele representava pessoas estreitamente interessadas na ação em curso. E seus cantos ocupavam um número de versos considerável... Em Os sete contra Tebas (por exemplo), o coro é composto de mulheres da cidade, que temem a todo instante o desastre de sua pátria e não cessam de evocar a atmosfera de uma cidade pilhada ou devastada... Em tragédias desse tipo, o coro deve estar ao mes-

mo tempo mais interessado do que qualquer outro no resultado dos eventos e, no entanto, incapaz de desempenhar qualquer papel neles. Ele é, por definição, impotente. Por isso é muitas vezes composto de mulheres ou então de homens velhos, velhos demais para lutar, velhos demais até para se defender.

É também por isso que, na maioria das vezes, ele encarna tanto o povo quanto o que poderia ser chamado de sabedoria das nações.

Mais alguns termos-chave para a clareza do que vem a seguir. O chamado corifeu *é o chefe do coro*. A orquestra *era o espaço circular que separava o palco do teatro (arquibancadas onde os espectadores ficavam) propriamente dito, espaço dedicado às evoluções do coro*. A primeira entrada do coro nesse espaço particular era chamada de parodos e o exodos era a última cena do drama, caracterizada pela saída do coro e dos personagens. Os stasimons *designavam os cantos do coro agrupado na orquestra entre dois episódios da peça*. Quanto ao prólogo, *era o início da tragédia antes de o coro entrar em cena, muitas vezes um monólogo inicial*.

Passemos agora ao essencial, isto é, aos seis grandes momentos da peça de Sófocles.

Os seis grandes momentos da peça de Sófocles

Recordo-lhes antes seu argumento geral: quando Édipo, então rei de Tebas, descobre que é o autor do assassinato de Laio, seu pai, e que a mulher com quem se casou, Jocasta, não é outra senão sua mãe, ele fura os olhos e se exila em Colono, cidade limítrofe de Atenas, onde, acompanhado de sua filha Antígona, irá ao encontro da morte. Ele a encontrará, acompanhado por Teseu, rei de Atenas, no bosque das erínias, divindades da vingança que são responsáveis por punir os crimes cometidos nas famílias e que virão tirá-lo da vida. Assim que Édipo parte, seus dois filhos, Etéocles e Polinice, brigam pela sucessão. Para resolver a disputa, eles decidem partilhar o poder, ocupá-lo um de cada vez, revezando-se. Mas Etéocles, uma vez instalado no trono de Tebas, se recusa a deixar o lugar para seu irmão Polinice. Este reúne um exército argivo para atacar sua própria cidade. Os dois irmãos lutam e acabam se entrematando, Apolo cuidando para que se cumpra a maldição que pesava sobre a descendência de Laio – como Laio havia violado Crísipo, filho de Pélops, em cuja casa ele fora acolhido quando criança, e como Crísipo se suicidou depois dessa violação, Pélops invocara os deuses, implorando-lhes que punissem a descendência de Laio, e é esse castigo que se cumpre como um destino fatal com a morte dos dois filhos de Édipo.

Resta Antígona.

Creonte, seu tio, irmão de Jocasta, retomou seu antigo lugar no trono de Tebas, aquele que ele já havia ocupado interinamente com a morte de Laio, antes de cedê-lo a Édipo em agradecimento por ter livrado a cidade da Esfinge. Seguindo a lei da cidade, Creonte ordena que uma sepultura adequada seja dada a Etéocles, que defendeu a cidade contra seu irmão. Em contrapartida, considerando a traição de Polinice, ele publica um decreto proibindo sob pena de morte que alguém o enterre para que ele seja, fora da cidade, abandonado aos cães e aos abutres. Antígona, sua sobrinha, não aceita essa decisão. Opondo a lei do sangue e da família à da cidade, o direito da tradição e dos deuses ao dos meros mortais, ela decide desafiar a proibição de Creonte e enfrentar corajosamente sua sentença de morte para dar ao irmão as honras fúnebres que lhe são devidas. É, portanto, o conflito entre duas leis, a dos homens e a dos deuses, a da razão de Estado e a do coração, a da cidade e a da família, que é exposta aqui. Cada um dos protagonistas tendo evidentemente razão de seu ponto de vista, tanto Creonte como Antígona têm excelentes argumentos a apresentar, o conflito parece insolúvel e é como tal, porque opõe basicamente duas legitimidades defensáveis, que ele aparece literalmente como trágico.

Com efeito, como bem observou Hegel, cada momento do drama opõe, não os bons aos maus, os justos aos injustos, mas, pelo contrário, personagens inteiros, dois caráteres, o de Creonte e o de Antígona, que possuem a particularidade de cada um conter em si o seu próprio contrário, de integrar inevitavelmente o ponto de vista do seu adversário que, embora eles o recusem, não pode deixar de ser de algum modo também o seu: por ser irmã de Polinice, Antígona não deixa de ser cidadã de Tebas e mesmo filha de seu antigo rei, Édipo, bem como sobrinha do atual soberano; e por ser o mais alto magistrado da cidade, Creonte não deixa de ser tio de Polinice e de Antígona, bem como pai de Hêmon, seu filho, que além do mais está noivo da mulher que ele vai condenar à morte em nome da lei comum. A tragédia é, portanto, composta de uma série de cenas que são tantas confrontações dilacerantes entre pontos de vista aos quais nenhum dos personagens, mesmo que se obstine no seu, não pode ser insensível.

De maneira evidentemente significativa, a primeira é uma cena familiar, um dilaceramento que atravessa sobretudo a esfera privada, uma vez que opõe Antígona a Ismênia que, ao contrário da irmã, escolheu obedecer a Creonte, submeter-se como mulher à razão de Estado encarnada pelos homens. Aqui é melhor deixar a palavra a Sófocles:

> Ismênia: – Ah, reflita, minha irmã. Nosso pai morreu condenado, desonrado. Quando descobriu ser criminoso, arrancou os olhos, sua esposa, que era sua mãe, se enforcou. E eis nossos dois irmãos que se entremataram, não partilhando entre eles senão a morte, esses desafortunados! Agora estamos sozinhas, então você não vê o horrível fim que nos ameaça se desobedecermos à lei, se ignorarmos as ordens e o poder de nosso rei? Acaso esqueceu que somos mulheres e que nunca teremos razão contra os homens? O rei é o rei e devemos obedecer a seus comandos, mesmo se necessário os ainda mais cruéis. Que nossos defuntos que estão enterrados me perdoem, mas não tenho outra escolha: devo me curvar diante do poder. Além disso, é loucura querer fazer mais do que se pode.
> Antígona: – Não se preocupe, não lhe peço mais nada! Além disso, mesmo que você mudasse de ideia, não me acompanharia por sua própria vontade. Então faça como achar melhor. Vou enterrar Polinice e, dada a causa que defendo, a morte me será doce. Descansarei junto do meu amado irmão, piedosamente criminosa. Agradar aos que estão embaixo dura mais tempo do que agradar aos que estão aqui, pois é lá embaixo que minha estada será sem fim. Então faça o que achar melhor e despreze, se quiser o que é mais valioso aos olhos dos deuses.
> Ismênia: – Não desprezo nada, simplesmente me sinto incapaz de agir contra as leis de minha cidade.

Os argumentos estão claramente expostos. Os de Ismênia são três: primeiro, como herdeira de uma família desonrada por Édipo, seu pai, que se casou com a própria mãe e matou o próprio pai, ela não se sente legítima para continuar a desrespeitar as leis da cidade. Em seguida, como mulher, ela avalia que tem o dever de obediência para com os homens. Por fim, o indivíduo é menos do que o coletivo. Ela não despreza o olhar dos deuses, mas, por essas três razões, está fora de questão desobedecer a Creonte e, assim, colocar-se fora do direito comum.

Já Antígona resume seu ponto de vista com uma fórmula admirável, que diz tudo: ela é "piedosamente criminosa", pois não é apenas a lei do coração, de uma individualidade puramente subjetiva e sentimental que ela opõe à dureza desse monstro frio que é o Estado, mas é um direito infinitamente superior que ela invoca: é a lei dos deuses que ela dispõe contra a dos homens. Nos termos que são os da filosofia política moderna, dir-se-ia que ela opõe um "direito natural" divino a um "direito positivo" humano.

Num segundo momento, logo após esse prólogo, enquanto Antígona vai cumprir o que anunciou à irmã, Creonte expõe diante do coro dos sábios, mas impotentes idosos de sua cidade, seus princípios políticos, a saber, franqueza absoluta, amor por sua cidade colocado acima de qualquer outra consideração, distinção entre amigos e inimigos tendo como único critério os interesses de Tebas. O espectador compreende que ele defende e encarna o direito dos homens, o direito positivo da cidade, enfim, o patriotismo e as razões de Estado. De maneira um pouco velada, ele ameaça ou, no mínimo, adverte o chefe do coro, o corifeu, contra toda tentação de se juntar a qualquer espírito rebelde da cidade.

É nesse momento, terceiro tempo, que um guarda vem anunciar a Creonte que seu decreto foi violado, que o corpo de Polinice foi enterrado contra sua ordem, pelo menos recoberto com uma fina camada de poeira sem que seja possível encontrar qualquer vestígio de animais selvagens que possam ter cometido o crime. Alguém – talvez um deus diz o guarda – veio, portanto, infringir a lei de Creonte, que perde a paciência: os deuses não estão aqui para se aliar aos criminosos! É então que o corifeu intervém novamente para também alertar Creonte contra sua atitude intransigente. Para o espectador, que sabe que o coro representa a sabedoria dos Antigos, esta advertência assume evidentemente o valor de uma profecia. É de certa forma uma fala oracular, ainda mais ameaçadora para Creonte porque o corifeu não hesita em invocar os deuses, prevenindo explicitamente o rei de Tebas que "esse assunto poderia muito bem lhes ser remetido", o que irrita Creonte. Ele ordena silêncio e, cedendo um pouco a um delírio paranoico, chega a acusar o infeliz guarda de ser cúmplice do criminoso e de ocultar seu nome – passagem essencial, portanto, uma vez que compreendemos que a sabedoria superior está mais do lado de Antígona do que de Creonte.

Para salvar a própria pele – a acusação de Creonte pesa sobre ele como uma ameaça de morte –, o guarda vigia o corpo de Polinice, de modo que ele acaba surpreendendo Antígona enterrando seu irmão (é preciso dizer que ela não estava se escondendo, muito pelo contrário, uma vez que está segura de seu direito e decidiu enfrentar tranquilamente seu destino). Ele a traz de volta à corte do rei e é aí que a principal mola do trágico, ou seja, o conflito direto entre Creonte e sua sobrinha, adquire toda sua amplidão, Antígona invocando, como o corifeu, mas de maneira ainda mais explícita, a lei superior dos deuses ao passo que Creonte se coloca como guardião da dos homens, da cidade que é sua responsabilidade dirigir e proteger contra seus inimigos e *a fortiori* contra aqueles que, de dentro, a traem.

Mais uma vez, deixemos a palavra a Sófocles:

> Creonte: – Então você se atreveu a se opor à minha lei!
> Antígona: – Sim, pois não foi Zeus quem a havia proclamado; sua lei, Creonte, ela não vem da justiça que acontece junto aos deuses do inferno. Não são essas leis que eles decretaram para os humanos e até onde sei suas objeções não são fortes o suficiente para autorizar um mero mortal a desafiar outras leis, aquelas que são não escritas, inalteráveis e que vêm dos deuses. Essas leis são eternas, não datam nem de hoje nem de ontem, e ninguém saberia dizer de quando datam. E essas leis divinas, deveria eu tê-las violado simplesmente por medo de uma vontade humana e assim me expor ao castigo dos deuses? […]
> O corifeu (referindo-se a Édipo): – Ah! Ela é de fato sua filha, filha intratável de um pai intratável, que jamais se curva diante dos golpes do destino!
> Creonte: – […] Que ela tenha nascido de minha irmã e que seja ainda mais próxima de mim do que todos aqueles que podem aqui reivindicar Zeus em nossa casa pouco importa, pois nem ela nem sua irmã poderão escapar de uma morte infame!

Momento crucial da peça, uma vez que podemos ver os três elementos--chave. Primeiro, como anunciei, a invocação por Antígona de um direito superior, divino, diante daquele simplesmente humano que reina na cidade e que Creonte defende; depois uma clara tomada de partido por parte do coro, pela voz do corifeu representando a sabedoria dos Antigos, em favor de Antígona; por fim, o fato de Creonte ser obrigado a admitir que sua sobrinha é muito próxima, o que significa que ele não pode ignorar o ponto de vista adverso, mesmo que esteja convencido de que não deve levá-lo em conta. Aliás, ele acusa a pobre Ismênia de ser cúmplice da irmã – passagem em que o espectador compreende mais uma vez o quanto Creonte, apesar da potência de seu argumento, ainda está em apuros, pois continua acusando inocentes para se justificar.

É esse preciso momento – quarto tempo-chave do drama – que Sófocles escolhe para colocar em cena um novo elemento trágico encarnado pelo personagem de Hêmon, filho de Creonte que ficou noivo de Antígona pela qual está loucamente apaixonado. O confronto entre o jovem e o pai é terrível, mas também perfeitamente trágico uma vez que o filho não deixa de reconhecer a legitimidade dos decretos do pai, fazendo-o, no entanto, observar que uma lei superior à sua se encarna no povo (passagem em que o espectador compreende mais uma vez que esse povo de Tebas, representado pelo coro e invocado por Hêmon como superior à lei dos homens, talvez seja ele próprio apenas uma das encarnações da lei divina a que Antígona se refere). Claro, Creonte explode de raiva, amaldiçoa as mulheres e aqueles que se tornaram seus escravos por amor... Segue uma conversa entre o coro e Antígona, o coro lembrando ao espectador que Antígona sofre a maldição dos Labdácidas, que ela está pagando por um crime cometido por seus ancestrais – o que evidentemente é uma referência a Laio, que levou o filho de Pélops ao suicídio, e ao pai, Édipo, que matou Laio e se casou com Jocasta. Passagem importante uma vez que vemos reaparecer o outro tema trágico por excelência, não apenas o conflito insolúvel entre as leis da cidade e as dos deuses, mas como em *Édipo rei*, a oposição igualmente irredutível entre o destino e a liberdade.

É então que entra em cena um novo personagem – quinto tempo forte da peça –, o adivinho Tirésias, que vem revelar a Creonte o que o corifeu, Antígona e Hêmon já lhe apontaram, cada um à sua maneira, ou seja, que os deuses não aprovam sua decisão de condenar sua própria sobrinha à morte. Não há mais dúvida, o espectador agora sabe que o conflito das duas leis, a dos deuses e a dos homens, se volta a favor da jovem. A esta altura do drama, Creonte já mandou emparedar Antígona viva no fundo de uma caverna. Num primeiro momento, ele volta a explodir de raiva contra Tirésias, que ele acusa, assim como o guarda, como Ismênia, de ser cúmplice dos traidores da cidade, Polinice e Antígona, mas acaba por mudar de ideia, e, compreendendo que os deuses estão contra ele, que Tirésias nunca mente, corre para libertar Antígona. Tarde demais, ela já tirou a própria vida, enforcando-se com suas roupas.

Quando o pai chega diante da caverna e constata o desastre – sexto e último tempo forte da peça – Hêmon, seu filho, já está lá. Ele desembainha a espada contra Creonte, mas, diante dos olhos do pai, acaba cravando-a no próprio coração para se juntar a Antígona na morte. Quando este retorna ao palácio, descobre que sua esposa, Eurídice, também acaba de se suicidar ao receber a mensagem da morte de seu filho. Creonte, que se considera um pobre louco, só tem um desejo na vida: que ela termine o mais rápido possível, o que permite ao corifeu concluir a tragédia nos seguintes termos:

> A sabedoria é de longe a primeira condição da felicidade. Nunca se deve cometer atos ímpios contra os deuses. Aqueles que pecam por *hybris* veem seus discursos grandiloquentes castigados pelos golpes do destino e, infelizmente, só com o passar dos anos eles aprendem a sabedoria.

Observemos, como apoio a essa conclusão, que por duas vezes o coro invocou Dioniso, sugerindo assim que Creonte imite o deus que havia conseguido livrar Tebas de seus inimigos em vez de ser um rei que se fecha obstinadamente na rasgadura trágica e na inimizade...

A peça de Sófocles deu origem, como podem imaginar, a uma infinidade de interpretações. Especialmente no período contemporâneo, devido às evoluções na família e às chamadas "questões de sociedade", ela conheceu uma considerável renovação de interesse. Depois de Hegel e de Nietzsche, vimos florescer interpretações feministas (Antígona encarna a mulher que se revolta contra a autoridade dos homens), leituras influenciadas pelos "gender studies", como aquela, famosa nos Estados Unidos, de Judith Butler, que vê na *Antígona* de Sófocles uma encenação espetacular das "confusões no gênero", enquanto Lacan procurou continuar, com a habitual clareza que caracteriza suas observações, a aplicação dos conceitos da psicanálise ao caso da infeliz filha de Édipo. Li e reli os livros que contêm essas análises, e ainda muitos outros, antes de redigir este capítulo dedicado à figura de Antígona. Se sentirem vontade, verifiquem, mas pessoalmente e depois de muita reflexão, não encontrei nada que mereça que eu os faça perder tempo expondo-lhes o conteúdo esquelético. Em contrapartida, reli Hegel, não apenas a *Fenomenologia do espírito*, sempre citado nessa ocasião, mas muito mais suas admiráveis *Lições sobre a estética* e, como sempre, achei-o genial, infinitamente mais profundo do que qualquer coisa que já havia lido, aliás. É por isso que sugiro que paremos por aqui por um momento.

A interpretação hegeliana

Em primeiro lugar, observemos que em suas *Lições sobre a estética*, nos capítulos dedicados ao que para ele é a arte suprema, ou seja, a poesia, Hegel encontra no trágico grego um magnífico campo de aplicação da estrutura mais essencial dos três momentos fundamentais do que ele chama de "dialética". Deixe-me lembrá-los em poucas palavras da famosa metáfora vegetal que ele usa na introdução das *Lições sobre a história da filosofia* para ilustrar esses três momentos:

Primeiro, há o germe, a semente, o que Hegel chama "o em-si", o *an-sich*, isto é, um estado embrionário do desenvolvimento de um ser, seja ele qual for, animal, humano, planta ou ideia. Nesse estágio, ainda não se está na existência real, pois no germe, no embrião ou na semente, tudo ainda é indiferenciado, no sentido literal do termo: as diferenças não aparecem, não foram manifestadas. Entre um embrião de coelho, de humano ou de mamute, entre uma semente de cenoura ou de batata, ainda não existem diferenças realmente visíveis a olho nu. Nessa fase, tudo está ainda, para retomar, como o próprio Hegel nos convida a fazer, as categorias do pensamento de Aristóteles, "em potência", no estado de *dunamis*, nada passou ao ato – *energeia* –, de modo que o ser considerado não existe verdadeiramente, ele é, como se diz tão bem, *in nucleo*, mais virtual do que real, todas as diferenças ainda estão encerradas nele.

O segundo momento é, portanto, o da passagem da potência ao ato, do virtual ao real, ou seja, o momento da existência real, no vocabulário de Hegel, é a passagem do em-si, do *an-sich*, ao *Dasein* – um termo que hoje é geralmente traduzido como "Ser-aí" para evitar confusão com a palavra alemã *Existenz*, palavra que em alemão, no entanto, pertence tanto à linguagem cotidiana como à linguagem filosófica. Ou seja, se deixarmos de lado os problemas, afinal secundários de vocabulário, o segundo momento do desenvolvimento dialético é o do aparecimento das diferenças e, portanto, também das oposições (em que talvez já comecemos a ver uma ligação possível com a noção de conflito trágico, mas voltaremos a isso). Continuando com o exemplo da semente ou do embrião, quando ele passa da potência ao ato, portanto de uma existência ainda virtual e indiferenciada a uma existência real (*Dasein*), as diferenças aparecem e se manifestam no mundo, no espaço e no tempo: rapidamente vemos que o embrião de coelho se torna um coelho e não um ser humano ou um urso, assim como a semente de cenoura se torna uma cenoura que não é uma batata ou um alho-poró. As diferenças se manifestam no mundo, e esse processo Hegel chama de "dialético" num sentido muito particular: há dialética quando um termo engendra de si mesmo seu contrário, neste caso quando o ser em si indiferenciado da origem produz o inverso exato do que era no início, a saber, um ser bem diferenciado e oposto aos outros.

O terceiro tempo é o da recolecção, o que Hegel chama de "para-si", isto é, o momento em que as diferenças deixam de se opor entre elas para reencontrar uma unidade num lugar que as reconcilie: para continuar a metáfora vegetal, trata-se do fruto, que contém dentro de si novas sementes que vão, ao cair no chão, engendrar novas plantas diferenciadas etc.

Outra ilustração desse processo dialético, em que um termo produz seu contrário e o traz de volta a si mesmo, encontra-se na dialética da vida e do vivente. A vida da espécie como espécie é universal, indiferenciada e, para existir, ela deve de algum modo se colocar em seres vivos particulares, passar do em-si ao ser-aí. É assim que as espécies animais, por exemplo, não existem "em geral", mas existem apenas por meio de uma pluralidade de seres existentes realmente no espaço e no tempo, portanto em seres todos distintos uns dos outros como também distintos das outras espécies. A espécie dos gatos só existe realmente em gatos particulares que são diferentes entre eles, assim como diferentes dos cães ou dos porcos. Os indivíduos morrem, mas a espécie continua a viver encarnando-se continuamente em indivíduos novos, sempre particulares e fadados à morte, é dessa maneira que a vida, ao se colocar constantemente em seres vivos singulares que morrem, continua a viver eternamente.

É basicamente essa estrutura que Hegel encontra ilustrada em estado quimicamente puro na tragédia – e dela extrai, como veremos, consequências muito interessantes e realmente profundas sobre a natureza dos conflitos que formam o coração do trágico. Dou-lhes a ideia geral, depois cito o texto de Hegel retirado de seus cursos sobre a poesia: no Olimpo, que aqui corresponde ao em-si, o trágico ainda não se aplica à semente indiferenciada. Após a guerra dos deuses, o combate conduzido por Zeus contra os titãs, a paz e a harmonia se estabeleceram no universo dos deuses. Como vimos muitas vezes, é somente com a criação da humanidade que o momento de "diferença", do tempo e da alteridade, aparece, pois é com os mortais que a vida, a história, a sucessão infinita de gerações se tornam verdadeiramente possíveis.

Por isso, o nascimento da humanidade corresponde bem ao segundo momento da dialética hegeliana, ao momento do *Dasein*, do aparecimento das diferenças reais, das oposições, portanto dos conflitos entre os humanos. Haverá conflitos de todos os tipos, é claro, e as guerras, as querelas, os assassinatos em breve serão o quinhão da humanidade, mas os conflitos só tomarão uma forma propriamente trágica a partir do momento em que os personagens em oposição encarnarem um ponto de vista que Hegel chama de "unilateral". O que isso quer dizer? Que nem tudo é trágico nas querelas humanas. Um ladrão que mata sua vítima para lhe roubar a bolsa, eis algo que, pode ser dramático ou patético, nada tem de trágico. Estamos apenas lidando, no fim das contas, com um salafrário que mata um inocente, o que é moralmente chocante, mas de forma alguma trágico. Por quê? Simplesmente porque o trágico não é uma questão moral. Pelo contrário, só há trágico quando a oposição entre os humanos é justa, legítima, cada um defendendo seu ponto de vista com razão e até o fim sem poder levar em conta o ponto de vista adverso. Isso é o que Hegel chama de unilateralidade, é essa incapacidade de compreender o ponto de vista do outro, e é isso, com efeito, que o conflito que opõe Creonte e Antígona encarna.

Nenhum deles é "imoral", não são nem sacanas nem criminosos ordinários, assassinos ou ladrões. Ao contrário, são "pessoas de bem", que agem com nobreza e coragem, e que são motivadas por pontos de vista que podem ser considerados como igualmente legítimos, em todo caso, ainda que prevaleça o de Antígona, como ambos defensáveis. E todo o trágico vem precisamente do fato de serem ao mesmo tempo legítimos e, no entanto, opostos, irreconciliáveis, ou melhor, apenas reconciliáveis pela morte dos indivíduos, isto é, pela supressão pura e simples dos termos opostos, supressão desejada e finalmente organizada pelos deuses que desejam, é claro, o retorno à paz, à unidade perdida. No fundo, a oposição entre os personagens trágicos é inerente à existência como tal, no segundo momento da dialética, esse momento da diferença e da alteridade que supõe inevitavelmente o aparecimento de conflitos unilaterais, cada um tendo, em razão mesmo de sua posição singular na existência real, um ponto de vista necessariamente também singular sobre o mundo.

Eis como Hegel descreve esse processo dialético, cujos três momentos, como espero, começam a ficar evidentes para vocês:

> Já mencionei as razões que explicam a necessidade desses conflitos (trata-se é claro dos conflitos trágicos e eles são necessários, inevitáveis, uma vez que estão ligados ao aparecimento de uma pluralidade de pontos de vista diretamente ligada à passagem do em-si ao ser-aí, isto é, à passagem do Olimpo pacífico à criação da pluralidade real dos mortais). A substância ética é, como unidade concreta, uma totalidade de potências e de relações diferenciadas que, contudo, não realizam a obra do espírito no gozo de uma vida serena senão nesse estado ainda inativo que é o dos deuses bem-aventurados (ou seja: é só no Olimpo, no em-si de uma totalidade em que as diferenças ainda não estão manifestadas, quando a humanidade que encarna essas diferenças da vida e da história ainda não nasceu, que uma vida serena, não trágica, ainda é possível). Por outro lado, pertence, no entanto, ao próprio conceito dessa totalidade (o em-si ou a unidade inicial que reina entre os deuses bem-aventurados) transformar-se em realidade muito real e em fenômeno situado no mundo a partir de sua idealidade no início ainda abstrata (de forma simples: o em-si indiferenciado no início deve encarnar-se, com a passagem dos deuses aos homens, nas diferenças reais, na existência espaçotemporal, portanto em oposições inevitáveis). É, portanto, na própria natureza desse elemento que o simples fato da diferenciação, compreendido a partir de circunstâncias particulares e por caráteres individuais diferentes, acaba por se transformar em colisões e em oposições (em outras palavras: é o próprio fato da diferenciação dos indivíduos reais e das circunstâncias da vida que

faz com que pontos de vista também diferentes apareçam no mundo humano para entrar em conflito – em que vemos novamente que o trágico não é uma questão de moral no sentido ordinário do termo, as oposições não sendo entre bons e maus, justos e injustos, mas apenas entre pontos de vista inevitavelmente unilaterais, cada um vendo as coisas de forma diferente, neste caso dependendo se é rei ou irmã, sem ser no entanto errado moralmente).

É claro que, na tragédia, e em particular em *Antígona*, o conflito vai tomar um caminho moral e mesmo jurídico: acabamos nos perguntando quem, afinal, tem razão, Creonte ou Antígona? Mas, no entanto, a questão toma inevitavelmente o caminho do trágico a partir do momento em que compreendemos que o conflito não opõe o bem e o mal, como no caso do ladrão assassino, mas duas legitimidades equivalentes, dois pontos de vista certamente opostos e irreconciliáveis, mas ambos defensáveis porque estão ligados ao simples fato, tão necessário quanto inevitável, de termos saído do em-si inicial (simbolizado pela paz que reina no Olimpo antes da criação dos homens, mas depois da vitória de Zeus sobre os titãs) para entrarmos no mundo real (o nascimento de uma humanidade necessariamente múltipla), como um asteroide que, penetrando na atmosfera, desintegra-se em mil pedaços. Continuo com o texto de Hegel (tentando torná-lo o mais explícito possível):

> É pelo próprio fato do princípio de particularização, ao qual está submetido tudo o que vem se encarnar no mundo da objetividade real, que as potências éticas tanto quanto os caráteres que entram na ação se encontram diferenciados tanto do ponto de vista de seu conteúdo como de sua manifestação individual (*Erscheinung*). Ora, se essas forças particulares presentes, como a poesia dramática exige, são chamadas a se tornar ativas na realidade e se elas se concretizam como objetivos particulares de um *pathos* humano que entra em ação, então essa harmonia inicial é abolida e, cada uma delas encerrada em seu ponto de vista particular, elas não podem senão entrar em conflito. A ação individual quer, portanto, numa situação particular, perseguir um objetivo e realizar um caráter particular que, nessas condições, uma vez que se isola em sua particularidade engessada e unilateral, suscita necessariamente contra ele o *pathos* oposto e engendra assim conflitos insolúveis. O trágico original consiste, pois, no fato de que no seio de tais colisões as duas partes opostas consideradas em si mesmas são legítimas, embora,

por outro lado, só estejam em condições de apreender o conteúdo positivo de seu objetivo e de seu caráter como uma agressão e uma negação do ponto de vista adverso que é, no entanto, tão legítimo quanto o seu próprio, de modo que, apesar de sua moralidade (*Sittlichkeit*) ou talvez por causa dela, elas acabem errando.

E como a unilateralidade de cada ponto de vista oposto impede absolutamente que se chegue a uma saída pacífica e harmoniosa, ela só pode ser suprimida pelo desaparecimento das individualidades presentes:

> A solução trágica para o conflito é, portanto, tão justificada quanto os objetivos e os caráteres trágicos presentes. Ela é tão necessária quanto, como terceiro momento, a própria colisão trágica (como segundo momento da dialética, conforme já vimos). Por meio dessa solução, com efeito, a justiça eterna exerce seu poder sobre os indivíduos e sobre os objetivos que eles perseguiam uma vez que ela restaura a unidade e a substância ética pela supressão da individualidade que perturbava seu repouso [...]. O que é assim superado (*aufgehoben*) no conflito trágico é apenas a particularidade unilateral, uma unilateralidade que se mostrou incapaz de se afinar com essa harmonia [...].

O momento do "para-si", do fruto, se retomarmos a metáfora vegetal, vem, portanto, colocar um ponto-final no conflito ao reintegrar as diferenças particulares e as oposições unilaterais no seio da "substância ética", no seio da comunidade novamente pacificada. É por isso que não há outro fim possível senão a morte ou o exílio para os personagens trágicos:

> Nos casos em que é a unilateralidade do *pathos* que constitui a causa fundamental do conflito, isso significa exatamente que ela foi literalmente encarnada na ação viva e que, por isso mesmo, tornou-se o *pathos* exclusivo de um indivíduo particular. Portanto, se a unilateralidade deve ser superada, é esse próprio indivíduo, porque ele agiu apenas habitado por esse único *pathos*, que deve ser suprimido e sacrificado. Pois esse indivíduo se reduz apenas àquela vida e se aquela vida, como única possível, não consegue prevalecer, então esse indivíduo é destruído.

Ora, é exatamente isso que acontece na *Antígona* de Sófocles à qual se aplica perfeitamente a situação aqui descrita por Hegel. Em outras tragédias, que não pertencem a essa configuração perfeita, outras saídas são possíveis fora da morte. Na verdade, segundo Hegel, três outras soluções são concebíveis. Primeiro, os deuses podem perdoar um crime, como é o caso de Orestes nas *Eumênides,* de Ésquilo. Outra possibilidade é que os personagens, aconselhados por um sábio ou ouvindo um oráculo divino, renunciem por conta própria à sua unilateralidade "patética", acabem se abstendo de defender seu ponto de vista sem ouvir o dos outros. Por fim, como em *Édipo em Colono,* o herói consegue compreender a si mesmo, perceber o que lhe aconteceu, refazer por assim dizer a história a fim de acabar com sua própria cegueira – o que permite a Édipo alcançar uma certa serenidade no momento de sua morte.

Mas compreendemos que é com a primeira saída que o trágico atinge sua perfeição. Pois com a segunda recaímos finalmente na moral: se Orestes é perdoado pelos deuses é porque seu crime é finalmente considerado por eles como legítimo. Na segunda hipótese, aquela em que o herói trágico acaba renunciando ao seu ponto de vista ao ouvir sábios conselhos (o que Antígona se recusa obstinadamente a fazer), o final pode ser feliz, mas à custa de um grande risco, a saber, o de que o herói apareça como desprovido de caráter, o que enfraquece consideravelmente o caráter trágico e, para ser franco, o torna insípido. Quanto à última solução, talvez a mais bela, ela nos faz entrar, diz Hegel, na era da subjetividade moderna, na época do sujeito consciente de si mesmo, ali onde o trágico autêntico precisava, pelo contrário, do destino cego que se apodera dos desafortunados humanos e não os abandona mais até a morte.

É por essa razão que com Antígona a tragédia atinge seu ápice. Com ela, não só a unilateralidade dos pontos de vista opostos, os de Creonte e os de sua sobrinha, é mantida até o extremo, não só os caráteres são fortes e as legitimidades igualmente defensáveis, mas o conflito é ainda mais frontal na medida em que cada um dos protagonistas não pode não compreender o ponto de vista adverso, visto que o conhece tão bem quanto o seu: como já sugeri, Antígona, filha de um rei, sabe perfeitamente quais são as responsabilidades que se impõem a Creonte; e Creonte, pai de Hêmon e tio de Polinice, sabe tão bem quanto Antígona o que impõem os laços de sangue e as leis da família. É por isso que a peça de Sófocles atinge, segundo Hegel, a perfeição em seu gênero:

> Esse desenvolvimento dramático (*Entwicklung*) só pode atingir sua perfeição quando cada um dos indivíduos em conflito aparece em

sua existência particular (*Dasein*) como totalidade fechada em si mesma, de tal maneira que ele está sob o domínio daquilo mesmo contra o que ele luta e fere, isto é, do que em razão de seu próprio modo de vida (*Existenz*) ele deveria respeitar. É assim, por exemplo, que Antígona se mantém sob o domínio da potência do Estado que Creonte representa. Ela mesma é filha de um rei e noiva de Hêmon, de forma que deveria aceitar obedecer às ordens do príncipe. Mas Creonte, que por seu lado é pai e esposo, também deveria respeitar a sacralidade dos laços de sangue e não ordenar nada que vá contra essa piedade. É assim que encontramos, presente de maneira imanente em cada um deles, aquilo contra o qual eles se levantam, de modo que são ao mesmo tempo arrastados e destruídos por aquilo que pertence à esfera de sua própria existência particular (*Dasein*). Antígona sofre a morte antes de ter tido a alegria de usar a coroa nupcial, mas, por sua vez, Creonte é atingido pelo filho e pela mulher que se matam, um por causa da morte de Antígona, a outra por causa da de Hêmon. De todas as obras-primas antigas ou modernas – e conheço praticamente todas elas, e além disso, podemos e devemos conhecer todas elas – parece-me, deste ponto de vista, que *Antígona* de Sófocles é a obra mais perfeita e apaziguante.

É com base nessa análise – bastante genial, é preciso admitir, e no mínimo muito mais justa e profunda do que as interpretações feministas ou psicanalíticas que passam completamente ao largo do problema aqui perfeitamente identificado, a saber, que existem necessariamente no mundo real pontos de vista ao mesmo tempo legítimos e absolutamente contraditórios, a unilateralidade os tornando trágicos –, é portanto a partir dessa análise que Hegel, retomando por conta própria a famosa frase de Aristóteles segundo a qual a tragédia desperta "pavor e piedade", consegue distinguir dois tipos de crime, dois tipos de piedade e, com isso, dois tipos de pavor.

Desculpo-me por citá-lo aqui extensamente, porém, mais uma vez, os textos valem muito a pena.

Em primeiro lugar, observemos que, de maneira extraordinariamente perspicaz e profunda, Hegel enfatiza repetidamente o quanto nos enganamos quando confundimos o trágico grego com o patético. A abordagem subjetiva e moralizadora do crime que caracteriza as peças modernas, com suas noções de erro, de livre-arbítrio e de responsabilidade, passa totalmente ao largo do sentido profundo da tragédia grega.

Como podemos ver em Antígona, assim como na maioria das tragédias gregas, e cito Hegel aqui:

> Não são a vontade nociva, os crimes e as indignidades ou mesmo a falta de sorte, a cegueira ou incidentes desse tipo que engendram os conflitos, mas, pelo contrário, como já salientei em várias ocasiões, a justificação ética de uma ação determinada. Pois o mal abstrato (o que Hegel visa aqui é a concepção cristã ou kantiana do erro, do chamado mal "abstrato" no sentido de que ele resultaria apenas de uma vontade nociva à qual é imputado um livre-arbítrio e, portanto, uma responsabilidade no erro) não tem em si nenhuma verdade e não apresenta interesse algum. Muito pelo contrário, os traços de caráteres éticos dos personagens da ação não devem aparecer como uma simples intenção subjetiva que lhes seria atribuída, mas sua justificação deve ser, ao contrário, em si e para si essencial. É por isso que, na tragédia antiga, não encontramos nada parecido com o que vemos nas peças modernas, casos criminais, patifes que fingem uma certa nobreza com suas tagarelices pomposas e vazias sobre a fatalidade, assim como também nelas as resoluções e as ações não repousam na simples subjetividade dos interesses e do caráter, na ambição do poder, na paixão amorosa, no sentimento da honra ou em qualquer outra paixão cuja legitimidade só estaria enraizada nas propensões particulares de uma personalidade particular. Mas quando se trata de uma resolução legitimada ao contrário pelo próprio conteúdo do objetivo que ela se propõe perseguir, na medida em que ela se encarna numa particularidade unilateral, ela acaba forçosamente ferindo, em certas circunstâncias que já comportam em si mesmas a possibilidade real de conflitos, outro campo igualmente ético do querer humano. Este último então se expressa reagindo e afirma um caráter oposto como sendo seu próprio *pathos* real, de modo que, assim, a colisão de indivíduos e de potências igualmente legítimas é completamente posta em movimento.

Compreendemos o que Hegel quer dizer, mesmo que suas palavras sejam um pouco rebuscadas (o que, é verdade, torna as traduções extraordinariamente difíceis): o pavor e a piedade que, segundo Aristóteles, a peça trágica desperta nada têm a ver com o que Hegel gentilmente chama de "piedade banal, a das boas mulheres que choram facilmente" ao ver um crime terrível ou uma história triste. Aqui é justamente o contrário que está em jogo, tudo menos um problema "moral" no sentido ordinário do termo, uma vez que o que desperta a emoção na *Antígona* de Sófocles é precisamente o fato de que o conflito com Creonte se situa para além do bem e do mal, para além da moral, uma vez que todo o conflito provém do fato de ele opor dois caráteres nobres e igualmente determinados – em que o infortúnio não vem nem da maldade, nem da nulidade, nem da fraqueza dos indivíduos presentes, mas de sua oposição objetiva (e não ligada a uma subjetividade particular) e irreconciliável porque igualmente justificada. E nisso Nietzsche e seus discípulos, Deleuze em particular e mesmo o excelente Clément Rosset, se equivocam completamente quando censuram erroneamente Hegel por juntar-se em suas análises ao ponto de vista moralizador de Sócrates e de Eurípides sobre a tragédia ao passo que ele está sempre se distanciando explicitamente dele, como vemos novamente na seguinte passagem:

> A verdadeira piedade (aquela que nada tem a ver com a piedade banal das "boas mulheres" que se comovem facilmente com um conflito subjetivo ou anedótico como um crime atroz ou um acidente fatal) reside, ao contrário, na simpatia por aquele que sofre, mas que está ao mesmo tempo em seu direito do ponto de vista ético, uma simpatia, portanto, pelo que nele deve haver de afirmativo e de substancial. Ora, não é precisamente essa piedade que canalhas e malandros poderiam nos inspirar. Para que o caráter trágico possa nos inspirar uma simpatia trágica por seu infortúnio, bem como temor diante da potência da vida ética ferida (*vor der Macht der Verletzten Sittiichkeit* = Hegel não visa aqui a moralidade subjetiva do crime ou da falta ligada ao livre-arbítrio, mas o contrário: a rasgadura que se instala no coração da cidade por causa do conflito trágico. A potência da vida ética deve ser temida porque ela vai evidentemente restabelecer sua lei, fechar a rasgadura, mas o fará pela morte ou pelo exílio, portanto pela supressão dolorosa dos caráteres presentes), é preciso, pois, que ele seja em si mesmo pleno de conteúdo e de nobres qualidades (portanto o completo oposto de um furto ou de um erro moral no sentido ordinário do termo).

É por isso que Hegel se compraz em analisar os dois tipos de conflitos "legítimos" que, a seu ver, caracterizam no mais alto grau o trágico por excelência, conflitos que se situam, portanto, fora da moralidade subjetiva na medida em que, como já vimos com Édipo, os heróis trágicos não são de modo algum responsáveis pelas catástrofes que engendram, ou porque, como Édipo, tenham sido joguetes do destino – e aqui reencontramos esse profundo questionamento que já havíamos evocado com relação às partes respectivas de liberdade e de fatalidade que dominam nossas vidas; ou porque, como Antígona, são caráteres tão inteiros e tão fortes que não podem, ao contrário dos seres que afirmam possuir um livre-arbítrio, senão agir com uma total determinação na direção que lhes é própria. Destino ou liberdade, lei da família ou razão de Estado fornecem assim temas essenciais para a tragédia grega, precisamente porque se situam radicalmente fora da esfera da moralidade meramente subjetiva – e é isso, naturalmente, o que encanta Hegel nessa concepção do trágico.

É também por isso que, segundo Hegel, a verdadeira solução da tragédia só pode residir no restabelecimento da bela totalidade perdida, só pela ultrapassagem das oposições unilaterais, o que provoca um *apaziguamento* – e é neste ponto, concedo-lhes de bom grado, que Nietzsche e seus discípulos situarão sua diferença com Hegel, pois a visão nietzscheana do trágico exclui o momento do "para-si", isto é, a ideia de uma reconciliação dialética, de uma síntese final apaziguadora que restabeleceria após o conflito a unidade perdida. Resta que, em Hegel, essa reconciliação não é moral no sentido subjetivo, cristão ou kantiano do termo. Com efeito, a morte dos protagonistas, ou seu exílio, ou seu mergulho num sofrimento infinito, como é o caso de Creonte, não aparece de forma alguma como uma punição, como um castigo, mas como o efeito de uma necessidade objetiva que vem recosturar a rasgadura sem lhe acrescentar uma lição de moral como ocorreria numa fábula. Simplesmente, os deuses recuperam a vantagem sobre os homens, o destino que engendrou a diferença, a alteridade dos pontos de vista e, consequentemente, a necessidade dos conflitos recupera seu lugar. Após a unidade bem-aventurada que reina no Olimpo (o momento do em-si), após o aparecimento da humanidade e de seus dilaceramentos trágicos (o momento de ser-aí), é o terceiro tempo que se afirma, o do para-si, do retorno à unidade desejada pelos deuses:

> Na medida em que é a oposição entre caráteres, cuja resolução na ação é igualmente legítima que constitui o trágico como tal, essa oposição só pode nascer no terreno que é o da realidade humana... Entre os deuses bem-aventurados, ao contrário, é a natureza divina indiferente deles que é o essencial...

Em que a divina harmonia cósmica só pode restabelecer seus direitos contra os dilaceramentos trágicos que caracterizam necessariamente a realidade humana – na qual encontramos uma vez mais essa concepção cosmológica do direito tantas vezes evocada, e que agora finalmente abordaremos.

Uma concepção antiga, cosmológica, do direito como pano de fundo da *Antígona* de Sófocles: as teses de Michel Villey

Para Michel Villey, um de nossos grandes historiadores do direito que tive a sorte de conhecer bem e que muitas vezes me convidou para intensos debates intelectuais dos quais guardo uma memória viva, toda a concepção antiga do direito, e em particular do direito romano, está enraizada numa passagem da obra mais importante de Aristóteles: o Livro V da *Ética a Nicômaco*, obra essencial na qual se expressa, segundo ele, pela primeira vez, de maneira explícita e conceitualmente forte, o essencial do pensamento grego a respeito da justiça e do direito – um pensamento que pode ser encontrado em toda a cultura grega, começando, é claro, pela tragédia: na ausência de uma compreensão profunda dessa visão do justo e do injusto, é impossível apreender verdadeiramente o sentido do conflito que opõe Creonte e Antígona.

Para tentar chegar a esse sentido, observaremos sobretudo que entre os gregos existem duas concepções do *dikaion*, do justo, ou melhor dizendo, duas abordagens da justiça que estão perfeitamente tematizadas no texto de Aristóteles – o que lhe permitirá, segundo Villey, servir de matriz a todo o conjunto do direito romano. Há primeiro uma abordagem geral da lei tal qual ela deve reinar na cidade; depois vem uma abordagem particular, que é muito mais a do juiz num processo do que a do legislador ou do político.

No primeiro plano, aquele que será chamado de "justiça geral", o essencial já está dito na *República* de Platão, a saber, que a cidade é justa, não quando suas leis se baseiam na vontade geral, como nós, modernos, pensamos, mas quando ela reproduz o mais proporcional e adequadamente possível as hierarquias naturais estabelecidas no cosmos, a ordem justa que reina objetivamente entre os seres humanos de acordo com a natureza deles. Já tive a oportunidade de expor essa visão da justiça, notadamente no capítulo dedicado a Teseu, mas agora cito o que Villey diz sobre ela, o que aliás confirma plenamente o que eu havia dito:

> O diálogo de Platão sobre a República tem este subtítulo em nossas edições: "Sobre o *dikaion* (o justo)" (*péri tou dikaou*). De que direito se trata aqui? O diálogo visa restaurar a ordem universal sobretudo na cidade onde a justiça está "inscrita em letras grandes": que sejam respeitadas a justa hierarquia e as diferenças entre o filósofo que dirige o avanço do navio, os guerreiros, os trabalhadores, os escravos; e até mesmo a subordinação dos animais e das coisas aos homens. Mas também no microcosmo formado pelo indivíduo: que a razão comande o coração, ao passo que os apetites sensuais serão colocados em seu devido lugar. As leis, obras do rei filósofo e de seu substituto, têm a função de preservar a perenidade dessa ordem. O direito tende então a coincidir com a observância das leis. A maioria dos filósofos da Antiguidade pôde ouvir a palavra *to dikaion* nesse sentido vago. E até mesmo Aristóteles em sua *Política* e por um momento no início de sua *Ética a Nicômaco*.

Tal é, pois, em substância, a concepção ao mesmo tempo geral e política de uma justiça que poderia ser chamada de "cósmica", ou mesmo "cosmológica", uma vez que tem como finalidade editar leis que modelem na medida do possível a cidade à imagem da hierarquia natural dos seres, uma hierarquia que também está inscrita desde sempre no cosmos, na ordem das coisas. Estamos aqui na quintessência do universo aristocrático, um mundo que se baseia inteiramente na convicção de que a cidade está em boa ordem quando os bons por natureza estão no alto, os médios no meio e os maus embaixo – exatamente como a cabeça está no alto, o coração no meio e os desejos mais básicos no baixo-ventre.

Mas ao lado dessa concepção geral de justiça existe uma filosofia particular do direito. Na realidade, ela corresponde ao trabalho do juiz que, num processo, tem a função de repartir de forma adequada os bens entre as pessoas em conflito, ou seja, de tal maneira que ninguém tenha mais ou menos do que lhe cabe. Eis o que Villey tem a dizer sobre isso:

> O segundo tipo de justiça analisado por Aristóteles tem como finalidade que ninguém receba "mais" ou receba "menos" do que sua parte dos bens exteriores partilhados num grupo. Ora, esse objetivo não pode ser alcançado sem antes medir, determinar a proporção entre os bens ou obrigações de uns e de outros... Qual é,

com efeito, o trabalho do juiz? Ele tem diante dele dois litigantes que disputam um pedaço de terra, uma parte de herança, a guarda de um filho em caso de divórcio, o montante exato de uma dívida, de uma obrigação, de uma honra, uma despesa pública. Em vez de resolver pela violência seu desacordo, eles recorrem à justiça, ou seja, ao juiz. E o juiz os mandará embora depois de ter determinado em sua sentença a parte de cada um.

Daí a fórmula canônica do direito romano que, segundo Villey, decorre diretamente dessa concepção ao mesmo tempo cosmológica e dialética do direito – dialética uma vez que o juiz deve ouvir todas as partes envolvidas, levar em conta todos os pontos de vista opostos, antes de ser capaz de determinar numa troca de argumentos contraditórios a justa parte que, finalmente, cabe a cada um: "*Juris parecepta sunt haec: honneste vivere alterum non laedere suum cuique tribuere*": os princípios do direito são os seguintes: viver honestamente, não roubar o bem alheio e, sobretudo, devolver, ou melhor dizendo, atribuir a cada um o que é seu, ou ainda mais explicitamente: *suum jus cuique tribuere*, atribuir seu direito, isto é, sua justa parte, a cada uma das partes presentes.

Por onde começamos talvez a perceber melhor todo o problema da tragédia de Antígona. É que nenhum juiz pode, neste caso, resolver facilmente o conflito que opõe os dois protagonistas. Por um lado, porque ambos têm razão, Antígona do ponto de vista da justiça geral ou divina, Creonte do ponto de vista da justiça particular da cidade. Depois porque seus pontos de vista são antinômicos, diametralmente opostos e, nesse sentido, irreconciliáveis. Impossível dar um pouco de razão a um, um pouco ao outro, impossível, pois, repartir, estabelecer partes, nem iguais nem desiguais, num conflito que desse modo só pode terminar pela morte, pela supressão física dos indivíduos presentes.

Outra característica importante do conflito trágico tendo como pano de fundo o direito cosmológico: como temos enfatizado repetidamente ao expor a magistral interpretação de Hegel, nem Antígona nem Creonte são criminosos. Ambos defendem, não o crime, mas certa concepção, geral ou particular, divina ou humana, da lei, o trágico decorrendo do fato de que as leis que ambos defendem são ao mesmo tempo justas e, contudo, contrárias. Por isso o restabelecimento pela morte da ordem cósmica arruinada não é um castigo, uma punição, que viria sancionar uma intenção nociva, uma vontade maléfica, mas simplesmente um "destino", como diz ainda Hegel, um simples meio de colocar as coisas de volta no lugar. E por ser violento, duro – por isso desperta, como diz Aristóteles, o temor ou a piedade –, esse meio não vem castigar as pessoas, mas restaurar a harmonia do mundo.

16
SÍSIFO E ASCLÉPIO
Os mitos da morte

Preâmbulo

Muitas vezes tive a oportunidade, durante essas aulas, de evocar, citando em particular Arendt, as três maneiras pelas quais os gregos consideravam a possibilidade de escapar, se não da morte, pelo menos do império do efêmero que caracteriza a vida dos humanos: tendo filhos, isto é, uma descendência que conserva algo de nós de geração em geração; conquistando a glória, como Aquiles, para assim se tornar tema de um livro, a escrita, ao contrário das falas, tendo como característica se inscrever na duração, permitindo assim escapar das injúrias do tempo; por fim, ajustando-se à ordem do mundo, tornando-se, como Ulisses em Ítaca, uma peça do grande quebra-cabeça cósmico, que sendo ele mesmo eterno, permite fazer daqueles que a ele se unem fragmentos de eternidade.

Mas o que ainda não lhes disse é que evidentemente não é Arendt quem inventa essa tripartição dos diferentes caminhos da superação da morte, esse tríptico das vias de acesso à eternidade, mas já os encontramos admiravelmente formulados num diálogo de Platão dedicado inteiramente ao amor e ao desejo de eternidade que o habita mais ou menos secretamente: o famoso Banquete. Permitam-me que comece, antes mesmo de explorar os mitos desses dois "trapaceiros da morte" que são Asclépio e Sísifo, citando Platão sobre as três vertentes que acabei de mencionar: a descendência, a glória e a harmonização de si com a harmonia do cosmos. pelas vias da vida filosófica.

Platão e as três vias da superação da morte

Sobre a primeira vertente, a da filiação, Platão nos convida a observar quão falso e superficial seria imaginar que Eros, por mais carnal que seja à primeira vista, se reduza apenas ao aspecto corpóreo, material. Segundo Diotima, o personagem feminino que, no diálogo, fala pelo filósofo, há ao contrário em Eros, mais ou menos secretamente escondido, um desejo de eternidade, a busca de uma superação da finitude humana que se expressa na paixão erótica da beleza.

Aqui é Diotima que fala com Sócrates:

> Todos os homens são fecundos, Sócrates, segundo o corpo ou segundo o espírito. Quando estamos na idade, nossa natureza sente o desejo de engendrar, mas não pode engendrar no feio, só pode engendrar no belo e, com efeito, a união do homem e da mulher é procriação. Esta é uma obra divina e o ser mortal participa da imortalidade pela fecundação e pela geração, mas ela é impossível no que é discordante. Ora, o feio nunca se afina com o divino, ao passo que o belo se afina com ele. A beleza é, pois, para o engendramento uma moira e uma ilítia (as moiras, ou parcas, são divindades do destino – *moira* em grego –, mas elas não só decidem sobre nossa morte como também sobre o momento de nosso nascimento, sabendo que antes de nascer estávamos no nada; daí a referência a Ilítia, deusa do parto). Assim, quando o ser ansioso por procriar se aproxima do belo, ele torna-se alegre e, em sua alegria, ele se dilata e também procria e produz; quando, ao contrário, ele se aproxima do feio, carrancudo e desgostoso, ele se fecha em si mesmo, se afasta, se retrai e não engendra. Ele guarda seu germe e sofre. Daí vem para o ser fecundo e inchado de seiva o encantamento com o qual é atingido na presença da beleza, porque se liberta do grande sofrimento do desejo. Pois o amor, Sócrates, não é o amor do belo, como você acredita..., mas é o amor da geração e da procriação *no belo*, porque a geração é para um mortal da ordem do imortal e do eterno. Ora, o desejo de imortalidade é inseparável do desejo do Bem, visto que o amor, como já concordamos, é o desejo da possessão perpétua do bem: resulta necessariamente que o amor é também o amor da imortalidade... A natureza mortal sempre busca tanto quanto pode a perpetuidade e a imortalidade, mas só pode fazê-lo pela geração, sempre deixando um indivíduo mais jovem no lugar de um mais velho. Então, não se surpreenda mais, Sócrates, se todo ser aprecia seu rebento, pois é em vista da imortalidade que cada um recebeu esse zelo e esse amor.

Três breves observações sobre este texto magnífico.

A primeira é que há uma gradação no desejo amoroso que vai da beleza dos corpos até a procriação, depois até a imortalidade (a descendência), por fim até a própria eternidade, aquela que reside no Bem imutável, nessa felicidade duradoura do ser amado que gostaríamos de manter para sempre.

Segunda observação: Nietzsche, ainda que pouco platônico, retomará o tema numa fórmula que poderia ter encantado Platão mas também Jesus e Espinosa: "*Alle Lust will Ewigkeit*", "todo desejo/prazer quer a eternidade".

Por fim, como sugeri, por mais carnal que seja, Eros não se limita ao corpóreo, visa mais alto, na direção do belo, do imortal, do eterno, do Bem e finalmente do divino – e veremos mais adiante como esse tema tipicamente platônico de um "Eros mais que Eros" será retomado na tradição cristã – como mostra Bento XVI em sua primeira encíclica dedicada ao amor.

Sobre a segunda vertente, o desejo de imortalidade pela glória, Platão/Diotima é igualmente explícito. O que torna a ambição dos homens, sua busca por reconhecimento, por notoriedade e por glória menos derrisória e ridícula do que parece à primeira vista, é precisamente o fato de que, por trás do que poderia parecer pura vaidade, se dissimula na realidade um desejo mais nobre de eternidade:

> Por isso, Sócrates, se quiser considerar a ambição dos homens, você ficará surpreso com sua absurdidade, a menos que tenha em mente o que eu disse e que não pense no singular estado em que os coloca o desejo de construir um nome e de adquirir uma glória de eterna duração. É esse desejo, ainda mais do que o amor dos filhos, que os faz enfrentar todos os perigos, gastar sua fortuna, suportar todas as fadigas e sacrificar suas vidas. Você acha, com efeito, que Alceste teria morrido por Admeto (Alceste se sacrifica para salvar seu amado, Admeto. Héracles, pelo menos segundo Eurípides, irá procurá-lo nos infernos para trazê-lo de volta à vida), que Aquiles teria se devotado à vingança de Pátroclo ou que seu Codro (que se disfarça de mendigo, provoca os soldados inimigos e é morto voluntariamente por eles a fim de salvar sua pátria, pois um oráculo disse que se um de seus inimigos o matasse, sua cidade seria salva) teria corrido ao encontro da morte para manter o trono de seus filhos se eles não tivessem pensado em deixar dessa coragem a lembrança imortal que guardamos hoje? Longe disso, diz Diotima, e creio que não me engano ao dizer que

> é em vista de um louvor imortal e de uma fama como a deles que todos os homens se submetem a todos os sacrifícios, e isso tanto mais voluntariamente quanto melhores eles são, pois é a imortalidade que eles amam.

Pela glória, com efeito, os homens entram em competição com a natureza. Como esta última é ao mesmo tempo cíclica e eterna, ela não teme ser esquecida, ela não arrisca nada: se algum dia você esquecer o ciclo das estações, não souber mais que o inverno vem depois do outono e o outono depois do verão, você teria todos os anos de sua vida para se corrigir! Portanto, não há nenhum risco em esquecer os movimentos e os ritmos do cosmos. Para escapar ao esquecimento, a essa morte negra que acaba por torná-los anônimos e impessoais, os humanos devem, por outro lado, fazer um esforço, e é esse esforço que se expressa no desejo de glória que, na realidade, não passa de um desejo de eternidade oculto por trás da aparência de vaidade.

Sobre a terceira vertente, Diotima convida seus interlocutores a se elevarem até a vida filosófica, à sabedoria que consiste em se confundir com o cosmos imortal da verdade e das ideias. É por isso que o verdadeiro amor não é tanto aquele que une os homens e as mulheres, e sim o que une os homens entre eles, porque, segundo Platão, é evidentemente entre os homens que se engendram "filhos espirituais", muito superiores àqueles, banalmente corpóreos, produzidos pelo amor heterossexual – essa passagem, que enaltece a homossexualidade, chocou fortemente os comentadores e tradutores antigos, em particular Émile Chambry, que, como digno precursor de Christine Boutin, não deixou de apontar no seu prefácio e nas suas anotações o quanto Platão havia "fortemente se enganado" ao elogiar essa "perversão". Talvez fiquemos ainda mais chocados porque as observações de Platão não são absolutamente feministas ou, dependendo do humor, possamos ao contrário nos divertir ao ver o quanto o casamento *gay*, na civilização talvez mais brilhante que a humanidade já conheceu, não era considerado como uma "abominação", e sim como objeto de uma das mais elevadas recomendações do mais eminente filósofo que a Antiguidade conheceu:

> E agora, continuou Diotima (é sempre Sócrates quem conta aos amigos sobre o diálogo com ela), aqueles que são fecundos segundo o corpo se voltam de preferência para as mulheres, e sua maneira de amar é a de procriar filhos para assegurar a imortalidade,

a sobrevivência de sua memória, a felicidade por um futuro que se imaginam eterno. Para aqueles que são fecundos segundo o espírito, é diferente... pois há aqueles, ela diz, que são ainda mais fecundos de espírito do que de corpo.

Aquele que pertence a esta última categoria se interessará, pois, muito mais pelos homens, abandonará as mulheres, pois com os homens ele poderá conceber ideias e não apenas bebês e, assim, alcançar essa bela sabedoria que tem a ver com a justiça, com o governo dos estados e das famílias. Claro que ele também procurará sobretudo os belos corpos dos homens, e não os dos feios, mas:

> ...se neles encontrar uma alma bela, generosa e bem-nascida, essa dupla beleza o seduzirá inteiramente. Na presença de tal homem, ele sente tão logo afluir as falas sobre a virtude, sobre os deveres e as ocupações do homem de bem e começa a instruí-lo e, com efeito, pelo contato e pela frequentação da beleza, ele concebe e engendra coisas das quais sua alma estava grávida há muito tempo; presente ou ausente, ele pensa em seu companheiro e nutre junto com ele o fruto de sua união. Esses casais estão em comunhão mais íntima e ligados por uma amizade mais forte do que os pais e mães porque têm em comum filhos mais belos e mais imortais. Não existe ninguém que não prefira imaginar tais filhos do que filhos da carne, quando considera Homero, Hesíodo e os outros grandes poetas que ele inveja por terem legado rebentos imortais que lhes asseguram uma glória e uma memória também imortais... Sólon desfruta entre vocês da mesma glória por ter dado à luz suas leis e outros a desfrutam em muitos outros países, gregos ou bárbaros, por terem produzido muitas obras brilhantes e gerado virtudes de todo tipo: muitos templos lhes foram consagrados por causa desses filhos espirituais ao passo que ninguém jamais obteve um templo para os filhos saídos de uma mulher.

Há assim no amor uma elevação que vai dos belos corpos das mulheres e do desejo de procriação ao corpo dos homens, depois para a ideia de beleza, depois para a verdade e para o Bem eterno, aquele que consegue mover-se nele e dedicar sua vida a ele conseguiu assim tornar-se imortal tanto quanto é possível para um mortal.

O texto de Platão que, em minha opinião, diz tudo isso da maneira mais clara e profunda não está no *Banquete*, mas nesta passagem de outro diálogo, o *Timeu*, que é bastante significativo desse vínculo entre o desejo de imortalidade que habita o amor e a vida filosófica com o pensamento:

> Deus nos deu esse *nous* (a inteligência superior) como um gênio, e é o princípio que dissemos alojado no topo de nosso corpo – isto é, na cabeça – e que nos eleva da terra ao nosso parentesco celeste, pois somos uma planta do céu, não da terra. Podemos afirmá-lo com toda sinceridade. Pois Deus suspendeu nossa cabeça e nossa raiz ao lugar onde a alma foi primitivamente engendrada e, assim, Ele ergueu todo o nosso corpo na direção do céu. Ora, quando um homem se entregou inteiramente às suas paixões ou às suas ambições, e quando aplica todos os seus esforços para satisfazê-las (trata-se aqui, naturalmente, daquele que vive de maneira louca, não sábia, no sensível, no corpo, nas vaidades, na vontade de adquirir o poder para dominar os outros), quando um homem se dedicou inteiramente a esses aspectos corpóreos, sensíveis e mortais da vida humana, nada lhe falta para se tornar inteiramente mortal (ou seja, ele vai morrer inteiramente. Tendo dedicado toda sua vida à parte mortal do homem, ele cairá completamente no nada, pois foi a isso que se dedicou). Mas quando um homem se entregou inteiramente ao amor da ciência (isto é, ao amor das ideias, da verdade segundo a filosofia) e à verdadeira sabedoria, e que, entre suas faculdades, ele se dedicou sobretudo àquela de pensar sobre coisas imortais e divinas, se ele conseguir alcançar a verdade, é certo que, na medida em que é dado à natureza humana participar da imortalidade, nada lhe falta para alcançá-la.

É, portanto, pelo *nous*, nome grego para a inteligência superior, uma faculdade habitada pelo desejo de participar do mundo inteligível, do cosmos das ideias eternas, portanto pela vida filosófica que podemos conseguir superar nossa finitude na medida em que é possível para os mortais. Encontraremos, quase com essas palavras, a mesma fórmula no fim da *Ética a Nicômaco* de Aristóteles, que também convida os homens a "se tornarem imortais na medida do possível" pelas vias da sabedoria.

Como veremos agora, é mais pela *métis*, pela astúcia, e não pelo *nous*, que Asclépio e Sísifo vão tentar vencer a morte – e é por essa razão que, pecando claramente por *hybris* como o famoso Doutor Frankenstein, cujo mito eles anunciam, eles vão ser severamente punidos pelos deuses.

Vejamos como.

Nas origens do mito de Frankenstein: Asclépio (Esculápio), o médico que devolve a vida aos mortos

Entre as lendas gregas que nos contam os dissabores a que se expõem os mortais que pecam pela desmedida e pela arrogância, aquelas que destacam os "trapaceiros da morte", aqueles que, como Sísifo e Asclépio (que se tornará o Esculápio dos romanos), procuram escapar da finitude humana recorrendo à astúcia e aos artifícios que ela autoriza, ocupam um lugar singular, que merece toda nossa atenção. Não apenas o valor literário desses mitos é geralmente superior, mas sua dimensão cósmica e sua posteridade são consideráveis. Pois novamente, a exemplo de Midas, estamos lidando com seres que não se contentam em pecar por *hybris*, como se apenas suas imperfeições pessoais estivessem em jogo, mas que ameaçam realmente o ordenamento global do cosmos.

Comecemos então pelo pai fundador da medicina, Asclépio.

Por vezes muito divergentes, os relatos do mito que lhe dizem respeito encorajam-nos a privilegiar as versões compatíveis entre elas. Nesse caso, vou seguir, na maior parte, as de Píndaro e de Apolodoro: com pequenas variantes, mas pouco importantes em substância, elas se complementam de maneira bastante coerente para que se possa pensar que pertencem a uma tradição comum.

Como a de Dioniso, a vida do pequeno Asclépio começa de forma singularmente violenta. Ele é um dos filhos de Apolo – lembrem-se de que ele não é apenas o deus da música, mas também o da medicina. Apolo se apaixonou, como tantas vezes acontece com os olímpios, por uma deslumbrante mortal chamada Corônis. Aqui também ressaltamos o quanto os deuses apreciam as mulheres. Não que sejam mais belas do que as deusas. É até mesmo o contrário: a beleza destas últimas é infinitamente superior à dos humanos, sejam eles quem forem. Mas os imortais são sensíveis, principalmente quando se trata das mulheres, às imperfeições ligadas à finitude, encantados pelo fato de a beleza delas, justamente, ser imperfeita, efêmera. Paradoxalmente, é isso que lhes dá um encanto louco, algo de precioso, infinitamente tocante, uma fragilidade nunca encontrada entre os imortais e que os torna transidos de amor.

Então Apolo se apaixona loucamente por Corônis.

Ele a seduziu ou a forçou? Não sabemos. Ainda assim, nada resiste ao deus e ele alcança seus objetivos, acabando por dividir o leito de sua bela. E de seus amores nasce o pequeno Asclépio. Até aqui, nada de incomum a destacar. Mas as coisas logo vão desandar. Corônis, ao que parece, não está muito apaixonada por Apolo. Ela prefere, audácia suprema que o próprio pai desaprova, um mero mortal, um certo Ísquis com quem ela se casa. Esse casamento é evidentemente visto por Apolo como um verdadeiro insulto: Como sua amante ousa ter a audácia de preferir um vulgar humano a um deus? Ainda mais porque Apolo é considerado o mais belo de todos os olímpios...

Como Apolo soube que estava sendo enganado, que era "corno", em poucas palavras, como um qualquer? Aqui, os relatos diferem. Segundo alguns, foi graças à sua conhecida arte da adivinhação que ele descobriu o segredo. Mas segundo Apolodoro, Apolo enviou um corvo, ou, mais exatamente, uma gralha (em grego, *Coroné*, nome muito parecido com o de sua amante...) para vigiar Corônis, e o pássaro vem relatar a seu senhor o que ele viu: Ísquis e Corônis fazendo amor com paixão. Alucinado pelo ciúme, Apolo começa punindo o mensageiro tornando-o todo preto – segundo esse mito, os corvos e as gralhas eram brancos como pombas antes desse episódio infeliz. Aconselho-os, aliás, a meditar sobre esta lição que ainda hoje é válida: talvez seja injusto, mas recriminamos a pessoa que traz as más notícias, mesmo que ela não tenha culpa alguma. Primeiro, porque acabamos suspeitando que esteja secretamente um tanto contente com o infortúnio que nos atinge. E depois, afinal, sem esse pássaro maldito, Apolo poderia ter continuado a ser feliz, ou pelo menos tranquilo, pois sempre sofremos, especialmente quando se trata de amor, só com o que sabemos e aquilo que ignoramos não faz mal algum... Não sejamos o primeiro ou a primeira a espalhar as más notícias. Esta é uma atitude imperdoável!

Seja como for, Apolo não está evidentemente satisfeito em castigar somente a infeliz gralha. Ele pega seu arco e suas flechas – de todos os deuses, ele e sua irmã gêmea, Ártemis, a deusa da caça, são os arqueiros mais habilidosos – e ele transpassa Ísquis e Corônis, que logo expiram em atrozes sofrimentos. De repente, Apolo se lembra que sua amante está grávida dele, ela carrega seu bebê. De acordo com o rito funerário grego, deve-se queimar o corpo dos defuntos depois de terem sido velados e de terem sido colocadas moedas de prata sobre olhos ou na boca para pagar o barqueiro dos infernos, Caronte. É no momento em que Corônis já está deitada sobre a fogueira, quando o fogo começa a pegar e as chamas a lamber seu corpo, que Apolo se lembra. Mais do que depressa, ele arranca o bebê das entranhas de Corônis – segundo alguns, seria Hermes que teria realizado essa tarefa ingrata – e o confia ao maior educador de todos os tempos: o centauro Quíron, filho de Cronos, primo-irmão de Zeus, um sábio entre os sábios que já criou personagens famosos como Aquiles, o herói da Guerra de Troia, ou Jasão, que liderará a expedição dos argonautas em busca do Velo de Ouro. Uma referência incomparável em educação. Afirma-se até que foi Quíron quem ensinou medicina a Apolo. Em todo caso, é ele quem vai ensiná-la àquele que se tornará o pai dessa arte e, segundo a lenda, o maior médico de todos os tempos.

É bom destacar, e isso é importante para a compreensão do resto da história, que há uma espécie de similitude entre o nascimento de Asclépio e o de Dioniso: ambos são arrancados do ventre da mãe quando esta já está morta, consumida em ambos os casos pelo fogo. Isso significa que Asclépio é, se não duas vezes nascido, como Dioniso que sairá da coxa onde Zeus o aninhou para continuar sua gestação, pelo menos salvo da morte *in extremis*. Desde o início, sua existência está colocada sob o signo da ressurreição, da vitória quase milagrosa da vida sobre a morte. E é exatamente isso que marcará a arte de Asclépio como médico. Ele não apenas se torna um excelente cirurgião, mas, à imagem de um deus, é um verdadeiro salvador, um mestre da salvação. Dizem que recebeu de Atena um presente que lhe permite realizar o sonho secreto de todo médico, isto é, o dom de ressuscitar os mortos. Lembrem-se de que Atena é a deusa que ajudou Perseu, junto com Hermes, a lutar contra Medusa, a terrível e aterrorizante górgona que pode, numa fração de segundo, petrificar – no sentido literal: transformar em pedra – todos aqueles cujo olhar cruza com seus olhos de poderes sobrenaturais. Perseu acaba de cortar a cabeça de Medusa e de seu pescoço escapa, no momento em que ela dá seu último suspiro, Pégaso, o cavalo alado, enquanto dois líquidos escorrem de suas veias abertas. Da veia esquerda sai um veneno violento, que provoca a morte em poucos segundos; da veia direita, pelo contrário, um remédio milagroso que simplesmente possui a faculdade de ressuscitar os mortos.

Munido desse precioso viático, Asclépio começa a curar os vivos, mas também a ressuscitar os mortos. A ponto de Hades, o senhor dos infernos que reina sobre o reino dos mortos, reclamar com Zeus ao ver o número de seus "clientes" diminuir de maneira preocupante. Como no caso de Prometeu, que acaba de roubar o fogo e as artes de Atena, Zeus começa a se inquietar com a ideia de que os homens possam se tornar iguais aos deuses: Qual a diferença entre eles, com efeito, se os primeiros se dotam dos meios para se tornar imortais? Se deixar que façam o que querem, é toda a ordem cósmica, começando pela distinção cardinal entre mortais e imortais, que será perturbada em seu princípio mesmo.

Estamos na presença da primeira versão de um mito que já mencionei, o de Frankenstein. Como o Doutor Frankenstein, Asclépio conseguiu, com a ajuda de Atena, é verdade – que aqui desempenha um papel análogo ao de Prometeu –, tornar-se senhor da vida e da morte. Ele é, por assim dizer, igual a um deus, arrogância suprema para Zeus, porém mais tarde, também aos olhos de um teólogo cristão para o qual a vida é o apanágio apenas do ser supremo. *Hybris* absoluta para um grego, portanto, na medida em que não são apenas os deuses, com todo o respeito e obediência que lhes são devidos, que estão ameaçados, mas sim a ordem de todo o universo. Basta imaginar a continuação, o que seria da vida na terra se ninguém morresse, para se convencer disso. Em breve não haveria espaço suficiente para abrigar e alimentar a todos. Pior ainda, as relações familiares seriam alteradas de fio a pavio: os filhos estariam em pé de igualdade com os pais, o sentido das gerações se desvaneceria e tudo acabaria virando de cabeça para baixo...

Preocupado com essa perspectiva, Zeus recorre, como de hábito, a meios drásticos, ele simplesmente fulmina Asclépio – a respeito do qual Píndaro afirma, mas ele é o único a falar nesse sentido, que ele era na realidade venal, animado pela ganância e que recebia fortunas para reanimar os mortos. Seja como for, isso é um detalhe. O essencial é que para Zeus chegou o momento de agir. Como sempre, ele intervém para garantir a perenidade do cosmos, pois é evidente que esta é a principal questão no mito de Esculápio trapaceiro da morte. Apolo, que amava seu filho, como testemunha o cuidado que teve com sua educação confiando-o a Quíron, sente-se ao mesmo tempo triste e enfurecido ao saber da reação de Zeus.

Apolodoro conta que, para se vingar, ele mata os ciclopes, aqueles mesmos que deram o raio, o trovão e o relâmpago a Zeus para ajudá-lo a vencer sua luta contra os titãs e conseguir estabelecer a ordem cósmica. Outros afirmam que não são os ciclopes que Apolo mata, pois eles são imortais, mas os filhos deles... De todo modo, Zeus não aprecia muito as revoltas sucessivas de Apolo. Ele decide colocá-lo na linha e planeja prendê-lo junto com os titãs no Tártaro. Mas Leto, mãe dos gêmeos divinos, Apolo e Ártemis, intervém. Ela implora a Zeus que seja clemente, e Zeus converte a pena para um ano de escravidão: Apolo também pecou por *hybris*, por arrogância e por orgulho. É necessário, portanto, que reaprenda a humildade e o respeito devidos ao rei dos deuses. Para isso, nada como um bom ano pastoreando o rebanho de um simples humano, Admeto, ao qual aliás prestará grandes serviços...

No entanto, Zeus, que tem a obrigação de ser justo, quer prestar homenagem aos talentos de Asclépio, porque, afinal, este só procurava fazer o bem aos humanos; ele não cometeu um erro grave, pelo menos não intencionalmente. Zeus vai então imortalizá-lo transformando-o numa constelação, a do Serpentário – que originalmente significa "aquele que carrega a serpente". Nesse sentido, Asclépio conseguiu ver a realização para si mesmo daquilo que a partir de agora lhe será proibido de oferecer aos outros. Ele conhece o que os gregos chamam de "apoteose" – termo que, literalmente, quer dizer uma "divinização", uma transformação em deus (*apo* = em direção a, e *theos* = deus). É por isso que ele é considerado não apenas o fundador da medicina, mas também o deus dos médicos. E ainda hoje Esculápio é quase sempre representado com uma serpente na mão, e seu cetro, formado por essa serpente enrolada num bastão, também chamado de "caduceu", ainda serve de símbolo para quem pratica essa difícil arte.

O símbolo da serpente não é evidentemente desprovido de significado, como tivemos a oportunidade de ver ao evocar a história do caduceu: é o animal que também renasce constantemente, como sugerem as peles que ele deixa nos bosques após cada uma de suas mudas, um símbolo, pois, da ressurreição dos mortos que Asclépio se comprometia em trazer à humanidade... Último detalhe para concluir essa história: o maior médico grego, Hipócrates, invocará Asclépio e se considerará como seu descendente direto. Ainda hoje, todos os médicos devem, antes de exercer, prestar um juramento de boa conduta chamado "juramento de Hipócrates"... Infelizmente, eles não são mais capazes de devolver a vida àqueles que morreram e que gostaríamos de rever. Mas agora sabem que, quando um humano se considera um deus, quando pretende se arrogar o poder de dominar a vida e a morte e ameaça assim toda a ordem cósmica, é preciso que uma potência intervenha para colocá-lo de volta em seu lugar.

É o que a história de outro trapaceiro da morte, o ardiloso Sísifo, também demonstra.

Os dois ardis de Sísifo

A atitude de Sísifo é à primeira vista bem diferente da de Asclépio. Primeiro, Sísifo joga em seu próprio benefício: não são os outros que ele está tentando salvar, como seu colega médico, mas a si mesmo. Ele é fundamentalmente um egoísta. Em seguida, embora também recorra à astúcia, ele não utiliza a ciência. No entanto, em ambos os casos, também estamos lidando com uma forma extrema de *hybris*, uma vez que Sísifo, como Asclépio, coloca potencialmente em perigo toda a ordem cósmica. Também aqui seguirei o relato que nos foi dado por Apolodoro, completando-o apenas, num ou dois pontos, com o de Ferécides de Atenas, um mitógrafo do século V a.C.

Chamo logo a atenção para o fato de que muito se falou sobre o castigo que Sísifo sofrerá: ele será condenado por Zeus a rolar no inferno uma enorme pedra até o alto de uma colina de onde, toda vez, a pedra volta a descer, de modo que ele tem de recomeçar tudo, indefinidamente, sem que essa tarefa dolorosa jamais termine. Por outro lado, ainda sabemos muito bem o que motivou exatamente essa terrível punição. Camus dedicou um livro a esse mito que, para ele, simboliza a absurdidade da existência humana. Na verdade, na mitologia grega, essa história possui um significado bem diferente: ela não tem nada a ver, nem de perto nem de longe, com a absurdidade real ou suposta da vida dos mortais – digo isso para evitar que vocês partam de uma falsa pista *a priori*.

Tudo começa quando Sísifo prega uma peça e tanto em Zeus. É preciso saber que nosso herói é, um pouco como Ulisses, um homem dos mil ardis. Alguns afirmam, aliás, que Sísifo é o verdadeiro pai de Ulisses, pois no dia do casamento de Laertes com Anticleia (ela, temos certeza, é de fato a mãe de Ulisses), Sísifo teria conseguido, por meio de uma dessas pilhérias cujo segredo ele conhece, tomar o lugar do marido no leito nupcial e teria simplesmente dormido com Anticleia antes de Laertes, sendo Ulisses o produto desses amores clandestinos. Quem tem fama, deita na cama: verdadeira ou falsa, a anedota situa muito bem o personagem, que não é muito recomendável no plano moral e está sempre pronto a pregar uma peça no próximo.

Mesmo quando se trata de Zeus.

No caso presente, este último, como de costume, acaba de raptar uma encantadora jovem, Egina, filha do Rio Asopo, uma divindade secundária. O deus/rio, dividido entre a preocupação e a raiva, procura febrilmente por sua filha querida: ele sabe muito bem que ela desapareceu, mas ignora que Zeus é o responsável. Também é preciso saber, para entender bem o contexto, que Sísifo é o fundador de uma das cidades gregas mais prestigiadas: Corinto. E para sua cidade, como todos os prefeitos de todas as épocas, ele precisa de água. Ele propõe então uma troca para Asopo: "Se você fizer brotar uma nascente de água limpa para minha cidade, direi quem raptou sua filha". Acordo concluído, e é assim que Sísifo comete a imprudência insígnia de denunciar Zeus... Que, evidentemente, não aprecia.

Para começar, ele força o Rio Asopo a voltar ao seu leito, usando sua arma favorita, o raio. Dizem que desde então o rio, cujas margens foram calcinadas, ainda carrega grandes pedaços de carvão preto... Seja como for, Zeus não se deixa impressionar pela fúria do pai, e leva a filha para uma ilha deserta onde se une a ela. Desses amores nasce um menino, Éaco, e como ele se entedia sozinho, já que a ilha está deserta, Zeus transforma as formigas em habitantes para lhe fazer companhia.

Contudo, ele não terminou o serviço. Agora vai se ocupar de Sísifo para castigá-lo como convém. E aí encontramos duas versões, uma curta e uma longa. Segundo a curta, Zeus simplesmente fulmina Sísifo e o envia, já morto, para os infernos, onde o condena por toda a eternidade ao castigo que conhecemos.

A versão longa, relatada por Ferécides, é muito mais interessante.

Sísifo está tranquilamente em seu magnífico palácio, em sua cidade de Corinto, contemplando a água que Asopo lhe forneceu. Então Zeus lhe envia a morte, essa divindade chamada Tânatos, para levá-lo aos infernos. Mas Sísifo tem mais de uma carta na manga. Ele vê Tânatos chegando, e se prepara para dar o bote. E, como de costume, ele lhe estende uma daquelas famosas armadilhas. A Morte cai como um patinho e, lançando-se sobre ela, Sísifo a amarra com cordas muito grossas, depois a esconde num armário dentro de sua imensa casa. Como no mito de Asclépio, o mundo então começa a se desarranjar. Tânatos aprisionado, ninguém mais morre. Hades, o mais rico de todos os deuses, para de enriquecer uma vez que não recebe sua cota de defuntos e se Zeus não colocar as coisas em ordem, haverá uma bela sobrecarga no planeta e o universo se tornará insuportável. É Ares, deus da guerra, que se apresenta e assume a tarefa. Podemos facilmente adivinhar a razão: se mais ninguém morrer, qual é o sentido de guerrear? Ele encontra Tânatos, liberta-o e entrega-lhe o infeliz Sísifo, que é forçado a descer aos infernos... Poderíamos pensar que ele está perdido, mas não: mais uma vez, ele tem mais de uma carta na manga.

Antes de morrer e de deixar seu palácio para descer ao reino de Hades, Sísifo teve o cuidado de fazer uma recomendação muito estranha à esposa: "Acima de tudo, disse-lhe, seja gentil, não me preste, em hipótese alguma, honras fúnebres, como qualquer boa esposa deve, no entanto, fazer no dia da morte do marido... Não me pergunte o motivo, eu explico mais tarde". E Mérope, sua devotada esposa, faz o que o marido lhe disse: não vela pelo defunto, não realiza nenhum dos ritos que normalmente teria de realizar. De modo que, tendo chegado às profundezas dos infernos, Sísifo corre para a casa de Hades para se lamentar amargamente de ter uma companheira tão má. Profundamente chocado com tal falta de modos, Hades deixa Sísifo voltar para casa para castigar adequadamente a esposa indigna, desde que, é claro, ele prometa retornar o mais rápido possível. Como sabemos Sísifo volta para casa..., mas procura não cumprir sua promessa e retornar aos infernos. Pelo contrário, agradece à mulher, faz-lhe muitos filhos e acaba simplesmente, muito idoso, morrendo de velhice. É então, e só então, que ele tem de retornar ao subsolo da terra onde Hades o obriga a rolar a famosa pedra, um suplício que ele lhe impõe para finalmente ter certeza de não ser trapaceado uma segunda vez.

Quanto ao sentido do suplício, como sempre, tem uma relação "simbólica" direta com o erro: a vida, para a espécie dos mortais, é um perpétuo recomeço; não é um itinerário infinito, ela tem um começo e um fim, e quem tentou adiar artificialmente os limites previstos pelas fiandeiras que velam sobre a ordem cósmica vai aprender a duras penas que uma vez chegado ao seu fim o processo deve começar do zero! Em outras palavras, que vão ao encontro da lição de Ulisses, ninguém pode escapar da finitude inerente à condição humana.

17
ORFEU, EURÍDICE, EROS, DEMÉTER
Os dramas do amor

Preâmbulo

A cada um o que lhe é devido, comecemos com Eros, o deus do Amor, e tentemos não confundir dois Eros bem diferentes, duas faces do amor que, apesar da identidade de seus nomes, não são idênticas entre elas.

Na Teogonia de Hesíodo, Eros aparece, junto com Caos e Gaia, como uma das divindades primordiais que precedem inclusive o aparecimento da primeira geração dos deuses pessoais, a dos titãs. Vernant tem razão ao destacar que nessa fase primitiva ou original Eros não se confunde com esse outro Eros que os romanos chamarão de Cupido e que costuma ser representado como um meninogorducho, munido de um arco, de uma aljava e de flechas que desencadeiam a paixão transpassando os corações. O Eros primordial precede o desejo sexual e sexuado que mais tarde unirá os homens e as mulheres. No momento, ele ainda é apenas uma força cega, ao mesmo tempo potência unificadora e princípio de crescimento, que dá vida e faz com que o universo nasça e depois se desenvolva.

O segundo Eros, que cronologicamente vem depois, nem por isso é menos importante, aparece ao mesmo tempo que Afrodite, no momento da castração de Urano, o céu – e, como veremos mais adiante, alguns até às vezes o apresentam como filho da deusa do amor. O certo é que ele a acompanha constantemente, que está sempre com ela, por assim dizer agarrado às suas saias, ao mesmo tempo confidente e companheiro onipresente. Eis o que Vernant diz sobre isso em L'Univers, les dieux, les hommes:

> No rastro de Afrodite (quando ela acaba de nascer do esperma de Urano misturado à espuma – aphros – do mar, e quando põe os pés na terra firme de Chipre), avançam em cortejo, Eros e Hímero, Amor e Desejo. Esse Eros não é o Eros primordial, mas um Eros que, doravante, exige que haja masculino e feminino. Dizem às vezes que ele é filho de Afrodite (é o que afirma, por exemplo, Apuleio em suas Metamorfoses na qual encontramos a lenda de Eros e Psiquê, sobre a qual falarei mais adiante). Esse Eros mudou, portanto, de função. Não tem mais o papel, como bem no início do cosmos, de trazer à luz o que estava contido na escuridão das potências primordiais. Seu papel agora é unir dois seres bem individualizados, de sexo diferente, num jogo erótico que supõe uma estratégia amorosa com tudo o que isso implica de sedução, de consenso, de ciúme. Eros une dois seres diferentes para que a partir deles nasça um terceiro ser que não é idêntico a nenhum de seus genitores, mas que prolonga a ambos. Há agora, portanto, uma criação que se diferencia daquela do tempo primordial.

Esses dois Eros são verdadeiramente dois seres completamente separados ou o segundo é apenas uma modificação do primeiro? Deixaremos a questão de lado. O que importa é compreender que eles não pertencem à mesma ordem temporal, estando o primeiro na origem da expansão primordial do cosmos, uma espécie de deus do Big Bang se quisermos adotar uma linguagem contemporânea, enquanto o segundo pertence ao nosso tempo humano e diz respeito apenas às relações amorosas, não entre entidades primitivas impessoais, mas entre pessoas singulares, divinas ou mortais, mas pelo menos já bem individualizadas, sexuadas e dotadas de uma verdadeira psicologia.

É desse segundo Eros que Platão tentará dar uma ideia, traçar um retrato filosófico. Proponho desta vez inverter a cronologia que geralmente vai do mythos ao logos, da mitologia à filosofia, e começar com esta abordagem platônica que, como verão, vale não só o desvio como também nos dará um fio condutor para compreender o verdadeiro sentido dos mitos.

A filosofia do amor em Platão: Eros imperfeito ou o desejo de eternidade

O essencial encontra-se em duas passagens do *Banquete*, o diálogo que Platão dedica inteiramente a uma discussão cujo objeto principal é justamente o amor.

A primeira passagem é o momento em que Aristófanes, o famoso autor de comédias de quem Platão, no entanto, não gostava muito, toma a palavra para narrar um mito prometido a uma longa posteridade, o dos andróginos – mito que será encontrado em muitas tradições filosóficas mas também na sabedoria popular, na forma da famosa teoria das "duas metades da laranja". Na gíria, para dizer a verdade numa linguagem que é mais coloquial do que da gíria propriamente dita, ainda hoje é comum um marido falar de sua "metade" para designar sua "esposa legítima", sem saber que essa visão do casamento provém de um mito platônico contado por Aristófanes, o autor de comédias mais famoso da Grécia antiga.

Mas, então, o que nos diz exatamente esse mito?

Primeiro que Eros, o Amor, representa a paixão mais poderosa, mas também a mais piedosa e divina que possa existir – nesse sentido, Eros sempre aponta, mesmo quando parece fadado à carne e aos corpos, para um desejo secreto mais espiritual do que corpóreo, uma aspiração à eternidade –, um tema que reencontraremos, eu o mostrarei daqui a pouco, na tradição cristã e em particular na encíclica que Bento XVI dedicou ao amor. Mas não antecipemos. O tema que domina o mito que Aristófanes expõe a seus amigos na presença de Sócrates baseia-se na ideia de que na origem existiam três tipos de seres humanos: as mulheres, os homens, é claro, mas também os andróginos (etimologicamente: "homens-mulheres", de *andros*, o homem, e *gunè*, a mulher, esta última palavra sendo encontrada, por exemplo, em "ginecologia", mas também no nome dado pelos franceses à fêmea do macaco [guenon], antecipação de Darwin tão pouco gentil com os homens quanto com as mulheres).

Eis a descrição que Aristófanes nos dá desses humanos de um terceiro tipo:

> Em primeiro lugar, a espécie humana compreendia de fato três gêneros, não dois como hoje, mas além do macho e da fêmea, havia um terceiro gênero que reunia os dois primeiros. Seu nome ainda existe hoje embora o que ele designe tenha desaparecido. Esse terceiro gênero era com efeito o dos andróginos que, por sua natureza e por seu nome, reunia os outros dois, o dos machos e o das fêmeas. Tudo o que resta deles hoje é um nome que, além disso, é geralmente considerado infame. Em segundo lugar, esses homens

do terceiro tipo tinham a forma de uma esfera única, com as costas e os lados em forma de círculo, e eram dotados de quatro mãos e quatro pernas, bem como, sobre um pescoço também perfeitamente redondo, de dois rostos absolutamente idênticos cada qual olhando para um lado. Eles também tinham quatro orelhas e suas partes vergonhosas também eram duplas, e todo o resto era agradável... Sua força e vigor eram extraordinários, assim como sua arrogância. Foi assim que eles enfrentaram os deuses e o que Homero relata sobre Efialtes e Oto, que como ele diz começaram a escalar o céu, se aplica tanto a esses homens como "à sua intenção de desafiar os deuses".

Como se vê, os andróginos, por causa de seu extraordinário poder natural, tendiam a pecar por *hybris*, a revoltar-se contra os deuses a ponto de um dia começarem, como os gigantes Oto e Efialtes citados por Aristófanes, a escalar o céu para chegar ao Olimpo e iniciar uma guerra na casa dos imortais – o que Zeus, é claro, não podia deixar acontecer.

No entanto, o rei dos deuses não queria destruí-los, como havia feito, não só com a ajuda dos outros olímpios como também a de seu filho Héracles, com os gigantes. Por que Zeus queria preservar os humanos, e especialmente esses? Para compreendê-lo, é preciso lembrar dos motivos pelos quais ele confiou a criação dos homens a Prometeu. Eram razões imperiosas, essenciais: não só para que eles os honrassem como merecem, com hecatombes e sacrifícios, como lembra Platão nessa passagem do *Banquete*, mas também porque os deuses, depois de terem vencido a guerra contra os titãs, morriam de tédio no Olimpo. Tinham, pois, uma necessidade imperiosa dessa companhia representada pela vida e pela história encarnadas na sucessão das gerações humanas. Portanto, estava fora de questão matar os homens. Desse modo, restava apenas uma solução: cortar os andróginos ao meio para enfraquecê-los e livrá-los de sua incorrigível inclinação para a *hybris*! E assim foi feito, a tarefa tendo sido confiada a Hefesto, que tomou todo o cuidado para cortar os andróginos como se fossem "um linguado", diz o texto de Platão figurativamente – Zeus acrescentando, para completar, que se ainda assim continuassem a pecar por *hybris*, ele os cortaria em quatro para que ficassem com uma só perna, e então só andariam saltitando sobre um pé e deixariam assim definitivamente os deuses em paz.

Depois não digam que eu não avisei!

Mas uma vez cindidos em duas metades, os infelizes tinham apenas uma aspiração em mente, para dizer a verdade uma vontade literalmente erótica, a saber, reencontrar sua metade perdida para se unir a ela. E é aí, acho que já entenderam, que Eros aparece como esse desejo violento de compensar uma privação, de preencher um vazio, de restaurar uma unidade perdida. O problema, todavia, é que, quando reencontravam essa metade, tornavam-se novamente inseparáveis a ponto de se deixarem morrer nos braços um do outro. Para eles, era simplesmente impossível, durante o reencontro, fazer algo que não fosse permanecer grudados um no outro, sendo então incapazes da mínima atividade. É assim que os andróginos reconstituídos se deixavam morrer um a um, por não conseguirem se alimentar, andar, trabalhar...

Eis como Aristófanes descreve essa situação dramática a seus amigos:

> Ora, quando a natureza do homem foi assim dividida, cada metade lamentando sua outra metade com ela se acasalava. Elas se entrelaçavam com os braços no desejo mútuo de se fundir num único ser, de modo que acabavam morrendo de fome devido à incapacidade de agir, que provinha do fato de que se recusavam a fazer qualquer coisa uma sem a outra. Ao que se deve acrescentar o fato de que quando uma das duas metades morria enquanto a outra sobrevivia, esta última buscava uma outra metade e a ela se entrelaçava novamente, fosse uma metade de mulher, isto é, de uma mulher inteira, já que essa metade é exatamente o que chamamos hoje uma mulher, ou fosse uma metade de um homem. É por isso que a espécie humana ia pouco a pouco desaparecendo.

Para remediar essa situação, Zeus teve então a feliz ideia de deslocar os órgãos sexuais das metades andróginas, órgãos que haviam permanecido "fora", na região das costas, a fim de fixá-los na parte da frente para que, quando as duas metades se reencontrassem, pudessem não apenas satisfazer seu desejo, mas também engendrar novas gerações. Uma vez satisfeitas as suas inclinações eróticas, elas podiam voltar a agir, a se alimentar e a trabalhar como convém à espécie humana, de modo que pararam de se deixar morrer. Resta o fato de que seu ideal era sempre retornar à unidade perdida e é precisamente isso, segundo Aristófanes, que constitui a essência mesma do amor:

> É assim que, desde esses tempos distantes, o amor por seu semelhante foi implantado no coração do homem, esse amor que tem por vocação restaurar nossa natureza original, que tenta fazer a partir de dois seres um só ser a fim de reparar nossa natureza humana. Somos, portanto, cada um a metade complementar de outro ser humano que, cortado como foi, se assemelha a um linguado, um ser único do qual fizeram dois seres... Nossa antiga natureza era realmente aquela que mencionei e na origem todos nós éramos um ser único. Por isso damos o nome de amor ao desejo e à busca desse ser único. Em outras palavras, como expliquei, éramos inicialmente um ser único e foi por causa de nosso comportamento injusto que essa unidade foi quebrada pelo deus... Ora, é previsível que se continuarmos a pecar por *hybris* em relação aos deuses, nós seremos mais uma vez fendidos ao meio, de modo que acabaremos andando como aqueles personagens cujo perfil vemos nas estelas em baixo-relevo. Esta é a razão pela qual se recomenda a todo homem que sempre se conduza piedosamente em relação aos deuses, a fim de evitar esse castigo, mas também para conseguir, tomando o amor como guia, realizar seu objetivo final. Que ninguém faça nada que seja contrário ao amor... O meio para nossa espécie chegar à felicidade é, portanto, chegar a um amor perfeito uma vez que cada ser se encontra associado a um ser amado que é literalmente o seu, o que para cada um de nós consiste finalmente em retornar à sua natureza original.

Começamos então a perceber melhor a estrutura mais íntima de Eros: Eros é antes de tudo falta, vacuidade, uma potência desejante que nasce sempre da ausência do ser amado, neste caso do ser perdido – e se não fossem os filhos, engendrados pelo artifício concebido por Zeus e que consiste em deslocar os órgãos sexuais "para a parte da frente", quando Eros se preenche ele leva à morte, à imobilidade, e isso por uma razão fundamental, estrutural: porque seu "preenchimento" significa a morte do desejo. Por isso Eros aparece como fundamentalmente contraditório, ou melhor dizendo, como um perpétuo intermediário entre o vazio e o pleno, entre a falta e a satisfação, entre a ausência e a presença.

É precisamente isso que Platão insinua em sua magnífica teoria do prazer e da dor, teoria que deve ser considerada se quisermos perceber a origem dessa estrutura intrinsecamente conflitual de Eros.

Eros em Platão: da teoria da verdade à teoria do prazer e da dor

Na realidade, tudo começa com uma teoria da verdade. É ela, como veremos a seguir, que rege a visão platônica do prazer e da dor, depois, *in fine*, a de Eros, do amor.

Essa teoria da verdade vem em resposta a um sofisma, isto é, a um raciocínio especioso, mas que possui a aparência do verdadeiro. Esse famoso sofisma é exposto num diálogo de Platão, o *Mênon*, nome do interlocutor de Sócrates. Ele consiste em afirmar que a própria ideia de uma busca da verdade é absurda – por isso a sofística aparece desde o início como uma contrafilosofia, como o contrário absoluto do próprio princípio da filosofia como vontade de verdade. Das duas coisas uma, com efeito, continua a argumentação sofística: ou já temos a verdade, e então não vale a pena procurá-la, isso seria absurdo. Se já tivéssemos a verdade, por definição, não a procuraríamos. Ou então não temos a verdade e, nessas condições, nunca a encontraremos. Por quê? Simplesmente porque, entre todas as opiniões que circulam, entre todas as opiniões correntes, é preciso, para distinguir as verdadeiras das falsas, um critério e um critério que já seja verdadeiro. A palavra "critério" vem do verbo grego *krinein*, que significa "distinguir", "separar": separar, por exemplo, o trigo do joio, com um "crivo", uma peneira. As palavras "crise" e "crítica" possuem a mesma etimologia. O critério, portanto, é o pré-requisito necessário para reconhecer a verdade e distingui-la das opiniões falsas. Ora, diz o sofista, se um dia encontrássemos por acaso a verdade, entre todas as opiniões que circulam no mercado das ideias, seria preciso ter um critério verdadeiro para distinguir a verdade da opinião falsa. Para que esse critério seja pertinente, seria preciso com efeito que ele mesmo fosse verídico. Portanto, para encontrar a verdade, é preciso já a possuir: CQD, como se queria demonstrar!

O paradoxo talvez não seja muito potente, mas a resposta de Sócrates é, em contrapartida, genial. É toda a filosofia de Platão, toda sua teoria da verdade como reminiscência, que estará contida na resposta. Ela consiste em dizer que nossa relação com a verdade passa por três fases, por três tempos.

Num primeiro tempo, já conhecemos a verdade. Foi antes da queda, antes do nosso nascimento, quando a alma ainda não era prisioneira de um corpo sensível, antes que ela caísse neste corpo, antes da encarnação. Talvez conheçam esse jogo de palavras, em grego, que Sócrates apresenta nesse contexto, a saber, que o corpo (em grego, *soma*, que deu por exemplo "somatizar") é uma prisão (em grego, *sema*) para a alma. Antes que a alma fosse "aprisionada" neste corpo sensível, ela via as ideias sem deformação, ela as contemplava para além das aparências, em sua pureza inteligível, não deformada pelos cinco sentidos. Ela podia ver a verdade "nua".

Mas então vem o segundo tempo, o da queda, da decadência, da encarnação na prisão do corpo: é o momento do nascimento, dessa catástrofe que significa para nós a vinda ao mundo sensível – reparem, aliás, nos gritos dos recém-nascidos no momento do nascimento: o mínimo que podemos dizer é que eles não parecem particularmente alegres. A alma cai num corpo, ela encarna nesta prisão sensível e enganadora: é a famosa descida à caverna de Platão. Os sentidos são de fato enganadores, uma vez que nos apresentam constantemente coisas idênticas como diferentes. Vejam o caso da água: ora é dura e gelada, ora líquida e quente e, ainda assim, é a mesma água. Se tivéssemos apenas nossos sentidos, se não tivéssemos o intelecto, seríamos constantemente enganados por eles porque contradizem os princípios da não contradição, ou seja, o pilar fundamental da lógica.

O que nos leva ao terceiro tempo dessa teoria da verdade: "a rememoração". Em grego, isso se chama *anamnese*. Trata-se do trabalho de reminiscência, após a queda da alma num corpo sensível que a aprisiona, de uma verdade que já conhecemos mas que perdemos, que esquecemos. O conhecimento é então sempre, literalmente falando, re-conhecimento, o conhecimento verdadeiro é lembrança, luta contra o esquecimento.

É essa ideia que vai permitir a resolução do famoso sofisma inicial: se o conhecimento é rememoração de uma verdade perdida, isso explica que, ao reencontrá-la, saberemos que era a verdade, uma vez que já a conhecíamos e que nos contentaremos em reconhecê-la. Eis como Platão responde ao paradoxo sofista por meio dessa teoria da verdade em três tempos, a saber, conhecemos a verdade; depois veio a queda no corpo sensível, antes que um longo e penoso trabalho de retorno à verdade (esta é a parte teórica e dialética da filosofia que corresponde à saída lenta e difícil da caverna) nos permita sair da caverna e reconhecer a verdade. O alemão a expressa como em grego: *kennen* é *erkennen* – conhecer é reconhecer, efetuar um trabalho de rememoração. No diálogo, é essa tarefa filosófica, neste caso teórica, que Sócrates anima ao colocar sempre aos interlocutores as perguntas que os guiam na direção da verdade perdida, esquecida. E é também nesse sentido que ele sempre se compara a uma parteira.

Aliás, sabemos que sua mãe era parteira. Em grego, a palavra para o trabalho de parto é *maieutikê*, maiêutica, e a de Sócrates consiste em ajudar a parir, não os corpos das mulheres, e sim as mentes dos homens – como ele diz num dos mais importantes diálogos de Platão, o *Teeteto*. A filosofia é, portanto, o contrário do dogmatismo. Seu trabalho não é trazer a verdade do exterior, do alto de um saber totalmente constituído e não criticável. Não. O trabalho de Sócrates é um trabalho que apenas ajuda seu interlocutor a rememorar. Ele o ajuda a se lembrar de uma verdade que conheceu e depois esqueceu e o realiza, à maneira de um psicanalista, fazendo-lhe perguntas – nesse sentido Sócrates permanecerá até hoje o modelo de professor de filosofia que mais incentiva seus alunos à reflexão pessoal do que os empanturra do exterior com certezas.

Vejamos agora como essa teoria da verdade como reminiscência serve de matriz à do prazer e da dor e comecemos pela última.

O que é a dor, com efeito? É um processo também composto de três momentos, um perfeito análogo da nossa relação com a verdade. Primeiro tempo: partimos de um estado de equilíbrio com o mundo, nosso corpo está em paz, nosso organismo não só está saudável como em harmonia com o real, está tudo bem. Nesse estado, não sinto nenhuma necessidade particular, nenhuma falta, não tenho, por exemplo, nem fome, nem sede. Depois, segundo tempo, ocorre uma ruptura brutal do equilíbrio. Sem querer, corto o dedo com uma faca. Esse evento corresponde ao segundo momento da teoria da verdade, a essa queda que é o nascimento. Depois vem o retorno ao equilíbrio, que neste caso é lento: ele corresponde à anamnese, ao trabalho, necessariamente difícil e doloroso, da rememoração. Estou em equilíbrio, corto o dedo, depois a cicatrização é lenta. Isso é a dor.

O prazer é o inverso, mas sempre com três tempos. Estou num estado de equilíbrio, mas desta vez, ao contrário do que aconteceu com a dor, a ruptura do equilíbrio é lenta. Voltemos ao exemplo da sede e da fome: no início, quando o desequilíbrio ainda está latente, nem percebo que estou com sede, que estou com fome, isso demora, meu corpo vai secando pouco a pouco. Por outro lado, o retorno ao equilíbrio é muito rápido: bebo um grande copo de água gelada e é uma verdadeira felicidade! Na qual encontramos nossos famosos três tempos...

Temos então aqui uma teoria do prazer e da dor que possui exatamente a mesma estrutura da teoria da verdade, e isso permite compreender por que a saída da caverna é dolorosa. Este é um ponto importante para Platão, pois permite compreender por que a vida filosófica é rara. Poucas pessoas terão a coragem de viver uma vida dedicada ao conhecimento das ideias, porque isso dói, porque não se sai da caverna impunemente. Quando tiramos o prisioneiro da caverna, seus olhos doem, o sol o ofusca, é doloroso, penoso, o caminho para a verdade é pedregoso, íngreme, cansativo. A vida filosófica será, portanto, reservada a uma pequena elite de acordo com essa visão aristocrática da filosofia.

Isso também nos permite compreender a estrutura de Eros, de entender por que o verdadeiro amor é aquele que se refere ao que já conhecemos, antes de sermos separados dele, para reencontrá-lo num terceiro tempo. Isso vale para o amor humano, que é sempre reconhecimento (de uma "metade da laranja" da qual fomos separados, segundo o mito platônico dos andróginos). Mas isso vale também para o conhecimento filosófico, para o amor à verdade e à sabedoria, que é um puro prazer, uma vez que também consiste em reencontros com um mundo inteligível que já conhecemos antes de sermos tão dolorosamente separados dele pelo nascimento e pelo aprisionamento no mundo sensível...

O nascimento de Eros segundo o personagem de Diotima no *Banquete*

No *Banquete*, é a Diotima, uma mulher considerada extremamente sábia porque "conhece as coisas do amor", que Platão confia a tarefa de expor sua própria concepção de Eros e sua relação com outras formas de amor. Diotima começa narrando o nascimento daquele que será confidente e companheiro de Afrodite:

> Os deuses haviam organizado um grande banquete e entre eles estava o filho de Métis (a astúcia), Poros (Expediente, pois é astucioso, encontra soluções para tudo, é o contrário do que chamamos uma aporia, isto é, um impasse, um problema sem solução). Quando terminaram de jantar, Penia (Pobreza), que estava parada perto da porta e que tinha a intenção de mendigar um pouco de comida porque o banquete havia sido suntuoso, veio se juntar a eles. Poros, inebriado pelo néctar – naquela época, o vinho ainda não existia – entrou no jardim de Zeus e, entorpecido pela embriaguez, adormeceu. Penia, dizendo a si mesma que nunca nada de astucioso lhe acontecia, decidiu gerar um filho com Poros, o astucioso. Ela se deitou ao lado dele e foi assim que concebeu Eros.

É, segundo Diotima, essa dupla ascendência que permite compreender a natureza, também dupla, intermediária entre os contrários, que é por excelência a de Eros, um ser em tudo caracterizado por seu estranho estatuto de meio-termo, de traço de união entre os opostos – que deve, certamente, ser interpretado à luz do que acabamos de ver sobre o prazer e a dor, Eros sempre sentindo falta, sempre insatisfeito, sempre desejoso do que não tem e nunca satisfeito com o que tem a partir do momento em que consegue obtê-lo:

> Como filho de Poros (Astúcia) e de Penia (Pobreza), eis sob quais auspícios Eros se encontra. Em primeiro lugar, ele continua pobre, e está longe de ser tão delicado e belo como costumamos imaginá-lo. É justamente o contrário: ele é sujo, pé de chinelo, não tem eira nem beira, dorme no chão, toscamente, ao ar livre, na rua ou na soleira das portas. Mas como também se parece com o pai, está sempre à procura de coisas belas e boas. Ele é valente, aventureiro, muito esforçado, um excelente caçador, sempre inventando um novo ardil, apaixonado por invenções e cheio de astúcia, passando a vida inteira a filosofar, habilidoso como um feiticeiro, um inventor de poções mágicas, um sofista. Além disso, sua natureza não é nem de um imortal nem de um mortal, mas, no mesmo dia, ora ele se deixa morrer, ora ele revive e refloresce quando os ardis que herdou de seu pai dão certo. No entanto, todo o proveito que deles obtém sempre lhe escapa por entre os dedos, de modo que Eros nunca está nem na miséria nem na opulência. Mas é igualmente intermediário entre saber e ignorância. Pois é preciso compreender muito bem o seguinte: entre os deuses, ninguém se preocupa em filosofar, ninguém procura tornar-se sábio porque os deuses já são sábios, e nenhum sábio jamais se dedica a filosofar. Mas isso também vale para os ignorantes que também não procuram filosofar,

pois não querem se tornar sábios..., pois aquele que não acredita estar desprovido de algo não quer aquilo que não acredita ser necessário prover.

Pois é, como dizem, os idiotas se parecem com os mortos: eles não sabem que são idiotas, assim como os mortos não sabem que estão mortos...

Daí o elo que une erotismo e filosofia: o sábio não busca a sabedoria uma vez que, como os deuses, já a possui, ele a vive, ele está "dentro" por assim dizer. Sócrates, Buda ou Jesus não escrevem, não comentam, não buscam, eles vivem, isso é tudo e, no máximo, passam oralmente suas mensagens fundamentais a seus discípulos. A primeira convicção do cretino é que ele é inteligente: por que ele buscaria a sabedoria? Esta é a razão pela qual nem os deuses, nem os sábios, nem os imbecis são filósofos, apenas os seres humanos animados por Eros o são.

Daí também o estatuto intermediário do deus do amor, intermediário entre a riqueza e a opulência, entre o mortal e o imortal, entre a sabedoria e a imbecilidade. Como vimos em relação ao prazer e à dor, Eros sempre está em falta, e a isso chamamos desejo, essa aspiração surda sem a qual o erotismo simplesmente não existiria. Mas quando se realiza, ele morre novamente, antes de renascer da falta, esse próprio processo dialético sendo interminável. É também nesse sentido que Platão declara Eros nem mortal nem imortal, porque é um contínuo permanente de morte e renascimento, de falta e de realização.

Só o desaparecimento definitivo do ser amado pode pôr fim à sua louca corrida, somente ele pode tornar Eros definitivamente infeliz, uma vez que a contradição entre o amor e a morte é a única totalmente insuperável. É ela, como na *Epopeia de Gilgamesh*, que coloca em cena o mito de Orfeu, que vou lhes contar agora uma vez que já temos em mente as chaves fornecidas pela filosofia platônica.

A lenda de Orfeu nos infernos é paradoxalmente uma das poucas que marcaram a religião cristã. Talvez porque a contradição inelutável e insolúvel entre o amor e a morte[31] também ocupe o coração dos evangelhos, uma

---

31. Mais um esclarecimento antes de entrar no cerne da questão: embora muito antigo, o mito de Orfeu nos infernos não se encontra nem em Homero, nem em Hesíodo. Sabemos que ele é conhecido desde o século VI a.C., mas são sobretudo os romanos, no século I, com Virgílio e Ovídio, que

vez que é ela, em última instância, que dá aos humanos a ideia, depois o desejo ardente da ressurreição. A morte, como também a *Epopeia de Gilgamesh* diz explicitamente, é sempre o "caminho de ida sem volta" e o amor, mesmo o maior, nada pode fazer sobre isso – até onde sei, há apenas uma verdadeira exceção na mitologia grega[32]. Além disso, o retorno dos infernos também nunca é fácil para os deuses que, embora imortais, se deixaram aprisionar no reino dos mortos: está na ordem das coisas que os homens morram, e ninguém poderia escapar disso sem causar uma desordem que, no fim, como vimos com os mitos de Asclépio e de Sísifo, perturbaria o curso de todo o universo. É preciso, portanto, aceitá-la, e é nesse contexto que devemos, no entanto, como Ulisses recusando a oferta de Calipso, buscar a vida boa...

Orfeu nos infernos ou por que a morte é mais forte do que o amor

Quem de nós não desejaria de todo coração reencontrar depois de morrer os seres que amou apaixonadamente nesta vida? É assim que, no Evangelho, Jesus, ao saber da morte de seu amigo Lázaro, começa a chorar, pois embora divino Ele experimenta, como vocês e eu, a dor infinita e irreparável que o desaparecimento do ente querido sempre causa. No entanto, Cristo está bem colocado para saber – pelo menos esta é a base da crença cristã – que, segundo a fórmula consagrada, "o amor é mais forte do que a morte". E Ele o prova trazendo seu amigo de volta à vida, no entanto morto desde algum tempo e mesmo que, como diz o texto do Evangelho, sua carne já tivesse em decomposição. Pouco importa, já que o amor triunfa sobre tudo, e que o milagre da ressurreição se realiza...

---

nos legarão suas versões mais coerentes e detalhadas. Em grande parte, são elas que sigo aqui, ainda que às vezes seja necessário, para completá-las, buscar nos autores gregos mais antigos, e em particular no *Alceste* de Eurípides e nas obras de Apolônio de Rodes, de Diodoro e até de Platão... Como sempre, a *Biblioteca* de Apolodoro também se revela um instrumento precioso.

32. A de Alceste, uma jovem que aceitou morrer no lugar de seu marido, Admeto, o que comoveu tão profundamente Perséfone, esposa de Hades, que ela decidiu deixá-la retornar à existência terrena. Héracles, Orfeu ou Ulisses também retornarão de sua estada nos infernos, mas passam por ali como vivos, não como mortos. Há também o caso de Sêmele, mãe de Dioniso, que morre no nascimento de seu filho e é por ele recuperada nos infernos para ser então divinizada. Mas Sêmele já é filha de uma deusa, Harmonia e, mãe de um olímpio, ela é chamada a também se tornar imortal: seu caso é, portanto, menos desesperador no início do que o de Alceste...

Com o mito de Orfeu, estamos entre os gregos, não entre os cristãos, e qualquer ressurreição, qualquer retorno à vida, mesmo que se situe num além paradisíaco, está fora do alcance dos mortais. Quando o infeliz Orfeu perde sua amada, que é picada por uma serpente venenosa, ele fica inconsolável.

Mas não antecipemos e, antes de chegar ao cerne da nossa história, vejamos mais de perto com quem estamos lidando.

Orfeu é sobretudo um músico. Ele é mesmo, no imaginário dos gregos, o maior de todos os tempos, até superior a Apolo que, aliás, o considera tão admirável, tão excepcional em sua arte, que o teria presenteado com a famosa lira inventada por seu irmão, Hermes. A lira é um instrumento de sete cordas, e Orfeu, julgando que isso não é suficiente para produzir belos acordes, acrescenta-lhe duas cordas adicionais, para completar..., o que "afina" ao mesmo tempo seu instrumento com o número das musas, essas nove divindades, filhas de Zeus, que teriam inventado as artes principais e inspiram os artistas. Aliás, há que se notar também que o próprio Orfeu é filho de Calíope, a rainha das musas. Então ele tem a quem puxar. Dizem que, quando ele canta acompanhado por seu instrumento, as feras, os leões e os tigres se calam e se tornam mansos como cordeirinhos; os peixes saltam para fora da água ao ritmo da lira divina, e as próprias rochas que, no entanto, têm coração de pedra, começam a derramar lágrimas de emoção... O que significa que sua música é mágica, que abranda os humores e que com suas nove cordas que aumentam ainda mais a harmonia de seu canto nada lhe resiste. De resto, lembrem-se que, quando participa da expedição dos argonautas, sob a conduta de Jasão, para conquistar o Velo de Ouro, é ele quem salva seus companheiros da ameaça representada pelas sereias, mulheres-pássaros cujos cantos atraem os desafortunados marinheiros para impiedosos recifes onde seus navios se despedaçam. Orfeu é o único ser no mundo que consegue encobrir suas vozes maléficas.

Mas voltemos ao que o levará aos infernos.

Orfeu apaixonou-se loucamente por Eurídice, uma ninfa sublime, talvez até, como dizem alguns, filha de Apolo. Sua beleza é incomparável, mas, além disso, ela é um verdadeiro amor, e Orfeu simplesmente não pode viver sem ela. Longe dela, a vida não tem mais sentido para ele, a existência está como que desencantada. Segundo Virgílio, que em seu poema as *Geórgicas* evoca longamente a história deles, um dia, quando passeava à beira de um belo rio, Eurídice se depara com os violentos ataques de um certo Aristeu. Para escapar dele, ela começa a correr, olhando para trás de vez em quando para ver se o inoportuno a alcança, e desse modo ela não percebe a víbora sobre a qual colocou seu delicado pé. A serpente a pica imediatamente e a morte é quase instantânea. Orfeu está, literalmente, inconsolável: nada pode impedi-lo de chorar e de continuar chorando. A ponto de resolver tentar o impossível: ele mesmo ir buscar Eurídice nos infernos, onde ele tentará convencer Hades e sua esposa, Perséfone, a deixá-lo retornar com sua amada.

A descrição que Virgílio e Ovídio nos dão da travessia dos infernos por Orfeu vale uma paradinha. Ainda hoje ela inspira pintores, músicos, escritores... Primeiro é preciso encontrar a entrada do subterrâneo, o que não é tão fácil assim. Orfeu consegue situando-se em relação à nascente que brota do solo no lugar onde um dos quatro rios infernais emerge das profundezas. Ele tem de atravessá-los ou ladear todos os quatro. Primeiro é o Aqueronte, o rio que todos os mortos devem atravessar para entrar na morada de Hades. É ali que o terrível Caronte, o barqueiro, um velho repugnante e imundo, pede um óbolo para transportar as almas mortas de uma margem a outra – e é por isso que os antigos colocavam moedas de prata sobre os olhos ou na boca dos mortos para que pudessem pagar Caronte, caso contrário ficariam décadas vagando às margens esperando sua vez... Depois, é preciso caminhar ao longo do Cocito, um rio de água gelada que carrega blocos de gelo, depois o terrível Piriflegetonte, uma gigantesca torrente de fogo e de lava derretida, e finalmente o Estige, por cuja água os deuses fazem seu juramento. Essa paisagem aterrorizante também é povoada de seres ainda mais medonhos. Em primeiro lugar há todos esses mortos, esses fantasmas lamentáveis, sem rosto, irreconhecíveis, que não deixam de inquietar o visitante. Mas, e muito pior, se possível, Orfeu se depara com monstros infernais: Cérbero, o horrível cão de três cabeças, os centauros, os cem-braços, as hidras abomináveis, cujos sibilos são suficientes para congelar o sangue, as harpias, que torturam a todos, a Quimera, os ciclopes... Em sua descida aos infernos, ele encontra célebres supliciados, Tântalo, que faz o possível para pegar um pouco de alimento, Sísifo, que empurra incansavelmente sua pedra, Íxion, crucificado em sua roda infernal, as danaides, que tentam em vão encher seus tonéis furados...

Em suma, seu périplo ultrapassa em horror tudo o que um humano pode imaginar de mais atroz.

Por amor a Eurídice, no entanto, Orfeu está disposto a tudo. Nada o detém. Além disso, ele se acompanha de sua lira ao longo de seu tenebroso trajeto e, aqui como em outros lugares, sua música produz um ótimo efeito. Sob a doçura de seu canto, os próprios supliciados recuperam um pouco, se não de felicidade, isso seria um exagero, pelo menos de descanso. Tântalo deixa por um momento de ter fome e sede, a roda de Íxion para de girar, a pedra de Sísifo suspende seu curso retrógrado. O próprio Cérbero se deita como um bom cachorrinho. Por um triz, ele se deixaria acariciar... As erínias abandonam por um momento seu difícil trabalho e o tumulto que costuma animar esse lugar infernal se apazigua. Os senhores do lugar, Hades e Perséfone, também estão sob o encanto. Eles escutam Orfeu com atenção, talvez até com benevolência. Sua coragem impressiona, seu amor por Eurídice, tão autêntico, tão incontestável, fascina essas duas divindades no entanto conhecidas como habitualmente inacessíveis a qualquer sentimento humano.

Perséfone, ao que parece, é a primeira a se deixar convencer. Orfeu poderá partir novamente em direção à vida e à luz com Eurídice..., mas com uma condição: que ela o siga em silêncio e que, sobretudo, sobretudo, ele não se volte para olhá-la até que tenha saído completamente dos infernos. Orfeu, louco de alegria, aceita. Ele leva Eurídice, que o segue docilmente, conforme combinado, alguns passos atrás. Mas sem que saibamos exatamente a razão – Virgílio supõe que ele está dominado por uma espécie de loucura, por uma explosão de amor que não pode mais esperar, Ovídio se inclina para uma surda angústia, que o faz duvidar da promessa dos deuses –, o fato é que Orfeu comete o erro irreparável: ele se vira para olhar Eurídice e, desta vez, os deuses são inflexíveis. Eurídice permanecerá para sempre no reino dos mortos. Não há mais nada a fazer, nada mais a discutir, e a infeliz mulher morre uma segunda vez, sem recurso possível.

Eis como Ovídio, sempre excelente no gênero patético, relata essa história em seu livro *Metamorfoses*:

> Enquanto Orfeu exalava suas queixas (para Perséfone e para Hades, na tentativa de enternecê-los e de fazê-los aceitar seu pedido de trazer Eurídice de volta à vida), que ele acompanhava vibrando

as cordas de sua Lira, as sombras exangues choravam; Tântalo deixou de perseguir a água fugitiva; a roda de Íxion parou; os pássaros esqueceram de dilacerar os fígados de suas vítimas, as netas de Belo deixaram suas urnas (trata-se das danaides, cujo castigo era encher constantemente barris furados) e você, Sísifo, está sentado em seu rochedo. Então as lágrimas, dizem, molharam pela primeira vez as faces das eumênides (as terríveis erínias, divindades intratáveis da vingança contra os crimes cometidos nas famílias), vencidas por essas entoações; nem a esposa do soberano, nem o deus que governa os infernos podem resistir a tal prece; eles chamam Eurídice; lá estava ela, entre as sombras recém-chegadas. Ela avança, com um passo lento por causa de sua ferida. Orfeu de Ródope (região montanhosa da Trácia da qual Orfeu poderia ser originário) consegue que ela lhe seja devolvida desde que ele não olhe para trás antes de ter saído dos vales do Averno (nome da caverna pela qual se entra ou se sai dos infernos), caso contrário o favor será sem efeito. Eles tomam, em meio a um profundo silêncio, um caminho inclinado, íngreme, escuro, envolto numa espessa névoa. Não estavam longe de chegar à superfície da terra, estavam atingindo a borda quando, temendo que Eurídice escapasse e impaciente por vê-la, seu marido apaixonado volta-se para trás e de imediato ela é arrastada para trás; ela estende os braços, procura seu abraço e quer abraçá-lo, mas a desafortunada agarra apenas o ar impalpável. Ao morrer pela segunda vez, ela não se queixa do marido – do que, com efeito, ela se queixaria, a não ser de ser amada? Ela lhe dirige um adeus supremo que mal chega-lhe aos ouvidos e volta a cair no abismo de onde tinha saído.

Como podem imaginar, Orfeu está mais uma vez inconsolável. Desesperado, ele volta para casa e se tranca de vez em sua residência. Ele se recusa a ver outras mulheres: para que, ele é o homem de um único amor, o de Eurídice. Nunca mais será capaz de amar como antes. Mas, pelo que contam nossos poetas latinos, Orfeu humilha assim todas as mulheres de sua cidade. Elas não compreendem por que um homem tão encantador, cujo canto é tão sedutor, as deixa de lado. Tanto mais que, de acordo com alguns, Orfeu não só se afasta do belo sexo como se interessa apenas pelos rapazes. Ele até atrai para sua casa os maridos da região com os quais compartilha sua nova atração pelos jovens. Assim já é demais, mais do que essas mulheres da cidade podem suportar. De acordo com essa versão do mito, Orfeu morre literalmente despedaçado pelas esposas ciumentas:

armando-se com pedras, paus, algumas ferramentas agrícolas que os camponeses deixaram em seus campos, elas se precipitam sobre o infeliz músico e o destroçam vivo, depois jogam seus membros, os diferentes pedaços de seu corpo e sua cabeça cortada no rio mais próximo, que os carrega até o mar. A cabeça e a lira de Orfeu chegam assim, seguindo o curso das águas, à Ilha de Lesbos onde os habitantes lhe farão um túmulo. Segundo alguns mitógrafos, a lira de Orfeu será transformada por Zeus numa constelação e sua alma será transportada para os Campos Elísios, esse lugar que é como o equivalente grego do paraíso, ou melhor dizendo, uma espécie de retorno à idade de ouro.

Esse detalhe tem sua importância, pois permite compreender melhor como e por que o mito de Orfeu acabou originando um culto, para não dizer uma religião, chamado justamente de "orfismo". A teologia órfica afirma se inspirar nos segredos descobertos por Orfeu durante sua viagem aos infernos, uma estada que lhe teria permitido, apesar de seu destino funesto nesta terra, encontrar mais tarde a salvação no seio dos Campos Elísios... Como veremos daqui a pouco esta é uma característica que liga a lenda de Orfeu e a de Deméter aos famosos "mistérios de Elêusis", a cidade onde a deusa das estações e das colheitas terá seu templo e seu culto.

Mas antes devemos nos perguntar mais sobre o sentido exato desse combate travado por Orfeu contra a morte. Como compreender em particular essa estranha prescrição feita por Perséfone a Orfeu de não olhar para trás? E, mais estranho ainda, como Orfeu pôde ter sido tão idiota para se virar quando finalmente alcançava seu objetivo depois de tantas provações dolorosas? Causa espanto o fato de nenhum dos textos consagrados a esse mito não oferecer a menor explicação plausível. Virgílio coloca tudo na conta do amor, impaciente e cego, mas mesmo admitindo que isso explique o erro de Orfeu, a hipótese não esclarece o sentido da exigência imposta pelos deuses: Por que, com efeito, olhar para trás deve ser fatal aos dois amantes?

Todos os tipos de respostas já foram esboçados para essa pergunta, e seria demorado, e sobretudo entediante, relatá-los aqui. Ainda mais porque, para falar a verdade, nenhum deles me pareceu verdadeiramente convincente. Muitas vezes lançaram um olhar cristão sobre esse mito, explicando que Orfeu se vira porque duvida da palavra divina e aquele que perde a fé está perdido, pois só a fé salva. Mencionaram sua impaciência, seu temor de não ver sua amada segui-lo etc. etc. Acredito, enfim, que é preciso retornar, muito simplesmente, ao eixo principal do mito: uma contradição entre o amor e a morte intransponível pelos mortais, apesar de toda a esperança depositada na tentativa de Orfeu. Se Orfeu perde Eurídice uma segunda vez ao se virar, se ela deve absolutamente ficar atrás dele, e sobretudo não na frente, se, evidentemente, os deuses impuseram essas condições sabendo muito bem que não seriam cumpridas (caso contrário, por que essa provação?), é simplesmente porque ao olhar para trás Orfeu deve finalmente compreender que o que ficou para trás ficou para trás, que o passado passou, que o tempo passado é irreversível e que um mortal deve aceitar, como Ulisses faz com Calipso, a condição que é a sua, a de uma humanidade que, como a pedra de Sísifo, vê sua vida se desenrolar entre um ponto de partida e um ponto de chegada que ninguém pode alterar, uma vez que os decretos do destino são irreversíveis.

Nosso nascimento e nossa morte não nos pertencem e, para nós mortais, o tempo só se desenrola numa única direção. O irremediável é nosso quinhão comum e o infortúnio não pode ser reparado: no melhor dos casos, ele se acalma, se apazigua e se suaviza com o tempo, o suficiente para nos permitir retomar o curso de nossa existência, não de mudá-lo partindo de um ponto anterior, atrás de nós. Como já diz a sabedoria mesopotâmica da *Epopeia de Gilgamesh*, o Irkalla, o inferno ou o reino dos mortos, é o "caminho de ida sem volta". Apesar da proximidade com o cristianismo na posição do problema – o amor gostaria a qualquer custo de se mostrar mais forte do que a morte –, a atitude grega vai no sentido contrário: é sempre a morte que prevalece sobre o amor. É nosso interesse saber disso desde o início se quisermos chegar à sabedoria que é a única que talvez permita aceder a uma vida boa. Nada jamais poderá mudar coisa alguma nessa ordem inicial que constitui o pilar mais sólido da ordem cósmica – aquele em torno do qual se constrói a diferença entre os mortais e os imortais, entre os homens e os deuses. Quanto aos mistérios que os sacerdotes que invocam o orfismo afirmam revelar ao seu rebanho, temo que sempre permanecerão, como sempre nesses casos, o que eram no início, ou seja, mistérios.

O que daqui a pouco nos levará aos de Elêusis, ou seja, ao mito de Deméter, a deusa das colheitas e das estações. No qual vamos ver como o fato de ser imortal muda todo o jogo: para os deuses bem-aventurados, ao contrário dos infelizes humanos mortais, é sempre possível, embora muito difícil quando Hades está determinado a nos manter ao lado dele, deixar o seu reino.

No entanto, antes de abordar o caso de Deméter e de sua filha Perséfone, aquela que acabamos de cruzar nos infernos ao lado de seu marido Hades, sugiro examinar mais alguns mitos do amor que se relacionam direta ou indiretamente com a lenda de Orfeu.

No livro X das *Metamorfoses*, inteiramente dedicado a Orfeu, Ovídio evoca, com efeito, toda uma plêiade de histórias de amor mais ou menos estranhas, todas mais ou menos fadadas ao fracasso e que vêm, por assim dizer, completar a de Orfeu e de Eurídice.

Como, por exemplo, a da jovem princesa, Mirra, que se apaixona por seu pai, rei de Chipre, Cíniras, e que com a ajuda de sua velha babá entra no leito incestuoso, atinge seus objetivos e engravida. Como castigo, ela será transformada pelos deuses num vegetal, na árvore de mirra, árvore que alguns meses mais tarde incha e dilata até que dela saia um menino encantador, Adônis, o filho que Mirra concebera com seu pai e que Afrodite achará tão encantador que o tomará sob sua proteção, confiando sua educação a Perséfone. Em breve, as duas deusas disputarão o belo Adônis, depois compartilharão sua presença, dois terços do ano com a deusa do amor, um terço com a dos mortos, até que Ártemis, exasperada com essa disputa, acabe lançando um javali furioso contra o jovem, que será ferido mortalmente.

Ovídio também conta, nesse mesmo contexto, a lenda de Pigmalião, também rei de Chipre, que se apaixona perdidamente pela estátua de marfim que ele mesmo havia esculpido e que implora a Afrodite que lhe encontre uma mulher que seja idêntica à sua obra-prima. Voltando para casa, ele beija a estátua e descobre com uma felicidade insondável que ela ganhou vida. Ele se casa com ela e terá uma filha, Pafos, que se tornará mãe de Cíniras, rei por quem Mirra se apaixonará.

Entre todas essas histórias de amor impossível, estranho ou fadado ao fracasso, há ainda a de Ciparisso, que vale a pena ser contada, uma vez que provém, como a que acabei de mencionar, desses laços sentimentais que se revelam impossíveis. Além disso, ela nos permite compreender por que, em certos países do Mediterrâneo, o cipreste é a árvore dos mortos. O mais simples aqui é também dar a palavra a Ovídio*:

> Outrora, Ciparisso era um filho amado do deus ao qual as cordas da lira e a corda do arco obedecem (claro que se trata de Apolo). Havia nos campos da Carteia um grande cervo consagrado às ninfas do país; seus longos chifres cobriam-lhe de sombra a cabeça. Esses chifres resplandeciam como ouro e ao longo de seu peito flutuavam, suspensos ao pescoço arredondado, colares ornados de pedras preciosas... Sem qualquer medo, liberto de sua timidez natural, ele frequentava as casas e oferecia seu pescoço às carícias, mesmo àquelas das mãos desconhecidas. Ninguém, no entanto, o amava tanto quanto você, Ciparisso, o mais belo dos habitantes de Ceos. Era você quem levava o cervo para pastar a tenra relva ou beber a água das nascentes límpidas; ora amarrava aos chifres flores de todas as cores, ora montado no dorso, alegre cavaleiro, você ia de um lado para o outro, controlando com rédeas de púrpura a boca dócil ao freio. Era verão, meio do dia... Cansado, o cervo estendera o corpo sobre a terra coberta de relva e aspirou o ar fresco à sombra das árvores. O jovem Ciparisso, por descuido, o transpassou com um dardo afiado, então, quando o viu morrer por causa dessa ferida cruel, ele mesmo desejou morrer. Que palavras consoladoras Febo o fez ouvir... Nem assim o menino deixou de se lamentar e pediu aos deuses como supremo favor derramar lágrimas eternas. E agora todo seu sangue se esgota em torrentes de lágrimas, uma cor verde se espalha sobre seus membros, seus cabelos que há pouco caiam-lhe sobre a fronte alva se levantam, se enrijecem e formam uma ponta esguia que olha o céu estrelado. O deus gemeu e disse com tristeza: "Sempre chorarei por você, você chorará pelos outros e compartilhará a dor deles".

Como no mito de Orfeu, também neste caso é a morte que impossibilita o amor, a separação que, por ser irreversível, acaba dando uma freada brusca imparável em Eros. Só os deuses, por serem imortais, podem se desvencilhar de uma desventura amorosa, não sem dificuldade, porém, como mostra a lenda de Deméter e de sua filha Perséfone...

---

* A tradução do latim para o francês é de George Lafaye, e foi publicada pela Folio Classique [N.T.].

Deméter, ou como o retorno dos infernos se torna possível quando se é imortal...

Embora mais uma vez tenha relação com os infernos, a história de Deméter e de Perséfone é muito diferente da de Orfeu[33]. Com efeito, os principais protagonistas dessa história são deuses imortais, não meros humanos tentando desesperadamente escapar da finitude. Isso significa que a relação deles com os infernos não é a mesma. No entanto, o mito também estabelece, ainda que de um modo diferente, um vínculo entre o reino de Hades, a paixão amorosa e a ordem do mundo. É particularmente com esse mito que os gregos vão explicar um elemento fundamental na organização do cosmos, a saber, a sucessão das estações: o outono e o inverno, quando tudo seca e morre, depois a chegada da primavera e do verão, quando tudo revive e refloresce. Ora, essa alternância, como veremos daqui a pouco, está diretamente ligada à descida aos infernos da filha de Deméter, a bela Perséfone, cuja história lhes contarei agora.

Mas comecemos apresentando os protagonistas do drama. Deméter é filha de Cronos e de Reia: ela é, portanto, irmã de Zeus, mas também de Hades. Como deusa das estações e das colheitas, é ela quem faz brotar o trigo com o qual os homens fabricam o pão e muitos outros alimentos – razão pela qual os romanos lhe dão o nome de Ceres, de onde vem a palavra "cereal". Além disso, também foi ela quem lhes ensinou a arte de cultivar a terra, a agricultura. É uma deusa muito poderosa, pois dá vida – pelo menos às plantas, aos legumes, às frutas, às flores e às árvores –, mas que também pode, quando quiser, tomá-la de volta: ela é capaz de fazer com que nada brote nos campos e nos pomares. Na medida em que a existência dos humanos mortais depende do alimento, ao contrário da dos deuses que absorvem apenas o néctar e a ambrosia por puro prazer, Deméter possui desde o início uma ligação particularmente forte com a morte.

---

33. Ela nos é contada em sua maior parte nos *Hinos homéricos*, uma coletânea de poemas há muito atribuída a Homero, mas cujos verdeiros autores nós de fato desconhecemos. De qualquer forma, é o texto que seguirei aqui, pois é sem dúvida não apenas um dos mais antigos, como também o mais rico e o mais interessante [HOMERO. *Hinos homéricos*. Wilson A. Ribeiro Jr. (org.). São Paulo: Fundação Edirora Unesp, 2010].

Ora, Deméter teve com seu irmão, Zeus, uma filha à qual deu o nome de Perséfone. Às vezes também a chamam de Core, que em grego significa "a donzela", e os romanos mais tarde lhe darão outro nome, o de Prosérpina. No início, era comum irmãos e irmãs, pelo menos entre os deuses, terem filhos juntos – no mais, no começo, quase não havia outras possibilidades: como os titãs, os olímpios eram obrigados a se unir entre eles de maneira incestuosa, pois ainda não há mais ninguém com quem formar um casal. Sendo assim, Deméter tem uma filha divina e ela a ama acima de tudo – é, portanto, uma história de amor que vou lhes contar. Ela é simplesmente louca por sua filha. Há que se dizer que a pequena Perséfone é, pelo que dizem, adorável. Como todas as deusas, ela é de uma beleza perfeita, mas também é a moça por excelência: jovem, inocente, doce e muito atraente. Enquanto sua mãe percorre o mundo para vigiar as colheitas e evitar algum perigo, Perséfone brinca tranquilamente num prado com encantadoras ninfas. Ela colhe flores para fazer um lindo buquê. Mas Zeus tem outros planos para ela, um projeto sobre o qual evitou conversar com sua irmã Deméter: ele quer que sua filha, Perséfone, se torne a esposa do mais afortunado de todos os imortais, ou seja, Hades, o senhor do inferno. Como sabem, ele também é chamado de "Ploutos", que significa "rico", e que entre os romanos será "Pluton": ele reina sobre os mortos, isto é, sobre o povo, e de longe, mais numeroso que existe, isso é tão certo que a humanidade é composta de muito mais mortos do que vivos. Se a riqueza de um rei é medida pelo número de seus súditos, então certamente o senhor dos infernos é o soberano mais opulento do universo.

Para atingir seus objetivos, Zeus pediu a Gaia, sua avó, que fizesse brotar uma flor mágica, singular, a mais desejável de todas: de seu único talo emergem cem cabeças deslumbrantes, e o perfume que elas emanam é tão delicioso que todo o céu sorri. Aqueles que a veem, mortais ou imortais, imediatamente caem sob seu encanto. Claro, Perséfone corre para essa flor milagrosa que, por si só, fará o buquê mais bonito de todos. Mas assim que está prestes a colhê-la, a terra se abre (o que confirma que Gaia faz parte da jogada), e o senhor dos mortos emerge num carro de ouro – ele é realmente muito rico! – puxado por quatro cavalos imortais. Ele agarra Perséfone com seus braços fortes e rapta a jovem. Esta dá um grito de cortar o coração, um urro estridente que ressoa por todo o cosmos, um lamento tanto mais comovente porque animado pelo desespero que Perséfone sente com a ideia de nunca mais ver sua mãe. Pois ela também a adora, literalmente. Há apenas três pessoas no mundo para ouvir esse estertor aterrorizante: Hécate, uma divindade cujas atribuições são bastante misteriosas, mas que muitas vezes sabe se mostrar benevolente com quem sofre, Hélio, o sol que vê tudo porque está tão alto que nada pode lhe escapar e, claro, a própria Deméter, que é tomada de pavor ao ouvir a voz atemorizada de sua filha.

Durante nove dias e nove noites, essa mãe enlutada percorre toda a terra, de leste a oeste, do levante ao poente, em busca de sua filha bem-amada. Durante a noite, ela carrega imensas tochas para se iluminar. Durante nove dias e nove noites, ela não bebe nem se alimenta, não se banha, não troca de roupa: está paralisada de angústia. Ninguém, nem entre os mortais, nem entre os deuses, quer lhe dizer a verdade e ninguém vem ajudá-la. Exceto, justamente, a benevolente Hécate, que a leva para ver Hélio, o deus que contempla todas as coisas. E este, compassivo, resolve dizer-lhe a verdade: Perséfone foi realmente raptada por seu tio, Hades, o príncipe das trevas.

Claro, Deméter logo compreende que essa operação não poderia ter sido realizada sem o consentimento, e mesmo a cumplicidade de seu irmão, Zeus. Como retaliação, ela deixa imediatamente o Olimpo. Recusa-se a tomar parte na assembleia dos deuses e desce à terra dos homens. Ela perde voluntariamente sua beleza de deusa e assume, como nos contos de fadas, a aparência de uma mulher muito velha, feia e pobre. Depois vai para a cidade de Elêusis onde encontra, à beira de uma fonte onde vieram buscar água fresca, as quatro filhas do rei dessa cidade, um certo Celeu. Elas começam a conversar e Deméter, que continua escondendo-lhes sua identidade, diz que está procurando trabalho, por exemplo, como babá. O que vem a calhar, pois as quatro jovens têm um irmão pequeno: elas correm para perguntar à mãe, Metanira, se ela aceita essa velha como ama. A transação é imediatamente concluída – é preciso dizer que Deméter sabe se apresentar, de modo que logo está morando no palácio do Rei Celeu. Ali, ela conhece a Rainha Metanira e uma dama de companhia, Iambé, que, vendo a tristeza estampada no rosto de Deméter, tenta distraí-la. Conta-lhe anedotas, histórias engraçadas. Com essas brincadeiras, ela consegue alegrar um pouco Deméter, fazê-la sorrir e mesmo rir! – algo que não lhe acontecia havia muito tempo. Ela recupera um pouco do gosto pela vida, o bastante, de qualquer forma, para cuidar da criança da qual agora está encarregada.

Esse é um episódio bem interessante, pois também está ligado ao tema do amor e da morte que atravessa todo esse mito. Novamente no papel de mãe, Deméter decide tornar imortal esse menino que acaba de lhe ser confiado, dar-lhe assim o mais belo presente que um deus pode dar a um humano. Ela o esfrega com o alimento dos deuses, aquele que permite escapar da finitude, a ambrosia, de modo que o garoto cresce e fica mais bonito com muita rapidez, para imensa surpresa de seus pais, aliás, pois ele não come nada. Os imortais contentam-se com ambrosia e néctar, nunca tocam o pão nem a carne com que os homens se alimentam, e o menino já é quase um deus. Todas as noites, Deméter o mergulha no fogo divino que ela teve o cuidado de acender na lareira. Essas chamas também podem contribuir para tornar os mortais semelhantes aos deuses. Mas, inquieta, a mãe, Metanira, escondeu-se atrás da porta para espionar Deméter e ver o que ela pode estar aprontando com o filho durante a noite. Quando vê a deusa mergulhando-o no fogo, ela começa a gritar.

Que erro! Deméter deixa a criança cair no chão, que tão logo se torna novamente mortal. Simbolicamente, isso significa que mais uma vez ela é despojada de seu papel de mãe. Sua segunda maternidade fracassou, por assim dizer. Ela vai, portanto, retomar sua aparência divina. Deméter recupera todo seu brilho e sua beleza de deusa. Revela a Metanira e às suas filhas sua verdadeira identidade. Faz com que compreendam a extensão do erro cometido por Metanira: sem sua intervenção inesperada, a criança teria se tornado um deus imortal. Agora é tarde demais, pior para ele e para elas. Depois exige que ordenem que o povo de Elêusis erga um templo digno dela, para que lhe preste culto e para que ela possa, quando achar conveniente, revelar-lhes os mistérios que ela detém (sobre a vida e a morte). Daí nascerão os famosos "mistérios de Elêusis": os adeptos dessa nova religião, ligada à lembrança de Deméter, esperavam, penetrando nos segredos da vida e da morte, obter sua salvação e, por que não, alcançar a imortalidade. Nesse sentido, o mito de Deméter encontra o de Orfeu que, também, conduzirá a um culto (o orfismo), igualmente ligado à esperança de desvendar os segredos da vida eterna graças aos ensinamentos daqueles que atravessaram os infernos...

Mas voltemos a Deméter.

Sem filho pela segunda vez, ela se torna dura, para não dizer má. Acha que a brincadeira já durou o suficiente, que é hora de lhe devolverem a filha. Ela vai, portanto, fazer o que for preciso para isso. E como ela também detém os segredos da vida e da morte que regem pelo menos o mundo das plantas – o qual depende direta e exclusivamente de seus poderes –, ela decide que nada mais brotará ou florescerá na terra enquanto Zeus não lhe tiver feito justiça. Dito e feito. Tudo o que nasce e cresce da terra fenece e logo é todo o cosmos, inclusive em suas esferas mais divinas, que se encontra ameaçado.

Eis como, nos *Hinos homéricos*, o poema que desde o século VI nos relata esse mito nos descreve a situação:

> De todos, aquele foi o ano mais terrível que Deméter deu aos homens que vivem na terra nutriz, um ano verdadeiramente cruel. A terra não fazia mais brotar o grão, pois Deméter coroada o mantinha escondido. Quantas vezes os bois arrastaram em vão nas terras lavradas a relha curva do arado; quantas vezes a cevada pálida caiu sem efeito sobre a terra. Ela teria sem dúvida aniquilado numa triste penúria toda a raça dos homens que têm uma linguagem e privado os habitantes do Olimpo da gloriosa homenagem das oferendas e dos sacrifícios, se Zeus não tivesse pensado e refletido em seu espírito...

Com efeito, como sempre quando a ordem cósmica está verdadeiramente em perigo, é Zeus que deve intervir para propor, à imagem do julgamento original durante o qual ele dividiu e organizou o mundo, uma solução equitativa, isto é, justa e estável. Observem como a existência do gênero humano é justificada nesse poema: nele o eventual desaparecimento da humanidade é apresentado não tanto como uma catástrofe em si, mas como uma frustração para os deuses. Em outras palavras, é sobretudo para eles que a humanidade existe, para entretê-los e honrá-los. Sem a vida e a história que ela introduz na ordem cósmica, esta última estaria engessada para sempre, imutável pela eternidade e, consequentemente, também perecendo de tédio...

Seja como for, Zeus envia um por um os olímpios junto a Deméter para tentar convencê-la a parar o desastre. Mas nada adianta, a embaixada fracassa. Deméter permanece fria, inflexível: enquanto não lhe devolverem a filha, nada brotará nesta terra até que toda a vida desapareça, se for necessário. O que, é claro, aflige os outros deuses. Mais uma vez, sem os homens para distraí-los, honrá-los e oferecer-lhes belos sacrifícios, sem a vida, a história e o tempo que o nascimento e a morte dos homens simbolizam, sem a sucessão das gerações humanas, o cosmos seria absolutamente desinteressante. Zeus envia então sua arma definitiva, Hermes, como fez com Calipso para que ela libertasse Ulisses. A Hermes, todos são obrigados a obedecer, pois todos sabem que ele é o mensageiro pessoal de Zeus e que fala em nome dele. Hermes ordena expressamente que Hades deixe Perséfone retornar à luz e à sua mãe. Vamos deixar claro que, salvo o episódio do rapto, em que Hades teve de usar a força, no resto do tempo ele se mostra muito atencioso com Perséfone. Ele faz tudo o que pode para torná-la feliz, talvez mesmo apaixonada.

Hades deve, no entanto, cumprir a ordem de Zeus. É inútil tentar seja o que for para evitá-la, muito menos recorrer à força, mas, por outro lado, um pequeno ardil não faz mal a ninguém: sorrateiramente, como quem não quer nada, ele consegue fazer Perséfone mordiscar, antes de partir com Hermes, um grão de romã, uma fruta deliciosa que ela come quase sem nem pensar. Ela ignora que esse grãozinho de nada a ligará definitivamente a Hades, pois ele significa que ela absorveu algo que vem da terra de baixo, do solo dos infernos, e que com esse alimento, por mais modesto que seja, ela está ligada a esse território ao qual agora pertence para sempre. Zeus se vê assim colocado contra a parede, na obrigação de encontrar uma solução justa, uma saída que preserve tanto a decisão de dar sua filha a Hades quanto o direito de sua mãe tê-la com ela. É necessário, portanto, atrevo-me a dizer, escolher o caminho do meio para restabelecer uma ordem justa. Eis como, ainda segundo os *Hinos homéricos*:

> Zeus, cuja vasta voz retumba surdamente, enviou-lhes como mensageira Reia dos belos cabelos, a fim de trazer de volta Deméter enlutada à raça dos deuses; também prometeu dar-lhe os privilégios que ela escolheria dentre aqueles dos imortais. Consentiu que, do ciclo do ano, a filha passasse um terço na obscuridade brumosa, e os outros dois junto de sua mãe e dos imortais. Ele falou assim e a deusa não ousou desobedecer a mensagem de Zeus...

Com efeito, não se poderia desobedecer ao rei dos deuses. Mas, sobretudo, a solução proposta tem um significado muito profundo em termos de justiça, pois ela une dois temas "cósmicos" essenciais: por um lado, o da vida e da morte, do outro, como sugeri acima, a divisão do mundo em estações. Quando Perséfone está com Hades, entre os mortos, durante um terço do ano, nada mais brota sobre a terra: nem flores, nem folhas, nem frutas nem legumes. É o inverno, o frio gelado que faz com que os homens fiquem em suas casas como as plantas sob a terra. É a morte que então reina sobre o mundo vegetal, à imagem do que acontece embaixo, quando Perséfone é prisioneira no reino das sombras. Mas quando ela retorna à luz para reencontrar o amor de sua mãe, é a primavera, depois o verão, até a bela estação do outono... Então tudo volta a florescer, tudo volta a brotar e a vida recomeça.

A divisão do mundo, de toda a ordem cósmica, está assim garantida: a morte e a vida alternam-se num ritmo que corresponde ao que se passa em cima e embaixo, tanto no solo como no subsolo. Não há vida sem morte, nem morte sem vida. Assim como o cosmos estável não pode prescindir das gerações que os homens mortais encarnam – caso contrário, essa estabilidade engessada, sem vida e sem movimento, simplesmente se assemelharia à morte – assim também não existe um cosmos perfeito sem a alternância das estações, sem a alternância do inverno e da primavera, da morte e do renascimento. O mesmo vale para Apolo e Dioniso: um não existe sem o outro. Para fazer um universo rico e vivo é preciso estabilidade e vida, calma e celebração, razão e loucura. É preciso homens para que o mundo das pessoas, mortais e imortais juntos, possa entrar no movimento da história; é preciso estações para que o da natureza também conheça a vida e a diversidade: esse é o sentido profundo desse mito. E é novamente Zeus quem deve intervir para pôr um fim à desordem, por meio de um julgamento cósmico que estabelece uma nova ordem do mundo: durante a estação da ausência e do amor perdido, nada brota, durante a da presença e do amor reencontrado, tudo renasce. Assim é a vida nesta terra dos mortais na ausência dos quais os próprios deuses acabariam definhando...

18
TÂNTALO, DÉDALO, LICÁON, ÍCARO, FAETONTE
Os mitos do orgulho

Preâmbulo

Não deixamos, ao longo destas lições, de cruzar em nosso caminho com o que os gregos chamam de hybris, a desmedida, o orgulho, essa arrogância especificamente humana que ameaça permanentemente a ordem do mundo instaurada e garantida por Zeus após sua vitória sobre os titãs. De Midas a Asclépio, de Prometeu a Sísifo, os mitos gregos remetem incansavelmente a essa noção, a tal ponto que às vezes ela parece virar uma obsessão numa mitologia cujo tema central ela afinal fornece. Como já disse em várias ocasiões, para os gregos, mas somos a esse respeito seus herdeiros diretos, só a espécie humana é capaz, entre todas as outras espécies vivas, de destruir o cosmos, de danificar de maneira irreversível o ordenamento do universo. Leões, tubarões ou ursos se contentam em ser predadores, talvez ferozes, sem dúvida aterrorizantes para suas presas e para os próprios homens, mas não "passam dos limites", nunca são realmente "excessivos" em relação à natureza que os cerca, bem como em relação à sua própria natureza. Eles permanecem em equilíbrio com seu meio, de modo que nenhuma espécie no reino animal corre o risco, ainda que mínimo, de atentar de maneira significativa contra a ordem cósmica. Quanto ao homem, como vemos no cerne do mito de Prometeu, ele é bem capaz disso – e é por essa razão que Zeus, que não se engana sobre isso, pune com tal severidade o filho de Jápeto acorrentando-o ao Cáucaso e lançando contra ele uma águia que lhe devora o fígado.

Questão à qual gostaria de voltar hoje: Por que essa particularidade humana? Quais são as qualidades (ou os defeitos) – digamos, para permanecer neutro: os atributos – que fazem da humanidade uma categoria à parte, uma espécie perigosa e potencialmente destrutiva no seio da criação? A questão, como podem imaginar, tem ressonância, é um eufemismo, na época moderna, uma era técnica em que a humanidade dispõe como nunca antes de poderes ilimitados sobre a natureza exterior, mas também, e falamos disso numa lição anterior que tratava da busca da imortalidade, sobre ela mesma.

É por isso que gostaria hoje, não sem antes expor mais alguns mitos da hybris *para completar o quadro, de tentar explicitar melhor essa questão por ela mesma e não apenas como um detalhe.*

Mais alguns mitos da *hybris*: Tântalo, Níobe, Faetonte, Ícaro, Íxion, Belerofonte e outros...

Adquirimos o hábito, marcados como somos pela tradição cristã, de confundir a *hybris* grega com o orgulho cristão, e mesmo com a concupiscência. Na realidade, a condenação da *hybris* que aparece no frontão do templo de Delfos responde a uma lógica bem diferente daquela que preocupa o cristianismo. As famosas frases "Conhece-te a ti mesmo!", "Nada em excesso!", que convidam os homens a permanecerem em seu lugar, sobretudo a não se considerarem deuses, têm um duplo objetivo que responde às exigências acima de tudo cosmológicas: elas ordenam que não abusem, que permaneçam em seu lugar natural no seio do universo para que não ameacem o belo ordenamento instaurado por Zeus durante a divisão original do mundo. É a isso que muitos mitos continuam se referindo e especialmente, é claro, aqueles que tratam mais diretamente do pecado de *hybris* e que fervilham no imaginário grego.

Sugiro começar com um dos mais antigos, o de Tântalo.

Comecemos por Tântalo

Segundo a versão mais comum, Tântalo teria sido um dos muitos filhos de Zeus e de Pluto, ela mesma filha de Cronos (ou talvez de Atlas, um dos irmãos de Prometeu e de Epimeteu). Sem ser literalmente um olímpio,

Tântalo é, no entanto, de raça divina. Casado com Dione, uma das filhas de Atlas, ele é com frequência convidado ao Olimpo, à mesa dos deuses. Rei da Frígia (ou da Lídia), ele também tem fama de ser extraordinariamente rico, poderoso e amado pelos deuses. Além disso, seres de tanto prestígio quanto Menelau, Agamêmnon ou Níobe figurarão entre seus descendentes. Dizem mesmo que Zeus o tomou como uma espécie de confidente com o qual gosta de conversar, de testar suas ideias, de discutir seus planos. A partir daí as lendas divergem.

Segundo alguns, lisonjeado por estar a par de assuntos importantes dos deuses, Tântalo acabaria acreditando ser igual a eles, e depois odiando a suposta superioridade deles. Para mostrar-lhes que não eram melhores nem mais sábios do que ele, e certamente não oniscientes, Tântalo teria tido a audácia não apenas de convidar os deuses à sua mesa (o que já é um sinal de *hybris*), mas, como Licáon, de servir-lhes carne humana como prato principal para testar seus supostos conhecimentos. Para este fim, teria até mesmo matado o próprio filho, Pélops, antes de assá-lo e de servi-lo aos deuses. Dizem que Deméter, por estar preocupada com o destino de sua filha Perséfone, raptada por Hades, teria mordiscado inadvertidamente um pedaço do ombro do infeliz Pélops (Zeus devolver-lhe-á a vida mais tarde, Hefesto consertar-lhe-á o ombro enxertando nele uma placa de bronze ou de marfim). Todos os outros deuses, é claro, estão horrorizados: oniscientes (porque eles realmente são), eles percebem de imediato a situação e decidem punir Tântalo por sua insondável *hybris* inventando um castigo de acordo com seu crime.

Segundo outra versão, também mencionada por Apolodoro, Tântalo teria roubado néctar e ambrosia da mesa dos olímpios para oferecê-los aos homens (ou talvez até lhes vender) e tentar assim torná-los imortais – *hybris* suprema de todo modo.

Por fim, uma terceira versão, próxima da segunda, afirma que Tântalo teria revelado aos humanos segredos que ouvira da boca de Zeus. Este último evidentemente não teria gostado muito.

Em contrapartida, sobre o suplício infligido a ele nos infernos, todos concordam.

Eis o que nos diz, a título de exemplo, a fábula que Higino lhe dedica a partir da última versão que acabo de mencionar:

> Tântalo, filho de Júpiter e de Pluto, teve Pélops junto com Dione. Júpiter costumava conversar com Tântalo sobre seus desígnios e admiti-lo no banquete dos deuses, desígnios que Tântalo revelou aos homens. Por isso, nos infernos, dizem, ele permanece imerso na água até a metade do corpo, sempre sedento, e quando quer bebê-la, essa água se afasta. Da mesma forma, as frutas pendem acima de sua cabeça e, quando ele quer agarrá-las, empurrados pelo vento, os galhos se afastam. Da mesma forma, uma enorme pedra paira sobre sua cabeça e ele sempre teme que ela caia sobre ele.

Contudo, é seguindo a versão mais comum, aquela em que Tântalo oferece seu filho como alimento aos deuses, que o famoso "suplício de Tântalo" adquire todo seu sentido. Com efeito, é somente nesse relato que ele está, como todos os castigos infligidos por Zeus nos mitos gregos, numa relação "simbólica" com o erro cometido: Tântalo pecou pelo alimento, é punido pelo alimento. Além do mais, ele também pecou por *hybris* ao pretender tolamente ser igual aos olímpios, subestimando seus poderes e contrariando as duas injunções do templo de Apolo: não sabendo mais quem ele era, considerou-se mais do que era. Desde então, a pedra que balança acima de sua cabeça o lembra que, embora de ascendência divina, ele não passa afinal de um mortal...

Continuemos com Níobe...

É precisamente a filha de Tântalo, portanto, irmã de Pélops, e, como o pai, ela tem o coração cheio de *hybris*. Ela está sempre se vangloriando, alegando que é mais bela do que as deusas, melhor mãe que Leto, por exemplo, a mãe dos dois gêmeos divinos, Apolo e Ártemis. Ela exalta *urbi et orbi* que, aliás, tem mais filhos do que a deusa, seis meninas e seis meninos, de modo que merece muito mais do que ela os sacrifícios e as hecatombes que os humanos lhe oferecem. Entregando-se a seus delírios, ela acaba ordenando que seja doravante a ela e não mais às olímpias que essas honras sejam prestadas. É pecar claramente por *hybris* e é desastrado. É esquecer, em particular, que Apolo e Ártemis não são apenas filhos fiéis à mãe, mas também os dois melhores arqueiros de toda a criação. Leto, exasperada com tamanha arrogância, pede aos dois filhos que resolvam definitivamente a questão. Apolo e Ártemis vão direto ao ponto: com suas flechas afiadas eles transpassam os doze filhos de Níobe que morrem diante de seus olhos em sofrimentos atrozes. Zeus transformará Níobe numa rocha, uma pedra cuja lenda diz que as lágrimas continuam escorrendo...

E com a triste história do jovem Faetonte

A história do pequeno Faetonte é igualmente edificante. Ele é um dos filhos de Hélio, o deus Sol, e de Clímene, uma oceânida. Um dia, quando ele se gaba disso junto aos camaradas de brincadeira – e aí começa sua *hybris* – estes riem dele: acusam-no de mentir por vaidade, de pecar por orgulho, em suma, não acreditam nele. Faetonte, louco de raiva, corre para a casa da mãe, implora que ela o deixe ver o pai, explica que quer lhe pedir um favor. Clímene acaba cedendo. O menino encontra então seu pai, Hélio, e pede-lhe que o deixe conduzir por um dia inteiro o famoso carro cujo percurso, que vai de leste a oeste, do levante ao poente, ilumina todo o universo durante o dia. Hélio fica consternado e, no começo, recusa, fazendo de tudo para dissuadir o filho. Ele sabe muito bem o quão difícil é controlar sua atrelagem, o quão perigoso é, aliás, para todo o universo, pois se ele passar muito perto do solo, corre o risco de incendiar tudo o que se encontra em seu caminho, mas se for muito alto, é o contrário, a terra não verá o dia nem conhecerá o calor. Mas Faetonte insiste tanto e por tanto tempo que seu pai finalmente cede e, é claro, uma catástrofe cósmica se desenha no horizonte da *hybris*.

Segundo o relato de Ovídio, Faetonte literal e figurativamente não tem peso para o carro, de modo que este lhe escapa e ameaça simplesmente devastar o planeta, arruinar todo o cosmos:

> Faetonte entra no carro, e seu corpo juvenil é leve demais. Ele fica em pé, bastante alegre por tocar com as mãos as rédeas que lhe foram confiadas e, desse lugar, agradece ao pai que, embora lamentando, consente. Enquanto isso, os velozes corcéis do Sol, Piroente, Eous, Eton e Flegon, o quarto, enchem o ar com seus relinchos e com seu bafo quente e batem as patas nas barreiras... Mas o carro estava demasiado leve: os cavalos do Sol não podiam reconhecê-lo, pois a canga não tinha mais o peso habitual. Assim como os navios com flancos recurvados oscilam por falta do lastro necessário e são um joguete das ondas que os arrastam por serem muito leves, assim também o carro, desprovido de sua carga costumeira, salta no

> ar [...]. Faetonte se apavora, não sabe para que lado puxar as rédeas que lhe foram confiadas, não sabe de qual lado é seu caminho e, se soubesse, não poderia comandar os corcéis [...]. Ora eles sobem em direção aos cumes, ora em descidas abruptas caem em espaços próximos à terra [...]. As nuvens consumidas se evaporam, as chamas devoram os lugares mais altos da terra... os pastos ficam brancos, a árvore queima com suas folhas, a colheita já seca fornece alimento ao seu próprio desastre [...]. Grandes cidades perecem junto com suas muralhas, territórios inteiros com sua população são reduzidos a cinzas pelo incêndio, florestas queimam com as montanhas [...]. Então Faetonte vê todo o universo em chamas. Ele não pode suportar um calor tão violento, ele respira o ar abrasado como se saísse de uma fornalha profunda, sente o carro esquentando até ficar branco [...]. É então, dizem, que o sangue dos etíopes, atraído para a superfície de seus corpos, adquiriu a cor preta, e que a Líbia, da qual o fogo havia retirado toda a umidade, tornou-se tão árida...

Em suma, como sempre, *Hybris* ameaça o Cosmos, a arrogância pesa sobre toda a natureza e Gaia se lamenta tanto com Zeus que este, de coração partido, resolve, não sem consultar os outros deuses, incluindo Hélio, fulminar o pequeno Faetonte. Foi então, segundo a tradição, que em sinal de luto, um dia transcorreu sem sol, pois o incêndio aceso pelo orgulho desmedido do desafortunado menino iluminou sozinho o vasto mundo...

A louca hybris de Íxion, o falacioso amante de Hera

De fato, Íxion é o autor de dois crimes abomináveis: segundo as tradições mais antigas, primeiro ele teria matado o sogro de maneira particularmente atroz, depois, crime ainda pior, se possível, teria alegado ter dormido com Hera, o que evidentemente é também um nítido sinal de *hybris*.

Eis como Ferécides descreveu esses delitos particularmente odiosos e a resultante punição segundo a *Biblioteca* de Apolodoro:

> Dizem que no momento de seu casamento com Dia, filha de Eioneu, Íxion prometera dar ao sogro muitos presentes. Mas quando Eioneu vem buscá-los, ele cava um fosso onde faz uma fogueira e o cobre com uma diminuta camada de galhos e com uma fina camada de pó. Eioneu cai no fosso e morre. Isso despertou a fúria contra Íxion e ninguém, entre os deuses e entre os homens, con-

cordou em purificá-lo, pois ele foi o primeiro a matar um homem de sua família. Mas Zeus apiedou-se dele e o purificou. Uma vez purificado, Íxion se apaixonou por Hera. Zeus deu a uma nuvem a aparência de Hera e a fez compartilhar o leito de Íxion. Mais tarde ele mandou fabricar uma roda de quatro raios e depois amarrou Íxion nela para castigá-lo...

Aqui está como Apolodoro, mais explícito, descreve o segundo crime de Íxion:

Íxion se apaixona por Hera e tenta violá-la. Quando Hera relatou esse fato a Zeus, este, querendo saber se era verdade, moldou uma nuvem à imagem de Hera e a colocou no leito de Íxion. E quando este se gabou de ter dormido com ela, Zeus o amarrou a uma roda sobre a qual ele gira no éter com o sopro dos ventos. Este é o seu castigo. A nuvem fertilizada por Íxion deu origem a Centauro.

Íxion pecou por se gabar, pretendendo algo que era pura ficção, ele é punido por uma nuvem, por uma ilusão, uma ficção que responde à sua. Segundo algumas versões, Zeus chicoteia Íxion enquanto a roda gira, repetindo ao supliciado estas palavras "aladas": "É preciso honrar seus benfeitores". Por fim, segundo Píndaro, na segunda *Pítia*, o filho de Íxion e da Nuvem, o monstruoso Centauro, teria se unido às éguas de Pélion para engendrar a raça dos centauros...

O mito de Ícaro, filho de Dédalo...

Para bem compreender esse famoso mito, devemos antes examinar o papel de Dédalo, personagem estranho e genial, pai de Ícaro e inventor do labirinto onde o Minotauro mora. Apolodoro nos informa que ele foi expulso de Atenas por também ter cometido ali um crime particularmente abominável, um assassinato que o torna um ser pouco amável, embora de uma inteligência sem igual – *corruptio optimi pessima*, diz o adágio: a corrupção dos melhores é a pior. Dédalo não é apenas um arquiteto, ele é o que hoje chamaríamos de "inventor". É o "Professor Pardal" da mitologia grega, uma espécie de Leonardo da Vinci: pedem-lhe que resolva qualquer tipo de enigma, ele encontra a solução, pedem-lhe que invente alguma máquina nova, ele a fabrica imediatamente. Nada pode lhe resistir, ele tem uma inteligência demoníaca. E muitos defeitos. É particularmente ciumento, invejoso mesmo. Não suporta que alguém seja mais astucioso do que ele. Em Atenas, ele tem sua oficina. Um dia, segundo Diodoro da Sicília, que narra em detalhes essa anedota à qual Apolodoro só faz uma breve alusão, ele toma como aprendiz seu sobrinho, um certo Talos. Infelizmente para ele, Talos é muito hábil. E também incrivelmente talentoso, ameaçando assim superar seu mestre quando inventa sozinho, sem a ajuda de Dédalo, a roda do oleiro – engenho muito útil com o qual se fabricam vasos, crateras, mas também tigelas, pratos, jarras etc. Além disso, para completar, Talos também inventa a serra metálica. Dédalo é tão ciumento que se torna mau a ponto de, num acesso de ódio, matar seu jovem sobrinho (segundo Apolodoro, jogando-o do alto da Acrópole, uma das colinas de Atenas). Ele será julgado pelo tribunal que se chama Areópago depois de ter servido, em outras circunstâncias que não abordaremos aqui, para julgar o deus da guerra, Ares. Ora, por esse prestigioso tribunal que o considera culpado, Dédalo é condenado ao exílio.

Essa condenação pode parecer leve demais dada a natureza do assassinato: ser expulso da cidade por ter cometido um crime tão abominável, isso pode parecer para nós, modernos, um castigo bastante clemente. Mas, na Antiguidade, essa sentença é considerada por muitos como pior do que a morte – o que condiz com a visão grega que se revela a partir de tudo o que vimos sobre os mitos desde o início dessas lições: se a vida boa, como a história de Ulisses testemunha, é a vida em harmonia com seu "lugar natural", com seu lugar na ordem cósmica estabelecida por Zeus, então, sim, ser expulso dele é ser condenado para sempre ao infortúnio. A prova? Se Ulisses recusa a oferta de Calipso quando, para mantê-lo, ela lhe oferece a imortalidade e a juventude, é porque ele não quer uma vida deslocalizada, fora de seu próprio mundo, de seu lugar na ordem cósmica.

Dédalo é, portanto, expulso de Atenas. Ele sabe que agora é uma alma condenada, para sempre fadada à nostalgia. Ele parte então para Creta e ali, semelhante atrai semelhante – como diz o ditado latino: *asinus asinum fricat*, um burro coça outro burro –, foi trabalhar para Minos, que o acolheu. Mas, sempre pouco escrupuloso, ele não hesita em enganar seu senhor fabricando a vaca artificial que permite à esposa de Minos, Pasífae, se acasalar com o touro de Posêidon, dando assim à luz o Minotauro que Teseu enfrentará mais tarde. Lembrem-se de que Minos obtivera o trono de Creta graças à ajuda de

Posêidon. Este último fizera com que um touro magnífico emergisse da água para testemunhar o poder de Minos junto ao povo. Para agradecê-lo, Minos devia então sacrificar o touro ao deus, mas achando-o belo demais para ser sacrificado, guardou-o para si, despertando assim a ira de Posêidon que, para se vingar, fez Pasífae se apaixonar pelo touro. Foi assim que, com a ajuda de Dédalo, Pasífae deu à luz o famoso monstro. Além disso, como vimos também no capítulo sobre Teseu, Dédalo enganará uma vez mais seu senhor ajudando a filha dele, Ariadne, a tirar o amante do labirinto que ele mesmo concebera e fabricara para abrigar ali o Minotauro.

Minos foi então cruelmente castigado por Posêidon por ter faltado com a palavra. Tudo bem! Mas seus problemas não acabaram. Um de seus filhos, Androgeu, foi a Atenas para participar dos jogos da festa das "panateneias": trata-se, como nas Olimpíadas, de competições nas quais jovens de várias regiões são convidados a se desafiarem em vários campos – lançamento de disco, lançamento de dardo, corrida a pé, de carro, luta livre, tiro com arco etc. E por algum motivo sobre o qual existem várias hipóteses, Androgeu, filho de Minos, é morto. De acordo com Diodoro, foi Egeu, rei de Atenas e pai de Teseu, que o mandou assassinar porque ele se tornou amigo dos Palântidas, seus sobrinhos, que queriam lhe tomar o trono, e por isso um ameaça para seu filho. De acordo com outras versões, sobretudo a de Apolodoro, Egeu envia Androgeu para lutar contra o touro de Maratona, e é nessa ocasião que ele é morto. Pouco importa. O principal é que o filho de Minos morre durante sua estada em Atenas e que seu pai considera, com ou sem razão, Egeu responsável. Ele declara então guerra aos atenienses e segue-se, segundo Diodoro (sobre esse ponto, Apolodoro é pouco eloquente), um período de seca que ameaça Atenas. Egeu então pergunta a Apolo o que deve ser feito, e o deus responde que ele deve, para sair do impasse, submeter-se às condições impostas por Minos. É assim que Minos pedirá aos atenienses que ofereçam jovens como alimento ao Minotauro, jovens que Teseu se encarregará de salvar indo matar o monstro.

Ao saber da morte do monstro e da fuga dos jovens atenienses para fora do labirinto, constatando, além disso, o desaparecimento de sua filha Ariadne, Minos começa a não suportar mais Dédalo e suas traições. Pois, claro, ele logo compreendeu que, para sair do labirinto, eles precisaram da ajuda de Dédalo. Só ele é inteligente o bastante para dar-lhes o meio de encontrar uma saída. E, de fato, Dédalo havia explicado a Ariadne como usar um novelo de linha para tirar seu futuro marido dessa situação. Em poucas palavras, Minos está furioso e fará qualquer coisa para se vingar. Como não consegue entregar o arquiteto ao Minotauro, que acaba de ser morto por Teseu, ele o manda prender junto com o filho, Ícaro, no labirinto, jurando a si mesmo que nunca mais o deixará sair dessa terrível prisão. E é claro que não está levando em conta o gênio de Dédalo, ao qual nenhum problema pode resistir.

Poderíamos imaginar que, sendo o autor do labirinto, ele seria capaz de se localizar, mas não é bem assim: o jardim é tortuoso demais, mesmo para quem o inventou. Embora o tenha projetado, Dédalo, que não tem as plantas com ele, não tem mais do que qualquer outro a mínima ideia de como escapar. Ele deve então encontrar uma dessas soluções geniais para as quais ele tem o segredo. E, claro, nosso "Professor Pardal" imagina um incrível estratagema. Com cera e penas, ele fabrica dois magníficos pares de asas, uma para ele e outro para o filho. Depois de algumas tentativas frustradas, o pai e o filho saem voando, escapando assim da prisão.

Dédalo, antes de decolar, teve o cuidado de aconselhar o filho, Ícaro: sobretudo, disse-lhe: "não se aproxime muito do sol, senão a cera derreterá e suas asas se descolarão; também não chegue muito perto do mar, pois a umidade penetrará nas penas fixadas na cera e as deixará mais pesadas e assim você corre o risco de cair". Ícaro concorda, afirma que entendeu muito bem, mas uma vez no céu ele perde toda a medida. Ele cede à *hybris*. Inebriado com seus novos poderes, pensa que é um pássaro, talvez mesmo um deus. Negligencia todas as recomendações do pai. Não consegue resistir ao prazer de se elevar nos céus o mais alto que pode. Mas o sol está brilhando e, de tanto se aproximar dele, a cera que mantém as asas começa a derreter. De repente, elas se desprendem e caem no mar. Ícaro também, e ali se afoga diante dos olhos de Dédalo, que não pode fazer nada além de lamentar a morte do filho. Desde então, esse mar tomou, como no caso de Egeu, o nome do desaparecido: chama-se Mar Icário.

Permitam-me citar quase integralmente a magnífica passagem das *Metamorfoses* de Ovídio que conta essa triste história da *hybris* prometeica a partir do momento em que Dédalo e seu filho Ícaro se encontram prisioneiros do labirinto:

"Minos", Dédalo disse a si mesmo, "pode me fechar a terra e as águas, o céu ao menos está aberto para mim. É por ali que passarei". Ainda que Minos fosse senhor de tudo, não seria senhor do ar. Tendo assim falado, dedica-se a uma arte até então desconhecida e submete a natureza às novas leis. Organiza as penas em fileiras começando pela menor, de modo que uma mais curta seja colocada depois de uma mais comprida para que pareçam aumentar numa inclinação. É assim que vão se organizando os tubos desiguais da flauta campestre. Em seguida, prende as penas no meio com linho, embaixo com cera e, depois de juntá-las, dá-lhes uma leve curvatura para imitar os pássaros de verdade. O jovem Ícaro estava ao seu lado. Ignorando que manejava os instrumentos de sua perda, sorridente, ora pegava as penas que voavam levadas pela brisa errante, ora amolecia com o polegar a cera amarela e, com suas brincadeiras, atrasava o maravilhoso trabalho do pai. Depois de dar os retoques finais ao seu trabalho, o artesão procura equilibrar o corpo sob as duas asas e agitando-o se balança nos ares. Dá também suas instruções ao filho: "Ícaro, ele diz, eu o aconselho a se manter sempre à meia-altura durante o voo. Se descer muito baixo, a água deixará as asas pesadas, se subir muito alto, o calor do sol as queimará. Voe entre os dois..." Beija então o filho, beijos que ele não renovaria e, erguendo-se com uma batida de asas, começa a voar na frente, preocupado com o companheiro, como o pássaro que do alto de seu ninho levou através dos ares sua ninhada... quando o filho, totalmente entregue ao prazer de seu voo audacioso, abandona seu guia. Cedendo à atração do céu, dirigiu-se para as regiões mais altas. Então a proximidade do sol voraz amolece a cera perfumada que fixava as penas, e eis a cera derretida. Ele agita os braços nus. Privado de suas asas que lhe serviam para remar no espaço, ele não domina mais o ar. Sua boca, que gritava o nome do pai, é engolida pela onda azul à qual ele deu seu nome.

Como vemos, ninguém pode violar as leis da natureza impunemente, desafiar os princípios fundamentais que regem a ordem cósmica, nem mesmo Dédalo que é punido pelo que pecou. Com certeza, ao descobrir sua fuga, Minos tem novamente um acesso de raiva. O copo, desta vez, está realmente cheio. Ele fará de tudo para encontrar aquele que o traiu tantas vezes e tão fortemente, o responsável pela infidelidade de sua esposa, o cúmplice da fuga de Teseu e de sua filha Ariadne, o responsável pela morte de seu monstro, o Minotauro. Por sua vez, Dédalo conseguiu sair são e salvo e refugiou-se na Sicília, em Camico. Minos o persegue por toda parte: se necessário, irá buscá-lo até nos confins da terra. Para encontrar o traidor, o velho rei de Creta desenvolveu uma astúcia de sua própria lavra: por onde quer que passe, leva consigo um pequeno molusco, uma espécie de caracol, cuja concha tem a forma de uma espiral e propõe uma boa soma para qualquer um que seja capaz de passar um fio dentro do que é basicamente apenas um minilabirinto. Como podemos ver, a prova escolhida pelo rei de Creta para encontrar seu inimigo reproduz a cena original, a de Ariadne e de Teseu escapando do jardim do Minotauro graças a um novelo de linha preparado por Dédalo. Minos está convencido de que só o arquiteto é bastante inteligente para encontrar a solução, convencido também de que, vaidoso como é, o inventor não resistirá ao prazer de mostrar que nenhum enigma lhe resiste.

O que não deixa de acontecer. Dédalo encontrou refúgio na Sicília na casa de um certo Cócalo. Um dia, Minos passa por essa casa, por acaso, e lhe expõe o pequeno problema a ser resolvido. Cócalo faz questão de lhe dar a solução. Ele propõe a Minos que volte no dia seguinte e, enquanto isso, é claro, pede ao amigo Dédalo que lhe encontre a resposta. O que Dédalo não deixa de fazer. Ele pega uma pequena formiga, prende um fio a uma de suas pernas e, depois de ter perfurado a parte superior da concha, faz com que a formiga entre nela. Ela logo sai pelo buraco, puxando o fio com ela. Ao ver que Cócalo traz a solução, Minos não tem nenhuma dúvida: Dédalo deve estar em algum lugar em sua casa. Ele pede de imediato que o entregue para o castigar como convém. Cócalo finge obedecer e convida Minos para jantar naquela mesma noite. Antes da refeição, propõe-lhe um bom banho... e simplesmente manda suas filhas escaldá-lo. Morte atroz para um personagem pouco amável. Diz a lenda que mais tarde ele se tornou, ao lado de seu irmão Radamante, um dos juízes dos mortos no reino de Hades.

Eis como Apolodoro nos legou essa história:
> Minos, quando soube da fuga de Teseu e de seus companheiros, trancou no Labirinto o responsável, Dédalo, bem como seu filho Ícaro, que Dédalo tivera com uma escrava de Minos, Naucrates. Mas Dédalo fabricou asas para si e para o filho e, quando este levantou voo, aconselhou-o a não voar para as alturas, com medo de que a cola derretesse sob o efeito do sol e que as asas se desco-

lassem, e a não voar muito perto do mar, para evitar que as penas se soltassem sob o efeito da umidade. Mas Ícaro, encantado, negligenciou as recomendações do pai e subiu cada vez mais alto. A cola derreteu e ele se matou ao cair no mar agora chamado Mar Icário. Dédalo chegou a Camico, na Sicília, são e salvo. Minos o perseguiu e, em todos os países onde o procurava, levava uma concha em espiral, convencido de que, assim, encontraria Dédalo. Chegando a Camico da Sicília, na casa de Cócalo onde Dédalo se escondia, ele mostrou a concha. Cócalo a pegou e fez questão de passar um fio por ela, na verdade, a confiou a Dédalo. Este último prendeu um fio a uma formiga, perfurou um buraco na concha e fez com que a formiga a percorresse. Quando Minos recebeu a concha perfurada pelo fio, compreendeu que Dédalo estava na casa de Cócalo e imediatamente pediu que ele lhe fosse entregue. Cócalo, prometendo fazê-lo, tratou-o como hóspede. Mas Minos foi morto durante o banho pelas filhas de Cócalo. Segundo alguns, ele morreu mergulhado em água fervente.

Assim termina aquele que também pecara por *hybris* ao ousar desafiar Posêidon...

Belerofonte, Pégaso e Quimera

Neto de Sísifo, Belerofonte aparece inicialmente como um jovem dotado de todos os talentos. Simpático, inteligente, corajoso, desperta a admiração de todos. É verdade que ele tem a quem puxar, mas justamente, como seu avô, acabará mergulhando na *hybris* e assim pagará caro por isso.

Por motivos que deixo aqui de lado, Belerofonte, que matou o tirano de Corinto, refugia-se na casa de Proetos, rei de outra bela cidade, Tirinto, junto ao qual encontra asilo. Os dois homens se dão bem e rapidamente se tornam amigos. Mas a rainha, esposa de Proetos, se apaixona pelo belo Belerofonte. Ela o corteja, ele recusa por lealdade e, como na lenda de Fedra, a rainha imediatamente corre para reclamar com o marido: ela afirma que o jovem tentou seduzi-la, até violá-la. Tonto como qualquer marido que se preze, Proetos evidentemente acredita em sua esposa, mas como não se decide a matar ele próprio o jovem Belerofonte, ele o envia a um confrade, Ióbates, rei da Lícia, munido de uma carta que ele pede ao jovem entregar imediatamente ao seu novo protetor. Claro que Belerofonte ignora todo o conteúdo da missiva. Na verdade, Proetos simplesmente implora ao rei da Lícia que mate o jovem herói, mas Ióbates, vendo sua boa aparência – Belerofonte parece tudo menos um rufião –, também não consegue se decidir a matá-lo. Para se livrar desse fardo, ele prefere confiar a Belerofonte uma tarefa impossível, uma missão durante a qual o mais provável é que ele perca a vida: pede-lhe que vá matar a Quimera, um monstro aterrorizante, um animal fabuloso, meio-cabra e meio-leão e, como se não bastasse, dotado de uma cauda de serpente particularmente assustadora. Como aqueles seres sobrenaturais que Héracles teve de enfrentar no decorrer de seus trabalhos, a Quimera é filha de Tifão e de Équidna, a mulher-víbora. Para ter alguma chance de sucesso contra ela, Belerofonte decide domar o cavalo voador, Pégaso, um ser igualmente fabuloso que, segundo alguns, teria jorrado do pescoço da górgona Medusa no exato momento em que Perseu o cortou – Pégaso sendo, portanto, um filho da górgona e de Posêidon (vemos assim como esses mitos sempre se referem uns aos outros).

Indo direto ao ponto, digamos apenas que Atena ajuda Belerofonte em suas empreitadas, de modo que, contra qualquer expectativa, ele consegue derrotar a Quimera. Aqui está como Apolodoro nos legou o relato desse episódio:

> Belerofonte, filho de Glauco (que é filho de Sísifo), que havia matado involuntariamente seu irmão Delíade (ou, segundo alguns Peirene, ou, segundo outros, Alcimede), vai ao encontro de Proetos e se faz purificar. Estenebeia se apaixona pelo jovem e lhe propõe dormir com ele. Diante da recusa, ela vai dizer a Proetos que Belerofonte tentou seduzi-la. Proetos acreditou nela e encarregou Belerofonte de levar uma carta a Ióbates na qual estava escrito que matasse o jovem. Ióbates, terminada a leitura, ordenou que ele fosse matar a Quimera, convencido de que seria aniquilado pelo monstro: era mesmo impossível vencê-lo, não só para um único homem, mas também para vários. Ela tinha a frente de um leão, a cauda em forma de serpente e uma terceira cabeça no meio do corpo, a de uma cabra pela qual ela cuspia fogo. Ela devastava o país e destroçava os rebanhos. Pois num único ser, ela reunia a força de três animais selvagens. Contam que foi nutrida por Amisadoro, como disse Homero, e nascida de Tifão e de Équidna, como relata Hesíodo. Belerofonte então montou sobre Pégaso, que era um cavalo alado nascido de Medusa e de Posêidon, ele se elevou no ar e, do alto, abateu a Quimera com flechadas.

Como Belerofonte cumpriu essa tarefa considerada impossível, Ióbates confiou-lhe uma série de outras, tão perigosas quanto, no decorrer das quais o jovem teve de travar muitas batalhas contra vários povos rebeldes, contra piratas, mas também contra as amazonas, que Belerofonte conseguiu massacrar. Em suma, teve tantos êxitos que Ióbates, maravilhado, mostrou-lhe a carta de Proetos, perdoou-o, deu-lhe a filha Filonoé em casamento e até legou-lhe o trono no dia de sua morte!

Na realidade, Belerofonte obtivera essas vitórias apenas graças à ajuda dos deuses, em particular graças ao dom que estes lhe fizeram de Pégaso. Mas muito orgulhoso de si mesmo, ele acaba "se achando", como ainda dizem nos campos da minha infância, imaginando que era de alguma forma divino, em suma, mergulhando na *hybris* e pecando por ingratidão em relação aos imortais. Ele começou a pensar que devia seus êxitos apenas a si mesmo em vez de lhes prestar homenagem. Então, como Tântalo, ele também começa a querer subir até o Olimpo, a fim de sentar-se onde acha que agora é seu lugar, ao lado dos deuses, à mesa deles, em seu conselho. Ele pretende se tornar assim, por que não, um imortal como os outros! Zeus começa a se cansar. Ele envia um inseto para picar Pégaso enquanto Belerofonte cavalga em sua montaria e o infeliz sofre uma queda fatal que põe um ponto-final à sua arrogância!

No mesmo estilo, ainda encontraremos na mitologia uma infinidade de outras anedotas que retratam a *hybris* e seus malfeitos, toda uma série de lendas em que mulheres como Níobe, as górgonas ou mesmo Cassiopeia, por exemplo, que se diziam superiores às divindades em beleza ou em alguma outra qualidade, são punidas de maneira inflexível. O mesmo vale para todos aqueles que se julgam divinos, ou mesmo que se tomam francamente por Zeus, como aquele pobre louco Salmoneu, cuja história Apolodoro nos conta secamente:

> Salmoneu se estabeleceu primeiro na Tessália, depois foi para Élida, onde fundou uma cidade. Cheio de *hybris*, ele queria se igualar a Zeus e foi castigado por sua impiedade. Ele até afirmava que era Zeus. Então ele retirou seus sacrifícios dos deuses e ordenou que fossem oferecidos a ele. Além disso, arrastava na parte de trás de seu carro odres de peles secas e caldeirões de bronze, dizendo que era o trovão. Lançava tochas inflamadas ao céu dizendo que eram relâmpagos. Zeus o fulminou e aniquilou não só a cidade que ele havia fundado como também todos os seus habitantes.

Ponto-final!

Hans Jonas e o princípio responsabilidade

Poderíamos estender quase indefinidamente a lista desses infelizes cuja *hybris* causa a perda, mas paremos por aqui: em vez de continuar a enumeração de maneira repetitiva, falemos do significado fundamental que ainda hoje esses mitos podem ter para nós. Pois é realmente inspirando-se na lição que eles revelam implicitamente que muitos filósofos da ecologia contemporânea também se empenharam em estigmatizar a desmedida e a arrogância do homem moderno, esse indivíduo prometeico que decidiu, graças aos novos poderes da ciência e da técnica, tornar-se enfim, segundo a famosa fórmula de Descartes, "senhor e possuidor da natureza".

É assim que em seu livro *Le Principe responsabilité* [*O princípio responsabilidade*. Rio de Janeiro: Contraponto, 2007], Hans Jonas, um dos fundadores da filosofia contemporânea da ecologia, avança a ideia de que, mesmo aos olhos dos gregos, a hipótese de um desenvolvimento infinito da técnica e, com ela, dos poderes do homem sobre o homem, bem como sobre a natureza, não é ainda concebível. Claro, os gregos, como acabamos de ver, já estigmatizavam a *hybris* potencial dos mortais, mas o poder dos deuses deveria ser suficiente para contê-la, como vemos aliás no resultado fatal relatado pelos mitos mencionados. Foi, portanto, somente com o advento da revolução científica dos Tempos modernos, e especialmente com o nascimento, no século XVIII, da ideia de progresso, que surge a noção "historicista" de um desenvolvimento infinito, de um crescimento sem fim e, por isso mesmo, potencialmente devastador. Para sustentar sua tese, Jonas cita esta magnífica passagem do coro da peça de Sófocles que conhecemos bem agora, *Antígona*:

> Muitas são as maravilhas neste mundo, nenhuma maior do que o homem. Ele sabe atravessar as vagas cinzentas quando sopram o vento sul e suas tempestades, segue seu caminho através das ondas imensas que lhe ocultam o abismo. É o ser que atormenta a deusa augusta dentre todas, Gaia, a terra eterna e infatigável, com suas charruas que, de ano em ano, a rasgam sem descanso, faz com que ela se abra com a ajuda de suas éguas. Pássaros aturdidos, animais selvagens, peixes que povoam os mares, ele, esse homem de espírito astucioso, os retém e os prende nas malhas de suas redes. Com seus engenhos, ele é o senhor das feras indomáveis que correm pelas montanhas e, na hora certa, ele curvará sob um jugo envolvendo o pescoço tanto o cavalo da espessa crina quanto o infatigável

touro das montanhas. Fala, pensamento veloz como o vento, aspirações das quais nascem as cidades, tudo isso ele aprendeu sozinho, bem como soube, fazendo um abrigo para si, escapar dos dardos da geada, da chuva, cruéis com quem não têm outro teto além do céu. Bem armado contra tudo, não está desarmado contra nada do que o futuro lhe pode oferecer. Mas contra a morte, não terá nunca um feitiço para dela escapar, embora já saiba, contra as doenças mais obstinadas, imaginar mais de um remédio. Mas, assim, senhor de um saber cujos engenhosos recursos ultrapassam toda esperança, ele pode tanto tomar o caminho do bem como o do mal. Que conceda então, desse conhecimento, uma parte às leis da cidade e à justiça dos deuses à qual jurou fé, e então se elevará muito alto em sua cidade, ao passo que se exclui dessa cidade no dia em que deixa o crime contaminá-la por bravata.

Já poderíamos acreditar que estamos na Modernidade, após Descartes, tanto essa descrição dos poderes do homem sobre a natureza parece moderna, imperiosa, dominadora, a ideia do livre-arbítrio, de uma possibilidade de escolha entre o bem e o mal, vindo coroar essa pintura do humano como senhor e possuidor do mar, da terra e do céu. Mas, deste vibrante elogio ao homem, Jonas retira a ideia de que, no mundo grego, não existindo a noção de progresso infinito, a história sendo pensada como essencialmente cíclica, segundo o modelo dos ritmos da natureza, o homem ainda não é o ser devastador que se tornou hoje.

Agora cito Jonas, que comenta a mesma passagem de Sófocles:

> O que não é dito, mas que está aqui subjacente como evidente naquela época, é o saber que, apesar de toda a grandeza de sua engenhosidade ilimitada, o homem, comparado aos elementos, ainda é pequeno. Aliás, é isso que torna audaciosa suas incursões nesses elementos e que permite que eles tolerem sua impertinência. Todas as liberdades que ele toma com os habitantes da terra, do mar e do ar deixam ainda assim inalterada a natureza englobante desses diferentes reinos e não diminuem suas forças criativas. O homem não lhes faz verdadeiramente mal quando separa seu pequeno reino desse grande reino. Eles perduram, enquanto as empreitadas do homem obtêm um êxito efêmero. Mesmo que, ano após ano, ele oprima a terra com sua charrua, ela é sem idade e incansável, ele pode confiar em sua paciência perseverante e se curvar ao seu ciclo. E o mesmo vale para o mar, que também é sem idade. Nenhuma rapina em sua espécie pode esgotar sua fecundidade,

nenhum rastro dos navios poderia danificá-lo, nenhum resíduo poderia manchar suas profundezas. E não importa o número das doenças contra as quais o homem possa encontrar uma cura, a própria mortalidade não se curva ao seu ardil.

É necessário, pois, segundo Jonas, esperar o nascimento das filosofias modernas da história, com Kant, Hegel e Marx, mas também a invenção concomitante do capitalismo liberal e do desenvolvimento industrial, para que a *hybris* prometeica do homem se torne verdadeiramente perigosa para o cosmos, para que seus poderes sobre a natureza exterior, bem como sobre si mesmo, tornem-se potencialmente ilimitados.

É claro que há alguma verdade na análise de Jonas. Ele está particularmente certo ao enfatizar que a visão da história inerente ao mundo grego não é "progressista", que ela é cíclica e naturalista, "demeteriana" como afirma um dos modelos de Jonas, Ernst Bloch, em outro famoso livro, *Le Principe espérance* [*O princípio esperança*. Rio de Janeiro: Contraponto, 2005], cujo título é parodiado por Jonas: assim como as estações se sucedem, se assemelham e se repetem a cada ano, a história dos homens é repetitiva, não indefinida, e menos ainda infinita – e é nesse sentido que a humanidade nunca poderia devastar realmente o universo.

Ainda assim é preciso corrigir as observações de Jonas. Ao contrário de sua leitura da Antiguidade, é absolutamente evidente que a Modernidade do progresso e da história já está contida *in nucleo* no mito de Prometeu – e o gênio grego percebe isso com clareza suficiente para que as noções de liberdade e de história ali já estejam associadas, bem como ele compreende, é a mesma coisa, as razões pelas quais Zeus acorrenta e castiga a *hybris* prometeica. Para responder agora à pergunta que fiz no início, era preciso que essas duas ideias – a de livre-arbítrio e a de história infinita, que são inseparáveis – surgissem para que o ser humano se descolasse do resto dos seres vivos, se afastasse do reino animal para se tornar o ser que hoje, aos olhos de Jonas e dos ecologistas, ameaça a natureza. Era preciso notadamente que fosse tematizada, como já acontece no mito de Prometeu, a ideia de liberdade entendida como a faculdade de se descolar da natureza, como a capacidade de não ser programado por dons naturais, à imagem dos animais de Epimeteu e, portanto, como a faculdade única e singular no seio dos seres vivos de inventar sua vida, sua história, de dominar seu destino. Daí a ideia de historicidade, de progresso, que era necessária ao advento do homem prometeico, do qual vimos, de encontro ao que diz Jonas, o quanto ele já está inscrito, mesmo *in nucleo*, no imaginário grego.

19
UM GRANDE MITO DO AMOR
Eros e Psiquê

Conhecemos a lenda que envolve os dois amantes por meio de um texto bastante estranho, *As metamorfoses* de Apuleio, um romancista filósofo do século II (123-170 d.C.) que escrevia em latim. Sua obra, que foi apelidada de "O asno de ouro" por santo Agostinho, conta a história fantástica de um aristocrata, Lúcio, que se vê metamorfoseado em burro pela falta de jeito de sua amante, uma feiticeira iniciante. E como mais tarde no famoso livro da Condessa de Ségur, *Les Mémoires d'um âne* [*As memórias de um burro*. Jandira: Principis, 2021], o infeliz passa por toda uma série de aventuras mais ou menos desastrosas ao longo das quais, para recuperar sua forma humana, ele deve (singular remédio) comer muitas rosas. O livro, que toma emprestado, pelo menos em parte, das *Metamorfoses* de seu ilustre predecessor, Ovídio, deu origem a inúmeras interpretações. Nele se viu ora uma fábula cômica, ora um romance iniciático, um ancestral do que os românticos alemães mais tarde chamariam de *Bildungsroman*, um romance de "formação".

Deixo aqui esses debates de lado para me interessar apenas pela passagem (livros V a VII) em que Lúcio narra a famosa lenda de Psiquê (a alma) e de Eros (o amor paixão), identificado então ao seu aspecto latino, Cupido, e apresentado na versão de Apuleio como filho de Afrodite e enteado de Ares.

Eis a essência de seu relato.

Como mais tarde a madrasta de Branca de Neve, que sem dúvida lhe deve muito, Vênus (Afrodite) fica literalmente arrasada de ciúmes quando descobre que uma jovem, Psiquê, é considerada pelo povo tão bela, até mais bela do que ela. Psiquê é filha de um rei, tem duas irmãs, bastante bonitas, mas cuja beleza é literalmente eclipsada pela dela a ponto de secretamente elas também serem terrivelmente ciumentas. Multidões de pessoas se deslocam para vir admirar a aparência incomparável da jovem, alguns estão até convencidos de que é Vênus em pessoa. Elas trazem suas oferendas, celebram sacrifícios em sua homenagem, o que acaba levando a deusa ao máximo da exasperação. Um dia, ela não aguenta mais. Enfurecida, Vênus ordena que seu filho, o jovem Eros, puna a jovem fazendo com que ela se apaixone pelo ser mais mesquinho, mais feio, mais desagradável e mais pobre do reino!

Pois Psiquê, apesar de sua beleza, ou talvez por causa dela (parece que ela assusta os homens, pois eles vêm vê-la e dizem para si mesmos ao sair: "Bela demais para mim..."), não consegue, ao contrário das duas irmãs, se casar. Então seus pais, o rei e a rainha, vão consultar o oráculo que, por ser a voz dos deuses, não pode senão confirmar a vontade de Vênus à qual ele traz alguns detalhes temíveis: seu pai terá de amarrar a moça a uma rocha e, como Andrômeda na lenda de Perseu, um monstro abominável virá levá-la. Como os oráculos sempre dizem a verdade, o leitor compreende que o monstro abominável em questão deve ter então alguma relação com o Amor, com Eros, pois é ele quem, traindo as ordens de sua mãe, vai levar e se casar com a jovem. Há que se prestar atenção na maneira como o texto de Apuleio narra o caso, pois os termos utilizados são significativos do caráter, com efeito, potencialmente monstruoso, do amor:

> Psiquê, com toda sua deslumbrante beleza, não se beneficia de seu charme. Todos a contemplam, todos a elogiam, mas ninguém, nem rei, nem príncipe, nem mesmo um simples burguês se apresenta, cheio de desejo, para pedir sua mão... Psiquê, virgem, sem marido, fica em casa e chora a solidão em que está abandonada, doente, profundamente infeliz, e embora nações inteiras sejam unânimes em elogiar sua beleza, ela a odeia. Por isso o infeliz pai dessa moça desafortunada, suspeitando de alguma maldição celeste e temendo a ira dos deuses, vai interrogar o antiquíssimo oráculo do deus de Mileto (trata-se evidentemente de Apolo, que também dispunha de um templo em Mileto) e pede a esse deus tão poderoso, com preces e sacrifícios, que dê à pobre moça desprezada a graça de casá-la e de dar-lhe um esposo. Mas Apolo, embora grego e mesmo jônico, respondeu, para agradar ao autor de nossa história milesiana, com um oráculo em latim (pequena piada de Apuleio que, como disse, escreve em latim e se dirige a um público que só lê latim): "Num

rochedo, bem no alto da montanha, vá, rei, expor sua filha cuidadosamente adornada para um casamento fúnebre. Não espere um genro nascido de uma raça humana, mas um monstro cruel, feroz e serpentino, que voa sobre asas mais alto do que o éter e que perturba tudo, ataca a todos a fogo e ferro, faz tremer até Júpiter, apavora todos os deuses e aterroriza os rios e as trevas do Estige". O rei, outrora feliz, depois de ter recebido a revelação do oráculo sagrado, volta para casa, desolado, muito entristecido e conta para a esposa o que esta profecia de infortúnio ordena*.

Dois comentários sobre essa passagem deliberadamente tragicômica.

Primeiro, sobre os infortúnios de Psiquê. Ela é linda de morrer, mas ninguém a deseja. Pergunta: Por quê? A resposta é evidente: Psiquê é a alma, não o corpo, e sua beleza pode muito bem ser incomparável, mas não é realmente *sexy*, não é realmente desejável no sentido erótico da palavra, simplesmente porque ela é por natureza de alguma forma desencarnada. É a essência de seu ser que assim quer, pois no momento, enquanto ainda está privada de Eros, ela é apenas uma alma sem verdadeiro corpo, e é por isso que, afinal, ela é mais bela do que todas as mortais, seu envelope externo sendo apenas uma imagem do que ela é por dentro. A beleza e o sexo, a perfeição de uma forma e o desejo não são idênticos, longe disso, ou para dizer de uma forma ainda mais brutal: é possível ser feio e *sexy*, assim como é possível ser belo e, contudo, incapaz de despertar o desejo ardente que somente Eros poderá trazer para Psiquê ao se unir a ela. Mensagem da mitologia que, convenhamos, é bastante tranquilizadora para o comum dos mortais...

Em segundo lugar, é claro, como já havia sugerido, que o leitor da época compreende de imediato que o oráculo evidentemente está falando de Eros, do amor. É ele que é apontado e descrito pela Pítia de Apolo, é ele o monstro que perturba tudo, que inflama os corações, que leva aos assassinatos, que reina não apenas sobre os mortais e até nos infernos, mas sobre os próprios olímpios, a começar por Zeus que, como já pudemos ver em muitas ocasiões, "só pensa nisso" e cede com demasiada frequência às paixões amorosas que por vezes o desencaminham e lhe causam muitos problemas com Hera, sua esposa. Sem querer entrar numa interpretação psicanalítica fácil demais, é

---

* Tradução para o francês de Pierre Grimal publicada pela Folio Classique [N.T.].

evidente que a referência ao caráter "serpentino" de Eros não deixa de evocar sua dimensão fálica.

Mas continuemos a história.

Agora imaginem a infeliz Psiquê, tremendo de medo, amarrada ao rochedo esperando uma morte atroz. Para sua grande surpresa, é um vento suave e leve, chamado Zéfiro, que vem carregá-la gentilmente para depositá-la com delicadeza no coração de um palácio de imaginável beleza, todo de mármore branco e de ouro. Mal a jovem recuperou seus sentidos que vozes a cercam. Um pouco como em *A Bela e a Fera*, filme de Jean Cocteau, são criados anônimos e invisíveis que estão ali, totalmente devotados a ela, prontos a realizar seu menor desejo, preparando iguarias deliciosas, banhos de leite, cama perfumada. Quando a noite chega, na mais total obscuridade, uma escuridão tal que é impossível distinguir um rosto, um ser desliza no que se tornará o leito nupcial. E, uma vez mais, contra qualquer expectativa, o que se segue é delicioso. É numa felicidade absoluta que Psiquê perde a virgindade. De manhã, quando ela acorda, seu marido – sobre o qual agora temos provas claras de que se trata de Eros – desapareceu, mas todas as noites ele retorna e, como observa Apuleio, com a força do hábito, os jogos amorosos são cada vez mais divinos. Nunca, no entanto, Psiquê consegue ver um pedacinho do rosto de seu amante. No mais, Eros põe as cartas sobre a mesa: ordena à mulher que nunca procure desmascará-lo sob pena de terríveis represálias.

Como acreditam que Psiquê está morta e enterrada, as duas irmãs vão até o rochedo de onde ela foi raptada para chorar por ela. Psiquê fica sabendo dessa visita e implora ao marido que a deixe revê-las. Eros a alerta de todas as maneiras possíveis, porém, uma vez mais, como em *A Bela e a Fera*, nada funciona: Psiquê quer tanto rever sua família que Eros acaba cedendo. Zéfiro está encarregado de trazer as duas ciumentas que, visitando o palácio suntuoso onde a irmã vive, constatando sua felicidade perfeita, decidem, como Vênus havia feito pelos mesmos motivos, arruinar a vida dela.

Ao voltar para casa, elas traçam um plano maléfico enquanto Psiquê, nadando em felicidade, engravida. As malvadas conseguem o direito a uma segunda visita durante a qual convencem a irmã, confiando no que o oráculo dizia, de que seu marido é na realidade apenas um monstro "serpentino", uma medonha serpente que um dia vai devorá-la. Elas sugerem que esconda uma lamparina a óleo debaixo do leito nupcial, que se arme com uma navalha de dois gumes e decapite a besta quando ela retornar. Convencida de que as irmãs são suas amigas, que não poderiam mentir para ela, Psiquê obedece e, à noite, quando o marido adormeceu, ela levanta-se muito delicadamente, acende a lamparina, aproxima-se do rosto de Eros... e descobre o contrário de um monstro! Ao lado dela está deitado o rapaz mais bonito, o jovem mais adorável e encantador que já apareceu desde o início dos tempos! Eros em carne e osso. Enlouquecida de alegria, ao mesmo tempo tranquilizada e encantada com a descoberta, a infeliz deixa escapar de uma mão trêmula uma gota de óleo quente que cai sobre o ombro do Amor – que acorda e lhe anuncia que, como punição por trair sua confiança e desprezar sua promessa de não procurar vê-lo, ela nunca mais o verá. Como sempre, o castigo tem uma relação "simbólica" com o crime cometido: ela o viu, não o verá mais.

Então começa para Psiquê um longo período de peregrinação e de infortúnio. A princípio, ela decide castigar suas duas irmãs como convém. Para a primeira, ela conta que, na verdade, seu marido não era de modo algum o monstro serpentino que ela lhe anunciava, mas Cupido em pessoa, o mais radiante dos amantes. Para puni-la por sua infame curiosidade, ele decidiu deixá-la, declarando que agora se casaria apenas com uma pessoa, ela, sua própria irmã. Como a maldade e a estupidez andam juntas, a imbecil se deixa convencer e, inventando um pretexto para deixar o velho marido, corre para o rochedo acreditando que será levada por Zéfiro até o palácio de Cupido. No entanto, não é essa brisa suave que a arrasta, mas uma forte rajada de vento que a joga no precipício onde, destroçada contra as rochas, ela se desmembra de maneira atroz ao longo da queda. A segunda irmã sofrerá o mesmo destino.

Enquanto isso (como se dizia nos folhetins do século XIX), ao saber que seu filho querido havia "transado" com quem ela mais odiava, que até se casou com ela e a engravidou em vez de puni-la, Vênus manda buscar Psiquê. A jovem corre para pedir ajuda e assistência a Deméter, depois a Hera, mas as duas divindades, embora a contragosto, recusam-lhe o apoio, pois devem ser fiéis à tia, Afrodite dourada. Tendo finalmente encontrado sua rival, Vênus lhe inflige toda uma série de torturas físicas, depois uma série de provações impossíveis, cada uma mais perigosa do que a outra. Sempre ajudada por alguma criatura sobrenatural, Psiquê, que não se importa em morrer de tão infeliz que está por ter perdido o amor de sua vida, ainda assim sai vitoriosa dos obstáculos que sua sogra semeou em seu caminho. No entanto, uma prova final, mortal se ela falhar, ainda a espera: simplesmente uma descida aos infernos cujo objetivo é pedir a Perséfone, esposa de Hades e filha de Deméter, que encha uma pequena caixa com o elixir de beleza para entregá-lo a Vênus. Esta última deixou bem claro que se ela conseguir sair indemne dessa última missão, não deveria de modo algum abrir o recipiente para ver o que ele contém. Mas como com o marido, Psiquê acaba cedendo à curiosidade, ela abre a preciosa caixa e é imediatamente punida: ela cai na mesma hora, mergulhada num profundo e irremediável sono.

Então o próprio Eros, finalmente curado da queimadura, a vê e não se contém mais. Está ainda loucamente apaixonado por ela, não consegue superar a separação. Abrindo as asas, ele sobe ao Olimpo para se dirigir diretamente a Zeus e implorar que ele ponha fim aos seus sofrimentos. Zeus ama o amor, todos sabem disso, e nada pode negar a esse querido companheiro de toda uma vida. Sendo assim, ele permite que Eros retorne à terra e desperte a bela adormecida com a ponta de sua flecha. Para acalmar Vênus, que lamenta seu filho se casar com um simples mortal e contrair assim um casamento morganático, Zeus eleva Psiquê à categoria de imortal. É, literalmente, sua apoteose: ele a torna uma divindade e celebra seu casamento com Eros. De sua união em breve nascerá uma encantadora garotinha cujo nome não surpreenderá ninguém, uma vez que se chama "Volúpia" e que se tornará a deusa dos prazeres do amor...

Psiquê era no início a alma sem corpo, o espírito sem a matéria, a beleza sem a sensualidade, de modo que a mensagem do conto é bastante clara: é somente em sua união com Eros que ela consegue conhecer o verdadeiro amor, aquele que leva ao prazer e ao parto, que é simbolizado pelo nascimento de Volúpia. Mas a segunda mensagem da história é igualmente essencial: é somente no elemento da imortalidade que o amor pode florescer e levar à felicidade. No mundo mortal, Louis Aragon está certo, não pode haver amor feliz, pois o amor implica fatalmente o apego, e quanto mais forte este último, mais dolorosa será a inevitável separação encarnada pela morte do ser amado. Daí a mensagem das sabedorias antigas que, do estoicismo ao budismo, passando pelo taoismo, recomendam fortemente o "desapego". Daí também a tentação da imortalidade que, de Gilgamesh e Jesus até nós, assombrará todas as nossas histórias de amor.

CONCLUSÃO

Mitologia e filosofia

Entre *mythos* e *logos*, entre mitologia e filosofia, como demonstrei ao longo deste livro, há tanto ruptura quanto continuidade. Que essa ruptura e essa continuidade sejam atestadas na Grécia, e isso desde o nascimento da filosofia, é o que nossa análise dos mitos evidencia e que Jean-Pierre Vernant trouxe à luz com muita acuidade, inspirando-se nos trabalhos que um de seus colegas, Francis Cornford, havia consagrado à passagem da religião – dos mitos – à filosofia na Grécia. Ele mostrou como o nascimento da filosofia na Antiguidade não resultava de um "milagre" insondável, como tantas vezes foi dito e repetido, mas se explicava por um mecanismo que se poderia chamar "laicização" ou secularização do universo religioso no seio do qual os gregos viviam. Este ponto merece atenção, pois esse processo inaugural de "desencantamento do mundo" apresenta uma dupla face: de um lado, os primeiros filósofos vão se apoderar por conta própria de toda uma parte da herança religiosa tal como está inscrita especialmente nos grandes relatos míticos que analisamos com relação ao nascimento dos deuses e do mundo; mas, do outro, essa herança vai ser, no entanto, consideravelmente modificada, ou seja, traduzida e traída numa nova forma de pensamento, o pensamento racional, que vai lhe dar um sentido e um estatuto novos. Pois embora estejam interligados, *mythos* e *logos*, o mito e a razão, não deixam de ser discursos de estatuto diferentes. Como bem escreve Vernant, a filosofia antiga, essencialmente, "transpõe, numa forma laicizada e no plano de um pensamento mais abstrato, o sistema de representação que a religião elaborou. As cosmologias dos filósofos retomam e prolongam os mitos cosmogônicos... Não se trata de uma analogia vaga. Entre a filosofia de um Anaximandro e a teogonia de um poeta inspirado como Hesíodo, Cornford mostra que as estruturas correspondem até nos detalhes"[34].

E, de fato, desde os primórdios da filosofia, essa secularização da religião que tanto a conserva quanto a supera – a problemática da salvação e da finitude é preservada, mas as respostas propriamente religiosas são abandonadas em favor de um discurso que se quer racional – já se estabelece de forma muito clara e firme. Sem dúvida, sem a *Teogonia* de Hesíodo, a física dos estoicos, e mesmo a de Aristóteles, seriam impensáveis. O que é particularmente interessante é que podemos ler esse processo em ambas as direções: podemos estar mais ou menos ligados ao que une a filosofia às religiões que a precedem e a informam ou, ao contrário, ao que as afastam e que poderíamos designar como seu momento laico ou racionalista. Enquanto Cornford é bastante sensível aos vínculos que unem as duas problemáticas, Vernant, sem negar nada dessa paternidade religiosa da filosofia, pretende enfatizar mais o que as opõe. Certamente, escreve ele, os primeiros "filósofos não tiveram de inventar um sistema de explicação do mundo; encontraram-no pronto... Mas hoje que a filiação, graças a Cornford, é reconhecida, o problema assume necessariamente uma forma nova. Não se trata mais apenas de redescobrir o velho na filosofia, e sim de extrair dela o verdadeiramente novo: aquilo pelo qual a filosofia deixa de ser mito para se tornar filosofia"[35]. Uma revolução na continuidade, portanto, e que se dá pelo menos em três planos: primeiro, em vez de falar, como a mitologia, em termos de filiações – Zeus é filho de Cronos, que é filho de Urano etc. –, a filosofia, racionalista e secularizada, vai se expressar em termos de explicação, de causalidade: tal elemento gera tal outro elemento, tal fenômeno produz tais efeitos etc. No mesmo sentido, não se falará mais de Gaia, de Urano ou de Ponto, mas da terra, do céu e das águas do mar: as divindades darão lugar à realidade dos elementos físicos – esta é a ruptura, o que de forma alguma impede, esta é a continuidade, que o cosmos dos físicos herde todas as características fundamentais (harmonia, justeza, beleza, hierarquia, finalidade

---

34. Cf. Jean-Pierre Vernant e Pierre Vidal-Naquet. *La Grèce ancienne. Du mythe à la raison*, "Points", p. 198.
35. *Ibid.*, p. 202.

etc.) que ele tinha nas antigas visões religiosas e míticas. Por fim, a figura do filósofo vai emergir, diferente da do sacerdote: sua autoridade não virá mais, pelo menos em princípio, dos segredos que ele detém, mas das verdades que ele torna públicas; não dos mistérios ocultos, mas das argumentações racionais de que é capaz num diálogo como o platônico.

Sem sequer entrar numa análise mais aprofundada, já teremos uma ideia da reviravolta assim introduzida pelo pensamento filosófico, se considerarmos um pouco mais de perto o segundo ponto, a saber, a maneira como os filósofos vão passar do sagrado ao profano, esforçando-se para "extrair" ou para "abstrair" das divindades gregas os elementos "materiais" constitutivos do universo, passando, como acabei de dizer, de Ponto à água, de Urano ao espaço celeste, de Gaia à terra etc. – em suma, das entidades divinas aos elementos materiais. É, no essencial, mais complicado do que posso indicar aqui, mas o princípio é este: trata-se de acabar com as entidades sobrenaturais e religiosas, para se interessar pelas realidades naturais e físicas.

Alguns séculos depois, encontraremos ainda, em Cícero, ecos divertidos dessa revolução "laica" pela qual, segundo suas próprias palavras, "os deuses dos mitos gregos foram interpretados pela física". Neste caso, Cícero pensa em Saturno (nome latino de Cronos) e em Caelus, o céu (nome latino de Urano), e explica da seguinte maneira a laicização introduzida pela filosofia estoica em relação às antigas "superstições" mitológicas:

> A Grécia foi invadida há muito tempo pela crença de que Caelus havia sido mutilado por seu filho Saturno, e o próprio Saturno aprisionado por seu filho Júpiter. Uma doutrina física requintada está contida nessas fábulas ímpias. Elas querem dizer que a natureza do céu, que é a mais elevada e feita de éter, isto é, de fogo, e que engendra tudo por si mesma, está privada desse órgão corpóreo que precisa, para engendrar, unir-se a outro. Elas quiseram designar com Saturno a realidade que continha o curso e a revolução circular dos espaços percorridos e dos tempos, que é seu nome em grego; pois o chamam de Cronos, que é o mesmo que *chronos*, que significa "espaço de tempo". Mas o chamamos Saturno porque estava "saturado" de anos; e fingimos que ele tem o hábito de comer seus próprios filhos, porque a duração devora os espaços do tempo[36].

---

36. *De la nature des Dieux*, cap. XXIV.

Deixemos de lado a questão do valor de verdade filológica de tal leitura das grandes teogonias gregas. O que importa aqui é que o mecanismo de "secularização" está claramente elucidado em seu princípio: trata-se menos de romper com a religião do que de reorganizar seus conteúdos, menos de fazer tábula rasa do que desviar seus grandes temas para uma ótica nova. E é essa dualidade – ruptura e continuidade – que vai marcar, desde o início, mas de forma indelével, as relações ambíguas da filosofia com sua única rival séria, a religião.

GLOSSÁRIO GERAL
(E MUITO PARCIAL...)

AGAVE

Agave é uma das filhas de Cadmo, rei de Tebas, e de Harmonia, sua esposa. Uma de suas irmãs é Sêmele, mãe de Dioniso, morta depois de ter sido consumida por ter pedido a Zeus permissão para contemplá-lo em todo seu esplendor. Agave espalhou o boato de que a união de Sêmele com Zeus era pura mentira. Dioniso se ressentiu de que alguém pudesse duvidar da palavra de sua mãe e assim negar sua filiação divina. Ele se vingou de Agave de maneira atroz, primeiro enlouquecendo-a, depois convidando-a a participar, com as bacantes, das festividades realizadas para honrá-lo. Ele se arranjou para que ela, tendo perdido a razão, confundisse o filho Penteu com o filhote de leão que ela estava caçando. Quando ela conseguiu agarrá-lo, destroçou-o vivo, arrancou-lhe a cabeça e plantou-a numa lança (seu tirso) que levou orgulhosamente para seu pai, Cadmo. Este ficou evidentemente horrorizado, e quando ela recobrou a razão e tomou consciência do terrível crime que acabara de cometer durante sua crise de loucura, abandonou Tebas e se exilou.

ALCMENA

Zeus decidiu se unir a uma mortal a fim de gerar um semideus que poderia se tornar seu tenente e ajudá-lo em sua luta contra as potências caóticas que sempre ameaçam destruir a harmonia do cosmos que ele teve tanta dificuldade para instaurar em sua guerra contra os titãs. Ele se interessou pela adorável Alcmena, da qual ele conhece a grande virtude e o amor que ela tem pelo marido, Anfitrião. Mas isso pouco importa, para atingir seus fins, o deus do Olimpo não hesita em assumir a aparência de Anfitrião, tornando-se seu sósia e passando três dias com ela depois de ter ordenado ao Sol que não se levantasse para que seu encontro com Alcmena durasse tempo suficiente para alcançar seu objetivo. Desses amores nasceu Héracles que, como seu pai, passaria a vida lutando contra as forças do caos. Quanto a Alcmena, Zeus mandou Hermes buscar o corpo dela no momento de sua morte, e ela foi transportada para a Ilha dos Bem-aventurados, uma prefiguração do paraíso onde os mortais mais valorosos ainda vivem como na idade de ouro.

AMALTEIA

Escondido por sua avó Gaia no fundo de uma caverna quando era apenas um bebê, Zeus foi alimentado com a cornucópia da abundância da cabra Amalteia, um animal cuja pele era considerada mágica, impossível de ser transpassada, mesmo pelas armas mais afiadas. É com essa pele, depois de a cabra ser sacrificada, que Zeus fará seu famoso escudo, a égide (da palavra *aigos*, que designa a cabra), que o protegerá, principalmente durante sua luta contra Tifão e os gigantes. Geralmente, Zeus empresta esse escudo para sua filha favorita, Atena. É, por exemplo, graças a ele que a deusa ajudará Perseu a matar a górgona Medusa ao se servir dele como espelho. Uma vez cortada a cabeça desta última, Atena incrustará esse rosto aterrorizante e assassino sobre esse escudo.

ANDRÔMEDA

Cassiopeia, mãe de Andrômeda, se gabava tanto de ser mais bela do que as nereidas que estas, ofendidas, pediram a Poseidon que interviesse para punir essa humana que havia pecado por *hybris*: um monstro marinho veio então semear o terror na região. Apenas a exposição de Andrômeda, filha de Cefeu e de Cassiopeia, poderia, segundo os oráculos, apaziguar o monstro. A jovem foi amarrada a um rochedo e estava assim fadada a um funesto futuro, quando o jovem Perseu, passando não muito longe dali, viu Andrômeda e, seduzido por sua beleza, prometeu a Cefeu que a salvaria se ele o deixasse se casar com ela. O jovem herói enfrentou então o monstro, matou-o (graças às armas que lhe foram dadas por Hermes e por Atena) e se casou com a bela Andrômeda.

ANTÍGONA

Filha de Édipo e da Rainha Jocasta, Antígona está ligada à sua família por uma lei divina superior a qualquer outra decretada pelos humanos. É ela quem cuida de seu pai, Édipo, pois este furou os próprios olhos ao saber que não pôde ir contra as predições do oráculo anunciando que ele mataria o pai e que se casaria com a mãe. Ela compartilha sua miséria oferecendo-lhe o apoio do braço para conduzi-lo a Colono, uma periferia de Atenas, onde Édipo terminará sua vida, levado pelas terríveis erínias. Após a morte de seu pai, Antígona retorna a Tebas, onde seus dois irmãos, Polinice e Etéocles, se entrematam diante de uma das sete portas da cidade cujo poder eles disputam. Incapaz de aceitar a ideia de que os despojos mortais de Polinice sejam entregues aos animais selvagens, segundo as ordens de seu tio Creonte, pois ele lutou contra sua cidade, Antígona desafia os interditos para dar ao irmão uma sepultura digna. Aprisionada logo depois, ela se enforca em sua cela. Como nenhuma outra, ela encarna a figura da heroína trágica na medida em que opõe uma legitimidade a outra, neste caso a lei dos deuses e do coração à dos homens e da cidade.

APOLO

Filho de Zeus e de Leto, irmão gêmeo de Ártemis, a deusa da caça, Apolo é o mais belo dos deuses, um dos mais inteligentes, e o mais talentoso no campo da medicina e da música, duas disciplinas que simbolizam a harmonia cósmica. Auxiliado pelas nove musas em seu papel de deus da medida, da beleza e da harmonia, Apolo deve constantemente lembrar aos homens que eles devem demonstrar moderação, evitar pecar por *hybris*, se quiserem realmente se afinar com a ordem cósmica. Ele é o inspirador do mais famoso dos oráculos, o de Delfos, e as mensagens gravadas no frontão de seu templo são, sem dúvida, as mais cruciais de toda a cultura grega: "Conhece-te a ti mesmo" e "Nada em excesso": em outras palavras, saiba quem você é, não se considere o que não é e, acima de tudo, procure não pecar por *hybris*!

AQUELOO

Esse nome é tanto o de um rio da Etólia, o mais extenso da Grécia, quanto o do deus desse rio. Aqueloo é, de acordo com algumas versões do mito, filho do titã Okéanos e da titânida Tétis. Ele possui a particularidade de assumir qualquer forma. A jovem Dejanira, cuja mão ele pediu em casamento, está apavorada com a ideia de se casar com um monstro capaz de se transformar em touro ou em dragão; ela prefere aceitar o pedido de casamento de Héracles, que se apaixonou loucamente por ela à primeira vista. Para conquistá-la, Héracles deve, portanto, lutar contra Aqueloo, que para a ocasião se transformou em touro. No decorrer desse combate, Héracles conseguiu arrancar um dos chifres do animal. Segundo algumas versões do mito, para recuperá-lo, Aqueloo teria lhe oferecido em troca, não apenas desistir de Dejanira, mas também dar a famosa cornucópia da abundância, aquela que adornava a fronte da cabra Amalteia, a babá de Zeus durante sua tenra infância, quando ele estava escondido por sua mãe Reia numa caverna construída por Gaia, sua avó, para escapar da fúria assassina de Cronos, seu pai.

AQUILES

É o maior herói grego da Guerra de Troia. Filho de um simples mortal, Peleu, e da deusa Tétis, Homero o descreve como um jovem de rara beleza, com longos cabelos loiros, olhos brilhantes e uma voz potente. Aquiles sabe que morrerá jovem, pois seu objetivo na vida é escapar do anonimato da "morte negra" conquistando a glória por meio de grandes feitos que o farão entrar na posteridade. Aquiles será morto por Páris, ou mais exatamente por Apolo, que guia a flecha assassina que o atingirá em seu ponto fraco, o calcanhar. Sua mãe, quando ele ainda era um bebê, tinha com efeito tentado torná-lo imortal mergulhando-o nas águas do Estige, mas para isso ela o segurou por um dos pés, a única parte de seu corpo que por essa razão permaneceu vulnerável. Após sua morte, trancado nos infernos, Aquiles confessará a Ulisses que, na realidade, a glória não o realizou e que ele preferiria muito mais ser escravo de um pastor miserável do que um herói glorioso, mas morto.

ARCA DE NOÉ

Como todos sabem, é no livro de *Gênesis* que vemos Noé, a pedido de Deus, construir uma arca destinada a salvar sua família e ele próprio do dilúvio que em breve se abaterá sobre a humanidade para puni-la por sua queda na derrelição e na perversidade. Deus também pediu a Noé para salvar um macho e uma fêmea de cada espécie animal. Segundo a Bíblia, a arca de Noé, construída de madeira resinosa, devia ter por volta de 130 metros de comprimento por 26 metros de largura e 16 metros de altura. O que às vezes não é tão conhecido é que a trama do mito bíblico do dilúvio já está contada até em seus detalhes na *Epopeia de Gilgamesh*, um texto escrito na língua suméria do século XVIII a.C. Foi essa epopeia que serviu de matriz, não só para a Bíblia, mas também, na antiguidade grega, para o mito análogo de Pirra e Deucalião.

AREÓPAGO

Um belo areópago: a fórmula, bem conhecida e ainda bastante usual, designa uma assembleia de prestígio, composta de personalidades eminentes. Quando a pronunciamos, às vezes a tendência é falar de um belo "aeropago" em vez de um belo areópago. Estamos tão acostumados com aeroportos! Mas a palavra não tem nada a ver com aéreo, e para não cometer esse engano basta lembrar de sua etimologia, que se refere ao deus da guerra, Ares (aquele que se tornará Marte entre os latinos). A palavra, portanto, vem do grego *Aréios* (Ares) e *Pagos*, que designa a colina. Em sua origem, o areópago é simplesmente a colina de Ares, uma colina que, aliás, existe ainda hoje em Atenas. A questão é saber por que, qual a relação com Ares? Como perceberão, a palavra possui uma tripla dimensão, mitológica, política e religiosa. Cronologicamente, como sempre, a mitologia vem em primeiro lugar. Ares, deus da guerra, é um deus violento e mesmo sanguinário, que adora as carnificinas. Ele não é nem um cavalheiro, nem um poeta, nem mesmo um deus inteligente, e sim um bruto, ao contrário de Atena, também deusa da guerra, mas da guerra inteligente, estratégica, o que a torna infinitamente mais poderosa e mais interessante do que Ares. Mas o fato é que um dia Ares vê um certo Halirrótio tentando violar sua filha, Alcipe. Que ideia infeliz! Ares desce imediatamente do Olimpo e mata o violador. Mas acontece que este último é um dos muitos e pavorosos filhos de Poseidon, o poderoso estremecedor da terra, que tão logo apresenta uma queixa junto aos outros olímpios. Estes então se reúnem sob a forma de um tribunal nessa colina, na verdade um enorme monólito de mármore cinza que, por essa razão, receberá em Atenas o nome de areópago. Eles julgam o assassinato e, claro, acabam absolvendo Ares. O nome permanecerá na vida política de Atenas onde o areópago vai designar sob diferentes formas (haverá toda uma evolução dessa instituição) durante o grande período da democracia ateniense – digamos entre 500 e 300 a.C. – um conselho de sábios formado por nove Arcontes, cidadãos que ocuparam funções importantes de dirigentes na cidade. O areópago introduziu um princípio de ponderação oligárquica no seio da democracia, um pouco como nosso conselho constitucional de hoje sobre o qual afirmam que é também composto de nove sábios (o que pode evidentemente ser discutido quando vemos os nomes que aparecem em sua composição, em particular os dos ex-presidentes dos quais podemos duvidar que sejam totalmente desprovidos de viés político). Por fim, quanto à dimensão religiosa da palavra, é também diante do areópago que Paulo se dirige aos atenienses, segundo os *Atos dos Apóstolos*, para felicitá-los por serem um povo religioso, tão religioso que entre os inúmeros altares que adornam a cidade, há um dedicado ao "deus desconhecido". Claro que, para Paulo, trata-se do deus cristão cuja boa nova, *euanggelia*, *Evangelho*, é a da ressurreição dos corpos – promessa cristã essencial, mas que, como sabemos, deixará os gregos muito céticos...

ARGO

O *Argo* (o "rápido"), batizado assim em homenagem ao seu genial inventor, Argos, príncipe da maior cidade de Argólida, é o navio no qual Jasão e seus companheiros embarcam para partir em busca do Velo de Ouro. A figura de proa, talhada na madeira de um carvalho sagrado, na realidade um avatar da deusa Atena, ou às vezes de Hera, é dotada de uma voz profética que se revelará muito útil para superar certos perigos. Ao retornarem de sua expedição, os argonautas, para agradecer o deus do mar, Posêidon, que lhes fora bastante favorável durante a expedição, decidem organizar um sacrifício em sua honra e queimar o *Argo*, como oferenda. Para agradecê-los por esse gesto, Posêidon dará uma segunda vida ao navio. Ele o transformará numa constelação de estrelas. Não confundir esse Argos, como muitos comentadores infelizmente fazem, com dois outros Argos: por um lado, o monstro de cem olhos que será morto por Hermes, por outro, o cachorro de Ulisses, que morre ao reencontrar seu dono.

ARGONAUTAS

Os argonautas, assim chamados por causa do nome de seu barco, o *Argo*, são os cinquenta companheiros de aventura de Jasão, que partiram com ele para ajudá-lo em sua busca pelo Velo de Ouro. A bordo do *Argo* se encontram vários heróis, entre outros: Teseu, Orfeu, os gêmeos Castor e Pólux, Héracles e seu amante Hilas, Linceu, que enxerga como um lince, o piloto Tífis, os Boreades – filhos do vento, que são capazes de voar – e, fato notável, a única mulher da expedição, a bela Atalante, a mulher mais rápida do mundo (que dará seu nome a um dos mais belos Bugatti, o famoso "cupê Atalante"). Cada um deles, ao sabor dos perigos encontrados, colocará seus talentos a serviço da causa comum. Entre esses cinquenta aventureiros, como o oráculo previra, três perecerão e um deles, Héracles, na esperança de encontrar Hilas, retornará a pé.

ARGOS

Na maioria das versões do mito, o monstro Argos ostenta uma centena de olhos que o ajudam na tarefa que lhe foi atribuída por Hera: vigiar uma de suas sacerdotisas, Io, pela qual Zeus se apaixonou, e ele a transformou em novilha para afastar as suspeitas de sua ciumentíssima esposa. Zeus então ordena que Hermes liberte Io: o deus alado, ou com a ajuda de uma pedra lançada de longe, ou adormecendo o terrível guardião tocando a flauta de Pã, consegue matar Argos, cujos olhos serão recolhidos por Hera para adornar as penas do pavão, pássaro que lhe é dedicado.

ARIADNE

Ariadne, filha de Minos e de Pasífae, apaixona-se à primeira vista por Teseu, quando ele desembarca em Creta, no grupo dos jovens que vão ser oferecidos como pasto ao Minotauro, o monstro escondido no labirinto construído pelo arquiteto Dédalo. Não suportando a ideia de ver o rapaz morrer,

Ariadne, que ouvira falar das façanhas realizadas por Teseu em seus vários combates contra monstros, dá-lhe o meio de não se perder no labirinto graças a um fio que ele prenderá na entrada, que desenrolará à medida que for avançando e que poderá seguir no caminho de volta, quando tiver matado o Minotauro. Um estratagema que permite efetivamente que Teseu, depois de ter se livrado do monstro, reencontre seu caminho, depois escape a bordo de um barco junto com alguns sobreviventes e com a bela Ariadne. Mas nada garante que os deuses deixarão os apaixonados se amarem tranquilamente... No caminho de volta, Atena aparece para Teseu e ordena que ele abandone Ariadne numa ilha, pois Dioniso também se apaixonou pela moça e quer torná-la sua esposa. Com a alma pesarosa, Teseu terá de desistir de Ariadne, razão pela qual esquecerá de içar as velas brancas ao chegar a Atenas. Seu pai, Egeu, rei da cidade, pedira-lhe, no entanto, que o fizesse como sinal de vitória e vendo que o barco de seu filho ostentava velas pretas, sinal de luto, atirou-se e afogou-se no mar que, desde então, carrega o nome dele...

ARISTIA

Diomedes, o guerreiro grego que ocupa o centro do palco durante o canto V da *Ilíada*, cumpre o que é chamado uma "aristia", ou seja, uma série de façanhas heroicas tão extraordinárias que vão permitir que ele também se torne uma lenda, que seja celebrado e cantado como um herói cheio de glória. Claro que é a deusa Atena que lhe dá força e audácia – como testemunham suas armas, que brilham com um esplendor incomum –, mas Diomedes, ainda assim, causa grandes estragos no campo troiano, chegando a enfrentar duas divindades: Afrodite será ferida no punho e Ares, seu amante, embora um terrível deus da guerra, receberá um ferimento doloroso no abdômen, ferimento que o obrigará a deixar o campo de batalha.

ASCLÉPIO

Embora Apolo seja o mais belo dos deuses do Olimpo, seus amores nem sempre são felizes, seja por exemplo com Cassandra, que acaba recusando-o, ou mesmo com a ninfa Dafne, que também prefere fugir dele e se transformar em loureiro, um arbusto com o qual o deus fará uma coroa que se tornará seu emblema, a ceder aos seus avanços. O mesmo acontece com Corônis, uma deslumbrante jovem que está grávida dele, mas que o trai com um mero mortal. Desta vez, Apolo não aguenta mais: ele a transpassa com suas flechas, mas ao perceber que ela está gravida de seu filho, ele arruma uma maneira de deixá-lo nascer. Asclépio, pois é dele que se trata, é então salvo *in extremis*. Nascido de uma mulher que já está morta, sua vida é imediatamente colocada sob o signo do renascimento. Seu pai o confia então ao centauro Quíron que lhe ensina a arte da cura: Asclépio se tornará a figura tutelar da medicina, e até mesmo o único ser no mundo capaz de ressuscitar os mortos. Pecado de *hybris* por excelência, pois essa ressurreição perturba a ordem cósmica. Zeus o punirá fulminando-o, mas, a pedido de seu pai, transformará Asclépio numa constelação, a do Serpentário, a serpente, uma vez que sua muda é precisamente um símbolo de ressurreição.

ATENA

Zeus engoliu Métis, sua primeira esposa então grávida dele, pois temia que a criança, se fosse um menino, o destronasse e tomasse seu lugar. Métis é a deusa da astúcia, da inteligência e é por essa razão que Atena teria nascido diretamente da cabeça de Zeus, do qual é a filha favorita, aquela que, de todos os seus filhos, mais se parece com ele. Divindade da guerra e das artes (das técnicas), Atena é infinitamente mais inteligente, mais forte e mais astuta do que Ares, seu irmão. Ela herda de sua mãe essa perspicácia simbolizada pelo seu pássaro favorito, a coruja, que enxerga no escuro.

ATLAS

Atlas é um dos filhos do titã Jápeto. É, portanto, irmão de Prometeu e de Epimeteu. Pertence às forças caóticas contra as quais Zeus teve de lutar a fim de estabelecer uma ordem cósmica justa, pacífica, bela e harmoniosa. Como punição por ter lutado contra ele, Zeus o condenou a carregar a abóbada celeste sobre os ombros. Héracles, durante um de seus trabalhos, substituiu temporariamente Atlas nessa provação, depois recorreu a um ardil para que Atlas, que se sentiu muito confortável quando aliviado desse pesado fardo, retomasse mesmo assim seu lugar.

BACANAIS

Realizadas em homenagem a Dioniso (um dos outros nomes é "Bacchos" que se tornará o Baco dos latinos), deus do vinho, da loucura, da festa e da natureza selvagem, as bacanais são grandes festas acompanhadas de procissões tumultuosas no decorrer das quais era possível testemunhar transbordamentos de todo tipo. Dominadas pela embriaguez, as bacantes, que formam o cortejo de Dioniso, se entregavam às paixões mais desenfreadas em que se misturavam sexualidade, embriaguez, transes e sadismo levado ao extremo.

BACANTES

As bacantes, ou mênades, fazem parte do cortejo de Dioniso. Elas personificam os espíritos orgiásticos da natureza. Geralmente são representadas descabeladas, desvairadas, pouco vestidas, até mesmo nuas, com uma coroa de hera sobre a fronte e com um tirso, espécie de lança envolvida de hera e encimada por uma pinha, nas mãos. Quando enlouquecidas sob a influência do vinho, cujo inventor é Dioniso, não hesitam em destroçar animais vivos, e mesmo bebês, pois se alimentam de bom grado de carne humana crua. Elas aparecem em particular no episódio do terrível fim de Licurgo ou ainda na morte de Penteu. Frenéticas, elas são capazes de todas as perversões. Algumas delas são as ninfas do Monte Nisa, jovens mulheres às quais Hermes havia confiado o recém-nascido Dioniso, monte que deu origem ao seu nome (Dioniso = o deus de Nisa).

BIBLIOTECA

Etimologicamente, uma biblioteca é um "móvel que contém livros", mas às vezes o termo designa não uma biblioteca no sentido literal do termo, e sim um "livro de livros", ou seja, uma coletânea contendo todo o conhecimento disponível sobre um determinado assunto. A *Biblioteca* de Apolodoro é, assim, não um móvel ou um monumento, mas um livro, escrito no século II, que tenta registar todo o saber disponível sobre a mitologia. Esta é uma das fontes mais preciosas que temos para conhecer as diferentes versões dos mitos gregos.

CALIPSO

Depois de ter perdido a maioria de seus companheiros entre Caríbdis e Cila, Ulisses encontra refúgio na ilha da ninfa Calipso. Esta se apaixona perdidamente por ele. Seu nome vem do verbo *calyptein*, que significa "esconder" e, com efeito, Calipso vai "esconder" e manter Ulisses em sua ilha paradisíaca por sete anos, fazendo todo o possível para que ele esqueça Ítaca e Penélope, sua cidade e sua esposa. Finalmente, Zeus, a pedido de sua filha Atena, enviará Hermes, seu mensageiro (e filho), para ordenar a Calipso que finalmente deixe Ulisses voltar para sua casa. Para mantê-lo ao seu lado, ela chegará a lhe oferecer a imortalidade se ele concordar em ficar com ela, o que o herói grego recusa, convencido de que o objetivo da existência não é a imortalidade e que uma vida boa é possível apesar da morte que caracteriza toda vida humana.

CÁRITES/GRAÇAS

Filhas de Zeus e de Têmis, deusa da justiça, as cárites, que também são chamadas "graças", são três. São divindades da natureza e da ordem harmoniosa do cosmos, como seus nomes sugerem: Eufrosine ("Alegria"), Talia ("Abundância") e Aglaia ("Esplendor"). Elas vivem no Olimpo onde são particularmente as acompanhantes de Afrodite. Como as musas, também fazem parte do cortejo de Apolo, que elas acompanham com danças e canções. São geralmente representadas nuas, uma apoiando-se no ombro da outra, numa atitude ostensivamente graciosa.

CASSANDRA

Apolo se apaixonou por Cassandra, jovem princesa troiana, filha de Príamo e de Hécuba, irmã de Heitor e de Páris. Para ganhar seus favores, ele lhe deu o dom da clarividência, mas Cassandra acaba rejeitando Apolo que, para se vingar, faz com que, infelizmente para ela, nunca deem crédito às suas predições. É assim que, apesar de suas advertências, os troianos permitem que o cavalo construído pelos gregos entre em sua cidade, para grande infortúnio deles. Cassandra conhecerá um destino funesto, violada por Ajax no momento da captura de Troia, depois finalmente escrava de Agamêmnon, general dos exércitos gregos.

CAVALO DE TROIA

É na *Eneida* de Virgílio, e não na *Ilíada*, como muitas vezes se acredita erroneamente, que encontramos sua descrição. Enquanto os combates já duram dez anos e as muralhas da cidade de Troia ainda são inexpugnáveis, Ulisses, o homem "dos mil ardis", imagina um artifício que trará a vitória para seu campo, o dos gregos: ele manda construir um imenso cavalo de madeira no qual os guerreiros vão entrar, e ao mesmo tempo dá a entender que a frota grega está abandonando o jogo. Os troianos caem na armadilha. Acreditando ser uma oferenda a Atena, eles mesmos derrubam as muralhas da cidade para trazer o cavalo para dentro. Os guerreiros gregos aproveitam a noite para sair da estátua e vencer o inimigo após um terrível massacre.

CÉRBERO

Este cão monstruoso é um dos guardiões do Hades, reino dos mortos. Ele proíbe que os vivos ali entrem, mas ele cuida sobretudo para que ninguém possa sair dali. É comumente representado com três cabeças, uma cauda em forma de serpente e incontáveis cabeças de serpentes que se erguem de suas costas (dependendo das versões, ele pode até mesmo apresentar cinquenta ou cem cabeças). Um dos doze trabalhos de Héracles será buscar Cérbero para trazê-lo de volta à terra.

CICLOPES

Os chamados ciclopes "uranianos", ou seja, nascidos da união de Urano e de Gaia, fazem parte da primeira geração divina. Caracterizados por seu único olho no meio da testa, eles também se distinguem por sua força e pela grande habilidade manual. São três: Brontes, Estérope e Arges, seus nomes designam o trovão, o relâmpago e o raio, atributos que oferecerão a Zeus como agradecimento por tê-los livrado das entranhas da terra onde seu irmão Cronos os havia trancado.

CIRCE

A poderosa feiticeira Circe, qualificada por Homero como "especialista em múltiplas drogas ou venenos", vive na Ilha de Eéa onde Ulisses desembarca depois de ter enfrentado uma vez mais as tempestades enviadas por Posêidon, a fim de impedir seu retorno a Ítaca. A feiticeira transforma os companheiros de Ulisses em porcos depois de fazê-los beber uma poção feita por ela. Graças à intervenção do deus Hermes, Ulisses obrigará Circe a devolver a seus companheiros a aparência humana. Seduzido pela feiticeira, ele ainda passará um ano com ela saboreando os prazeres da ilha.

CORNUCÓPIA DA ABUNDÂNCIA

Segundo a tradição mais difundida, enquanto o jovem Zeus brincava com sua babá, a cabra Amalteia, ele sem querer teria arrancado um de seus chifres, do qual escorreria um abundante e divino alimento feito de néctar e de ambrosia (esta última palavra designando etimologicamente "não mortais", *a-brotoi*). De acordo com outra versão do mito, esse chifre seria aquele que Héracles teria arrancado do deus-rio Aqueloo durante uma luta, ou ainda o chifre que este teria lhe oferecido em troca daquele que Héracles ter-lhe-ia arrancado. O fato é que esse chifre adquiriu a propriedade de se encher com todo alimento e bebida que se pudesse desejar, daí seu nome "cornucópia da abundância".

CREONTE

Creonte sentou-se interinamente no trono de Tebas quando da morte de Laio, pai de Édipo, depois cedeu seu lugar a Édipo, muito festejado depois de ter livrado a região da terrível Esfinge. Édipo casou-se com a viúva de Laio, Jocasta, a irmã de Creonte que este lhe ofereceu em casamento. É claro que assim como ignora que esse Laio que ele acaba de matar era seu pai, ele ignora também que Jocasta é sua mãe. Depois da morte dos filhos de Édipo, Etéocles e Polinice, Creonte retoma seu lugar no trono e decide, segundo as leis da cidade, dar uma sepultura adequada a Etéocles, sepultura que ele recusa a Polinice por causa da traição de que é culpado. A razão de Estado, as leis da cidade o opõem, portanto, à sua sobrinha Antígona – e à lei do coração e dos deuses que ela faz prevalecer. Por isso, podemos dizer que ambos defendem legitimidades iguais, o que confere toda sua dimensão trágica ao irredutível antagonismo dos dois.

DÂNAE

Um oráculo previra que a Princesa Dânae teria um filho e que este mataria seu avô. Por isso Acrísio, pai de Dânae, manda trancar sua filha junto com uma criada num porão subterrâneo forrado com placas de bronze a fim de ser bem hermético. Ora, Zeus, a quem nada escapa e que notou a extraordinária beleza da jovem, se sente atraído por ela, considerando-a perfeitamente adequada para lhe dar um filho, um futuro tenente. Ele então se metamorfoseia numa chuva dourada que vem se espalhar sobre o corpo de Dânae, enclausurada nas profundezas da masmorra. Zeus retoma em seguida sua forma humana e tranquiliza Dânae quanto ao seu destino. Alguns meses depois, e apesar das precauções tomadas pelo pai, Dânae dá à luz Perseu, filho de Zeus, cuja missão será matar a górgona Medusa. É claro que o oráculo se cumprirá e Perseu acabará, mas sem fazê-lo de propósito, matando seu avô Acrísio durante um concurso de lançamento de disco.

DÉDALO

Sucessivamente arquiteto, escultor, inventor genial, esse ateniense, membro da família real, é por assim dizer o "Professor Pardal" da mitologia grega. Quatro anedotas sobre a vida de Dédalo merecem atenção porque vão dar origem a uma mitologia muito rica. Primeira, é ele quem permitirá que Ariadne, uma das filhas de Minos, salve Teseu oferecendo-lhe o famoso novelo de linha que o ajudará a sair do Labirinto depois de ter matado o Minotauro: bastava prender o fio na entrada, desenrolá-lo, a fim de segui-lo novamente até encontrar a saída. Segunda anedota destinada a uma longa posteridade: para punir Dédalo por ter ajudado Teseu e Ariadne a fugirem juntos depois de Teseu ter matado o Minotauro, Minos então mandou trancá-lo no labirinto junto com seu filho, Ícaro. Para sair dessa situação, Dédalo fabricou para ele e para Ícaro asas de pássaros que ele fixou nas costas com cera. Mas, infelizmente, Ícaro voou muito perto do sol. A cera derreteu e ele caiu no mar onde se afogou. Terceira, Dédalo conseguiu escapar, mas Minos, enfurecido, inventou um ardil para encontrá-lo: ele prometeu uma boa recompensa a quem conseguisse passar um fio pelas espirais alambicadas de uma minúscula concha (uma metáfora do labirinto). Dédalo, que se refugiara na corte do Rei Cócalo, encontrou a solução. Ele amarrou um fio na perna de uma formiga, perfurou o topo da concha e untou o buraco com mel. Depois fez a formiga entrar na concha pela abertura principal. Atraída pelo cheiro do mel, ela deslizou ao longo das espirais até o buraco. Minos então não teve dúvida alguma: ele havia encontrado Dédalo. Por fim, devemos acrescentar que Dédalo não era realmente um bom sujeito, não era realmente um sábio. Não apenas ele sempre trai seu rei como também é um assassino, assassinou seu próprio sobrinho, pois é um ciumento doentio, e mesmo invejoso. Ele não suporta ninguém sendo mais astucioso do que ele. Ele tem uma oficina em Atenas. Um dia ele pega, segundo Diodoro da Sicília, que conta em detalhes essa anedota citada rapidamente por Apolodoro, como aprendiz seu sobrinho, um certo Talos. Infelizmente para ele, Talos é muito hábil. E também incrivelmente talentoso, ele até ameaça superar seu mestre quando inventa sozinho, sem a ajuda de Dédalo, a roda do oleiro – engenho muito útil com o qual são fabricados vasos, crateras, mas também tigelas, pratos, jarras etc. Além disso, para completar, Talos também inventa a serra metálica. Dédalo é ciumento a ponto de perder a cabeça, e isso o torna tão mau que, num acesso de ódio, mata seu jovem sobrinho (segundo Apolodoro, atirando-o do alto da Acrópole, uma das colinas de Atenas). Ele será julgado pelo tribunal que se chama *Areópago* desde que serviu, em outras circunstâncias às quais voltarei em outro momento, para julgar o deus da guerra, Ares. É por esse prestigioso tribunal, que o reconhece culpado, que Dédalo é condenado ao exílio em Creta. Lição de filosofia a ser aprendida com o personagem: ciência e sabedoria não são noções idênticas, assim como a inteligência e a moral. Você pode ser brilhante e ser um salafrário, um inventor genial e um crápula...

DEUCALIÃO E PIRRA

Deucalião, filho de Prometeu, casou-se com Pirra, filha de Epimeteu e de Pandora, e é sobre esse casal de justos que recai a escolha de Zeus, que decidiu preservá-los da terrível vingança que deseja infligir com o dilúvio a toda humanidade depois de ter constatado sua derrelição e sua queda na *hybris*. Tendo flutuado nas águas durante sete dias a bordo da arca que construíram e na qual levaram um casal de cada espécie animal, Deucalião e Pirra finalmente chegam à terra firme graças ao retorno da calmaria. É então que eles invocam Têmis, deusa da justiça, e imploram sua clemência. Ouvindo suas palavras, eles vão originar, lançando pedras por cima dos ombros sobre o chão, uma humanidade nova, sã e pura, reconciliada com ela mesma, com os deuses e com a ordem cósmica.

DIONISO

Ele é o mais estranho de todos os deuses do Olimpo. Filho de Zeus e da princesa tebana Sêmele, Dioniso é arrancado das entranhas de sua mãe enquanto ela está sendo consumida pelo fogo por ter desejado ver Zeus, absurdamente luminoso, em todo seu esplendor divino. Este então costura o feto em sua coxa para que a gestação chegue a termo, daí a origem da expressão: "Nascido da coxa de Júpiter". Dioniso é o deus da festa, do vinho, da embriaguez, da loucura, da natureza selvagem e de todas as perversões sexuais. Com seus olhos amendoados, sua tez de mestiço, ele é acima de tudo um ser de dissonância, de desarmonia, constantemente acompanhado por um cortejo, o tíaso, composto de mênades e de sátiros. Seu cetro é o tirso, uma lança encimada por uma pinha. Ele é, no coração do Olimpo, a encarnação da alteridade e da estranheza.

DIÓSCUROS

Castor e Pólux são filhos de Zeus, nascidos dos amores deste último com Leda, que ele consegue seduzir assumindo a aparência de um cisne. Ora, dizem que Leda uniu-se no mesmo dia com seu marido humano, de modo que teria havido dois pares de gêmeos que teriam nascido desses amores múltiplos: Pólux e Helena por um lado, depois Castor e Clitemnestra por outro. Os Dióscuros fazem parte da expedição dos argonautas e se tornarão especialmente célebres ao derrotar Âmico, rei dos brebices. De volta a Iolcos, eles ajudam Jason a devastar a cidade e a recuperar o trono depois de ter expulsado Acasto, filho de Pélias.

ÉDIPO

Todos conhecem, pelo menos em linhas gerais, a trama da história de Édipo tal qual nos foi legada por Sófocles nas três grandes tragédias: *Édipo rei*, *Édipo em Colono*, nome da cidade onde terminará sua vida, e *Antígona*:

Édipo é uma criança abandonada pelos pais quando era bebê e que, uma vez adulto, vai, segundo um oráculo anunciado no templo de Delfos, isto é, por Apolo, sem saber nem querer, matar seu pai, Laio, rei de Tebas, e se casar com sua mãe, Jocasta, com a qual terá duas filhas, Ismênia e Antígona, e dois filhos que vão se entrematar, Etéocles e Polinice. Seu nome vem da palavra *oidos* que significa inchado (e é encontrada, por exemplo, na palavra edema) e *pous*, pés – portanto "pés inchados", porque a criança foi pendurada pelos pés pelo criado encarregado de levá-la e abandoná-la na floresta onde será recolhida e salva pelos criados do rei de Corinto, Políbio, que irá criá-lo até a idade adulta. Desse mito, que fascinou os gregos e é um dos objetos privilegiados de sua reflexão sobre o trágico, a psicanálise quis extrair uma espécie de arquétipo universal, como se todos os meninos do mundo fossem um Édipo em potencial, como se o sucesso universal das tragédias gregas se explicasse pela universalidade do complexo afetivo que elas encenaram e trouxeram à luz. Como Vernant mostrou, a interpretação psicanalítica passou totalmente ao largo do problema que Sófocles queria levantar. Sua tese, com efeito, é que a tragédia grega faz parte, não de um complexo universal e intemporal, mas de uma história muito particular, de uma problemática política historicamente atestada: aquela que se refere à questão da responsabilidade humana no seio de uma cidade que começa a se organizar democraticamente. Racionalizando essa questão, esboçando uma tipologia das ações mais ou menos livres, a filosofia, especialmente a de Aristóteles, virá substituir a tragédia, pondo fim a esse gênero literário tão datado quanto específico da antiguidade grega.

ÉGIDE

Escondido por sua avó Gaia nas profundezas de uma caverna desde que era um bebê, Zeus foi alimentado com o leite da cabra Amalteia, cuja pele é considerada mágica, impossível de ser transpassada mesmo pelas armas mais afiadas. É essa pele, depois de sacrificado o animal, que Zeus usará como armadura, e especialmente para se proteger durante sua luta contra os titãs. Às vezes ele empresta essa égide. Por exemplo, Atena, na *Ilíada*, coloca essa pele mágica sobre Aquiles para protegê-lo dos inimigos antes que ele receba suas novas armas forjadas por Hefesto.

ENEIDA

"Canto as armas e o herói que, expulso pelo destino das bordas de Troia, primeiro chegou à Itália, às margens de Lavinium." São essas palavras que iniciam a *Eneida* de Virgílio (70 a.C. – 19 a.C.). Grande admirador de Homero, ele dedicou seu poema ao herói troiano Eneias. A estrutura da *Eneida*, em duas partes – a primeira narrando a fuga de Eneias no fim do cerco de Troia, e a segunda narrando suas batalhas que culminam com a fundação de Roma – lembra as da *Odisseia* e da *Ilíada*. O Canto II da *Eneida* narra a tomada de Troia e se inicia com o episódio do famoso cavalo de madeira.

ÉQUIDNA

Monstro cujo corpo de mulher termina por uma cauda de serpente, Équidna, como Tifão, é um desses seres caóticos que ameaçam a harmonia do cosmos. De acordo com as diferentes versões, ela seria filha de filhos de Ponto e de Gaia, ou ainda descenderia diretamente de Gaia e de Tártaro. Seja como for, essa mulher-víbora engendra com Tifão um certo número de filhos não menos monstruosos do que seus pais, por exemplo, entre tantos outros, Cérbero, o cão dos infernos, a hidra de Lerna ou mesmo a Quimera...

ESCUDO DE AQUILES

O Canto XVIII da *Ilíada* descreve em detalhes a fabricação das armas que Tétis pediu a Hefesto para entregá-las ao filho, Aquiles, para que "todos fiquem maravilhados" quando o destino o atingir. O escudo que sairá das mãos do deus coxo é verdadeiramente espetacular, representando homens, animais e vegetais, cenas de guerra e de paz, num cenário urbano ou agrícola, o conjunto reproduzindo todo o cosmos. Esta *ekphrasis*, descrição precisa e detalhada, continua sendo uma das mais famosas de uma obra de arte.

ESFINGE

Esse animal monstruoso, ressurgência das forças caóticas das origens, é na verdade um ser feminino que tem o corpo de um leão alado, mas a cabeça e o peito de uma mulher. Ele (ou ela) devasta a região de Tebas e faz reinar o terror ao propor sistematicamente a todos os jovens da cidade um enigma que os condena à morte quando não conseguem encontrar a solução. Por ter respondido corretamente "o homem" à famosa pergunta: "Qual é o animal que de manhã tem quatro pés, ao meio-dia tem dois e à noite tem três, e que, contrariamente à lei geral, é tanto mais fraco quando mais pés tem?", e assim ter causado a morte da Esfinge, que se jogou do alto das muralhas de Tebas, Édipo se vê honrado pelos habitantes da cidade e se casa com a jovem rainha, que acaba de se tornar viúva, Jocasta, que não é outra que sua mãe.

EPÍGONOS

Filhos dos sete chefes que participaram da primeira expedição contra a cidade de Tebas e durante a qual os filhos de Édipo, Etéocles e Polinice, opostos um ao outro, encontraram a morte, os epígonos querem vingar a morte de seus pais e pegam em armas durante uma segunda expedição que, desta vez, conhecerá o sucesso desejado e os levará à tomada de Tebas e à sua destruição.

EPIMETEU

Filho do titã Jápeto, Epimeteu é irmão de Prometeu e de Atlas. Seu nome significa "aquele que pensa depois do ocorrido". Bem menos inteligente do que seu irmão ("Pro-meteu" = aquele que pensa antes, que está, como no xadrez, um passo à frente de seus adversários), Epimeteu acaba aceitando, apesar dos avisos de Prometeu, o presente oferecido pelo deuses do Olimpo. A saber, Pandora, a deslumbrante jovem que Hermes leva até ele acompanhada da famosa caixa de onde sairão em breve os males que se abaterão sobre a humanidade para puni-la por ter recebido o fogo e as artes da mão de Prometeu e assim ser capaz de pecar por *hybris*, de ameaçar a ordem cósmica instaurada por Zeus.

ERÍNIAS

Nascidas das gotas de sangue que escorrem do sexo de Urano cortado por seu filho Cronos e que caem sobre Gaia, a terra, as erínias – são três segundo Virgílio: Alecto, Tisífone e Megera – são deusas da vingança. Elas geralmente intervêm quando um erro grave foi cometido no círculo familiar, o que remete às circunstâncias dramáticas de seu nascimento após a castração de Urano. São elas, por exemplo, que se encarregarão de levar o desafortunado Édipo para os infernos. Dotadas de asas imensas, de uma cabeleira feita de serpentes, o sangue escorre constantemente de suas bocas e garras afiadas lhes permitem agarrar suas vítimas para levá-las ao Hades sem que possam escapar. Elas são tão temidas que, por antífrase, para não provocar sua ira, elas também são chamadas de "eumênides", de "benevolentes".

GIGANTES

Os gigantes são seres aterrorizantes, de uma força comparável à das primeiras divindades caóticas, titãs e cem-braços. Como as erínias, eles nasceram da castração de Urano, do sangue do Céu que caiu sobre Gaia. Emergiram da terra, já totalmente armados e com elmos, resolutamente dedicados à violência e à guerra. Hesíodo não diz muito mais sobre eles, mas outros relatos narram sua revolta contra os deuses e a terrível batalha que se seguiu, a gigantomaquia, da qual Héracles participou para ajudar os deuses.

GIGANTOMAQUIA

A gigantomaquia é o nome do impiedoso combate que vai opor os gigantes aos olímpios. Seres intermediários entre os deuses e os homens, os gigantes decidiram conquistar o Olimpo empilhando montanhas umas sobre as outras para chegar ao seu cume. Eles possuem a particularidade de serem a um só tempo mortais e imortais: imortais assim que podem tocar o chão ou comer uma erva cultivada por sua mãe, Gaia; ou mortais se forem mortos ao mesmo tempo por um deus e por um mortal ou por um semideus, o que explica por que Héracles veio ajudar os olímpios a exterminá-los durante a gigantomaquia.

GILGAMESH

Supõe-se que Gilgamesh, ao contrário dos grandes heróis gregos como Ulisses, Héracles ou mesmo Jasão, seja um personagem real, um dos grandes reis da cidade de Uruk, hoje situada no Iraque. A epopeia que leva seu nome é a primeira obra literária escrita na história. Sua primeira versão foi redigida na língua suméria por volta do século XVIII a.C. A epopeia narra a amizade entre Gilgamesh e seu alter ego, Enkidu, que está prestes a morrer. Gilgamesh, recusando a insuportável irreversibilidade da morte, decide partir em busca da imortalidade indo ao encontro daquele que sobreviveu ao dilúvio, Utanapishti, esperando que ele saiba lhe mostrar o caminho. Gilgamesh terá de encarar os fatos: todo homem é mortal e é preciso aceitar com lucidez essa condição da qual ninguém pode escapar.

GÓRGONAS

As três górgonas, Esteno, Euríale e Medusa, fazem parte da primeira geração dos deuses, o que as torna divindades essencialmente voltadas para o caos, para a guerra e para a violência. Como um dia declararam que eram mais belas do que Atena, a deusa as puniu por sua *hybris* transformando as três irmãs, que inicialmente eram deslumbrantes, em monstros hediondos. Ostentando, entre outras coisas, uma enorme cabeça redonda, presas de javali, uma língua de porco não retrátil, mãos de bronze, asas metálicas e serpentes à guisa de cabelos, o olhar delas petrifica, literalmente, transforma em estátua de pedra quem tem a infelicidade de cruzá-lo. Elas simbolizam a impossibilidade de encarar a morte de frente. Dessas três górgonas, apenas Medusa era mortal, e foi Perseu que, com a ajuda de Atena e de Hermes, conseguiu matá-la.

GREIAS

As greias são irmãs das górgonas, também nascidas das divindades marinhas Fórcis e Ceto. Elas têm a estranha característica de nascerem velhas e de terem para as três apenas um único dente e um único olho que emprestam uma à outra. Sob a aparência de boas velhinhas, são monstros, ogras que devoram de bom grado os jovens. Tendo se apoderado de seus dois atributos indispensáveis, o olho e o dente, Perseu só os devolverá em troca de uma informação que lhe é indispensável: o lugar onde estão as ninfas, pois estas são as únicas que conhecem a caverna onde vivem as górgonas.

HARPIAS/FÚRIAS

As harpias eram gênios alados, com cabeça de mulher e corpo de pássaro, dotadas de garras poderosas e afiadas, capazes de carregar criancinhas pelos ares. Chamavam-se "Borrasca", "Rápida no voo" e "Obscuridade", como o céu tempestuoso. Elas são o que os latinos mais tarde chamarão de "fúrias". Filhas de Taumante e de Electra, uma oceânida (filha do titã Okéanos), elas pertencem à geração das divindades pré-olímpias. São, portanto, seres caóticos e suas pavorosas missões na terra são afetadas por isso: são raptoras de crianças, mas também raptoras das almas – este é o sentido do nome, *arpuiai*, em grego: as raptoras. Nós as conhecemos sobretudo por um famoso episódio que pertence à mitologia de Jasão e dos argonautas: trata-se do momento muito singular de sua viagem em busca do Velo de Ouro quando são forçados a parar na ilha ocupada por um infeliz velho, Fineu, que é permanentemente perseguido pelas harpias.

HECATÔNQUIROS ou CEM-BRAÇOS

Também nascidos da união de Gaia e de Urano, os hecatônquiros (literalmente: os "cem-braços") são os seres mais poderosos e mais monstruosos de toda a descendência. Com cinquenta cabeças e cem braços, Coto, Briareu e Giges serão preciosos aliados de Zeus e dos olímpios na luta contra os titãs.

HEFESTO

É a versão grega do Vulcano dos latinos, o deus das forjas e dos ferreiros, dos fogos e dos metais fundidos, cujas oficinas, situadas sob as montanhas, que por essa razão são chamadas de vulcões, cospem gigantescas labaredas, fumaças pretas e diversas erupções de lava jorradas dos subsolos da terra em fusão. É Hefesto, filho de Zeus e de Hera, que fabrica as armas de seu pai com a ajuda dos três ciclopes cujos nomes já deixam claro para que servem, pois são chamados de raio, de relâmpago e de trovão. É também Vulcano que fabrica os grilhões usados para acorrentar Prometeu ao Cáucaso, foi ele também que confeccionou os ornamentos e as joias de Pandora, a primeira mulher, o cetro de Agamêmnon, a coroa de Ariadne ou as armas de Aquiles, em particular seu escudo adornado com motivos de uma complexidade, de uma delicadeza e de uma beleza inimagináveis. Hefesto, embora o único dos deuses que não é fisicamente perfeito (ele é coxo porque seu pai o jogou do alto do Olimpo e ele se estatelou na Ilha de Lemnos), é casado com a mais bela das deusas, Afrodite, que logo o engana com Ares, deus da guerra. Foi em italiano que pela primeira vez as montanhas incandescentes tomaram muito naturalmente o nome de Vulcano, que mais tarde se tornou Volcano, mas foi no século XIV que a palavra passou para o francês na forma Vulcan, nome próprio designando primeiro o Etna nas *Viagens* do explorador e geógrafo Jehan de Mandeville. Tendo se tornado comum em 1598 na forma de *volcan*, a palavra se aplica primeiramente só aos vulcões realmente conhecidos na época: os do mundo mediterrâneo, Vesúvio, Etna, Stromboli etc. O deus dará também seu nome a uma pequena borboleta vermelha e preta (da família das vanessa) e às *vulcanales*, festas organizadas no século XVIII em sua homenagem. Hefesto simboliza o valor do trabalho, a valorização sob forma de divindade da habilidade artesanal e artística, e, nesse campo, ele não tem equivalente. Ele é, portanto, o representante de um valor que hoje está desaparecendo, um valor que encontrava seu lugar na parábola dos talentos do Evangelho de Mateus, mas que a redução da jornada de trabalho e a ideia de uma renda mínima universal tentam abandonar...

HÉRACLES

Héracles é fruto dos amores de Zeus e de uma mortal, Alcmena. Ele é sem dúvida o herói grego mais famoso por sua força lendária, por suas façanhas fabulosas e por seu senso de justiça. Existem muitas variantes contando a história de sua vida, mas apenas em alguns pontos, neste caso três, esses diferentes textos convergem e mesmo assim somente de maneira muito aproximada: seu nascimento, seus famosos "doze trabalhos" e finalmente sua morte, precedendo sua "apoteose", sua passagem do estatuto de ser humano ao de imortal. Seu primeiro nome, Alceu, significa "o forte", enquanto seu segundo nome, "Héracles", significa "a glória de Hera": é ela, com efeito, quem lhe impõe a realização para sua glória dos famosos "doze trabalhos", tendo a secreta esperança de que essa criança nascida dos amores de Zeus com outra seria morta durante uma ou outra dessas provações.

HERMES

Filho de Zeus e da ninfa Maia, Hermes é o mensageiro de Zeus, seu intermediário em todos os sentidos da palavra (ele também é o deus dos jornalistas, bem como dos comerciantes e dos ladrões). Interpretando as ordens de Zeus, ele deu aliás seu nome à "hermenêutica", a ciência da interpretação dos textos. Hermes demonstrara uma prodigiosa precocidade, no próprio dia de seu nascimento, ao inventar a lira – instrumento que ele fabricara com o casco de uma tartaruga e com as tripas de uma vaca – e ao roubar os bois de seu irmão Apolo. Zeus sempre pode contar com sua engenhosidade e sua lealdade, por exemplo para derrotar Argos, o guardião de cem olhos responsável por vigiar Io, a jovem sacerdotisa de Hera pela qual o rei dos deuses se apaixonara. Hermes, o Mensageiro, cumprirá sua tarefa tornando-se o "matador de Argos", expressão que a mitologia frequentemente usa para designá-lo.

HIDRA DE LERNA

Gerada por Tifão e Équidna, a hidra de Lerna nada tem de uma hidra ordinária. Na verdade, é um monstro, geralmente descrito como tendo nove cabeças – mas de acordo com as diferentes versões do mito, esse número pode variar de cinco até cem cabeças – que têm a particularidade de voltar a crescer assim que cortadas. A hidra, criada segundo Hesíodo pela própria Hera para colocar Héracles à prova no momento apropriado, semeia o terror em todo o país e mata tudo o que passa perto dela. Ajudado por seu sobrinho Iolau, Héracles vence a provação e consegue matar a hidra queimando as feridas feitas quando uma das cabeças é cortada, as carnes não podendo crescer novamente. Héracles mergulhará suas flechas no sangue peçonhento da hidra, o que as tornas irremediavelmente mortais.

HORAS

As horas, filhas de Zeus e de Têmis, são também irmãs das moiras. Originalmente, elas são três – Diké, Eunômia e Irene, ou seja, Justiça, Retidão e Paz – mas logo serão quatro, depois dez e finalmente doze. Elas personificam as estações do ano e, mais tarde, vão encarnar as horas do dia. São divindades da natureza que presidem o ciclo da vegetação. São ao mesmo tempo belas, sábias e generosas. Muitas vezes acompanhadas pelas graças, também são representadas em atitudes muito graciosas uma vez que encarnam a harmonia do cosmos. Homero diz que elas guardam os portões do Olimpo.

IDADE DE OURO

O mito da idade de ouro é contado pela primeira vez por Hesíodo em *Os trabalhos e os dias*. Trata-se da época abençoada em que os homens nasciam, não das mulheres, mas da terra; em que não conheciam nem o trabalho árduo, nem a doença, nem os males associados à velhice, pois a natureza generosa lhes oferecia sem esforço tudo do que precisavam para viver. Naquela época abençoada, a morte lhes era quase doce, desprovida de sofrimentos ou de angústias, pois ela os apanhava durante o sono sem que eles sequer percebessem. Por causa de Prometeu e do aparecimento de Pandora, a primeira mulher, os homens vão deixar essa idade de ouro que será seguida por quatro períodos de declínio mais ou menos acentuado: a idade de prata, a idade de bronze, a idade dos heróis e, por fim, a idade de ferro, a da humanidade atual, que marca o ápice da derrelição.

INFERNOS

Os infernos, ou ainda "Hades" – do nome do deus, irmão de Zeus, que governa esse reino com sua esposa Perséfone, filha de Deméter e de Zeus – são o lugar sombrio e cheio de mofo para onde as almas vão após a morte. Elas permanecem ali sob a forma de sombras transparentes, despersonalizadas, um anonimato assustador que caracteriza a morte aos olhos dos gregos. Numa passagem da *Odisseia*, livro XI, também chamada "Nékuia", Homero descreve esse lugar sinistro aonde Ulisses deve ir para interrogar o vidente Tirésias. A visão desse lugar atravessado por quatro rios mortais, desse povo indistinto, dessas sombras murmurantes que não é possível identificar nem compreender, é para Ulisses um espetáculo aterrador. É particularmente para escapar desse anonimato que os heróis gregos perseguem uma glória da qual esperam que, de alguma forma, os torne imortais, nem que seja apenas na memória dos vivos.

ÍTACA

Ítaca é a cidade da qual Ulisses se torna rei depois de seu pai, Laertes. Quando Homero evoca o reino de Ulisses, ele fala de quatro ilhas correspondentes ao atual arquipélago das Ilhas Jônicas situadas na costa ocidental da Grécia. Ulisses deixa Ítaca no início da Guerra de Troia e levará vinte anos para lá retornar.

JARDIM DAS HESPÉRIDES

Na mitologia grega, as hespérides são as ninfas do Poente, uma região situada a oeste e permanentemente mergulhada nas trevas. Filhas de Nix, a Noite, têm como missão zelar pelos pomos de ouro do fabuloso jardim sobre o qual elas estabeleceram seu reinado. Hera confiou-lhes essa tarefa para a qual contam também com uma ajuda, a do dragão Ládon. É desse jardim encantado que vem o sublime pomo de ouro lançado por Éris, deusa da discórdia, durante o banquete dado por Zeus no Monte Pélion em homenagem ao casamento de Tétis e de Peleu.

JASÃO

Jasão foi criado pelo centauro Quíron, o sábio que também cuidara da educação do glorioso Aquiles. Quando Jasão atingiu a idade adulta, Quíron lhe revelou a identidade de seu verdadeiro pai, que não era outro senão Esão, o legítimo rei de Iolcos, expulso vergonhosamente do trono por seu irmão Pélias. Jasão é um desses heróis que lutam contra as forças ressurgentes do caos original, mas ele acrescenta a essa dimensão o desejo de também lutar para reparar uma injustiça, cometida aqui não apenas contra os homens (Pélias tomou o poder que pertencia ao irmão), mas também contra os deuses (o mesmo Pélias cometeu um assassinato dentro do templo de Hera e proibiu o culto dessa deusa em sua cidade). Ao trazer de volta o Velo de Ouro para Pélias é que Jasão, ajudado pelos argonautas, pretende restabelecer a justiça e cumprir sua vingança.

JOGOS FÚNEBRES

Os jogos fúnebres foram organizados para celebrar um herói morto em combate. Esses jogos começavam após o funeral e podiam durar dez dias. Havia provas como corridas de carros, corridas a pé, duelos com armas (hoplomaquia), lançamento de disco, lançamento de dardo ou ainda tiro com arco. Esses jogos, descritos principalmente no Canto XXIII da *Ilíada*, constituem, juntamente com as Panateneias e os Jogos Olímpicos, um dos testemunhos mais antigos sobre o esporte na Antiguidade.

LAIO

Bisneto de Cadmo, fundador de Tebas, Laio é obrigado a fugir da cidade, que caiu nas mãos dos inimigos, e se refugia na casa de Pélops, que o acolhe amigavelmente. Mas Laio se apaixona pelo filho de Pélops, o jovem Crísipo, que, horrorizado, se suicida. Pélops, enlouquecido de dor, apela então aos deuses, pedindo-lhes que, se algum dia Laio tiver um filho, este mate o pai e que a cidade de Tebas também seja destruída. Aqui está a origem do destino inelutável que vai se abater sobre os descendentes de Laio, começando pelo primeiro deles, Édipo, assim como sobre a cidade de Tebas. O que aconteceu para que seu nome, uma vez latinizado como "laïus", se torne sinônimo de um discurso vazio e soporífero? Existem duas versões do caso. De acordo com a primeira, adotada em particular pelo dicionário Petit Robert, foi em 1804 que os candidatos ao exame de admissão para a Escola Politécnica foram convidados a desenvolver o seguinte tema: "Imaginem o discurso de Laio para seu filho Édipo". Pouco ou mal-inspirados, os infelizes candidatos preencheram suas folhas de papel da melhor maneira possível. Encheram linguiça a ponto de o resultado, de uma vacuidade budista, acabar significando, na gíria dos politécnicos, depois na dos outros estudantes, um discurso completamente vazio. Ela acabou sendo aceita no dicionário como sinônimo de "discurso verboso". Em 1891, foi até forjado o coloquial *laïusser*, para "discorrer, palavrear". Segundo outras fontes, foi muito mais nos concursos reservados aos advogados que o tema teria dado origem a discursos mais ou menos inúteis, para não dizer prolixos. Seja como for, essas duas origens convergem na ideia de que um *laïus* é um palavreado vazio e desprovido de interesse.

LESTRIGÕES

Ao sabor da navegação, e como uma vez mais eles estão totalmente perdidos, Ulisses e seus companheiros chegam a Telépilo, o país dos lestrigões. Eles logo percebem que esses gigantes não são honrados "comedores de pão", mas na verdade monstros canibais. Fugindo o mais rápido possível, eles tentam retornar aos navios, que serão todos destruídos, destroçados por rochas, menos o de Ulisses que conseguirá escapar junto com sua tripulação.

LICÁON

Rei da Arcádia, Licáon decide testar o hóspede que recebe sob seu teto, a fim de verificar se ele é ou não um verdadeiro deus. Pagará caro por isso, pois o hóspede em questão não é outro senão Zeus, que decidiu descer do Olimpo para ver por si mesmo a impiedade dos mortais. Quando ele percebe que Licáon tenta fazê-lo consumir carne humana para testar sua onisciência, ele imediatamente fulmina seu palácio e transforma Licáon num lobisomem. É então que Zeus decide punir a humanidade simplesmente fazendo-a desaparecer. Ele primeiro pensa em destruí-la pelo fogo, mas muda de ideia e decide finalmente fazê-lo pela água, concedendo a vida salva a um casal de justos, Deucalião e Pirra, graças aos quais uma reconciliação da humanidade com a terra, Gaia, será possível. Esta é a versão grega do mito do dilúvio, um relato que é em grande parte, como o da Bíblia, emprestado de uma matriz comum, a *Epopeia de Gilgamesh*.

LICURGO

Licurgo, rei da Trácia, está determinado a não deixar Dioniso entrar em sua casa, nem o terrível cortejo que o acompanha. Ele tenta prender o deus e sua comitiva. E paga bem caro por isso, pois Dioniso não só consegue libertar-se sem a menor dificuldade de suas amarras, mas, ofendido por não ter sido recebido e venerado como convém a um deus, vinga-se de uma maneira terrível: lança um feitiço em Licurgo que, enlouquecido, mata o filho e, confundindo a própria perna com uma videira a ser cortada, mutila-se de maneira atroz antes de morrer, condenado pelos aldeões a ser esquartejado por cavalos. As vinganças de Dioniso são sempre pavorosas.

LIRA

A lira foi dada a Apolo por seu irmão, Hermes, para ser perdoado pelo roubo de seus bois sagrados. Fabricada com uma carapaça de tartaruga e as cordas com as tripas de vaca, a lira tem como principal característica ser um instrumento harmonioso, ao contrário da flauta de Pã que pertence ao cortejo de Dioniso. É possível extrair acordes dela, pois as notas estão afinadas. A música da lira é "cósmica", civilizada, ao contrário da siringe ou do aulos, que produz apenas um som de cada vez, raramente afinado. Ela simboliza o mundo de Apolo, a harmonia cósmica, enquanto as flautas representam o de Dioniso, caótico, selvagem e sensual.

LOTÓFAGOS

Ulisses e seus homens chegam exaustos a uma ilha onde os habitantes parecem muito hospitaleiros. Mas seu principal alimento, uma planta lendária chamada "lótus" (daí o nome "Lotófagos", literalmente: aqueles que comem lótus), tem a propriedade de tornar totalmente amnésico. Ulisses deve reembarcar seus homens à força para escapar desse terrível perigo do esquecimento, uma ameaça que ele enfrentará inúmeras vezes durante seu périplo.

MEDEIA

Neta de Hélio, deus do sol, a feiticeira Medeia é também sobrinha de Circe, aquela outra feiticeira que, graças aos seus poderes maléficos, havia transformado os companheiros de Ulisses em porcos e retido o herói por mais de um ano em sua ilha. Medeia é um ser temível, como testemunham os vários eventos que marcarão sua união com Jasão. Depois de ser abandonada por ele, ela degolará seus próprios filhos e então fugirá para Atenas, onde se casa com Egeu. Ali ela fez tudo o que estava ao seu alcance para assassinar Teseu, mas Egeu acabou compreendendo que o jovem herói não era outro senão seu filho e condenou Medeia ao exílio.

MEDUSA

Das três górgonas, Medusa é a única que é mortal e é ela quem Perseu terá de enfrentar. Para cumprir essa tarefa sobre-humana ele recebe o apoio de Atena e de Hermes que o presenteiam com um elmo de Hades, que torna invisível, um alforje para colocar a cabeça da górgona uma vez morta, sandálias aladas que permitem voar e uma foice capaz de cortar até os metais mais duros, o pescoço da Medusa sendo coberto com escamas impenetráveis. É também graças ao escudo perfeitamente polido de Atena que Perseu poderá vencer a Medusa. Para evitar seu olhar que transforma em estátua de pedra, Perseu o usa como um espelho no qual se reflete a górgona, o que lhe permitirá cortar a cabeça dela sem ser petrificado, uma cabeça que Atena incrustará nesse escudo, a égide, emprestada por seu pai.

MÉTIS

Deusa da inteligência e da astúcia, Métis é filha de Okéanos e de Tétis. Ela é a primeira esposa de Zeus ao qual traz uma ajuda preciosa fornecendo-lhe o vomitório que obriga Cronos a cuspir todos os seus filhos, irmãos e irmãs de Zeus, que engolira por medo de que se revoltassem contra ele. Métis, por sua vez, será engolida por Zeus, que teme que ela dê à luz um menino que tomaria seu lugar. Agora dotado de um trunfo crucial, a inteligência, ele poderá vencer sua luta contra os titãs.

MIDAS

Midas, rei da Frígia, é um ser de uma rara estupidez acompanhada de uma cupidez, que vai lhe pregar uma peça. É assim que ele pretende se beneficiar do serviço que prestou a Sileno, pai adotivo de Dioniso, perdido após libações excessivas, e que ele leva de volta ao deus da festa. Este último, para agradecê-lo por trazer Sileno de volta, propõe-lhe atender um de seus desejos. Midas então pede que ele seja capaz de transformar tudo o que toca em ouro. Só depois Midas entenderá os efeitos perversos, desastrosos do desejo em questão. Mais tarde, Midas cometerá outra bobagem, a de tomar o partido de Pã durante um concurso musical que o opõe a Apolo. Para punir Midas, Apolo, na justa proporção do crime cometido, o atormentará com orelhas de asno...

MINOTAURO

O Minotauro é um monstro com corpo de homem e cabeça de touro, nascido dos amores contra a natureza de Pasífae, esposa de Minos, rei de Creta, com um touro que Posêidon fizera surgir das ondas para ajudar Minos a tornar-se rei. Como este último não cumpriu a promessa que fizera ao deus de sacrificar em seguida o animal, Posêidon se vingou fazendo sua esposa se apaixonar pelo touro... O Minotauro nasceu desses amores, depois foi trancado num labirinto construído a pedido de Minos por Dédalo. Era ali que lhe ofereciam como pasto, de nove em nove anos, sete moças e sete rapazes, pelo menos até a intervenção de Teseu...

MIRMIDÕES

Os mirmidões são o povo da Tessália sobre o qual Aquiles reina. Seu ancestral homônimo é Mirmidão, filho de Zeus e de Eurimedusa, princesa de Fítia. Os mirmidões eram conhecidos por serem soldados de uma coragem e de uma bravura incomparáveis, capazes de sozinhos mudar o rumo de uma batalha. Em uníssono com seu chefe, eles param de combater quando Aquiles se retira para sua tenda e a presença deles faz muita falta aos gregos, até o momento em que eles retomam a luta para apoiar Pátroclo e depois vingar sua morte.

MOIRAS

Filhas de Zeus e de Têmis, deusa da justiça, as moiras (cujo nome evoca o destino, *moira*) são divindades que regulam o tempo de vida dos homens. Cloto, a "fiadora", Láquesis, o "destino", e Átropos, a "inflexível", fazem-no com a ajuda de um fio que a primeira fia, a segunda enrola e a última corta. As moiras residem nos infernos, não muito longe de Hades, cujo reino elas ajudam a povoar.

MUSAS

Filhas de Zeus e da titânida Mnemósina, as nove musas são fruto das nove noites de amor que Zeus passou com sua tia. Divindades da música e das artes, elas também são mestras da fala harmoniosa, pacífica e justa – daí o famoso ditado de que a música abranda os costumes. Quando elas se expressam, dizem coisas que abrandam os conflitos e acalmam os ânimos acalorados. Existem, segundo as diferentes versões de seus mitos, dois grupos de musas: as da Trácia, dedicadas a Dioniso, a uma música caótica, rouca, selvagem e sensual, a da flauta de Pã; e as da Beócia, dedicadas a Apolo, cuja música que emana da lira é suave, harmoniosa e cósmica.

NEREIDAS

Filhas de Nereu, um dos mais antigos deuses do mar, as nereidas são divindades marinhas. Vivem no fundo do mar, no palácio de seu pai onde cada uma delas se senta num trono de ouro. São cinquenta e todas de grande beleza. Elas são na maioria das vezes representadas carregadas por golfinhos ou por cavalos-marinhos. Algumas são mais conhecidas do que outras, como Tétis, mãe de Aquiles, Anfítrite, esposa de Posêidon, ou Galateia, pela qual o ciclope Polifemo se apaixonou.

NESSO

O centauro Nesso, meio-homem e meio-cavalo, estabeleceu-se ao lado do Rio Eveno onde exerce a função de barqueiro. Quando Héracles aparece com sua esposa, Dejanira, para ajudá-la a atravessar o rio, Nesso tenta violá-la, mas Héracles intervém e mata o centauro atirando uma flecha mergulhada no sangue peçonhento da hidra. Antes de morrer, Nesso tem tempo para convencer a jovem a se servir desse sangue envenenado como se fosse um sortilégio, caso Héracles um dia prefira outra mulher a ela. Essa maldita recomendação será fatal para Héracles no dia em que Dejanira, ciumenta, lhe enviar uma túnica na qual espalhou o sangue de Nesso...

NINFAS

Divindades secundárias, as ninfas são sempre representadas como moças encantadoras que, personificando vários elementos da natureza, podem assumir a aparência deles. Existem ninfas de todos os tipos: as dríades estão mais particularmente ligadas aos carvalhos, as melíades aos freixos, as náiades às nascentes, as oréades às montanhas, as ninfas do jardim das Hespérides à árvore mágica onde crescem os pomos de ouro etc.

OLIMPO

O Monte Olimpo é a montanha mais alta da Grécia, cujo cume, na maioria das vezes invisível, oculto por nuvens ou sob a neve, está a 2.900 metros. Os antigos fizeram dela o habitat dos deuses, liderados por Zeus, um lugar de onde podem tranquilamente contemplar o mundo. Ao abrigo das intempéries, eles vivem ali na mais perfeita felicidade, interferindo de vez em quando, por lazer, nos destinos dos homens. O número dos olímpios varia de acordo com os autores entre doze e quatorze. São eles: Zeus, Hera, Posêidon, Ares, Hefesto, Atena, Apolo, Ártemis, Hermes, Hades, Deméter, Héstia, Afrodite e Dioniso.

PÃ (OU EGIPÃ)

Pã ou Egipã (seu outro nome de acordo com as diferentes versões dos mitos) é geralmente apresentado como um dos filhos de Hermes. É conhecido como o deus dos bosques, dos pastores e dos rebanhos. Ele também seria o inventor de uma flauta confeccionada com sete juncos, flauta que ele chamou de "siringe", do nome da ninfa pela qual se apaixonara, mas que se transformou em junco para escapar de seus avanços. Pã, com seus dois chifres na cabeça e um corpo peludo que termina em pés de bode, muitas vezes provoca "pânico" nas ninfas que ele persegue.

PACTOLO

Dioniso, depois de concordar em livrar Midas do dom fatal, o "toque de ouro", que ele lhe concedera – o poder de transformar em ouro tudo o que ele tocasse –, recomendou-lhe que fosse se lavar nas águas do Pactolo. Esse rio da Ásia Menor, que desde então supostamente carreia pepitas de ouro, tornou-se um símbolo de riqueza. Daí a expressão "Tocar o Pactolo".

PANDORA

As versões diferem segundo os autores, mas nelas Pandora sempre aparece como fruto da vingança de Zeus contra os homens que receberam o fogo e as artes das mãos de Prometeu. Criatura sublime moldada por Hefesto por ordem de Zeus, depois recebeu todas as qualidades (todos os dons) ofertadas pelos outros deuses (daí seu nome, que pode significar tanto "aquela que tem todos os dons" quanto "aquela que é dada por todos"), menos por Hermes, que lhe concede apenas a arte da astúcia, da mentira e do engano. Pandora, depois de ser entregue por Zeus a Epimeteu, abrirá a famosa caixa de onde escaparão os males que trarão desgraças e calamidades aos humanos, pondo fim à idade de ouro que conheciam até então.

PÉGASO

Pégaso é o cavalo divino que sai do pescoço da górgona Medusa quando Perseu o corta. Esse magnífico cavalo branco, com asas prodigiosas, é uma das criaturas mais extraordinárias da mitologia grega. Após seu nascimento, Pégaso se coloca a serviço de Zeus, que o encarrega de levar seu raio, mas ele também aparece em inúmeras lendas, especialmente na de Belerofonte que, ajudado por Atena, consegue dominar o cavalo e combater a Quimera, bem como as amazonas. Vítima de seu orgulho ao tentar alcançar o Olimpo, Belerofonte encontrará a morte caindo de seu corcel. Pégaso, entretanto, será finalmente transformado numa constelação por Zeus.

PENTEU

Penteu, jovem rei de Tebas sucessor de Cadmo, seu avô, é primo-irmão de Dioniso, pois suas mães, Agave e Sêmele, são irmãs. Mas essa relação próxima não impedirá Dioniso de submetê-lo a um fim atroz. Penteu, com efeito, mandou prender as mulheres de sua cidade, enlouquecidas por Dioniso; mas um pretenso sacerdote de Dioniso, que na realidade não passa do próprio deus que se disfarçou, propõe-lhe que vá até a montanha para observar o comportamento do cortejo seguido pelas outras mulheres, incluindo sua própria mãe, Agave. Penteu não sobreviverá a esse convite dissimulado. As bacantes, sob a conduta de Agave, descobrem o rapaz e, enlouquecidas, o retalham vivo, Agave encarrega-se de arrancar a cabeça de seu filho e levá-la espetada na ponta de sua lança.

PERSEU

Como Héracles ou Teseu, Perseu é um desses heróis gregos cuja vida não tem outra finalidade senão manter a ordem cósmica harmoniosa estabelecida por Zeus. Esse equilíbrio precário supõe uma luta permanente contra a ressurgência das forças do caos. Esta é a razão pela qual Zeus se une à bela Dânae para conceber um tenente que possa ajudá-lo na terra. É assim que Perseu é levado a combater a górgona Medusa com poderes maléficos. Ajudado nessa tarefa perigosa por Atena e por Hermes, Perseu conseguirá matar Medusa. Ele então se casa com a bela Andrômeda, cuja vida ameaçada por um monstro marinho ele salvou. Como agradecimento por sua coragem e pelos serviços insignes prestados, Zeus atribuiu a Perseu, na abóbada celeste, uma constelação desenhando os contornos de seu rosto.

PÍTIA

Após sua vitória sobre Píton, monstro que aterrorizava os habitantes de Delfos, Apolo estabeleceu seu santuário nessa cidade onde se encarregou de prever o futuro para os deuses e para os homens. Ele faz isso por meio de uma sacerdotisa, a Pítia, cujo nome lembra o do monstro vencido. Sentada num tripé consagrado, a Pítia fala em nome do deus e entrega seus oráculos. As falas que ela pronuncia são geralmente difíceis de interpretar, porque, para aquele que vem consultá-la, ela só revela seu destino de maneira enigmática e indireta, sob a forma de frases sibilinas (Sibila tendo sido uma Pítia muito famosa, cujo nome se tornou substantivo comum).

PLÊIADES

As Plêiades, sete ao todo, são filhas de Atlas e de Pleione, filha de Okéanos e de Tétis. Elas serão divinizadas por Zeus e se tornarão as estrelas da constelação que leva o mesmo nome. Com exceção de Mérope, que se casou com um mortal, Sísifo, e cuja estrela será, portanto, a menos brilhante da constelação, as outras seis Plêiades se uniram com divindades: Maia, uma delas, é mãe de Hermes, filho que ela teve com Zeus.

POMO DA DISCÓRDIA

Durante o casamento de Tétis e de Peleu, Éris, deusa da discórdia, que não fora convidada, jogou no meio dos convidados um pomo de ouro no qual estava inscrito: "Para a mais bela". Mas quem era ela? O jovem pastor Páris foi escolhido para decidir a questão e o atribuiu a Afrodite que lhe prometera em troca o amor da mulher mais bela do mundo, a saber, a bela Helena, que Páris raptou, provocando assim a Guerra de Troia.

PROCUSTO

Procusto (ou Procrusto, do grego *Prokroustês*, "aquele que martela, que alonga") era, como Polifemo, o ciclope, um dos inúmeros e detestáveis filhos de Posêidon. Por vezes chamado Damastes ou Polipêmon. Seus crimes pertencem à mitologia de Teseu. Eles são particularmente relatados na trigésima oitava *Fábula* de Higino, mitógrafo latino nascido no século I a.C., mas também, por exemplo, por Plutarco. Procusto tinha duas camas, uma grande e outra pequena, em sua casa situada à beira da estrada que vai de Trezena a Atenas. Muito gentil e como quem não quer nada, Procusto oferecia hospitalidade aos viajantes que passavam perto de sua residência. Assim que entrava na casa, ele se encarregava de atribuir a cama grande aos mais baixos e a cama pequena aos mais altos, de modo que os primeiros ficassem com muito espaço na cama, e os segundos, por outro lado, tivessem a cabeça e os pés para fora. Assim que adormeciam, o medonho os amarrava firmemente à cama e, dos mais altos, cortava tudo o que ia além, ao passo que, dos mais baixos, ele pegava um pesado martelo e lhes quebrava as pernas, reduzindo-os literalmente a um mingau para então alongar mais facilmente o que restava até as dimensões do colchão! Quando Teseu encontrou Procusto, este o convidou para dormir em sua casa, mas quando o herói viu as duas camas, não se deixou enganar, percebeu as más intenções de seu anfitrião em quem, desde o início, não confiara. E dominando-o, submeteu-o ao mesmo suplício que ele costumava reservar aos seus convidados. A expressão "uma cama de Procusto" recebeu várias interpretações ao longo dos séculos segundo se insistisse no alongamento ou no encolhimento do hóspede deitado na horrível cama. Ela era aplicada, por exemplo, a uma posição adotada em certos atos sexuais em que as pernas de um dos amantes ficavam para fora da cama – deixo-os imaginar como poderia ser. Outro significado, igualmente erótico, aparece na *Assembleia das mulheres* de Aristófanes, quando um jovem ameaçado de "ser puxado pelo ponto sensível" exclama: "Ó céu! Vão fazer de mim um Procusto" (verso 1.021). Mas foi sem dúvida no romantismo alemão que, insistindo na dimensão de encolhimento e não na de alongamento, a famosa cama recebeu um sentido filosófico que será encontrado ainda no século XX num filósofo como Theodor Adorno, um dos pais fundadores da famosa "Escola de Frankfurt": a ideia é então de que as ideias platônicas, os conceitos do pensamento racional são, em relação à realidade que pretendem circundar, sempre redutores. Eles deixam escapar o essencial do real, o que não pode ser apreendido pela razão, mas apenas pela intuição, a saber, a vida, o sensível, a beleza, o sagrado, o divino. É então a própria razão que se encontra comparada a uma cama de Procusto, suas categorias aparecendo como aquelas que também cortam tudo o que excede e que somente outra abordagem pode apreender de maneira adequada.

PROMETEU

Filho do titã Jápeto, Prometeu, cuja inteligência Zeus elogia, é aquele que "compreende antes", ao contrário de seu irmão Epimeteu, que "compreende depois do ocorrido". Na *Teogonia* de Hesíodo, ele se atreve a desafiar Zeus duas vezes ao tentar enganá-lo durante um sacrifício solene e depois ao roubar o fogo que Zeus, para se vingar do ardil empregado, havia decidido retirar dos homens. Furioso, Zeus mandou acorrentá-lo ao Cáucaso e enviou uma águia que, todos os dias, vinha lhe devorar o fígado, que todas as noites se reconstituía para servir ao suplício no dia seguinte.

PSEUDO-APOLODORO

Tal é o nome dado ao autor da *Biblioteca*, uma obra que se acreditava erroneamente ter sido escrita pelo erudito Apolodoro de Atenas, aluno de Aristarco em Alexandria por volta do século II a.C. Sobre o Pseudo-Apolodoro não sabemos muita coisa, a não ser que ele provavelmente viveu, segundo suas fontes e seu estilo, no século II d.C., época em que a *Biblioteca* parece ter sido escrita.

QUÍRON

Filho do deus Cronos e de Filira, filha de Okéanos, Quíron, meio-homem, meio-cavalo, é sem dúvida o centauro mais sábio, mais erudito e mais famoso de todos os centauros, o que explica por que lhe confiaram a educação de muitos heróis, em particular de Aquiles, de Asclépio e de Jasão. O próprio Apolo teria recebido alguns de seus ensinamentos. Quíron vivia numa caverna localizada no Monte Pélio, onde ensinava a seus protegidos suas disciplinas favoritas: a música, a arte da guerra e da caça, a moral e a medicina. Ao ser ferido por uma flecha envenenada de Héracles, uma flecha que fora mergulhada no sangue peçonhento da hidra de Lerna, Quíron, que nasceu imortal mas que não suporta mais o sofrimento contínuo, troca com Prometeu sua imortalidade e com a morte pode finalmente experimentar o repouso.

SÁTIROS

Os sátiros, cuja aparência é bastante próxima da dos "silenos", são demônios da natureza com forma híbrida, meio-homem, meio-bode. Terrivelmente feios, são representados com grandes orelhas, um nariz achatado, pequenos chifres e um busto humano peludo prolongado por um corpo de bode. Eles são companheiros de Dioniso, estão sempre em seu cortejo e compartilham as atividades habituais que são as orgias, as festas, a dança, as acrobacias e os avanços eróticos, principalmente dirigidos às jovens ninfas.

SEREIAS

Hoje em dia, *ceder ao canto da sereia* significa não ter força de vontade suficiente para resistir à tentação, deixar-se seduzir por uma oferta aliciante que pode ser desastrosa. É, por exemplo, nesse espírito que Bernardo de Clairvaux (1091-1153), parecendo dar crédito ao mito grego, compara as "mulheres do mundo" às sereias para exortar sua "caríssima Irmã" a fugir do canto delas: "[...] evite o canto das sereias, para que ao ouvi-lo, com prazer, falar dos prazeres da terra, você não se desvie do caminho reto. O que são, com efeito, as conversas das mulheres do mundo a não ser cantos da sereia? Portanto, fuja do canto dessas sereias, e feche os ouvidos às palavras da mulher que lhe dá conselhos perigosos" (*Livre de la manière de bien vivre*, capítulo 57, *De la fuite des femmes du monde*). Em suas *Fábulas*, Higino nos conta que elas eram filhas da musa Melpômene e do deus-rio Aqueloo, e que eram "mulheres na parte superior do corpo, mas pássaros na parte inferior". Esse aspecto monstruoso resultaria de uma punição dos deuses por não terem intervindo quando Hades, deus dos infernos, raptou sua companheira Perséfone (Prosérpina). Ovídio faz esta suposição: "...vocês filhas de Aqueloo, de onde vêm essas penas e esses pés de pássaro, quando têm o rosto de uma virgem? Talvez porque quando Prosérpina colhia as flores da primavera vocês eram suas companheiras, ó doutas sereias?" Observemos também que, na mitologia grega, as sereias não são mulheres-peixe, como muitas vezes acreditamos porque lembramos da pequena sereia dinamarquesa dos contos de Andersen, mas mulheres-pássaro, o que explica duas de suas características principais, de outra forma bastante incompreensíveis:

– Primeiro, elas são dotadas de uma voz sublime, magnífica, que desencaminha os marinheiros e os atrai para os recifes onde seus navios acabam miseravelmente encalhados. Além disso, esses recifes são descritos em Homero como recobertos de cadáveres em decomposição. Se as sereias fossem peixes e não pássaros, seria mais difícil compreender que seus cantos sejam tão deliciosos a ponto de virar a cabeça dos companheiros de Ulisses, já que o canto não é realmente o ponto forte desses animais marinhos, mas sim o dos pássaros... Nesse sentido, Théophile Gauthier comparava a voz de Erminia Frezzolini, famosa cantora lírica do século XIX, à das sereias: "O canto da Sra. Frezzolini é doce e suave como o zéfiro de agosto; não há aqueles gritos forçados e agudos que nos afastam do devaneio iniciado, mas apenas simplicidade e naturalidade. Sua voz é cheia de expressão afetuosa. É uma voz de sereia que fascina e encanta o espírito" (*Le Moniteur universelle*, 5 de fevereiro de 1866).

– Em seguida, há que se lembrar que as sereias são seres sobrenaturais mas mortais, que podem particularmente se afogar e esse é o destino que lhes está reservado quando seus cantos não conseguem desorientar os marinheiros. Elas se precipitam na água caso fracassem e então se afogam, assim como a Esfinge se joga do alto das muralhas de Tebas quando Édipo consegue resolver seu famoso enigma... Ora, difícil compreender que elas se afoguem se fossem peixes e não pássaros... Sem dúvida, Ulisses teria sucumbido ao *canto das sereias* se, durante sua estada forçada na Ilha de Eéa, não tivesse aprendido com a feiticeira Circe como se proteger de tal calamidade. Chegando à beira do Estreito de Messina, Ulisses pediu que seus companheiros o amarrassem firmemente ao mastro e ordenou que tapassem os ouvidos com cera. Então, diz Ulisses, as sereias "cantaram seu canto harmonioso [...] fazendo ressoar sua bela voz e meu coração queria ouvi-las; e, mexendo as sobrancelhas, fiz sinal para que meus companheiros me desamarrassem; porém eles começaram a remar com muito mais ardor; e, tão logo, Perimedes e Euríloco, levantando-se, me envolveram com mais amarras. Depois de passar por elas e de não mais ouvir as vozes e os cantos, meus queridos companheiros retiraram a cera dos ouvidos e me desamarraram" (*Odisseia*, canto XII). Outra tradição relatada por Apolodoro nos informa que apenas Orfeu, cujo talento como cantor e tocador de lira era inigualável, enfrentou o canto das sereias durante a expedição dos argonautas: humilhadas por esse gênio musical, as sereias precipitaram-se no mar onde transformaram-se em rochas.

SILENO

Sileno faz parte do cortejo que acompanha Dioniso. Seu estatuto, no entanto, é um pouco especial, pois Zeus lhe confiou a educação de seu filho, Dioniso. Sileno é um personagem muito feio: com orelhas de cavalo e pés de bode, ele se assemelha ao deus Pã e aos sátiros, mas também tem uma barriga muito grande, geralmente representada voltada para o céu quando o deus adormeceu, vencido pela embriaguez que tantas vezes o domina. Mas Sileno é, no entanto, considerado um sábio, razão pela qual Zeus o encarregou de criar Dioniso. Essa ambivalência faz dele, à imagem de Dioniso, um personagem cósmico e caótico ao mesmo tempo.

SPARTOI

Como partiu em busca de sua irmã Europa, raptada por Zeus, que para a ocasião se transformara em touro, Cadmo consultou o oráculo de Delfos que o aconselhou a interromper sua busca e a fundar uma cidade no local onde, depois de seguir a primeira vaca encontrada, ele a verá parar esgotada pela fadiga. Ali será erguida, pois, a futura cidade de Tebas. Cadmo, depois de ter matado o dragão que guardava a nascente mais próxima, e a conselho de Atena, semeou na terra os dentes do monstro, e foram esses dentes que deram origem a guerreiros totalmente armados, os "*spartoi*", os "semeados", que ajudarão a povoar a cidade. Um deles, Equíon, vai se casar com Agave, uma das filhas de Cadmo.

SYMBOLOM

Para compreender o que é um símbolo, vamos imaginar que quebramos um galho em dois pedaços e, quando queremos juntá-los, percebemos que eles se correspondem de maneira absolutamente perfeita, que se encaixam impecavelmente um no outro. O símbolo é exatamente isso, essa adequação perfeita entre dois pedaços do real. Ora, na mitologia, é uma regra absoluta, para a qual não há nenhuma exceção, o castigo sempre mantém uma relação "simbólica" com o erro cometido. Por exemplo, Tântalo pecou pelo alimento, será punido pelo alimento, Édipo não viu que matou seu pai e se casou com sua mãe, pecou pela cegueira, ficará cego etc.

TÂNTALO

O mito de Tântalo é certamente um dos mais antigos da mitologia grega. Já é mencionado na *Odisseia*, pouco antes do de Sísifo, especialmente no livro XI, quando Ulisses desce aos infernos para ali consultar o adivinho Tirésias sobre a continuação de sua viagem. De acordo com a versão mais comum, Tântalo teria sido um dos muitos filhos de Zeus e de Pluto, ela própria filha de Cronos (ou talvez de Atlas, um dos irmãos de Prometeu e de Epimeteu). Sem ser literalmente um olímpio, Tântalo é, no entanto, de raça divina. Casado com Dione, uma das filhas de Atlas, é frequentemente convidado ao Olimpo, à mesa dos deuses. Rei da Frígia (ou da Lídia), ele também tem fama de ser extraordinariamente rico, poderoso e amado pelos deuses. Sempre de acordo com a versão mais corrente, lisonjeado por fazer parte da intimidade dos deuses, Tântalo acabaria acreditando ser igual a eles, depois odiando essa suposta superioridade. Para lhes mostrar que não eram nem melhores nem mais sábios do que ele, e certamente não oniscientes, Tântalo teria tido a audácia não só de os convidar à sua mesa (o que já é sinal de *hybris*), mas, como Licáon, de lhes servir carne humana como prato principal para testar seus supostos saberes. Para este fim, ele teria até mesmo matado seu próprio filho, Pélops, antes de assá-lo e servi-lo aos deuses. Dizem que Deméter, preocupada com o destino de sua filha Perséfone, raptada por Hades, teria mordiscado inadvertidamente um pedaço do ombro do infeliz Pélops (Zeus lhe devolverá a vida mais tarde, enquanto Hefesto será encarregado de reparar o ombro enxertando uma placa de bronze ou de marfim). Todos os outros deuses, é claro, estão horrorizados. Oniscientes (porque realmente são), eles logo percebem a situação e decidem punir Tântalo por sua insondável *hybris* inventando um castigo em relação com seu crime: Tântalo pecou pelo alimento, ele é punido pelo alimento. Além do mais, ele pecou ao afirmar tolamente ser igual aos olímpios, ao subestimar seus poderes e ao contrariar as duas injunções do templo de Apolo: não sabendo mais quem ele era, ele se considerava mais do que não era. Desde então, a pedra que balança acima de sua cabeça o lembra que, embora de ascendência divina, ele não passa de um mortal...

TÁRTARO

Tártaro, ao mesmo tempo lugar cósmico e divindade, é apresentado tanto nas obras de Homero quanto na *Teogonia* de Hesíodo como sendo a parte mais profunda do cosmos, aninhada nos subsolos de Gaia. É sobretudo um lugar brumoso, cheio de bolores, sempre mergulhado nas trevas, rodeado ou atravessado por rios mortais, pântanos nauseabundos. É nesse lugar que moram os mortos, os deuses caídos, como os titãs e os gigantes. É fechado por enormes portas de bronze, guardadas por Cérbero.

TÊMIS

Deusa da justiça, da justa partilha das coisas, Têmis é uma titânida, filha de Urano e de Gaia. Durante a luta que opôs Zeus aos titãs, ela escolheu se juntar ao campo dos olímpios, e Zeus, seduzido tanto pelo encanto da deusa quanto pelo que ela representa, a justiça, une-se a ela, consciente de que isso será para ele um trunfo não só para ganhar a guerra, mas sobretudo para estabelecer a paz, sendo capaz de dividir o mundo com justiça entre todos aqueles que o ajudaram e assim manter a ordem harmoniosa que acaba de estabelecer.

TEOGONIA

Esse poema, escrito por Hesíodo no século VII a.C., é o mais completo que a Grécia nos deixou relatando, como o próprio nome indica – "do grego *theos*, "deus", e *gennaô*, "engendrar" –, o nascimento do universo e dos deuses. Ele conta como, do caos original, vão nascer todas as outras divindades, mas também todos os "pedaços" do cosmos até que este se torne um universo harmonioso e pacífico graças à vitória de Zeus e dos olímpios sobre as forças primitivas do caos representadas especialmente pelos titãs, por Tifão e pelos gigantes.

TESEU

Como seu primo Héracles, Teseu – que tem ao mesmo tempo um pai humano, Egeu, e segundo algumas tradições um pai divino, Posêidon – também é um tenente de Zeus na terra: como tal, ele será levado a lutar contra as forças do caos, sempre prestes a perturbar a ordem do cosmos. Aliás, os mitógrafos apresentam suas aventuras como a continuação direta dos trabalhos de Héracles. Mas, ao contrário de seu primo, e embora suas façanhas sejam bastante comparáveis às de Héracles, Teseu não é habitado pela violência, o que lhe permitirá ser a um só tempo mais justo e mais sereno. Considerado como o pai da democracia ateniense, ele trabalhará durante todo seu reinado para instaurar a justiça na cidade antes de conhecer um fim trágico, apesar de tudo.

TIFÃO

Tifão é o monstro aterrorizante que Gaia engendra ao se unir com Tártaro. Ele é, sem dúvida, de todos os monstros que Zeus terá de enfrentar para instaurar ou manter um cosmos harmonioso, o mais temível e o mais poderoso. Tão alto que ultrapassa todas as montanhas e que sua cabeça bate nas estrelas, enquanto seus braços envolvem os polos, Tifão mesmo assim será derrotado por Zeus, esmagado sob o Etna que o rei do Olimpo arremessou contra ele. Ele será o pai de um número impressionante de criaturas monstruosas, particularmente de uma parte daquelas que Héracles terá de enfrentar no decorrer de seus doze trabalhos.

TIRÉSIAS

Por parte de pai, Tirésias pertence à raça dos "*spartoi*", dos "semeados", guerreiros nascidos da terra a partir dos dentes de um dragão. Como quis intervir quando viu duas serpentes copulando, teve a estranha experiência de se transformar em mulher, depois de se tornar novamente homem, sete anos mais tarde, quando quis intervir diante do mesmo espetáculo; de modo que Zeus e Hera, que discutem para saber se é o homem ou a mulher que tem mais prazer no amor, o consultam a respeito. Furiosa com a resposta, pois Tirésias revelou que as mulheres levam a melhor nesse campo, Hera o deixa cego, enquanto Zeus, para reparar essa maldição, lhe concede o dom da profecia. Tirésias torna-se então o adivinho mais famoso de todo o reino. Vemos isso especialmente quando Ulisses desce aos infernos para consultá-lo, ou mesmo quando revela a Anfitrião a verdadeira identidade do homem (Zeus) que se fez passar por ele junto à Alcmena, sua esposa. Édipo também o chama para tentar finalmente descobrir quem é o assassino de Laio, e o infeliz Tirésias acaba lhe revelando a horrível verdade.

TITÃS

São doze, seis homens e seis mulheres (as titãs ou titânidas), os titãs, filhos de Urano e de Gaia, fazem parte da primeira geração divina. O mais novo deles, Cronos, dará origem à geração dos olímpios. Os titãs são seres de força colossal. Muito próximos do caos original, dedicam-se sobretudo à guerra e à violência. No entanto, eles perdem a luta que os opõe a Zeus e se encontram acorrentados no Tártaro, guardados pelo cão Cérbero e pelos hecatônquiros.

TROIA

Troia – também chamada de Ílion, do nome de seu fundador Ilos – é uma antiga cidade da Ásia Menor, localizada perto do Estreito de Dardanelos. Henri Schliemann, arqueólogo alemão, descobre entre 1872 e 1873 os vestígios do que ele pensava ser a cidade de Troia, a cidade do Rei Príamo, atual Hisarlik. Ele descobre sete cidades sobrepostas. Apaixonado pela *Ilíada*, Schliemann decidiu provar que o relato era baseado em eventos e em lugares reais. A Unesco inscreveu em 1998, na lista de seu patrimônio histórico, o sítio de Hisarlik sob o nome de "Sítio arqueológico de Troia". Mas nada prova que esta seja a realidade, uma vez que os mitos gregos, ao contrário do que pensam os comentadores científicos, só muito raramente têm uma base histórica.

VELO DE OURO

O Rei Atamas se casou novamente com Ino que, por ciúmes, fazia tudo o que podia para se livrar dos filhos do casamento anterior. Como garantiu, por meio de um funesto estratagema, que não haveria colheitas em todo o país, ela convence Atamas da necessidade de sacrificar seus dois filhos para aplacar a ira dos deuses. Zeus, sabendo que as palavras do oráculo foram distorcidas, envia um carneiro voador, coberto com um magnífico Velo de Ouro, para salvar as crianças. Frixo e sua irmã, Hele, escapam assim nas costas do animal; Hele, infelizmente, se inclina para olhar a paisagem, cai e se afoga no mar (no Estreito de Dardanelos, então chamado, por essa razão, de Helesponto). Frixo chega à Cólquida e, para agradecer ao Rei Eetes a acolhida, sacrifica o carneiro e lhe confia seu Velo de Ouro, considerado a partir de então como uma espécie de talismã que protege a região. Escondido nas profundezas de uma floresta e guardado por um dragão, o Velo de Ouro será conquistado por Jasão com a ajuda de sua companheira, a feiticeira Medeia.

Conecte-se conosco:

f facebook.com/editoravozes

⊙ @editoravozes

𝕏 @editora_vozes

▶ youtube.com/editoravozes

☎ +55 24 2233-9033

www.vozes.com.br

Conheça nossas lojas:
www.livrariavozes.com.br

Belo Horizonte – Brasília – Campinas – Cuiabá – Curitiba
Fortaleza – Juiz de Fora – Petrópolis – Recife – São Paulo

EDITORA VOZES LTDA.
Rua Frei Luís, 100 – Centro – Cep 25689-900 – Petrópolis, RJ
Tel.: (24) 2233-9000 – E-mail: vendas@vozes.com.br